EVOLUTION OF THE FORMS OF
OWNERSHIP
AND SOCIAL CHANGE

中国社会科学院创新工程学术出版资助项目

所有制形式的演进与社会变革

EVOLUTION OF THE FORMS OF OWNERSHIP AND SOCIAL CHANGE

赵文洪　张红菊　侯建新　著

社会科学文献出版社
SOCIAL SCIENCES ACADEMIC PRESS (CHINA)

目　录

第一章　导言

一　本书的研究范围、研究重点

（1）关于研究范围。本书题名为《所有制形式的演进与社会变革》，理应包括人类社会自形成以来至今所有社会发展阶段的所有制形式的发展演变与社会变革的关系，包括原始公有制社会、奴隶私有制社会、封建私有制社会、资本主义私有制社会，以及社会主义公有制社会。每一次所有制形式的发展演变，都伴随着剧烈而深刻的社会变革。即使在同一个社会发展阶段，所有制形式也不是一以贯之、静止不变的，而是在不断地调整、发展、变化的。对于所有制问题的研究，也是一项十分浩繁艰巨的工作。由于人力和时间的不足，不允许我们从事这种宏大的、涵盖古今中外的通史式的研究。因此，本书重点研究西方封建所有制和资本主义所有制形式的演进及其同社会变革之间的关系。做出这种选择的理由在于：第一，封建主义同当代西方经济社会之间具有远比原始社会和奴隶社会之间更密切和重要的联系。近代西方资本主义所有制就是直接从封建母体中脱胎而出的。有人说西方从中世纪到近代的变化就是从身份社会到契约社会的变化。而了解欧洲中世纪历史的人都知道，其实资本主义的契约原则，与封建主义的契约精神或者契约习惯有着非常密切的传承关系。今天蕴涵在西方资本主义所有制结构及其存在环境中的许多重要因素，也都与封建社会有清晰的渊源关系。研究资本主义所有制，离不开对封建所有制的研究。第二，资本主义所有制问题，既是历史问题，更是现实问题。如果为我们的研究追求现实意义的话，那么资本主义所有制必然要成为我们研究的重点。第三，一百多年以来，我国学者在研究西方历史的时候，几乎都在想着中国的历史，想着清末以来我国由盛转衰、落后挨打的历史，并且把它同西方历史进行对比。当然，对比的主要内容不是原始社会和奴隶社会，而是封建社会和资本主义社会。我们集中研究西方这两个时代的所有制问题，也有利于人们对中国和西方历史进行比较。

那么，资本主义所有制应该研究到什么阶段为止呢？可以到现在，也可以到现在之前的某个阶段。我们选择了后者，研究到 20 世纪八九十年代。理由是此后的发展，包括 2008 年以来西方金融以至整个经济的动荡，大家比较熟悉，而且由于离我们的时代比较近，因此还需要更长的时间才看得更加清楚。

对于封建所有制，我们集中研究土地所有制，因为在那个时代，土地是最重要的生产资料。对于资本主义所有制，我们着重研究其阶段性的变化。

（2）关于研究重点。我们研究的重点不是一般地描述所有制形式的演变，而是把它放进具体的、鲜活的、丰富的生产生活环境中，看它运行方式的复杂性，以及同社会政治、经济以至观念的变革之间的相互影响。这就是历史的方法，而不是政治经济学的方法。在封建时代部分，我们比较广泛地探讨了封建制度的起源同封建所有制起源之间的关系，庄园的物质状况和制度状况，公地制度，财产观念的演化等。而其中，我们又把个人权利当作一条主线，贯穿始终。由于资本主义是人类历史上一个空前强调个人权利的社会，资本主义理论体系的基石也是关于个人权利的原则，因此，这样做也许可以较好地建立两个时代所有制形式之间既否定又继承的内在联系。在资本主义部分，则着重探讨以科学技术为龙头的生产力的发展对所有制形式变化的影响——没有任何一个前资本主义社会的生产力的发展像资本主义社会这样剧烈、迅猛和引人注目；所有制形式在几个阶段的变化；所有制形式的变化同阶级关系的变化之间，同政府政治、经济、社会政策的变化之间的关系。

二 研究西方封建所有制和资本主义所有制问题的意义

所有制是指人们在不同的社会形态中对物质资料的占有形式，通常指对生产资料的占有形式。在社会发展的不同阶段，存在与生产力发展水平相适应的生产关系，不同的生产关系包含不同性质的所有制形式。人类历史上的所有制问题，是一个重大的理论问题和学术问题，自从我国的马克思主义政治经济学和历史学诞生以来，它就得到了空前的高度关注。那么，在这个问题几乎成了史学界的常识性问题的情况下，我们为什么还要研究西方封建社会和资本主义社会所有制形式的演进和社会变革这一问题呢？

第一，近代以来，随着世界经济与社会的发展，资本主义生产资料所有制的形式发生了重大变化，需要我们进行深入研究。

在资本主义发展过程中，资本主义生产关系在社会生产力的强制下在自身范围内不断调整，从而产生了资本主义所有制形式的演进过程。从社会经济发展的宏观层面看，在资本主义发展的每一个阶段都有其占主导地位的所有制形式，但每一种所有制形式都是在延续以前的形式的基础上发展演变来的，而每次演变后，资本占有的社会化程度都有大的提高。

自由竞争资本主义阶段的资本主义生产的社会化程度还比较低，这决定了在此阶段以家族所有制为基础的单个资本所有制占据支配地位，并且从生产组织形式上经历了资本主义发展初期家庭手工业的工场制向机器大工业的工厂制的转变。工厂制的广泛采用标志着资本主义生产体制和所有制关系的全面确立。随着第一次工业革命的推进和工厂制的推广，机器大工业生产使企业规模不断膨胀，企业在所有制形式上除了单个业主制外，合伙制企业在这个时期也发展起来，在公用事业领域还出现了特许制的股份公司。自由竞争阶段，资本主义生产方式在把生产力推向全面社会化的同时，资本自身也获得了社会化发展的性质，私人资本在自我发展中走向自己的反面。

自19世纪70年代起，在第二次工业革命的推动下，资本主义迅速发展到私人垄断资本主义阶段。有限责任制的股份公司适应生产社会化发展要求，成为占主导地位的企业组织形式。股份资本是私人垄断资本主义阶段出现的一种资本形态，它在坚持资本主义私有制的基础上，形成了社会资本的产权关系，是私人资本社会化的第一次蜕变。从19世纪末开始，银行等金融机构不断向工业部门渗透，垄断金融资本和垄断工业资本不断融合，最终确立了金融资本的支配地位。金融资本作为一种特殊的独立资本形态，扬弃了产业资本和银行资本的独立性，在二者混合生长中形成的新的资本形态。金融资本的实质是垄断，它是在工业垄断资本和银行垄断资本形成过程中，两者相融合而形成的垄断资本形式。金融资本是在股份资本的基础上发展起来的，但它包含比股份资本更为深刻的所有制关系的变化。在私人垄断资本主义阶段，垄断金融资本所有制在推动资本集中和生产力发展的同时，也造成了生产过剩危机、财富和收入分配的过度集中、非生产性的食利资本泛滥对实体经济造成严重的破坏，危及资本主义经济的持续发展，导致国家干预时代的到来。

从 20 世纪 30 年代开始，特别是第二次世界大战后，西方主要资本主义国家进入了国家垄断资本主义阶段。国家垄断资本主义是资产阶级国家同私人垄断资本相结合而形成的一种垄断资本主义，实质是垄断资本直接控制和利用国家政权，并通过国家政权干预和调节社会经济生活，以保证垄断资本获得高额垄断利润，并确保社会经济生活的正常运转。国家资本所有制是指生产资料由国家占有并服务于垄断资本的所有制形式。国家垄断资本主义有三种基本形式：国家调节经济、国私合营企业和国有企业。国家对私人垄断资本所有制的调节主要体现在对金融资本所有权的干预和限制上，促进私人垄断企业的所有权和控制权分离。这种资本所有权和控制权分离的公司所有权结构在凯恩斯主义国家干预背景下，是特定历史条件下阶级利益和矛盾妥协的产物，其目的是兼顾工业资本积累、充分就业和经济增长，保证资本主义经济的稳定运行。国家所有制企业主要是国家作为出资人，拥有国有企业的所有权和控制权，国有企业的重要职能是推行政府的社会政策和经济政策，为私人垄断资本的发展提供服务和保障。国有制在整个资本主义经济中所占的比重并不大，但是由于其主要存在于基础设施和公共事业部门，因此对整个社会经济的发展有着重要的影响。国家资本所有制就其性质而言，仍然是资本主义形式，体现国家作为总资本家剥削雇佣劳动者的关系。当然，国家垄断资本主义所有制结构的弊端在 20 世纪 70 年代明显表现出来。工业垄断资本的过度积累导致生产过剩危机，国家过度干预产生了不利于私人垄断资本的局面等问题。这些都预示着资本主义的发展即将进入新的阶段。

20 世纪 80 年代，资本主义国家进入法人资本主义阶段。法人资本所有制是资本主义生产资料所有制发展的新形式，是西方发达国家实施新自由主义政策，将国有企业私有化、法人股东化的产物。法人资本所有制的基本特点是，各类法人（企业法人和机构法人）取代个人或家族股东成为企业的主要出资人，企业的股票高度集中于少数法人股东手中，法人股东凭借手中集中化的控股权干预，甚至直接参与公司治理，监督和制约管理阶层的经营行为，使公司资本的所有权与控制权重新趋于合一。法人资本所有制有两种资本形式，即企业法人资本所有制和机构法人资本所有制。法人资本所有制在性质上是一种基于资本雇佣劳动的垄断资本集体所有制，它体现了资本剥削雇佣劳动的关系。法人资本有其历史进步性，它适应了生产社会化的要求，促进了资本主义经济的发展。但也有其历史局限性，它导致国家经济过分依赖虚拟经济部门，形成金融支配型积累和增长体制，直接造成了 2008 年的金融危机，使得当前发达经济体经济复苏困难重重。

从资本主义经济微观层面看，资本主义经济体系中的基本经济组织单位是企业，企业所有制形式的演变主要体现在资本的所有权与控制权、控制权与经营权的分离上，这是资本产权关系发展的重要特征。也就是说，随着生产力的发展和生产社会化程度的提高，资本主义企业所有制形式也不断变化和演进，主要是从独资经营发展到合伙经营，再到股份公司的过程。

从资本所有权的历史演进角度看，在资本主义生产方式的发展过程中，资本控制权的存在大致可分为五种形态。一是以完整所有权为基础的所有者的全面控制。以完整所有权为基础的全面控制属于独资企业、合伙企业和股份公司的初级控制形式。二是持有半数以上股权的多数控制。多数控制是资本所有权与控制权发生分离的第一步。在这种控制形态下，一部分股东已经失去了对公司的控制权。三是股份不过半数而利用法律手段形成的控制。在未持有多数股份的情况下利用种种法律手段取得公司控制权。可利用的法律手段如发行无投票权股票、发行超额投票权股票、利用投票权信托组织和股份参与制等。四是持有少数股份而形成的少数控制。少数持股控制是资本所有者个人或集团以自己掌握的少数股份为基础，通过在分散股东中收集足够的投票委托书而实现对公司的控制。五是经营者控制。经营者控制是由于大公司股权过于分散，因此没有股东能够形成控制力量的结果。这五种控制形态体现了资本所有权与控制权分离的历史发展过程，即完整所有权控制→多数持股控制→利用法律手段控制→少数持股控制→经营者控制。这实际上是资本所有权关系发展演变的一个历史系列，它体现了资本所有权关系的社会化程度不断提高的趋势。

资本主义所有制形式的变化，要求我们对它做与时俱进的研究。否则，我们就难以深入了解资本主义。

第二，我国现阶段实行的以公有制为主体、多种所有制并存的基本的社会主义经济制度，在实践中面临着国有制的实现形式、国有制经济的体制改革、公有制经济同其他所有制经济之间的关系、公有制经济同市场经济之间的关系等需要进一步解决的问题。我们既要避免西方封建社会以来所有制变革所造成的消极社会后果和巨大道义代价，妥善处理改革、发展、稳定之间的关系，又要吸收其对我们有益的经验。例如，我国的股份制经济就是从西方学来的。如何在发挥这一经济形式的积极作用的同时防范其消极作用，仍是需要我们探索的课题。

第三，我们需要有对西方历史，尤其是封建时代和资本主义时代所有制问题做比较贯通且深入研究的一部历史学著作。西方是市场经济和资本主义的发源地，也是市场经济和资本主义从初级阶段向高级阶段演进的最典型的样本。资本主义的未来走向和最终命运，也主要取决于它在西方的发展情况。资本主义所有制同社会主义所有制之间的优劣比较和竞争，也主要将发生在西方与中国之间。因此，我们有必要深入研究西方所有制的历史。目前，国内虽然有许多涉及西方封建时代和资本主义时代土地制度、财产制度、企业制度、国家与经济的关系、阶级关系等问题的史学成果，但是还没有一本对西方所有制历史做比较贯通和深入研究的历史学著作。政治经济学、西方经济史等学科领域内的有关著作，毕竟缺少对史实的深入钻研。我们的研究也许将有助于人们系统、全面、历史地了解市场经济，以及作为资本主义发源地的西方的所有制形式的演进及其社会影响。

第四，我们需要对所有制同个人权利之间的关系做进一步的了解和分析。这是一个重大的历史问题，也是一个重大的现实问题。根据政治经济学定义，生产资料所有制是指生产资料归个人、阶级、集团或者社会所有，是人与人之间在占有生产资料方面所形成的关系。生产资料所有制是生产关系的基础，一定的生产资料所有制形式，决定了人们在生产中一定的地位和相互关系、一定的交换关系和一定的产品分配关系。同时，生产资料所有制要通过生产、分配、交换等社会再生产的各个环节来实现自己。这里的一切关系和环节，都与权利和义务有关。没有权利义务体系的保障，所有制就无法实现。

为什么同样是封建土地所有制，在欧洲的不同国家和地区，所有和占有（使用）之间的关系会有差别呢？为什么对土地的权利总在向承租者、经营者这边发展，以致最后占有者变成了所有者？为什么在欧洲，私有土地可以发育出资本主义农场？一个很重要的原因就在于欧洲封建制度的个人权利体系。一方面，欧洲封建制度是反个人权利的。它把许多自由的村社农民变成了人身依附或半依附的农奴，它剥夺了许多自由农民的土地，使之成为领主的财产。它的等级制度剥夺了人与人之间应有的平等的身份权利。因此，它是反个人人身权利与财产权利的。此外，欧洲封建制度下国家对经济的干预和部分垄断，剥夺了个人的经济自由权利。另一方面，欧洲封建制度又为个人权利的发展留下了空间。欧洲封建制度下的国王与贵族之间、贵族阶层上级与下级之间存在契约关系，契约的内容非常重要，因为它明确规定了下级的权利。1215 年英国的《大宪章》表明，下级的权利大到可以推翻上级。这就为个人权利的保留和发展留下很大的空间。欧洲封建制度下的庄园制度，仍然保留了农民自治的权利。庄园法庭的主角是村民而不是领主。这就为农民个人权利的发展留下了空间。财产权利是个人权利中关键的权利，它既需要其他个人权利的支撑，又为其他个人权利提供了保障。由于领主的主要精力不放在经营上，他们同直接生产经营者之间又有着种种屏障，因此农民独立经营的空间越来越大。随着商品经济、货币经济的发展，领主越来越成为寄生阶级，而农民，尤其是其中的富裕农民，则越来越成为经济活动中最重要的角色。这一切都在逐渐地侵蚀和改变着原有的土地所有制结构。

因此，就像土地所有制状况在一定程度上决定了个人权利状况一样，个人权利状况在一定程度上决定了土地所有制状况。只有深入研究个人权利状况，我们才能深入认识欧洲封建土地所有制的特点及其能够向资本主义土地所有制演进的原因。

为什么欧洲土地私有化的进程同政治民主化、经济自由化的进程是同步的？政治权利同经济权利往往是紧密相伴的，政治权利同财产权利更是密不可分。与典型的欧洲封建土地所有制相伴的，是包括国王在内的贵族等级对国家政治权利的垄断。对个人财产权利的捍卫和争取，在经济上，表现为贵族努力使自己同国王之间的土地纽带变得松弛，努力限制国王任意剥夺其财产的权力；表现为下级贵族对上级贵族的类似斗争；表现为佃农对地主的类似斗争。当这种斗争仅仅限制在经济和法律范围之内已经不足以解决问题的时候，它就上升为政治斗争。以英国为例，一部议会史就是一部私人财产权利发展史，它是国王的臣民围绕税收问题同国王进行和平和暴力斗争的舞台与产物。当然，税收问题并不孤立，它同土地私有化密切相关：土地越私有，土地的产物就越私有，就越不能被任意剥夺。另外，土地越私有，也意味着土地所有者的政治力量越强大。英国革命中，革命军队的主要成分是自耕农。他们之所以积极参军，拿起武器同国王斗争，是因为他们要捍卫自己的土地权利和其他财产权利。

土地私有化的实际内容是出租者的土地逐渐变成承租者的土地。承租者先是在经济上逐渐放松同出租者之间的关系，接着变成独立的、富有的经营者。经济上强大起来了的土地所有者和经营者，一是不再愿意忍受国王的剥削，二是有了反抗国王、改变现状的经济力量。因而，他们要发动一场改变财产关系的革命。革命的结果是在新时代的有产者阶级中建立起了民主制度。研究欧洲代议制民主历史的人都同意：没有哪个政治制度比代议制同个人财产权利之间的关系更加紧密了。

从法律的角度看，财产的私有程度越高，处置和经营财产的自由就越大。对财产的使用权利限制转让财产的权利，对财产的所有权则包括了转让财产的权利。在市场经济环境下，自由竞争的权利变得几乎同所有权同样重要，甚至可以说，所有权就是自由经营权。因为，参与市场竞争是财产无限增值的唯一途径。当资本主义同现代科技结合起来，让财产增值的规模变得像魔法一样巨大的时候，自由竞争的权利甚至成了所有权最重要的内容。当约翰·洛克和亚当·斯密把财产权利当作天赋人权的时候，他们是看到了财产权利在新的市场时代的巨大增值潜力的。政治经济学中反对国家干预的自由竞争学说恰好出现在英国近代私人所有权确立的时候，这绝不是偶然的。

通过对个人权利同所有制之间的相互关系的研究，我们可以比较深入地窥见欧洲所有制形式的演进同社会变革之间的关系。

另外，放在同时代的世界背景下看，欧洲的个人权利结构具有很鲜明的特点。我们可以带着历史比较的观念去研究这一问题，这样也许对理解整个世界历史都有助益。

对欧洲历史上个人权利问题的研究，能够为我国现实的所有制结构建设提供启迪。国有制要避免变成部门所有制，甚至个人所有制，就必须找到一种途径来切实保障全国每一个公民对国有企业的财产所有权。这里的核心就是全体公民的个人财产权利。要用合法的个人财产权利，去制止那种把国有财产变为非法私有财产的违法行为。同时，国有企业只有锐意进取，在市场中具有同非公有制经济平等竞争的能力，才能够避免被私人侵蚀和瓦解的命运。私人财产权利既是现代西方民主政治的保障，又是西方金钱政治的温床。如何在市场经济环境下防范金钱与权力的勾结，防范权力被金钱操纵，事关我国的国体与政体，也是我国所有制结构建设中必须高度关注的问题。

迄今，国内外历史学界都不乏对西方财产权利问题的研究成果。但是，从财产权利角度来比较系统地探讨所有制形式的演进及其与社会变革之间关系的历史学著作，我们还没有见到。

第五，我们需要通过对西方所有制问题的历史研究，来更加深入地认识资本主义。一个面向世界、面向未来、面向现代化的中国，必须进一步地了解、认识资本主义。这一工作自清朝末年就开始了。可以说，鸦片战争以来，我国无数志士仁人对国家发展道路的探索，都是以对西方资本主义的认识为前提的。或者更多地看到了它的长处，或者更多地发现了它的弊端。这样的认识，决定了对资本主义发展道路的取舍。今天，我们对西方资本主义的认识仍然存在两个不够：一是对它的弊端认识不够；二是对它的生命力认识不够。

所有制问题，从一个方面深刻地反映了西方资本主义制度的弊端。

研究 18~19 世纪西方劳资关系史、议会史、政党史的人，大多会客观地发现，资产阶级对工人阶级的压迫和剥削，广大劳工尤其是妇女与儿童劳工命运悲惨；议会成为有产阶级的利益代表，议会选举中选举人和被选举人的财产资格限制；政党成为利益集团的代言人，成为资本支配的政治集团；金钱支配权力等。这些现象，无不与当时不合理而又极其僵硬的所有制结构有关。英国和法国都奉行"私有财产神圣不可侵犯"原则，这就意味着不可改变现有的所有制结构，不可触动有产者的财产，不可限制有产者剥削和压迫劳工的权力，不可改变金钱支配权力的现状。资本主义所有制也是造成人与人之间金钱关系、利益交换关系高于精神关系、超利益关系的社会现象，或者社会的基本价值观的根本原因之一。马克思和恩格斯说："资产阶级抹去了一切向来受人尊崇和令人敬畏的职业的神圣光环。它把医生、律师、教士、诗人和学者变成了它出钱招雇的雇佣劳动者。"①

早期资本主义既创造了解放和发展生产力的人类历史上空前的奇迹，也创造了资本对人的奴役、对人类基本价值的亵渎的地狱。而资本主义的功劳与罪恶，都与它的所有制形式有关。正是因为看到了当时问题的症结在于所有制，所以马克思主义者才把改变资本主义所有制并且彻底消灭私有制当作共产主义运动的根本任务。

早期资本主义所有制的性质今天是否改变了？早期资本主义的那些弊端是否还存在？如果存在，在多大程度上存在？这都是我们正确认识资本主义必须做的工作。

所有制问题，也从一个方面深刻地反映了西方资本主义制度的生命力。

资本主义制度自从诞生之日起就遭遇了一个又一个危机：工人运动、经济危机、两次世界大战、频繁的国内动荡、社会主义国家在世界上的连续诞生。但是，两三百年过去了，它不但没有灭亡，反而在不断地发展生产力，调节社会矛盾。今天世界上生产力最发达的国家仍然是资本主义国家。当然，不合理的世界经济、政治格局从外部为这一制度注入了能量：发达资本主义国家利用其对世界经济的支配地位，从欠发达国家和地区获得廉价的自然资源、人力资源和产品。但是，这并不能构成否定资本主义制度仍然具有很强生命力的理由。只要看看它们在科学技术领域里的创新在全世界科技创新中所占的巨大比重就清楚了。从创新能力看，在全球范围内，产生具有世界性影响的思想家、科学家、文学艺术家最多的仍然是资本主义国家。

资本主义为什么具有这样顽强的内在生命力？原因很多，其中很重要的一点是资本主义一直在进行自我调节、自我革新。资本主义到目前为止还不是僵化的、教条的、故步自封的。对西方近代以来在所有制方面进行的各种调节、改革的研究，就能够说明这点。

为了缓和社会矛盾，西方各国都进行了一些社会政策调整。主要表现在三个方面：一是遗产税和收入累进税；二是社会福利；三是一些企业的

---

① 马克思、恩格斯：《共产党宣言》（1847 年 12 月 ~ 1848 年 1 月），载《马克思恩格斯选集》（第 1 卷），人民出版社，1995，第 275 页。

国有化。这些调节措施能够实行，就表明所有制的刚性已经没有早期那么大、那么强了。凯恩斯主义和罗斯福新政，都是与调整所有制关系有关的政策。我们要注意的是，资本主义在这几方面的调节既是工人阶级长期斗争的结果，也是统治者在社会危机面前，甚至是在对社会危机的预期中自发进行的。当然，西方国家今天的所有制到底同 18～19 世纪的所有制有什么区别，我们需要深入研究才能够得出正确的结论。

目前，我们在国内世界历史学界还没有见到通过所有制的历史来揭示西方资本主义制度弊端并解释其生命力的篇幅较大的成果。

综上所述，的确有对西方自封建社会以来所有制形式的演进及其与社会变革之间的关系，进行进一步研究的必要。

三 本书的研究方法、基本观点

关于研究方法，本书坚持以下几点。

（1）实证与理论相结合。所有制问题是理论性非常强的一个问题，而本书是一本历史学著作。避免空洞理论，凸显历史学特色，让史实说话，让资料说话，把具体史实与理论分析相结合，是本书在研究中坚持的一个基本原则，也是本书的一个特色。本书从具体的历史事实出发，通过分析特定社会发展阶段的所有制形式的具体状况、结构和实例，归纳总结出若干带有规律性的东西，从而深化对社会发展的认识，并对正确认识我们今天所处时代的所有制状况和社会发展变迁提供有益的启示。

（2）宏观与微观相结合。虽然对研究范围做了限定，本书的研究主题仍然是一个宏观问题。本书在研究西方封建社会和资本主义社会所有制形式的演进及政治、经济、社会、文化的变迁时，既从宏观的社会发展的角度进行分析，又有丰富生动的微观实例，把宏观与微观相结合，既见森林，又见树木。

（3）定量分析与定性分析相结合。本书运用大量的丰富而翔实的史料，对西方封建社会和资本主义社会所有制形式的发展变化进行了分析，并以此为基础，再进行定性分析，得出可靠的结论，做出必要的理论概括。

关于基本观点。构成本书的基本理论框架和诠释体系的基本观点包括以下几个方面。

第一，生产力的发展是作为经济基础的所有制形式变化的最根本的原因。同时，其他原因也在一定程度上影响所有制形式的变化。所有制形式的变化必将导致社会政治、经济、文化多方面的变化。

第二，欧洲封建所有制向资本主义所有制的演进，以及资本主义所有制本身的变化，是社会生产力发展和其他因素共同作用的结果，是不以人的意志为转移的。

第三，封建所有制和资本主义所有制的演进，导致社会、经济、政治方面的一系列变化，这证明了所有制形式在社会、经济、政治生活中具有极其重要的作用。

第四，所有制具体地存在于整个社会各阶级阶层鲜活的生产劳动和生活之中，而非简单地表现为谁拥有生产资料的法律问题。

欧洲封建所有制存在的经济与社会环境中，存在个人权利空间比较大、契约观念和法制观念比较强等因素，它们有利于封建所有制向资本主义所有制的过渡。欧洲从封建所有制向资本主义所有制的过渡，既是历史的进步，同时又给劳动者造成了巨大的灾难，从而付出了巨大的道义代价。

几百年以来，西方资本主义所有制经历了多种变化，我们不能用看西方 18～19 世纪的所有制的眼光来看 20 世纪的所有制。但是，生产的高度社会化与生产资料的私人占有这一基本矛盾没有变。西方资本主义所有制既有适应生产力发展要求的一面，又有不适应的一面；既有僵硬、顽固的一面，又有灵活可变的一面。在西方所有制形式的演变中，可以发现否定资本主义私有制的因素在逐渐成长。

四　私人所有制的萌生、确立及影响

本书探讨西方封建所有制和资本主义所有制。这两种所有制都是私人所有制。封建社会与资本主义社会，都是私有制社会。要准确把握封建所有制和资本主义所有制的根本特征，首先必须对人类历史上的私有制有一个基本认识。因此，在全部的探讨展开之前，我们要用一定的篇幅探讨私有制的基本特点，尤其是它的起源过程。

把人类历史看成一个自然发展过程的马克思主义者，十分重视私人所有制萌生、确立和不断演变的历史。

马克思指出:"人的孤立化,只是历史过程的结果。最初人表现为种属群、部落体、群居动物——虽然绝不是政治意义上的政治物。"①马克思的这一论断,使得历史唯物主义的原始社会史观,从根本上区别于"天赋人权论"者的唯理论的原始社会史观。而这也就决定了马克思的历史唯物主义的私有财产起源观从根本上区别于历史唯心主义的私有财产起源观。

按照 17~18 世纪天赋人权论者霍布斯、洛克、孟德斯鸠、卢梭等人的说法,私有财产是每个人天赋权利不可分割的组成部分②。1789 年 8 月 26 日法国制宪议会通过的《人权和公民权宣言》庄严宣布:在权利方面,人们生来是而且始终是自由平等的。这些权利就是自由、财产、安全和反抗压迫,它们是不可剥夺的。至于私有财产最早在历史上如何产生、发展,并不是 17~18 世纪的思想家们要悉心从经济学和历史学角度考察、探讨的问题。尽管像杜尔阁这样对经济有深入研究的人,也曾从经济关系的变化谈到原始社会中经济门类的变化导致私有制的产生,其中包括"战败者往往变成奴隶,而胜利者则摆脱必要的劳动,成了主人"③。

应该说,在 17~18 世纪,整个社会条件和各种学科发展的情况,还不具备从经济学和历史学的角度深入研究私有制起源的条件。

但是,正是在 17~18 世纪和 19 世纪上半叶,因为资本主义生产方式在英、法、德和荷兰等国日益发展,反对封建制度的斗争与一般反对剥削压迫、要求人人平等的空想社会主义思潮的传播错综复杂地结合在一起,出现了对私有财产制度的不同评价。

英国学者威廉·葛德文(1756—1836)于 18 世纪最后 10 年,先后 3 次出版了《政治正义论》(全名为《论政治正义及其对道德和幸福的影响》)一书。他在该书的名为"论所有权"的第 8 篇中写道:"所有权问题是政治正义这一建筑物赖以完成的基石。我们对于财产的观点是否正确,将决定

---

① 《马克思恩格斯全集》(第 46 卷·上册),人民出版社,1979,第 497 页。

② 关于马克思主义产生以前资产阶级的学者和思想家对于私有财产的说法,参阅 1973 年在苏联出版的专著《卡·马克思〈资本论〉中研究所有制的方法》(В. П. Шкредов, Метод исследования собственности в 《капитале》 К. Маркса, издательство московсково университета),第 11~24 页。

③ 〔苏联〕维·彼·沃尔金:《十八世纪法国社会思想的发展》,杨穆、金颖译,商务印书馆,1983,第 97 页。

我们是否能够体会没有政权的简单社会形态建立的后果，以及能否消除我们对于复杂的社会形态的先入之见。有关财富的错误概念最容易歪曲我们的判断和见解。最后，一旦把所有制建立在公道的基础之上，强制和惩罚制度一定死亡的时代也就会到来。"①

法国的小资产阶级思想家蒲鲁东于 1840 年出版了《什么是所有权》（也译为《什么是财产》）一书，其中他借用了法国大革命时期吉伦特派的代表人物布里索于 1780 年提出的一个论断："财产就是盗窃。"②

1865 年，马克思在《论蒲鲁东》一文中写到，蒲鲁东的《什么是所有权》一书，"在严格科学的政治经济学史中"，"几乎是不值得一提的"。但是该书"向经济学中'最神圣的东西'进攻的挑战勇气，嘲笑庸俗的资产阶级悟性时使用的机智反论，致命的评论，辛辣的讽刺，对现存制度的丑恶不时流露出来的深刻而真实的激愤，革命的真诚"激励了读者，并且一出版就带来了很大的冲击③。

接着，马克思指出了蒲鲁东不能从人类历史发展的角度考察私有化财产制度的演进的错误，并且写道："古代的'财产关系'在封建的财产关系中没落了，封建的财产关系又在'资产阶级的'财产关系中没落了。这样，历史本身就已经对过去的财产关系进行了批判。蒲鲁东实际上所谈的是现存的现代资产阶级财产。这种财产是什么？对这一问题，只能通过批判地分析'政治经济学'来给予答复，政治经济学不是把财产关系的总和从它们的法律表现上即作为意志关系包括起来，但是，由于蒲鲁东把这些经济关系的总和同'财产'、'la propriété'这个一般的法律概念纠缠在一起，他也就不能超出布里索早在 1789 年以前在类似的著作中同样的话所作的回答，'财产就是盗窃'。"④

马克思、恩格斯在创建历史唯物主义的过程中，由于在批判地继承前人优秀思想成果的同时，积极参与了当时的无产阶级革命运动，

---

① 〔英〕威廉·葛德文：《政治正义论》（第二、三卷），何慕李译，商务印书馆，1991，第588 页。

② 布里索在其所著《哲学研究·论自然界和社会中的所有权和盗窃》一书中，提出了这个论断。

③ 《马克思恩格斯全集》（第 21 卷），人民出版社，2003，第 55 页。

④ 《马克思恩格斯全集》（第 21 卷），人民出版社，2003，第 56 页。

又对政治经济学进行了不断深入的研究，因此他们才可能第一次在人类科学发展史上科学地解决人类社会中私有财产的产生、发展和演变问题。

马克思、恩格斯于1845~1846年合写《德意志意识形态》一书，书中写道："任何人类历史的第一个前提无疑是有生命的个人的存在。""一旦人们自己开始生产他们所必需的生活资料的时候（这一步是由他们的肉体组织所决定的），他们就开始把自己和动物区别开来。"① 而在从事生产劳动的人类社会出现之后，"分工发展的各个不同阶段，同时也就是所有制的各种不同形式"②。

因为分工程度发展的不同，人类历史上最早出现的是原始共产所有制，在原始共产所有制瓦解之后，出现了先后相承的不同形式的私有制。

对于马克思和恩格斯来说，毫无疑义的是，在刚刚脱离动物界的人类群体之中，只能存在公有制③。最初的人类，只能通过群体的集体生产劳动，并且通过基于集体生产活动而不断发展、完善的社会分工来发展自己。随着人口增加而逐渐壮大的原始人群，在提高社会生产力和发展、完善社会分工的同时，也相应地改进社会的组织、调整个人与集体的相互关系。正是朝着这个方向的坚持不懈的以万年计的运动，才在少数先进的人群中于新石器时期出现了私有制的萌芽。

马克思在《资本论》中指出："私有制作为社会的、集体的所有制的对立物，只是在劳动资料和劳动的外部条件属于私人的地方才存在。但是私有制的性质，却依这些私人是劳动者还是非劳动者而有所不同。私有制在最初看来所表现出的无数色层，只不过反映了这两极间的各种中间状态。"④

马克思主义的历史唯物主义是建立在详细研究人类历史并且进行科学的理论概括之上。在《德意志意识形态》中我们读到："我们仅仅知道一门唯一的科学，即历史科学。历史可以从两方面来考察，可以把它划分为自然史和人类史。但这两方面是密切相联的；只要有人存在，自然史和人类

---

① 《马克思恩格斯全集》（第3卷），人民出版社，1960，第23~24页。
② 《马克思恩格斯全集》（第3卷），人民出版社，1960，第25页。
③ 1883年3月2日，恩格斯在给考茨基的信中明确地指出了这一点。参见《马克思恩格斯全集》（第35卷），人民出版社，1971，第448页。
④ 《马克思恩格斯全集》（第44卷），人民出版社，2001，第872页。

史就彼此相互制约。"

在创立和发展历史唯物主义的进程中，马克思和恩格斯始终高度重视对原始社会史的研究①。著名的马克思主义者拉法格和普列汉诺夫等也曾对原始社会史的研究倾注了很多精力。俄国十月革命之后，苏联、中国以及世界其他国家的学者，在发展古人类学、考古学、民族学、历史语言学等方面都做出巨大贡献。当今这些学科的发展程度以及它们共同拥有的关于原始社会史的资料，远远超过了马克思和恩格斯在世时的数量。但是，马克思、恩格斯关于如何从原始的共产制中逐步萌生、确立私有制的一系列基本论断，仍然熠熠发光，是指引我们的研究工作沿着正确方向进行的指明灯，是帮助我们解决困难的可靠的钥匙。

在十分漫长的原始社会里，人类依靠群体的力量，在从事劳动以求生存的艰苦斗争中逐渐积累经验、完善生产工具和提高劳动技能。在这个过程中，劳动协作是十分重要的。这种劳动协作，正如马克思所指出的："一方面以生产条件的公有制为基础，另一方面，正像单个蜜蜂离不开蜂房一样，以个人尚未脱离氏族或公社的脐带这一事实为基础。"②

原始社会中逐渐萌生的"个人"与"集体"的分离甚至对立，乃是产生"私"与"公"的思想观念的基础。

由商务印书馆出版的中国社会科学院语言研究所词典编辑室编的《现代汉语词典》（第6版），对于"私"字的解释是，"属于个人的或为了个人的（跟'公'相对）"（第1228页）。而对"私有制"的解释是，"生产资料归私人所有的制度。随着生产力的发展、剩余产品的出现和原始公社的瓦解而产生，是产生阶级和剥削的基础"（第1229页）。

历史表明，从与"公"相对的"私"的观念的萌芽，到引起阶级和剥削出现的"生产资料归私人所有的制度"的确立，经历了数千年的漫长岁月。

1892年，拉法格在《财产及其起源》一书中写道："探究原始民族，就

---

① 廖学盛：《马克思、恩格斯和世界古代史》，载《廖学盛文集》，上海辞书出版社，2005，第284页以次。

② 《马克思恩格斯全集》（第44卷），人民出版社，2001，第872页。

能找出财产的起源；搜集全地球的材料，就能追究财产发展的阶段。"① 他还指出："私有观念对于一切资产者是非常自然的，但当初跑进人们的头脑却不那么容易。当人民开始思想时，恰恰相反，他们首先想到的是一切应当归大家。"② 在这里，拉法格指出了一个极为重要的事实，即人类的特点是有思想，"公"、"私"关系的发展演变，不仅受经济发展的制约，也受人类群体中思想观念发展变化的制约。

人类社会是一个十分复杂的有机体。其中，"公"、"私"的对立面具有多重层次，因而对两者相互关系的演进的考察，必须从多个角度出发，而绝不能简单化。在作为对立而又统一的矛盾体的"公"、"私"关系中，"私"的发展，不可能仅仅局限于经济方面，而且也涉及社会关系、家庭关系，关联到思想观念和意识形态的变化。

我们在讨论"私有制"的萌生、确立的时候，既要十分重视生产领域分工进步的决定性作用，也时刻不能忘记与一定生产力水平相联系的社会组织形式，如氏族与家庭形式演变的巨大反作用，还有宗教领域和意识形态的其他领域的变化的巨大反作用。总之，必须唯物辩证地细心考察经济基础与上层建筑各个环节的相互作用和相互影响，而不能孤立地、片面地强调某一点。

摩尔根在于 1877 年出版的《古代社会》一书中，详细讨论了在很长的时间内，氏族制度"是古代社会的基础"③。他给氏族下了定义，即"氏族就是一个由共同祖先传下来的血亲所组成的团体，这个团体有氏族的专名以资区别，它是按血缘关系结合起来的"④。书中，他又详细描述了氏族制度随着人类的进步，由原始形态递变到最终形态所经历的几个顺序相承的发展阶段。现在令我们感兴趣的是书中讲述的易洛魁人的氏族和个人公共拥有且仅仅由私人享有"名字"的情况。书中写道："在蒙昧阶段和野蛮阶段的各部落中，每一个家族是没有名称的。同一个家族内，各个人的名字

---

① 〔法〕拉法格：《财产及其起源》，王子野译，三联书店，1978，第 35 页。
② 〔法〕拉法格：《财产及其起源》，王子野译，三联书店，1978，第 46 页。
③ 〔美〕路易斯·亨利·摩尔根：《古代社会》（新译本），杨东莼、马雍、马巨译，商务印书馆，1977，第 63 页。
④ 〔美〕路易斯·亨利·摩尔根：《古代社会》（新译本），杨东莼、马雍、马巨译，商务印书馆，1977，第 62 页。

并不能表示出彼此属于同一家族的关系。代表家族的姓氏并不早于文明社会之出现。但是，印第安人的个人名字通常却能表示出个人所属之氏族，以别于同部落中属其他氏族的个人。一般习惯，每一个氏族都有一套个人名字，这是该氏族的特殊财产，因此，同一部落内的其他氏族不得使用这些名字。一个氏族成员的名字就赋予其本身以氏族成员的权利。这些名字或者在词义上表明它们属于某氏族，或者众所周知其为某氏族所使用者。"① 在这里，每个氏族各自拥有一套特殊的个人名字，这也就构成该氏族的"特殊财产"。

在详细介绍了易洛魁人中的命名、换名手续之后，摩尔根指出："在改换名字的问题上，个人是没有权利处理的。这是女性亲属和酋长们的特权；但一个成年男子如自己想改换名字，只要促使一位酋长在会议上宣布这件事，便能办到。一个人可以有权对某一个名字控制，如长子能控制其亡父的名字，他可以把这个名字租借给另一个氏族中的朋友；不过，承借这个名字的人一旦死去，这个名字仍归还其原来所属的氏族。"② 这样一种氏族专有的名字以及个别氏族成员使用属于氏族的名字的规则，也就体现了氏族中"公"与"私"的相互关系的一个侧面。这个事例鲜明地说明，随着人群的扩大和交往的日渐增多，个人占有必然会产生，而且个人占有与个人使用是分不开的，随之必然会产生调节"个人占有"与集体之间关系的规则。

苏联的民族学家对原始社会中每一个人从出生到逐步作为成年人融入整个社会的过程，做了详细的研究，并且指出了名字对于每个人的重要意义。他们在集体编写的《原始社会史·阶级形成时代》一书中写道："在使之逐步适应社会生活的过程中，给小孩取名起重大作用。名字使孩子进入了氏族组织，从而能够决定他在氏族组织中的地位。往往有这样的情况，即在氏族公社时代，以及在其瓦解的时代，一个小孩、少年，由于不同原因而得到几个名字。'一人拥有许多名字，乃是特殊的坐标，它们能

---

① 〔美〕路易斯·亨利·摩尔根：《古代社会》（新译本），杨东莼、马雍、马巨译，商务印书馆，1977，第 76 页。

② 〔美〕路易斯·亨利·摩尔根：《古代社会》（新译本），杨东莼、马雍、马巨译，商务印书馆，1977，第 77 页。拉法格在《财产及其起源》一书中指出，当野蛮人"想用无价的礼物来表达自己的友谊时，就用自己的朋友交换名片"，见该书第 36 页。

使该人在家庭中的地位，在氏族中的地位，包括他与祖先的联系，得到准确的认知'。"①

在中国历史中，重视"名分"、讲究"正名"一直是传统文化中极为重要的组成部分。

《历史研究》2005年第5期刊登侯旭东的长篇论文，题为《中国古代人"名"的使用及其意义——尊卑、统属与责任》。这种标题文章的出现本身就值得高度重视，尽管文中的论断并非全无可商榷之处，特别是涉及"名"与"占有"及"所有制"的地方②。有的论断则是需要进一步收集资料给予更充分的阐述。例如，文中写道："参考其他地区的资料，有理由相信，见于西周的人名使用习俗应有更为古老的源头，可能是周人在进入文明以前就已遵行的习惯。"③ 把这一论断和上面引用过的摩尔根所说"代表家族的姓氏并不早于文明社会之出现"联系起来思考，就会发现不少值得发掘之处。

考古学和民族学材料证明，物质意义上的私有随着按照性别进行的劳动分工的发展，从个人占有常用的劳动工具，如石斧、弓箭等开始，接着是一些个人装饰品和日常生活用品。

私有观念的出现，在原始社会的葬俗中得到了一定反映。原始社会后期，随着私有观念和私有财产的发展而日益发展的宗教观念，以及体现宗

---

① 参阅〔苏联〕Ю. В. 勃罗姆列依主编《原始社会史·阶级形成时代》（《ИСТОРИЯ Первоьытного Оьщества Эцоха Классооьразованйя》，Ответственный редактор академик Ю. В. Бромлей，Москва，《Наука》），1988，第272页。

② 侯旭东：《中国古代人"名"的使用及其意义——尊卑、统属与责任》，《历史研究》2005年第5期。在第18页，我们可以发现"过去学界长期在土地国有、私有一类土地所有制的框架内认识'名田制'或'名田宅制'，如果结合西周春秋以来人'名'使用情况及使用人'名'的含义，似可以跳出误用西方罗马法以来的'所有'、'占有'、'所有制'等观念的陷阱，在中国古代人'名'使用所体现的一般意义的脉络下去重新理解此制为何被称为'名田宅制'，进而对这一制度的含义做出更贴切的解释"。"'名田宅'近似于一种'责任田'。应该说，此制所包含的关系是难以用来源于罗马法的国有权或私有权等所有权概念来理解和说明的。"笔者认为，把罗马法中的"所有"、"占有"、"所有制"等概念和范畴，说成是"陷阱"，未必妥当。即使是在罗马，"占有"权也是与名分结合在一起的，在长达几百年的时间内，平民与贵族对国有土地的占有权就不一样。概言之，在早期阶级社会中，普遍存在鲜明的等级划分，等级必然表现为"名分"的不同。等级关系必然与财产关系有紧密联系。

③ 侯旭东：《中国古代人"名"的使用及其意义——尊卑、统属与责任》，《历史研究》2005年第5期。

教观念的埋葬习俗，为后人通过研究墓的构建和随葬品的种类、数量，从而了解私有制的发生、演变，提供了可能。

马克思在《马·柯瓦列夫斯基〈公社土地占有制，其解体的原因、进程和结果〉（第一册，1879 年莫斯科版）一书摘要》中，高度注意了柯瓦列夫斯基关于"各种形式的动产是按怎样的顺序变成私有财产"的论述①。

柯瓦列夫斯基作为一位有广阔视野的实证主义民族学家和社会学家，承认人类社会的发展有规律性，曾经批驳法国学者古朗士等关于存在永恒的土地私有制的错误论断②。从 1876 年起，他就和马克思保持着学术上的友好联系。马克思赞同他"根据比较民族学的材料揭示农业公社的过去以及阐述从远古时代起家庭制度发展进程的"努力③。

1879 年夏天，柯瓦列夫斯基把自己刚刚出版的新作送给了马克思。"马克思在阅读该书时，在书中做了许多批注和评语，这些批注和评语后来都反映在摘要中。"马克思之所以高度重视柯瓦列夫斯基的这部著作，是因为"它取材广泛，对公社在不同国家中的历史命运做了比较研究，用新的事实证实了马克思关于人类社会发展的最初阶段即原始公社的实质的结论"④。

柯瓦列夫斯基在书中指出："在游动的而不是定居的远古群的状态下，在只以渔猎为生的民族中，财产（马克思注为还不存在'不动产'）的最古老形式是财产共有制，因为他们在同自然界的斗争中没有协作是不行的；他们只有靠联合起来的力量才能向自然界争得他们生存所必需的东西。""武器和衣服最早成为私有财产的对象。随着时间的推移，私有财产的范围由于个人的私人活动创造的物品为个人据为己有而日益扩大。个人亲手栽

---

① 《马克思恩格斯全集》（第 45 卷），人民出版社，1985，第 209 页。

② 参阅《苏联历史百科全书》（《Советская Историческая Энциклопедия》）（第 7 卷），俄文版，1965，"柯瓦列夫斯基"条；《马克思恩格斯全集》（第 45 卷），人民出版社，1985，第 766 页。

③ 《苏联历史百科全书》（第 7 卷），俄文版，1965，"柯瓦列夫斯基"条。

④ 马克思对待柯瓦列夫斯基的学术著作的严肃态度，就像他高度重视摩尔根的《古代社会》一书一样，乃因为这些著作以新的民族学和历史学材料，"证实了马克思对原始社会的观点和唯物史观"。《马克思恩格斯全集》（第 45 卷），人民出版社，1985，第 IV～V 页。现在流行的一种歪曲的和反对马克思主义基本原理的卑劣手法，就是把马克思主义的不断丰富和发展说成是"晚年的马克思纠正早年的马克思"。

培的树木，他自己'驯养的'动物等，或他用暴力抢夺来的物品（马克思注 [Jus Quiritum!]①），首先是奴隶和妻子，就是这样的物品。"② "要判定在蒙昧人中什么东西是个人财产，必须考察哪几种财物在埋葬死者时必须毁掉。在某些蒙昧人中，只毁掉武器和衣服；在另一些蒙昧人中，还加上死者的男女奴隶，死者的诸妻或一妻；还有些蒙昧人则要毁掉死者栽培的果树和喂养的家畜。"③

我国学者广泛引证了考古资料来说明私有制的产生与发展。王玉哲在《中华远古史》中指出："新石器时代晚期的社会，已经产生了私有制。""家猪是大汶口文化时期人们的一项重要的动产……随葬的猪，应当是墓主生前的私产。这些家畜最初是归氏族所有的，可是，作为一种重要的动产，后来逐渐被有势力的人物据为己有，变成个别家庭的私有财产了。""大汶口二十五号墓有石铲 6 件，玉笋 1 件，臂玉环 1 件，指环 2 件，骨、角、牙器 12 件；一二五号墓有石器 19 件，骨、角、牙器 26 件，陶器 19 件。这些生产工具、生活用具以及装饰品，一定都是墓主生前的私有财产。"④

任式楠在其长篇论文《中国新石器文化总考察和文明起源探讨》中指出："约自公元前 4000 年以后，即从新石器时代晚期后段起，原始社会发生显著变化，在一些先进地区母系氏族社会相继过渡到父系氏族社会，私有制推动下的经济得到较快发展，原始氏族公社迈上了逐步解体的道路，凸现文明起源的历史进程。"⑤

肇始于新石器时代的"私"与"公"的逐渐分离以致后来演变为越

---

① Jus Quiritum 指罗马全权公民的权利。传说的古罗马第一位国王 Romulus，死后被神化而被称为"Quirinus"。由此，罗马人被称为"Quirites"。在罗马的共和制时期，罗马全权公民主要体现在参加罗马国家的政治活动、占有土地的权利和服兵役的权利三者合一。在战争频繁的古代，罗马公民经常参加暴力掠夺。
② 《马克思恩格斯全集》（第 45 卷），人民出版社，1985，第 208~211 页。
③ 《马克思恩格斯全集》（第 45 卷），人民出版社，1985，第 210 页。拉法格在《财产及其起源》一书中指出："个人的财产采取物质的形式出现只限于野蛮人的贴身之物，或者说得确切些就是那些与他结合在一起的东西，如穿在鼻子上、耳朵上、嘴唇上的装饰品。""这些个人使用之物就在死后也不离开它，与死尸体一起烧毁或者一起埋葬。"〔法〕拉法格：《财产及其起源》，王子野译，三联书店，1978，第 36~37 页。
④ 王玉哲：《中华远古史》，上海人民出版社，2000，第 119 页。
⑤ 任式楠：《任式楠文集》，上海辞书出版社，2005，第 116~117 页。

来越严重的相互对立，随着农业、家畜饲养业、游牧业和制陶、纺织、金属冶炼与加工以及服务于宗教和逐渐形成的氏族贵族的生产奢侈品和礼仪用品的手工业，还有营造住宅、神庙、防卫设施的建筑业的发展和出现，商业应运而生。这一切都为私有制的产生和发展创造了条件。生产领域的变化，又与社会组织、婚姻形态、家庭结构和观念、意识的变更相互影响。总之，私有制的产生和发展既是一种不可抗拒的历史潮流，又在多种矛盾冲突中，表现出纷繁复杂的无数过渡形态。为了正确认识和理解延续数千年的私有制取代公有制并且成为社会经济中占主导和支配地位的所有制形式的漫长历史，我们在高度重视揭示世界历史发展统一规律的同时，必须十分小心地考察不同地区、不同人群中显现出的历史偶然性，不能抓住一点、无限夸大、以偏概全，一定要努力做到"具体问题，具体分析"。

马克思高度重视田野农业出现的条件和巨大作用，在路易斯·亨·摩尔根《古代社会》一书的摘要中，他写道："家畜以其畜力补充了人类的筋力，它是具有极大意义的新因素。后来，铁的生产提供了装有铁铧的犁以及更为合用的锹和斧。由于这类工具的出现，并且在以前的园艺的基础上，便产生了田野农业，从而第一次提供了无限量的食物……在田野农业出现以前，地球上任何一个地区都很难发展到五十万人一起生活并处在一个管理机关领导之下。"①

要正确理解整个原始社会后期私有制产生和演变的历史，我们必须高度重视 20 世纪之内，全世界的考古学家在研究农业起源以及农业发展与其他生产部门的相互关系上的巨大成果。

20 世纪下半叶，学者们已经很清楚，最古老的农业大都产生于极为肥沃的、地下水源丰富的、易于灌溉的地区。而且，农业的发展与许许多多的自然因素，如最早栽培的作物产量、气候条件等密切相关。研究表明，由于土壤、气候条件和耕作方式的不同，并非任何时候，人工灌溉都有明

---

① 《马克思恩格斯全集》（第45卷），人民出版社，1985，第336页。宋镇豪在《夏商社会生活史》中指出："距今约 7000～5000 年左右，华北中原地区人口增长处于蓬勃发展阶段，出现了许多数百人聚居在一起的大型氏族共同体村落。""夏初'千八百国'，总人口约 240 万。"宋镇豪：《夏商社会生活史》，中国社会科学出版社，1994，第 100、107 页。

显的增产优势①。

在欧洲的东南部和中部，新石器时代农业的高产，已经为人们的长期定居提供了条件。在公元前第 7 千年纪，希腊和美索不达米亚北部就已出现将谷类作物与粮用豆类作物混种在一起的现象。在公元前第 6 千年纪，美索不达米亚的某些地区开始播种单一的作物。在欧洲和西亚，随着时间的推移，农作物的种类日渐增多，已有小麦、大麦、燕麦、黑麦、亚麻和黍等。在俾路支斯坦，铜石并用时代人们就已开始栽培棉花。

在铜石并用时代和青铜时代，园艺业在包括东南欧、中亚和地中海沿岸的许多地区开始出现。公元前第 6 千年纪下半叶，外高加索地区已经开始栽培葡萄，并且栽培葡萄的技术迅速向四周传播。到公元前第 2 千年纪初，葡萄栽培已经遍及希腊、意大利、小亚细亚和巴勒斯坦。从公元前第 5 千年纪的下半叶到公元前第 3 千年纪，人工栽培的水果已经包括李子、石榴、栗子和枣等②。

任式楠在《我国新石器——铜石器并用时代农作物和其他食用植物遗存》一文中，写道："我国是世界上最大的农业起源中心地区之一。根据有关学者对 660 多种世界上重要粮食作物、经济作物、蔬菜、果树等栽培植物的起源中心和种类分布情况的分析，起源于我国的有 136 种，占20%。目前我国各地发现的新石器时代遗址，大部分是以原始农业为其经济支柱的农耕文化遗存。农耕文化是我国新石器文化的主体。这些新石器农耕文化中，普遍存在大量多样的陶器，制陶术早已远离初始阶段，工艺比较进步；其原始农业早已从园艺式的驯化、栽培植物，进入以谷类粮食作物为中心的大田生产……就已有的我国新石器时代的农业遗存来看，内容十分丰富，它是研究整个新石器农耕文化的重要组成部分。我国的新石

---

① 参阅〔苏联〕Ю. В. 勃罗姆列依主编《原始社会史·阶级形成时代》（《ИСТОРИЯ Первоьытного Оьщества Эцоха Классооьразованйя》，Ответственный редактор академик Ю. В. Бромлей，Москва，《Наука》），1988，第 13 页。

② 参阅〔苏联〕Ю. В. 勃罗姆列依主编《原始社会史·阶级形成时代》（《ИСТОРИЯ Первоьытного Оьщества Эцоха Классооьразованйя》，Ответственный редактор академик Ю. В. Бромлей，Москва，《Наука》），1988，第 10～27 页。任式楠：《我国新石器——铜石器并用时代农作物和其他食用植物遗存》，载《任式楠文集》，上海辞书出版社，2005，第 411～412 页。马克思很重视园艺业在农业发展史中的地位，以及它与私有制形成的一定关系。参阅《马克思恩格斯全集》（第 45 卷），人民出版社，1985，第 333～336 页。

器农业，包括耕作方式、农具形制、作物品种、家畜种类、养畜依附于农业等方面，构成了自具特点的原始农业体系，在世界原始农业史上占有突出的地位。"① 在《中国史前农业的发生与发展》一文中，任式楠详细探讨了中国史前农业南稻北粟两大农耕系统的演进史②。

在充分重视 20 世纪世界范围内农业考古的卓越成就的同时，我们必须看到学术界关于农业与游牧业相互关系的论断在 19 世纪和在 20 世纪下半叶是不一样的。在 1988 年出版的《原始社会史·阶级形成时代》一书中，苏联学者指出："游牧生活方式的形成问题迄今仍然极富争议。"③ 大多数专家认为，游牧乃是居民的一种生活方式，在其中，全体居民，或者至少是他们中的大部分，出于放牧的需要而经常迁徙，在他们的经济中，一般情况下，以牲畜或者畜产品交换农产品有着巨大作用。出现游牧生活方式的前提条件在公元前第 6 千年纪到前第 4 千年纪间逐步形成，个别地区还要晚一些。在公元前第 5 千年纪和前第 4 千年纪，西亚的平原和山区出现了采取半游牧的生活方式的人群④。

从有富裕物品到产生可供少数人借以谋取私利的剩余产品，这是一个十分复杂且涉及多个层面的变化过程。这个过程从世界范围看，大约始于公元前 4000 年。

1884 年，恩格斯在为《家庭、私有制和国家的起源》第一版所写的序言中指出："摩尔根在美国，以他自己的方式，重新发现了四十年前马克思所发现的唯物主义历史观，并且以此为指导，在把野蛮时代和文明时代加

---

① 任式楠：《任式楠文集》，上海辞书出版社，2005，第 412～413 页。任文在这里论及的"原始农业早已从园艺式的驯化、栽培植物，进入以谷类粮食作物为中心的大田生产"，涉及的仅是中国的情况，与笔者在前面引述的马克思关于"田野农业"的论述是有区别的。这里提到的"园艺式的驯化、栽培植物"，与上文涉及的西亚和希腊、意大利的栽培葡萄等作物的情况也有所不同。在考察远古时代农业的发展状况时，需要高度重视地区之间的差异。

② 任式楠：《任式楠文集》，上海辞书出版社，2005，第 370～410 页。该文详细讲述了中国是最早栽培水稻的地区这一内容。

③ 〔苏联〕Ю. В. 勃罗姆列依主编《原始社会史·阶级形成时代》（《ИСТОРИЯ Первобытного Оыщества Эцоха Классообразованйя》，Ответственный редактор академик Ю. В. Бромлей，Москва，《Наука》），1988，第 29 页。

④ 〔苏联〕Ю. В. 勃罗姆列依主编《原始社会史·阶级形成时代》（《ИСТОРИЯ Первобытного Оыщества Эцоха Классообразованйя》，Ответственный редактор академик Ю. В. Бромлей，Москва，《Наука》），1988，第 29、30、39 页。

以对比的时候，在主要点上得出了与马克思相同的结果。"① 摩尔根在《古代社会》一书中专设第四编来论述"财产观念的发展"，他写道："对财产的最早观念是与获得生存资料紧密相连的，生存资料是基本的需要……财产种类的增加，必然促进有关它的所有权和继承权的某些规则的发展。这些占有财产和继承财产的法则所依据的习惯，是由社会组织的状况和进步确定和限制的。"② 接着，他指出，在蒙昧人中，"财产的占有欲"尚未在"头脑中形成，因为几乎不存在财产"。只是"在氏族制度建立之后"，才"出现了第一条继承大法，它规定把死者的所有物分给其氏族成员"③。

摩尔根和马克思都十分重视原始社会后期农业发展状况与财产积累的关系，高度重视与农业有关的土地所有制方面的变化。

摩尔根在《古代社会》的第三编第六章"与家族相关的制度的顺序"中，写道："无论怎样高度估量财产对人类文明的影响，都不为过甚。它是使雅利安人和闪族人摆脱野蛮社会、进入文明社会的力量。"④

摩尔根明确指出了随着财富积累而产生人剥削人的可能，也就出现了奴隶制⑤。在谈到原始社会末期出现奴隶制的时候，笔者认为必须明确指出，在独立地从原始社会步入阶级社会的诸民族中，第一个有人剥削人制度的社会，必然是奴隶占有制社会。

首创历史唯物主义的马克思，在阐发社会经济形态依次更替学说的时候，第一次把奴隶占有制社会发展阶段引入人类学术史⑥。

---

① 《马克思恩格斯全集》（第21卷），人民出版社，1965，第29页。
② 〔美〕路易斯·亨利·摩尔根：《古代社会》（新译本），杨东莼、马雍、马巨译，商务印书馆，1977，第533页。
③ 〔美〕路易斯·亨利·摩尔根：《古代社会》（新译本），杨东莼、马雍、马巨译，商务印书馆，1977，第535页。
④ 〔美〕路易斯·亨利·摩尔根：《古代社会》（新译本），杨东莼、马雍、马巨译，商务印书馆，1977，第511页。
⑤ 〔美〕路易斯·亨利·摩尔根：《古代社会》（新译本），杨东莼、马雍、马巨译，商务印书馆，1977，第511页。在这里，摩尔根把所有人剥削人的制度称作"奴隶制"。
⑥ 在否认奴隶占有制社会是人类历史必经阶段的错误思潮泛滥的今天，弄清楚马克思主义创始人对奴隶占有制社会的看法，有十分重要的意义。早在1996年，周怡天在《关于奴隶制社会的若干札记》一文中，就已经十分确切地指出："'奴隶制社会（生产方式）'作为人类历史发展必经阶段的概念，确实是马克思本人直接指出的。"参见胡庆钧主编《早期奴隶制社会比较研究》，中国社会科学出版社，1996，第24页。笔者在《"西方"、"东方"与历史唯物主义》一文中，进一步阐述了马克思、恩格斯与奴隶占有制社会经济形态的关系。

在《路易斯·亨·摩尔根〈古代社会〉一书摘要》中，马克思很重视不同氏族部落间的战争中俘虏的命运。他概括地指出："对俘虏的处理，在野蛮时代的三个阶段中经历了三个顺序相承的阶段：在第一个阶段，是把俘虏烧死在火刑柱上；第二个阶段是杀俘虏以祭神；第三个阶段是把俘虏变成奴隶。所有三种方式都根据一个原则，即俘虏的生命由俘获者支配，这一原则根深蒂固地一直保存到所谓文明时代很晚的时候。"①

在马克思的这段话中，特别值得注意的是：第一，野蛮时代三个顺序相承的阶段中对待俘虏的方式是不同的，只是在第三阶段才"把俘虏变成奴隶"；第二，由俘获者支配俘虏生命的原则产生于野蛮时代，并且延续到文明时代很晚的时候。

为什么在野蛮时代会产生由俘获者支配俘虏生命的原则？这显然与氏族制度的存在紧密相关。氏族制度的原始性以及由此必然产生的封闭性和排他性决定了这种原则的出现。恩格斯指出，在易洛魁人中，"凡是部落以外的，便是不受法律保护的。在没有明确的和平条约的地方，部落与部落之间便存在着战争，而且这种战争进行得很残酷，使别的动物无法和人类相比，只是到后来，才因物质利益的影响而稍微缓和一些"②。这里提到的"物质利益的影响"是发现了把战俘变成奴隶，奴隶可充当增加主人财富的工具。把战俘变成奴隶，目的是增加主人的财富，摩尔根和马克思都看到并且指出了这一点③。

恩格斯以彻底唯物辩证的历史观，深刻揭示了在人类历史发展的一定阶段，奴隶制必然"既为人所公认，同样又为人所必需"的经济和社会根源。他指出："只是在公社瓦解的地方，人民才靠自身的力量继续向前迈进，他们最初的经济进步就在于利用奴隶劳动来提高和进一步发展生产。有一点是清楚的：当人的劳动的生产率还非常低，除了必需的生活资料只能提供微少的剩余的时候，生产力的提高、交换的扩大、国家和法律的发展、艺术和科学的创立，都只有通过更大的分工才有可能，这种分工的基

---

① 《马克思恩格斯全集》（第45卷），人民出版社，1985，第482页。
② 《马克思恩格斯全集》（第21卷），人民出版社，1965，第112页。
③ 〔美〕路易斯·亨利·摩尔根：《古代社会》（新译本），杨东莼、马雍、马巨译，商务印书馆，1977，第511页；《马克思恩格斯全集》（第45卷），人民出版社，1985，第377页。在这里，马克思写道："财产产生了人类的奴隶制作为生产财产的工具。"

础是，从事单纯体力劳动的群众同管理劳动、经营商业和掌管国事以及后来从事艺术和科学的少数特权分子之间的大分工。这种分工的最简单的完全自发的形式，正是奴隶制……甚至对奴隶来说，这也是一种进步，因为成为大批奴隶来源的战俘以前都被杀掉，而在更早的时候甚至被吃掉，现在至少能保全生命了。"[1]

罗马法十分详细地规定了以奴隶主拥有主要财产的所有制的方方面面。以晚出的查士丁尼《法学总论——法学阶梯》为例，其中将奴隶与"土地、衣服、金银"等并列为"有形物体"[2]。在该法典的第二卷第一篇第 17 条中写道："根据万民法，我们从敌人那里取得的东西，立即属于我们所有，甚至自由人也沦为我们的奴隶。但若他们以后从我们这里逃走，重返家园，他们就恢复原来的身份。"[3] 能够以逃走的方式重返家园的战俘，就可以摆脱当奴隶的厄运，这是由沦为奴隶的人构成的"有形物体"，区别于"衣服、金银"等"有形物体"的极为重要的特征。这条法律规定还说明，在奴隶占有制发展的早期阶段，一个人的身份，即他是自由人还是奴隶，是与他生活在本来所属的氏族部落之中还是之外紧密相关的[4]。源于原始社会的氏族部落内外的区分在奴隶占有制社会早期必然长时间地存在，这种情况决定独立地从原始社会转变为有阶级剥削的早期阶级社会，必然是奴隶占有制社会的极为重要的原因。随着沦为奴隶的

---

[1] 《马克思恩格斯选集》（第 3 卷），人民出版社，1995，第 525 页。

[2] 〔罗马〕查士丁尼：《法学总论——法学阶梯》（第二卷），张企泰译，商务印书馆，1989，第二篇第 1 条，第 59 页。

[3] 〔罗马〕查士丁尼：《法学总论——法学阶梯》（第二卷），张企泰译，商务印书馆，1989，第一篇第 17 条，第 51 页。

[4] 罗马法中关于"自由人"和"奴隶"相互关系的一系列规定和解释，值得我们认真分析。查士丁尼在《法学总论——法学阶梯》（第一卷）第三篇中指出："一切人不是自由人就是奴隶。"奴隶"是被我们从敌人那里用手抓来的"。这都说明，最早的奴隶来自战俘。在出现了第一批起源于战俘的奴隶之后，随之也就产生了"出生时是奴隶，或者是后来成为奴隶"这样的情况。而在存在奴隶占有制和自由人中贫富分化的情况下，也就出现了自由人将自己卖作他人奴隶的事。不管是由什么途径变成的奴隶，他都是奴隶主财产的一部分。因此，万民法把人分为三种：自由人、奴隶和由被释放的奴隶变成的自由人。我们要严格区分因原始社会瓦解而必然产生的奴隶占有制度与资本主义时期在西半球出现和存在数百年的奴役黑人的奴隶占有制度，而绝不能把二者混为一谈。关于美国南部奴隶制的形成，可参阅张红菊《试探美国南部奴隶制种植园的形成》，《世界历史》2005 年第 6 期；或廖学盛《从古希腊罗马史看奴隶占有制社会的若干问题》，载《廖学盛文集》，上海辞书出版社，2005，第 189～207 页，特别是第 189～191 页。

人变成奴隶主动产的组成部分，可以说，动产的私有化过程基本上已经完成。

作为自然界一部分的人类的生存、发展始终是与土地联系在一起的。无论是在以采集和狩猎为生的时代，还是靠经营农业、家养畜牧业、游牧业为生的时代，土地对于人类都是极为重要的资源。大地始终是一切财富的源泉和母亲。在动产的私有化过程之中和之后，作为主要不动产的土地很快也变成了私人财产。

第二章　封建土地所有制及其运行方式

　　封建社会是人类历史上继奴隶社会之后普遍存在的一种经济社会形态。它的最基本的共同特征是领主或者地主拥有基本生产资料，剥削和统治不占有生产资料或者只部分地占有生产资料的农民。有些农民是人身不自由，必须依附于领主或者地主，有些是有人身自由的。封建社会作为一种经济社会形态，包括它的所有制形态，在世界各地既有共同的特征，又有一定的差异。我们既不能因为其共同性而否定其差异性，也不能因为其差异性而否定其共同性。以欧洲为例，就采邑制度、分封制度、庄园制度、公地制度、自治城市制度、议会制度、教会制度等来看，这里的"封建"的确不同于许多其他国家和地区的"封建"。但是，如果我们把"封建"当作一种经济社会形态，紧紧围绕拥有生产资料的阶级与受这个阶级支配的劳动者阶级之间的阶级关系来看问题的话，我们就能够发现它与世界其他地方封建社会本质的一致性，因为生产力的发展是从奴隶社会逐渐过渡而来的；社会明显分为占有生产资料和不占有生产资料并受到剥削的两大基本阶级；大地产与依附农民的存在；在内部萌生资本主义的因素，逐渐向资本主义社会过渡等。本书对欧洲封建土地所有制的探讨就是基于这些认识的。

　　封建社会取代奴隶社会的根本原因是社会生产力的发展。罗马帝国晚期，欧洲的生产力已经有了明显的发展。尽管中世纪初期欧洲的战乱严重破坏了经济与社会秩序，但是罗马帝国时代遗留下来的生产力基础，尤其是生产技术，并没有消失。欧洲封建土地所有制，在罗马时代晚期已经有了一些迹象。随着生产力的发展，一些奴隶主放松了他们与奴隶之间的人身关系，给予奴隶一定的人身自由和经营土地的独立性。我国史学界称这样的农业劳动者为隶农。隶农也音译为"科洛尼"（coloni）或"科洛鲁斯"（colonus）。奴隶主依然是土地的所有者，但是隶农对土地也具有一定程度的财产权利。罗马帝国崩溃、日耳曼民族入侵打断了奴隶制社会内部的这一变化。由于国内有关教科书和通史对这一点已经有了充分的介绍，因此本书不再细论。本书着重探讨封建制度和封建土地所有制确立的具体过程，以展示所有制演进的具体性和复杂性。需要说明的是，尽管本书强调整个社会获得安全的强烈愿望是欧洲以封君封臣关系为纽带的封建制度得以确立的直接原因，但本书并不否认以领主占有生产资料、农民受他们支配为特征的封建经济社会形态产生的根本原因仍然是生产力的发展。

日耳曼民族对欧洲大陆以及后来对英国的军事征服和政治统治，采取的是被历史学家称为封建制度（feudal system）的方式。这一方式中维系上下级关系的纽带是土地以及附着在土地上的人。人也是财产。因此，封建制度从一开始就包含了一种新的所有制形式。要了解封建土地所有制，就必须了解封建制度。因为封建制度的产生原因复杂，过程复杂，并且有关的史料还远远满足不了研究的需要，所以有许多相关问题至今仍然不清楚。本书只能在史学界已有研究成果的基础上，努力勾画出一个大致的轮廓。

第一节　封建制度和封建土地所有制的确立

一　封建制的产生

"封建主义"（feudalism）这一术语在 18 世纪才出现。在此之前，人们所说的不是封建主义或封建社会，而是与此相联系的法律和土地制度，也就是领主附庸关系，以及与依附性土地占有相联系的权利、义务体系。

大约在 8 世纪晚期，欧洲先后出现了以地方强势人物为核心的社会政治组织。为免受敌人的侵害，普通居民纷纷投靠当地的显贵，一方面接受他们的庇护，接受其赠予的某种恩惠（beneficium）；另一方面提供各种服务作为回报。托庇于显贵的人变成了领主的"人"。"恩惠"一词逐渐被拉丁语 feudum 取代，其语义的外延不断扩大，既表示母牛、有价值的财产，也表示"采邑"或"封地"，这就是以后封建主义一词的来源。

蛮族入主欧洲后，中央政府软弱，权力分散，成为当时社会最明显的特征。公元 5 世纪起，罗马帝国的废墟上，先后建立起一系列蛮族国家，其中法兰克王国是当时唯一长期存在的日耳曼王国，成为日耳曼蛮族势力的主要代表。到公元 800 年，查理曼统治时期的法兰克王国达到顶峰，后来西方文明的中心地区几乎都统一于法兰克王国。不过，即使是最强盛的时期，它也只是一个十分松散的王国，这不同于罗马帝国，更不同于亚洲和非洲的帝国。查理曼死后，王国的统治力急剧衰落并很快分裂，社会更加动荡不安。日耳曼人实际上是一个拥有武装、占有统治地位的少数人，既野蛮又狂暴，软弱的政府不能有效地约束之。因此法兰克王国经常为动乱所困扰。私人的仇怨往往通过武力方式来解决，一队队全副武装的匪帮在乡村横冲直撞，所到之处烧杀劫掠，无助的罗马人常常成为血腥袭击的对象，日耳曼普通民众同样也不得安宁。

在海峡的另一边，英伦三岛也充斥着暴力和无序。公元 450～600 年，盎格鲁－撒克逊人征服了土著不列颠人，建立起众多的日耳曼人的小王国。据统计，公元 600 年，仅英格兰一隅就有数十个小王国①。这些数量众多的王国或强或弱，都在伺机吞并更弱小的临近王国。7 世纪以后形成了七个较大的王国，10 世纪初步形成英格兰王国。然而，征服、战争和暴力从未停息。一首盎格鲁－撒克逊的诗歌这样说：

> 善良战邪恶；青春战腐朽；
> 生命战死亡；光明战黑暗；
> 军队战军队；仇人战仇人。
> 宿敌战事无休止，
> 夺取土地报冤仇。
> 且令智者细反省，
> 此世争斗竟为何②。

不仅内乱，还有外患。早在 8 世纪晚期，维京人（主要是丹麦人）就不断侵扰不列颠岛。七国时代的许多王国都被丹麦人征服，仅有威塞克斯王国幸存下来。威塞克斯国王阿尔弗雷德（Alfred the Great，871—899）击退了丹麦人的进攻，挽救了威塞克斯，同时也保护了英格兰。丹麦人被迫

---

① 〔英〕肯尼斯·O. 摩根主编《牛津英格兰史》，王觉非等译，商务印书馆，1993，第 68 页。

② 转引自〔美〕哈罗德·J. 伯尔曼《法律与革命——西方法律传统的形成》，贺卫方等译，中国大百科全书出版社，1996，第 71 页。

封建制产生的内部因素之一是罗马帝国晚期大土地所有制和科洛尼制度的发展。这一点不作过多介绍了。这里主要谈谈另一个主要因素，即业已存在的领主附庸关系。这种关系早在法兰克王国时期就已存在，一些学者甚至追溯到塔西坨时代的亲兵制①。罗马帝国解体后个人的联系成为重要的社会纽带，8世纪以后尤为明显。公元732年，查理·马特成功抵御了阿拉伯人的侵犯，收复了被占领土，声名大振，被称为"锤子"（马特的意思是"锤子"）。其成功的原因是引进重骑兵，并将骑士义务和采邑的封授联系在一起，因此他被称为"封建主义的创立者"②。马特废除了无条件分赠土地的制度，推行采邑制，还规定采邑不得世袭，及身而止，而且如果受封者不履行义务或者死亡，有权将采邑收回。显然，封建制最初是与军事需要联系在一起的，是为了有效地维持招之即来的武装力量。

所谓重骑兵，就是拥有一套特定的装备和高大战马的武士。8世纪，东方传来的马镫和马蹄铁的使用，让人能够更好地在马上作战，他们头戴头盔，身穿锁子甲，并使用新式长枪，从而成为重装防御力量。重骑兵的出现使骑兵取代了原来的步兵。同时产生了"职业"军人，他们的唯一职业就是在战斗中为领主服务，因此改变了武装队伍的结构。此前亦兵亦民，所有的自由民既是农民又是士兵，现在由于需要一定的装备和前期训练，军人成了一种职业。职业骑士（knights）需要相应的生活来源、马匹、武器和装备，还需要大量的训练时间。据记载，一匹马的价值是一头牛的6倍，一副锁金甲皮护胸与一匹马价值相当，甚至一副头盔也相当于半匹马。为了拥有战马，并将自己从头到脚武装起来，骑士需要有一定资产的家境，或者有一定资产之人的赞助。在公元1000年，仅一名骑士的盔甲的价钱就可以买一大块农田③。另一种计算显示，11世纪一个骑士家庭大约相当于15~30户农民家庭的财产；也就是说，要采办马匹盔甲和供养一名职业骑士及其家庭，就要耗费领主产业中上述数

---

① 在日耳曼人那里则早有先例。在塔西陀时代，酋长或军事首领与围护在他身边的年青战士所结成的一种关系，被称为亲兵制。这些青年平时拥护首领的地位，战时保卫首领的安全，为首领而战；首领则向他们提供武器、给养，以及一份战利品。孟德斯鸠称其为中世纪欧洲领主附庸制度的来源。〔法〕孟德斯鸠：《论法的精神》（下册），张雁深译，商务印书馆，1987，第304~305页。

② Hugh Trevor - Poper, *The Rise of Christian Europe*, HBJ College School Division, 1966, p. 96.

③ Georges Duby, Robert Mandrou, *A History of French Civilization*, Random House, 1964, p. 43.

目的农民的劳动①。

从此，骑士逐渐拥有了垄断军事的地位，而且通过封臣制度进入土地财产权体系，著名的"骑士领"（骑士的采邑）即由此而来。经过盟誓效忠，骑士也可能被赠予一处封地，成为庄园的领主，同时定期服军役。倘若一个庄园的义务是向某上级提供一个或多个骑士，它就被认为是骑士封地。随着骑士军事意义的增大，10～11世纪骑士领在整个欧洲越来越普遍。还有一部分骑士在领主家服役，随时随领主参战。

骑士和领主的关系，以及领主和他的上级领主的关系，都被称为领主附庸关系，或称封君封臣关系（lord - vassal relationship）。有权势的人保护其他的人，后者成为前者的附庸或侍从。当时还存在不少奴隶，但被排除在这种联系网之外。什么是封建主义？一个有影响的结论是："从字面上说，封建主义可以被认为是一套制度，用于创立和规范臣服和服役的义务……一个自由民（附庸）与另一个自由民（领主），领主有保护和维持附庸的义务。"骑士和贵族一样，在骑马作战方面都训练有素，配有武器、装备、战马，都不从事田间劳作。但他们的区别在于，贵族有爵位，拥有大片地产，而许多骑士只有很少一点土地或者没有土地（没有土地的骑士吃住在贵族家里，在当时并不少见）。作战时，贵族是统帅，骑士必须服从命令，他们的地位处在贵族和农民之间。

查理曼时期，就出现了领主附庸关系，结成这种关系时有个仪式，被称为"臣服礼"，在历史教科书和各种著作里它被无数次地记载和描绘，它还被保留在一些印章和画面上：二人相对而立，封臣脱去帽子，卸下武器，合掌置于领主的双手之间。这便是服从的简单象征。这种臣服有时以单膝跪地的姿势加以强化。先伸出手的封臣发誓效忠，承认自己是他的"人"（homme，homo）。然后双方以唇相吻，表示封臣从此后就变成了领主"嘴上和手中的人"。后来这种仪式又增加了与土地财产权相联系的内容：封臣盟誓效忠后，领主随后将一面方形旗帜、一撮土等东西递交给封臣，象征采邑的授予。臣服礼的形式大概源自久远的日耳曼社会，因为它不带有任何基督教痕迹。后来，可能与基督教的逐渐推广有关，加入了上帝作证的

---

① 〔美〕哈罗德·J. 伯尔曼：《法律与革命——西方法律传统的形成》，贺卫方等译，中国大百科全书出版社，1996，第369页。

宗教仪式：附庸将手置于《圣经》或圣物上，宣誓忠于主人。

起初，土地的授予只是为了换取军役，随着时间的推移，封建义务被延伸，不仅提供军役——通常一年大约 40 天，还在必要的时候出席领主的法庭，为领主提供建议，有时还作为陪审团成员审理涉及领主的法律案件，因为领主的重要附庸可能也是贵族，"同侪裁决"是权利，也是义务。最后，附庸还要提供各种帮助（aids），包括领主的长子封为骑士、领主长女出嫁、领主参加十字军等，领主被俘虏时则要帮助赎身。作为这些义务的回报，附庸获取土地的收入，并对土地上的全体居民拥有司法管辖权。封建契约都以特许状和个人契约的形式记录下来，早期的契约保留下来的不多，如"谨以圣父、圣子和圣灵的名义……我，路易，在法兰西国王的恩典下，向所有在场的人宣布，香槟伯爵亨利把萨韦尼（Savignv）的封地授予博韦（Beauvais）主教巴塞罗缪及其继位人。为了上述封地，主教答应为亨利伯爵提供一名骑士军役、司法服务……还同意未来的主教也履行同样的义务。契约缔结于曼蒂斯（Mantes），1167 年……中书令休记录"①。

领主附庸关系最初不过是调动武力的军事举措，随着时间的推移，特别是到 9 世纪末，欧洲封建制度才显露出它的全部面貌。随着王权日益衰微，政府的行政司法机构形同虚设，大多数领主都在其领地内取得了事实上的司法权和行政权。查理曼的后人仍然宣称对整个王国拥有权威，但他们的话实际上很空洞。在内乱不已、外族肆意侵扰之时，是地方领主在组织抵抗、支撑门面，是采邑庄园制度在运转社会。地方领主对于代表王权监管地方的公爵和伯爵不理不睬。在许多情况下，这些公爵、伯爵本身也是领主，他们和当地领主们一起组成拥有土地和支配附庸的"贵族"（nobles）阶层。公元 900 年，法兰西一些地区就出现了这样的封建政权，他们头上确实还有加洛林王朝的最后几个国王，但很少顾及或问津，他们往往比国王更有实力。"他们将王位的空壳留给国王而自己占取果肉。他们的臣服变为一个虚构，他们的服务也变为一种姿态了。"② 他们依靠军力获得统治权，并且承担起原属中央政府的职能：抵抗外族侵略，维持社会治安，甚至铸造新币，发布律令等。

---

① 转引自〔英〕诺曼·戴维斯《欧洲史》（上卷），郭方、刘北成等译，世界知识出版社，2007，第 294 页。

② 〔美〕汤普逊：《中世纪经济社会史》（下册），耿淡如译，商务印书馆，1997，第 325 页。

总的来看，欧洲封建制分为两个阶段：从 8 世纪到 11 世纪中叶为"第一阶段的封建时期"，从 11 世纪到 15 世纪为"第二阶段的封建时期"。布洛赫写道："总之，有两个前后相继的封建时期，它们彼此在本质特征上截然不同。"① 乔治斯·达比持基本相同的观点，认为 11 世纪是西欧封建制度产生的关键时期，并称在 11 世纪中叶至 12 世纪中叶取得重大进步，在这一个多世纪中，封建主义作为一种制度在整个欧洲得以确立②。

二 封建制和封建土地所有制的推广及"最原始特征"

封建制度中所体现的土地所有制形式很简单，即国王、贵族支配社会最基本的生产资料——土地以及附着在土地上的不自由农民。随着封建制度的扩张和稳固，封建土地所有制形态也成为欧洲主要的土地所有制形态。

公元 843 年，查理大帝的三个孙子订立《凡尔登条约》，法兰克王国分裂为东、中、西法兰克三部分，三个王国互不相属，虽然王系皆属加洛林家族。9 世纪末，西法兰克的卡佩家族兴起，与加洛林家族争夺王位，987 年建立卡佩王朝，取代加洛林家族，改称法兰西（France）王国。

法兰西被认为是欧洲封建主义的中心故土，庄园制和农民依附制先行一步。通常是多层的采邑分封制，从底层向上建立起来；与它互为补充的是极端的领土分裂。到 10 世纪晚期，在法兰西王国有 50 个以上明显的政治分区，最终法兰西公爵领地为法兰西王权提供了中心。卡佩（Capetian）王室最初局限于拉昂—巴黎地区的一块弱小土地，从 11 世纪末起，王权开始加强，但到 12 世纪末菲力二世继位时，仍要面对比自己领地还大的其他领主。如安茹伯爵在安茹、诺曼底、布列塔尼等地拥有大片领土，是法兰西王室领地的 5~6 倍，况且拥有英格兰国王头衔！"卧榻之侧，岂容他人鼾

---

① Marc Bloch, *Feudal Society*, The University of Chicago Press, 1961, p. 60。在 11 世纪中叶以前，封建法和庄园习惯法在很大程度上还处于初创阶段。11 世纪中叶至 12 世纪中叶的决定性变化是封建法和庄园法被挖掘出来，并大体上实现系统化和合法化，通过它们，封建关系和庄园关系的所有方面都获得了自觉的调控。参见〔美〕哈罗德·J. 伯尔曼《法律与革命——西方法律传统的形成》，贺卫方等译，中国大百科全书出版社，1996，第 362~363 页。

② Georges Duby, Robert Mandrou, *A History of French Civilizition*, Random House, 1964, p. 59; Georges Duby, *The Early Growth of the European Economy*: *Warriors and Peasants from the Seventh to the Twelfth Centuries*, London, 1974。

睡?"然而在法兰西国王的身上,一点也看不到东方君主的气魄,他要容忍别人地盘在他眼皮底下安然耸立,非但不能调度其领地的一草一木,而且未经许可不能迈入一步,可见附庸权利之独立!也可见欧洲早期封建权力之分散!后来在法兰西王权的军事进逼下,英王在法领地逐渐易手,但仍然长期保留法兰西南部的阿基坦,双方还竭力争夺富庶的佛兰德地区,导致百年战争,这是后话。

英格兰的封建制是由诺曼征服者从外部输入的。8~11世纪,英格兰遭到北欧海盗的几度侵扰,9世纪,北欧海盗几乎占领了半个英格兰。北欧人定居在最稠密的移民区,如在英格兰东北部建立"丹麦区"。与欧洲大陆发生的情况一样,外敌的军事压力,导致委身制的增长和农民阶层地位的不断下降。在抵抗丹麦人的斗争中,王权的力量加强了,统辖的范围扩大了,村民大多成为半依附性的佃农。诺曼征服后,英王威廉一世将盎格鲁-撒克逊旧贵族的土地大部分没收,自己直接控制全国可耕地面积的1/6和大部分森林,成为全国最大的封建主,其余土地分为5000个采邑,分封给自己的诺曼底亲信。通过土地分封,建立起法兰西式的领主附庸关系。威廉还根据亲信所得土地的多少授予他们贵族称号。一些盎格鲁-撒克逊骑士还保有自己的小块领地,但他们一定要臣服于某一个诺曼大领主。显然,英格兰封建王权比法兰西要强大,而且,由于英吉利海峡的阻隔,因此它也更多地保留了日耳曼因素,这些都对英格兰后来经济社会的发展有着不小的影响。当然也不可夸大英格兰与欧洲大陆的区别。英格兰王权没有常备军,没有齐备的官僚机构,没有全国范围内的规范的岁入,王室甚至长时期没有固定的驻地。与法兰西国王一样,英格兰国王的消费主要来自自己的领地,在非王室领地的庄园里,也难有什么作为。

德意志则在欧洲演绎了另外一种方式。德意志前身是东法兰克王国,分得莱茵河以东地区,疆域大致为现在德国的中西部、奥地利、瑞士和法兰西阿尔萨斯等。公元911年,东法兰克国王路易斯(Louis the Child)无子而终,于是贵族们便推选他们中的一位公爵(加洛林家族的一个远亲)为国王,东法兰克王国也演变成德意志王国。第一任德意志国王加冕后,相当软弱,并无实际力量驾驭强大的部族公爵们。东法兰克人的土地主要是加洛林帝国新近征服的领土,几乎完全位于罗马文化的疆域之外。该地区存在大量的自由农民和部落贵族,一种松散的控制,而没有被组织在严格的封君封臣的网络中，这大概与德意志的经历有关，它没有遭受法兰西那样的灾难。在 9 ~ 10 世纪蛮族进攻的新浪潮中，法兰西三面受敌，备受蹂躏，而德意志人只遭到了马扎尔人的侵略，避免了那个苦难时代中最坏的情况。但是马扎尔人的威胁，还是促使分散且敌对的公爵们选出一位较为有力的国王，因此第一任德意志国王死后，公推出较强大的萨克森公爵为君主。不久，萨克森王朝的奥托一世纠合诸侯，在勒赫菲尔德战役中重创马扎尔人，收复各边区。萨克森王朝（又被称为奥托王朝）成为试图统一这个国家的第一个王朝。奥托雄心勃勃，继承父业继续东侵，还数次南征意大利，一次杀进罗马，解救教皇于危难之中。为答谢奥托，教皇于 962 年为他涂油加冕为皇帝，此即为"神圣罗马帝国"的开始①。本意是封奥托为罗马帝国皇帝的传人，不过徒有虚名，虽然每一任德意志国王都愿意得到"皇帝"的名号，但德皇的统治通常局限在德意志本土，即使本土内也久久没有实现真正的统一。法兰西著名思想家伏尔泰曾这样评价它："既不神圣，也非罗马，更不是什么帝国。"

德意志王权与教权来往频繁，恩恩怨怨。11 世纪中叶以来，德意志王权与教权发生了激烈的冲突，这就是著名的"主教任命权之争"或"教职授权之争"（Investiture Contest）。德意志地方贵族抓住这个机会，在教皇的鼓动下起来反对皇帝，引发了德意志的普遍内战。伴随着无情的掠夺、暴力和无政府状态，一直步履蹒跚的封建制终于在 12 世纪进入德意志，农民阶层陷入了农奴制，封建义务强制实行。另外，贵族附庸始终保持独立的权利，任何形式的君主世袭制度都难以推行。1356 年，卢森堡王朝的查理四世颁布《黄金诏书》，正式规定皇帝由公爵贵族（称为选侯）选举产生。王权相当弱小，形同虚设，各地独立或半独立性质的诸侯国、城市等政治单位多达数百个。

内部秩序失控，外敌入侵，导致封建制或者说欧洲的封建制仅表现为权力分散？这个答案似乎过于简单了。上下几千年，纵横数万里，权力失重，割据不已，社会动荡不安的局面，在世界上不少地区和民族都曾出现过，然而那样的领主附庸关系似乎只出现在欧洲。欧洲的封建制是特定的，

---

① "神圣罗马帝国"存在了 800 多年，直到 19 世纪初才被拿破仑废掉。不过，它在大多数时间都是一个虚有其名的空架子，既无统一的法律，也无行政机构，与罗马帝国也没有什么联系。

版图的分裂和割据仅是欧洲封建制的外在形式，内在的特征大概更有本质意义，布洛赫称其为欧洲封建制的"原始的特征"。对欧洲封建制特征的分析极其重要，舍此，则不能理解西欧中世纪的财产权利体系，也不能理解欧洲封建社会的发展前景。

欧洲封建社会由一张或疏或密的契约关系网组成，连接着王国境内封建主的最高等级和最低等级。一个势力强大的公爵或伯爵通常在理论上是国王的封臣，伯爵或公爵分封自己的附庸，次附庸又可以进一步分封自己的附庸，依次类推，直到最底层，这是一个大致的概念。与其将欧洲的社会结构理解为标准的金字塔形，倒不如说成网状物。汤普逊说："'纺织物'这个词可更好地描写出这一情况，因为诸阶级互相错综地交织着，构成了一个个紧密的社会集团，虽然类型不一。"① 中国史学家陈衡哲也有类似的比喻，她说："他②如罗网一般，能把那个涣散的欧洲社会轻轻地维系着。"③ "轻轻"二字，惟妙惟肖，再贴切不过，既肯定了它的整合力，又指出了统治力度的有限性。

实际上，欧洲封建制发生时不是自上而下进行的，更不是按照某一既定模式运作的结果，而是社会自发的。尤其值得关注的是，欧洲的封建契约是在个人与个人之间单独签订的，领主只对自己直接的附庸有一种关系，对附庸的附庸则无从置喙，所谓"我的附庸的附庸，不是我的附庸"。因此，封建制是垂直的统治，又不是垂直的统治，从社会整体讲是完全不对称的，也是不规则的。例如，从原则上讲，一个人只能效忠一个领主，而在实际上有两个领主的情况十分流行，尤其是 12 世纪以后，一个人效忠的领主越来越多，显然是为了得到更多的封地。13 世纪末，德国一个男爵有领主 20 人，另一个有领主 43 人。倘若同时效忠的两个领主之间刀剑相向，那附庸该如何处置呢？于是慢慢演化出"主君"的概念，你同时可以有多名领主，但只有一个主君，如发生争议，附庸优先为主君服役。可是不久又出现一个附庸有两个或多个主君的情况。总之，欧洲封建制度的统治关系是极其复杂和多变的，关键在于封建契约的个体性。

---

① 〔美〕汤普逊：《中世纪经济社会史》（下册），耿淡如译，商务印书馆，1997，第 381 页。
② 指封建制。——引者注
③ 陈衡哲：《西洋史》，东方出版社，2007，第 130 页。

领主附庸关系是封建制的核心，那么何谓领主附庸关系的本质特征呢？弱者自愿投靠在强者的麾下，请求保护。附庸获得安全（往往同时获得封地），领主获得兵役或劳役，当然也获得了一种人身的统治权，一种政治权力。领主附庸关系从法律和实践层面看，都表现为领主和附庸双方承担并享有一定的权利和义务。西方学者称其为契约关系，似有一定道理。其一，从形式上看，双方都是自由人，各有所求，这种关系的结成是自愿的，而且是两个面对面的个人之间的约定。其二，从内容上看，双方都承担权利和义务，都发誓履行自己的诺言。其三，也是最重要的一点，对约定的束缚也是相互的，"由于行了臣服礼而封臣对封君有多少忠诚，则同样封君对封臣也有多少忠诚"，因此，从原则上讲，如果一方没有履行义务，封君可以宣布他不再是他的封臣，封臣同样可以宣布他不再是他的封君。一方面，领主约束附庸；另一方面，附庸也有权利约束领主。后一点极其重要，它意味着附庸背弃或反抗领主的行为获得了合法性。公元 801～813 年的法兰克王国敕令中说，如果证明领主有下列罪行之一，附庸就可以"背弃他的领主"：第一，封君不公正地奴役他；第二，封君想谋害他的生命；第三，封君和封臣的妻子通奸；第四，封君拔剑向他进攻，企图杀死他；第五，封臣将自己的手交付给封君之后，封君未能向他提供应尽的保护。《圣路易斯法令》（*Etablissements de St. Louis*）中也完整规定了领主和附庸之间的关系：领主和附庸之间的义务是相互的，双方必须以同样的关注来保持它；不履行义务或因为冒犯领主而有罪的附庸将失去他的封地；如果领主拒绝执行法庭的判决，或引诱附庸的妻子或女儿，那么附庸将免于义务[1]。

显然，维系这样的臣服关系是有一定条件的，领主不能为所欲为，一纸定终身。布洛赫指出，"附庸的臣服是一种名副其实的契约，而且是双向契约。如果领主不履行诺言，他便丧失其享有的权利。"人们普遍承认，附庸拥有离弃恶劣领主的权利，这就是欧洲著名的"反抗权"的起点。

欧洲的封建誓约体系是包括国王在内的。一个王国实际上是一个松弛的领地集合体，而使社会联系在一起的纽带是领主附庸关系，一种封

---

① R. W. Carlyle, A. J. Carlyle, *A History of Medieval Political Theory in the West*, Vol. 3, New York: Barnes & Noble, Inc., 1903, p. 26.

"封建制度"一词的最佳定义。20世纪的汤普逊也是这样表述的,"封建制是什么呢?封建制即由个别私人在或大或小的领土范围内,在或高或低的程度上,代表或占有,夺取或行使公共权力的制度。它是由土地贵族,俗人或僧侣,男爵或主教或主持在一定的领土范围内,对那里所有的居民办理行政、执行司法、征收赋税的制度。在这样一个政体里王座只保留了一个空洞的宗主地位(宗主权),只是一个名义上权力,而国王被缩成一个阴影而已。"① 在笔者看来,这样的表述不错,不过,该表述注重该制度的外在形式,而布洛赫和伯尔曼等则道出了它的本质。

从所有制角度看,封建所有制是一种集经济功能和政治功能于一体的所有制形式。拥有生产资料的人当然为他们的统治对象提供了安全保护,但是同时也在奴役和剥夺他们。我们如果仅仅看到保护的一面,而看不到奴役和剥夺的一面,那就是不客观的。一种本质上是奴役性的制度,绝不是什么光明的制度。如果其中有什么光明的东西的话,那也只是与它保留了反奴役因素的发展空间有关。

我们把在不同的财产权利层级上拥有土地的人被称为领主,而把直接的生产劳动者叫作农民。农民大致分为两类,一类是自由农,另一类是不自由农,叫作农奴或者维兰或者其他名字。不自由农中间又分为有租自领主土地的和没有土地的、以纯粹向领主和其他富裕农民出卖劳动力为生的。自由农有租自领主的土地,他们有人身自由,不为领主服劳役。有土地耕种的不自由农,其奴役身份最根本的标志是要为领主服劳役,也叫周工,也就是每周到领主自己耕种而不是出租出去的土地上为领主种地,时间为三四天或四五天不等。自由农在使用权意义上拥有土地这种基本的生产资料、他们自己的劳动力,以及房屋、农具、农用牲口等生产资料。不自由农只在使用权意义上拥有非常有限的土地生产资料,对自己的劳动力只有非常有限的所有权,有数量很少的房屋、农具、农用牲口等生产资料。

那么,领主对不自由农的奴役表现在什么地方呢?首先,是限制他们的自由。他们不能够随意离开庄园,不能够未经领主的同意结婚。其次,是把他们当物质财产转让。领主将一块土地转让给另一领主的时候,可以同时把耕种此土地的农民转让出去。再次,是任意增加他们的劳役和交付

---

① 〔美〕汤普逊:《中世纪经济社会史》(上册),耿淡如译,商务印书馆,1997,第302页。

的各种费用。虽然我们后面将看到，农民的习惯权利一直在限制领主的这些专制任意的剥夺行为，但是毕竟有许多领主一直在违背习惯权利而更多地剥削农民。如收取某条道路的过路费，强制农民把更多的牲口粪便撒在领主的直领地上，延长对年幼继承人的监护期等。领主利用庄园司法罚款权利剥削农民也是臭名昭著的。最后，是其他对农民的野蛮行为。如某些领主野蛮抓捕逃亡农奴。

人们需要安全，安全高于财产，高于自由。为了安全，人们放弃了很多，牺牲了很多。而一旦安全问题不再是头号问题时，人们就会立即要求财产，要求自由。因此，封建土地所有制的生存环境是战争与动乱；而它的衰落环境则是和平与安宁。在这一意义上，可以说，这一制度从一开始就在为自己挖掘坟墓。它的普遍推广，的确在一定程度上维护了社会的安全稳定（只是同以前的战乱状态相比），使社会经济有了相对和平发展的空间，哪怕是局部的、间歇的空间，而在这个空间内发育的不是服从，不是驯服，而是对财富与自由的向往。这种向往导致觉醒，导致不满，导致反抗，最终摧毁了封建制度。这就是历史发展的逻辑。

以上是笔者对封建所有制中领主与农民的关系的分析，下面再对包含在土地关系中的复杂的财产权利关系进行分析。

领主附庸关系的内涵与特征势必影响封建财产关系，后者主要指土地占有关系。在古典罗马法中，如果一个人享有所有权，他就享有占有、使用和处分的全权。其中，所有权和占有权之间有明确的区分，或者说占有权不能脱离所有权而独立存在。在封建制度下，由于领主附庸的权利是各自独立的、相对有保障的，因此他们附加在土地上的占有权利也相对稳固起来。在封建土地保有制中，每一块土地都包含封建等级中上级和下级的权利，也就是说每块土地都要受到两种或两种以上权利的限制。古典罗马法的所有权概念已经无法描述它，因为封建土地保有制中有着可分的利益而不存在绝对的不可分的所有权。如同伯尔曼指出的："事实上，土地不为任何人'所有'；它只是在阶梯形的'占有权'结构中为由下至上直到国王或其他最高领主的上级所'持有'。"[①] 而且随着时间的推移和臣民权利的稳

---

① 〔美〕哈罗德·J.伯尔曼：《法律与革命——西方法律传统的形成》，贺卫方等译，中国大百科全书出版社，1996，第382页。

定增长，财产重心出现向实际占有者转移的倾向。一个实际占有土地、动产或享有权利的人不能由暴力剥夺，甚至不能由合法的所有者剥夺，只要他按照约定履行了义务。在这里，占有的概念扩展了，不仅限于对土地和财物的占有，还包括对权利的占有，西欧为这个转变的概念或者说为这个创新的概念找到了一个新名词，即"seisin"（占有，或称依法占有）[1]。而在罗马法中，没有等同于欧洲 seisin 的概念，与之最相似的是"possession"，后者依赖于所有权。这是西欧中世纪财产权利体系中的一个难点。因此，密尔松不同意将"seisin"看作罗马法中的"possession"，他认为，一定要在封君-封臣关系的语境下来理解占有（seisin）和权利（right）的概念[2]。也就是说，如果不理解欧洲封建制相互的权利和义务关系，特别是附庸一方相对独立并相对有保障的权利，就无法理解附庸对采邑的"占有"何以如此稳定，创造了一个崭新的法律概念"seisin"来表达。

第二节 封建土地所有制与庄园

任何所有制都不仅仅是法律规定。纯粹用法律语言或者政治经济学语言来描述一种所有制，根本无法进入所有制的真实天地，了解或是感受它的丰富的内容。一切所有制都存在于丰富且复杂的生产与生活环境中，我们必须进入这些环境，从经济、政治、文化等方面多角度地去了解它。就本书的主题而言，封建土地所有制的具体内容是什么？领主是怎样行使对土地的高级财产权利的？领主是怎样凭借对生产资料的占有而支配和奴役劳动者的？劳动者对土地和其他财产的权利有多大？劳动者是否具有侵蚀和改变现存所有制关系的制度条件？在封建土地所有制下劳动者是怎样生活和劳动的？要了解这一切，就必须了解当时农村最基本、最主要的生产生活单位——庄园。庄园既是一种经济组织，又是一种政治组织，而且可以说是一种生活方式。

中世纪之初，庄园制度逐渐形成。它对欧洲农村的影响直到近代才结

---

[1] 拉丁词为 saisina。

[2] Joshua C. Tate, "Ownership and Possession in the Early Common Law," in *American Journal of Legal History*, Vol. 48, No. 3, 2006, p. 282.

束，因此欧洲历史学家认为，这种形式的庄园制度存在达千年之久，在欧洲文明中占据重要位置。有史可查的庄园制度产生于 9 世纪，经过了一个世纪的推进，大约到 11 世纪遍布欧洲大地。可以有把握地说，自那时起，欧洲绝大多数人口居住在庄园里。

庄园固然是中世纪经济生活的核心制度，却不是唯一的制度，因为同时还存在传统的村社制度，不论在庄园的经济生活还是社会生活中，人们都可以明显地发现有后者存在的痕迹。作为领主的佃户，他是一个庄民；作为村落的居民，他是一个村社共同体成员。在多元体系的透视中，我们才能更真切地理解庄园制，或者说更真切地把握土地财产关系的实质。

一 庄园

（一）庄园简介

"庄园"（manor）一词，在古英语中表示"厅堂"（hall），一幢又大又好的房子，领主及其一家人的住所，这大概是庄园一词的最初含义。法兰西、意大利和德意志的庄园最初也都意指领主的宅邸（法兰西的 cour、意大利的 corte、德意志的 hof）[1]，或者说都是以领主的住所来表示整个庄园，表示土地的保有权。

关于欧洲庄园的内涵，中世纪的人们似乎更看重庄园概念的经济内容，往往把庄园和地产等同。例如，1086 年英格兰的《末日审判书》中，经常出现"某人领有若干海德（hide）[2] 的土地作为一个庄园（manerium）"的描述，有人认为当时庄园可以和"土地"（terra）一词通用，即指一块单独经营的地产[3]。梅特兰指出，那时庄园的含义和"地产"（estate）差不多，似乎没有一个明确的区分和界定。

近代以来，史学界对庄园概念的认识不断深化。一块地产可以有各种经营方式，中世纪庄园既不是近代资本主义农场，也不像欧洲以外地区的

---

[1] Cour、corte 和 hof 均为庭院的意思。

[2] 土地的丈量单位。

[3] E. Miller, J. Hatcher, *Medieval England-Rural Society and Economic Changes 1086 – 1348*, London: Routledge, 1980, p. 19.

农业模式，欧洲庄园是和一种特定的地产经营方式联系在一起的。布洛赫这样描述庄园，"从面积上看，它是按照使其土地大部分收入直接或间接地由一个占有者掌控的原则而组织的一个地区；从人口上说，该土地上的居民服从于一个领主。"① 显然，布洛赫关于庄园的概念注入了政治含义和社会关系。维诺格拉道夫关于庄园的定义更明确，他认为，庄园应该具有财产的、社会的和政治的三方面功能，它是一块地产，是统治者与被统治者的一个结合体，同时也是一个地方政府②。汤普逊也持类似观点，他指出，庄园是"社会结构中主要的和正规的组织细胞"，是中世纪时代的"土地管理单位"；也是"构成一个所有权兼行政权的单位"③。很明显，庄园不仅是一块地产，也是政治权力单位，还是一个村社共同体。作为一块地产，因为它凝结着各种社会关系和政治权利，该地产的财产所有权呈现极其复杂的画面，任何其他时代和其他地区的财产关系都不可以简单地比照说明。这种极具个性的特征，既表现在社会关系层面，也表现在经济关系层面，二者必须紧密结合，才能真正深入探究欧洲庄园的土地财产关系。

关于庄园是一个权力单位的概念，大概是国人理解欧洲庄园制度的难点，因为我们容易将其认作单纯的经济组织，从而导致一系列的误解，甚至南辕北辙。其实，一百年前，严复在翻译亚当·斯密的《国富论》时就注意到了欧洲庄园的特点，他说在庄园里"民往往知有主而不必知有王"，显然认为庄园的自主性、独立性之强犹如一个个独立的小王国。此外，严复还指出，庄园制是中央政府权力分散的结果，即"王力不足以御临之也"④，这是颇有观察力的。

关于欧洲庄园的起源问题，目前可获得的文献资料很少，其含义又很模糊。一个通常的结论是，中世纪的庄园是某种混合因素的产物，来自罗马帝国晚期的庄园，也来自日耳曼马尔克村社制度。这样的说法都是不错的。倘若我们结合欧洲封建制的形成来理解庄园现象的出现，事情就明了很多。封

---

① Marc Bloch, *French Rural History: An Essay on Its Basic Characteristics*, London: Routledge, 1966, p. 113.

② Paul Vinogradoff, *The Growth of the Manor*, London: George Allen & Unwin Ltd., 1920, p. 307.

③ 〔美〕汤普逊：《中世纪经济社会史》（下册），耿淡如译，商务印书馆，1997，第359~360页。

④ 〔英〕亚当·斯密：《原富》（上册），严复译，商务印书馆，1981，第335~336页。

建制一定有封授封土，庄园本身就是封土，就是采邑。而在庄园内部又形成类似领主附庸关系那样的领主与佃户关系。很明显，庄园制和封建制是中世纪实行的两种互相联系的机制，它们互为里表，相互支撑。

在进入庄园田制这个主题之前，我们应当对庄园的外貌与布局有一个总体印象。按照庄园概念的本意，首先想到的是领主的宅邸。领主的宅邸一般位于庄园的中心位置，包括住宅和仓库，住宅一般又包括卧房、厨房和大厅，仓库往往也是庄园的议事场所，庄园法庭有时就在这里举行。另一个标志性的建筑则是教堂，可以说，但凡庄园或村庄一定有一座教堂。考古工作揭示，在第一个千禧年左右，西欧大地新建了许多教堂，大概与庄园的兴起有一定关联。教堂属于庄园的财产，有的是领主出资兴建，有的则是村民集体出资兴建。如在农民独立性较强的东英格兰地区，11 世纪时期的一些教堂就是由农民共同建造的，主要建在与庄园房屋有一定距离的村庄公共用地上。庄园中心区还有磨坊、酿酒坊等共享设施，照例在领主的控制下。若有溪流，依溪流而建的则是水磨。风磨据说是在首次十字军后始由东方介绍到西欧的，中世纪时尚属稀有之物。磨坊为领主专有，被称为"禁用权"，全村人都必须到这里磨面，并要交出一部分谷物作为使用费，大约为 1/16 或 1/20，各地情况不同。属于禁用的还有面包烤炉和榨酒器，庄园的面包房和酿酒坊也被领主垄断。葡萄酒是当时西欧农家必备饮料，大多自己酿造，而酿造葡萄酒使用的螺旋酿酒器属领主专有，凡使用均须缴费或扣留一部分实物。几乎所有庄园里都会有几个工匠铺和商铺，铁匠、木匠、车轮匠等从事工具和房屋的修缮，屠夫等从事食物加工出售。

再有就是众村民的房舍和庭院。在欧洲的一些农村地区，今天偶尔还可以看到中世纪村庄遗留下来的痕迹：农舍紧密地排在一起，周围是大块田地、绿地，附近是一口公用的井或鱼塘。以村庄为中心，四周被一块块的农田包围，就像原子的内部结构一样，这被称作"原子村庄"。9~12 世纪，这种原子式居住格局越来越普遍，逐渐取代了许多中世纪早期农民居住过的更分散、更不安定的住所。这种"原子村庄"式布局与安全有关，它们往往以教堂或城堡为中心，整个村舍都在它的荫蔽下。

村民房舍的四周是农田，包括领主的直领地和佃户的持有地，它们分布在条状的开垦地上。谷物种植非常重要，是庄园赖以生存的基础。干草是牲畜越冬必需之物，草地同样宝贵，大都分布在溪河两岸，易于水草生长。还有就是牧场，牧场是指刚刚收割完毕，还留有麦茬或草茬的庄稼地和草地，收割毕即对所有村民开放，任各家牲畜自由觅食。再远，则是林地、沼泽和荒地，被称作公用地，位于庄园的边缘地带，领主和佃户依据规则共同使用。庄园的土地主要由领主直领地、佃农持有地和公用地三部分组成，这是理解欧洲中世纪田制必须要知道的。图 2 - 1 是一幅庄园平面图，可以让我们对庄园格局有个基本概念。

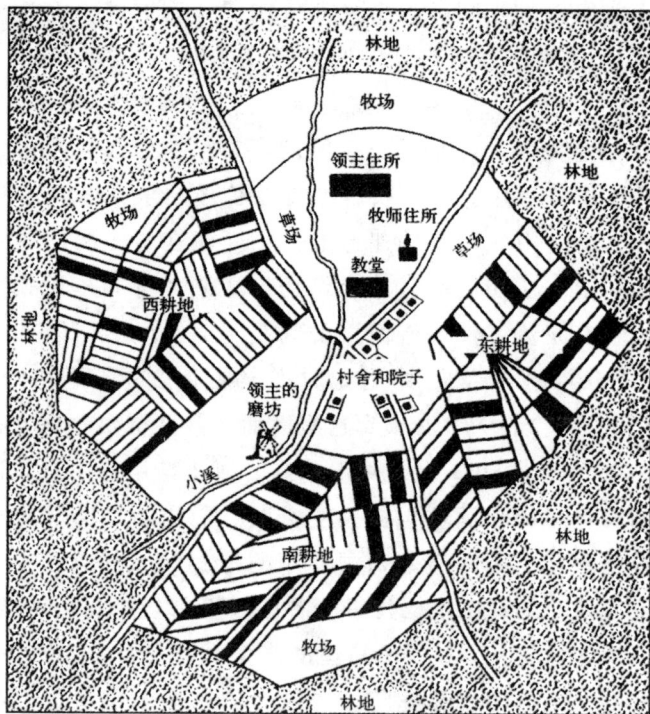

图 2 - 1　庄园典型布局图

图 2 - 1 表明了领主宅邸、教堂、佃户农舍以及磨坊等公共设施，它们构成庄园的核心地带。四周是条状的农田和草地。牧场即庄稼收割后向村民开放的空闲地。再远则是大家共同使用的林地和荒地①。

关于一所庄园的规模，人们难以进行估计，因为庄园大小没有统一的规定，它们之间的面积也相差很大。实际上，任何两个庄园都不是一模一

---

① 〔美〕朱迪斯·M. 本内特、C. 沃伦·霍利斯特：《欧洲中世纪史》，杨宁、李韵译，上海社会科学院出版社，2007，第 171 页。

样的，许多庄园在规模和基本特征方面都存在巨大的不同。而且，欧洲那些远离塞纳河和莱茵河之间中心地带的地方，即使有庄园也很少。在意大利，仍然存在许多建立在隶农制之上的农业，在德意志的中部和东部，则有许多自由小农耕作的土地。

英格兰各地情况也不一样。威廉征服后，1086 年曾对庄园的情况进行普遍的调查，编制了英格兰土地丈量清册，称为《末日审判书》，意指它所记录的情况不容置疑，犹如末日审判之结果①。调查中的提问总以"庄园的名称是什么"开始，而调查记录中总是要注明"某人领有该庄园土地若干海德（hide）"这样的字样，从而为了解庄园的规模提供一个大致的线索。依据《末日审判书》，汤普逊提供了以下统计数据可做参考（见表 2 – 1）②。

表 2 – 1　汤普逊提供的庄园情况

组　别	包含庄园的数量	每一庄园包含农户的数量
第一组	14 处庄园	各有 32 个农户
第二组	14 处庄园	各有 14 个农户
第三组	14 处庄园	各有 11 个农户

如果以每个庄园有 15 个农户且每个农户的租地以 30 英亩计算，每个庄园佃户的耕地面积大约应为 450 英亩。领主的直领地一般占全部佃户耕地的 1/3 ~ 1/2，二者相加，庄园耕地总面积应达到 600 英亩以上，这还不包括草地、森林地和荒地。参照这份数据，再考虑到森林、荒地等非耕地，我们有理由相信一般庄园面积可以达到 1000 英亩的。不少庄园肯定比这个面积还要大得多。此后，英格兰封建地产运动有庄园不断被分割的趋势，这主要是针对王室大地产而言，中小地产仍然保持一定的规模。根据 1279 年的百户区案卷，耕地面积在 500 ~ 1000 英亩耕地的庄园，还被称为中等庄园，

①　1086 年英王威廉一世下令进行全国土地调查情况的汇编，目的在于了解王田及国王的直接封臣的地产情况，以便收取租税，确定封臣的封建义务。全国划分为 7 ~ 8 个区，每个区包括若干郡，按郡、百户区、村的系统了解情况。调查内容包括当地地产归属情况，每个庄园的面积、工具和牲畜数量，各类农民人数，以及草地、牧场、森林、鱼塘的面积，该地产的价值等。调查结果汇编成册，称为《末日审判书》。

②　参见〔美〕汤普逊《中世纪经济社会史》（下册），耿淡如译，商务印书馆，1997，第374 页。

而且未计算庄园周围的公用地①。近代以来，欧洲许多地区保留了旧村庄的界线，而这些村庄就是从中世纪庄园演变来的，其面积很少有低于 1000 英亩的②。1000 英亩相当于 6000 多市亩，可见即便仅仅拥有一个庄园的小领主，其管辖的土地规模也是可观的。一些大贵族，如公爵、伯爵甚至男爵动辄拥有几十处，甚至几百处庄园，其土地资源之阔绰，令人难以想象。

众所周知，村庄（vill）比庄园更古老，而且是庄园形成的基础。二者在地域上是什么关系，一定相吻合么？我们经常看到，一个村庄就是一个庄园，如据《末日审判书》记载，牛津郡的 220 个有名字的村庄中，139 个村庄是与当地庄园相吻合的。而在很多情况下，庄园包含许多村庄。巴黎圣德尼斯修道院在格罗斯特郡的德尔赫斯特百户区持有 7 个村庄，这 7 个村庄构成一个庄园。莱姆斯特庄园包含 6 个不同名字的村庄，总共有 80 海德土地。1066 年，领主直领地雇佣 30 支犁队，佃户 230 人。温切斯特主教的法纳姆庄园以面积广阔著称，据梅特兰估算，该庄园覆盖现在整个的法纳姆百户区，也就是 25000 英亩，该庄园共包含了 6 个村庄。

也有许多例子表明一个村庄分为几个庄园，这种情况在英格兰东部各郡比较多。今天仍然能够看到当时的痕迹，很多村庄的名字都是相同的，只是各自名字的前后缀不同。例如，牛津郡相邻的几个村庄分别被称为 Great Tew、Little Tew、Duns Tew。庄园化以前其实就是一个村庄，最为典型的是诺福克郡的一个村子，包括 Burnham Deepdale、Burnham Norton、Burnham Westgate、Burnham Sutton、Burnham Thorpe 和 Burnham Overy。因此，一个村庄有可能就是一个庄园，或分为几个庄园，或是另外一个庄园的一部分③。

（二）庄园的兴起

欧洲庄园和封建制兴起的背景一样，不是政府立法造就的历史，恰好

---

① E. A. Kosminsky, "Studies in the Agrarian History of England in the Thirteenth Century," *Canadian Journal of Economics & Political Science*, Vol. 3, 1956, pp. 97 - 98; S. H. Rigby, *English Society in the Late Middle Ages*, Macmillan, 1995, p. 45.

② 〔美〕汤普逊：《中世纪经济社会史》（下册），耿淡如译，商务印书馆，1997，第 375 页。

③ Adolphus Ballard, *The Domesday Inquest*, London：Methuen & Co., 1906, pp. 45 - 49.

相反，是与政府权力的衰落密切联系在一起的。在内忧外患、动荡不已的年代，社会上层纷纷结成领主附庸关系，通过标志性的程序和宣誓，一方承诺提供安全和保护，一方承诺效忠和服役。封授指领主将土地授予附庸，有时所谓封授仅是一种形式：附庸将自己的地产交付给他的领主，然后又以接受封地的形式从领主手中取回，从此成为领主的人而受到保护。再看社会基层，人们发现与社会上层有着惊人的相似！在一个充满暴力的时代，农民（即土地的实际耕作者）也纷纷投靠，寻求保护。当维金人或其他武装侵略者袭来之时，是选择失去生命还是失去自由？在这种情况下，对于农民顺从庄园制度可能是个更好的选择，他们接受领主的权威，同时得到领主的保护。

从 8 世纪的加洛林王朝到 12 世纪，这两种保护类型随处可见。农民将土地献给一个领主，再重新取回，但要背上交付钱物和提供劳役的负担。大约公元 900 年前，布雷西亚的萨塔吉利亚土地调查簿上写道，"有 14 个自由人投靠领主庄园，条件是每人每周做 1 天工"[1]。一个农民的土地上交后，只是在庄园土地的大拼盘中占一席之地，其实他的土地原来就是村庄共同体的一部分，现在的田制和耕作方式几乎一如既往，没有什么变化，只是土地的性质和农民的地位有所不同了。领主通常也有自己的保护人（mundium of a lord）。农民寻求保护人和领主作为封臣寻求保护人，都被称为"投靠"（commandise），用同一个词来表示，表明两个层次的人身依附具有同一性。

但二者也有区别，出身较高的人的投靠，及身而止，只限于他自己。一些佃户，如所谓的自由佃户的投靠，也限于本人。而佃户中的下层则不然，因为某种原因，他们献上土地，同时"献上"后代子孙，这就是"继承捐"的来源——继承捐是不自由佃户的一个标记。老佃户死后，其后代承袭土地时要纳捐，以表示继续效忠。这种剥夺了后代子孙选择权的做法显然是与"自由"相悖的，而且他们的负担也更重，因而被描绘成农奴。庄园里的村民都为依附佃户，投靠时因条件不同而分为自由佃户和非自由佃户。在中世纪，自由并不等于"没有主人"，也不等于不受领主和庄园共

---

[1] 〔英〕M. M. 波斯坦主编《剑桥欧洲经济史》（第一卷），郎立华等译，经济科学出版社，2002，第 235 页。

同体的约束，只是表明他自愿投靠一个领主的门下，而且他依附于领主的协议只限于他这一代。

大部分情况是以家庭为单位的投靠，也有集体投靠，整个村子都投靠到某个大人物的翼下的情况随处可见。在集体投靠的情况下，往往全村村民一起沦为不自由佃户。被投靠的大人物不仅在该村有产有势，往往还拥有相邻的或不相邻的其他村庄的地产和佃户。从某个意义上讲，庄园可以理解为许多依附而来的土地聚集起来的大地产。土地是不动产，是否该地区的居民恰好都一致选择投靠某一领主，有无一定程度的压迫和强制？一些资料支持了这样的说法，虽然不是很普遍。例如，圣米西尔（St. Mihiel）教堂的一份合约中，就有关于洛兰村一个寡妇的苦难经历的记载。她出身尚好，拥有一块自己的土地，不曾有过任何负担，但附近一个领主管家却让她为这块耕地缴纳租金，为躲避迫害，女主人只好寻求僧侣们的保护①。

大多数情况下是自愿投靠某个首领。一个村庄有时有若干首领，谁最后成为领主往往经历一个竞争过程。例如，弗里兰斯几个世纪内都没有领主，但从 14 世纪开始，首领权利开始逐渐上升并凌驾于村社之上，尤其在东部地区。他们的势力极为强大，那些成为他们附庸并接受保护的农民被迫为他们工作，替他们打仗，还服从他们的法庭统治。但这种新"王朝"一般都没形成真正的庄园，至多就像近期历史学家所说的那样，是一种"无定形"的东西。从那以后，经济条件和政治条件的发展都不利于这种权力的强化，但至少也形成了一种萌芽状态的制度，一旦条件适合这个制度就会从首领管辖地变成正规的庄园。现在有两个问题应特别留意：首先，大部分这种潜在的庄园主看起来都是比别人富的农民，而且更重要的是，他们是被一些追随者前簇后拥着共同住在设防的领地府邸里的人；其次，就他们的名称而言，同时代人常称他们为"村庄里的首领"，而不是"村庄首领"，因为有时在同一地方，会有几个这样类似的家庭同时崛起，这几个家庭就会处于不断地互相倾轧及至势力最强者最终压倒所有对手的过程中。可以认为，很久以前那些真正的庄园之间，只有财富和力量上的

---

① 〔英〕M. M. 波斯坦主编《剑桥欧洲经济史》（第一卷），郎立华等译，经济科学出版社，2002，第 236 页。

不同，而没有其他区别。简言之，一个事实上的领地逐渐变成了一个法律上的领地。领主只是众人之中崛起的一组人中的一员，他接受了一个又一个人的投靠。因此，一个村庄里能同时有好几个头领，而且他们周围还环绕着许多地位独立的家庭。当然，以上所说的并非都是庄园化村社产生发展的前因后果，民众的投靠也是一种（但不是唯一一种）发展方式。我们在大约1110年的《比格雷的良心》中读到：管理村委会的权利应属于那些本地最好的骑士，即那些家庭力量最大、最富有、最受人尊敬的人。我们也一定不会忘记，弗里斯兰的小村庄根据传统在几个"土皇帝"之间进行瓜分的情况①。

　　采邑制的起源至今仍有争论，不过其基本特征形成于8~9世纪的法兰克。然而，它的推广即欧洲的"庄园化"则经历了极其漫长的过程。西方学者晚近的研究成果认为，直到11世纪，庄园经济才在欧洲占据主导地位，此前没有一种农业经济关系成为主体②。关于庄园最初的形式，人们知道得越多，越发现有所不同。在了解庄园制时应切记，学者们在依据"典型的庄园"来讨论庄园制，他们诉诸的是一种历史的近似性。由于庄园兴起的特定的历史背景，因此完全一样的庄园是不存在的。此外，所谓欧洲中世纪"没有无领主的土地"，实乃一个神话。在远离法兰克王国的欧洲中心地区（塞纳-马恩省河和莱茵河之间），即使存在庄园，也不多见。在德意志中部和东部，一些地区仍有许多自由农民耕种小块土地。关于11世纪的英格兰，伦纳德是这样评价的：当时的情况是，也许没有一个地区那里的土地和农民都组织于庄园之中，但也没有一个地方完全没有庄园③。这个评价大概适用于欧洲大部分地区。当然，例外总是有的，即一些地区从来没有庄园，如尼德兰的弗里斯兰地区、挪威，或许还有瑞典。不过，总的看来，我们说11世纪以后，庄园经济在欧洲农业经济关系中占据主导地位，是没有什么问题的。

---

① 〔英〕M. M. 波斯坦主编《剑桥欧洲经济史》（第一卷），郎立华等译，经济科学出版社，2002，第252页。

② 我国一些教科书曾根据西欧典型庄园的存在，以为9世纪西欧已经是庄园遍地，达到了庄园化，其实是一种误解。

③ R. Lennard, *Rural England*, *1086－1135*: *A Study of Social and Agrarian Conditions*, The Clarendon Press, 1959, p. 236.

二 庄园地产及其管理

(一) 直领地、持有地和公用地

(1) 直领地 (demesne)。在名义上，庄园归领主所有并且整个庄园受其管辖，而实际情况却不那么简单。庄园土地主要由三部分构成，即领主的直领地、佃户的持有地和公用地。佃户因持有这种土地而向领主缴纳货币、实物或提供劳役。佃户提供劳役，解决了领主直领地的生产问题，因此庄园的这两种土地要素关系十分密切，并成为庄园制最重要的基础。法理上，领主对佃户的小块持有地有统辖权，实际上在一般情况下很难染指，而大片的林地和荒地，领主和佃户都有权在上面放牧牲畜和采集燃料。总之，领主有效支配的土地，也就是他可以任意转移和分割的地产，限于领主直接经营的土地，通常称为直领地 (mansus indominicatus, demesne)。

关于直领地的来源，一种解释是，在成为村庄的领主以前，他已经是一块地产的主人，有若干世袭佃奴来耕种他的田地，这就是以后的直领地。庄园的组成是两种土地成分融合在一起，即原村社村民的自主地和"固定在这一村落的领主家产"。中世纪的贵族大多住在城堡内，堡外有吊桥及河沟，为御敌之用；堡内又储有许多粮草、军械，可以支持长期的坚守。离城堡最近的耕地，是领主直接经营的直领地；周围则是投靠的依附农民及其田地。从这一点上讲，笔者认为领主的直领地还有军事上保障供给的意义。这可说明为什么盛行封建制时期的庄园里，领主的直领地从佃农的持有地中被明显地划分出来。有时可发现，领主也占有若干块夹杂在村民条田之间的直领地，这些和整块直领地分离的零星直领地，可能是"原来由领主所勒索的贡赋的残痕"[1]。

直领地主要是耕地，有时也包括草地、果园和菜圃。直领地的大小，每个庄园都不一样。巴黎的圣日耳曼修道院的大庄园，其直领地可达到 250 公顷，而根特的圣彼得修道院，其直领地只有 25 公顷[2]。13 世纪英格兰的

---

[1] 〔美〕汤普逊：《中世纪经济社会史》（下册），耿淡如译，商务印书馆，1997，第 372 页。

[2] 私利奇·万·贝思：《西欧农业史》，第 44 页，转引自马克垚《西欧封建经济形态研究》，人民出版社，1985，第 156 页。

数据表明，大庄园的直领地平均为 416 英亩，中等庄园为 232 英亩，而小庄园为 92 英亩。合成中国市制，圣日耳曼修道院的庄园直领地相当于 3700 市亩有余，英格兰大庄园上直领地的平均面积相当于 2500 市亩，可谓颇具规模。至于领主的直领地在庄园总的耕地面积中所占比例，根据科斯敏斯基的统计，在英格兰的大庄园中，领主直领地占 25%；而在小庄园中则占 41%，几近一半①。《剑桥欧洲经济史》对整个欧洲有一个更为宏观的估计：领主直领地的面积"通常是农民拥有的类似土地面积的 1/3 或一半，有时甚至一样大小"②。

数量的概念很重要，直领地所占面积达到如此比例，使我们产生了这样的认识，庄园在一定意义上指的就是直领地。领主的直领地不仅数量大，而且集中表现了领主的特权，是庄园土地制度的重要标志，是庄园制度兴衰的风标。领主可以直接支配直领地，更重要的是他可以直接支配在直领地上劳作的佃户。直领地上的劳动几乎完全由依附佃户承担，这是一种强制性的劳役。佃农每周定期出工，做领主指派给他们的任何事情。周工是农奴身份的重要标记。

（2）持有地（holdings），又称份地（manse）。庄园佃户占有的土地称为持有地。佃户，主要是农奴佃户定期在领主直领地上服役，同时他还有一小块耕地，佃户的大部分劳动时间主要是在自己的持有地上耕耘。前文已提及，这块土地本来就是他自己的，即原村社村民的自主地（alod 或 alodium），为了在战乱的年代里获得庇护，自己连同小块土地一起投靠领主，从此获得安全，同时也付出了代价。一方面以劳役、货币或实物的形式直接回报领主；另一方面他的家人，甚至他的后代，还有那块土地，都被打上了依附性的印记。由自由民逐渐沉沦为依附农，土地仍然在他手里，仍然由他实际占有和使用，但也被注入了领主的权力，甚至在理论上被说成是领主所有，即这块土地是他从领主那里领有的，土地被称为持有地或保有地（tenure）。按照庄园习惯法，农奴死后其后代继承时，须向领主缴纳继承捐（又被称为死手捐），表示他的后代要再向封建主领受一次才可以继续持有该土地。

---

① E. A. Kosminsky, *Studies in the Agrarian History of England in the Thirteenth Century*, Basil Blackwell, 1956, pp. 97 – 98, 100.
② 〔英〕M. M. 波斯坦主编《剑桥欧洲经济史》（第一卷），郎立华等译，经济科学出版社，2002，第 211 页。

为什么持有地又被称为份地呢？manse 本意是可以供养一个家庭的土地，同一地区佃户的耕地面积基本相等，如同人为分派的一样，一份一份大小差不多，明显存在理想的份地面积。关于份地制度的来源，在全部农业史上，据说没有比它更神秘莫测的体制，也就是说，迄今为止仍缺乏足够的资料对其做出确切和完全的解释。不过"份地"制度以及村社制度确实存在过，甚至到中世纪仍然以某种方式存在，应该是没有什么问题的。

份地在欧洲的普遍存在是确凿无疑的事实。份地的计量单位在欧洲不同地区有不同的名称，在法兰西地区，最常用的词是 mansus；在德意志称胡符（hufe）；在英格兰称海德（hide）；在丹麦又叫波尔（bol）。现代人认为这些词大体上指代同一事物，其背后的事实也相当近似。各地遵循的一个准则是：一块份地一个家庭，即一块份地是满足一个家庭生活所需的土地。法兰西份地（mansus）最初的含义是"房子"，是耕耘者的住所，以后扩展到描写其所附着的土地。显然，这里的份地和一家人的生活联系在一起，manse 是村社大家庭的份地。英格兰份地海德，也是大家庭的份地，人们将英语单词海德（hide）描述为"一个家庭的土地"（terra unius famili-ae）。在盎格鲁 - 撒克逊时期，1 个标准的海德是 120 英亩，这是一个很大的面积，可见当时土地宽裕，家庭规模也大，大概是几代人围绕着一个炉台共同生活的族长制家庭。随着人口增多，大家庭分裂，份地也缩减为较小的单位。中世纪英格兰庄园里佃户的份地单位不是海德，是维尔格特（virgate），1 维尔格特大约相当于 30 英亩。实际上许多佃户份地的面积达不到这个标准，由于人口增加和村民分化等，一批佃户持有半维尔格特甚至更少的土地。半维尔格特（大约 15 英亩）可以养活 4 ~ 5口之家，但如果还要养活 1 ~ 2 位老人的话，供给所需就会达到产出的极限[1]。德意志份地胡符，标准面积为 30 摩根，大约相当于 10 公顷，比英格兰的维尔格特要小一些。《欧洲剑桥经济史》的作者认为，西欧大部分地区份地的平均规模为 10 ~ 16 公顷[2]。

封建化以后，一方面领主和一般村民分别属于法定的不同等级，另一

---

[1] 〔英〕克里斯托弗·戴尔：《转型的时代》，莫玉梅译，社会科学文献出版社，2010，第45 页。

[2] 〔英〕M. M. 波斯坦主编《剑桥欧洲经济史》（第一卷），郎立华等译，经济科学出版社，2002，第 278 页。

方面农民之间的不平等加剧，随之份地的均衡性逐渐被打破。例如，11 世纪时，英格兰米德尔塞克斯绝大多数的维兰佃户占有 1 个份地或半个份地（即 30 英亩或 15 英亩），到 13 世纪时，仍然占有这个面积水准的佃户只剩下 50%，而仅占有 5 英亩及以下的农户竟达到 36%。这还不是份地分化最严重的地区。瑟福克郡某村庄，13 世纪末共有 76 个自由农民，其中 7 户共占有 116 英亩土地，63 户则各占有 2.5 英亩，还有几户几乎没有任何土地[①]。分化与兼并使份地的数额减少，阿尔萨斯的马莫蒂尔教堂的 7 处地产在 10 世纪末包括 173 块份地，而到了 11 世纪初就仅剩 113.5 块了。在弗里默希姆和伯格，鲁尔河上的莱茵兰德地产中，11 世纪中期存在的 54 块份地到 12 世纪末逐渐减少为 38 块[②]。随着时间的推进，份地逐渐减少而且份地的均衡性也逐渐被破坏。

佃户的份地，不论大小，不是连成一片，自成一块耕地、一个体系，而是以条田形式分散各处，与其他农民的持有地错综相间（参见图 2 - 1 "庄园典型布局图"。该图黑色的条田显示出一个农户的持有地是如何分布在整个村庄各处的，这显然是一个富裕的大农）。为什么份地会以"条田"的形式分散在庄园的各处？因为耕地土质的肥瘦、所处地形的高低、距离居住区的远近、耕作便利与否等均有差别，根据村庄共同体均平主义传统，为使村民优劣均沾，势必使每个农户的土地分散在村庄各处。庄园化以后，仍然保持这样的土地分布方式，这再次说明村社共同体曾经存在，且进入中世纪后依然存在，不过是叠加了领主制的成分，用汤普逊的话说，"是有两种土地成分溶合在一起的"[③]。村庄共同体的存在，或者说均平主义的倾向，在庄园公用地的使用上表现得更为明显，也更为典型。

（3）公用地（common fields）。下文介绍公地制度时将详细描述。

（二）直领地的管理

领主直领地的管理，主要依靠领主的庄官。封建化初期，国王和教俗

---

① H. C. Darby, *A New Historical Geography of England Before 1600*, Cambridge：Cambridge University Press, 1976, p. 87.

② 〔英〕M. M. 波斯坦主编《剑桥欧洲经济史》（第一卷），郎立华等译，经济科学出版社，2002，第 278~279 页。

③ 〔美〕汤普逊：《中世纪经济社会史》（下册），耿淡如译，商务印书馆，1997，第 372 页。

大封建主控制着大部分庄园，在那种情况下，一个庄园主一般都占有几个、十几个甚至几十个庄园，不仅数量大，分布的地域也相当广阔。如此庞大的地产经营非借助一个管理体系不可，于是产生了庄官制度，即领主依赖若干层次的庄官对诸庄园进行控制。居庄官之首的是大总管（steward 或 seneschal），一般由有一定身份的自由人承担，有时甚至由骑士或领主的亲属担任。大总管代表领主督察各庄园的经营，主持各庄园的法庭和负责领主年终岁入。大总管报酬较高，如 1300 年伯卡姆蒂德的大总管年奉高达 15 镑 6 先令 8 便士，此外还有两百件罩衣和一些干草、木材等实物报酬[①]。不过，如果拥有十几个或几十个庄园的大领主仅设一个大总管，难免不得首尾相顾，他还必须按地区再设若干总管（bailiff 或 sergeant），每个总管分管几个庄园。在大总管无暇顾及时，总管要代表领主主持庄园法庭，并监督和协助庄园的具体管理，其中还要帮助编制庄园账簿以备年终领主查账官的核检等。总管一般也由自由人担任，报酬虽然低于大总管，但也是可观的，并主要以现金支付。

实际管理庄园事务且与农民生活接触最多的庄官是庄头。庄头一般都是土生土长的本乡人，在中世纪法学家看来，凡曾做过庄头的人无疑是农奴身份。然而小农还无资格出任，庄头一般由家境殷实、办事练达的大农担任。庄头的报酬，大多额外占有一些保有地，同时减免一定的赋役，因而庄头的生活水平与一般佃户相比还是较高的。14 世纪末，一个庄头因故出逃，他留下的财产可当作某些提示。他的耕地面积不仅大于一般佃户，而且亩产量比领主直领地产量还高出近一倍[②]，由此可见庄头的一般经济状况。庄头的主要工作是管理领主直领地的生产和经营，事无巨细，颇为繁杂。庄头是监工，每天都要分派和监督佃户劳动，定期向庄园仆役分发食

---

① H. S. Bennett, *Life on the English Manor: A Study of Peasant Conditions, 1150 - 1400*, Cambridge: Cambridge University Press, 1937, p. 164.

② 沃里克郡伍斯特主教的哈姆普顿·劳瑞庄园的庄头叫沃特。他在 1377 年从庄园出逃，大概是因为欠领主债务过重，高达 20 英镑。沃特有一块全份地 30 亩，另外还额外多占一块土地，因此他的播种面积比较大，共有 36 英亩。其中 16 英亩播种冬季作物（8 英亩大麦、8 英亩裸麦），20 英亩播春季作物（7 英亩豆类、12 英亩青草、1 英亩燕麦）。作为一个管事，他只交很少的租金，而且从其他方面看，他也属于日子过得较好的一类农民。这可以用他耕地上的产量来说明，他耕地上的亩产量比领主直领地上的亩产量高出近一倍。参见 R. H. Hilton, *The English Peasantry in the Later Middle Ages*, Oxford University Press, 1980, p. 42。

物；庄头是庄园大宗商品的买卖人，他要从外面买进直领地生产所需物品，并将直领地所产粮食、牲畜和羊毛在当地市场以最好的价钱出售；庄头还是庄园的会计，他制定庄园账簿，收取租税，接受检查。此外他还负责接待巡行的领主和大总管、总管等庄官。

其实，庄头还有一个非常重要的身份，就是领主与农民共同体的中介人，在许多情况下，他同时也是村庄共同体的中枢人物。村庄共同体具有自己的各类管理人员。村庄最高行政负责人，各地称呼不一，在英格兰被称为村头（reeve），在意大利叫长老（priors），在爱尔兰居然被称作王（king）①。他们通常是一些杰出的村民，据《亨利农书》记载，他们还是精通各种农艺的技师。村头熟悉各种情况，对风土人情、耕作习惯、自然条件都了如指掌。庄园制后，村头往往同时成为领主直领地的管家。村庄共同体还有其他一些管理人员，如监察员（warden），其职能主要可分为两类：一类是对经济活动的监督（耕种、放牧）；另一类是对日常生活的监督（尤其是修路）。又如十户联保负责人（head of the frankpledge）、村警（constable）、法庭制定村规的监督员（burleymen，或 by-laws men）等。此外，还有牧羊人、林务员、巡夜者（watchman）、水塘看管人、验酒师以及临时差役等，这些人大多是在庄园法庭上推举产生的②。

了解村庄共同体与领主及上级权威的关系，有助于我们进一步认识村庄共同体，也是理解庄园地产管理的核心问题。庄园化以前，村庄共同体已经存在。以英格兰为例，诺曼征服前，王权以下形成了郡—百户区—村镇三级行政管理体制，每一级都有相应的行政长官和会议，即郡会议、百户区会议和村民会议。村镇具有较强的自治性和独立性，除了每年两次的郡法庭巡回审判会和每月一次的百户区法庭审判会需要村镇派代表出席外，其他大部分时间村镇独立行使自己的职权。封建化后也是这样，从国王的角度看，郡以下的行政单位是百户区以及村镇，不是领主统治地（lordships）。戴尔指出，在中世纪英格兰，中央王权以下的地方政治单位，从横

---

①　Caroline Castiglione，"Political Culture in Seventeenth‑Century Italian Villages，" *Inter Disciplinary History*，Vol. 31，No. 4，2001，p. 524. 转引自赵文洪《中世纪欧洲村庄的自治》，《世界历史》2007 年第 3 期。

②　Jerome Blum，"The Internal Structure and Polity of the European Village Community from the Fifteenth to the Nineteenth Century，" *Modern History*，Vol. 43，No. 4，1971，p. 562.

向关系看，是由郡共同体、镇（borough）共同体和村庄共同体构成的①。中央政府的税收，无论是 1198 年卡路卡奇的征收，还是 1297 年赞助金的征收，都是以百户区为单位并在村庄共同体协助下进行的。爱德华一世开征赞助金时，每个村庄要选择 2~4 名公正男性村民评估本村居民的财产，作为征税之依据。村庄共同体还需负责招募士兵，维护本辖区道路和桥梁的畅通。中世纪中晚期，随着村庄共同体的活跃，征税方式发生了改变，不再是由政府分派人挨家挨户征税，而是把整个村庄作为一个征税单位，评估出一个总额，然后由村庄共同体根据每户财力进行摊派。1332 年，亨廷顿郡的海明福德村庄被确定征收 36 先令税款，村庄开始分摊给每个村民。具体工作要由推选出的估税员来完成，结果该估税员托马斯·乔丹受到指控。庄园法庭陪审团指控托马斯·乔丹行贿王室税收员并有贪污行为。"经王室税收员曝光，该托马斯贪污了从村民那多征收的一大笔税款——近 40 先令。"托马斯被判有罪，同时还要把多征税款交予"村庄共同体来使用"。陪审团称他是一个"马屁精，一个让整个村庄都讨厌的人"，并处罚他 40 先令②。从此事例一方面看出村庄共同体的民主性，任何公共事务都在全体村民的监督之下，并通过法治程序使其行之有效；另一方面显示出村庄共同体已经是政府税收的基本单位，从而更加突出了村庄共同体在地方基层组织中的合法地位和重要作用。

很多庄园领主也间接或直接地承认了村庄的自治地位，村农在地产管理一类重大公共事务中有重要的参与权。贝福德郡某村庄包含两个庄园，在 1173~1174 年的封建内战中，村民相互侵占土地，造成地界混乱。于是，由村庄共同体出面，全体村民都交出土地，在二位领主在场的情况下，重新丈量和分配土地③。可见村社共同体的权威性，在某些情况下领主也不能与之比肩。另一个例子则非常具体地说明了村庄共同体的独立性，它可以与领主平等对话。1058 年，某地（Nonantola, Emilia）的修道院长与该地全

---

① Christopher Dyer, "The English Medieval Village Community and Its Decline," *British Studies*, Vol. 33, No. 4, 1994, pp. 409 – 410.

② J. A. Raftis, *Tenure and Mobility: Studies in the Social History of the Medieval English Village*, Pontifical Institute of Mediaeval Studies, 1964, p. 252.

③ E. Miller, J. Hatcher, *Medieval England-Rural Society and Economic Changes 1086 – 1348*, Longman, 1978, p. 104.

体居民签署协定：居民们为他建设 75% 的围绕城堡的城墙。作为回报，领主保证本人及其继承者和下属不逮捕、攻击、惩罚或者谋杀任何居民，不强夺其货物，不毁坏任何房子——除非依据法律。他们及其继承人不可染指居民的个人财产、土地、树木、草地。任何一方如果破坏协议，都要被罚款。修道院长及其继承人罚款 100 镑，村民依贫富程度罚款 3 镑、2 镑或者 20 先令不等。有时，村庄共同体甚至可能干涉本该由领主决定的事情。1116 年，某地（Guastalla, Emilia）居民从领主那里获得一项特许权利：未经过全体村民的同意，领主不得转让承包①。也就是说，领主转移自己的采邑，也要经过自己依附民的同意。当然这是个别事例，但也足以说明依附民不可小觑，不管是自由民还是农奴，因为他们已经不是单个的个人，而是有着共同信念和目标的合法团体。罗赛讷指出，自中世纪晚期起，村庄共同体经常会有自己的印章。有时，村民们甚至佩戴作为村庄标志的盾形徽章。在某些地方，甚至还有本地的旗帜。村庄也是法人，有权提起诉讼，村庄共同体经常作为当事人参与审判②。

许多庄园领主承认，甚至主动授予一些村庄自治权利。在一些地区，领主所要求的捐纳、服役等不直接面对每一个佃户，而是由村庄共同体集体承担。因此，共同体必须与领主谈判土地保有事宜，以及定期延租事宜，还负责在村民之间分配这些义务和租金，将之交给领主。例如，在英格兰著名的某王室庄园（Kingsthorpe in Northamptonshire），13 世纪，村庄共同体用 60 英镑租下了整个庄园，包括其司法权。当某些领主根据 1236 年的《麦顿法》要圈占村庄的部分荒地时，共同体能够以交付罚金或者每年交租金而保有这些公共地。又如，1294 年，贝克郡某村庄共同体（Brightwalton）曾就公用地问题与其领主进行谈判。领主（修道院院长）同意僧侣们独占一块以前的公用林地的放牧权，但作为交换条件，领主宣布放弃僧侣在另一块土地和林地的放牧权，以补偿农民③。就这类问题与领主讨价还价，使

① Susan Reynolds, *Kingdoms and Communities in Western Europe, 900 - 1300*, Oxford: Oxford University Press, 1984, pp. 115, 126, 131 - 133, 136.

② Werner Rosener, *The Peasantry of Europe*, translated by Thomas M. Baker, Basil Blackwell, 1994, p. 160.

③ Christopher Dyer, "The English Medieval Village Community and Its Decline," *British Studies*, Vol. 33, No. 4, 1994, p. 411.

人们联想到存在一个虚拟的也是实在的共同体土地财产权。

（三）对庄园地产权利结构的分析

对庄园地产权利结构进行分析，我们可以发现三层含义：其一，在欧洲大部分地区被称作"庄园"的经济社会组织中，地产的核心部分是领主的直领地以及佃农在直领地上的劳役。因此，领主直接经营的地产享有最高特权，如保证佃农定期、按时到直领地上劳作；收割季节每户优先为领主收获庄稼；要到领主控制的磨坊和酒坊磨面和酿酒，以保证领主垄断性的商业收入。一些地方还规定森林狩猎和池塘捕鱼是领主的特权，别人不可僭越。为了保障领主直领地上劳动力的供给，佃户不得随意迁徙，与此相关的另一项规定是不可随意外嫁。这些规定在庄园法和村法中占有明显的位置，违反这些规定的行为都会受到法庭的指控和处罚。这些规定往往是以下列方式通过的，"全体村民一致同意"，或"自由的和依附性的全体佃户命令"，或"领主和佃户命令"，但它们强调的是保护领主的财产权。

其二，在庄园里，领主的财产权是重要的，然而不是唯一的，与其交叉在一起的还有村庄共同体或被称为农民共同体的财产权，二者既对立又有一定的合作基础。庄园里普遍实行的敞田制，突出表现在强制性轮耕和强制性公共放牧，还有村庄边缘的荒地和林地等，村庄共同体对它们拥有无人挑战的管理和支配权，并且受到法律的保护。庄园法和村法中保护秩序和全体佃户权利的内容占据了大量篇幅。共同体不是凌驾于全体村民之上，相反，任何公共事务都是在全体村民的监督之下，并通过法治程序使其行之有效，共同体在相当大的程度上是村民的代言人，"是通过参与集合的实体（collective entity）来定义个体"。因此，如果说存在一种公共财产权的话，那么一定是可以分割的财产权，如同封建财产权可以分割一样。封建财产权不能用古典罗马法解释，也不能用现代的所有权概念来说明。前文已谈及，因为领主附庸关系的原始契约因素，产生了最早的权利观念，即有领主和附庸各自独立的权利，具体到某个采邑，其上既附着领主的财产权，也附着附庸的财产权，并出现实际支配权逐级向附庸转移的趋势。领主和共同体财产权分别来自不同的主体，二者冲突不断，但是在财产权利可以分割这一点上，二者却有暗合之处。这正是领主和村庄共同体共同管理庄园的基础。领主要保证直领地的利益，同时也接受轮耕制和公共牧场，当领主在这片敞田上拥有一块田地时，这些村规也将关系到领主的利益，他也就成了村庄共同体的一部分。领主是统治者，但是他的利益却不是至高无上的。从这一点上讲，存在一个广义的共同体，即庄园—村庄共同体。

其三，权利意味着自由和自主，权利分割一定产生权利博弈，因此在更多的情况下，村庄共同体财产权与领主财产权处于紧张状态中。为什么会产生敞田制，据说是与当时低下的生产力相一致的，是共同承担风险的一种方式，因此村庄共同体天生有均平主义倾向。共同体保护公共放牧权，保护个人的条田及劳动成果不受侵害，保护大家都认为每人有份的荒地、林地和沼泽，其结果主要是保护了农民，保护了占绝大多数的佃农弱势群体。在很多情况下，是抵抗了领主，抑制了领主的贪欲和权力膨胀。对付一个农民容易，但是对付全体村民就不那么容易了。我们已经看到，农民共同体与领主在法庭内外的对抗是相当普遍的，也是成功的。可以推断，这种情况，不仅有利于农民个体的发展，也有利于私人财产权利的产生和发展。

农民因持有一块土地而与领主产生封建保有关系，佃户土地和领主直领地是庄园地产的两大土地要素。在上述制度框架下，农民的社会地位如何？他与土地的关系处于什么状况？他能否在不断改善物质条件和精神条件的过程中推动庄园的财产权利体系走出中世纪呢？

第三节　庄园里的公地制度

直领地虽然由领主直接管理，但是它的耕种方式如何？另外，直领地之外的庄园土地法律上也是属于领主的，那么这些土地的耕种又由谁来负责管理？并且到底是以什么样的方式耕种的？不自由农民人身半属于领主，他们由谁来管理？封建土地所有制在这些问题中表现出复杂的社会特征。在西欧大部分地区，土地的耕种和放牧层次也就是农民的劳动层次，是通过公地制度来具体运行的。而所谓公地制度，从管理学角度看，就是村庄共同体的自治制度。下面我们来考察在封建土地所有制和公地制度下农民的生产劳动情况，尤其是他们的土地权利情况。

一 公地制度简介

布洛赫对中世纪乡村田野的描绘是：在法兰西，在卢瓦尔河北部及勃艮第平原上的最发达地区，着大型的村庄，开阔的原野，以及通常按"弗浪"分隔的狭长并列的条田。这样与众不同的村落面貌令人无可置疑地相信，对这片土地的最早占领是经过精心设计的①。

这就是我们将要详细探讨的中世纪著名的"公地制度"或者"敞田制"②。公地制度（common field system）是一种曾经在欧洲农村长期、广泛存在的土地制度和生产制度。这一制度的最后消失地是在法国，时间迟至20世纪60年代。

那么，什么是公地制度呢？公地制度的内容在各地之间有一定的差异。最典型的包括以下要素。第一，所有耕地（既种庄稼，也种草和其他农作物）都划分成面积大致相等的长方形田块，叫作条田（strip），各户的每一块条田都必须与邻人的条田相邻。第二，在庄稼收割之后，耕地上留下的庄稼茬（麦穗以下部分）对全体共同体成员的牲畜开放。第三，共同体成员，按照一定的条件，集体使用耕地之外的荒地、林地、牧场、沼泽等公共地。第四，有协调管理关于耕种和放牧的共同的规则。第五，有执行这些规则的机构，它们一般是庄园法庭或者村民会议③。

英国著名的公地制度专家琼·瑟克（Joan Thirsk）曾下过一个定义。现全文引述，以供参考。"它由四个要素构成。第一，耕地和草地在耕种者之间分为一些长方形的条田，每一耕种者可以占有分散于田野各处的一

---

① 〔英〕M. M. 波斯坦主编《剑桥欧洲经济史》（第一卷），郎立华等译，经济科学出版社，2002，第 243 页。

② 瑟克认为，公地（common field）指在公地制度下使用的土地；敞田（open field）受集体管理，但不受公共放牧权支配。但是，Titow 认为两者是一回事。Joan Thirsk，"The Origin of the Common Fields," *Past and Present*，No. 33，1966。

③ 关于公地制度的定义，是有不同看法的。可以参见 Joan Thirsk，"The Common Fields," *Past and Present*，No. 29，1964；J. Z. Titow，"Medieval England and the Open‐Field System," *Past and Present*，No. 32，1965；Sir William Holdsworth，*A History of English Law*，London：Methuen & Co. Ltd.，1942，p. 73。

些条田。第二，在收割之后和休耕季节，耕地和草地都对公地集体成员（commoners）开放，任其共同放牧其牲畜。在耕地上，这必定意味着人们遵守某些关于种植庄稼的规则，以便春播和冬播的庄稼能在错开了的土地（弗隆①）上生长。第三，有着共同的牧场（pasturage）和荒地，条田的耕种者们有权在其上放牧牲畜，拾取木料、泥炭以及可能得到的其他物品，如石头和煤。第四，所有这一切活动均由一个耕种者会议管理。在中世纪大多数地方，这一会议就是庄园法庭，或者——当一个以上的庄园聚于一个镇上时——村庄会议（village meeting）。"②

西方一些历史学家认为，公地制度是一种土地所有制，或者是一种财产制度。著名法律史专家霍兹沃斯爵士（Sir William Holdsworth）说，公地制度是介于近代独立的、个人的财产概念和几乎不承认私有财产概念之间的一种土地所有制③。麦克弗森指出，在前资本主义时代，一个人的财产一般被视为一种对某种收益（revenue）的权利，而资本主义时代则把财产视为对某实物（material thing）的权利，甚至或者就是此实物本身。在前资本主义时代，存在着"共同财产"（common property）④。这里的"对某种收益的权利"，以及"共同财产"，都包括了公地制度的财产特征。因为公地制度下，每一户的土地都不断地更换，但是每年每户都能够从不同的地块中获得大致相同的收益。如前所述，研究英国农奴制度、庄园制度的著名专家维诺格拉道夫（Paul Vinogradoff）指出，11世纪英国的《末日审判书》表明，"由镇人民会议制定的村规"，"强调共同体的所有制"⑤。这说明他也是把公地制度看作所有制的一种形式。学界一般认为，从中世纪直到20世纪早期，俄国长期存在的农村公社在土地的集体使用方式上，很类似于西欧的公地制度。那么，俄国农村公社的土地所有制结构有什么特点呢？

---

① 弗隆，英国长度单位，等于1/8哩或者201.2米。——引者注

② Joan Thirsk, "The Common Fields," *Past and Present*, No. 29, 1964.

③ Sir William Holdsworth, *A History of English Law*, London: Methuen & Co. Ltd., 1942, pp. 73, 401.

④ C. B. Macpherson, "Capitalism and the Changing Concept of Property," in Eugene Kamenka and R. S. Neale, eds., *Feudalism, Capitalism and Beyond*, The Australian National University Press, 1975, pp. 105 – 106.

⑤ Paul Vinogradoff, *English Society in the Eleventh Century*, *Essays in English Medieval History*, Oxford: The Clarendon Press, 1968, p. 401.

一般认为，直到 19 世纪中叶，90% 以上的俄国农村土地是由共同体，而非个人拥有[1]。

马克思评论公地制度"是一种在封建制度掩护下保存下来的古代日耳曼制度"[2]。如果我们认识到古代日耳曼的土地制度还具有原始社会公有制的特征的话，那么从马克思的这句话里，我们可以认为他是注意到了公地制度下对土地的财产权利的公共性的。

研究公地制度的专家一般都认为，公地制度比封建制度更加古老，村庄自治早于领主和国家对这种自治的利用，这主要是由农业的理由（公地制度）造成的[3]。庄园现存的资料已经无法证明自由土地与维兰土地的区别是如何形成的。公地共同体成员对公共地的权利的唯一来源便是庄园习惯，既不是国王法律，也不是领主授权。这也就意味着，封建制度在欧洲诞生之后，它面临一个与农民原有的集体生产生活制度衔接的问题。一般来说，这种衔接方式表现在两个方面：一是公地共同体对领主土地集体租赁，对附着在土地上的对领主的义务集体承担；二是领主自己直接耕种的土地以及共同体租赁领主的土地，都纳入公地制度。

笔者不认为公地制度是一种土地所有制。欧洲封建土地所有制的特征是领主拥有对土地的高级所有权（理论上，终极所有权属于作为最高封君的国王），自由农和不自由农租种他的土地。不自由农对于领主有人身依附关系。公地制度并没有改变领主与佃农之间的这种基本的财产关系和权力关系。但是，这一制度却在诸多方面对封建土地所有制产生了极大的影响。我们在考察历史上的所有制形态时，会发现没有任何一种所有制形态是单一的、纯粹的，它总有着变化的形式、复杂的内容。这既给所有制研究带来了挑战，也为所有制问题的理论思考增添了丰富的内容。从财产权利、所有制角度考察公地制度及其影响，是考察西欧所有制形态从封建主义向资本主义过渡问题的题中应有之义。

---

[1] Werner Rosener, *The Peasantry of Europe*, translated by Thomas M. Baker, Blackwell Publishing Ltd., 1994, p. 168.

[2] 〔德〕马克思：《资本论》（第 1 卷），人民出版社，1975，第 792 页。

[3] Christopher Dyrer, "The Engilsh Medieval Village Community and Its Decline," *British Studies*, Vol. 33, No. 4, 1994, p. 415.

二　公地制度与村民自治

在公地制度下，村庄共同体管理生产，同时提供相应的管理人员，如"护林员"（woodreeve）照看林地。"牛倌"（oxherds）、"羊倌"（sherpherds）、"猪倌"（swineherds）、"蜂倌"（beeherds）等，分别照管各农户的牛、羊、猪和蜜蜂。"草地划分员"（meadsman）则负责草地的划分①。它还要负责把村庄中的家畜组织成一群，由共同体所雇佣的公共放牧人来放牧；要规定何时将牲畜赶上山顶的牧场，何时赶下来。有一些地方的共同体或者村官还要负责保留种畜，以便村民的牲畜进行交配。如在瑞士的阿尔高州，每个农户每年都要轮流保留一头种牛②。

经济职能和政治职能实际上是很难分开的，说到底，共同体的公共职能就是一种超越个体的强行支配力，这种力量有时表现在经济活动中，有时表现在非经济活动中，如社会公共秩序的维护和协调。当然村社的这种支配力大多建立在广泛共识的基础上。根据规定，村社负责调整休耕地和草地以及耕地的轮换，监督荒地、森林等公共土地的使用，同时还要维护本村的治安和缉捕罪犯。在英格兰，因为地方治安的需要，村庄共同体负责组织十户联保组检查（view of frankpledge），以后转变为乡村民事法庭（court leet），负责处理较小的刑事案件，它是王室司法系统最基层的法庭。庄园及庄园法庭出现后，在庄园和村庄重合的地方，庄园法庭和村民会议也往往合二为一，因此庄园法庭有村民会议的性质和风格，理应毫不奇怪。十户联保组检查并入庄园法庭，即是一个变通的结合。在庄园法庭档案中，我们时常发现庄园法庭举行十户联保组的检查，或处理小的刑事案件③。这些活动本应在王室巡回法庭指导下由村社共同体来实施，现在落到庄园法庭手里，可理解为中世纪公权到处被私人截取、分割，也可理解为村社和领主的妥协。

---

① Montague Fordham, *A Short History of English Rural Life from the Anglo - Saxon Invasion to the Present Times*, Kessinger Publishing, 1916, p. 13.

② B. H. Slicher van Bath, "Manor, Mark, and Village in the Eastern Netherlands," *Speculum*, Vol. 21, No. 1, 1946, p. 127。另见 Jerome Blum, "The Internal Structure and Polity of the European Village Community from the Fifteenth to the Nineteenth Century," *Modern History*, Vol. 43, No. 4, 1971, p. 542。

③ Z. Razi, H. R. Smit, *Medieval Society and the Manor Court*, The Clarendon Press, 1996, p. 408.

　　村庄共同体有自己的权力机构，那就是村民会议。村民会议比庄园法庭起源更早，延续时间更长。有材料显示，庄园出现以前，村庄就以村民会议的形式治理，会议决定公地的管理，处理一切违规行为①。以后，当庄园和村庄重合之时，庄园法庭就是村民大会。正如维诺格拉道夫所指出的，"庄园法庭是在领主和管家主持下的真正的村庄共同体的集会"②。欧文也认为，"耕作制度以及社会生活是由庄园法庭表达和实施的公共意识所控制的"③。村民会议一般要预先通知开会日期，有时在教堂通知，而有些庄园则由村警或管家、差役到佃户的家里去通知，或者由专门承担此项义务的农民通知。如举行特别会议，在荷兰的德文特省，则是通过公牛的号角来召集的。在德国中部的一些村庄，用一根刻有标记的木棍或者一块金属，一家挨一家地传递以召集村民开会。开会地点没有严格的要求，在德意志，村民大会的地点一般设在村庄的大树下，或者在村庄的果木园里，因为果木园是村庄的共同财产，这里通常是村民聚集的地方，有时还要在这里举行臣服礼，自然这里也就成为召开村民大会的所在地。村庄里的案件审理一般也都在这里举行④。

　　在村庄与庄园重叠的情况下，庄园法庭也就是村民会议，当然也有单独召开村民会议的事例。在一个村庄包含几个庄园的地方，通常是几个庄园的领主和村民们一起组成村庄会议，处理整个村庄的事务，村民会议俨然是村庄的最高权力机构。例如，白金汉郡某村庄（Harlestone）由6个庄园组成，1410年，"在6名领主、6个有身份的居民以及其他品行良好的人与整个村庄的一致同意之下"，村庄做出如下计划：扩大村庄中最小的那块田地；对一块田地加强保护；一些道路要被拓宽，一些新的道路要被设计。为了扩建道路，两个领主要把一部分土地转让给村庄的居民以及村庄共同体。村民大会还选举了9个品行端正的人组成委员会，专门负责重新安置边

---

① Montague Fordham, *A Short History of English Rural Life from the Anglo - Saxon Invasion to the Present Times*, Kessinger Publishing, 1916, pp. 12 - 14.

② Paul Vinogradoff, *Villainage in England: Essays in English Mediaeval History*, Nabu Press, 2010, p. 362.

③ C. S. Orwin, "Observations on the Open Fields," *The Economic History Review*, Vol. 8, No. 2, 1938, p. 135.

④ 〔德〕巴德尔：《中世纪村庄中的法律形式和地产用益的阶层》，第74~76、85页。转引自王亚平《西欧法律的社会根源》，人民出版社，2009，第220页。

界，测量道路，监督农耕以及解决纠纷。这个委员会，要按照多数人投票的意见去行事，而且要通过新的选举来不断延续 9 人委员会。如果 6～8 年之后，上述计划对村庄共同体和上述村民产生了不良影响，那么该计划就将被停止。在这个草案的背面，记录着连续选举 9 人委员会的记录，最晚的时间持续到 1505 年①。又如，在莱斯特郡的某村庄（Wymeswold），有 3 个庄园，大约在 1425 年，那里举行了村民会议，商讨如何处理公用地的问题②。当百户区法庭、郡法庭开庭或国王巡回法庭到来时，不是庄园的代表而是村庄的代表出席法庭会议。如果一个村庄包括两个或若干庄园，则是各庄园分别派出代表，仍然是以村庄为单位出席上述法庭③。可见，即使在庄园时代，村民大会仍然继续在乡村生活中扮演重要的角色。而且，14～15 世纪随着直领地和管理直领地的庄官的淡出，村民会议再次凸显出来。在德意志，"他们举行村民会议讨论具体事宜，他们任命村官以实施管理"，并且制定了许多新村规。在法兰西，也出现了相同的情况④。

村庄共同体的权力运作是有规则的，这些规则大多就是口口相传的习惯、惯例，具有法律效力，谁也不能改变它，被称作"村规"。戴尔说，村庄的"工作和种庄稼都由共同的规则管理"⑤。这些规定几乎涉及公共生产生活所有细节，村民必须照章行事。瑞夫兹指出，村规和敞田制一样古老，遗憾的是，村庄没有留下档案，只有借助于庄园、王廷和教会的相关档案才能窥测其部分踪迹。14 世纪以来，村规在全体村民和领主的协商或认可下不断地被颁布，可见其依然保持旺盛的生命力⑥。在村民会议上，村民们

---

① Joan Wake, "Communitas Villae," *English Historical Review*, Vol. 37, No. 147, 1922, pp. 406 - 411.

② Edward Miller, *The Agrarian History of England and Wales*, Cambridge University Press, 1991, p. 211.

③ F. Pollock, F. W. Maitland, *The History of English Law Before the Time Edward Ⅰ*, Lawbook Exchange Ltd., 1996, pp. 610 - 611.

④ Warren O. Ault, "Village By - Laws by Common Consent," *Speculum*, Vol. 29, No. 2, 1954, pp. 380, 392, 393.

⑤ Christopher Dyer, *Making a Living in the Middle Ages: The People of Britain 850 - 1520*, Yale: Yale University Press, 2002, p. 23.

⑥ J. A. Raftis, "Tenure and Mobility: Studies in the Social History of the Medieval English Village," *Speculum*, Vol. 41, No. 2, 1966, pp. 111 - 112.

共同协商和制定自己的村规，村规较庄园习惯法似乎具有更高的法律权威。

几乎所有有关生产和财产保护方面的村规，在开头都写着"经全体的佃农和自由农一致同意"，或者"经整个村庄共同体一致同意"等字样①。在各种村规中，关于公共放牧权的规定总是占相当大的比重，因为在敞田制下，这种公共放牧权是敞田制的核心内容②。村庄周围除了条田可耕地外，都有一片林地或者草地，是村庄的公共牧场。还有重要的公共牧场是不固定的，与轮耕制联系在一起，三圃制下的休耕地也是牧地。此外，随着村庄中家畜数量的增多，秋收之后在庄稼茬上放牧也成为重要的补充。按照古老的惯例，村庄中每个土地所有者都有权利在秋收之后，播种之前的一段时间内，把他的家畜赶进庄稼茬上去放牧。据说，在庄稼茬上放牧也是为了提高土地的肥力。由于在庄稼茬上放牧十分重要，因此很多的村民没等地里的庄稼运输完毕，就迫不及待地把他们的家畜赶进地里去放牧，这对耕作者的利益，也对村庄共同体的利益产生了很大影响。为此，很多村庄做出相应的规定。例如，贝特福德郡的某村庄（Roxhill）规定，"在田地被清理完毕之前，他们的家畜不能进入庄稼茬里，除非在他们自己的田地里"③。在诺福克郡和汉普郡的村庄同样可以发现这样的规定："在整个村庄的庄稼运完之前任何人都不能到庄稼茬上放牧。""任何的马、公牛、阉牛、小母牛、奶牛或者小牛在庄稼运走之前都不能在田地里的庄稼茬上放牧，除非确保它们被拴好或者有人看守。"④ 到中世纪晚期，这样的村规越来越普遍，这表明畜牧业的进一步发展。因此，有的村庄规定庄稼收割完毕的时间，也就是法定放牧开始的时间。英格兰中部地区的很多村庄都规定，秋收的截止时间为圣母玛利亚诞生节（9月8日）⑤。而其他地方则是

---

① Warren O. Ault, "Villages By – Laws by Common Consent," *Speculum*, Vol. 29, No. 2, 1954, pp. 378 – 394.

② H. L. Gray, *English Open Fields*, Cambridge：Cambridge University Press, 1955, p. 47.

③ Warren O. Ault, *Open – Field Farming in Medieval England：A Study of Village By – Laws*, New York：George Allen & Unwin Ltd., 1972, p. 90.

④ Warren O. Ault, "Open – Field Husbandry and the Village Community：A Study of Agrarian By – Laws in Medieval England," *Transactions of the American Philosophical Society*, New Series, Vol. 55, No. 7, 1965, p. 21.

⑤ Warren O. Ault, *Open – Field Farming in Medieval England：A Study of Village By – Laws*, New York：George Allen & Unwin Ltd., 1972, p. 119.

在圣米迦勒节（9 月 29 日）[1]。有些村庄则临时商定，"经全体佃农一致同意"或者是"经全体村民一致同意"，确定具体日期，并靠敲钟来提醒人们庄稼茬的放牧已经开始[2]。

村规总是兼顾本主和邻居的利益、个体和集体的利益，从而保证敞田制村庄正常运作。个体耕作者的权益明显受到保护，同时公共权利（如公共放牧权），作为敞田制村庄共同体中最为重要的权利，同样不容侵犯，否则会被视为对整个村庄共同体权威的挑战。1596 年，在莱斯特郡的某村庄（Barkby），一个佃农被指控，因为他用沟渠和篱笆圈占了 7 英亩的耕地。陪审团指出村民在那块土地上一贯有公共放牧权，当然是有时间限制的，当庄稼收割后，村民有放牧权；当土地上播种了小麦等庄稼后，土地可以封闭并且庄园所有的佃户都无公共使用权，并规定了具体日期[3]。

村规中有关秋收问题的规定也占据了相当大的比重，正如著名的村规专家奥尔特所指出的，"早期的农业村规主要是处理秋收时节保护庄稼的相关事宜。它们在早期的档案记录中是数量最大，同时也是存在时间最长的，因为从 16 世纪的'法令'中我们仍然可以看到有关秋收的村规"[4]。笔者以为，村规之所以对"秋收时节保护庄稼"倾注了极大的关注，是因为在敞田制下一个人的条田肯定与另一个人条田相连，收割季节个体之间的利益最容易被混淆，因此最需要保护。

早期的一些村规中，经常可以看到一些人因偷割邻居的庄稼和偷盗田间的谷捆而被处罚的案例。1309 年，在霍顿（Houghton）庄园，一个男人由于在秋收时非法捡拾庄稼而被控告，他从领主的地里偷走了 37 捆大麦。这些偷盗者往往佯装拾穗人，因此对正当的拾穗人进出庄稼地的道路做出

---

① Warren O. Ault, *Open – Field Farming in Medieval England：A Study of Village By – Laws*, New York：George Allen & Unwin Ltd. , 1972, p. 114.

② Warren O. Ault, "Open – Field Husbandry and the Village Community：A Study of Agrarian By – Laws in Medieval England," *Transactions of the American Philosophical Society*, New Series, Vol. 55, No. 7, 1965, p. 21.

③ Warren O. Ault, *Open – Field Farming in Medieval England：A Study of Village By – Laws*, New York：George Allen & Unwin Ltd. , 1972, p. 45.

④ Warren O. Ault, "Open – Field Husbandry and the Village Community：A Study of Agrarian By – Laws in Medieval England," *Transactions of the American Philosophical Society*, New Series, Vol. 55, No. 7, 1965, pp. 1 – 102, 112.

明确规定，以便监督。如在 1357 年，我们发现了这样一条村规："经全体佃农和自由农一致同意规定，任何一个拾穗者只能从四条主要的道路上离开田地。"几年之后，在同一个庄园，规定"所有的拾穗者除了经过国王大路（king road）之外，不能经过其他的道路进入村庄"。40 年之后，法令还规定拾穗者"只能经过国王大路而进入村庄，不能通过其他的空隙进入"①。同时，法庭还禁止拾穗者在日出之前或者日落之后进行捡拾。总之，所有的庄稼地必须在白天通过指定的田地出口，由村庄中部的大道进行运输，为此，村民还必须选举一个村规监督员，当庄稼从田里往回运输时，他要进行检查。

　　同时对拾穗者做出明确规定，在中世纪的法兰西，拾穗者一般被看作潜在的谷捆盗贼②。那些外来寻找工作的人一般被视为"陌生人"，他们一般没有拾穗的资格。1285 年温斯特法令规定，所有的外来人都被看作可疑者。在白金汉郡的大荷武德（Great Horwood），有一条村规就是禁止陌生人作为拾穗者的③。1290 年，白金汉郡的村庄牛顿—朗格威尔（Newton Longville）规定："任何陌生人都不能去捡拾庄稼，除非这里有人雇佣他，并且愿意对他的行为负责。"④ 在剑桥郡的福克斯顿（Foxton），有 13 个佃农因为"在秋收时包庇陌生人"而每人被处罚 4 先令。1301 年在牛津郡的库斯厄姆（Cuxham），有一个佃农由于在秋收时包庇了一个陌生的女人而违反了村规，被处罚了 3 便士⑤。

　　这些村规一方面防止了那些盗贼利用秋收的混乱时机去偷盗别人的劳动成果，明确保护了土地实际占有者和耕作者的个体利益，表达了对个人土地财产权利的承认；另一方面，村规对穷人的同情，似乎又在模糊一种财产关系，或者在表达一种土地的共同体权利，从这些有关秋收

① Warren O. Ault, "By - Laws of Gleaning and the Problems of Harvest," *The Economic History Review*, Vol. 14, No. 2, 1961, pp. 215 - 216.

② Warren O. Ault, "By - Laws of Gleaning and the Problems of Harvest," *The Economic History Review*, Vol. 14, No. 2, 1961, p. 215.

③ Warren O. Ault, *Open - Field Farming in Medieval England: A Study of Village By - Laws*, New York: George Allen & Unwin Ltd., 1972, p. 86.

④ Warren O. Ault, *Open - Field Farming in Medieval England: A Study of Village By - Laws*, New York: George Allen & Uniwin Ltd., 1972, p. 83.

⑤ Warren O. Ault, *Open - Field Farming in Medieval England: A Study of Village By - Laws*, New York: George Allen & Uniwin Ltd., 1972, p. 85.

季节拾麦穗的规定中不难看出这点。因为中世纪庄稼的收割方式，如收割时要留有一定长度的茎秆，那些被收割下来的麦穗被放在地上，然后收集在一起打捆运走，如燕麦和大麦一般都是用长柄的镰刀来收割等，在这个过程中掉下来的麦穗会很多。据说，当时一个庄稼捡拾者与庄稼收割者每天的收获差不多①，该估计听起来有些过分，但拾穗者的收获比现在人们想象的要多是没有什么问题的。所以，拾庄稼好像成为中世纪乡村的一项"福利"。1376 年，拉姆齐庄园有这样一条村规："任何人在地里的谷物收割完毕后的 3 天内，都不能在地里放牧他的绵羊或猪，在这段时间里，凡是穷人都可以去捡拾庄稼。"② 在法兰西也有过相似的规定，迪莱尔（Delisle）引用了一个由圣路易斯颁布的相似法令，"在收割谷捆以后的最初两天，不允许把牛赶入地里，这主要是为了保证贫穷者可以进行捡拾"③。与此同时，我们发现一些人由于没有给拾穗者留下足够的时间急于放牧而受到惩罚。按照惯例，有的地方要留够 3 天，有的地方要留够 6 天或 7 天时间。

那么何为穷人，什么人才有拾庄稼的资格呢？1282 年的一项规定是："那些年幼的、年老的以及那些体弱多病而又不能去打工的人，在秋收时节，当地里的所有庄稼被运走后，他们可以去捡拾，但是那些能够工作而赚取工资的人，则不能去捡拾。"④ 另一村规则规定得更具体些："任何一个妇女，只要她有能力去工作，而且她可以一天赚取 1 便士并带有食物，那么她就不能去捡拾庄稼，否则将取消她捡拾庄稼的权利；而对于那些没有工作能力的人，在得到管家和治安官的同意并得到村民中 2～3 个人认可的情况下，他们可以从秋收一开始就去捡拾。"⑤ 同样，在 18 世纪的法国，那些

① Warren O. Ault，"By-Laws of Gleaning and the Problems of Harvest," *The Economic History Review*，Vol. 14，No. 2，1961，p. 212.

② Warren O. Ault，"By-Laws of Gleaning and the Problems of Harvest," *The Economic History Review*，Vol. 14，No. 2，1961，p. 214.

③ G. G. Coulton，*The Medieval Village*，Cambridge：Cambridge University Press，1925，p. 479.

④ Warren O. Ault，"Open-Field Husbandry and the Village Community：A Study of Agrarian By-Laws in Medieval England," *Transactions of the American Philosophical Society*，New Series，Vol. 55，No. 7，1965，p. 14.

⑤ F. J. Baigent，J. E. Millard，*History of the Ancient Town and Manor of Basingstoke*，Basingstoke：Basingstoke University Press，1889，p. 217.

有劳动能力的人也被禁止去捡拾庄稼[1]。

从这些村规所反映的内容来看，欧洲乡村不仅仅是领主与佃农之间的关系，那里的土地也不仅仅是一种封建土地保有形式。如同奥尔特指出的那样，"中世纪时期村庄的农民，并不仅仅是领主的佃农，他们还结成了稳定的农民共同体，并与敞田农业、公用地以及庄稼茬的放牧或者其他很多形式紧密地结合在一起"[2]。他们的土地全部混杂在一起，而且在公共牧场中，他们都拥有公共的权利。当领主在这片土地上拥有一块田地时，这些村规也将关系到领主的利益，在这种情况下，他也就成了广义共同体的一部分。从狭义上讲，或从本章特定意义上讲，领主和农民共同体是相对而言的。考察农民共同体与领主的关系，对于理解乡村的社会关系、土地关系乃至土地财产权利关系，无疑具有极为重要的价值。

三　公地共同体成员土地权利的明确性与不可侵犯性

尽管土地是共同体集体地从领主那里租赁来的，尽管公地制度在实际运行过程中产生了大量个人之间权利界限不清的问题，但是，这一制度的基础是个人财产权利的明晰，或者至少是对这种明晰的追求。共同体每一个成员的土地份额以及应当承担的附着在土地上的各种义务都是明确的。著名公地问题研究专家佛兰西斯·吉斯和约瑟夫·吉斯（Frances Gies and Joseph Gies）明确指出，公地村庄并不是社会主义的[3]。也就是说，共同体成员对土地的权利并不是完全集体的，而是落实到个人的。

具体来说，公地共同体成员既独立地享有对土地、房屋和动产的私人权利，又享有与公地制度有关的公共权利。其中最重要的权利大致包括：对开垦地（及其产物）的权利；对未开垦地（及其产物）的权利。这里对

---

① 参见 Warren O. Ault, "Open‐Field Husbandry and the Village Community: A Study of Agrarian By‐Laws in Medieval England," *Transactions of the American Philosophical Society*, New Series, Vol. 55, No. 7, 1965, p. 14, 注释 20。

② Warren O. Ault, "Open‐Field Husbandry and the Village Community: A Study of Agrarian By‐Laws in Medieval England," *Transactions of the American Philosophical Society*, New Series, Vol. 55, No. 7, 1965, p. 13.

③ Frances Gies, Joseph Gies, *Life in a Medieval Village*, New York: Harper & Row Publishers, 1990, p. 133.

这些权利的基本内容进行一些梳理和介绍。

（一）公地共同体成员对开垦地的权利

18 世纪英国一本名为《论围圈公田时确定业主各自特定部分的性质与方法》的书对敞田（公地）提出下述定义："敞田或公田就是几个所有主的土地混杂地分散开来的大片土地。"① 这个定义很明确地指出了土地是属于不同"所有主"的。保尔·芒图（Paul Mantoux）指出，正如联邦宪法使各地的小自主国继续存在下去那样，敞田制也同样长期保存着小土地所有权②。当然，对土地的占有权利与使用权利还不完全一致。土地的占有人当然有权利使用土地，但是在许多公地共同体，没有土地占有权利的人，或者原来有过，但是后来失去了的人，也可以凭借其他一些传统权利而获得使用土地的权利。西方对公地制度的研究越深入，就发现越多的人没有土地而享有公共权利。因此，笔者不把公地共同体内使用土地的人称为业主或者土地占有人，而统称为共同体成员。

公地共同体成员包括领主和他的佃农以及其他享有公共权利的人。因为用作耕地和休耕地的条田是共同体成员最主要、最基本的生产资料——生产人吃的粮食和牲畜吃的干草，所以对它们的权利也是公地共同体成员最基本、最重要的权利。领主对他自己的条田有事实上的所有权，佃农对他从领主那里租种的条田只有使用权。这里着重介绍佃农的使用权。

在许多地方，对每一个佃农的条田数量、位置，以及它们所附带的义务，都有着非常明确具体的规定。英国 19 世纪初仍然保持公地制度的西勤（Hitchin）村有一幅公地地图，标明该村一个叫派威尔（Purwell）的地方的条田的归属。条田不但在地图上标记号码，而且在账本（tally）中间部分和边缘部分，都写有所有者的名字。有的条田还涂上颜色③。英国莱克斯顿（Laxton）庄园 1635 年也有关于公地的一幅地图和详细的地产清册（terri-

---

① 〔法〕保尔·芒图：《十八世纪产业革命——英国近代大工业初期的概况》，杨人楩、陈希秦、吴绪译，商务印书馆，1983，第 112 页。

② 〔法〕保尔·芒图：《十八世纪产业革命——英国近代大工业初期的概况》，杨人楩、陈希秦、吴绪译，商务印书馆，1983，第 116 页。

③ Frederic Seebohm, *The English Village Community*, BiBio Bazaar, 2009, p. 7.

er）。每一块条田、草地和房屋附近的地块都有记载，还有租金、佃户名等详细信息，共有 3000 多项记载。100 年以后，该清册又记录了圈地情况。直到 20 世纪，数百年内关于条田的记录不断①。

除了标明于地图、记录于账册上的权利之外，对实际的地块更有明确的权利界定。这些权利的独立性和不可侵犯性，表现在许多公地共同体对它们具体、细致、坚决的保护措施上。作为权利象征的条田的边界通常用石头和木桩标记。侵犯边界的行为②是要受到惩罚的。1296 年，某佃户被重罚款："因为他邪恶地犁了他的邻居的地。"记载表明，在犁地时经常被移动、改变的边界，一般都由陪审员来实施重新固定工作。1306 年，某人犁了邻居的地，陪审团责令其当着陪审员的面将土地复原，并且交 6 捆豆子给受害人。到了 16 世纪，发现了有关条田边界的村规。例如，1552 年英国大荷武德（Great Horwood）村的村规规定，所有佃农用 3 天时间去以石头和木桩固定条田边界。1555 年，某村村规规定某几个人负责监视村民犁地，使其不得侵犯邻人土地。在英国的劳顿（Launton）村，16 世纪的一条村规，"命令：在下一个星期日，10 月 1 日，所有本庄园领主的佃农都得集合起来，检查本领主的所有土地，以发现任何通过带走或者移动在领主和佃农之间，自由持有农和公簿持有农之间，以及其他人之间土地的界石（meres）、边界或者标记而造成的侵害"，并且及时纠正，加以处罚。至于固定边界的物体，村规既有规定是石头的，也有规定是木头的，也有两者都是的，也有用其他方式固定边界的。某村村规规定最细："在几个角落用木桩和石头标明其边界。每个角落应该挖一个洞，该洞要一英尺宽，将石头放进去，大约一个人大腿粗的木桩也插进此洞。"③

必须指出，权利和对权利的认可与保护是事情的一个方面，而另一方面，在实际生活中，也往往存在权利界限模糊的情况。主要表现在条田的

① C. S. Orwin, "Observations on the Open Fields," *The Economic History Review*, Vol. Ⅶ, No. 2, 1938, pp. 129 - 130.

② 例如，在柏威克郡（Berwickshire）奥陈克罗（Auchencraw）百户区，有人发现"经常……邪恶不正的人一点一点地偷和犁掉邻人的土地，然后假装说，他们的条田比邻人的要大"。

③ Warren O. Ault, *Open - Field Farming in Medieval England: A Study of Village By - Laws*, New York: George Allen & Unwin Ltd. , 1972, pp. 52 - 54.

边界模糊不清上。这种模糊主要是各户的条田交错①、条田数量多、条田面积小、管理不严等因素造成的。

在 1066 ~ 1292 年，英国马桑姆（Martham）庄园的佃农从 63 户增加到了 107 户，其土地持有单位是 935 个，共 2000 多块条田，每户佃农平均分到约 20 块分散的条田。1806 年，某修道院（Leubus）的农民表示：他们的土地分为 1200 块，大量地块面积甚至不到 1 英亩；最小的从 20 平方杆（roods，20 杆宽，40 杆长的地块等于 1 英亩）到 30 平方杆；它们有时纵长，有时又交叉。地块有时候小到无法犁（一个犁组一般长十几米，最长的达二十几米）。地块如此混乱地交错，以至于无人，甚至无当事人，能够准确辨认谁拥有这块或者那块土地；因此，有人常常给他邻居的土地施肥，而邻居则收割其上的庄稼。在有些地区，除非横穿或者纵穿其他地块（driving lengthwise or crosswise over intermediate plots），否则就不能到达某个地块。因此，在穿越过程中，大量种子和庄稼被践踏毁坏。这种现象在播种和收割季节尤其突出②。

1870 年，英国学者在对德国部分地区的公地农场考察时的印象是，"在收获季节，我见到了一块敞田：整个庄稼地简直就是一团乱麻"。有确凿证据表明，在一些地方，农民要确定自己的条田到哪儿结束，邻居的条田从哪儿开始，是很困难的。一般情况下，两块地之间除了一条想象中的界限，什么也没有，或者如在某个（Alpine）牧场见到的那样，最多是用榛树枝将份地分开。在这种情况下，条田的面积会有失有得（并不总是故意的），甚至全都没了。1222 年，圣保罗修道院监理（Dean）与修士团的丈量员，以上次丈量结果为据核对土地时，其中一个佃农持有的 3 英亩土地就无法找到了，他们只得新添一条记录："3 英亩找不着了。"有时候，一个在地里干活的农民干着干着就发现，他弄错了，跑到别人的条田里播种去了，或者他找不到自己的地块了③。

---

① 著名英国经济史专家陶内（R. H. Tawney）告诉我们，在条田交错制度下，土地调查员在描述某人持有地条田的时候，使用的是"位于 a 地和 b 地之间"以及"位于 f 地和 s 地之间"这样的语言。这表明它总是夹在别人的条田之间。R. H. Tawney, *The Agrarian Problem in the Sixteenth Century*, London: Green and Co., 1912, pp. 73, 172。

② G. G. Coulton, *The Medieval Village*, Cambridge: Cambridge University Press, 1925, pp. 41 - 43.

③ 〔英〕亨利·斯坦利·贝内特：《英国庄园生活：1150 ~ 1400 年农民生活状况研究》，龙秀清、孙立田、赵文君译，侯建新校，上海人民出版社，2005，第 34 ~ 36 页。

由于邻居之间的条田紧密相连、犬牙交错，而庄稼生长期又较长，因此对他人庄稼的损害很容易发生。这就使得附着在土地权利上的对庄稼的权利特别重要。共同体对此有严格的保护性规定。在庄园法庭卷宗中，有大量对损害或者偷窃邻居庄稼的行为的处罚记录。具体而言，有下述保护措施。

（1）禁止来自牲畜的损害。我们在村规以及执行村规的记录里到处可以发现类似规定：不得在已经犁耕了的地里放牧；不得在庄稼地乱放牲畜；牲畜不得进入某些特定地块；拴好牲口；在距离庄稼地 10 英亩以内，牲口必须拴住吃草；必须在同庄稼地隔开 14 英亩的地方放牧牲口；某人放猪进地里受到控告①。

（2）禁止来自犁地的损害。原则上，条田是要统一播种的。但是，也有人要早一两天播种，因此邻人在稍后犁地时可能会对他已经播下去的种子造成损害。我们见到针对此类侵害行为的村规："犁自己地的时候，不得损害或者践踏（trample）其他人种了粮食的地，而是应该在自己的地上掉转犁。""我们的习惯是每一个佃农如果在邻人种了种子的地上掉转犁的话，他应该将被破坏的土地复原。""如果任何人在别人的麦子上掉转犁或者拉犁的马，每次罚款 3 先令 4 便士。"

（3）禁止人员随便踩踏庄稼地。这里挑选这方面的几条规定：在某节日之前，不得进入庄稼正在生长的田里②。"任何人不得以导致任何人粮食损失的方式从其住宅走出一条通向公地的路来。""任何人不得自其场地开始开辟经过他人土地的出路（egress）；如其出路经过自己的土地，他应该不让邻居受损害。""任何人不得以步行或驱赶牲畜或搬运粮食的方式开辟道路来损害邻人利益。"③

（4）庄稼一旦被收割脱粒，就成为粮食（包括豆子）。它是共同体成员对土地权利的最终收获物之一（其他的收获物是草、牲畜等）。因此，对从刚刚收割到进入仓库之间尚处在露天状态的庄稼捆的权利，也是附着在对土地权利上的权利。就像保护各户的庄稼一样，共同体对各户这一阶段的

---

① Warren O. Ault, *Open – Field Farming in Medieval England：A Study of Village By – Laws*, Now York：George Allen & Unwin Ltd. , 1972, pp. 81 – 83, 86, 95, 108 – 109.

② Warren O. Ault, *Open – Field Farming in Medieval England：A Study of Village By – Laws*, Now York：George Allen & Unwin Ltd. , 1972, pp. 23, 129.

③ Warren O. Ault, "Some Early Village By – Laws," *The English Historical Review*, Vol. 45, No. 178, 1930.

庄稼捆也严加保护。

我们已经知道，条田非常长，而且各家紧密相邻。再加上中世纪的庄稼捆很小，遍地散布，在数百甚至上千英亩土地上，收割过程中，随便在相邻条田上偷几捆是很容易的。而庄稼捆往往又要留在地里过夜或者过一两天才搬运回去，这更方便了偷窃。为保护共同体成员的粮食权利，村规禁止和惩罚偷盗粮食的行为。我们见到很多禁止偷盗的规定。某庄园法庭卷宗记录有两位妇女因偷庄稼捆被抓。由于夜里从地里搬运粮食，邻人无法对此进行监督，因此这种行为被普遍明令禁止。有村规规定：不得在日落之后或日出之前用马车搬运地里的粮食，"除非白天马车就在地里，任何人均不得在夜间用马车运送东西"，"日落之后，任何人均不得以马车进入地里搬运粮食"。在 1294 年，某庄园两位村民因为被发现在日落之后搬运粮食捆而被罚款。还有村规规定，对雇佣的收割者支付庄稼捆（作为报酬）必须在谷仓门口，而不得在地里；除非被雇佣者是外来人①。当然，领主的粮食更要保护好。领主对管家有这样的要求："庄园管家必须注意不让任何脱粒者、扬谷者将粮食藏于怀抱、外衣、靴子、口袋、袜子或袋子里带走。"②

以上事实说明，公地共同体成员对条田的财产权利是比较明晰的。

（二）公地共同体成员对未开垦地的权利

未开垦地就是公共地。例如，今天在美国波士顿，仍然有一块公共土地，叫作"Verdant Boston Common"，它已经有 350 多年的历史了③。当著名公地史研究专家耶林（J. A. Yelling）引用 19 世纪批评公地制度，支持圈地运动者"在公共地（commons）和没有庄稼的条田上，农户们的牲畜互相冲突"④ 时候，其中的"common"指的就是公共地。同样，20 世纪 60 年代经

---

① Warren O. Ault, "Manor Court and Parish Church in Fifteenth - Century England: A Study of Village By-Laws," *Speculum*, Vol. 42, No. 1, 1967.

② Warren O. Ault, "By-Laws of Gleaning and the Problems of Harvest," *The Economic History Review*, New Series, Vol. 14, No. 2, 1961.

③ Patricia Harris, David Lyon, Jonathan Schultz, *Boston*, New York: DK Publishing Inc., 2003, p. 14.

④ "On Commons and Common Fields Farmers Stock Against Each Other, Knowing that They Are Injuring Themselves, by Way of Preventing One Another from Enjoying All the Right of Common." 参见 J. A. Yelling, *Common Field and Enclosure in England 1450 - 1850*, London and Basingstoke: The Macmillan Press Ltd., 1977, p. 156。

济学家哈定发表著名的《公地的悲剧》一文，其中"commons"也是指"公地"①。保尔·芒图说，每一堂区里都有一些终年处于休闲季节状态中的敞地。人们称这种土地为公地或荒地——法语 communaux（公有土地）。在这种情况下，我们所面临的是一种实际上经常是集体的公共的所有物②。他这里所指的也是未开垦地。不过，当人们把条田称作 common 的时候，就不是指公共地了。著名法律史专家梅因（Henry Sumner Maine）指出，条田的名称有"common"、"commonable"、"open fields"、"intermixed lands"等③。

未开垦地包括天然牧场地、沼泽地、荒地、林地等，不仅面积大，而且提供日常生活所需燃料（庄稼茬要留在地里喂牲畜）、矿石、木材、灌溉和带动水力磨的水等④。小溪流（sikes）、田埂（balks）、道路两侧（road-sides）等地方，也是牧草生长地⑤。17 世纪末，英国估计有约 700 万英亩未用于耕种和放牧，但一经改进即可放牧的各类土地，15~16 世纪时，这类土地当然还要多得多⑥。这说明未开垦地在经济上既重要又有潜力。

公共地的存在，使得公地制度下本来已经比较复杂的土地权利结构更加复杂。

不同的公共地的公共程度并不一样。在公地制度下，多数地区的公共地都是完全公共的情况。但是，也有只有部分土地是公共的。例如，在英国圈地过程中，圈地的妥协形式之一是私人圈地，但向公共放牧开放，此种土地被称为"公用围圈地"（the common close）。1585 年，在某地的一本地产清册中就提到两处被圈之地对集体放牧的开放。另一种妥协方式是区分全年公共权利和半年公共权利，前者要求一个相应的休耕阶段，后者则存在于两季庄稼之间。例如，在诺福克郡之某地，公共放牧权的去除常常是通过将原来的公地变为"半年"地，最终变为"全年"地——全年均不

---

① Garrett Hardin, "The Tragedy of the Commons," *Science*, Vol. 162, No. 13, 1968.

② 〔法〕保尔·芒图：《十八世纪产业革命——英国近代大工业初期的概况》，杨人楩、陈希秦、吴绪译，商务印书馆，1983，第 117 页。

③ Henry Sumner Maine, *Village-Communities in the East and West*, New York: Henry Holt and Company, 1889, p. 85.

④ Carl J. Dahlman, *The Open Field System and Beyond*, Cambridge: Cambridge University Press, 1980, p. 115.

⑤ C. S. Orwin, *The Open Fields*, Oxford: The Clarendon Press, 1967, p. 132.

⑥ W. G. Hoskins, *The Making of the English Landscape*, New York: Penguin Books Ltd., 1970, pp. 137, 138.

对公共放牧开放①。

　　共同体成员对于公共地，享有公共权利（common rights），即公地和圈地问题专家龚纳（E. C. K. Gonner）定义的"一个人或者多人必须拿走或者使用其他人的土地产出的东西的一些部分的权利。"圈地史专家斯累特说，圈地一词有三种意义：①将分散的地产合并，从而使所有权和占有权混合的现象消失；②公共权利的废除；③用篱笆和沟渠将各自的土地围圈起来②。圈地史专家戴尔曼认为，圈地是指下面两件事同时发生：分散的条田的集中，公共权利和集体决策的废除③。他们都把公共权利与公地制度紧密地联系起来。"公共权利"一词在很多时候的用法就是"common"，如"还有共同体打算卖掉其共有权（commons）的"④。

　　公地共同体成员对未开垦地的权利是明确的，或者至少公地制度的运行要求它们是明确的，否则将造成很大的混乱。这种明确性既表现在公地共同体集体与领主的关系中，也表现在单个共同体成员与共同体之间的关系中。例如，龚纳指出，在严格的庄园制度下，每个人对公地的权利都可以得到证实⑤。又如，尼森（J. M. Neeson）指出，土地的持有和对公地的公共权利不可分割，但是对土地之上的房屋的持有与对公地的权利则是可分的。因此一些人就以买下房屋来实现房屋之下的土地与公共权利的分离⑥。

　　值得注意的是，越来越多的研究成果表明，在公地共同体中，还有相当多的既无土地又无附带有公共权利的房屋的成员，如英国的一些茅舍农，他们具有使用公共地的权利，其权利的来源非常模糊，找不到法律证据。圈地运动中，一般能够证明自己对公共地的使用权利的人，都可以得到一定的补偿，但是这批人却丝毫也得不到。正如本书后面将要谈到的那样，

①　J. A. Yelling, *Common Field and Enclosure in England 1450 – 1850*, London and Basingstoke: The Macmillan Press Ltd. , 1977, pp. 82, 85.

②　E. C. K. Gonner, *Common Land and Inclosure*, New York: Augustus M. Kelly, Bookseller, 1966, pp. 5, 7.

③　Carl Dahlman, *The Open Fields Systems and Beyond*, Cambridge University Press, 1980, p. 147.

④　Susan Reynolds, *Kingdoms and Communities in Western Europe*, *900 – 1300*, Oxford: The Clarendon Press, 1984, p. 123.

⑤　E. C. K. Gonner, *Common Land and Inclosure*, New York: Augustus M. Kelly, Bookseller, 1966, p. 360.

⑥　J. M. Nesson, *Commoners*, *Common Right*, *Enclosure and Social Change*, Cambridge: Cambridge University Press, 1993, pp. 83, 84, 87.

他们是圈地运动最大的受害者①。

具体而言，在公地制度中，公共权利大致有如下一些内容②。

（1）泥炭权（common of turbary），是从庄园荒地取泥炭或者泥煤作燃料的权利（cut peat or turf for fuel）。圈地运动开始之前，英国各郡都有很大面积的沼泽地，其中蕴藏着丰富的泥炭，因此这一权利的实际价值很大。

（2）林柴权（common of estovers），是将庄园荒地或者林地的木头、下层林丛、荆豆属植物等，用来作燃料和其他东西的权利（cut timber, under-wood, furze, etc. for – fuel – or – littler）③。

（3）共渔权（common of piscary），是在别人的水域捕鱼的权利（the right to fish in another's water）④。

（4）公共放牧权。在公共地上放养牧畜，尤其是羊的权利，分为以下数种。

第一，全面放牧权（common appendant），指庄园土地的自由持有佃农在其自由持有的耕地上、庄园荒地上，以及一切公地上放牧牲畜（cattle, levant and couchant）的权利。

第二，次生权（common appurtenant），指独立于公共权利的，通过长期使用或者特许而获得的附着于土地的权利。它包括对不能公共放牧的牲口的权利，如猪、驴、山羊、鹅；或者对非自古以来的耕地，如对牧场或者从荒地中新近开垦的土地的公共权利。

第三，个人权（common in grass），指与土地持有无关，纯粹个人的在一定区域放牧的权利。

---

① E. C. K. Gonner, *Common Land and Inclosure*, New York: Augustus M. Kelly, Bookseller, 1966, p. 363.

② 〔法〕保尔·芒图的《十八世纪产业革命——英国近代大工业初期的概况》对"公共权利"的翻译有些不准确，笔者特意列出，以供读者参考。

③ 《十八世纪产业革命——英国近代大工业初期的概况》（中译本）是这样表述的："如果那里长有树木，他们便可砍伐木料来修理房屋的屋架或建造一个栅栏，这便成为所谓砍伐树木权。"〔法〕保尔·芒图：《十八世纪产业革命——英国近代大工业初期的概况》，杨人楩、陈希秦、吴绪译，商务印书馆，1983，第117页。

④ 《十八世纪产业革命——英国近代大工业初期的概况》（中译本）是这样表述的："如果有一个池塘或者公地上有一水流经过，村人就可以在那里捕鱼，这就是捕鱼权。"〔法〕保尔·芒图：《十八世纪产业革命——英国近代大工业初期的概况》，杨人楩、陈希秦、吴绪译，商务印书馆，1983，第117页。

第四，共用相邻荒地权（common pur cause de vicinage），指两个庄园相邻的荒地上，双方佃农可以到对方荒地上放牧的权利。

第五，间歇放牧权（common of shack，shack 意为简陋的小木屋、小棚屋），指英国某些地方在收割之后、播种之前对土地的权利，或者对休耕地的权利①。

以上列举的权利都只是抽象的权利，因为任何人都没有对任何一块具体公共地地块的明确权利，他的权利只能够通过他对整个土地的集体使用而体现出来。因此，我们必须考察他们是怎样使用公共地的。

大量资料表明，这种使用的权利是非常具体的。它们或者是以可以在土地上放养的牲畜数量，以及可以从土地上取走的草或者柴火的数量而量化到人，或者是以对土地的划分而量化到人。由于属于开垦地的条田在收割庄稼之后，以及休耕时，也用于放牧牲畜，如在莱克斯顿，当收割完成以后，教堂的钟声响起，宣布农田开禁（were "broken"），所有有条田的人立即将牲口放进地里②，其放牧数量也受限制，因此共同体成员（在未开垦地和开垦地上）放牧牲畜的财产权利，笔者就放在这一部分一起加以分析。

对放牧权利的数量描述很多。英国某处规定：冬天与夏天放牧的牛数目应该一样。总的来说，放牧牲口数目由可耕地数量决定，有的地方也有不限制数目的③。关于数目限制，《末日审判书》中记录："有一片可供 11 个牛组的草地；有一片可供村庄放牧牲畜的牧场；有一片可放牧 100 只猪的林地……"④英国圈地调查记录表明，18 世纪 60 年代早期，韦灵伯勒（Wellingborough）有一个叫西泊威尔（Richard Hipwell）的人，拥有可以放牧 1 头牛的公共地

---

① 以上对公共权利的表述，主要参照 E. C. K. Gonner, *Common Land and Inclosure*, New York: Augustus M. Kelly, Bookseller, 1966, pp. 14 – 16; Sir William Holdsworth, *A History of English Law*, London: Methuen & Co. Ltd., 1942, pp. 143 – 145。《十八世纪产业革命——英国近代大工业初期的概况》（中译本）的翻译错误：common appendant = 附属公地；common appurtenant = 隶属公地；common in grass = 独立公地；common because of vicinage = 因相邻而产生的公地。〔法〕保尔·芒图：《十八世纪产业革命 英国近代大工业初期的概况》，杨人楩、陈希秦、吴绪译，商务印书馆，1983，第 118～119 页。

② C. S. Orwin, *The Open Fields*, Oxford: The Clarendon Press, 1967, p. 134.

③ E. C. K. Gonner, *Common Land and Inclosure*, New York: Augustus M. Kelly, Bookseller, 1966, pp. 25 – 26.

④ Thomas Edward Scrutton, *Commons and Common Fields*, New York: Burt Franklin, 1887, pp. 3 – 5.

使用权，以及从公共地获得 60 只羊啃灌木的权利①。某村村规规定，"任何茅舍农不得有 2 头以上的牛，1 匹以上的马，4 头以上的猪"。

关于这些数量与一个人拥有的条田数量成严格的比例关系的描述也很多。例如，拥有一块条田可以放牧 10 头猪、5 只羊，取 3 捆柴火等。某村村规规定，每一个佃农能够以 1 维尔盖特（virgate，大约等于 30 英亩）土地拥有 30 只羊，地少则拥有的羊的数量也按比例减少。某村规规定以 1 维尔盖特土地拥有 40 只羊。某村规规定，"任何人不得以 1 维尔盖特土地而拥有 100 只以上的羊，2 维尔盖特土地可以拥有 200 只羊，拥有土地越多则拥有羊越多，反之越少。超过规定数量的，其多余的羊归领主"②。

也有证据表明，一个人可以凭借他拥有某一所房子，或在共同体内居住一段时间，又或者其他习惯性资格，而不必拥有条田就可以享有对未开垦地的使用权利。当然，权利的大小因人因地而异。在英国 19 世纪初仍然保持公地制度的西勤（Hitchin）村，每一个拥有古老的宅院（messuage）或者茅舍（cottage）的人，都有对公共地的权利③。

未开垦地上的集体的权益受到保护。可以见到大量这方面的村规。例如，"不得出卖沼泽地中之蓑衣草"；"不得在某处水中捕鱼"④；不得未经许可砍树卖树；不得以马车拉或者用头顶的方式将树木偷出某林地；不得破坏篱笆；不得在公共绿地上建私人花园；限制每户家里储存木头的数量⑤。（作为这些保护性规定的背景，必须指出私人侵犯公共地集体利益的记录不少。13～15 世纪都有私人圈地的记录。如有记载表明：有人"未经允许就砍伐"某处的树木⑥。后面在谈到公地制度的消亡时，会更加详细地描述之。）

---

① J. M. Neeson, "The Opponents of Enclosure in Eighteenth – Century Northamptonshire," *Past and Present*, No. 105, 1984, p. 119.

② Warren O. Ault, *Open – Field Farming in Medieval England：A Study of Village By – Laws*, New York：George Allen & Unwin Ltd., 1972, pp. 126, 137, 141, 142.

③ Frederic Seebohm, *The English Village Community*, BiBlio Bazaar, 2009, p. 11.

④ Warren O. Ault, "Village By-Laws by Common Consent," *Speculum*, Vol. 29, No. 2, 1954, p. 392.

⑤ Warren O. Ault, *Open – Field Farming in Medieval England：A Study of Village By – Laws*, New York：George Allen & Unwin Ltd., pp. 134, 138, 139, 140, 141.

⑥ S. R. Eyre, "The Upward Limit of Enclosure on the East Moor of North Derbyshire," *Transactions and Papers*, Institute of British Geographers, 1957, No. 3, pp. 65 – 66.

从以上描述中，我们可以看出，公地共同体成员同公共地之间的财产权利关系是集体占有，个人定量使用。

（三）领主与开垦地和未开垦地的关系

一方面，领主是所有开垦地和未开垦地的主人；而另一方面，他又是共同体的成员之一，在许多情况下必须服从共同体的规则，而无法行使他对土地的最高权力。这就导致其对土地的财产权利的虚置状态。理论上，领主对未开垦地有所有权。但是，事实上，他和共同体其他成员一样，只有使用权，而且要受到一定的量的限制。领主的直领地也经常以条田形式混杂于佃农的条田之间①，其耕种服从共同体的规则。

如果领主要侵犯公共权利的话，村民们便会利用习惯法和实施习惯法的庄园法庭来与他斗争，从而捍卫公共权利。事实上，一直存在领主与共同体就土地权利问题发生的冲突。乔治·C. 霍曼斯（George C. Homans）写道："惊人的事实是，许多此类②争端在庄园会议上解决，就正如同普通村民之间的争端一样。"他引用了 1315 年涉及某主教（Bishop of Chichester）的佃农的一宗案子。其中，三次庄园会议支持佃农们拒绝用马车为领主运送肥料。"领主的专断意志被佃农们建立的习惯所约束，或者说，他允许自己被约束。"③ 在 17 世纪 80 年代早期，意大利某村领主的总管以囚禁等惩罚措施禁止村民捕鱼打猎。村民两次请他参加村民会议讨论开禁的事，他都拒绝。村民们决定到住在罗马的领主那里去告状，让他知道该共同体"有渔猎的自由权，因此总管无权发出此命令"。最终，此官司打到了教皇宫廷。村民们为此还请了律师。④ 某庄园的陪审员决定，由于他们的领主犁掉了公共道路的一些部分，致使马车无法通过，因此命令领主加以纠正。在某庄园法庭，领主被控告未清理某一沟渠。某法庭因领主阻碍道路而对其罚款，并命令他在下次开庭日之前移掉障碍物，否则予以处罚。在某庄

---

① G. G. Coulton, *The Medieval Village*, New York: New York Dover Publications Inc. , 1989, p. 39.

② 在领主与佃农之间的。——引者注

③ Frances Gies, Joseph Gies, *Life in a Medieval Village*, New York: Harper & Row, Publishers, 1990, p. 183.

④ Caroline Castiglione, "Political Culture in Seventeenth – Century Italian Villages," *Journal of Interdisciplinary History*, Vol. 31, No. 4, 2001.

园村规单子上，有这样的描述：佃农们命令，领主不得将其牲畜"在公地上放牧"①。在英国的艾尔顿（Elton）村，留下了 1312 年和 1331 年大量村民起诉领主，或者他的总管，或者其他较小的官员的记录。记录还表明，法庭曾经非常郑重严肃地就村民们的这些起诉举行听证会。1300 年，村民们控告领主的管家及其助手们挖了一条沟，将某块地围圈起来了，而该地是公共放牧地。又一次，村民控告管家多占条田。再一次，陪审员们报告，领主的管家不公正地阻碍艾尔顿村村庄共同体经由某条道路将他们的牲口赶出去放牧。领主代表反驳说，领主在路边种了种子。记录本上写道，陪审员们强烈抗议："他们说，他们以及本艾尔顿村的所有人应该有权利在一年内的任何时候拥有此条道路，所有人都能够自由地带着牲口走过这条道路，不应该遭到挑战或者阻碍。"领主代表说，在过去，如果道路附近的条田上领主播种了种子的话，那么佃农们通过此道路时，会交 4 先令作过路费。法庭卷宗记录了村民们对此的愤怒回答："上述习惯佃农和该村所有的其他人——自由佃农和其他人，以及本卷宗开始时列名的 12 位陪审员，说并且发誓，如果任何习惯佃农曾经为此交过任何钱的话，那么这位领主就是任意地非法勒索了他们。"村民们的愤怒使得总管不敢断案，而是将本案交给领主。最后中断了记录，不知道结果。就此，霍曼斯评论说："领主在自己的法庭上，在与自己利益有关的案子中，很像被对待其他人那样地被对待。"②

如果领主要收回对公共地的所有权，就必须以圈地的方式将部分未开垦地从公地中分离出来。而这样做肯定是要遭到共同体其他成员的反对的。1235 年，英王亨利三世统治时政府颁布了《麦尔顿法》，1285 年英王爱德华一世颁布了《威斯特敏斯特法》（the Statute of Westeminster），此二法正式确认了领主圈地行为的合法性③。但是，在大规模圈地运动之前，此二法一直未能普遍实行。许多圈地行为遭到村民们坚决的，甚至是暴力的反对和抵制④。

① Warren O. Ault, "Village By - Laws by Common Consent," *Speculum*, Vol. 29, No. 2, 1954.
② Frances Gies, Joseph Gies, *Life in a Medieval Village*, New York: Harper & Row, Publishers, 1990, pp. 184 - 185.
③ 〔苏联〕波梁斯基：《外国经济史（资本主义时代）》，北京大学经济史教研室译，三联书店，1958，第 24 页。
④ W. E. Tate, *The English Village Community and the Enclosure Movements*, London: Victor Gollancz Ltd., 1967, p. 46.

以上事实表明，尽管领主在理论上拥有对其所属公地共同体的土地的所有权，但是，以庄园习惯为法律支撑的公地制度，却在两个方面限制了他的这种权利：一是在所有权层次，他根本不能够自由地处置这些土地，不能够侵犯共同体其他成员对土地的习惯权利；二是在使用权层次上，即使是对他自己直接经营，并未出租出去的土地，他也失去了自由充分的使用权，而只能同共同体其他成员一样，在公地制度的框架内使用。这一点，最有力地说明了公地制度对封建土地私有制的侵蚀，使其不具有绝对性。

四　土地使用权的公共性

所有制问题的核心是财产权利。公地制度对公地共同体成员的财产权利有着重大影响。首先，是财产与财产权利的分离。今天，如果说某个人拥有对1亩土地的某种权利的话，那么这1亩土地的物理存在是具体的，也就是说，它的具体位置、边界都是清楚的。这里，财产和财产权利在空间上是统一的。其实，在绝大多数情况下，只要是对动产和不动产的权利，基本上都是对具体财产物的权利。只有对其他形式的财产，如金融资产的权利，才是确定的权利与不确定的财产物质形态的共存。上文已经比较具体地描述了在公地制度下，共同体成员对开垦地与未开垦地的财产权利总体上是明晰的。但是，这些权利并不固定地附着于不变的地块上。一个人对于1英亩条田的权利，今年在甲处，明年将在乙处，后年将在丙处。对于未开垦地的权利就更加不可能有明确的物理客体了。在这种土地结构中，财产权利可以具体落实到个人，但是，财产却以公共财产的形式存在着。其次，是财产权利与财产权利的行使方式的分离。今天，我们讲一个人对某块庄稼地有使用权，就意味着他可以在合法的范围内自主地决定何时耕种、以什么方式耕种，也就是说，他的财产权利与他自主地使用该财产权利的方式是统一的。像这样的问题，在今天提出来都似乎有些荒谬，但是在公地制度下，却作为一个根本的原则存在着。

第一个分离是第二个分离的前提，而且在实践中两个分离高度统一，形成了一种极为独特的私权公用体制。下面进行具体分析。

无论共同体成员对开垦地的使用权还是对未开垦地的使用权，都具有鲜明的、严格的公共性或者集体性。具体表现为条田、耕地、播种、收割、取草、放牧、农田基本建设的捆绑性、集体性；对未开发地的共同使用方式。换言之，这种公共性或者集体性表现为各户之间地块的结构交叉、劳动的协作、牲畜放牧的混合、庄稼种植收割的同步等方面。共同体成员之间密切的生产生活关系，使得他们具有强烈的公共意识。著名的公地制度研究专家奥尔特（Warren O. Ault）认为，庄园不仅有佃农与领主之间纵的关系，也有村民间共同耕作生活的横的关系。一些秋季村规（专门针对秋季收割庄稼、放牧牲畜、打干草等活动制定的规定）表明，村社共同体的成员们"意识到他们作为一个共同体并在一起活动的特征"。收割庄稼都需要别人的帮助，这是共同的利益。那么领主怎么看待这种财产及其权利的行使方式的公共性呢？如果他的直领地是由佃农服劳役耕种的话，他与这种公共性就没有直接的利害关系。领主只要他的耕种、收割者是自己的佃农，他可以在自己的法庭上扣押他们的土地和财物，他就不需要去干涉村民们的这种生产生活方式。但是，如果他的直领地是由自己雇工耕种，那么他就与公共性有着密切利害关系。公地共同体的习惯决定了他也必须与其他村民一样。例如，收割者要为任何要求帮忙的人收割，不能任意从地里搬走庄稼捆等①。

现在，我们具体来看使用权的公共性的表现。

（一）条田位置的捆绑

条田，共同体成员最基本的财产，是以一种人类历史上罕见的方式高度紧密地捆绑在一起的。一个百把户的村子的条田往往有数百上千块，不但每户的每一块条田都要与别人的每一块错开，而且每户的条田还要散布于不同的地域。地块的走向、形状及牧场在整个土地中所占的比例等事情也得集体决定，并由庄园法庭或特别设置的法律机构来实施②。这一切都是为了保证每一户得到的地块在土地质量、交通方便程度、抵抗自然灾害条件、防止牲畜侵害条件等方面，能够更加平均、平等。

陶内告诉我们，16 世纪英国王室土地调查员的记录表明，当时农民的

---

① Warren O. Ault, "Some Early Village By‐Laws," *The English Historical Review*, Vol. 45, No. 178, 1930.

② Eric Kerridge, *The Common Field of England*, Manchester: Manchester University Press, 1992, p. 90.

第一目标就是以各种手段将分散的条田集中成一片较大的持有地。一份1590年某庄园的地图节录是这一点的最好的证明。该地图上的每一片持有地都是在原来分散于各处的条田的基础上以各种方式形成的。绘图者为了表明这种合并过程，把同一个人持有的毗邻的条田用大括号括起来。王室土地调查员在描述某人的持有地之时，也一改用"位于 a 地和 b 地之间"以及"位于 f 地和 s 地之间"这类说法，而是说它们在某处"排列在一起"以表明土地从分散到集中的变化。地图中有时有 12 块土地，有时有 20 块土地被用一个大括号括起来，以示其为一人所持有。这种集中成片的土地的持有者基本上都是通过在土地四周挖壕沟、筑篱笆，正式完成圈地的过程，即正式实现对土地的比较独立完整的权利[1]。

这种捆绑直接决定了犁地时间、播种时间、收割时间、放牧时间、休耕时间、休耕地位置的捆绑。可以想象，如果没有这些方面的捆绑，条田的捆绑就将被破坏，因为任何一个人在进入自己条田的过程中，或者在自己条田上的活动中，都可能破坏邻居的土地或者庄稼。

（二）休耕方式的捆绑

为了集体种庄稼和放牧，休耕地必须是整体成片的。因此，不能允许个人决定自己条田的休耕方式。根据惯例，在自己的休耕地上种庄稼是大罪，因为这剥夺了邻人放牧的权利。在现存的最早的英国庄园法庭记录上就发现了这方面罚款的记载。1352 年，西吉菲尔德（Sedgefield）村的村规规定："每个第三年，西吉菲尔德村的 1/3 的土地都要休耕，如果任何人在休耕地里播种，不但要没收其产品交给领主，还要罚款半马克。"另外一个村子的村规规定："当其他人种庄稼时，每一个人的土地都必须种庄稼；当其他人根据古老的习惯将土地休耕时，他也必须休耕。"还有村规规定："他们必须每年让一块土地休耕，所有其他土地种庄稼，否则没收其土地持有权。"1587 年，某村庄规定，当某片土地种庄稼时，其余所有条田都必须种，包括"最外面的边界和最后一块土地"。类似村规不少见[2]。

---

[1] R. H. Tawney, *The Agrarian Problem in the Sixteenth Century*, London: Green and Co., 1912, pp. 73, 172.

[2] Warren O. Ault, *Open - Field Farming in Medieval England: A Study of Village By - Laws*, New York: George Allen & Unwin Ltd., 1972, p. 24.

（三）播种时间的捆绑

虽然在 16 世纪之前没有发现任何固定播种时间的村规，并且在一些公地共同体中，播种时间并没有固定得那么死板，但是常识告诉我们，如果某人播种时间比邻人迟得太多，他就可能踩踏别人已经有庄稼发芽的地到自己家的地进行播种工作，而这在公地共同体内被视为不友好的行为。根据惯例，如果一个人损害了邻人的地块或者幼苗，他必须修补好，否则将可能根据村规被带到法庭而受到审判和处罚。研究公地问题的专家们非常幸运地发现了第一个固定时间——但不是一天——播种的村规，它制定于 1503 年。它这样规定："任何人不得在万圣节（Feast of All Saints）之后播种黑麦（rye）。"① 这就证明，的确有捆绑播种时间的村规。

（四）收割庄稼的时间和方式的捆绑

为什么收割庄稼的时间必须是捆绑的呢？首先，这涉及共同放牧。下面将要介绍的共同放牧方式，说明在庄稼茬地上，每户放牧牲口数量、总牲口数量都是有规定的，而总牲口数量又是以总庄稼茬地面积为基础的。如果一部分土地上的庄稼过迟收割的话，那就意味着在一段时间内，总土地面积不够。而更为关键的是，在连片的庄稼茬地上，保留几块仍然长着庄稼的条田，将使得成群的牲畜进来啃吃庄稼茬成为不可能——牲畜将彻底毁坏庄稼。其次，公地共同体有一项救济穷人的长期习惯，就是让穷人在收割季节到地里去，跟在收割者后面拾穗。如果收割庄稼的时间不统一，一是不利于统一确定拾穗人的数量和先后次序，二是有可能发生拾穗人侵害未收割庄稼的行为。最后，还有一些其他原因。例如，在 20 世纪的法国，一些农村公地共同体为了控制真菌性疾病（fungal disease）的传播，也控制收割庄稼的日期。顺便指出，还有为了维护本地葡萄酒的质量和声誉，规定葡萄收获日期的②。

---

① Warren O. Ault, *Open - Field Farming in Medieval England: A Study of Village By - Laws*, New York: George Allen & Unwin Ltd., 1972, pp. 23 - 24.

② George W. Grantham, "The Persistence of Open - Field Farming in Nineteenth - Century Faming," *Economic History*, Vol. 40, No. 3, 1980.

至于收割方式，也有统一规定。单个村民无权获取庄稼穗子以下的部分。习惯上，庄稼成熟后，他只割去穗子部分，而下面那一段则必须留在地上，属于集体，任牲畜食用或某些特定的邻人（如穷困者）割去①。关于各户请来帮助收割者的待遇，也是有统一规定的。在哈尔顿（Halton）村和纽营顿（Newington）庄园，村规规定收割者待遇为每天 1 便士工资，另加吃饭。在另一村，约 1300 年时，有几种模式：收割者的工资是 1.5 便士一天，不供食物；也有一天 2 便士不供食物的；也有一天 1 便士另外供吃的②。收割期间对劳动力的外出实行严格的管制③。

（五）割草时间的捆绑

共同体每年都要留存大量的干草用于牲畜过冬。为此，每年都留面积相当大的休耕地或者未开垦地供畜草生长。到了秋季，为了避免邻居之间的矛盾，并且也为了保证干草收割后土地的统一使用，共同体一般都要求各户必须在统一的时间内收割干草。某村规规定："每一个佃农一旦听到通知，就必须前往公共草地收割干草，否则将失去其份额。" 1440 年，某村规规定，任何在某块地有"一片草地的佃农，在邻人们同意收割干草之前，都不得收割干草，违者罚款 3 先令 4 便士"④。

（六）放牧时间和方式的捆绑

由于是集体放牧，每户的可放牧牲口数量有规定，因此在收割后的庄稼地、休耕地、未开发地中的草地上放牧，都有统一的时间。贝内特指出，牲畜在某一天被赶进公地放牧，以啃食残株过冬，这种做法由全体村民议定，或由古老的惯例所决定⑤。如某村规规定，只有当秋天都过去了，所有

① Warren O. Ault, *Open - Field Farming in Medieval England：A Study of Village By - Laws*, New York：George Allen & Unwin Ltd. , 1972, p. 95.

② Warren O. Ault, "Some Early Village By - Laws," *The English Historical Review*, Vol. 45, No. 178, 1930.

③ Warren O. Ault, *Open - Field Farming in Medieval England：A Study of Village By - Laws*, New York：George Allen & Unwin Ltd. , 1972, pp. 105, 107.

④ Warren O. Ault, *Open - Field Farming in Medieval England：A Study of Village By - Laws*, New York：George Allen & Unwin Ltd. , 1972, p. 26.

⑤ 〔英〕亨利·斯坦利·贝内特：《英国庄园生活：1150 ~ 1400 年农民生活状况研究》，龙秀清、孙立田、赵文君译，侯建新校，上海人民出版社，2005，第 38 页。

人都同意了，才能在共同的牧场上放牧①。

由于庄稼地与草地互相混杂，道路与田地互相交错，因此大群牲口外出吃草，很容易对庄稼造成破坏。这就要求对牲口严格管理。就此，村规对放牧方式做了细致规定。纽营顿庄园的村规规定："羊不能走在更大的牲畜之前。"哈尔顿村的村规规定："在耕地的牲畜吃完之前，任何人均不得将羊或其他牲畜放进有庄稼茬的地里。"对此类违规行为的罚款很重。1330年，纽营顿庄园的两人各罚1先令，第三人罚3先令4便士②。从这里可以看出，农业生产需要的大型牲畜——牛和马，在放牧中有优先地位。

除了牛、马、羊之外，还有其他的家畜，其中最重要的是猪。贝内特说，村里的猪倌在乡村生活中具有头等重要的地位。其职责是把邻居的猪赶到一起，在森林向牲畜开放，橡树果实掉落下来的时候，把猪群赶到森林里。在其他时候，猪倌会把猪群赶到荒地或休耕地里去觅食。因为除非猪群以这种方式获得大量食物，否则养猪就变得无利可图了③。

（七）庄稼穗的非自主拥有

公地制度下的财产权利，还受宗教与伦理原则的影响或者制约。这与后来资本主义私人财产权利的纯粹性形成鲜明的对比。

最典型的是允许穷人拾穗，允许穷人采摘别人的豆子等。公地制度下的庄稼收割，一是要赶时间，因为时间是集体捆绑的；二是经常要请邻居或者外来人帮忙；三是收割下来放在庄稼地里等待运送回家的一捆一捆的庄稼捆很小；四是村规规定收割的时候只能割庄稼穗，下面很长的一截庄稼茬都要留着供集体放牧牲畜。这四个方面因素造成收割时大量麦穗的遗落。有人估计，拾穗者一天可以挣到与收割者同样的收入。大量的违规拾穗记录和罚款记录表明，违规拾穗者众多。这一切都说明，遗落的麦穗确实不少。在某些社会的传统中，遗落在地上的麦穗属于土地和庄稼的主人。

---

① Warren O. Ault, *Open - Field Farming in Medieval England: A Study of Village By - Laws*, New York: George Allen & Unwin Ltd., 1972, p. 125.

② Warren O. Ault, "Some Early Village By - Laws," *The English Historical Review*, Vol. 45, No. 178, 1930.

③ 〔英〕亨利·斯坦利·贝内特：《英国庄园生活：1150～1400年农民生活状况研究》，龙秀清、孙立田、赵文君译，侯建新校，上海人民出版社，2005，第72页。

在罗马法中，拾穗是财产权的一部分。"农业之业主有为其利益支配穗子的绝对权利"。《撒利克法》（*Salic*）规定："如果任何人在收割季节未经他人同意在他人地里拾穗，他将被罚 600 便士，共 15 先令。"有资料显示，中世纪穷人在公地共同体内拾穗，似乎也要经土地主人同意。但是，也许是受基督教的影响，公地民主共同体排斥有劳动能力者的拾穗权，而把穗子留给穷人和其他弱者。拾穗是穷人的权利，这得到了公众普遍认可[①]。我们见到过许多村规都有这方面的规定。例如，1286 年，纽营顿的村规规定："经全体法庭成员通过，本庄园任何人均不得在秋季接待任何有收割能力者为拾穗者。"[②] 1405 年，某村规明确规定，凡有能力收割而获得 1 便士一天及食物者，不得在秋季拾穗，否则罚款 12 便士。此等人为谋更高收入而外出者，罚款 20 便士。某村村规规定，太老、太幼、太弱者准许拾穗。身体健全而未被要求收割者也可拾穗，不过有证据表明，他们是村里的穷人。在拉姆塞（Ramsey）地区的一个庄园里，村规规定，在庄稼被收割完 3 天内，"贫穷的男女应被允许拾穗"。1282 年，有一个给王室庄园管理人的指示规定："年幼、年老、衰弱不能工作者应该在秋天当庄稼捆已经搬走后拾穗。"有村规规定，在所有庄稼均被收割，并且所有麦捆均被搬走之前，不得在任何地方拾穗。违规拾穗者和同意违规拾穗者都将受到处罚，罚金相同。佃农不得接纳外来者拾穗。

那么谁来确定拾穗者的资格呢？在某村，有记载："衰弱者，经过庄园管家的检查，经两名佃农同意，可以从收割开始时即从事拾穗。"[③]

从财产权利角度看，拾穗方面的规定可以看作是来自宗教伦理规则的限制。

必须指出，这里虽然列举了公地制度对个人对土地的使用权的多种限制，但是，绝没有否定这些限制的意思。因为，正如下文在介绍西方学者们对公地制度的评价意见时将要看到的那样，公地制度是在特定的历史环

---

① W. O. Ault, "By-laws of Gleaning and the Problems of Harvest," *The Economic History Review*, New Series, Vol. 14, No. 2, 1961.

② Warren O. Ault, "Some Early Village By-Laws," *The English Historical Review*, Vol. 45, No. 178, 1930.

③ Warren O. Ault, "Some Early Village By-Laws," *The English Historical Review*, Vol. 45, No. 178, 1930.

境下存在的一种生产生活制度，我们不能脱离当时的具体环境而纯粹用今天的标准去评判其优劣得失。尤其是公地制度对个人拾穗权利的限制，无论其在具体实施中会存在何种问题，但即使在今天看来，也都闪耀着伦理道德的光辉。

五　公地制度下土地权利的特点

至此，我们已经从多个方面比较系统地探讨了公地制度下对于土地的权利的基本内容。这里，对其特点做一归纳：三个共存，两个分离。

（1）三个共存。

第一，个人财产权利与共同体财产权利的共存。个人财产权利包括：对条田的权利、在条田区上放牧的权利、使用公共地的权利。共同体财产权利包括两个方面。第一个方面是对外作为整个共同体财产法人的权利，体现在与领主关系中的法人身份和与其他共同体关系中的法人身份。第二个方面是对内确定和维护共同体土地使用方式的权利，包括：条田在各户之间的分配；邻居条田的搭配；各户条田在不同条田区的分配；条田的朝向（光照），背风、迎风，干湿，肥瘦；坡地、平地等物理条件。一般每年重新分配一次，犁地、播种、收割、放牧、拾穗等活动的方式和时间的管理。对于土地使用方式的日常维护，也就是通过村规和管理、督察人员制度、庄园法庭和村民会议制度来维护正常生产秩序。

第二，明晰的财产权利与模糊的财产权利共存。对于个人来说，如前所述，他对开垦地和未开垦地都拥有非常明晰的权利。但是同时，这些权利在现实生活中又可能变得模糊。例如，一些条田的边界模糊不清；一些条田的归属模糊不清。对于某些共同体来说，在它与相邻的其他共同体的边界地区，存在着事实上没有边界、不知归属的一些荒地，有的地方甚至是面积很大的荒地。两个共同体之间，就依靠传统、习惯来共同使用该荒地。有发生争执的，但是多数都和谐相处。

第三，以持有土地为条件的公共权利与以其他资格为条件的公共权利共存。拥有对条田的权利，是获得主要包括条田区放牧权、公共地使用权的公共权利的最重要的资格。与此同时，还有其他资格也可以使一些人享受公共权利，如一个人虽然没有条田，但是有房屋，或者在共同体内生活了足够长的一段时间，就可能享有使用未开垦地的权利。又如，一个人可能仅仅因为他的贫穷或者生病，就可以享有在别人的条田上拾穗的权利。

（2）两个分离。

第一，个人财产权利与确定的财产的分离。个人对于开垦地和未开垦地的权利，都不能够落实在具体、确定、不变的土地和土地生长物上，他面对的是变化的权利客体。

第二，财产权利与财产权利行使方式选择权的分离。这表现在，个人虽然拥有对土地的财产权利，但是他并不能自主独立地选择行使财产权利的方式。这种选择权掌握在共同体手中，包括确定条田位置的权利，确定休耕方式的权利，确定播种时间的权利，确定收割庄稼的时间和方式的权利，确定割草时间的权利，确定放牧时间和方式的权利，确定拾穗的权利。

原始社会的公有传统与封建社会发育不充分的私有制度的结合，有明显的过渡特征。其过渡的方向无疑是绝对私人所有制。因为，就像在下文将看到的那样，公地制度一直面临土地私有的压力和挑战。这个制度不是朝越来越公共化的方面发展，而是朝越来越私有化的方向发展，最后通过圈地运动而在资本主义私有制确立的凯歌声中消亡。

通过以上对公地制度下土地权利特点的分析，我们就可以发现，这样一种财产权利结构是不可能同市场经济相容的，尽管它有值得肯定的一些优点，并且为后世留下了珍贵的遗产，但它的消亡是必然的。

第三章 私人财产权利的发展和 封建土地所有制的衰变

第一节 封建采邑的世袭与转移

一 封建法中的"占有"概念

在前文中,笔者已经谈到欧洲封建制度下的土地财产关系问题。当时,中央政权形同虚设,如同一个地方诸侯,不论政治统治权还是财产控制权都没有全国性影响力。整个社会像一个"网状物",国王不过是网状物中一个较大的节点而已。"轻轻"维系这张网的封建关系即领主附庸关系,具有非同一般的特征:领主和附庸是不平等的,是依附与被依附的关系;同时,双方的权利和义务关系存在实实在在的、双向的制约性,任何一方违背约定,另一方都可以"撤回忠诚"。一个附庸背叛失信的领主是道德的、合法的,这就是著名的反抗权。也就是说,在道义上附庸的权利是独立的,在利益上既是统一的又是分割的,不完全依赖领主的善恶喜怒而得失,因此是有一定保障的。有关反抗权的整个观念存在于统治者和被统治者、高贵者和低贱者的共识中,存在于原始的契约因素和原始的个人权利中,被认为是欧洲封建制的重要特征。

在欧洲封君—封臣关系的语境下,附庸对采邑稳定的占有权就容易理解了。起初,分封采邑与军事义务联系在一起,因此采邑封授及身而止,有效期以附庸在世为限。随着时间的推移,附加在土地上的占有权利相对凝固起来,而且附庸义务以货币支付的方式越来越经常化,不再像从前那样以人身服役的方式呈现;附庸对采邑的管理也越来越远离领主的监督,这些都促进了附庸的经济自主性的增大。早在加洛林王朝时代,就已经出现了有利于封臣后代继承采邑的趋势，大约到 11 世纪中叶逐渐确定下来，真正成为法律。除非他被法庭认定有罪，而且必须按照惯例由同级领主集体做出裁决，否则任何人都不得剥夺附庸的采邑，无论是主教、修道院院长、侯爵、伯爵或其他任何人。倘若附庸认为受到不公正的对待而失去领地时，可以向王国最高法庭上诉①。先是有保障的世袭，以后则出现了采邑向家族外的转移和交易。

采邑本属于封君，但受封、占有采邑的封臣似乎成了采邑的真正主人，如何解释这一历史现象，它意味着什么？什么是封建制度下的所有权和占有权，二者是什么关系？这是研究欧洲封建财产关系不可回避的问题。

经典罗马法的特征之一是"所有权"（ownership）和"占有权"（possession）的区分泾渭分明。罗马法学家用拉丁文 possessio 表示占有权，用 proprietas 表示所有权。早期的英格兰作家，特别是在 13 世纪早期的《布莱克顿》（Bracton）的确使用过这些术语，但在英王室法庭早期的记录中更为常见的土地权利用语是"seisina"，即占有权（seisin）。当然，这里的占有权不同于罗马法中的"占有权"，也不同于"所有权"。欧洲早期普通法中占有权概念的产生，与封君—封臣制度联系在一起，另外也受到了罗马法及教会法的影响。梅特兰说，在中世纪，"再没有任何其他比占有概念更为重要的了……它是如此重要，以至于几乎可以说，英格兰整个土地法就是关于土地的占有及其结果的法律"②。

如果国王亨利的顾问大臣们向有识之士咨询罗马法学家，那么他们不难学会辨认所有权和占有权。12 世纪晚期学习罗马法的学生肯定都会被告知所有权和占有权之间的区别。12 世纪英格兰使用的罗马法教科书中没有给出所有权的定义，但是对于如何获得所有权给予了不少关注。《法学阶梯》的英语注释本列举了获得所有权的几种"自然"方式，包括猎捕野兽、发现宝石、利用他人之物制作新物等。转让也是表现所有权的"自然"方式。通过赠予、嫁资或出售都可以转让所有权。倘若所有权出售，买家须支付价金或用其他方式满足卖方，除非卖方允许赊账。

---

① Oliver J. Thatcher, *A Source Book for Medieval History*, New York: Ams Pr Inc., 1905, pp. 383 – 384.

② P. Pollock, F. W. Maitland, *The History of English Law Before the Time of Edward I*, Vol. II, Cambridge: Cambridge University Press, 1898, p. 29.

12 世纪 80 年代，在教会法学家的《训导集》中出现了所有权诉讼与占有权诉讼的明显区别。在 12 世纪晚期，一个盎格鲁－诺曼的教会学校从事编纂罗马法和教会法程序方面的著作，理查德乌斯（Ricardus）写作的《秩序》（Ordo）一书对所有权和占有权的区分，显示将二者区别开来的观念已经传入英格兰。法庭案例和教皇教令也表明，在司法诉讼实践中，所有权和占有权是不同的概念，当发生争议时，占有权诉讼应在所有权诉讼之前。教职之争亦如此。例如，1161 年坎特伯雷大主教去世，一个名叫阿兰的人起诉于西奥博尔德法庭（court of Theobald），试图恢复自称被夺走的教职。索尔兹伯里的约翰代表西奥博尔德大主教致信教皇说，阿兰最先提起占有权诉讼，遇阻后转向所有权请求，并向法庭提供了证据。又如，西奥博尔德任坎特伯雷大主教期间（1139～1161 年在位），一位名叫彼得的人要求恢复他曾占有的土地，土地位于主教管辖下的某庄园。彼得声称其父在亨利一世去世时即占有这些土地，不过因不能提供占有的相关证据而败诉。但法庭告知彼得，他可以继续诉诸所有权诉讼。这两个案件明显区分了所有权和占有权诉求，并显示被告的诉讼须从占有权开始，恢复占有权是进行所有权之诉的前提条件。同时，占有权诉讼被认为是独立的，与所有权似乎没有必然的联系。切尼写道："几乎可以肯定的是，占有权观念的复兴是12 世纪早期意大利对罗马法进行学术研究的结果。"[①]

岂止是复兴，应当说是在新的历史条件下的再造。教会首先将占有权的概念独立出来，继而使之处于优先地位。例如，主教或修道院长的位置时常发生纠纷，可能数方都对这个位置提出权利要求，如果一方用武力强行赶走另一方，教皇和教会议会的原则是在确定谁是最合法的权利主张者之前，先确保以前的占有者恢复他的位置。12 世纪中期，格拉提安提出"归还原则"（cannon redintegranda），他宣布任何人都有权恢复他被掠夺的全部东西，包括土地和财物以及权利和权力，不管这种掠夺是通过武力还是通过欺诈。"是否对任何被掠夺者都恢复占有"，他的回答是肯定的。后来的注释者们把"归还原则"解释为不仅适用于一项确认性的保护，而且

---

① Joshua C. Tate，"Ownership and Possession in the Early Common Law，"*American Journal of Legal History*，Vol. 48，No. 3，2006。防止侵夺、保护占有的想法在罗马法中也存在。罗马法占有令状可分为"确认不动产占有令状"和"确认动产占有令状"，都是为了阻止暴力的发生。通过保护占有权而抵御暴力手段的认知，成为 12 世纪欧洲人所了解的罗马法的一部分。

适用于一种独立的诉讼程序，即"夺回诉讼"（actio spolii）[1]，该程序有利于被暴力剥夺职位的教职人员的申诉。这套教会法程序适用于教会人员，也适用于教会外人员。梅特兰认为教会法的侵夺之诉启发了英格兰的"新近侵占之诉"，因为两个程序均保护占有者的财产，反对另一方掠夺，不论他是谁，即便他是财产的所有者也不能。也就是说，他们发展出完全不依赖所有权的侵夺之诉，在这种诉讼中被告的所有权也不能成为抗诉的理由。

世俗普通法中强调和保护"占有权"的第一个令状是《权利令状》（The Writ of Right），是亨利二世时期最早发展起来的法律令状之一。它被收录在《格兰维尔》（Glanvill）一书中，该书写于1187～1189年。如果甲所持有的领主的一块土地被乙夺走，令状要求相关领主在这样的土地纠纷中"迅速做出正确裁决"。令状同时警告，如果领主没有这么做，那么郡长将"不再接受进一步的有关权利违约的控诉"。令状必须传递至原告的领主，"不能是其他任何人"。如果该领主没能公正对待原告，那么后者可以通过被称为"移卷"（tolt）的司法程序把案件移交给郡级法庭。在那里，原告的案件可以通过移卷令状（writ of pone）上交给王室法庭。该令状背后的含义是，倘若领主不能公正对待原告佃户，国王有权进行干预。被告或他的证人接下来要在"决斗法"和"巡回审判"之间做出选择。巡回审判须经一系列程序：先指定4名骑士，后者再推举12名骑士，然后集体做出判决。在任何一个阶段，若有一名或几名骑士因故不能出席时就不能开庭，审判进度就会一再延缓。

野蛮的决斗法裁决以及"权利令状"的冗繁，很可能促成新近侵占诉讼令（the assize of novel disseisin）的出台。后者是亨利二世时期最重要的法律革新。与权利令状不同，它是提交给郡长，而不是原告的领主。有关该文书形式的最早证据也来自《格兰维尔》。在诉讼令中，国王告知郡长某甲抱怨某乙"在我上次去诺曼底旅行之后，不公正地、不受审判地剥夺了我在某村自由持有的地产"。国王命令郡长将夺走的土地以及相关动产复归原位，并将土地及其附属财产和平持有一段时期。"12个自由守法的邻居"，即所谓的陪审员（recognitors）将会查验这份土地，之后他们会在某个具体

---

[1] 〔美〕哈罗德·J. 伯尔曼：《法律与革命——西方法律传统的形成》，贺卫方等译，中国大百科全书出版社，1996，第549页。

时间被国王或其法官召见。被告可以缺席审判，即便被告没出现，审理也会照常进行①。无论是像《布莱克顿》的作者所认为的那样，新近侵占诉讼令是亨利二世"许多次彻夜"（many night watches）非凡思考的结果，还是王室干涉土地占有纠纷传统的简单的逻辑延伸，创立这套纠纷解决机制都对英格兰乃至欧洲的历史产生了重大影响，对土地财产关系的调整和向法律普遍性的发展都迈出了重要的一步。

就土地财产关系问题，罗马法和教会法是否影响了欧洲早期的普通法？答案是肯定的，但要做出限定和说明，即欧洲没有移植罗马的所有权法律体系，虽然对"所有权"概念并不陌生，但长时期淡化之，改造之，在一个新的起点上建成私人产权体系则是近代以后很久的事情。显然，一些西方学者认为欧洲法律与罗马法没有直接联系，似有失偏颇；但是认为欧洲法律是罗马法的移植或延伸同样不符合实际情况。历史事实是，英格兰及西欧大陆根据新的历史条件和社会需要，建构起一个新的法律政治体系，其中不乏从古典罗马法中吸纳一些概念和方法。虽然王室的法学家们越来越发现罗马法不能直接回答欧洲社会的问题，但罗马法肯定是他们回答现实问题的一个重要的思想和技术资源。

笔者更倾向于密尔松的观点。密尔松认为，一定要在封君－封臣关系的语境下来理解占有（seisin）和权利（right）等法律概念，而不是简单地与罗马法中一些概念对接和对译，或看作罗马法中"possession"和"ownership"的同义词②。在古典罗马法中，如果一个人享有所有权，他就享有占有、使用和处分的全权。所有权和占有权之间明确区分，而且占有权不能脱离所有权而独立存在。在欧洲封建制度下，由于领主附庸的权利是相对独立的，因此采邑的所有权变得复杂起来，在封建土地保有制中，每一块土地都包含两种或两种以上的权益交织。古典罗马法的所有权概念已经不适于描述它，封建土地保有制中有可分的利益而不存在绝对的不可分的所有权。

梅特兰曾谈到欧洲土地所有权被领主与附庸分割和被多次分割的情况。

---

① 以上未注明之处均参见 Joshua C. Tate，"Ownership and Possession in the Early Common Law，" *American Journal of Legal History*，Vol. 48，No. 3，2006。

② 密尔松的观点参见 S. F. C. Milsom，*The Legal Framework of English Feudalism*，Cambridge：Cambridge University Press，1976。

梅特兰说:"土地的完全所有权在 A 和 B 之间分割;封臣可能再次封授自己持有的部分土地,于是土地所有权在 A、B 和 C 之间分割,C 持有 B 的土地,B 持有 A 的土地,如此循环往复。"① 随着层层封授,在同一块土地上便产生了多个占有关系。我们看一个典型的实例:爱德华一世时期,罗杰持有罗伯特在亨廷顿郡的帕克斯顿的土地,而罗伯特持有理查德的土地,理查德持有阿兰的土地,阿兰持有威廉的土地,威廉持有吉尔伯特的土地,吉尔伯特持有戴沃久尔的土地,戴沃久尔持有苏格兰国王的土地,苏格兰国王持有英格兰国王的土地②。在该史例中,一块土地上不同占有关系竟达 8 人之多! 梅因也谈到一块土地上不同所有权共存的类似观点,并把领主的土地权利说成高级所有权,附庸是低级所有权③。可是,当附庸可以继承采邑和转移采邑的时候,你还能说它是"低级所有权"吗? 因此,还是伯尔曼讲得最彻底,他索性排拒了所有权概念,或者说更重视、更倾向一种独立于所有权的占有权。他认为封建制下的土地权利在各个方面通常都是有限的、可分的和共同的,"事实上,土地不为任何人'所有';它只是在阶梯形的'占有权'结构中为由下至上直到国王或其他最高领主的上级所'持有'"④。

可分财产权的概念,或者说混合所有权的概念并不是欧洲独有的历史现象。然而,欧洲封建等级中的契约性,也就是附庸权利的独立性、反抗的合法性及其与土地的联系却是它最重要的独特性。用伯尔曼的话来说就是"西方封建财产产权体系在其有关各种对抗的权利的相互关系的概念上却是独一无二的"。一个人可以在某块土地上享有有效对抗其领主的一定权利,而这个领主也可以在同一块土地上享有有效对抗其领主的一定的权利,以及享有有效对抗领主的领主,甚至可能是国王的权利。随着时间的推移,

---

① F. W. Maitland, *The Constitutional History of England*, Cambridge:Cambridge University Press, 1908, p. 153.

② Sir Frederick Pollock, F. William Maitland, *History of English Law*, Vol. Ⅰ, Cambridge:Cambridge University Press, 1898, p. 233.

③ Alan Macfarlane, "The Cradle of Capitalism:the Case of England," in Jean Baechler, John A. Hall, Michael Mann, eds., *Europe and the Rise of Capitalism*, Blackwell:Blackwell Publishing Ltd., 1988, p. 193. 又参见〔英〕梅因《古代法》,沈景一译,商务印书馆,1997,第167 页。

④ 〔美〕哈罗德·J. 伯尔曼:《法律与革命——西方法律传统的形成》,贺卫方等译,中国大百科全书出版社,1996,第 382 页。

臣民的权利稳定增长，财产重心出现向实际占有者转移的趋势，一种自主的发展趋势。于是，"实际占有权"突显出来。一个实际占有土地、动产或享有权利的人不能由暴力剥夺，甚至不能由合法的所有者剥夺，只要他按照约定履行了义务。一个"实际占有"土地的封臣对任何"侵占"他土地的人，甚至他的领主都享有一种诉权。在这里，随着附庸法律自主性的发展，占有的概念扩展了，不仅限于对土地和财物的占有，还包括对权利的占有，西欧为这个转变的概念或者说为这个创新的概念找到了一个新名词，即 seisin（占有，或依法占有）。而在罗马法中，没有等同于欧洲 seisin 的概念，与之最相似的是 possession，后者依赖于所有权。法律承认财产持续时间与财产权利的关系，承认法律因素和事实因素的紧密结合，这是"实际占有权"概念的核心。这一概念在 11 世纪晚期和 12 世纪流传到整个欧洲，对西方的法律价值和法律制度，以及欧洲财产权利体系的阶段性发展做出了不朽的贡献。如同 1166 年出台的"新侵占之诉"一样，"在西欧每一个国家的法律中都有与此相类似的制度"。由此，一位封臣可受到保护，免受他的封君强行侵夺；同样，一位佃户可受到保护，免受他的领主强行侵夺①。总之，如果不理解欧洲封建制相互的权利和义务关系，特别是附庸一方相对独立并相对有保障的权利，就无法理解附庸对采邑的"占有"何以如此稳定，以至创造了一个崭新的财产关系结构。

二 封建采邑的世袭与转移

最初的采邑封授及身而止，也就是说，采邑受封的有效期只以封君或封臣在世为限，任何一方死亡，这种关系即告终结。随着时间的推移，更随着封臣权利和抵抗权利的发展，封臣对封地的占有越来越稳定。到加洛林时期，已经显现出一种趋势，即封君对采邑的权力越来越小，土地一旦封授出去，就很难支配，也很难收回。如果他要收回封给臣下的采邑，往往要封给他另外一块大小相当的土地作为交换。采邑转为世袭土地并无明文规定，常常被提到的西法兰克国王的基尔西敕令发生在 877 年。这是秃头

---

① 以上参见〔美〕哈罗德·J. 伯尔曼《法律与革命——西方法律传统的形成》，贺卫方等译，中国大百科全书出版社，1996，第 381~382、549 页。

查理远征意大利前的一个临时嘱托：他远征期间，倘若某个伯爵死亡，其子可以继承父业。该规定并非改变了以往的做法，只是重申了早已存在的采邑继承权。这种情况也反映在此前的法兰西史诗中。一首史诗记载查理曼对其继承者所做训诫之一是："好自为之，不要剥夺孤儿的采邑。"显然，权利具体化的发展导致附庸的经济自主性的增大，对此布洛赫是这样评论的："在一个许多人既是委身之人又是领主的社会里，人们不愿意承认这样的事实，即如果这些人中的一个人以附庸身份为自己争得某种利益，作为领主时他可以拒绝将这种利益给予那些以同样的依附形式依附于他的人。从旧的加洛林法规到英格兰自由的古典基石《大宪章》，这种权力平等观从社会上层顺利地传到社会下层，它将始终是封建习俗的最肥沃的资源之一。"①

采邑继承权具体的实施时间在欧洲各地是不一样的，很长时期内取决于各种力量的博弈。如前所述，早在加洛林王朝时代，就已经出现了有利于封臣后代继承采邑的趋势，然而，采邑的继承权曾经历了极不稳定的时期，大约到 11 世纪中叶才逐渐确定下来，真正成为法律。11 世纪中叶以后，封建制度进入第二发展阶段。1037 年《米兰敕令》确立的原则是任何领地，无论主教、修道院院长、侯爵、伯爵或其他任何人的领地，都不得被剥夺，除非他被法庭认定有罪，而且必须按照我们祖先的法令由同级领主集体做出裁决。倘若附庸认为受到不公正的对待而失去领地时，可以向王国最高法庭上诉。此外，领地应由儿子或孙子继承，如无子嗣则可由同胞兄弟或同父异母的兄弟继承②。1066 年采邑传入英格兰时，人们已经普遍认为可以传给继承人，因此在英格兰，在采邑的继承权问题上从没有发生过争论。在法兰西，当时采邑这个词语本身就意味着一种世袭地产。

一旦采邑可以世袭，距离可以转移也就不远了。在加洛林王朝初期，认为附庸可以自由转移土地是不可能的，因为采邑不是附庸的财产，只是委托给他以换取军役。随着采邑占有程度的不断加深，附庸越来越倾向于认为可以自由处理采邑，就像自由处理自己的其他财产那样，不仅可以继

---

① 参见〔法〕马克·布洛赫《封建社会》（上卷），张绪山等译，商务印书馆，2004，第 321 ~ 322 页。

② Oliver J. Thatcher, *A Source Book for Medieval History*, New York：Ams Pr Inc., 1905, pp. 383 - 384.

承，还可以让渡。最初的让渡是部分出让，义务仍由原附庸承担；当采邑全部转让的时候，义务不得不由新的租佃人承担，这与附庸制精神产生了尖锐的矛盾。附庸制本是两个人面对面的约定，誓言相互的忠诚，现在附庸一方突然变成了一个陌生人，附庸制何以为继？"采邑世袭性传递方式所产生的矛盾于此被推向极限。人们可以以稍微乐观的情绪希望从同一门第连续几代人中得到一种固有的忠诚，但怎么能期望从一个不认识的人那里得到这种忠诚呢？"① 土地可以转让，"忠诚"如何转让？唯一的办法是领主先收回采邑，在与新的租佃人确认效忠关系后，重新授地给新人。事实上，新的封地仪式往往沦为纯粹的形式。与其说领主重新封授土地，不如说是采邑转让的一系列手续中的一个环节。事实上，领主无权拒绝举行新的封地仪式，也就是说，领主已经丧失了采邑的主导权，无论如何，采邑可以世袭，也可以出售。

没有实质内容的形式不会长久，采邑转让须经领主同意的原则很快"寿终正寝"。领主不能重新取得法律上属于他的采邑，除非他付出与其他购买者同样的价钱。实际上，至少从 12 世纪以后，采邑的出卖或转让就几乎没有任何限制了。

以英格兰封建地产运动为例，可以看到大地产日渐衰落，中小地产不断加强的趋势，而地产的转移主要通过市场进行。倘若将 1086 年的《末日审判书》和 1279 年的《百户区卷档》进行比较便可发现，12 世纪仍占有最显著位置的王室领地到 13 世纪末已大为削减。剑桥郡的 60 个地产中，王室领地本来占 16%，但 1279 年时几乎全归一般封建主掌握。而且，非王室的世俗大地产也在减少。与此同时，封建小地产大量增加，特别是教会地产和骑士地产，如骑士地产在此期间增加两倍之多②。因此总的看来，虽然也有大庄园的兴起，但总的趋势是大庄园分裂成若干小庄园。

科斯敏斯基指出，在《末日审判书》里，最大庄园之一的柯拉普哈姆占地面积达 30 犁（每犁大约相当于 120 英亩，共合 3600 英亩），到《百户区卷档》时期已分裂为 5 个庄园。另一个较大的艾克莱顿庄园，到 1279 年

① 〔法〕马克·布洛赫：《封建社会》（上卷），张绪山等译，商务印书馆，2004，第 340 页。
② E. Miller, J. Hatcher, *Medieval England-Rural Society and Economic Changes 1086 – 1348*, London: Routledge, 1980, p. 170.

已分裂为 10 个庄园，其中 7 个庄园属于教会组织①。巴尔格对英格兰中部诸郡大、中、小地产的变化做了详细的统计，表明地产运动趋势与上述情况大体相同。先看诺曼征服后国王直接分封的大地产情况，统计所及牛津、贝德福、亨廷顿、白金汉、剑桥五郡，面积在 80～200 犁的地产的数量均在下降，而面积在 40 犁以下的地产的数量在增加。如 1086 年，此处有面积在 160～170 犁的男爵领 2 个，面积占到全部世俗封建主土地的 14%，到 1279 年，它们则完全分裂消失。120～160 犁的地产在 1086 年有 2 个，到 1279 年只剩下 1 个，占总面积比例由 8% 降到 4.5%。80～120 犁的地产由 3 个减为 2 个，占总面积比例由 10.8% 降为 5.8%。相反，面积在 20～40 犁的地产，数量则由 12 个增加到 17 个，所占比例由 10.7% 增为 18.5%。面积为 10～20 犁的地产，数目由 21 个增到 34 个，所占比例由 10.4% 增为 17%。面积在 5～10 犁的地产，由 14 个增为 28 个，整整翻了一倍，总面积则由 105 犁增至 196.3 犁，也几乎增加一倍。面积在 5 犁以下的小地产，则由 32 个增至 56 个，总面积由 92 犁增至 161 犁，所占百分比由 3.2% 上升到 5.5%②。

封建地产转移的原因颇为复杂，或因婚姻与继承，或因国王的再次分封与没收，其中最重要的原因是采邑的自由转移。据巴尔格统计，在 12～13 世纪的贝德福郡世俗领主庄园，可以探明其归属变化的 67 个庄园中，49 个庄园是出卖的，因为没收而更换主人的有 11 个，只有 7 个庄园是因继承而转移的。在伍斯特郡，18 个世俗庄园中，16 个庄园是出卖的，2 个被国王没收，无一个是继承的。亨廷顿郡的 101 个庄园中，78 个庄园是出卖的，14 个因没收或其他不明原因转移，只有 9 个是继承的③。可见，市场流通已成为封建采邑转移的主要渠道。

中世纪的欧洲人口绝大多数居住在乡村，农民是历史活动的主体，因此，不可能离开他们谈论中世纪财产所有权的历史。农民的财产权利，在中世纪主要是农民与土地的关系，即农民的土地财产权利。财产权利关系

---

① E. A. Kosminsky, *Studies in the Agrarian History of England in the Thirteenth Century*, Oxford: Oxford University Press, 1956, p. 148.

② 〔德〕巴尔格：《11—13 世纪英格兰封建主义史研究》，第 110 页，转引自马克垚《西欧封建经济形态研究》，人民出版社，1985，第 141 页。

③ 〔德〕巴尔格：《11—13 世纪英格兰封建主义史研究》，第 145 页，转引自马克垚《西欧封建经济形态研究》，人民出版社，1985，第 140 页。

或者说一个中世纪农民与土地的关系，不是孤立的，而是一个社会关系问题。前面我们先探讨了他所处的那个时代，即封建时代的制度层面和观念层面；继而探讨了他所生活的经济社会组织，即庄园—村庄共同体。当下，还须探讨一下他的社会身份和社会地位。一个无可争辩的事实是，一个不受法律保护的人，我们无法相信他的财产权利会受到法律保护，从一定意义上讲，其财产权利受保护的程度，取决于他个人受保护的程度，或者他的自由程度。因此，本章首先讨论农民自由和自由程度问题，实有必要。

第二节　农民财产权利的发展

一　佃农的自由与权利

（一）农奴制下佃农的自由问题

中世纪的农民，有着怎样不同的身份？9 世纪的一本修道院记录告诉我们，在庄园里有三种人，分别是隶农、半自由人和同样有着一定依附关系的自由人。汤普逊的归纳则更为简单明了，他认为，一般说来，中世纪早期庄园上的基本人员包括农奴（servus，罗曼语言中的 serf）和维兰（villain，villanus）。农奴的本原，从历史上看，是从罗马的隶农①和日耳曼的"半自由人"（litus，colliberti）传下来的，也就是说，这两类不自由人在罗马帝国后期已经存在。维兰，中世纪早期仍然被看作自由人。在欧洲大陆，维兰出现于查理曼帝国瓦解后的混乱期。在封建制初期阶段，安全比自由更重要。维兰本是马尔克村社的自由小农，维兰一词的原始含义就是村民（villager），在情势的压迫之下，他将田地交给了有权势的邻近领主，同时被降为依附人的地位。从加洛林时代到 12 世纪，的确存在两种类型的投靠和保护：在上层社会，附庸寻求封君保护；在底层社会，村民寻求领主保护。两种投靠有着惊人的相似之处。我们看到农民将土地交付给一个领主，

---

① 隶农原来是自由人，由于拖欠地租，因此一代又一代地被束缚于土地之上。这些欠租，在理论上是可以还清的，但实际上是永远还不清的，因而这些人沦为经济的依附者，介于自由民和奴隶之间。以我们当前的观点来看，后罗马帝国的根本制度是隶农制。

再重新取回，但要背上交付钱物和提供劳役的负担。大约公元 900 年，布雷西亚的萨塔吉利亚土地调查簿上写道："有 14 个自由人投靠领主庄园，条件是每人每周做一天工。"① 这些自由人当时就是维兰。不过传统的习俗和惯例依然保护他们，使他们不至于受农奴制的最恶劣的虐待，因此他们常常被称为"习惯佃农"，汤普逊称维兰为"自由人中最低微的人"②。也就是说，庄园存在着一个自由人群体，维兰曾处在这个群体的边缘，或处于自由人向不自由人下沉的状态。

在英格兰，维兰是与诺曼征服、封建制确立一起出现的。关于早期庄园居民成分，英格兰 11 世纪《末日审判书》的记载最为详尽。以此为例，我们可对当时西欧农民身份的分类有一个大致的认识。艾利斯通过对《末日审判书》的整理，统计出 1087 年英格兰各阶层的人数，如表 3-1 所示。

表 3-1　1087 年英格兰各阶层的人数

单位：人

阶　层	人　数
直属封臣，包括教俗贵族（tenants in chief）	1400
次属封臣（under-tenants）	8000
市民（burgesses）	8000
维兰（villain）	108000
边地农（bordarii）	82600
茅舍农（cotarii and coscets）	6800
自由佃户（liberi hominess）	12000
教士（priests）	1000
索克曼（socmen）	23000
农奴（servus）	25000

表 3-1 的统计中，数量最多也最引人瞩目的是维兰。梅特兰认为，维兰和边地农、茅舍农其实是一类，三者之和将近 20 万人，占整个记录人口的一半多，占农村人口的 80% 以上，显然是村民的主体。梅特兰认为此时

---

① 〔英〕M. M. 波斯坦主编《剑桥欧洲经济史》（第一卷），郎立华等译，经济科学出版社，2002，第 235 页。

② 参见〔美〕汤普逊《中世纪经济社会史》（下册），耿淡如译，商务印书馆，1997，第 383~384 页。

的维兰仍然是自由人，然而是"最糟糕的自由人"（the meanest of free men）。维诺格拉道夫持相近观点，认为《末日审判书》中的维兰"是一个自由与非自由因素皆可寻的混合体"①。显然，这一时期的维兰处于一种边缘状态，故此维诺格拉道夫说，"《末日审判书》见证了自由阶层的衰落"②。《末日审判书》中的农奴，只有2万5千人，连庄园居民的1/10都不到。农奴和维兰的地位，往往被混为一谈，其实二者还是有区别的，尤其在庄园制早期阶段。在当时英格兰的法律里，维兰和农奴差别明显。法律以200先令的罚金来保护维兰的生命，而对农奴生命的估价，只有60先令。

然而，随着庄园化的推进和时间的推移，维兰与农奴的区别越来越不明显，甚至逐渐融合，一起成为被奴役的佃户。这种融合，一方面意味着维兰地位的沉沦，另一方面意味着原农奴或隶农地位的改善。

用欧洲历史学家的话说，这种融合，从社会地位上讲，原自由村民的法律地位下降而原农奴或隶农的法律地位上升，是按照折中、向上（而非向下）的指向来调整的。"因为这两个阶层的接触，甚至他们的融合，产生了这样的效果，就是，按照高级的而非按照低级的情况来调整的。（主要是）维兰拉上农奴，达到了他们的地位。"③

另一位史学家说，"从9世纪和10世纪初开始，各种层次的附属耕田人开始进入一个逐渐同化成一个阶级的过程，尽管本来他们本身以及他们的土地有着各式各样的差别。这个过程十分漫长。"④ 在英格兰，维兰地位的变化是在诺曼征服以后。在《末日审判书》时期（1086年），维兰还被描绘成自由人，虽然是地位最低的自由人，但到12世纪中期以后，逐渐与农奴合而为一，被称为依附农（bondmen），或笼统被称为不自由佃户⑤。在欧

---

① V. H. Galbraith, *Domesday Book-Its Place in Administrative History*, Oxford：Oxford University Press，1974，pp. 133 - 134.

② A. L. Poole, *From Domesday Book to Magna Carta，1087 - 1216*，Oxford：Oxford University Press，1951，p. 135.

③ 〔美〕汤普逊：《中世纪经济社会史》（下册），耿淡如译，商务印书馆，1997，第384～385页。

④ 〔英〕M. M. 波斯坦主编《剑桥欧洲经济史》（第一卷），郎立华等译，经济科学出版社，2002，第223页。

⑤ 希尔顿认为，英格兰维兰奴役化不是在诺曼王朝（1066～1154年），而是在安茹王朝（1154～1216年）。见 John Hatcher，"English Serfdom and Villeinage，"*Past and Present*，No. 90，1981。

洲大陆查塔斯（Chartres）地区，940～1030年，自由农在人口中的比例是80%，到1090～1130年下降为8%；在卡塔卢尼亚（Catalonia，今西班牙东北部地区），10世纪末自由农所占有土地的比例是80%，到11世纪的最后25年下降到25%[①]。

维兰果然成为不自由人了吗？就自由而言，原农奴改善的程度高于维兰地位下降程度，可是为什么将维兰也视为不自由人，并且也往往称之为农奴？一个重要原因是，当时的法学家们受到罗马法的严重影响，在讨论维兰的身份与财产权利时，基本沿用了罗马奴隶法的概念，主张自由与不自由之间有着截然的鸿沟，如13世纪英格兰法学家勃拉克顿认为，"人或为农奴或为自由人"，二者必居其一，并把维兰称为农奴（servus）。按照罗马法的规定，既然维兰是不自由人，是属于主人的人，因此主人可以随意买卖。由此还推理出维兰一无所有，不能也不可能拥有任何财产。其实，此前12世纪的法学家格兰维尔[②]已经持此观点，并专门阐述过他的看法。他认为，农奴最终属于他的领主，他本人什么也没有，既然无产可持因此也就不能买到自由。"如果领主因为农奴交付一笔钱而解放一个农奴的话，就会遇到难题；在这种情况下，只有第三者介入才能解决，即这个第三者实际上是用农奴的钱但名义上要说使用自己的钱买下农奴的。"[③] 而事实并非如此。其一，历史上维兰或农奴都不能进行人身买卖，他们有妻儿和家庭。他们有一块世袭耕地，并附着于土地上，如果庄园出售，对他而言不过更换一个领主而已，他仍然保有他的土地，并保持原来的义务和权利。其二，维兰可以经过法庭或不经过法庭转移地产。历史事实充分证明，维兰是拥有家庭、财产、土地的生产者，有自己相对独立的经济，这种情况即使在中世纪农奴制最残酷的时期，也没有发生变化。正如中外许多学者指出的那样，中世纪早期法学理论与维兰的实际生活状况存在很大程度的背离。

---

① J. H. Burns, *The Cambridge History of Medieval Political Thought*, *1350—1450*, Cambridge: Cambridge University Press, 1988, p. 196.

② 格兰维尔（Glanvill）（？—1190），曾任约克郡长、巡回法官和英格兰首席法官，参与了亨利二世的司法改革。

③ H. S. Bennett, *Life on the English Manor*, Cambridge: Cambridge University Press, 1989, p. 286.

　　早在 20 世纪初，布洛赫就对中世纪盛行的自由和非自由的简单的两分法提出批评，他说："细加考虑，这种明显尖锐的对立，对五花八门的实际情况的反映，是非常不准确的。"① 海姆斯结合英格兰的具体情况也提出质疑②。为什么中世纪的法学家会持这样的观点呢，究其原因，不仅是受罗马法的影响，还受到封建主统治阶级利益的驱动，英格兰王权的推波助澜就是一例。英王亨利二世致力于扩大国王的司法权，允许当事人经申请获得国王颁发的司法令状，以敦促地方或领主法庭公正审理。到 13 世纪初，司法令状种类繁多，其中一种专用于土地权诉讼案规定，任何自由人（维兰除外）均可越过庄园法庭，直接向国王法庭投诉。该令状旨在竭力招徕诉讼，其副产品则是贬损了维兰地位，无异于宣布维兰的利益不受王室法律保护，虽然那些维兰的实际生活境况未必因此而受到很大冲击。哈瑞森认为：当然这些（法律）文献不是由农民写成的，虽然涉及的事情大多与其相关却不可能由农民而是由别人来呈现……领主是推动者，而我们所看到的法律文献只能出自老练的法学人士之手。就农民自由而论，这些文件与事实远不相符。又由于新的盎格鲁 - 诺曼裔的法学家喜欢纠缠法律定义，其结果之一是，他们将 1100 ～ 1300 年的农村人口划分为两个范畴：自由的（free，即 liber homo）和不自由（unfree，即 villanus）。为了明显的和切实的利益起见，"末日审判"之时农民群体经济的复杂性和法律上的差异性竟然都被忽略了，当然在这期间维兰地位也每况愈下。所有那些自由方面有缺陷的人都被宣布为维兰，与此同时，许多农奴也上延为维兰身份，农奴与维兰变成同义词。这样，在诺曼征服后的大约 300 年间，有一半以上的人口成了农奴。13 世纪对农奴给出著名定义的法学家亨利·德·布莱克顿说："农奴不可以在当天晚上知道第二天所要做的工作是什么。"另外，如同伯顿的修道院院长在 1280 年残忍地告诉他的维兰说：除了肚子，他们一无所有③。

---

① 〔法〕马克·布洛赫：《封建社会》（上卷），张绪山等译，商务印书馆，2004，第 405 ～ 406 页。布洛赫此处所指的"奴隶"是个泛义的概念，包括各种人身处于依附状况的农民。——引者注。

② P. R. Hyams, *King, Lords, and Peasants in Medieval England*, Oxford: The Clarendon Press, 1980, p. 49.

③ J. F. C. Harrison, *The Common People: A History from the Norman Conquest to the Present*, London: Croom Helm Ltd., 1984, pp. 42 - 43.

　　什么是农奴的标志，这在西方学术界是个颇有争议的问题。所谓农奴制，如同封建制的产生一样，虽有着大致相似的背景，却没有统一的制度上的安排，因地域、族群甚至时段不同而异。当然，这不是说它们没有内在的统一性。一般说来，庄园里所谓不自由佃户，大致有这样几个特征，集中表现在他们的义务上。首先，定期到领主直领地服役，即"周工"。周工劳役内容的不确定性，被认为是人身不自由的重要标志。"周工"劳役的内容一般都由庄头临时分派，如上述布莱克顿那句名言：不可以在当天晚上知道第二天所要做的工作是什么。临时指派劳役表达了一种比较强烈的人身强迫性和任意性。

　　与周工劳役几乎遭到同样程度憎恨的是任意税。任意税（法语为 taille 或 aide；拉丁语为 tallia，auxilium，precaria；德语和荷兰语为 Bede）最初是国王或领主在紧急情况下要求下属缴纳的协助金，后来演变为具有强制缴纳的性质，往往成为农奴的一项负担。称之为任意税，是因为征收的数额和期限不确定，具有专横性，因此甚为农奴痛恨①。

　　其次，是继承捐和婚姻捐。在英格兰或大陆一些地方，继承捐亦称为继承金（heriot），意指佃户死后其财产应当全部归还主人，而事实上这种情况又不可能，因此要交出最好的一头牲畜和其他物品，如猪、蜂群等②。在法兰西将其称为"死手捐"（main morte），意指农奴的手是死的，不能把自己的财产传给下一代，显然借用了罗马法中奴隶无财产权的理念。在法兰西和德意志也是领主从继承人那里领走一头最好的牲畜和物件。婚姻捐则是为了防止庄园劳动力流失，不许可佃户女儿或寡妇嫁到外庄园，除非缴纳婚姻捐。不自由的佃户不能随意迁徙，同样反映了一种人身依附关系。

　　什么是农奴？如果一定要回答的话，笔者以为一定要指出两点：一是他所承担的劳役和捐赋的内容；二是（也是更重要的）这些劳役和捐赋的不确定性。

　　农民委身领主，将自己及其地产置于领主的统治和保护下，同时依据不同的条件为领主提供一定的义务。如果他们只缴纳有限的货币或实物，没有不确定的劳役，或只有轻微的劳役，那么他们便被称为自由佃户

①　G. G. Coulton, *Medieval Village*, Cambridge：Cambridge University Press，1925，p. 482.

②　P. Vinogradoff, *Villeinage in England*, Oxford：Oxford University Press，1927，p. 159.

（franc tenancier）。如果实行"周工"，每周几天到领主直领地上服役，并且履行继承捐等上述义务，那么他就会被认为是维兰或农奴。也就是说，他们持有的土地保有条件不一样，身份也不一样；反过来讲，因为持有那块土地而履行那样的义务，所以那块土地也就附有了身份的印记。我们在中世纪文献里经常可以看到"自由地"或"维兰地"（land in villenagio）等字眼。第一代土地持有者主要根据其服役的类别判明身份，土地一旦转移，土地的新主人不仅接受了土地，同时接受了附在土地上的劳役，甚至出现自由佃农因接手"维兰地"而成为农奴身份那样的案例。在中世纪的法庭档案中，关于身份的争讼绝不少见。身份与人相连，有时与土地相连，颇为复杂。一个人之所以成为一个维兰，不一定是因为他的父亲是维兰，而是他保有一块维兰租地。那么，什么决定了他的身份呢？汤普逊告诉我们，"不是法律的理论，而是保有地和所要求的服役的类别决定了农民的身份。""农奴在人身上是一个自由人，而在经济上是一个不自由人。"①

　　某人为领主承担某项劳役，就成为农奴，如果解除了该项劳役呢？承担劳役期间他是领主的农奴，那么他对领主以外的其他人意味着什么？法律学家霍兹华斯和梅特兰都讨论过这样的问题。梅特兰认为农奴身份具有相对性，甚至很难说是一种社会身份，更多的是领主和农奴之间的一种关系。对于领主而言，农奴是被奴役者，至少按法理来说是这样；但是对第三者而言，他几乎具有自由人的一切权利，他们根本就不是农奴②。事实也是这样。在所谓自由人和不自由人之间并不存在巨大的鸿沟。例如，在乡村共同体的经济活动中，农奴有权利和其他成员一起参与条田的分配和轮耕，有权利使用公共牧场、荒地和森林。在社会生活中，农奴有权利和自由人一起参加教堂活动，有权利出席庄园法庭，有权利担任陪审员，一样参与自由人案件的审理，有权参与管理村庄—庄园的公共事务，往往还是庄头一职的承担者，从而成为佃户与领主的重要中介人。在中世纪晚期的全国性税收中，并没有自由人和非自由人的区别，只有穷人和富人的区别，

---

① 〔美〕汤普逊：《中世纪经济社会史》（下册），耿淡如译，商务印书馆，1997，第381～384页。

② F. Maitland, *The Constitutional History of England*, Vol. Ⅰ, Cambridge：Cambridge University Press, 1908, p.415.

因为根据贫富程度征收不同的额度，一些被免征的穷人可能是自由人。要求富裕的农民武装起来维持地方治安，也没有把农奴排除在外，1252 年颁布的《武器管理条令》（*Assize of Arms*）就允许维兰携带武器①。他与领主的关系不具有永恒性，1180～1189 年的《英格兰法令》规定，一个农奴居住在一个村庄，而不是他所隶属的那个村庄达到一年零一天，那么法律将承认他解除与原领主的关系②。

关于农奴制的另一个误读是农奴是不自由的，而且是最穷困的。中世纪的统计表明，实际情况是农奴不一定贫困，所谓自由人也不一定富裕。科斯敏斯基研究了英格兰的《百户区卷档》中 22000 份农民地产，分别计算出了 13 世纪末中部地区 6 个郡农奴和自由农民占地面积的比率，如表 3 - 2 和表 3 - 3 所示。

表 3 - 2　13 世纪末英格兰农奴的占地情况

单位：%

等　级	占地数量	占总数百分比
一　等	1 维尔盖特以上（20～40 英亩以上）	1
二　等	1 维尔盖特（20～40 英亩）	25
三　等	1/2 维尔盖特（10～20 英亩）	36
四　等	1/4 维尔盖特（5～10 英亩）	9
五　等	小块土地（5 英亩以下）	29
总　计		100

资料来源：以上见 E. A. 科斯敏斯基《13 世纪英格兰农业史研究》（*Studiet in the Agrarian History of England in the Thirteenth Century*），牛津大学出版社，1956，第 216、223 页。

表 3 - 3　13 世纪末英格兰自由农民的占地情况

单位：%

等　级	占地数量	占总数百分比
一　等	1 维尔盖特以上	8
二　等	1 维尔盖特	15

---

① 〔英〕J. 克拉潘：《简明不列颠经济史》，范定九、王祖廉译，上海译文出版社，1980，第 94 页。
② Douglas, D. C., Greenaway, G. W., *English Historical Documents*：*1042 - 1189*, Vol. Ⅱ, London：Routledge, 1952, p. 405.

续表

等　　级	占地数量	占总数百分比
三　　等	1/2 维尔盖特	18
四　　等	1/4 维尔盖特	12
五　　等	小块土地	47
总　　计		100

资料来源：以上见 E. A. 科斯敏斯基《13 世纪英格兰农业史研究》（*Studiet in the Agrarian History of England in the Thirteenth Century*），牛津大学出版社，1956，第 216、223 页。

如果把农村居民按上、中、下三等从土地占有上加以划分，那么大致可以看出是上、下等的人中自由农民较多，而中等农民则是农奴身份的人较多。也就是说，根据田产的大小来判断自由佃户不一定是庄园里最好的群体；即使按户平均计算，他们也不比农奴佃户的地产多多少。在现实生活中，一个维兰在经济上可能比法律地位高于他的人更为殷实，他可以用支付工资的办法雇佣另一个维兰代替他工作，也可以雇佣一个自由人。然而，拥有相同大小田产的农奴佃户比自由佃户要贫穷。波斯坦指出："自由人和非自由人之间真正的经济差异并不是他们所拥有的地产平均数的不同，而是对他们田地中所产出的收入的控制权有所不同。非自由人不得不为了领主的利益比自由人放弃更多他们的产品。"[1] 也就是说，如果在一定条件下，农奴出现贫困化的倾向，那要归咎于他对领主权利的缺失。

其实，"不自由"不是一个笼统的定义，它是可以分解的，其内涵都可以理解为某项权利的丧失。丧失的权利越多，越不自由，农奴是依附农民中丧失权利最多的群体，如不能随意离开庄园，否则领主可用强力迫其返回，就可以理解为没有迁徙的权利。标志农奴身份的三项税收（婚姻捐、继承税、任意税）都是这样，与其说是不自由的标记，不如说是人身权利的损害。

丧失权利就是丧失自由，可见欧洲中世纪的"自由"是和"权利"密切相连的。布洛赫指出："享受所谓的'自由'在本质上就意味着拥有一种无可争议的权利。"在墨洛温王朝时期，自由意味着作为墨洛温王朝臣民——法兰克人（populus Francorum）的权利，其结果是"自由的"和

---

[1] 〔英〕M. M. 波斯坦主编《剑桥欧洲经济史》（第一卷），郎立华等译，经济科学出版社，2002，第 525 页。

"法兰克的"两个词语逐渐被视为同义词，并长期作为同义词使用①。英语"自由"（liberty）一词起初的主要内涵是"权利"或"特权"，与 rights 或 privilege 含义一致；liberty 具有"自由"（freedom）即不受外界控制、奴役和支配含义，是 14 世纪以后的事情②。在中世纪相当长的一段时间里，只有一部分上层人才享有权利和自由，因此希尔顿认为中世纪的"自由"（liber homo）往往与"贵族"（nobilis）同义③。随着时间的推移，获得"权利"与"自由"的范围逐渐扩大并下移，越来越多的人获得权利和自由。事实也是这样，农奴制的自由解放进程始终伴随着广大民众争取自己权利的斗争。

在欧洲中世纪的语境中理解权利与自由的关系，我们才能理解西欧农奴制的内涵，避免望文生义，因为正如库普兰警告的那样，"再也没有比那一部分有关农奴的权威叙述危险更大"④。理解了权利与自由的关系，我们才可以进一步理解欧洲学者关于所谓农奴制的一些论述。他们认为，在许多情况下，农奴权利的丧失仅对其特定的领主而言，对于其他人而言，他与自由人没有多少区别。布伦纳称农奴制是农奴与领主之间的一种"权力关系"（a relationship of power）⑤。梅特兰则说得更明确，他说："农奴几乎不是一种身份，它只是农奴与领主两人间的一种关系……对于其他人，他拥有一个自由人所有的一切或几乎一切的权力；对于他们，他简直就不是一个农奴。"⑥

中世纪庄园的村民之间都存在不同程度的依附关系，所谓自由人也不是完全自由的，人们都有自由与权利的缺失，只是程度不等而已。布洛赫注意到这种情况⑦。德比对马康奈地区的研究表明，虽然各类村民自由程度不同，但几乎不存在完全的自由村民。瓦里斯根据埃斯曼林的资料也指出，

① 〔法〕马克·布洛赫：《封建社会》（上卷），张绪山等译，商务印书馆，2004，第 255 页。

② 〔英〕T. F. 哈德主编《牛津英语词源词典》，上海外语教育出版社，2000，第 265 页。

③ R. H. Hilton, "Freedom and Villeinage in England," *Past and Present*, No. 31, 1965.

④ 转引自〔美〕汤普逊《中世纪经济社会史》（下册），耿淡如译，商务印书馆，1997，第 389 页。

⑤ Robert Brenner, "Agrarian Class Structure and Economic Development in Pre - Industrial Europe," *Past and Present*, No. 70, 1976, pp. 30 - 75.

⑥ P. Pollock, F. W. Maitland, *The History of English Law Before the Time of Edward I*, Vol. I, Cambridge：Cambridge University Press, 1898, p. 415.

⑦ Marc Bloch, *Slavery and Serfdom in the Middle Ages*, California：University of California Press, 1975, pp. 140 - 141.

村民都处于不同程度的依附状态，hommes 这个词就是泛指这些村民。晚近一些西方学者认为，过分强调农民的法律身份意义不是很大，农奴地位对他造成的不利条件有限。于是一些学者主张按照领地上的经济职能划分农民群体，认为它比法律身份更重要①。

（二）从租赋征收主体看佃农同国王和领主的财产关系

农民的义务和负担，关乎整个社会结构和社会关系问题，也关乎农民个人与统治者的关系问题。谁来征收农民的租赋？农民的义务和负担这个话题不是没有意义的，因为欧洲和欧洲以外地区（如中国）存在明显的差异，这个话题有助于说明农民负担问题的社会环境。

在欧洲，该问题的答案是租赋由农民所在庄园的领主征收，而不是国王或国王代表的中央政府。封建领主对佃户兼有租赋权和司法权。每个佃户依据不同的条件领有大小不等的保有地，庄园主则相应征收不同形式和份额的租赋。庄园主具有征收权，因为他不仅是一个庄园社会的统治者，还是封建法理上的庄园所有者。与其认为是领主僭越和分割中央政权，不如说因为王国统一秩序的崩溃，许多特权必然落在庄园领主的身上，由此形成欧洲封建制度的基础。公法和私权混淆而生的效力，是封建制度的重要特征。国王也征租缴赋，不过国王只能从他直接管辖的王室领地上征收，所谓"国王靠自己过活"（the king shall live of his own）。正确地说，在西欧封建社会盛世，公共税收基本是不存在的，因此国王依靠王室庄园的收入，而不是依靠全国赋税的进款。编写于 12 世纪的《论国库的对话集》是一部盎格鲁–诺曼文献，作者写道："据我们祖先的传说，在'征服'后的王国的初期，国王从他们的庄园所收到的，不是黄金或白银的货币，而是实物的缴付……那些派去管理收款的官吏知道，每个庄园应缴付多少……我亲自碰到过那些曾目睹粮食在规定的时间从国王的庄园运到宫廷去的人们。"

这一文献中叙述了国王与其佃户的关系。国王看起来远不是那样威严不可近、高远不可及。里面谈到了英王亨利二世在他的诺曼底庄园的境遇，"那里时常有喊冤的农民群众涌进英王的驻地；而使他感到厌烦的是，他们时常拦路喊冤，举起他们的耕犁作为标记"，有时控诉一个不公平的管家，

---

① 〔德〕汉斯·维尔纳·格茨：《欧洲中世纪生活》，王亚平译，东方出版社，2002，第 57 页。

有时埋怨因为气候、战争或租役等造成的农业衰败[1]。

法兰西被认为是欧洲封建制度的策源地。11世纪，法兰西的卡佩王朝仅拥有小块领土，以巴黎和奥尔良为中心，被称为"法兰西岛"，大约相当于法兰西王国面积的1/15。除此以外的其他地区实际上不受王权的节制。腓力二世（1180～1223年在位）统治时期，拥有英格兰国王头衔的安茹家族在法兰西占有大片领地[2]，总面积是法兰西王室领地的5～6倍。安茹庄园虽然坐落在法兰西，但其领地上的佃户却要向英王而不是法王交租，因为英王才是他们的领主。

"诺曼征服"即诺曼人跨过英吉利海峡，用武力为英格兰带去了封建制度，同时送去了一位"征服者"威廉做国王。英格兰王权被认为较为强大，其实只是相对而言，其基本的社会格局与欧洲大陆没有实质区别，赋税征发权与西欧大陆亦无二致。至1086年左右，威廉一世统治达到顶峰。他下令对全国土地进行调查，将调查结果编定成册，称为《末日审判书》，意指它所记录的情况不容置疑，犹如《圣经》中所描述的"末日审判"一样严格。该文献又称《土地清丈册》或《最终税册》，常常被认为是英格兰王权强大的重要证据。威廉的《末日审判书》，往往让中国人联想到明朝朱元璋刚刚打下江山，便开始全国规模的人口登记，然后又对土地进行大规模的清理丈量，登记造册，即《黄册》、《鱼鳞册》[3]，殊不知是极大的误读。"普天之下莫非王土"，绘制《黄册》和《鱼鳞册》，是朱元璋要彻查自己的家底，正如他告诫臣属的那样："民有田，则有租；有身，则有役。历代

---

[1] 转引自〔美〕汤普逊《中世纪经济社会史》（下册），耿淡如译，商务印书馆，1997，第392页。

[2] 英格兰金雀花王朝的创始人亨利二世出身法兰西贵族，因而在法兰西境内拥有大量领地，包括安茹和诺曼底。

[3] 《黄册》和《鱼鳞册》是明代赋役征发的主要依据，乃是登记天下人口和土地的档案，其中登记人口及其财产状况的叫《黄册》，绘制全国土地田亩的叫《鱼鳞册》。《黄册》登记的重要内容之一是"户籍"，除姓名、出生年月及详细住址外，更重要的是载有被登记者应服役的种类，即在登记者的姓名之后，记有"军"、"民"、"驿"（从事公文传递）、"灶"（从事煮盐业）、"医"、"工"等身份标记。身份不同，所服劳役的种类也不一样，而且历代不允许更改。《黄册》登记的第二项内容是"事产"，即被登记者所拥有的田地山场。这些内容逐户登记好后，便将居民组成的单位——每一保或每一图的田地、坵段编为序号，标明每一号土地的质量等级、范围（东西南北"四至"）、大小、税额、户主姓名等——这其中的每一项内容都另制一张小票，粘贴其上，状如鱼鳞，故称"鱼鳞图册"。因此，《鱼鳞图册》是官府掌握土地的重要文书。

相承，皆循其旧。"威廉的《末日审判书》则完全不同，普查的主要目的是为了分清哪些是王室自己的地产，哪些不是王室的地产，一年内他能从各个郡的王室地产上"得到什么贡赋"。完成于 12 世纪的《盎格鲁－撒克逊编年史》有明确的记载："他派手下的人遍赴英格兰各地，进入每一个郡，要他们查明每个郡各有几百海德土地，国王本人在国内拥有的是什么样的土地和何种牲畜，他 12 个月内应该从各个郡得到什么贡赋。他还令人做了一份记录，载明他的大主教们、主教们、修道院院长们、伯爵们各有多少土地……他令人调查得如此详尽，乃至没有一海德土地，也没有一维格特土地，的确也没有一头公牛、一头母牛、一头猪被遗漏而没有记录在案。"

英王关注自己的财源，同时关注其他贵族的财产，他明知一些土地与他没有经济关系，但也要了解"归谁掌有，值多少钱"。"他统治英格兰。凭着他的机诈，他将英格兰做了如此仔细的调查，以至英格兰没有一海德土地他不知道归谁掌有，值多少钱，他将土地情况记录在案。"①

英王的权威高于大陆的国王，还表现在威廉接受了所有级别封臣的宣誓效忠。1086 年，威廉国王在收获节到达索尔兹伯里，"他的议政大臣们也来到那里，全英格兰所有占有土地的人，不论身份如何，不论他们是谁的封臣，也都来到那里。他们都服从于他，成为他的封臣，并且向他宣誓效忠，申明他们将忠于他而抵制所有其他的人"②。威廉名义上是英格兰最高土地所有者，全部耕地和森林尽归国王所有，而事实上，国王对土地和佃户的实际支配权仍然止于王室领地。王室领地估计占全国耕地的 1/5 或 1/7，其余的均依据一定条件分封出去。接受国王土地的封臣，被称为直属佃户（tenant－in－chief），大约有 1400 名，他们成为新的诺曼底贵族，取代了原来盎格鲁－撒克逊旧贵族。诺曼底贵族大多将土地再分封，受封者与其形成另一组领主附庸关系。无论一次分封还是多次分封，受封者只对他的直接领主负责；与此同时，领主仅在他的直属领地上有征发权，即使贵为国王，走出自己的领地他也拿不到一个便士，甚至未经允许不得进入他人庄园，所谓"风能进，雨能进，国王不能进。"国王只能在他的领地巡行，尽管当时的交通和旅行相当困难。国王和其他贵族这样的巡行，不仅

---

① 《盎格鲁－撒克逊编年史》，寿纪瑜译，商务印书馆，2004，第 240、245 页。
② 《盎格鲁－撒克逊编年史》，寿纪瑜译，商务印书馆，2004，第 241 页。

是为了监督他的地产管理，而且也是为了维持自身以及王室的消费，被称
为"巡行就食"①。食物不得不在当地消费，因为把消费品运到某个集中
地的费用过于昂贵。其他王国的国王也靠旅行来生活。例如，德意志皇帝
康拉德二世 1033 年的行程是从勃艮第旅行到波兰边境，然后返回，穿过
欧洲到达香槟，最后回到他的本土萨克森，直线距离竟达 1500 英里
左右②！

欧洲国王从来不具有对全国土地的管辖权和征发权，因此国王时常
陷入土地争讼案中。人们不难发现国王与其他贵族因地权、地界问题产
生争议，对簿公堂。例如，1233 年，国王亨利三世指责伯爵理查德·
马歇尔侵犯了王室领地，但伯爵宣称自己不是侵犯者，因为国王首先侵
犯了伯爵的土地。他还宣称，由于国王违约在先，根据相互的权利与义
务原则，效忠关系自动解除，因此伯爵不再有效忠国王的义务。"为了
国王的荣誉，如果我屈从于国王意志而违背了理性，那我将对国王和正
义犯下更严重的错误。我也将为人们树立一个坏的榜样：为了国王的罪
恶而抛弃法律和正义。"③ 这个例证表明，国王不能支配王国的每一海德土
地，除非在他的王室领地上。同时也再一次表明，在中世纪人的观念中，
附庸的服从和义务不是没有条件的，即使受到国王不公正的对待，也有反
抗和报复的权利。

二　佃农土地权利的安全程度

（一）农奴佃户的土地权利

在封建法下，附庸享有独立的土地占有权；在庄园里，规定领主与农
民关系的庄园法也开始形成一种法律体系，佃户对土地同样具有稳定的占
有权。这两种体系彼此紧密相连，具有同构性。一种观点认为，直接生产
者对土地的占有时常比贵族封臣对采邑的占有更为稳定，因为后者土地占

---

① E. Miller, J. Hatcher, *Medieval England-Rural Society and Economic Changes 1086 – 1348*, London：Routledge, 1980, p. 198.

② Marc Bloch, *Feudal Society*, London：Routledge, 1989, pp. 62 – 63.

③ Fritz Kern, *Kingship and Law in the Middle Ages*, New York：Greenwood Press, 1970, pp. 88 – 89.

有关系中的地位往往受到王室政治斗争的影响①。佃户对他们所耕种的土地通常都是可继承的长期占有②，哈德森指出，土地权在佃户与领主关系中的安全性、继承性、可转让性几个范畴中反映了土地占有人的顾虑：他希望保证其自身地位的安全，确信其家庭在其死后能够继续对土地享有权利，还希望能够有权利将土地赠给或者出售给某个教堂或其继承人之外的个人。这三个因素彼此密切联系，事实上可被视为同一个问题的不同侧面③。其中土地权的安全性无疑居核心地位。

从理论上说，维兰的保有地来自领主，是按照领主的意志（at the will of the lord）而占有的，领主似乎可以随意将维兰从土地上驱逐，但实际情况并非如此。事实是大部分维兰的土地权利是有保障的，既安全又稳定，即使在农奴制最残酷时期也是如此④。维兰拥有家庭、财产和土地，并且世代相传。土地的稳定占有不仅是他个人经济独立发展的基础，也是他个人权利发展的基础。特别是 11～12 世纪，在欧洲大部分地区都是这样，即庄园法形成了法律体系，农奴制的法律概念第一次得到系统的阐述。农奴被称为"束缚于土地上的人"（glebae abscriptae）。这意味着，除非根据某些条件，他不能离开土地；同样意味着，除非根据某些条件，领主也不能将他们驱逐。佩里·安德森曾指出，在 11～12 世纪，"束缚于土地上的人"这个术语的首次使用反映了对先前数世纪一直存在的"经济与社会关系在法律上予以确认"，而且是一种特别"滞后"的确认⑤。也就是说，此前已然如此，法律确认后更加如此。只要他履行了应尽的劳役，承受了与其身份相应的负担，不对领主持过分的对抗姿态，他对土地的控制就是安全的，不应该从土地上被赶走。

如果佃户拒服劳役，领主可以扣押乃至剥夺佃户土地，但必须根据

---

① J. C. Holt, "Politics and Property in Early Medieval England," *Past and Present*, No. 57, 1972, pp. 3－52.

② 也存在有固定期限的土地占用，最常见的形式就是土地租借，有的可长达三世，有的则只有一世，有的则以若干年为期。这些租借地与可继承的土地之间存在明显的差别。参见 J. G. Hudson, *Land, Law and Lordship*, Oxford: Oxford University Press, 1994, pp. 95－96.

③ 〔美〕约翰·哈德森：《英国普通法的形成》，刘四新译，商务印书馆，2006，第106页。

④ P. R. Hyams, *King, Lords, and Peasants in Medieval England*, Oxford: The Clarendon Press, 1980, p. 49.

⑤ 转引自〔美〕哈罗德·J. 伯尔曼《法律与革命——西方法律传统的形成》，贺卫芳等译，中国大百科全书出版社，1996，第400页。

法律和通过法庭。正如成书于 12 世纪 80 年代末期的典籍《格兰维尔》所说的："领主可以扣押佃户土地，但要通过法庭判决，在法庭上对其进行审判。"[1] 农奴的负担都受到法律限定，他们对土地的占有同样受到法律的确定自在逻辑发展之中。不仅得到法律的确认，而且得到法律的保护，当时主要是得到庄园法庭的保护。其具体表现在领主不能直接制裁农奴，须先到法庭起诉，然后法庭对领主指控事实进行调查，并依据法律进行裁决。法庭由庄园全体成员组成，上至领主和管家，下至地位最低的农奴，他们全都是法官，被称作"诉讼参加人"（suitors）。法官或者是与被告地位相当的人（即佃户）组成陪审团。领主或领主的管家在庄园法庭上仅是一个主持人。或许有人认为，领主及其代理人的权力可能会对法庭判决结果产生影响，但事实不尽如此，有许多不保护领主利益的案件被记录下来。例如，有时农民佃户会在与领主的土地产权的诉讼中胜诉。在一个案件中，庄园主试图剥夺一个农奴的某块地产，理由是该农奴持有的份地超过了他有权持有的数量。该农奴却争辩说，其他佃户也有类似的情况，"此前一直持有几块地产，而无需特许状，也未受罚和受指控"，他"准备通过佃户（即庄园的全体佃户）和其他必要的方法证明这一点"。这个案件记录的结果是："将这个问题搁置起来，直到达成更充分的协商等。"[2] 除了该案件，还有许多类似的案件都表明，如果发生争议，领主不能直接处置农奴的土地，换言之，不能随意驱逐佃户，必须经过法庭；而法庭不一定做出有利于领主的裁决，许多情况下会抵制领主及其管家而给予佃户以救济。

即使法庭同意剥夺维兰的土地，也要经过一系列的法定程序。土地占有权及其被剥夺，都须有合法的理由和程序。经查实，佃户确实怠于履行劳役，特别是如果同时否认土地是从领主那里获得的，领主为了自己的权利也为了尊严，可以通过法庭发出收回土地的威胁。不过收回土地实际上远不是那么简单的，在越来越严格的法律程序中须经过三个阶段：下传票提出警告，扣押动产，扣押、查封土地或最终没收土地。这一原则要求领主在扣押土地时必须按部就班地进行：违规佃户被传唤以回答与劳役有关

---

[1] John Hudson, *Land*, *Law*, *and Lordship in Anglo - Norman England*, Oxford：Oxford University Press, p. 28。

[2] Warrent O. Ault, *Open - Field Farming in Medieval England*：*A Study of Village By - Laws*, New York：George Allen & Unwin Ltd. , 1972, p. 157.

的问题，警告无效后可能首先要扣押他的动产，依然无效才扣押土地。扣押程序颇为缓慢，双方都为下一步留下回旋的余地。事实上，扣押财产和土地只是暂时的，扣押的财产和土地不会转授予其他人，因为当佃户保证满足领主要求时，还须退还给佃户，显然，领主使用一些强制力主要是为了迫使佃户屈服。当然，继续拒不履行劳役可能导致佃户失去对土地的占有，从法理和情理上讲都是没有问题的，从实践上讲却是相当困难的。按照法律程序，"没收之前通常要先举行一个法庭听证；否则领主可能被视为行动很不理智，没有对其佃户表示出应有的尊重。听证本身为双方达成妥协提供了一个机会，同时领主和佃户相互关系中的共同利益可能再次得以显现。其实，不仅是听证会，三个步骤中的每一个环节，都是为妥协提供机会，而不是剥夺佃户土地的合法借口。从心理上讲也是这样的，领主以扣押为手段，威胁违规的佃户，使其就范，按约服役。佃户虽然不得不承认他对领主的义务，但是不会像领主那样将土地占有和所服劳役那么密切地联系起来，佃户认为土地已然属于自己，是安全的，这种自信随占有时间的延长而益增。不难看出，从法理上讲佃户的土地有可能被剥夺，可从实际上讲似乎是不大可能的。哈德森说："我们极少看到采邑内部发生过这种佃户失去土地的实例，这不仅仅是由于史料证据有限，也可能反映出当时确实很少实际发生佃户失去土地的情况。"①

（二）自由佃户的土地权利

与农奴相比，自由佃户的土地无疑会更加安全，这不仅受到庄园法庭的保护，还有王室法庭的干预。当自由佃户认为庄园法庭的判决不公正时，他可以越过庄园法庭向王室法庭申诉，后者正要扩大自己的司法管辖权，因此总是想方设法地援助佃户。在英格兰，自12世纪起，王权就介入了自由佃户的案件审理②。前面提及领主扣押佃户土地前，先要扣押大牲畜一类的动产以示惩戒，此时，虽然领主还未触及佃户持有地产权，可如果他是

---

① 以上参见〔美〕约翰·哈德森：《英国普通法的形成》，刘四新译，商务印书馆，2006，第108页。另见 John Hudson, *Land, Law, and Lordship in Anglo-Norman England*, Oxford: Oxford University Press, 1994, pp. 33-34。

② Frank E. Huggett, *The Land Question and the European Society since 1650*, London: Thames and Hudson Ltd. , 1975, p. 19.

一个自由佃户，即可求助于王室法庭，以期中断领主可能对他造成的侵害。没有牲畜等动产就像没有土地一样，同样无法耕作和生活，因此收回被扣押动产的求诉，成为王权声援的对象。王室法庭提出了一种被称为"收回非法扣留动产之诉"的简单诉讼程序，根据这种程序，郡法庭可以核准佃户是否没有履行劳役，领主扣押其动产的理由是否成立？而且，郡长有权对不公平的领主采取强制措施①。

在普通法早期，王室法庭对自由佃户土地占有权的保护中最著名的当属"新近侵占之诉"等王室令状。该令状是国王发给某郡守，后者代表国王干预强占佃户土地的案件。格兰维尔曾经记述了当时一般令状的形式和内容："国王向郡守问候。命令 N 毫无迟疑地归还 R 在某村庄一海德的土地。R 向我控告 N 侵占了他的土地：如果他没有归还，则由合适的传召者传唤他，在复活节后的第一个星期天在某地点到我或我的法官面前，解释为何没有做到。务必使他和传召者带着此令状一同前来。证明人：兰纳夫·格兰维尔。于克拉伦登。"②

关于封建法下"占有"的概念，前文已有专门介绍。亨利二世及其法学家根据教会法学家的"归还原则"，发展出新侵占之诉，有利于封臣权益的保护，同样可以使农民的土地免受领主及他人的强行侵夺。"如果自由持有土地佃户被不公正地侵占和剥夺财产，且未经审判，他便能够通过王室令状寻求救济：召集陪审团；在国王法官面前回答关于占有和侵占问题。继而为原告做出判决，他便能恢复其财产。"③ 诉讼中，原告只需证明先前的占有成立，这样占有权就不会被改变。长期占有强化了佃户的地位，另外新的王权措施，特别是恢复土地权的法令，对争端的解决和人们思维方式都产生了显而易见的影响。12 世纪末的一位名叫萨姆森的修道院院长承认：他不得不依法处理此事，没有法院的判决他不能对任何自由人占有多年的任何土地和收益予以剥夺，不管自由人的这种占有是合理的还是不合

---

① F. Pollock and William Maitland, *History of English Law*, Vol. II, Cambridge：Cambridge University Press，1898，pp. 577 – 578.

② Douglas，D. C.，and Greenaway，G. W.，*English Historical Documents*，Vol. II，London：Routledge，1981，p. 496.

③ Sir Frederick Pollock，William Maitland，*History of English Law*，Vol. I，Cambridge：Cambridge University Press，1898，p. 146.

理的；如果他真的这么去剥夺自由人的财产，他将会通过王国的巡回法院而听凭国王的处罚①。

当然，也会发生领主出于各种原因，侵害佃户土地权益的事件，但结果并非都能如意。例如，1198 年林肯郡的庄园领主与另一个领主（亚历山大庄园）发生土地产权纠纷，后来悠多的领主不得不把价值 100 马克的地产切割给对方。但悠多庄园的两个佃户拒绝交出土地，也不给亚历山大交租。亚历山大领主诉诸王室法庭，可是佃户坚持认为领主出卖他们的土地是无效的，因为事先没有跟他们商量。案件前后拖了 7 年之久，土地仍在两个佃户手②。至中世纪晚期，领主的侵占行为同样受到限制。又如，15 世纪中期在拉姆齐修道院的希林顿（Shillington）庄园，修道院侵占了佃户的土地。佃农将该情况告知了王室复归财产管理员（royal escheator），后者便扣押了该土地，理由是拉姆齐修道院没有申请王室许可并支付相应罚金，从而破坏了《没收法》。最后，拉姆齐修道院不得不放弃占有该土地③。这些案例均表明，农民可以成功保护自己的持有地免受领主侵占。

随着农奴制的解体，原来的维兰佃户纷纷加入被王权保护的行列。公簿持有农凭借法庭副本保有土地，法律地位也得以确立，而他们大多是维兰的后代。大约从 15 世纪中叶起，普通法开始受理公簿持有权的诉讼，为公簿持有农的土地提供保护④。生活于 16 世纪末 17 世纪初的爱德华·柯克（Edward Coke）当时就指出了公簿持有农土地的安全性。他认为，公簿持有农可以通过大法官法庭或侵害令状（writ of trespass）保护自己⑤。只要履行义务，没有违反惯例，公簿持有农就很安全。对此，他做了

---

① 〔美〕约翰·哈德森：《英国普通法的形成》，刘四新译，商务印书馆，2006，第 205 ~ 206 页。

② P. R. Hyams, *King, Lords, and Peasants in Medieval England*, Oxford：The Clarendon Press, 1980, p. 9.

③ P. D. A. Harvy, *Peasant Land Market in Medieval England*, Oxford：Clarendon Press, pp. 213 - 215。转引自 E. B. Fryde, *Peasants and Landlords in Later Medieval England 1380 - 1525*, Stroud：Alan Sutton, 1996, p. 332。

④ 参见 P. D. A. Harvy, *Peasant Land Market in Medieval England*, Oxford：The Clarendon Press, 1984, p. 328。

⑤ R. H. Tawney, *The Agrarian Problem in the Sixteenth Century*, London：The Green and Co., 1912, p. 289.

这样的描述："现在，公簿持有农地位稳固。他们无需顾虑领主的不满，他们对每次突然的盛怒不再战栗不安，他们安心地吃、喝、睡觉……让领主皱眉蹙额吧，公簿持有农全不在乎，他们知道自己是安全的，没有任何危险。"[1]

这里所说的"安全"，一是指人身的安全，二是指所占有土地的安全，至此公簿持有农、自由农都有了法律的保障。也就是说，至中世纪晚期，英格兰大多数农民的持有地是安全的，可以自由支配。其实不只在英格兰，在西欧的大部分地区，在亨利二世颁布恢复地产制度不久，都先后援引和推行了同样的保护占有权的法律。在诺曼底，英吉利海峡的对岸，大约写于公元 1200 年的《诺曼底古老习惯法手册》，描写的相关法律制度和新侵占令状，与 10 年前格兰维尔在《论英格兰的法律与习惯》所描述的法律制度和 1166 年英格兰的《克拉伦登法令》所授权的令状，几乎是一样的。《诺曼底古老习惯法手册》第 73 章提供了一个新侵占令状的例子："国王或他的执事向某地郡长问候。命令甲毫不拖延地重新恢复乙对该财产的占有……这地产是乙曾（在某时）占有的……而后来被非法地和未经审判地侵占。"[2]

虽然法兰西国王迟至 1277 年才颁布了管辖"新侵占之诉"的法律，但事实上很久以来王室与公爵、伯爵同时行使这种司法管辖权。在《诺曼底古老习惯法手册》写成几年以后，法兰西国王腓力二世便征服了诺曼底公国，将其并入法兰西王国，同时将诺曼底的某些基本法律制度移植到法兰西的王室法律中，包括诺曼人的行政管理和司法制度的特性。由于诺曼底公国与英格兰和法兰西具有直接联系，因此它在欧洲法律传统的形成中起到了一种特殊的作用。像英格兰和西西里的王室法一样，法兰西的王室法也明确区分了占有和所有。罗马法中占有和所有也是区分的，虽然罗马法中的"占有"不同于封建法中的"占有"，但欧洲的法学家并没有为此过于费神，他们只是将罗马法加以转化，为自己所有。这样转化的结果，为封臣、也为农民佃户的土地占有和土地占有权的安全提供了法律保障。

---

[1] R. H. Tawney, *The Agrarian Problem in the Sixteenth Century*, London：The Green and Co., 1912, pp. 289, 291.

[2] 参见〔美〕哈罗德·J. 伯尔曼《法律与革命——西方法律传统的形成》，贺卫方等译，中国大百科全书出版社，1996，第 557 页。

伯尔曼总结说:"欧洲人发展了 sensin 概念,用以满足未从所有权中取得占有权利的合法占有人的需要。在英格兰、诺曼底、西西里、法兰西和德意志公爵领地以及其他地方,新侵占之诉以某种形式赋予合法占有人并也赋予具有占有权利的人以一种重新占有的权利,以防止对他的不公正侵害。"①

欧洲中世纪的"占有"的概念,不仅是对不动产、动产和职位的实际的占有或支配;还是一种占有和支配的权利,一种非实体的权利。法兰西法像英格兰法和教会法一样,既保护对财产的占有,也保护附属于占有的权利。它并不简单地意味着对某物质事实的占有和控制。因此,当一个人在离开土地去参加十字军东征或朝圣时,仍然可以保持对土地的实际占有。也就是说,当认为某人对其不动产保持占有和管理权时,即使没有实际的占有相伴随,他的占有也受到保护。由此,我们还可以理解庄园佃户对公用地的使用。对那些荒地、林地和沼泽,他们既不所有也没有实际的占有,却拥有按照规定使用它们的权利,这些权利对他们相当重要,同样也是受到保护的。

关于中世纪农民佃户土地产权的观念和实践,是意味深长的,其有助于人们对整个中世纪历史以及发展前途的理解。这个时期确实是强暴的,但它不是没有法律、没有权利的,它是法律成长的时代。主教斯达布斯写道:"中世纪历史是一种关于权利与侵权行为的历史……权利或诸权利的观念,是中世纪时代的指导思想——所以如此,因为在这时期的最伟大的人物中,存在着一种提高法律地位的有意识的企图和一种遵守法律的意愿;同时,在劣等演员中即在下层的人群中,有着维持他们既得权利的倾向……中世纪是法律成长的时代……对于流血,没有什么害怕,但对于破坏权利倒有巨大的恐惧。"

斯达布斯概括了中世纪的历史,也指出了中世纪财产权的真谛。著名史学家汤普逊对上述这段话的评价是:"一段比近代任何一位历史学家写得更精彩的文字。"②

---

① 参见〔美〕哈罗德·J. 伯尔曼《法律与革命——西方法律传统的形成》,贺卫方等译,中国大百科全书出版社,1996,第550页,以及该书第十三章。

② 〔美〕汤普逊:《中世纪经济社会史》(下册),耿淡如译,商务印书馆,1997,第332页。

三 佃农土地权利的发展和封建土地所有制的衰变

(一) 佃农地位的改善与农奴制解体

维兰或农奴权利的缺失一般与不确定的义务联系在一起。不确定的义务具有任意性甚至专横性,从而使义务承担者深深打上人身依附关系的烙印。一旦不确定的义务消失,或不确定的义务被固定、被"冻结",并被赋予法律含义,就意味着任意性的消失,意味着农奴某种权利的获得和某些自由的增进,从而不断从根本上改善佃农法律地位和社会地位。欧洲的奴役制度就是这样消失的。为什么在探讨农民的土地产权以前,先要讨论农民的自由与权利? 因为它与农奴制密切相关,与农奴制解体密切相关,最终与农民的土地产权密切相关。有一定自由和权利并受法律保护的佃农,才会形成佃农对土地的稳定占有;先有受法律保护的人,然后才有受法律保护的土地。

大概由于田制的原因,欧洲农民对领主的义务最初大多采取服劳役的形式。庄园的耕地基本分为领主的直领地和佃农的份地,份地当然是农户自家耕作,领主直领地则靠其佃户轮流劳作。佃户持有领主的土地,领主占有佃户的劳动,并且消费和享受直领地的产品。在绝大多数庄园里,周工的内容颇为繁杂,如耕地、耙地、播种、打场、除草、运输,以及有关领主所需要的一应劳作。每个自由或不自由佃农的负担数量是一个相当复杂的问题,这与佃农的身份、占有土地的面积有关,也与庄园的惯例有关。总的说来,一方面,农民的日常生活是辛苦的,他的社会地位是卑微的,负担也是比较沉重的。但另一方面,他不会从土地上被赶走;不成文的习惯法,也越来越多地倾向于保护佃户包括农奴佃户。领主不得要求无限度的劳役。早在加洛林时代的一份文献就指出,整个中世纪社会都被这样一种观念统治着,即传统的就是正确的,打破传统的行为是令人反感的甚至是有罪的。关于臣民的负担,不能不提到 858 年,在魁艾兹(Quierzy)宗教会议上,主教们向东法兰克国王日耳曼人路易说的一段话,"要让你的官员们小心,对他们的要求不要超过你父王在位时他们所奉献的"①。

汤普逊说，关于习惯法保护农奴的效果，我们容易估计过低。他试举一例说明，那是905年发生的一件事。属于圣安布洛茨修道院的农奴曾向大主教申诉，说主持迫使他们从事新的超乎常规的强制劳动。大主教回答说他们是农奴，需要他们付什么，他们就应付什么。农奴并不否认他们不自由的地位，但继续争辩说，主持没有权利来要求新的超乎常规的义务。于是，大主教进行了调查；在查明农奴所控确为实情后，他判决主持不得征收超出习俗与传统范围之外的租税和劳役②。

有比较公平和人道的领主，也有不公平和不人道的领主的例子，11世纪之前，庄园的惯例缺乏普遍性，因此容易被滥用。在11~12世纪，上述各种不同类型的劳役以及各种捐赋开始规定得更具体。人们更加广泛地接受这样的观点，并且在法律上规定下来应对领主要求的劳役的种类和每种劳役的数量予以限定。例如，对每周劳役的最多天数应予以限定，并且这种限定不仅适用于个别庄园和个别地方，而且适用于特定地区甚至特定国家内的全部庄园。在某些情况下，适用于整个西方基督教世界内的所有庄园③。当时，这些规定显然是不成文的。所谓"惯例"，存在于人们的记忆中，也存在于相传下来的口诀甚至歌谣里。当发生疑惑或争议时，往往请教村里公认的"智者或长者"（wiser 或 saner），由他们澄清惯例的细节。他们关于惯例的解释会对裁决产生重大影响，因此他们又被称为"贤人法庭"（the court of the wisdom）。其后不断有惯例被记载下来，在英格兰，13世纪上半叶后25年里，关于村规、法令（ordinances）和惯例的成文记载明显增多。它们强调保护领主的财产权，同时强调庄园的秩序，包括保护全体佃户的权利。例如，每个佃农一周乃至全年应服役的工日，应缴纳的物品和其他义务，一般都有明确、详细的规定，它们通常载于管事账簿和地租惯例簿中。这些规定由庄园法庭代表全体庄园成员定期发布，并且往往附以下列词语："全体佃户一致同意的命令"，又或"自由的和维兰的全体佃户

① 〔英〕M. M. 波斯坦主编《剑桥欧洲经济史》（第一卷），郎立华等译，经济科学出版社，2002，第223页。

② 〔美〕汤普逊：《中世纪经济社会史》（下册），耿淡如译，商务印书馆，1997，第388页。

③ 〔美〕哈罗德·J. 伯尔曼：《法律与革命——西方法律传统的形成》，贺卫方等译，中国大百科全书出版社，1996，第392页。

的命令"，或"领主和佃户命令"①。下面的有关情况，来自诺森伯兰郡彼得伯瑞修道院的地租惯例簿，它记载了比彻利庄园佃农向封建领主必须承担的劳役、实物货币义务。

该庄园有 9 名全份地维兰、9 名半份地维兰和 5 名茅舍小农。全份地维兰每周需为领主服役 3 天，从 8 月份的圣彼得节到米勒节，依惯例每周都要服役 1 天，8 月份内为 2 天。维兰佃农总共有 8 个犁队。每个全份地维兰在冬季的周工日里，每日要犁、耙 1 英亩；在春季，除犁、耙外还需依庄官安排播种。半份地维兰也要依上述折算标准完成应属于他的工作量。维兰佃农集体还须在冬、春季犁地期间将犁分别出借 3 次，为春季耙地还要出借 1 次。他们负责耕犁，还须负责该田地的收割及运输。此外，全体维兰还要在圣诞节纳 5 先令，在圣彼得节纳 32 便士。磨坊主阿吉莫德因坊房和平 1 码耕地纳 26 先令。在圣诞节所有维兰共交 32 只母鸡。全份地维兰共交 20 个鸡蛋，半份地维兰共交 10 个鸡蛋，茅舍农共交 5 个。自由佃农维兰要为占有的 1 码地纳 3 先令，神父要为教堂以及 2 码耕地纳 5 先令。自由人活特为其半码地纳 2 先令。铁匠莱奥弗瑞克为其小块土地纳 2 便士，另外 4 个茅舍农马丁、艾奥、奥尔弗和莱姆勃特各纳 1 便士……②

在许多庄园惯例簿里，对每种具体活计的一天工作量都做出了详细的规定。如果是挖沟，则规定一日应挖多长、多深、多宽；如果是打谷，则规定一日应打完多大面积。例如，打谷一日之数为 2 蒲式耳小麦或 1 夸脱燕麦，割草一日为 6 英亩，割谷则为半英亩等，都已成为通常难以更改的惯例。若劳役日正好遇雨，那天工作如何计算？因为工作量既不能增，也不能减，这就给在不损害领主和佃农双方权益的前提下保证劳役量的"不变"带来麻烦，于是围绕这个小问题，可以发现许多相关的具体规定。温彻斯特主教地产上一个庄园的地租惯例簿是这样规定的："如果因下雨或其他原因不能进行工作，他们须在翌日补上，如果再次受阻，便继续顺延，直到

---

① Warren O. Ault, *Open-Field Farming in Medieval England: A Study of Village By-Laws*, New York: George Allen & Unwin Ltd., 1972, pp. 81-144.

② 转引自 J. F. C. Harrison, *The Common People: A History from the Norman Conquest to the Present*, London: Croom Helm Ltd., 1984, pp. 35-36。

补上那一天的工作。"① 对这些微枝末节也做出如此严密规定，可见在劳役量上委实务求"固定"和"不变"；另外，还可看出，在佃农负担问题上，事无大小，佃农与领主似乎都要经过一番激烈的讨价还价！

经领主和佃农双方协议定出的工作量，往往是不饱满的。如上面提到的打谷日工额为 2 蒲式耳小麦等，据贝内特估算，这实际上是半日的工作量。工作量固定而且又不饱满，必然出现早干完早收工或者一天干出两天活的情况。因此在一些庄园账簿上经常出现"在领主直领地上干一整天，按两个工作日计"的记载②。1318 年，梅尔相庄园账簿记载：直领地耕犁、播种共需 82 个工作日。但又补充说，"如果一个人工作一满天，就算他完成了两个工作日"③。这样，名义上一周中有 3 天为领主干活，实际上往往一天半左右就结束了，农奴可以挤出更多的时间在自己的份地上工作。这样，周工也就不可能很规范地进行。不管最初的做法如何，到 13 世纪时，至少在很多地方，周工多是偶尔为之。因此克拉潘说，关于那种规范化的周工，"根据现存记录，很少有这种尝试"④。经常的情况是，领主的代理人，一般是庄头，掌握着每个佃农依惯例而定的周工总数，佃农则进行着定量而不定期的服役。这样，佃农可能提前完成既定工作日，也有可能拖后。若到年底仍未全部完成，领主有时便一次性免除，有时则折合若干货币要求交付，称为"卖工"（works sold 或 works acquitted）。它实际上是货币地租的早期形式。这种不正规的、近乎定额化的劳役制度，无疑扩大了佃农自主活动的空间。更重要的，劳役可以用货币兑换，意味着佃户与领主的人身依附关系正在变成财产关系，因此货币地租被称为封建地租的最后形式，也是解体形式。以往人们看重商品经济发展、货币流通量增大等经济因素的作用，而忽视甚至漠视非经济因素的作用。事实上，假如没有佃农负担量的确定，就不可能有"劳役折算"或"卖工"，因此佃农的自由和权利大概是货币地租产生和发展不可或缺，乃至最核心的因素。

---

① H. S. Bennett, *Life on the English Manor*: *A Study of Peasant Conditions*, *1150 – 1400*, Cambridge: Cambridge University Press, 1938, pp. 114, 107, 114 注 4。

② H. S. Bennett, *Life on the English Manor*: *A Study of Peasant Conditions*, *1150 – 1400*, Cambridge: Cambridge University Press, 1938, pp. 104, 107, 114 注 4。

③ Edmund King, *England 1175 – 1425*, London: Law Book Co. of Australasia, 1979, p. 59。

④ 〔英〕J. 克拉潘：《简明不列颠经济史》，范定九、王祖廉译，上海译文出版社，1980，第 135 页。

佃户的负担由法律加以限定，其后果是复杂的。一方面，强化了领主的征收权，先前有异议的许多事务规定下来即不可更改，保证领主的享用；另一方面，佃户义务变得固定化，并赋予法律的效力，领主不能增加或改变。奴役的内容由法律限定下来，这意味着农奴制变成了一种属于权利和义务的问题，而不仅仅是属于习惯、意志和权力的问题。法律明确表明人口中的一部分人是不自由的，强化了农奴制，另外又在一点一点地瓦解农奴制。为什么是这样呢？欧洲历史学家的分析是，每一件事情越是给予规定并详细记录下来，按照惯例保有土地的条件越是能够"冻结"（frozen）在它们被写下时的那种状态，因此任意改变惯例变得更困难。显然，他们对传统和业已实行的惯例抱有信心，所谓"古老的法律一定是好的法律"（old law would be good law）。如果我们了解庄园法庭，了解习惯法的神圣性和双重性，就会知道这样的法律是如何保护小农利益的。保有土地的条件详细地记载下来，不自由的义务一条一条规定下来，与其说是"冻结"不自由的状态，不如说是"冻结"佃户义务的分量，抵制领主的专横和任意性。领主的统治失去了任意和专横，农奴制还剩下什么？法律明晰化的结果，在实际生活中，"不自由"农民的境况未必今不如昔，恰好相反，吉林厄姆等说："在这个意义上，就连13世纪维兰佃农也会比11世纪许多自由佃农更不容易遭受领主任意强征勒索的危害。13世纪想要任意改变惯例的领主们经常会发现自己陷身于漫长的司法程序，跟组织严密的乡村共同体打官司。"[1] 佃户的负担一旦被法律确定下来，任意性受到限制，人身依附关系也就走向了拐点。

佃农的负担量限定具有法律效力，劳役可以折算成货币，那么"自由"也就变得可以赎买，佃户也不再成为"领主的人"。农奴可以通过合法的解放奴役的程序变成一个自由人。在文献上经常可以读到，一个农奴佃户可以通过一次次赎买弥补权利的缺失，甚至可以一次性获得解放契约，成为自由佃户。一次性解放通常还要有个象征性的仪式或授予书面特许状，条件是直接支付一笔现钱，有时还需要诸如暴力抵抗和谈判等其他一些条件。虽然并不是总有机会赎买到自由权，可还是不断有农奴被解放出来，获得

---

① John Gillingham, Ralph A. Griffiths, *Medieval Britain: A Very Short Introduction*, Oxford: Oxford University Press, 1984, p. 76.

充分的个人自由权利。尽管非常吸引人，但农民不会倾囊"求解放"，他一定有一个核算，所支出不会高于因农奴身份而附加的价值，否则他宁可不要这份自由。当"自由"变成一种可以计算的商品的时候，"不自由"的农奴制也就不那么可怕了。在许多情况下，他们可能更倾向于获得一块土地，所以我们发现自由农同农奴佃户女子结婚是因为她们拥有土地。土地财产的差异高于身份的差异，可见农奴身份并不是什么天大的事了。

农奴的义务被法律限定，这并不是说，农奴不贫穷或不受压迫，而仅仅是说，他已经根据一种法律取得了权利。这实际是在庄园内赋予农奴以法律人格，使之变成庄园共同体的"公民"，具有在法庭依法诉讼的权利，这本身就是对农奴制的潜在挑战。事实也是这样发生的。12世纪城市发出自由的呼吁，继而庄园农民发出自由呼声。欧洲农奴第一次强大到这种程度，非法逃离庄园到附近的自由城镇去，到推行比较自由制度的新垦区去，或者逃到为他们提供更好工作条件的其他领主那里去。这种呼声在14世纪进一步高涨。不论是英格兰，还是欧洲大陆，进入14世纪以后，农奴制普遍处于瓦解状态。在意大利，解放运动由城市公社开始，早在13世纪中叶波伦亚就释放了其管辖区内的全部农奴，并宣布农奴制是人类堕落的结果，自由应当是所有人的自然状态。在法兰西，解放农奴始于王室本身，目的是从支付的赎金中获得财政收入，同时也为了平息农民骚乱。当时法兰西以及英格兰、意大利、西班牙等地区的农民起义此起彼伏，这些起义并不仅仅为了温饱。由于农民的经济地位逐渐有所改善，法律权利也得到了确立，因此无论是农民起义还是农奴解放，都是由佃农的基本法律权利问题引起的。法兰西国王在13世纪末和14世纪初率先解放了王室领地内的农奴，并使用了这样的语言，根据自然法，人皆生而自由……可是我们普通人中的许多人已经陷入农奴的枷锁之中，并处于颇令我们不快的各种状态中，鉴于本王国称作自由人的王国……我们已经命令……应恢复这些受奴役者的自由，对于生而受奴役、长期受奴役和最近由于婚姻和居住或诸如此类而沦为农奴状况的人们，应以良好和方便的条件赋予他们自由①。

应当特别指出，这是欧洲在14世纪初发出的声音，并出自封建君主之

---

① 转引自〔美〕哈罗德·J. 伯尔曼《法律与革命——西方法律传统的形成》，贺卫方等译，中国大百科全书出版社，1996，第403～404页。

口。1315 年和 1318 年法兰西国王路易十世和高个子菲力宣布释放某些王室土地内的农奴，留下了上述话语，这些非凡文字在其后的数个世纪不绝于耳，今日读来也令人不无震撼。可以说，到 1450 年，西欧几乎所有地区都废除了农奴制，农民逐渐摆脱了人身依附关系，变得更加自由和自信。

（二）佃农土地权的继承

中世纪欧洲也接受子承父业的观念，这不仅表现在贵族家庭，也表现在一般的农民佃户家庭。如果占有土地的维兰死亡，其土地应归还领主，领主再根据自己的意愿重新分配。而事实上只有在极少数情况下，领主才会让另一家庭接手份地。一般说来，领主会让原来的佃户家庭继续占有这块土地及附属的权利，佃户则继续承担相应的维兰义务。当然继承人要缴纳一笔数量可观的继承捐，如家中最大的一头牲畜或等值的货币，表示土地保有人的效忠关系，从领主一方讲则表示对继承人继续控制土地的承认。整个过程都要记入庄园法庭案卷，以备发生争议时查询。

在领主同意授予佃户土地的契约里，总要说明土地将被授予保有人"及其继承人"，"继承人"这个名词经常以复数形式出现，明显意味着这是一种不止一代的、没有限制的继承关系[①]。当土地保有人去世，领主总是不得不接受其成年继承人的效忠关系，并立即将土地交给他。领主唯一所获就是取得土地继承捐，如同获得佃户的劳役一样。这个确凿的事实再次说明领主的实际控制权是怎样缩小到了只有一些纯粹的经济利益。而这些经济利益无论如何已不再与土地的真正回报等值——土地本身已在相当大的程度上变成了土地保有人的财产。当然在佃户的土地继承问题上，领主几乎没有什么选择。除非土地保有人死后没有继承人，领主可以收回土地，由他自由处理；或者保有人被判处重罪，重罪者乃不可救药之人，所以不能有继承人。可是，这样的情况极少发生。据 12 世纪问世的《格兰维尔》记载，"成年继承人在其祖上去世后可以立即继承遗产；因为尽管领主可以将地产和继承人都控制在自己手里，领主仍需谨慎行事，以保证不致剥夺继承人对土地的占有。如果需要的话，继承人甚至可以抗拒领主的暴力行动，只要他们愿意向领主支

---

① S. E. Thorne, "English Feudalism and Estates in Land," *The Cambridge Law Journal*, Vol. 17, No. 2, 1959, p. 193.

付土地继承捐并履行其他合法的劳役"①。可见，土地继承权受到法律的保护，只要佃户履行了义务，就可以合法继承保有地。

佃户合法的土地继承权不断得到重申，一直到中世纪晚期。1567 年的一份文件表明，温彻斯特大教堂神甫和教士团与 157 名公簿持有农郑重地达成了协议，一致同意固定的地租、固定的租费以及可继承的公簿持有权，"从今以后应当永远被承认并得到尊重"。另外，埃尔斯韦克庄园（Elswick）的佃户就地产性质问题与领主对簿公堂，除其他事宜外，他们根据习惯法记录要求重申土地的合法继承权。法庭记录表明，法庭确认了这一习惯法②。随着佃户对土地占有时间的增多，也随着社会条件的变化，家庭土地继承的范围和性质都发生了变化。一个突出的现象，就是在选择财产继承人的问题上，佃户的个人意志得到了越来越明确的彰显。

按照领主的愿望，继承人应当在佃户最近的血亲中产生。统计表明，庄园制初期的保有地继承人多是死者的儿子、女儿、孙子女、兄弟或姊妹。如果同等血亲的继承人都是男性，最年长者独享土地遗产；如果都是女性，最年长的继承人独享土地遗产或在她们之间分割。领主并不情愿接受血缘关系较远的继承人，如侄子（外甥）和侄女（外甥女）、叔伯（舅）父和姑（姨）母，或这些人后代对土地遗产的要求。然而，领主更不欢迎没有任何血缘关系的继承人。最初的习惯法和庄园法庭也总是支持血亲继承。1293 年，纽英顿庄园发生这样一例案件：一个名叫托马斯的人到庄园法庭上诉称，其父母沃尔特夫妇未经他的同意，将位于布鲁克汉普敦的半雅得的土地永久转让给了外人——约翰。托马斯提出，依照本村庄的继承习惯，作为佃户的儿子理应成为半雅得的土地的继承人，所以有权收回土地。其父母出庭并坚持否认托马斯的继承权，但庄园法庭还是把这半雅得的土地判归托马斯所有③。该案件表明，家内血亲继承习惯在与佃户自由处置土地的较量中还是占了上风。

---

① 转引自〔美〕约翰·哈德森《英国普通法的形成》，刘四新译，商务印书馆，2006，第 230 页。

② R. H. Tawney, *The Agrarian Problem in the Sixteenth Century*, London: Green and Co., 1912, pp. 295 – 296.

③ G. C. Homans, *English Villagers of the Thirteenth Century*, New York: Russell & Russell, 1960, pp. 197 – 198.

　　然而，大约从 13 世纪中叶以后，西欧的庄园制发展到顶峰同时也出现了跌落的拐点，即劳役制和敞田制松动，土地自由转让和交易活跃，农民土地市场逐渐形成①，继承习惯越来越难以约束佃户个人对土地的自由处置。麦克法兰甚至认为，在英格兰，土地财产权不仅更多地掌握在佃户手里（而不是领主），而且是掌握在佃户个人手里（而不是家庭）②。土地继承权的发展反映了这一点，因为佃户个人的意愿，不乏佃户子女被取消继承权而且得到法律确认的事情。1225 年，一个被父母剥夺继承权的佃户后代上诉到王室法庭，要求恢复其继承人的权利，但遭到拒绝，可见王室法庭支持了佃户的个人意志，从而拒绝了血亲继承③。正如菲斯指出的，尽管土地应当在血亲内代代相传仍然是农民社会的共同理念，但在中世纪的一个时期里，大致在 14～15 世纪这个时期，在许多乡村共同体内，这种理念动摇了，实际上被抛弃了。家庭成员对土地的权利主张受到漠视，先前的那些习惯和规则，已经不再反映村庄里实际发生的情况了④。

　　在法兰西，尽管流行土地平均继承的习惯，但在一些地区，佃户家长的个人意志同样不容忽视。比利牛斯附近的上阿列日地区，"家产不分给儿子，也没有固定的继承习惯，而由父亲任意选择继承人"；拉杜里也认为，"每一代家长都享有指定或排除继承人人选的权利……在上阿列日，父亲的意志占主导地位，他可以决定家族的大事和不公平的继承……阿列日和安道尔地区的习俗建立在家长自由订立遗嘱的基础上。它旨在最大限度地保证家业不分化……这些没有土地的子女只能在离家时带走一份陪嫁或'家产'"⑤。同样不容忽视的是，在欧洲许多地区，继承顺序并不严格按照惯例

①　P. D. A. Harvy, *Peasant Land Market in Medieval England*, Oxford: The Clarendon Press, 1984, "导论"部分。

②　〔英〕艾伦·麦克法兰:《英格兰个人主义的起源》，管可秾译，商务印书馆，2008。麦克法兰的观点主要集中在该书的第二部分"农民社会何时在英格兰终止"和第五部分"1200～1349 年英格兰的财产所有权"。

③　Theodore F. T. Plucknett, *A Concise History of the Common Law*, Boston: Liberty Fund Inc., 1955, p. 529.

④　R. H. Faith, "Peasant Families and Inheritance Customs in Medieval England," *Agriculture History Review*, Vol. XIV, 1966, pp. 86 - 87, 92.

⑤　〔法〕埃马纽埃尔·勒华拉杜里:《蒙塔尤》，许明龙、马胜利译，商务印书馆，1997，第 55～56 页。

和习俗，而是按照更广泛的考虑，即年复一年对孩子的能力和性格的考察，或者根据父母的个人利益，或者由于不能预见的理由在较早的时刻就完成了土地的承袭手续①。

佃户个人支配财产权利的增强，在土地继承问题上势必从两个方面表现出来：首先，土地转让发生在家庭内还是家庭外；其次，土地持有人是否具备生前转让财产的权利。而生前转让财产又与土地交易有着密切的联系。史密斯进行了深入的个案研究，他分析了萨福克郡雷德格雷夫庄园1295~1319年发生的土地转让，对土地持有者死后和在世时的土地变动进行统计分析。这项研究证明，土地持有人去世后，土地转让多在亲属间进行（垂直的如父传子，平行的如兄弟姐妹间等）；相反，持有人在世时的土地转移，常常是把土地卖给其他家庭，此类情况占生前土地转让的半数，有时接近2/3②。

有记载的关于土地转让发生在家庭内部还是外部的数据更加丰富。欧洲学者借助13~14世纪庄园法庭的档案，进行了大量的实证研究，证明土地在家庭之外的流转非常普遍。瑞夫茨研究了亨廷顿郡沃博伊斯1288~1366年的土地转让情况，发现在31件土地转让案例中，确定父母转让给子女的只占11件，另外14件是让与了非亲属，剩下6件情况不明。菲斯研究了伯克郡布赖特沃尔顿1280~1300年的土地交易情况，发现属于家庭内部转移的仅占56%。1267~1371年在温彻斯特的奇尔博尔顿庄园，因土地转移而交付土地进入税的总共70笔，其中因家内继承而交付的只有29笔③。戴尔通过对伍斯特修道院所属庄园的研究，证明了14世纪初发生的土地转让总量中，亲属之间的只有32%。

简·怀特通过对黑文汉姆教区1274~1558年农民家庭土地转移的统计（见表3-4），证明从中世纪一直到近代早期，土地在非亲属之间的转让与习惯继承相比，其数额越来越高，同样说明土地持有者对土地的支配权有逐渐增强的趋势。

---

① 参见〔奥地利〕赖因哈德·西德尔《家庭的社会演变》，王志乐等译，商务印书馆，1986，第32~33页。
② R. M. Smith, *Land, Kinship and Life - Cycle*, Cambridge：Cambridge University Press, p. 159.
③ 以上案例见麦克法兰《英格兰个人主义的起源》，第124~126页。

表 3 - 4　黑文汉姆教区 1274～1558 年土地转移情况

时　　间	转让数量（件）	依照习惯继承（%）	生前在亲属之间的转让（%）	同姓之间的转让（%）	通过遗嘱执行人转让（%）	非亲属之间的转让（%）
1274～1299 年	230	17	13	8	0	62
1328～1343 年	119	13	9	3	0	75
1381～1399 年	128	15	16	5	0	64
1400～1416 年	158	21	7	3	0	69
1425～1243 年	220	5	5	3	0	87
1444～1460 年	153	3	8	7	3	79
1483～1497 年	142	4	12	9	2	73
1498～1512 年	141	11	15	11	4	59
1513～1528 年	112	7	16	6	3	68
1529～1543 年	95	5	26	1	3	65
1544～1558 年	96	10	28	5	0	57

资料来源：Jane Whittle，*The Development of Agrarian Capitalism：Land and Labour in Norfolk 1440 - 1580*，Oxford：Oxford University Press，2000，p. 120.

即使子承父业，土地在家庭内部的继承，也增进了契约因素，与以往大不相同。子女继承保有地不是无条件的，而是在接受土地的协议中附有许多义务条款。最具有代表性的证据是西欧广大地区普遍流行的赡养协议，当然这也是生前转移财产的产物。家长因年迈不能继续从事生产等原因，将财产特别是土地让予子女时双方签订的协议，称为赡养协议。在这些协议中，通行的内容包括家长的权利，以及遗传家产之后继承人如何保障父母的衣食住行，一旦发生纠纷，可引以为据。在法兰西南部地区，协议中时常规定，如果儿子另立门户，只能带走协议签订后本人劳动成果的一小部分；在西北欧一些地区，盛行的做法是家长按市场价格把家产变卖给子女，所得收入供养老之用。在英格兰，从 13 世纪晚期开始，签订赡养协议成为家庭土地继承的普遍形式。戴尔收集了 1240～1458 年 141 个村民家庭赡养协议，进行了专门研究。这些协议大多是父母与子女之间签订的，赡养的对象往往是一个孤寡老人①。

赡养协议中规定了双方的权利和义务，被赡养人的申诉途径及实施处罚的办法，包括有权收回土地。协议须在庄园法庭上当众宣布，有证人在场，最后归入庄园案卷，如此一系列的程序无疑使赡养协议具有了法律效力。如果继承人违背了赡养协议，被继承人完全可以据此保障自己的权利。如1321年，埃塞克斯郡海伊斯特庄园的一个寡妇伊斯特拉达·内诺将一处宅院和半码地交给了她的女儿阿格尼丝，母女双方签订了赡养协议。然而6年后，伊斯特拉达却将女儿、女婿告上法庭，指控他们没有尽到赡养义务。结果，寡母不仅重新收回了土地，并且还与另一个没有亲属关系的佃户签订了新协议②。戴尔认为，持有人"实际上是安排自己的儿子们购买他们的继承权"、当亲属们有机会购买时，有时可能享受一些优惠条件，但通常要支付全价，"像其他任何一个要购买的人那样支付全额款项"③。显然，土地继承人与退出生产领域的原土地持有人签订的赡养协议，在一定意义上就是在变相支付土地款。赡养协议如此普遍，家庭内部土地买卖的规模和数

---

① 以1281年黑尔斯庄园母子之间订立的一个赡养协议为例。根据协议，原佃户托马斯·勃德的寡妻阿格尼丝向她的长子托马斯转让了她在村里和其他地方持有的全部土地，条件是只要她还活着，托马斯就应诚心诚意地、毫不保留地按如下条件赡养她：在米迦勒节的第二天，她从托马斯那里得到1夸脱小麦、1夸脱燕麦和1蒲式耳豌豆；在万圣节（All Saints'Day）这一天（11月1日），得到5车海煤；在圣诞节前8天，得到1夸脱小麦、1夸脱燕麦和1蒲式耳豌豆；在耶稣受难节这一天，得到1夸脱小麦和1夸脱燕麦；在圣灵降临节这一天，得到5先令的现金；在施洗约翰节这一天，得到半夸脱小麦和1夸脱燕麦。托马斯还要自己出钱为她建一间合适的房子，按墙内计算，房子长30英尺，宽14英尺，还要装上三个崭新的门和两扇窗户。只要阿格尼丝还在世，托马斯就要忠实地履行上述协议。他还要把东西送上门，或者由他的家人送过来。而且，托马斯还要对领主负责，承担属于这些土地的一切习惯和劳役。如果届时托马斯手中没有现成的粮食，就必须按照市场上上等谷物——种子除外——所能卖出的价钱向她支付价值相当的现金。如果托马斯在协议期间有违约行为，他就得向修女院的施舍员支付半马克，而阿格尼丝凭借两个合法证人的证词，必要时可以向修道院院长和修女院提起上诉。如果情况属实，阿格尼丝可以立即收回土地，并不受协议的约束而自行对土地做出处理。为了保证协议永久有效，不被遗忘，要按照当事双方的意愿，将协议内容记入修道院的地租册中，并在全体法庭上逐字逐句地宣读。当时的修道院院长是尼古拉斯（Nicholas），乔弗里兄弟（Geoffrey）是修道院的司窖。〔英〕亨利·斯坦利·贝内特：《英国庄园生活：1150～1400年农民生活状况研究》，龙秀清、孙立田、赵文君译，侯建新校，上海人民出版社，2005，第226页。

② 〔英〕克里斯托弗·戴尔：《转型的时代——中世纪晚期英格兰的经济与社会》，莫玉梅译，徐浩审校，社会科学文献出版社，2010，第117～118页。

③ 〔英〕克里斯托弗·戴尔：《转型的时代——中世纪晚期英格兰的经济与社会》，莫玉梅译，徐浩审校，社会科学文献出版社，2010，第117～118页。

量之多，从另一个方面说明土地持有人对土地的支配权与土地所有人仅有一步之遥，也说明土地要素已经进入货币化时代。

（三）佃农土地权的流通

佃户个人支配土地财产的权利增强的另一个重要表现，就是土地进入市场，促进土地要素的自由流动。

一般而言，在 11 世纪之前的欧洲大陆，领主对土地的控制力较强，未经领主许可，保有人不得转让土地。在英格兰，诺曼征服之后领主也竭力限制土地转让行为。至 13 世纪初，土地持有人已经享有了一定的土地转让权，但仍然受到领主的限制。1215 年的《大宪章》第 39 条规定："此后，任何自由人不得过多转让或出售自己的土地，要留有足够的剩余，以向领主履行义务。"[①] 13 世纪中期之后，随着货币地租的流行，封建人身依附关系衰落，法律逐渐默认了保有人自由转让土地的权利。布拉克顿曾明确指出："就保有人转让其保有物的权利而言，或许有人会认为他不能那么做，因为这样会使领主失去他的役务；但事实并非如此……保有人可以自由地将封授给他的保有物（土地）转让给他人，除非在当初的封授文书中明确限定他不能这么做。"[②] 这一论述说明，土地转让行为尽管给领主造成了损失，但实际领主已无力阻止。1290 年爱德华一世颁布的《土地完全保有法》（Quia Emptores，即《土地买卖法》）不过是为了使流行的既成事实——土地买卖合法化，以适应经济社会发展要求。虽然未能使地产完全脱去封建政治的附加成分，但它毕竟承认了土地买卖的合法化[③]。

虽然 1290 年的《土地买卖法》中没有提到维兰，但实际上与维兰购买自由土地有关。按照中世纪法学家的理论，维兰的土地和家畜属于领主，不经领主同意不得转租或买卖，但实际生活中早已不完全如此。波斯坦指出："他们能够购买任何土地而无任何障碍，还可以购买、出卖、抵押和租

---

① Douglas, D. C., and Greenaway, G. W., *English Historical Documents*, Vol. Ⅱ, London: Routledge, 1981, p. 336.

② 转引自咸鸿昌《英格兰土地法律史》，北京大学出版社，2009，第 75 页。

③ Ernest F. Henderson, *Select Historical Documents of the Middle Ages*, London, 1912, p. 149。《土地买卖法》明确规定："从今以后，每个自由人按他自己的愿望，出卖他的土地和保有物或其中的一部分，都是合法的，条件是封土承受人得按照他的封土授予人以前持有该项土地的那种义务和习惯，从同一封土的主要领主那里持有同一土地和保有物。"

用家畜，可以取得动产并随意分割。"① 科斯敏斯基也指出，"如果在一定程度上庄园制度还能保持其基本均衡的外观，它却不能在内部有效地阻止佃户持有土地的出卖、购买和出租的发展，这在很早的时候就已经开始。庄园法庭虽然谋求控制这些交易，然而相当大一部分土地逃脱了这种控制"。他还指出，在货币地租取得优势以后，农民对土地的买卖和出租尤其方便。此外，劳役地租实行时，领主似乎更关心农民家庭和份地的完整，后者与农奴的劳役密切相关②。在意大利也有类似的情况。当时机成熟时，意大利通过特许权赋予佃户转让土地的权利，使之与土地所有者几乎没有多少差别。起初大部分永久性持有地都是不能转让的，但是在 12 世纪以后，尤其在城市领地内，领主们被迫同意了无法阻止的既成事实，承认了土地的出售③。

  13 世纪以后，维兰农民转租和购进其他农民土地和领主直领地的案例在庄园法庭档案中时常可见。莱维特小姐在描述圣奥尔本修道院的法庭案卷时，将有关土地转移的案件放在了首要位置，这些案件从 1240 年起充满法庭登记人的账簿。她还注意到，在这些案件中，半英亩以上的小块土地占优势；而且从 1267 年起开始了不间断的争论，即维兰未经法庭同意是否有权让渡他们的土地。显然，这类案件相当普遍，如 1260～1319 年伍斯特郡里德戈拉夫庄园记载了 2756 起非亲属家庭之间的土地让渡案例，涉及面积达 1304 英亩④。实际生活中，农民还经常安排这种交易而不经过法庭，使得许多这样的交易避开法庭是可能的。例如，圣阿尔本斯修道院长控告某一名叫比塞的人，说他的土地属于修道院的奴役性土地，因而他应是修道院的佃户。比塞辩护说，实际情况不是那么简单。他的土地买自瓦特莱特，他还知道，瓦特莱特买自韦特，韦特则领自布尔敦，布尔敦领自詹姆斯，而詹姆斯才领自修道院长⑤。从这个案例可以看出，一块土地往往会发

① M. M. Postan, *The Medieval Economy and Society*, London: Penguin Books Ltd. , 1981, p. 162.

② E. A. Kosminsky, *Studies in the Agrarian History of England in the Thirteenth Century*, Oxford: Oxford University Press, 1956, p. 212.

③ 〔英〕M. M. 波斯坦主编《剑桥欧洲经济史》（第一卷），郎立华等译，经济科学出版社，2002，第 352 页。

④ Zvi Razi, *Life, Marriage and Death in a Medieval Parish*, Cambridge: Cambridge University Press, 1980, p. 98.

⑤ M. M. Postan, *Essays on Medieval Agriculture and General Problem of the Medieval Economy*, Cambridge: Cambridge University Press, 1973, p. 123.

生一系列的土地买卖和转移，但都未取得领主同意，而是农民在私下进行的。

另外，也出现了公开的土地买卖。13 世纪八九十年代，沃顿庄园的 18 份契约文献保留了小块土地交易实录，其土地购置费分别是 10 先令、20 先令和 40 先令等，他们在土地交易后不保留任何地租和封建义务。这种土地买卖随着农奴制的瓦解逐渐发展，反过来讲，土地买卖也使封建义务逐渐溶解在货币交易的冰水中。在伍斯特大主教的法庭档案分析中，这种土地买卖在 1394～1495 年约占总让渡的 20%，而在 1465～1540 年增长到 45%[1]。史密斯的研究表明，1259～1300 年，萨福克郡某一庄园法庭领主的收益中，通过土地市场交易取得的各种罚金占 3/4[2]。可见当时土地市场的活跃程度。

至 15～16 世纪，土地转移的比例加大。根据 15 世纪的亨伯里法庭案卷记载，每次开庭平均有 4 件土地转移记录，或者每年 16 件，这意味着每年有 10% 的庄园土地要转手[3]。类似现象在 15 世纪的许多庄园都很普遍，而且土地交易趋向频繁。在阿尔希·伯里（Arlesey Bury）庄园，1377～1536 年共进行了 747 起习惯保有地产和其他地产的转手。其中，在一生的时间里，整个庄园在家庭内部进行土地转手共 71 次；土地持有人死后在家庭内部进行的土地转手为 161 起；土地持有人生前家庭向外部的土地转手为 48 起；土地持有人死后家庭向外部的土地转手为 34 起[4]。显然，中世纪末期的土地转手数量，与 13 世纪相比明显增加，这证明了土地市场的发展，土地逐渐被当作一种"商品"，而非附带政治属性的封建地产。

农民直接参与土地市场对中世纪欧洲社会产生了深远的影响。各地都存在农民对庄园的一般蚕食，虽然这些发展在欧洲并不是整齐划一的。土地买卖和租赁既发生在佃户与佃户之间，也发生在佃户与领主之间。买卖

---

[1] Christopher Dyer, *Lords and Peasants in a Changing Society*, Cambridge：Cambridge University Press，1980，p. 302.

[2] P. D. A. Harvy, *Peasant Land Market in Medieval England*, Oxford：The Clarendon Press 1984，p. 344.

[3] Christopher Dyer, *Lords and Peasants in a Changing Society*, Cambridge：Cambridge University Press，1980，p. 301.

[4] P. D. A. Harvy, *Peasant Land Market in Medieval England*, Oxford：The Clarendon Press，1984，pp. 216－217.

双方属于纯粹的经济关系，新的土地关系的出现和发展，破坏甚至排除了依附于土地上的封建义务，无疑侵蚀着原来的封建庄园制度。因为土地不断转让和出租，打破了原来庄园的土地保有状况。许多农民的土地不是取自领主，而是取自其他佃户。后者私自将土地卖给了一些外来人，这些外来人拒绝向领主交租，领主既不能将他们从土地上赶走，甚至都不知道该份地究竟位于何处，乃至出现了许多连土地的确切保有关系都说不清楚的现象，土地因此丢失的情况也屡见于记载①。与此同时，领主的直领地出现部分或整体承租出去的趋势，该趋势最早出现在英格兰。我们可以观察一下东英格兰麦切伯爵的地产，诺福克的伯彻姆庄园和萨祚克的克来特庄园直领地在 14 世纪 60 年代出租了，不到 10 年，诺福克的沃尔辛厄姆和赫特福德庄园也先后出租，其他三个庄园到 1400 年也先后出租。教会地产亦如此。坎特伯雷大主教在 14 世纪 80～90 年代，至少有 18 个庄园的直领地出租，余下的少数几块到 1450 年也全部租了出去。至 16 世纪，领主直领地几乎完全被出租，传统的领主经济不复存在。领主直领地的承租者有商人、骑士，更主要的是农民佃户中的上层。例如，15 世纪在贝德福德郡的希林顿庄园，有位名叫约翰·沃德的佃户，在 1406～1450 年共进行了 13 次土地交易。他在 1426 年就已经积聚了 4 维尔盖特②和 12 英亩零散的土地。为积攒这些土地，他付出了超过 5 英镑的特别租费，但他依旧乐此不疲地讨价还价③。又如，在威格斯顿，伦道夫家庭通过购置和继承，在 1200～1450 年积累了 150 英亩土地、2 个或 3 个农场和大量的租金，因而成了绅士。1432 年的一份契约上称他为"理查德·伦道夫绅士"，这份契约表明他还是一位杂货商④。

　　佃农对土地的实际支配权，最终导致农民的土地市场，并启动了整个中世纪的土地市场。土地自由买卖的结果，不是使土地愈加集中到封建领主手中，也不是趋于越来越分散的小农经营，就大多数情况看，是一般农

---

① E. A. Kosminsky, *Studies in the Agrarian History of England in the Thirteenth Century*, Oxford: Oxford University Press, 1956, 第 80 页注释。

② 1 维尔盖特大约相当于 30 英亩。

③ P. D. A. Harvy, *Peasant Land Market in Medieval England*, Oxford: The Clarendon Press, 1984, pp. 205, 210 – 211.

④ 〔英〕M. M. 波斯坦主编《剑桥欧洲经济史》（第一卷），郎立华等译，经济科学出版社，2002，第 621 页。

户，尤其是经营不善或获得了更适宜谋生出路的小农，将土地出租或卖给有一定经济实力且有较强经营能力的大农，而后者一心想通过扩大土地经营面积获得利润。这些在农民分化中逐渐崭露头角的富裕农民，不仅集中小农土地，而且还是庄园领主直领地的重要承租人。一种新的生产组织和生产方式正在孕育中，资本主义农场已经呼之欲出！

第三节　私人财产权利观念的发展

现实中的私人财产权利的发展必然要反映到思想观念中来。现实改变观念，观念反过来也影响现实。为了更加深入、全面地了解中世纪欧洲私人财产权利的发展，我们有必要进入观念领域，看看所有制关系的演变在人们思想中的反映。因此，本节将简要考察"财产权利"和"私人财产权利"观念的发展情况。

关于西欧私人财产权利观念发展的历史，以往的研究大都认为在古希腊、罗马与近代之间存在一个巨大的断裂，在经历了近千年"黑暗"的中世纪后，文艺复兴和启蒙运动以来的思想家们才构建起一个关于财产权利的新的思想体系。此论存在明显的历史误读。与其说古典时代与近代欧洲之间存在断裂，不如说古典文明与罗马废墟上建立起来的欧洲文明存在着断裂，不过那也不是绝对的，实际上有断裂也有承袭，更重要的是再生，"凤凰涅槃，浴火重生"。不过那样的重生不是源于近代，而是源于"中世纪"。

欧洲学术界近几十年的研究成果正在帮助人们走出误区。例如，关于中世纪以来欧洲财产权利观念演化的历史，受到许多历史学家、法律史学家的关注，如伯尔曼（Harold J. Berman）、麦克法兰（Alan Macfarlane）、蒂尔尼（Brian Tierney）、斯金纳（Quentin Skinner）和尼德曼（Cary J. Nederman）等著名学者，通过研究中世纪教会保留下来的原始资料，发现了各种各样的思想和散论的连续性，将 12 ~ 18 世纪的思想观念史统一起来，从而对将中世纪与近代完全割裂开的财产权利观念做了必要的修正。

一　日耳曼传统和《圣经》

中世纪西欧封建财产权利观念的形成，源于日耳曼传统与习惯，同时滥觞于古罗马法与基督教教义，可以说它是上述三种元素的混合物。这里先从日耳曼元素谈起。

日耳曼人的传统及习惯法无疑是西欧财产权观念的重要来源，其中《日耳曼尼亚志》则是重要史料。塔西佗的《日耳曼尼亚志》发表于公元98年，全名为《论日耳曼人的起源、分布地区和风俗习惯》（*De origine et situ Germanorum*），是现存的有关古代日耳曼人的社会组织、经济生活、风俗习惯以及宗教信仰的最早的，也是最详细和最完备的记载文献。根据塔西佗在《日耳曼尼亚志》中的描绘，土地是村社共有的，村民个体耕作，称为马尔克（mark）。耕地统一分割成价值相等的条田（gewanne），村民家庭用抽签的方法分得份地，每年更换。在公用的森林和荒地上，每个村民都可以渔猎，各家的牲畜合在一起由马尔克村社派出的牧人统一在公用地上放牧。牛羊等家畜，还有个人的武器、工具盒家具，以及个人住房及其周围的土地被视为私有财产。日耳曼人喜欢离群索居，自己的住宅和别人的住宅相邻，是他们所不能忍受的。每个人在住宅周围都留出一块土地，并用围障圈起来。显然，在村社时代，日耳曼人接受共有和私有混杂的所有权观念。伴随个体耕种的方式他们很早就有一种个体主义倾向，但是共同体的观念以及尊重惯例的传统也是根深蒂固的。

酋长或军事首领与围护在他身边年青战士所结成的关系，称为亲兵制。在这里，血缘关系不能发挥作用，这是以荣誉、勇敢以及相互尊重为基础的军事组织，霍莱斯称之为"军事兄弟会"。这些青年平时拥护首领的地位，战时保卫首领的安全；首领则向他们提供武器、给养以及一份战利品。酋帅为胜利而战斗；侍从们则为酋帅而战斗。这种对于军事首领的忠诚和给予追随者利益的交换关系，在日耳曼人进入西欧并建立起蛮族王国后仍然保留明显的印记，而参展者平分战利品已经成为一种惯例和权利。5世纪末叶发生的"苏瓦松花瓶"的故事生动地反映了这一事实。皈依基督教以前，法兰克王国的奠基人克洛维军队曾劫掠了不少教堂，其中一座教堂的一个广口瓶被抢走，主教请求克洛维归还。尽管此时克洛维已经是国王，也没有权力决定财物的归属，而只是说："跟我们到苏瓦松去，因为所有的战利品都要到哪里分配，如果我抽签抽中了那只瓶子的话，我一定满足主教的愿望。"在苏瓦松，面对公开陈列的全部战利品，国王说道："最英勇的战士，我请求你们在我的那份东西之外，不要拒绝再让给我那只瓶子。"对国王的请求并非一呼百应，一个士兵高声拒绝道："除了你自己抽中的那份东西以外，这只瓶子你一点也拿不到手！"从这个故事我们可以看出，即使至法兰克王国早期，财务仍然归共同体所有，并按照某种惯例分配；然而共同体的财产不是统治者可以支配的。事实确实如此，财产权利从来不仅仅是一个经济问题，它与统治者与被统治者的关系，与普通人的个体权利密切相连。

日耳曼人入主欧洲后，他们实际生活中的惯例大多来自日耳曼人的传统。所谓"蛮族法典"即指公元 5 ~ 9 世纪的最早的文字形式的日耳曼习惯法汇编，该法典已经相当重视个人动产及其保护，例如偷窃食物和家畜等被认为是严重的罪行，可能被绞死。对盗窃采取如此严厉的惩罚在罗马社会颇为罕见。日耳曼人重视围篱在保护个人财产中的重要作用，因为围篱宣示了私人地域或该地域事实上的独自占有。勃垦第和萨利克法规定了围篱内葡萄园的保护问题，闯入葡萄园的家畜将遭宰杀，毁坏或拖走围篱的人会遭受 15 ~ 62.5 苏勒德斯的罚款。这是一笔不小的款额，当时一个奴隶或一匹马也就值 12 苏勒德斯，由此可以想象围篱在日耳曼人心目中举足轻重的地位①。关于这些"蛮族法典"，古列维奇评论说："蛮族法律准则主要涉及的是保护自由民的人身权利和财产权利，以及对侵犯这些权利的适当惩罚。"②

基督教的《圣经》不仅是一部宗教经典，也是一部道德律法文献，对欧洲人有极其深刻的影响；反过来看，由于"宗教是历史的钥匙"③，从中可以发现中世纪西欧人的财产权利观念。首先，在《旧约》或《新约》中

① 〔法〕菲利浦·阿利埃斯、乔治·杜比主编《私人生活史Ⅰ：古代人的私生活——从古罗马到拜占庭》，李群等译，三环出版社、北方文艺出版社，2007，第 394 ~ 395、406 页。

② 〔俄〕A. 古列维奇：《中世纪文化范畴》，庞玉洁、李学智译，浙江人民出版社，1992，第 81 页。

③ 〔英〕约翰·麦克曼勒斯：《牛津基督教史》，张景龙等译，贵州人民出版社，1995，第 1 页。

我们发现私人财产没有被蔑视，耶稣经常提到财产，而且他从来没有因任何人拥有财产而谴责之。《圣经》"摩西十诫"中特别提到"不可偷盗"，即不可非法侵占他人的财产，从禁律的视角向世人昭示了基督教对个人财产的肯定态度，即个人拥有财产的合理性以及这样的财产理应受到保护。《圣经》中拿伯葡萄园的故事，表明侵占他人财产必受到严厉惩罚，无论你是什么人，即使贵为国王也不能。故事说以色列王亚哈看上了靠近自己王宫的一个葡萄园，该葡萄园属于一个叫拿伯的人。国王想用另一个葡萄园交换或用银子购买，但遭到了拿伯的拒绝。于是国王听从了王后的怂恿，陷葡萄园主人于死地，强占了应属于别人的产业。上帝便派先知转告以色列王，他在"行耶和华眼中看为恶的事。耶和华说：'我必使灾祸临到你，将你除尽……"（《旧约·列王纪上》21：20）另一个故事的含义就不那么简单了，教众推崇"凡物公用"，人人把田产房屋都卖了，然后把所卖价银，放在使徒脚前，再按需分开。有一对亚拿尼亚夫妇卖了田产，所得价银截留若干后才放到使徒脚下，结果遭天谴而双双毙命。其中圣彼得质问亚拿尼亚时提到，"田地还没有卖（的时候），不是你自己的吗？既卖了，价银不是你做主吗？"（《新约·使徒行传》5：1~5）言外之意，出卖田地的价银属于你的，供奉还是截留你可以做主，也确实是你做主，因此你要为自己的决定负责任。该故事表达了基督教财产观的双重性，一方面承认个人财产，另一方面认为私人财产权是有条件的，因为上帝才是一切财产的终极所有者，后一种思想在基督教早期的教会思想家那里表现得尤其明显。

中世纪早期神学家奥古斯丁认为，私有财产起源于原罪，是非正义的，不应存在于人类的理想社会中[1]。我们发现，基督教的一些派别，如方济各会的修士们否定私有财产，自甘穷困，认为财产是异教的信仰。12世纪70年代产生于法兰西南部的宗教异端华尔多派宣传清贫、节欲，他们穿着朴素，赤足或只穿拖鞋，身无分文，四处巡游传教，以听者的施舍为生[2]。对于中世纪欧洲业已存在的私有财产，奥古斯丁又作何解释呢？他把神法和

---

[1] Bede Jarrett, *Social Theories of the Middle Ages 1200—1500*, London: The Newman Bookshop, 1942, p. 122.

[2] 转引自徐家玲《12~13世纪法国南部市民异端派别及其纲领》，《东北师范大学学报》1992年第2期。

人类法做了区分。根据神权或神法，土地属于上帝所有，丰盛的产物来自土地。穷人和富人都是上帝用泥土捏成的，这块大地同样赡养穷人和富人。根据某项人法，可能有人会说这份地产是我的，这个仆人是我的，这所房子也是我的，其实这不过是上帝通过各地君主把这些分配给人类而已①。上帝创造一切，一切源于上帝的思想成为中世纪西欧社会共识，这种共识给中世纪财产权观念打上了明显的印记："人不是人世间绝对的、不受限制的财产所有者，而是对上帝负责的管家。"②

由于认为神是财产的终极所有者，而所有人都是上帝用泥土捏成的，因此基督教渗透着某种程度的贫富均等的思想，认为人们的财富本该差不多。《圣经》中有"禧年"的规定，每50年应该有一个"禧年"，也称"圣年"，这一年，"在遍地给一切的居民宣告自由……个人要归自己的产业，各归本家"。在同一章，专门颁布了"赎房地产的条例"，使人们可以收回自己的祖业，"土地不可出卖而无收回权，因为地是我的，你们为我只是旅客或住客。对你们所占的各地，应承认地有赎回权"。倘若一时没有财力赎回所卖的，可以等待禧年，届时"自己便归回自己的地业"（《旧约·利未记》25：8~34）。"禧年"概念再次表明基督教的私人财产权是有条件、有限制的，或者说最终的私人财产是不存在的，世人不过是"旅客"，对于财产不过是占有。

大概出于同样的理念，基督教对待穷人有一种特殊的礼遇。首先，财富多寡不成为进入天堂的条件，正如那句耳熟能详的箴言："倚靠钱财的人进神的国是何等的难哪！骆驼穿过针的眼，比财主进神的国还容易。"（《新约·马可福音》10：24，25）其次，是对穷乏者、愁困者和受压迫者的怜爱，并使他们有尊严。耶稣用了大量的时间向麻风病患者、受歧视的妇女和其他一些边缘人物传道，他治愈了患病的和瞎眼的人，他给饥者食物。他劝诫富者捐赠穷人，那样才是"完全人"；他严厉警告门徒，那些不能使饥者得饱，不能让赤身者得暖，不去监里探望受牢狱之苦的人会经受永恒的诅咒。（《新约·马太福音》19：22，25：31~46）甚至，可以原谅因贫穷而犯下的过错。《圣经》中耶稣原谅了因饥饿难忍而偷拔麦穗的使徒，在

---

① 巫宝三主编《欧洲中世纪经济思想资料选辑》，商务印书馆，1998，第332页。
② 〔英〕彼得·斯特克、大卫·韦戈尔：《政治思想导读》，舒小昀等译，江苏人民出版社，2005，第242页。

此引发了一个中世纪基督教世界穷人与财产权的重要话题。

"摩西十诫"明令"不可偷盗",为什么这里又原谅盗窃呢?因为极度的贫困威胁到一个人的生命和生存,生命乃上帝创造,为了生存可以采取非常手段,也可以原谅非常手段。因此,在食物委实匮乏的情况下,穷人可以毫无罪过地取得维持生命必需的面包。当然,穷人的权利,或者说在特殊情况下穷人扩大的财产权须受到严格限制。13 世纪上半叶,巴黎主教纪尧姆在施舍条例中明确规定,一般说来,穷人只有在"他、他的妻子和孩子都受到饥饿威胁"的情况下才可以偷窃,而且范围必须限制在"面包或其他可以吃喝的东西"或者是"几块用来生火取暖的木头"①。一百年后,另一位神学家安托里诺(St. Antonino)表述了同样的观念:"……当你收割你土地上的庄稼时,你不要齐根割断;也不要采集留在地上的麦穗,也不要拾起掉在你的葡萄园中的葡萄串,而应留下它们给那些贫穷的和陌生的人。"② 这是一种道德提倡,在现实生活中未必做得到,行得通,因为有时它们会与实定法律(即法庭法律)发生冲突。穷人的权利,实际涉及个人生命权、生存权,乃至罗马法复兴中催生的自然权利的话题。

二 罗马法复兴与格拉提安

显然,12 世纪以前,基督教早期教会思想家对私有财产的看法一直是中世纪财产权理论的主流,这种观点与古希腊、罗马的财产观有一个共同的特征,即他们都没有将财产权视为人的自然权利或主体权利③。欧洲基督教早期的财产思想最多是"半截子"私人财产观。罗马法有比较发达的物

---

① 〔法〕若兹·库贝洛:《流浪的历史》,曹丹红译,广西师范大学出版社,2005,第 30 页。
② Bede Jarrett, *Social Theories of the Middle Ages 1200—1500*, London: The Newman Bookshop, 1942, p. 127.
③ 以往在国内学术界话语中,"主体权利"(subjective rights)一词几乎没有人使用和提及。据说,"文化大革命"前,法学界曾对"subjective rights"一词的译法有过讨论,结果采取了苏联法学界的做法,将其简单地译为"权利",也就是说将 subjective 略去不译。以后,也有人译为"臣民权利"、"主观权利"。笔者认为,上述译法各有缺憾,权衡再三,认为用"主体权利"表达更符合本义。笔者首次使用"主体权利"概念,是 2000 年在天津国际会议上的主题发言中,论文题目是《从主体权利看中西传统社会之异同》,见《社会转型时期的西欧与中国》,济南出版社,2001,第七章。另见侯建新《"主体权利"文本解读及其对西欧史研究的意义》,《史学理论研究》2006 年第 1 期。

权法，保护私有财产，但是它同时限定严格的社会范围，即在城邦公民的范围内，不包括外邦人，更不包括奴隶。私有财产的保护和身份的认定同等重要，说到底，古希腊、罗马社会是身份社会。罗马法固然是新的欧洲财产观的重要来源，然而，它需经过一番改造，需伴随着自然权利观念的形成，而自然权利产生于 12 世纪的教会法学家对《教令集》的注释过程中。

当然，它首先产生于当时的历史与社会的土壤中。如蒂尔尼所指出的那样，自然权利、主体权利观念生长的历史土壤"不仅仅是一些特定时间和地点的事件"，还包括"一个社会从过去继承下来的整个思想和语言传统"。在西欧，到 12 世纪时，究竟发生了什么呢？法兰西著名历史学家布罗代尔说："11 和 12 世纪，在封建王朝的统治下，欧洲达到了它的第一个青春期，达到了它的第一个富有活力的阶段。"伴随着社会稳定、经济发展和多元社会的形成，不仅有法学的复兴，还有个体意识的萌动。在 12 世纪的西欧，出现了对个人意愿的关注，并渗透到教会法的诸多领域。个人的良心斟酌，伴之以个人信念，就成为一般意义上的社会实践。到 12 世纪末，在婚姻法中，男女双方无需任何仪式，只要愿意，他们的婚姻就神圣合法；在合同法中，只要有缔约人的承诺，就产生具有约束力的义务。布洛赫说："自我意识的成长的确从独立的个人扩展到了社会本身。11 世纪下半叶促使人类意识向这个方向发展的动力，曾是通常被称为格利高里改革的伟大的宗教'觉醒'运动。在这场运动中，从民众心灵深处产生的思想观念，与教士特别是修士中培养起来的对古代文献的真诚渴望交汇在一起。"①

历史学家普遍认为，自然权利概念的产生与教会法学家对教会法规的整理和注释过程密切相关。随着罗马法的复兴，唯一掌握文化和知识的教会人士，试图将教会的所有法律汇集到一本或若干本书之中。大约在 1140 年，一位名叫格拉提安的意大利教士在前人整理的基础上，借鉴罗马法注

---

① 〔法〕马克·布洛赫：《封建社会》（上卷），张绪山等译，商务印书馆，2004，第 191～192 页。英格兰人类学家麦克法兰认为："英格兰平民百姓的大多数至少从 13 世纪起就已成为不受约束的个体，他们在地理上和人际交往中都有着高度的流动性，他们有经济头脑，随市场导向追逐实利，在亲族关系与社会生活中以自我为中心。"参见〔英〕阿萨·勃里格斯《英格兰社会史》，陈叔平等译，中国人民大学出版社，1991，第 81 页。

释学家的成果，收集、编辑与整理了数千条教会法法规，将其著作命名为《歧义教规之协调》（*Concordantia Disordantium Canoum*），为了纪念格拉提安修士的杰出贡献，从那时起，人们往往把它称作《格拉提安教令集》（*Decretum of Gratian*），这一著作是欧洲历史上第一部全面的和系统的法律论著，是中世纪法学理论的重要文献之一。

《格拉提安教令集》影响很大，很快成为其他学术团体参照的"范本"。它是 12 世纪罗马法复兴的一部分。格拉提安在对《教令集》的评注过程中，将 ius 定义为神法或自然法，并把自然法与人法区分开来，认为自然法是非人定法，是人类共同遵守的律法，如天空、海洋及土地产品的获取、男婚女嫁与生儿育女、万物的共有等。格拉提安得出结论："无论是习惯法还是成文法，如果违反神法，就无效……依照自然法所有财产归大家共有；依照习惯法或制定法，这件财物属于我，那件财物属于别人。"[1] 他承认人法中个人财产的合法性，"即使一个主教也能拥有私人财产"[2]。

格拉提安的定义有很大的不确定性，不过有一点可以肯定，格拉提安不自觉地表述了西欧业已存在的两大法律体系。在欧洲法律理论中，与其他非基督教的地区不同，至少从那一时期起就存在"神法"或"自然法"、"自然权利"这些概念，与人类制定并实施的"人法"（即"实定法"）并立。这两种法有时能达成一致，更多的时候则存在分歧和距离。不论一致还是分歧，在人们的心目中，包括大多数被统治者和统治者的心目中，"神法"或"自然法"、"自然权利"总是作为"实定法"的内在原则出现，因而对"实定法"的制定和发展走向有着巨大的影响力。格拉提安得出结论说，君主的即世俗当局的法律（leges）不应高于自然法（ius natural），同样，"教会法"也不应与自然法相抵触。他写道："法（ius）是种，法律（lex）是它的一个属"[3]。

---

① Diana Wood, *Medieval Economic Thought*, Cambridge：Cambridge University Press, 2002, p. 18.

② Brian Tierney, *The Idea of Natural Rights：Studies on Natural Rights, Natural Law and Church Law, 1150 - 1625*, New York：Scholars Press, 1997, p. 59.

③ 〔美〕哈罗德·J. 伯尔曼：《法律与革命——西方法律传统的形成》，贺卫方等译，中国大百科全书出版社，1996，第 175 页。

三　奥卡姆的财产权利观

然而，格拉提安没有从主体意义上思考 ius。后来的法学家们在注释《教令集》时，ius 一词则普遍被赋予主观的要求、道德的含义，将 ius 这个词理解为主体意义上的权利，认为主体的、主观上的意义是其最初的意义，法庭法律则是由此引申出来的。这一时期的主流观念开始善待私人财产权利了，就像弗拉基尔（Felix Flückiger）所说的，"不再认为所有权是有害的"[①]。其中颇有影响的定义是大约 1160 年教会法学家儒菲奴斯（Rufinus）提出的，自然权利（natural ius）是一种天赋的潜移默化到每个人身上的避恶扬善的力量，自然权利存在于三种事情，即命令、禁止、陈述中。私有财产的支配权也是一种自然权利，"从现在的民法来看，这个奴隶是我的，那块地是你的"[②]。

两个世纪后，即 14 世纪的奥卡姆第一次明确地强调了两大法律体系的区分，即"实在权利"（positive rights）和"自然权利"（natural rights）的并立，进一步阐述了"自然法"和"自然权利"理论，强调主体权利的根源是自然和理性，并且将其归结为个体（individual）人，而不是普遍的人。至此，主体权利概念基本确立，奥卡姆被称为"主体权利之父"（the father of subjective rights）[③]。他认为自然法和自然权利又都源于"正义的理性"，一种把人类作为理性的、自由的和负有道义的潜在观念。凭借着这一信念，奥卡姆讨论了统治者权力的限度。他将每个人都有与生俱来的"自然权利"的思想，与基督教福音派的自由权观念以及宗教法学家对权利的理解组合在一起，成功地进行了一种新的结合。他认为"实在权利"仅是物的外在的法定权利，是规章规定或人们经协商而建立起来的，当持有者发生某种罪错或外界发生某种变动时，该权利可以被剥夺，也可能被剥夺，尽管原持有者可以在法庭上申诉。"自然权利"或主体权利则不然。奥卡姆强调，

---

① 〔爱尔兰〕J. M. 凯利：《西方法律思想简史》，王笑红译，法律出版社，2002，第 142 页。

② Brian Tierney, *The Idea of Natural Rights*：*Studies on Natural Rights*, *Natural Law and Church Law*, *1150 – 1625*, New York：Scholars Press, 1997, pp. 62, 66, 178.

③ Brian Tierney, *The Idea of Natural Rights*：*Studies on Natural Rights*, *Natural Law and Church Law*, *1150 – 1625*, New York：Scholars Press, 1997, p. 28.

它是所有人都使用的权利，这种权利不是源于人定法，而是"源于自然"，因此"这种权利永远不能被放弃，因为……它是维持生命之必须"（This right could never be renounced since …was necessary to sustain life）[1]。

人有义务维持自己的生命，因此穷人在极端需要的情况下可以拿走富人的多余物品，这就是所谓穷人的权利。但穷人不能拿得太多，以至于富人也处于贫困状态。富人有帮助穷人的义务，在必要的时候，任何多余的财富都被看作那些匮乏者的共有财产。以后不断讨论"多余"这个概念，某些关于施舍和捐献是义务的话题从这里得到了发展。令人感兴趣的是，主体权利理论的确立似乎产生了两种相悖的倾向，因为穷人的权利和财产权利都与"自然权利"联系在一起。不过"穷人权利"明显存在一个矛盾。按照"神法"或"自然法"，穷人可能有获得剩余的权利。但是按照"人法"，他们如果没有得到允许拿走东西就是犯罪。根据道德观念，穷人有权利；但在实际生活中，这种保存生命的行为可能会使他们丧命。正如蒂尔尼所说，如果他从富人的剩余中拿走他所需要的，在上帝眼里他没有罪过；但在世俗法官看来他是一个贼，如果被抓住，可能会绞死他。财产权利则不然。

奥卡姆的主体权利观中，最引人注目之处在于，把财产权利归于自然权利并与选择政府的权利紧密联系起来。他宣称上帝以劝诫的形式授予人类拥有财产和选择统治者的双重权利。统治者的权力是源自上帝并通过人民赋予的，因此无论皇帝还是教皇的权力，都要受到臣民权利的限制，他们无权专断独裁，任凭自己意志剥夺一般教士和民众的财物、自由等种种权利。为此，奥卡姆引述了一条例证：特尔瓦教堂的教士由本地多数派和外地少数派组成。按照该教堂的惯例，每名教士定期领取生活津贴，但是到13世纪初，多数派开始克扣少数派津贴。案件被提交给教皇英诺森三世，英诺森三世认为，在一个社团中，多数派即使通过表决，也不能剥夺少数派个体成员的财产权。于是，否定了"多数人暴政"。奥卡姆由此推定，统治者的权力要受到制衡，统治者也不能剥夺民众天赋的财产权[2]。奥卡姆的

① Brian Tierney, *The Idea of Natural Rights*: *Studies on Natural Rights*, *Natural Law and Church Law*, *1150 - 1625*, New York: Scholars Press, 1997, pp. 121 - 122.

② Brian Tierney, *The Idea of Natural Rights*: *Studies on Natural Rights*, *Natural Law and Church Law*, *1150 - 1625*, New York: Scholars Press, 1997, pp. 171, 173, 183, 184.

论断影响颇为深远，成为近代欧洲财产权利理论的重要源头，即财产权是一种自然权利，是不可剥夺的权利。现代学者米切尔·维利对奥卡姆构建的包括财产权在内的主体权利思想给予了高度评价，称其领导了一场"语义学革命"，他的创新如同"哥白尼的重大突破"，在人类思想史上具有标志性意义。

如果说奥卡姆完成了主体权利意义上财产权概念的构建，那么同时代的威廉则论证了它的具体内容和实践意义。英格兰教士威廉的《爱德华三世统治镜鉴》（*Speculum Regis Edwardi* Ⅲ）写于 14 世纪 30 年代，通过对"占有权"的论述和对国王的劝诫等，清晰地表达了威廉的财产权利观。

在封建制度下，由于领主附庸的权利是各自独立的、有保障的，因此他们附加在土地上的权利也相对凝固起来。而且随着时间的推移和臣民权利的稳定增长，财产重心出现向实际占有者转移的倾向，这就是封建制度下依法占有的概念。威廉认为"占有"属于个人权利范畴，占有权意味着财产支配权，任何人无权夺取实际占有下的财产，即使国王也不能违反这一原则，否则就是一种破坏正义的违法行为，必将受到现世和来世的惩罚。威廉强调占有权没有等级和性别之分。如王室官员强迫购买贫穷老妇人的一只母鸡（这是她鸡蛋的唯一来源），就如同强迫大土地领有者出让地产一样。法律应该对封建权贵和老妇人的财产权一视同仁，同等尊重，老妇人的生命财产尤其需要国王的保护。在威廉看来，中世纪的占有权就是财产权，是人人应当享有的，无论其社会地位和政治出身如何[1]。继而，威廉劝诫国王为自己提供食品、酒水和其他必需品，就像人民自食其力一样。劝诫国王像一般民众一样尊重他人受法律保护的财产支配权。若国王未经臣民同意就征缴其财产，必遭反抗。威廉认为，在该问题上永远不存在所谓的非常时期，臣民的财产权利不能以国家安全为借口遭到破坏。一旦以此为由侵犯民众财产权，统治者必须承担由此引发的反抗的全部责任[2]。至此，人们已经发现洛克等近代思想家关于财产权理论的几乎全部的身影。中世纪与近代之间没有鸿沟，恰恰相反，它们一脉相承。

---

[1]　Cary J. Nederman, "Property and Protest: Political Theory and Subjective Rights in Fourteenth - Century England," *The Review of Politics*, Vol. 58, No. 2, 1996, pp. 333, 335.

[2]　Cary J. Nederman, "Property and Protest: Political Theory and Subjective Rights in Fourteenth - Century England," *The Review of Politics*, Vol. 58, No, 2, 1996, pp. 342, 343.

综上所述，中世纪欧洲有两种倾向的财产权利观念。一种是基督教教义中既不否定私人财产，又主张私人财产权利低于基督教伦理规范的观念。另一种是法学界逐渐发展起来的把私人财产当作个人权利的观念。第一种观念之所以长期存在，是因为在现实的农民与领主的关系中，以及农民之间的关系中，一直存在公地制度这一土地公共使用制度，存在由村庄共同体来承担济贫功能的传统。欧洲农民，尤其那些贫穷的农民，是这一传统最坚定的捍卫者。中世纪农民同领主之间的冲突，尤其是就圈地而展开的冲突，包括大规模的农民战争，实际上主要就是围绕公共权利展开的"公"与"私"的斗争。第二种观念之所以得到发展，是因为几个世纪中，对土地的实际权利，一直在从法律上的所有者向实际上的占有者和使用者过渡。并且随着商品经济的发展，越来越多富裕的农民或者希望富裕的农民挣脱了种种法律和习惯的限制，面向市场自由地行使财产权利，或者转让土地，或者出售产品。另外，我们还要看到城市在欧洲的兴起，市民私人财产权利的勃兴。在许多城市，都出现了富甲王侯的巨商大贾，如果没有强有力的私人财产权利的保护，他们的出现就是不可思议的。

第四章　资本主义土地所有制的
确立与社会变革

17～18 世纪，对于英国和整个世界，都是一个具有变革和过渡意义的时代。英国正在完成从封建主义向资本主义的深刻转变，而英国的转变注定具有世界性的意义——资本主义从一开始就必然要向全世界扩张，使整个世界进入以它为基本经济社会制度特征的时代。在我国的世界历史分期方法中，有一种是把发生于 17 世纪 40 年代的英国资产阶级革命作为世界历史上的封建时代的结束和资本主义时代的开始。尽管如今多数历史学者们都不采用这种分期方法了，但是笔者至今还坚持这样的分期方法。原因就在于笔者不但重视发生于这个时期的政治革命，也重视发生于这个时期前后的经济革命，包括所有制革命。虽然本书是探讨整个欧洲的历史的，但是鉴于 17～18 世纪英国史在欧洲史和世界史中的独特地位，本章将专门讨论资本主义土地所有制在英国的确立。

当人们想到英国资本主义时代的时候，首先往往容易联想到工业革命、大机器生产和城市化、工业资本家、工业无产阶级。的确，这些都是近代资本主义最典型的要素，是资本主义时代区别于以前时代的最根本的特征。但是，不应该忘记的事实是，英国资本主义的种子是埋在农业之中的，它是从农业中生长起来，然后才进入工业之中的。

资本主义生产关系有一些基本的特征，如生产资料为资本家阶级所有、雇佣劳动和剩余价值。这些基本特征是不可能在封建主义的土壤中成长起来的。因为，它们的生存是以资本主义的自由为前提的，如果处在典型的封建主义环境下，许多劳动者没有人身自由，绝大多数人都没有彻底的财产转让自由，没有彻底的经营活动自由，那么资本家阶级怎么可能获得足以形成生产规模的生产资料呢？怎么可能获得必要的劳动力呢？怎么能够让产品顺畅地走向市场呢？因此，与封建主义的桎梏对立的政治自由、经济自由是资本主义发展的前提，是资本主义大厦的基石。其实直到今天，资本主义社会意识形态的核心仍然是资本主义的自由。

那么，资本主义自由又是以什么为历史前提的呢？历史的答案是私有制的发展。私有制的核心是对财产和自身劳动力的所有权。只有单个人具有了对财产的所有权，他们才可以进行财产的转让，从而实现财产的集中，才可以有规模经营。只有单个人具有了对自身劳动力的所有权，他才可以自由地流动，从而为规模经营提供合适的劳动力。资本主义自由竞争原则的基石是私有制，而且是绝对的私有制。

这就让我们产生了一个疑问：人们不是一般都认为，原始社会以后，人类就进入私有制社会了吗？为什么直到近代早期，仍然存在私有制的发展问题呢？其实，只要我们仔细地阅读历史资料就可以发现，在原始社会之后的前资本主义时代，尽管私有制是一种占主导地位的所有制形式，但是各个国家和地区之间，各个国家和地区内部的不同地区、不同时期之间，不同的财产形式之间，私有制的"私有"程度都呈现差异。例如，在古代中国的某些时候，土地在民间的私有程度是非常高的，表现为买卖、继承、捐赠的自由度非常高。但是，在面对皇权的时候，其私有程度往往又是非常低的。像明朝朱元璋那样的皇帝，几乎可以任意地剥夺任何一个臣民包括土地在内的所有财产，因为他不但对臣民的财产，而且对臣民的生命都有自由处置的权力。即使在私有制空前发达的现代资本主义国家，高额的遗产税与继承税也强有力地触动了私人财产。这一切都说明，历史是复杂的，变化的；所有制问题也是复杂的，变化的；就是在私有制社会，也存在私有制的发展问题。这个问题有时候甚至会表现得极其尖锐，以至引起暴力革命。美国制度经济学派经济学家康芒斯说："直到 1689 年的革命把统治权和财产分开以后，这种权利[1]才在英国生效。只要统治者对臣民的生命财产有任意处置的权力，就不可能存在什么不可侵犯的财产权……"[2]马克思说："十七、十八世纪时，要废除封建财产关系，财产问题就是资产阶级的切身问题。"[3] 以政治革命的方式解决财产关系问题，用一种"欧洲

---

① 指私人财产权利。——引者注
② 〔美〕康芒斯：《制度经济学》（下），商务印书馆，1965，第 11 页。
③ 《马克思恩格斯全集》（第 4 卷），人民出版社，2003，第 335 页。

新社会的政治制度"① 来体现资本主义私有财产神圣不可侵犯原则，这应该
是我们理解英国革命的前提之一。

资本主义私有制的发展表现为一个过程的两个方面：破的方面是抖落
封建主义附加在财产身上的一些重要的限制，如封君—封臣制度、行会制
度、公地制度；立的方面是逐渐确立绝对私人财产所有权，逐渐确立资本
主义的所有制。

17 ~ 18 世纪，在英国社会所有形式的财产中，土地依然是最重要的财
产，而且是最重要的生产资料，因此我们的考察就集中在土地，并且从土
地向其他领域延伸。

马克思说，资本主义生产方式"使土地所有权从统治和从属的关系下
完全解放出来"，"这样，土地所有权就取得了纯粹经济的形式，因为它摆
脱了它以前的一切政治的和社会的装饰物和混杂物，简单地说，就是摆脱
了它一切传统的附属物"。"一方面使农业合理化，从而第一次使农业有可
能按社会化的方式经营，另一方面，把土地所有权弄成荒谬的东西——这
是资本主义生产方式的巨大功绩。"② 马克思的这些话，为我们理解 17 ~ 18
世纪英国土地所有制形式的变化提供了启发。

国内外史学界已经有大量研究成果涉及 17 ~ 18 世纪英国土地制度问题，
其中的代表性成果是沈汉的《英国土地制度史》③。本书吸收了其他研究者
的一些研究成果。

第一节　私人土地所有权的发展

一　土地是最重要的生产资料

20 世纪 50 年代，西方有一位学者认为，自封建时代以来，社会经济中
有四种主导性资产形式，即封建资本主义的主导资产（controlling asset）是
土地，商业资本主义的主导资产是原材料，工业资本主义的主导资产是机

---

① 《马克思恩格斯选集》（第 1 卷），人民出版社，1995，第 318 页。
② 〔德〕马克思：《资本论》（第 3 卷），人民出版社，1975，第 697 页。
③ 沈汉：《英国土地制度史》，学林出版社，2005。

器，金融资本主义的主导资产是一个公司整个价值中代表着较小部分的货币投资。20 世纪中叶，又兴起了第五种形式，即智识资本主义（intellectual capitalism），其特点是管理人员越来越重要①。

这种关于资本主义的观点是不可取的，但是其中对一个经济发展阶段中主导性资产形式的划分，尽管并不十分确切，还是有一定参考价值的。17～18世纪，尽管动产、金融资产在英国经济中所占的比重越来越大，但由于英国仍然是一个农业国，因此英国经济中主导性的资产形式仍然是土地，土地仍然是最重要的生产资料。那么，这个时代与以前时代的重要差别在哪里呢？不在于主导的资产形式，而在于经济社会形态。因为可以肯定地说，17～18 世纪的英国社会已经是早期资本主义社会了，尽管还带着旧时代的浓重色彩。有人会说，资本主义经济社会形态的根本特点是社会化的大机器生产和资产阶级与无产阶级的对立。因此，最重要的生产资料应该是以机器、厂房等固定资产为主的工业生产资料，而不应该是土地。笔者认为，这并不矛盾。首先，工业资本主义时代的前期，作为一个必要的准备阶段，是农业资本主义阶段。而 17～18 世纪，越来越多的地主采用的是资本主义的经营方式。资本主义大农业逐渐成了农业的主导形式。可以说，农业资本主义是近代和现代英国资本主义的母体。其次，尽管在工业革命以前，或者在其稍后，工业资本主义还没有超过农业资本主义而成为资本主义的主导形式，但也正在强劲地、逐步地兴起。到了 18 世纪末期，就显示出了将要完全取代农业资本主义而成为资本主义主要形式的生命力。

那么，为什么说这两个世纪中，土地仍然是英国最重要的生产资料呢？

17 世纪初，英格兰和威尔士人口约为 440 万；17 世纪末约为 550 万；18 世纪末约为 900 万②。这两个世纪中，农业人口都是主要人口。17 世纪

---

① Johannes Alasco, *Intellectual Capitalism*, *A Study of Changing Ownership and Controll in Modern Industrial Society*, World University Press, 1950, pp. 86－87, 89.

② Dorothy Marshall, *Eighteenth Century England*, New York: David Mckay Company Inc., 1962, p. 7. 1801 年英国进行了第一次人口调查。此前，关于英国有多少人口，并没有很准确的统计数字。人们一般是根据载有炉灶税调查或住户调查的纳税花名册，或者是根据堂区登记簿中的出生、受洗、丧葬、婚嫁等的登记，然后根据每户大致有多少人口去推算而得出近似的人口数字。如 17 世纪末，格里戈利·金就据此做过统计。Gregory King, "Natural and Political Observations and Conclusions upon the State and Condition for England," in J. P. Cooperand Joan Thirsk, eds., *17ᵗʰ Century Economical Documents*, Oxford: Oxford University Press, 1972。

开始的时候，英国还是一个农业社会。根据格雷戈利·金（Gregory King）计算，17 世纪英格兰和威尔士约有 4000 万英亩土地。18 世纪，在英国和威尔士约有 2500 万英亩已开垦地（包括林地、果园和花园），它们每年提供约 1100 万镑租金，相当于国家收入的 1/4。另外，由土地支撑的畜牧业（livestock）的价值每年约 1500 万英镑，谷物每年 900 万英镑。在 1815 年，有人（Colquhoun）估计英国和威尔士已开垦地为 3600 万英亩，平均每英亩价值 24 英镑，因此总价为七亿五千万英镑[①]。

查尔斯·威尔逊（Charles Wilson）则认为，3800 万英亩这个数目可能更加接近实际一些。他认为其中耕地约为 800 万英亩，由 30 万名农夫耕种。另外，还可能有 450 万头牛、1100 万只羊和 200 万头猪[②]。

绝大部分人口居住在农村，而即使是居住在城镇的人，也有许多与农村和农业、牧业有密切的关系。其中包括地产在农村的地主，从农村来城镇短期经商或者干体力劳动的人。在 1700 年，有 60% ~70% 的不列颠人口全部或部分地从事农业[③]。

那个时代的工业与商业的主体，都以农业、农村、农民为基础。那个时代的城镇，不像现代城市这样同乡村彻底分离，而是有着半城市半乡村的特点。有些小城镇同一个较大的村子差别并不大。在每家每户房子的周围往往有菜地，街道上跑着猪、鸡、鸭是非常普通的景观。因此在那个时代，农村是城镇真实意义上的母体。居住在农村的贵族的社会地位要高于居住在城市的商人。富有的城市商人往往要竭力追求在社会地位上同乡村骑士的接近或者平等。他们的努力取得了成果，早在中世纪晚期，富有的商人就曾被视为或多或少与农村的骑士地位平等。进而，这两个阶层常常互相通婚。17 世纪，正在上升、社会地位比较高的商人并不少见。其重要标志就是他们拥有农村贵族的头衔或者身份。例如，著名的伦敦商人弗罗瑞克（Frowick）家族，就曾长期兼为农村的大封建领主。另外，农村的贵

① G. E. Mingay, *English Landed Society in the Eighteenth Century*, London: Routledge and Kegan Paul Ltd., 1963, p. 12.
② Charles Wilson, *England's Apprenticeship 1603–1763*, London: Longman Group Limited, 1965, p. 23.
③ Richard Brown, *Society and Economy in Modern Britain 1700–1850*, London and New York: Routledge, 1991, p. 67.

族也向商业和城市渗透。例如，萨福克伯爵（The Earl of Suffolk）就是商人的后代。伦敦商人阶级很大程度上就是从农村家族的非长子中来的。因此，农村与城市各阶层之间的流动性早就存在了。农业社会的特征还表现在类似古代中国"以末得之，以本守之"的情况上。成功的商人和律师一般都大量置地。著名的律师、行政长官及富有的商人、银行家都买了大地产，获得骑士、从男爵甚至贵族身份，并将他们的女儿嫁给乡绅和贵族。而老乡绅家族的非长子们又通常以经商的方式谋出路。他们谋到出路，经济上成功以后，还要保持乡村的社会地位。1634 年，有人说，许多古老的乡绅家族衰落了，但即使他现在是造肥皂者，也还叫乡绅。1640 年，一位柴郡（Cheshire）的乡绅可以讲他出身为乡绅，但职业是布商。从产业链条来看，实际上农村也占主要地位。布匹的原料棉花由农民种植，来自农村土地，纱、布的纺织主要依靠农村家庭作坊。而在 1740 年，布匹占有整个制造业产出价值的 1/3。这也可以看出，农业、农村在国民经济中的地位非常高。

根据查尔斯·威尔逊的估计，甚至到了 17 世纪晚期，1688 年英国 550 万人口中，还有一半以上直接依赖土地。王室、贵族、男爵、骑士、大小乡绅及其家人靠农业租金过活的人口约 15 万。自由持有农和习惯佃农及其家庭有近百万人；75 万佃农和依附者；125 万劳工和仆役（out - servants）；其他的贫穷农民（cottagers and paupers）人数比这个数量略大。如果我们说 300 多万人口靠农业为生，此数还是保守的。在估计的总国民收入 4920 万镑中，2350 万镑可以视为来自与土地有关的租金、利润或工资①。嘎德讷（E. M. Gardner）对 1705 ~ 1722 年与英国东苏塞克斯（East Sussex）郡有关的 1400 份财产清单进行了研究。其研究结果表明，似乎有约 1/3 留下财产清单的人是约曼、农户（farmers）和租地农（husbandmen）。在 300 个其职业是非农职业的人中间，1/5 的人的工作与土地有密切关系。其中有一半是村庄手工人，包括铁匠 32 人，木匠 23 人，裁缝 14 人，磨坊工人 13 人，织工 12 人，鞋匠 10 人。

土地是最主要的财富之源。请看一些专家们的估计。

---

① Charles Wilson, *England's Apprenticeship 1603 - 1763*, London：Longman Group Limited, 1965, pp. 9, 10, 14, 21, 289.

据著名的英国农村史专家明格（G. E. Mingay）估计，在18世纪初，从土地获得利益的土地所有者和农户（除掉茅舍农和农业劳工），占英格兰和威尔士的家庭数的1/5，但是却支配了大约一半的总收入。

工业化和城市化导致地价持续上涨；地价的持续上涨则使得从土地得来的收入持续增加。这是土地作为重要的生产资料的另一种表现形式。明格指出，18世纪中叶之后，农业更加有利润可图，地租上升导致地价上涨，因此18世纪末期，英国的农业用地的购买期一般为30年，一般都在伦敦和其他大城市周边。据估计，1790年的地产收入水平远高于1760年。这30年的收入至少是1760年前70年的两倍。30年中，农业生产条件改善，人口增长缓慢，经济发展导致对纺织品、瓷器、茶叶和烟草需求的增加，粮食大量出口，这一切都导致了地租上升。1760年之后，人口和工业都增长迅速，租金上升更快①。

布朗（Richard Brown）也指出，土地价值和地租在18世纪早期较高，自18世纪60年代起快速增长。1690～1790年，土地价值几乎翻了一番，这个趋势受1793年之后的通货膨胀影响而加剧。某贵族有一块在伦敦的地产，1700年净值为2000镑，1771年则上升为8000镑。到1886年，261个地方城镇中的69个基本上为贵族拥有，还有34个城镇为较小的土地所有者拥有。这非常有力地证明了土地在支配着城镇生活②。

土地对于商业和金融的重要性，也典型地表现为它是信贷最主要的抵押物。借入方必须把土地转让给贷方，如果贷款按期归还，则退给他；如果逾期，那么该地产的全部利益被没收，归贷方，即使该地产价值远大于借款价值。到了16世纪末，政府开始取消没收制度。开始时，这种取消仅仅是在某些特别困难的案例中。但渐渐地，政府制定了一些越来越有利于借入方的规定，最终全部废除没收制度。这一过程似乎发生于1615～1630年。但是，抵押制度并没有被废除，并且要获得免除没收的待遇，借入方必须在被没收之后合理的期限内归还全部本金、利息和费用。这说明土地

---

① G. E. Mingay, *English Landed Society in the Eighteenth Century*, London: Routledge and Kegan Paul Ltd. , 1963, pp. 4 – 5, 39, 51 – 52.

② Richard Brown, *Society and Economy in Modern Britain 1700 – 1850*, London and New York: Routledge, pp. 270 – 271.

还是信贷的保障物①。

土地的重要性还表现在它本身产出的增加上。此项增产通过两个途径实现：一是亩产增加 10%；二是耕地面积增加 25%。另外，圈地运动的推广和都铎王朝以来农业技术的引进改良，也促进了粮食的增产。农田水利设施的改良也是原因之一。1560～1720 年农业革命的主要内容就是把长期耕种制（permanent tillage）（但是每 3 年休耕一次）和长期放牧制（permanent pasture）改为庄稼、牧草轮种制（up – and – down husbandary）。农民可以在同一块地上种小麦或者大麦 4～5 年，接着种牧草 7～8 年。自中世纪后期到 17 世纪末期，谷类和牧草的年产量增加了约 4 倍。1400～1700 年，农业生产增加了 5 倍。中世纪的农业生产很难养活 300 万人，而 1700 年它不仅提供了 500 万人的口粮，还可以出口。18 世纪，英国粮食的增产率约为 43%，这就使得英国能够应付 40%～50% 的人口增长速度（1760～1820 年，人口由 650 万骤增至 1200 万）②。

因此明格说，土地为这个民族提供了食物和大部分原材料，为人们提供了最广泛的就业。而土地的主人凭借从土地得到的财富获得了统治权利。土地当然不是唯一重要的财产形式，但是最重要的财产形式。它比基金更实在，比商人的存货更稳定，比工业家们的机器和工具更有价值。作为一种投资，土地比它们的利润要少，但是作为一种补偿，从土地中得到的收入可以使人获得更高的社会地位。而众多的土地所有者又可以利用他们的政府职位及特权来投资谋利③。

在 17～18 世纪英国贵族的心目中，土地更是与身份和地位、光荣和梦想密切相关的神圣之物。土地最能够决定一个人的身份和公民资格。如有人指出："在英国，土地长期以来就不仅仅是在市场上价格最高的商品。"许多地主花巨资用于摆阔性的、挥霍浪费的服饰标志和房屋、花园建造上，此类投资的真正回报，"用金钱来度量是看不见的"。挣钱的行为逐渐得到

---

① Donald Veall, *The Popular Movement for Law Reform 1640 – 1660*, Oxford: The Clarendon Press, 1970, p. 63.

② 〔美〕戴维·罗伯兹：《英国史 1688 年至今》，鲁光桓译，中山大学出版社，1990，第 74～75 页。

③ G. E. Mingay, *English Landed Society in the Eighteenth Century*, London: Routledge and Kegan Paul Ltd., 1963, p. 3.

尊敬，但是半封建的差异与等级，仍被视为首要的。只要花园不受影响，打猎不受干扰，悠闲和私密（seclusion）得到保证，许多土地贵族也准备对其土地进行一些经济开发。有些地主幸运地避免了工业化带来的烦扰。例如，富有的威尔士地主托尔波特（C. R. M. Talbot）从铁路投资中获得可观的回报，但又让铁路离开了他的房产地。有记载说，"在允许铁路经过他的土地的同时，托尔波特又规定，他不愿听到火车从他位于马干姆（Margam）的别墅旁穿过的声音。"1847年，北萨姆伯兰（Northumberland）的第三位公爵举行葬礼的时候，就让整个北萨姆伯兰那一片土地上的一切活动都停止了。"在这一过程中，我们能看到这个县和北萨姆伯兰的所有出租地都在向他们的封建主人道别。"

大多数地主都曾面临出售土地的压力。但是直到19世纪末，甚至即使有利可图，他们也都不情愿出卖土地。1827年，詹姆斯·格拉翰姆爵士（Sir James Graham）承认，许多乡绅债台高筑，也承认卖地的可能性。但是提起"卖地"，他就痛苦不已。他写道："但是，那个词带来怎样的心灵痛苦啊？它突然折断了也许联系了几个世纪的链条，它毁灭了土地上最亲爱的附属物，它消解了最古老的友谊，它侵夺了心灵最纯净的感情。"

不愿卖地也表明了地主的愿望，即维持一个非常不容易建立起来的家族王朝。英国的土地贵族们把土地视为神圣的家族利益，远在个人利益之上。就如艾德蒙·柏克（Edmund Burke）指出的那样，土地所有制是"不仅存在于正在生活的人之间，也存在于曾经生活过的人之间，也存在于死去的人之间，也存在于将要出生的人之间的一种伙伴关系。"①

因此，尽管从17世纪初到18世纪末，土地的经济价值越来越让位于新兴的工业和商业，但是总体上，我们仍然可以说，在这两个世纪，土地仍然是最重要的生产资料。它一方面提供多数人口的职业舞台，另一方面提供巨大的经济利益，同时，它还是贵族家族荣耀与梦想的象征。

当然，英国在18世纪毕竟开始了历史性的工业革命，工业取代农业作为国民经济的主角是历史的必然，土地（工业用地和城市用地除外）在国民经济中的地位必然要逐渐下降。统计表明，随着商业和工业的发展，到

---

① David Sugarman, Ronnie Warrington, "Land Law, Citizenship, and the Invention of 'Englishness'," in John Brewer and Susan Staves, eds., *Early Modern Conceptions of Property*, London and New York: Routledge, 1995, pp. 121 – 122.

18 世纪末，农业在经济中的地位下降。一些学者估计，在 1800 年，尽管地租和农庄利润大量增加，但地主和农户在极大地增加了的全国收入中已经从约占 1/2 降至少于 1/3[①]。

既然土地是最重要的生产资料，那么整个社会所有制结构发生变化的最重要、最根本的特征，就应该体现在土地所有权的变化上。为了充分理解这方面变化的意义，我们有必要稍微再分析一下典型的封建土地所有制与私有制之间的关系。

历史上，奴隶社会和封建社会的土地所有制，都属于私有制的范畴。因为，在根本上，土地所有权是掌握在私人手中的。在西欧封建制度下，这些私人就是国王和贵族。对此，我们应该清楚。

但是，同古代罗马的私人土地所有制和近代资本主义私人土地所有制相比，西欧封建土地所有制又不是一种绝对的、完整的私有制。

第一，就国王而言，尽管理论上所有的土地都属于他，他是一国之内最大的封君，但是，他并没有对土地的绝对的、任意的支配权。在封建时代的绝大多数时间里，西欧各国君主从来就没有拥有绝对的土地所有权。因为，他与接受他的土地的封臣之间的关系，是一种严格的契约关系。只要封臣不违背契约，国王就无权行使他对封臣土地的任何额外的权利。而历史事实表明，国王对封臣的土地的权利，从一开始就趋向于弱化和丢失，这种趋势一直在发展，从来就没有出现过真正的逆转。并且，根据封建理论，"国王"并不是一个自然人，而只是王位和王权的象征，有点像现代意义上的法人。作为自然人的国王，只有根据封建契约好好地统治国家，才有资格处理他的土地。他不应该，事实上也很难完全为了自己家族的利益而任意处理土地。因此，在这一意义上，我们可以把国王对土地的财产权利称为王位财产权利或者王权财产权利，而不能够称其为私人财产权利。

第二，对于国王之下的其他大封臣，其上，有封君拥有对其土地至少是理论上的高级所有权；其下，就像他们自己在侵蚀国王对土地的权利一样，他们的封臣也在侵蚀他们对土地的权利。

第三，封建领主在同自由佃农和不自由佃农的土地租赁关系中，其土

---

① G. E. Mingay, *English Landed Society in the Eighteenth Century*, London: Routledge and Kegan Paul Ltd., 1963, pp. 63, 37.

地所有权同样不是一直向着强化的方向发展，而是向着弱化的方向发展。在历史上曾经出现过的租期越来越长、租金实际上越来越少的现象就说明了这一点。

第四，无论国王、其他贵族，还是佃农，在欧洲大部分地区，他们对于土地的权利，都受到我们后面将要介绍的公地制度的制约。这种制约不仅体现在对权利的行使方式，也就是耕种和放牧方式上，还直接体现在权利结构本身上，也就是说，在实行公地制度的村庄共同体内部，有许多土地完全是共同体成员共同持有的。对于它们，实际上没有任何单个成员拥有在土地的物理空间上明晰的权利。

对于封建制度下财产权利的模糊状况，西方有很多学者都发表过看法。这里只引述几种。例如，S. F. C. 密尔松（S. F. C. Milsom）说，封建习惯法的核心概念不是关于财产而是关于相互的义务①。J. M. 柯里（J. M. Currie）说，在中世纪英国法律中，没有现代意义上的土地所有权。在英格兰，一个人不能拥有土地本身，而只能拥有土地的财产权②。A. D. 哈格里弗斯（A. D. Hargreaves）说，关于英格兰君主的土地所有权，官方文件含糊其辞③。乔伊斯·尤英斯（Joyce Youings）说，中世纪的观念是土地最终只是从上帝那里得来的一种托管财产，不能私自利用或者粗暴使用④。

但是，随着商品经济和市场经济的发展，以及资本主义的兴起，私有财产无论在实际上还是在理论上，都得到了长足的发展。可以说，西欧从封建主义向资本主义的过渡的过程，伴随着的是不绝对、不完全的土地私有制向绝对的、完整的土地私有制过渡的过程。近代西方资本主义最根本的基础和前提，就是绝对的私有制。正如本章开始时所说的那样，可以说没有真正的私有制就没有资本主义。因为，只有绝对的私有制才能够保障资本与劳动之间的雇佣关系，才能够保障资本对劳动的自由支配，也才能

---

① S. F. C. Milsom, *The Legal Framework of English Feudalism*, Cambridge: Cambridge University Press, 1976, 转引自〔英〕爱德华·汤普森《共有的习惯》，沈汉、王加丰译，上海人民出版社，2002，第 123 页。

② J. M. Currie, *Economy of Agricultural Land Tenure*, Cambridge: Cambridge University Press, 1981, p. 169, footnote 1.

③ A. D. Hargreaves, *An Introduction to the Principles of Land Law*, London: Sweet & Maxwell, 1963, p. 44.

④ Joyce Youings, *Sixteenth – Century England*, London: Penguin Books Ltd., 1984, p. 53.

够保障资本主义的绝对的经济自由、市场自由。马克思主义经典作家始终把对私有制的批判与对资本主义的批判结合起来，并且把消灭私有制作为共产主义运动的最根本的目的，正是因为他们看到了私有制同资本主义之间这种先天的、本质的关系。

17~18 世纪，是私人土地所有权迅速发展和基本确立的时期，也是近代资本主义的法律基础和法律前提确立的时期。正是因为如此，笔者才一直倾向于把世界近代历史的开端期限定为 17 世纪的那种分期方法。

致力于研究西方近代资本主义起源问题的麦克弗森（C. B. Macpherson）认为，自 16~17 世纪起，越来越多的土地和其他资源正成为私人财产，而私人财产正成为个人的在数量上不受限制、在行使社会功能方面无条件的、可以自由转让的权利。17 世纪是充分的资本主义市场社会的近代世界[1]。虽然笔者认为他对这个世纪经济自由度的判定有点夸张，但总体上我们可以认为，17 世纪开辟了私人土地所有权发展的崭新阶段。

下面，我们进入具体的历史过程。这一阶段发生的与私人土地所有制有关的最重要事件主要包括，骑士领有制的废除，王室、教会土地的没收和拍卖，公地的圈占，私人所有权的法律化，私有财产神圣不可侵犯理论体系的确立[2]。

二 骑士领有制的废除

我们已经知道，封君—封臣关系最早是因为军事目的而形成的，具有强烈的军事性质。许多封臣都是其封君的骑士。因此，人们习惯于把封君封臣之间的土地授受制度称为骑士领有制度。

查尔斯·威尔逊说，17 世纪大部分时间内的英国，仍然是为军事目的

---

[1] C. B. Macpherson, *The Political Theory of Possessive Individualism Hobbes to Locke*, Oxford: Oxford University Press, 1962, p. 109.

[2] 我们除了关注土地的权利之外，还应该注意，17~18 世纪封建身份制度的彻底废除，契约原则的彻底确立较中世纪农奴制的废除，更加全面地实现了个人对自身劳动力的所有权。这一点当然不应忽略。要知道，直到法国革命前，法国某些农村还保存了徭役制，并且都与农民的人身依附密切相连。18 世纪的一些法国农民还必须在领主的磨坊中碾磨粮食，在领主的烤炉中烘烤面包，利用领主的压榨机来榨制葡萄酒。〔苏联〕波梁斯基：《外国经济史（资本主义时代）》，北京大学经济史教研室译，三联书店，1963，第 140 页。

而组织的等级社会。也就是说，封建的封君—封臣关系仍然是统治集团内部关系的基本内容。他引用了 19 世纪一位叫作约翰·奥伯利（John Aubrey）在其著作《威尔特郡集》（*Wiltshire Collections*）引言中的语句，"在那些日子里，在任何动乱的情况下，一位大领主都会吹起他的号角（那时所有领主都有号兵，甚至国王詹姆斯都有），征召他的下属；下属们又吹起他们的号角——如此层层往下，直到公簿持有农。"社会分为大贵族（peers）、骑士（knights）、绅士（esquires）、自耕农（yeomen）、封建侍从（retainers）、习惯佃农（customary tenants）等等级。在内战中像纽卡斯尔侯爵（Marquis of New Castle）这样的高级指挥官，也需要亲自骑马走在主要由他自己的佃农组成的部队的前面。不过，查尔斯·威尔逊也指出，这当然已经是军事封建主义最后的回音了。战争摧毁了许多的城堡。时代毕竟进步了[1]。

骑士领有制的本质乃军事领有制。此种土地领有者的主要义务是为国王服兵役。后来兵役义务基本废除，但其他一些限制与义务仍在。一是捐纳或贡金。封臣在封君长子受封为骑士、长女第一次出嫁、封君被俘需赎金时缴纳贡金。二是继承捐。根据《大宪章》，封臣向封君缴纳继承捐，男爵为 100 镑，骑士为 100 先令。而国王的总佃户，即直接从国王处领有土地者，则在缴纳领地继承捐之外，在继承遗产时还必须缴纳一种特别纳款，即等于该土地全年收入总额的所谓"初占捐"（primer seisin）。

所有这一切纳款，由于数额固定，到中世纪晚期和近代早期，在通货膨胀和价格革命作用下，已成为极小的数目。17 世纪，骑士领有制中最令人怨恨的是在占有人死亡后封君对未成年继承人的监护和婚姻决定权（rights of wardship and marriage）[2]。我们知道，国王的直接封臣总会死亡，在他们死亡后，他们的继承人并不能够自然地延续直接封臣的身份，而是要履行手续，付出代价。其中之一是要求国王之下的总佃户，也就是国王的直接封臣，男的未满 21 周岁者，女的未满 14 周岁者，受国王监护（wardship）。领地继承人在成年以前，与属于他的土地一起受领主的监护，

[1] Charles Wilson, *England's Apprenticeship 1603 - 1763*, London：Longman Group Limited, 1965, p. 3.

[2] Frederic Pollock and William Maitland, *The History of English Law*, Vol. 2, Cambridge：Cambridge University Press, 1898, pp. 138 - 139.

并且领主有权不受监督地经营被监护者的财产。另外，监护人还把控继承人，尤其是女继承人之命运，任意决定女继承人之婚嫁，并把这种权利变为丑恶的商业交易。被监护人成年时，须向监护人缴纳相当于该土地半年收入数额的所谓"转让费"（liveries）的特别纳款之后才能取得领地。特别纳款是在颁发关于把领地传给继承人的命令时征收。从国王那里直接取得骑士封地者，当其成年时，须举行效忠宣誓并接受骑士封号，否则他们就要缴纳罚款。在结婚时，国王还要向其征收特别的结婚捐。另外，骑士封地实行长子继承制。领主无子嗣时，领地在女儿之间均分。领地不能根据遗嘱转让，领有者生前非经领主同意，至少形式上不能随意支配领地。国王土地之直接领有者只有在向国王缴纳土地年收入 1/3 的过户税的条件下，才能转让土地。未经许可转让，国王有权对被转让之土地征收相当于全年收入之罚款①。

丹劳德·威尔（Donald Veall）对监护制度做了比较细致的描述，引述如下：这种监护使得国王不仅有权利用被监护人以骑士服役为条件持有的土地，也有权利用被监护人的所有其他土地。虽然监护期结束后，被监护人有权要求收回土地（suing for livery），但是，为此他要向国王支付该土地一年利润的一半。另外，在监护期内，国王有决定被监护人婚姻之权。如果被监护人拒绝国王为其做出的婚姻安排，他（她）必须为此支付罚款（pay damages）。有人估计，大约有 1/3 或 1/4 的继承人（descents）是需要监护的未成年人（minors）。

国王把监护权和婚姻决定权当作财产权利，他能够出售和继承此种权利，而购买了此种权利者也可因此赚钱。例如，他可以把被监护人婚配给自己的孩子、亲戚或其他人，也可以出卖牲畜、木材、过度使用地力，以此掠夺被监护人的财产。可想而知，一代人长时间受监护，或者连续几代受监护，对于该家族的命运有多么严重的后果。

为了更有效地收集骑士服役捐纳，1540 年建立了"监护与财产转让法

---

① Godfrey Davies, *The Early Stuarts 1603 – 1660*, Oxford: Oxford University Press, 1959, pp. 5 – 6.〔苏联〕叶·阿·科斯明斯基等编《十七世纪英国资产阶级革命》（上），何清等译，商务印书馆，1990，第 535~550 页。以上两个自然段的文字转引自赵文洪《私人财产权利体系的发展——西方市场经济和资本主义的起源问题研究》，中国社会科学出版社，1998，第259~260 页。

庭"（the court of wards and liveries）。理论上，法庭的主要负责人（the master）是一个照看、负责被监护人"良好的教育，美满的婚姻，房屋、树木、土地和不动产的保护"的受托人（trustee），但事实上，谋利是第一位的。一般认为，用于被监护人的养育和教育的比较正常的费用，只占监护总收益的 1/10 左右。但是，即使利润如此之大，监护人对被监护人的有效保护也并不总是可能的。在国王同被监护人的关系中，法庭当然偏向国王。有时，该法庭还对反对国王的行为做出判决。而只有当被监护人利益受第三方侵害时，法庭才努力维护他的利益。

该法庭的行政和司法职能紧密相连。人们对该法庭怨恨很深。在伊丽莎白女王一世（Elizabeth Ⅰ，1558～1603 年在位）时，托马斯·史密斯爵士（Sir Thomas Smith）写道："人们认为监护制非常不合理、不公正，违反自然，因为一位自由人和绅士可以像一匹马或一头牛那样被出卖。"主教戈德曼（Bishop Goodman）说，从来没有一位国王用这样一根纽带来联系臣民。一位威尼斯驻英国的大使也说，监护制使得臣民哭喊声达于天庭，尽其所能以避免这种毁灭家财的继承方式。

1610 年，在詹姆斯一世（James Ⅰ，1603～1625 年在位）和议会之间展开了结束给骑士服役附加的诸如接受监护、接受婚姻决定等封建性义务的谈判。下院第一次向国王提出废除骑士领有制的议案，建议取消一切骑士领地，取消一切作为军事封建领地标志之贡赋、骑士服役以及随之而来的"盾牌钱"、继承捐、一切与监护制有关的纳款、土地转让时土地所有者缴纳的各种款项，以及其他所有向封建土地所有者缴纳的贡赋和纳款。议会希望签署一个大的协议（great contract），通过该协议，国王在放弃附加的封建权利之后，就可以从其他渠道获得补偿。但国王认为如此他将失去影响和控制许多他的有影响的臣属的权力，而下院则认为拟议中的建议代价太高。一位贵族（Sir Julius Caesar）建议国王拒绝接受该协议，因为他认为，这将导致"轻易地向民主制过渡，而民主则是君主制的死敌"。该议案未获詹姆斯一世同意。

这一具有积极意义的谈判的失败，导致监护法庭对封臣的勒索变本加厉。本来该法庭在伊丽莎白王朝和詹姆斯王朝开始时收入稳定，甚至下降了，但在 1610 年后突然猛增，在 17 世纪 20 年代早期，其净收益达约 30000 镑 1 年，大约为该世纪开始时的两倍。而在该法庭最后 4 个正式的工作年份里，其净收益每年为 66000～83000 镑。这种不经议会同意而勒索臣下的做法驱使贵族和乡绅站到下院一边。该法庭居然存在到 1646 年。从中获利者不仅有国王，还有监护权与婚姻权购买者①。

以上就是 16 ~ 17 世纪作为封建残余的骑士领有制的法律依据。当然，事实上土地持有人违反这些限制是常有之事。都铎王朝和斯图亚特王朝对此采取了相应的措施。例如，亨利八世（Henry Ⅷ，1509 ~ 1547 年在位）为制止土地脱离王权的监督，于 1536 年颁布了一项条例。该条例力图使土地的法律地位同实际相符，并禁止根据遗嘱对各种土地权作任何支配。对此，该条例做了如下规定："根据英国的普通法，土地不得根据遗嘱转让，不应违反有关正式取得领有权的庄严法令将土地转手让予别人。"斯图亚特王朝在恢复和维护封建主权方面采取了严厉措施。在土地世俗化时，全部被王室出售的被关闭修道院的土地（价值 40 先令以上者）只能根据骑士领有权转让。为维护王室的封建权利，根据 1541 年的条例建立了特别的"监护法庭"，即封建税收衙门，以及对土地所有者破坏王室的封建权利进行所谓死后调查的古老制度。所有以国王名义向土地所有者征收的一切收入都交给该法庭。这样一来，斯图亚特王朝的国王不仅成了以前修道院土地领有人的直接领主（在他们仍继续保留下来的情况下），而且还成了一切取得这些土地之人的领主。

斯图亚特王朝由于财政困难，继续要求缴纳封建贡金，出售监护权，对非法转让土地征收罚金，在许可转让土地时巧立名目征收较多的罚金。查理一世（Charles Ⅰ，1625 ~ 1649 年在位）时，对逃避效忠宣誓和回避接受骑士称号的国王土地直接领有者征收大量的罚金。

内战时期，议会曾在 1643 ~ 1645 年几次试图废除骑士领有制，未果。

1646 年 2 月 24 日，下院终于通过了废除骑士领有制的法令。一切监护制度同执行监护的机构（"监护法庭"）全部取消。废除一切基于效忠宣誓的领有制（即骑士领有制），所有其他与此有关的义务一律取消。根据骑士服役制从国王和其他人那里取得的领地，以及根据封建租佃制直接从国王那里取得的领地都变成了普通的自由领地，即变成了普通法的自由租佃制下的领地。监护制度也被废除。因此，贵族和乡绅彻底免除了封建义务

---

① Donald Veall, *The Popular Movement for Law Reform 1640 - 1660*, Oxford: The Clarendon Press, 1970, pp. 54 - 57.

（不过，少数人的封建负担还有，基本的封建土地法仍保留）。上院很快批准了这一决定。查理一世拖延了两年，直到 1647 年，当议会同意每年向他提供 10 万镑的固定年金后，才批准了此法令。护国主克伦威尔（1649～1658 年在位）于 1656 年 11 月 27 日以特别法令确认此决定。复辟后的斯图亚特王朝仍确认了这一法令[①]。议会在 1660 年颁布法令，完全取消了封臣和国王之间的封建依附关系[②]。因此，贵族和乡绅彻底免除了封建义务。不过，少数人的封建负担还存在，基本的封建土地法仍保留[③]。

对于 17 世纪土地关系中发生的深刻变化，查尔斯·威尔逊做了一个总结性分析：附有封建义务的封土（fief）已逐渐变为自由持有地。理论上，许多土地仍以骑士服役为持有条件，但实际上，被称为"封建制度的马勒"的强迫性权威——监护法庭也仅仅成了王室收入的一个来源而已。1660 年该法庭的废除被称为"在英国土地持有历史上也许最重要的事件"，这是封土解放的最后一步。土地持有者们不仅解除了对国王服役的义务，不用交盾牌钱了，也不用在死时将土地交回给主人。土地世袭的障碍被一个接一个地移除了。不过，庄园结构（manorial structure）虽然弱化，但仍未消失。到处可见领主凭借特权强迫其佃户在其磨坊磨谷物，缴纳谷物加工费用。一个领主可以夺走一名重罪犯或自杀者的地产，如萨莫塞特公爵（Duke of Somerset）就夺去了一个因铸造假币而被绞死的人的房子，还有一些逃避司法审判的场所存在。但总的变了，16 世纪，更多的是 17 世纪，一批经营型地主更多地从羊毛、谷物、木材和煤铁中，而非从佃农的缴纳中获得利益。

骑士领有制的废除，使该制度之下的土地所有权从王权所有权或王位所有权，转变成了私人所有权。

---

①　Donald Veall, *The Popular Movement for Law Reform 1640－1660*, Oxford: The Clarendon Press, 1970, p. 213.〔苏联〕叶·阿·科斯明斯基等编《十七世纪英国资产阶级革命》（上），何清等译，商务印书馆，1990，第 535～550 页。以上四个自然段的文字转引自赵文洪《私人财产权利体系的发展——西方市场经济和资本主义的起源问题研究》，中国社会科学出版社，1998，第 260～261 页。

②　A. E. Bland, P. A. Brown and R. H. Tawney, eds., *English Economic History*, Select Documents, London, 1914, p. 670.

③　Donald Veall, *The Popular Movement for Law Reform 1640－1660*, Oxford: The Clarendon Press, 1970, p. 213.

三　土地租佃关系中私人财产权利的发展

公簿持有农是 17 ~ 18 世纪英国农民的重要组成部分。有人估计，在 17 世纪早期，约有 1/3 的土地是公簿持有农的①。公簿持有农对于土地的财产权利状况的变化，也是土地所有制形式变化的内容之一。因此，这里也进行简单的介绍。

到 17 世纪，所有劳役几乎都折成了货币。地主与佃农之间不再有人身关系了。但是，受到封建制度的影响，事实上公簿持有农与领主之间的土地租赁关系，即使到了 17 世纪也带着封建的烙印。

公簿持有农有这样一些封建义务：①缴土地过手费（fines），各地并不一样。如果购买本庄园地产，按照习惯法要缴纳数额相当于 3 ~ 4 年或者 7 年的土地产出价值的费用；②公簿持有农死后，他的继承人在继承土地时要缴纳更新租赁契约的地租；③公簿持有农在继承其祖先承租的地产或者买下地产时，要向庄园领主缴纳一笔费用；④公簿持有农每年要缴纳地租，其中包括免役租和直接地租；⑤公簿持有农有义务参加庄园法庭的诉讼案审理，也可以参加陪审团；⑥在第一次租赁土地，或者更换领主时，公簿持有农要向领主表示忠诚，包括对领主宣誓效忠并遵守庄园习惯法。

公簿持有农并没有租佃保障，或者具有法律效力的合同，因为土地是领主以庄园法庭在庄园管理中形成的习惯所固定的条件而租给佃农的。而习惯为数众多且各庄园不一。并且，由于习惯经常是口头相传的，也不容易弄清楚它们的内容，因此习惯经常成为地主和佃农之间纠纷、诉讼的根源。公簿持有农有权受到保护，不受恶意侵害，但他必须履行服役的义务。除此之外，有些持有农还要在一些情况下——如本人死了，新来一个佃户，地主给女儿增加嫁妆——向领主交一件动产或一笔钱。这提醒佃农，地主有权收回他给出去的东西。

公簿持有地要转让，必须先由现持有者将土地交回地主，再由地主转让给现持有者推荐的佃农。土地转让行为记录于法庭卷宗，新佃农有一份

① Charles Wilson, *England's Apprenticeship 1603 – 1763*, London: Longman Group Limited, 1965, p. 8.

记录副本。佃农由于怕被赶出土地而不愿改善土地。因为土地变好有可能使租金上涨，也可能招致罚款，或者被地主收回再高价出租。新公簿持有者要向地主缴费，它的数额是任意的，有时也固定。1600 年，普通法法庭宣布，这笔费用的合理性应该由法官决定。实际上，17 世纪时这笔过手费极大地增加了，传统持有费为一年或两年的租金，到 17 世纪增加了好几倍，有时高达 20 倍。公簿持有农经常为庄园领主的勒索所苦，他们疑问，如果普通法法庭里决定持有费合理性的那些法官们本身也是公簿持有地的地主的话，他们怎么会让过手费合理呢？

骑士领有制的废除，极大地激发了人们发展私人财产权利的热情。因此，继续进行有关土地的法律改革的要求更加强烈。有人说，如果监护法庭被发现是一个负担，庄园主和乡绅不再向国王缴捐纳的话，那么，符合逻辑的就是普通人民也不应再向庄园领主缴效忠性捐纳了。这就直接把问题引向土地租佃关系。改革者们认为，如果公簿持有制还要保留，那么土地过手费和其他的捐纳就不应是任意的了，应该是一年的租金或有限的金额。并且，由于土地的改善，过手费就不要再增加了。

在一个案例中，大法官法庭（the court of chancery）判定：过手费应当在一定数量之下，不能由领主任意决定。不过，这并未成为普遍现象①。但是，这也可以视为公簿持有农获得的一次胜利。

公簿持有土地的继承方式，根据各地习惯的不同而不同。而普通法尽量使这些习惯一致起来。这也是他们削弱领主任意剥削，获得更多财产权利的斗争的一个胜利。

到 17 世纪时，佃农的服役已经全部折换成货币了。17 世纪 50 年代护国政府时期，议会曾建议公簿持有农取消封建宣誓，改为简单的自白，说其从该地主处领有围圈地。从而摆脱他与领主之间的封建关系②。

顺便指出，在公簿持有农之外，还有大量纯粹的自由独立的佃户，他们通过不附带封建义务附加物的租约租赁方式（leaseholds）而持有土地。到了 17 世纪中叶，这种自由佃农（tenant farmers）在数量上超过了公簿持

---

① Donald Veall, *The Popular Movement for Law Reform 1640 – 1660*, Oxford：The Clarendon Press, 1970, p. 214.

② 〔苏联〕塔塔里诺娃：《英国史纲：一六四〇至一八一五年》，何清新译，三联书店，1962，第 113 ~ 114 页。

有农。这意味着，农村中的身份关系被契约关系取代，有一个事实能够说明问题：公簿持有地之外的土地以前一直在公众场合举行转让仪式，因此，当地居民知道该土地转让的细节。到了 17 世纪，公共仪式被秘密转让取代，在一个律师办公室签署私人协议即可，不必让别人知道。所有权就这样私自转让了①。

18 世纪末 19 世纪初，在英国某些地方的土地租佃中，地主和佃户的权利义务关系非常具体，如某租约规定，佃户承担修缮房屋的义务，地主有权每年视察房屋的状况，或者派人来对佃户的践约情况进行检查。在有些情况下，佃户每年要用运货马车为地主劳动几天，一般是运煤炭②。到 18 世纪 30 年代，土地所有者和耕种者的功能已明显区分开了。前者提供土地、建筑、篱笆围栏及其他必需品，且一般由他付土地税，佃户仅需付堂区税（parish rate）。大的资本投入，如圈地、排水、改善交通、重建农用建筑等，一般由地主承担，他的利益由农庄管家或经纪人保护。而佃户提供工作资本，如牲畜、工具、种子等，他还要支付雇佣的劳工的工资③。

我们知道，封建时代对于佃户们财产权利最大的威胁来自地主（领主）任意地增加租金和其他缴纳项目额度，近代租佃契约对于权利义务规定的具体化、明晰化，也是佃户财产权利强化的一种表现。

四 教会、王室土地的没收和拍卖

先看教会土地被剥夺的情况。

16 世纪英国的宗教改革，或者更准确地说，是王权与天主教会的斗争，其重要的成果之一就是大量教会的土地被国家没收，流入私人之手。

宗教改革前的 1436 年，国王拥有英格兰土地的 9.5%，教会拥有 31%，

---

① Donald Veall, *The Popular Movement for Law Reform 1640－1660*, Oxford: The Clarendon Press, 1970, pp. 59, 62.

② William Marshall, *Review and Abstract of the County Reports to the Board of Agriculture*, Vol. V, New York: Rare Books Club, 1818, p. 319.

③ Richard Brown, *Society and Economy in Modern Britain 1700－1850*, London and New York: Routlege, 1991, p. 277.

世俗地主拥有 59.5%①。由此可见教会是一个大地主。

　　1535 年，英格兰和威尔士教会土地的总价值约 20 万镑，约占整个王国土地财富的 1/4。国王在 1536 年和 1539 年曾两次瓜分教会土地。研究表明，夺取教会土地是建设王室财政工程的一个重要部分。英国财政史专家迪茨（F. C. Dietz）估计，在亨利八世至克伦威尔改革之前，王室一般收入约为每年 10 万镑；改革后，来自教会的收入大大增加了，1535～1540 年，仅征收供神品（first‑fruits）和什一税，王室平均每年就得到 16000 镑。但是，1539 年解散修道院意味着这笔收入大大下降，每年仅为 9700 镑。僧侣们交的什一税也大大下降，1535～1538 年平均年收入为 39400 镑，而在关闭大修道院后，降至每年 18400 镑。

　　因此，王室就通过大量出售修道院土地来弥补损失，增加收入。1539年，此种出售方式正规化。土地以年净收入的 20 倍价值的价格出售。城市土地售价稍低②。

　　被没收的教会土地落入谁的手中了呢？我们可以看两个材料。

　　到 1547 年，被国王没收的修道院的土地中，14% 授予贵族，18% 授予朝臣和王室官员，21% 授予各郡的乡绅。到亨利八世在位末年，英国德文郡有 60% 的修道院土地已经被国王转手。这些土地中绝大部分被本地地主购买，作为一种长期投资。有些修道院土地先是授予伦敦商人以及其他德文郡以外的人，或被他们购买，后来又被他们出售。到 1558 年 11 月，国王出售的德文郡的 113 个庄园被 42 个买主买走，占国王出售的德文郡土地的 78%，剩下的土地被农民购买。

　　附带指出，教会被剥夺的不仅仅是土地，还有大量的货币和实物财富。当亨利八世下令解散修道院时，许多修道院企图出钱自保。坎特伯雷副主教就向首席大臣克伦威尔缴纳 20 英镑（相当于今天的 400 英镑）年金保险。为在解散后保留修道院的租金收入，圣埃德蒙（St. Edmunds）墓地修道院给克伦威尔和他的儿子各 10 英镑年金保险。匹德堡（Peterborough）的修道院长向国王缴纳 2500 马克，向克伦威尔缴纳 300 英镑（相当于今天的

---

① J. P. Cooper, "The Social Distribution of Land and Men in England, 1436 – 1700," *Economic History Review*, Series 20, No. 3, pp. 420 – 421.

② Rosemary O'Day, *Economy and Community*, *Economic and Social History of Pre – Industrial England*, *1500 – 1700*, London：A & C Black, 1975, pp. 104 – 106.

6000 英镑）使他的房子免遭破坏。国王从温切斯特（Winchester）修道院新副院长那里获得 300 英镑。国王法庭指控教会违反法律，教会试图通过向国王缴纳 40000 英镑以求得与其和解，但是，国王要求至少要交 10 万英镑（相当于今天的 2000 万英镑），这几乎是个天文数目。为了凑够向国王缴纳的现金，在一些地方，教会的圣餐杯、圣骨匣都被卖掉。在伦敦，每个神职人员都被规定了要缴纳的数额。

有这样两组数据，可以说明教会土地的转移所具有的所有制结构改变的意义。

1535 年，国王在诺福克郡拥有 3% 的庄园，贵族拥有 10%，乡绅拥有 66%，教会拥有 3%，修道院拥有 18%。1545 年，国王拥有 8%，贵族拥有 13%，乡绅拥有 73%，教会拥有 6%。1555 年，国王拥有 5%，贵族拥有 12%，乡绅拥有 77%，教会拥有 7%。1565 年，国王拥有 5%，贵族拥有 11%，乡绅拥有 78%，教会拥有 6%。

1561 年，宗教改革已经完成，国王拥有 9.8% 的庄园，教会拥有 7.4%，世俗地主（主要是乡绅）拥有 82.8%[1]。教会在国内所占土地面积的比例大大下降[2]。

这两组数据表明，乡绅是土地面积增加最大的一个阶层，而且他们占有的土地量是直线上升的。而他们对土地的权利，已经非常接近私人所有权了。

如果说亨利八世的宗教改革打击的是天主教，树立的是国教的话，那么英国革命又将打击的矛头对准了国教。因为在革命中，英国国教站在斯图亚特王朝一边，成了王权的帮凶。

革命开始后，议会即拟剥夺主教的世俗权力并将其从上院清除出去。更为重要的是，议会通过一系列法案，大量拍卖了教会的地产。1643 年 3 月 27 日，法案宣布没收 14 名主教以及那些参与同议会作战，或支持议会的敌人的其他高级神职人员的地产。1646 年 10 月 9 日，议会通过法令撤销英格兰和威尔士大主教和主教，将其土地交与特别监督管理者以备国家之需；

---

[1] R. H. Tawney, "The Rise of the Gentry: A Postscript," *Economic History Review*, Series 20, No. 1, pp. 91 - 97.

[2] Mark Overton, *Agricultural Revolution in England*, Cambridge: Cambridge University Press, 1966, p. 169.

10 月 13 日，议会又颁布法令，规定以这些土地作为议会向伦敦商业区借款 20 万镑之担保；到了 11 月 17 日，议会则正式颁令拍卖主教地产。1647 ~ 1659 年，共进行了 727 次拍卖，获得 662595 英镑，1646 年 10 月 9 日的法令规定，土地出卖后的使用（租赁）期限不超过三代人或一代人外加 21 年。1649 年 4 月 30 日，议会通过法令拍卖教长和教士会的土地。首先指定这些土地的特别托管人，他们拥有拍卖权；拍卖的价格应不低于 12 年收入的总额，自订立预售契约之日起最迟应于 8 周内缴纳售价之一半。在 1650 年 9 月向议会提出的报告中，教长和教士会地产的估价总值为 106 万英镑，拍卖教长和教士会土地所得为 1483962 镑，拍卖王室土地、主教土地、教长和教士会土地之总收入约为 350 万英镑。短短 13 年（1646 ~ 1659 年）内拍卖如此之多的土地，在英国历史上是空前的。自此以后，市政当局和私人的捐款，成为教会神职人员的主要收入，牧师们在经济上完全处于依附地位。拍卖出去的土地大多落入富人之手①。

王室曾经是教会土地的剥夺者和获得者，但是，革命却让它自身也变成了被剥夺者。现在我们来看王室土地的被剥夺情况。

历史上，英国王室土地面积总的趋势是不断缩小。在 1540 年修道院解散后，尽管此时亨利八世已经把一批修道院赏赐给世俗人士，但国王仍然拥有英格兰 1/3 以上的庄园，世俗贵族领主拥有约 60% 的庄园。伊丽莎白即位后，出售了一批庄园，还拥有不到全英格兰土地 1/8 的土地。

到 1617 年，王室土地全年收入约为 8 万镑。由于詹姆斯一世和查理一世变卖了部分王室直领地，因而 40 年代革命开始时，王室领地面积已经很小。1649 年 7 月 16 日，革命政权为保证军队薪饷供给，由长期议会通过了《用国王土地作为偿还士兵欠饷的担保法令》，决定用王室土地担保国家所欠军队的 60 万镑薪饷。为此，将王室领地交予托管人，托管人再将之售予买主；拍卖之前由总登记官领导的专门管理部门预先登记。王室土地现占有者在 30 天内有优先购买权。此后，10 天内持有直接从政府处领得"债券"者（军队士兵），有优先购买权。40 天过后，其他人可

---

① 〔苏联〕叶·阿·科斯明斯基等编《十七世纪英国资产阶级革命》（上），何清等译，商务印书馆，1990，第 521 ~ 535 页。

自由购买①。

1652 年 11 月 22 日，议会通过了一项关于王室森林地的法令。根据这项法令，王室森林地一部分拨给在林区享有各种传统权利的农民公社；一部分拨给在该土地上享有特殊权利的私人；一部分拨给穷人，交由治安法官支配；剩下的很多土地全部出卖②。

长期议会其他的有关法令，如扣押国王、王后和王子收入的法令，规定王室领地上的收入交由议会支配。1649 年，出售属于国王、王后和王子的领地、庄园和土地；1653 年 11 月，出售王室拥有的森林；1642 年 10 月，决定没收"拿起武器帮助国王的罪犯"的收入；1643 年 3 月，立法扣押著名的王党分子的土地。一切支持国王的人的地产，除留 1/5 为其家庭维持生活外，其他均予没收。1650 年以后，议会多次通过立法出售未缴纳罚款的王党分子的领地，迫使他们再次大规模出售土地③。

革命时期，价值 350 万镑的王室土地被拍卖，可见数量相当大④。革命时期的土地立法共没收和出售了价值 5500000 英镑以上的土地（王室罚款近1500000 英镑）⑤。1660 年斯图亚特王朝复辟时，王室领地仅剩下不到 1/4。

研究王室土地问题的专家认为，在君主缺位期间（interregnum）出卖的王室、教会和渎职者的土地导致土地所有制结构的改变，足可以与一个世纪以前出售解散了的修道院的土地相比。研究结果表明，在王室和教会土地的购买者中，伦敦商人占所有购买者人数的近 51%，军队官员和政府官员总共占 21%⑥。

人们一定会关注这样一个问题：英国革命事实上停止了君主制，但是

---

① 通过购买土地，形成了一个富有的军官土地所有者阶层。见 Godfrey Davies, *The Early Stuarts 1603 - 1660*, Oxford: Oxford University Press, 1969, p. 273。

② 以上两个自然段的文字转引自赵文洪《私人财产权利体系的发展——西方市场经济和资本主义的起源问题研究》，中国社会科学出版社，1998，第 262 页。

③ C. H. Firth and R. C. Rait, *Act and Ordinance of the Interregnum 1640 - 1660*, Vol. 2, 1911, p. 783。

④ Charles Wilson, *England's Apprenticeship 1603 - 1763*, London: Longman Group Limited, 1965, p. 108.

⑤ C. Hill, *Reformation to Industrial Revolution*, *British Economy and Society 1530 - 1780*, London: Weidenfeld and Nicolson, 1967, p. 116.

⑥ Joan Thirsk, "The Sales of Royalist Land during the Interregnum," *The Economic History Review*, New Series, Vol. 5, No. 2, 1952, pp. 188 - 207.

并没有建立起共和国，并且后来又出现了斯图亚特王朝复辟，即"光荣革命"。那么，革命期间所没收和拍卖的王室和王党分子的土地最终是怎么处理的呢？我们看看研究这一问题的专家提供的答案吧。

斯图亚特王朝复辟，即"光荣革命"，与内战时期没收的王室土地问题密切相关。这不仅仅是一个利益问题，还是一个新的土地所有制问题。新的土地所有者阶级必须巩固他们的经济地位，维护新的土地所有结构。我们来看看这个问题的解决过程。

在 1660 年 1 月，蒙克将军（General Monk），这位斯图亚特王朝复辟事件的主要谈判者，努力劝说德文（Devon）郡的乡绅说，国王的回归是不成问题的。他说，自 1642 年起，两个新的和有影响的群体已经形成，一是清教徒，二是购买了王室、教会和有过失者（delinquents）土地的人。如果不妥善处理好这两个群体的利益，任何政府都不可能存在下去。尽管购买被政府没收的土地者的数量不清楚，但是他们的数量肯定是那些土地被没收的人的许多倍。并且可能每一英亩出售的土地都是一份契约。这些契约把购买土地者与共和国捆绑在一起。他们的既得利益使得他们忠于共和国制度，而不是君主制度。国王的朋友们和顾问们都接受了这一观点，很重视土地购买群体问题。到 1660 年的时候，在东南英格兰，50 个王党分子交出的土地被分配给 257 个人。人们让查理相信：他的许多潜在的支持者都趋向于对这一问题的满意的解决。经过他和他的朋友们的长时间商量，终于出台了有利于土地购买者的《布雷达宣言》（Declaration of Breda）。

但是，如果这个新的土地所有者群体形成了现存政权的坚固的核心支持者的话，那么如何解释他们对国王回归的默认呢？答案在土地问题解决的条件之中。但是，在议会立法中的有关细节一直不详。在开始谈到复辟的时候，查理似乎假定，一旦他回归，土地就将全面恢复给原主。为了鼓励他的潜在的朋友，他于 1659 年 7 月写信给莫道恩特（Mr. Mordaunt），信中答应给那些及时表明对他忠诚，但是因为他的回归而蒙受任何损失的人以补偿。但是，关于土地问题的复杂性，在国外的查理和他的顾问们都毫无概念，因为他们的信息主要是由反对共和国的人提供的。一个叫约翰·巴瑞克（Dr. John Barwick）的人从英国写信给查理说，如果他们确信能够保有他们已经购买的土地，许多地主都会支持回来的查理。但是，有人告诉他，主要的土地购买者都是不可调和的议会支持者，不要企图用许诺和优惠来争取他们。当然，事实证明，这个观点是错误的。在稍后给蒙克将军的信中，查理把土地问题作为重要问题。他承认，虽然从法律上确认所有的土地买卖是不可能的和不现实的，但是，重新没收土地难道不会危害王权吗？当时，曾经处决查理一世的人（regicide Colonel Axtell）威胁说，如果剥夺新的土地所有者的话，就会爆发另一场内战。

在查理回归前，他发表了三个政策性声明。这三个声明表现出他的矛盾：第一个（目前真伪不太确定）说，购买王室和教会土地的人应该交回土地，但是得到货币补偿。第二个，在一封写于1660年上半年的信中，他说，所有购买没收了的土地，包括王党分子的土地的人，都应该以他们已经得到的利益为满足。第三个意见包括在《布雷达宣言》之中，查理接受了议会对土地问题的决定。这个决定似乎使得原来的和新的地主们皆大欢喜。

1660年的议会会议（convention parliament）急于解决土地问题，因为该次会议包括不止一个购买了没收的土地者。在前期辩论中，气氛很好。国王给议会的信息以及下院的声明都保证：购买者的满意是第一考虑。一个包括了最忠实的、代表购买王党分子土地者利益的名叫约翰·露丝沃斯（John Rushworth）的委员会被指定处理此问题。自此，问题的处理进展顺利。就在同年的稍后时间里，诞生了《补偿议案》（The Bill of Indemnity）。该议案明显同情购买者，但是它看上去是赞成给购买者以补偿，而不是确认土地购买。虽然对于这一议案，表决的时候，赞成与反对的票数相同。但是，所有人都没有忽视购买者的利益，都强调要补偿。

向议会提交的议案，即《补偿和大赦议案》（The Bill of Indemnity and Oblivion），把弑君者（regicides）排除于大赦（general pardon）之外。他们原来购买的土地被没收后，应迅速回归原主。议会通过的《确认司法手续法令》（The Act for the Confirmation of Judicial Proceedings）与土地问题关系更加直接。通过该法令的背景是原来的地主需要一些法律保障，以使他们在议会决定恢复他们原来被没收的土地之后，能够在恢复过程中不受阻碍。该法令有三个条款满足了他们的这一愿望。

在1660年10月7日，他们成立了一个委员会，它的任务是收集所有购买土地者的名单；了解他们支付的价格——多少用现金，多少用支票；有多少假支票；有多少利润从出租、转手、砍伐木材、改良农业中获得等。

委员们有权召集任何购买者来提供详细证据。调查只涉及王室和教会土地。

1661 年，议会给郡长发布命令，让他们恢复有过失者的土地。这几乎没有遇到抵抗。只有少数抵抗者被关押，直到交出土地为止。上院还通过一些处理个别人问题的法令和命令，让一些王党分子恢复了土地。剩下的有些已经在 1660 年以前恢复了。例如，在 1660 年以前，50 个王党分子中的 19 个（占 38%）从他们的 179 处地产中买回了 45 处（占 25%）。

王党分子有时是通过与买者达成私人协议而恢复其土地的。这主要是因为买卖双方都有利益关系。不能通过私人行动恢复土地的王党分子要求法院给他们一个财产遭受侵犯和依法收回财产的传票。但是失败了。王党分子和购买土地者打官司，法院并不偏袒哪一方，在拖延期间，购买者继续享受土地收益。但是可以肯定，王党分子的大多数都成功地收回了土地。1662 年，有一个推翻国王、恢复共和的密谋，在密谋者们的宣言中，就有确认土地买卖的口号。不过，所有退回土地的人都获得了补偿①。

王室、教会土地的拍卖，无论其最终规模有多大，有一点是可以肯定的，即其中有一部分转移到了世俗地主之手，他们对土地的权利最终达到了绝对私人所有的程度，他们按照资本主义的方式经营土地。用一句话来谈，对这一部分土地的王权或王位所有权和教会占有权②，变成了私人所有权。这就是这一过程在所有制形式的演进中所具有的意义。

王室和教会都是不可能按市场经济的最佳效率来经营土地的，因而这种对土地的财产权利的转变对于资本主义的发展具有重要意义。

五　公地的圈占

资本主义私人土地所有权的确立，在欧洲各国的表现形式不一。在英国，除了上面介绍的渐进过程之外，对整个世界震动最大，与资本主义生产方式联系最紧密、最直接的事件，就是著名的圈地运动。圈地运动之所以如此著名，一是其规模大，几乎席卷整个英国农村地区。二是时间长，

---

① Joan Thirsk, "The Restoration Land Settlement," *Modern History*, Vol. 26, No. 4, 1954, pp. 315 – 328.

② 关于教会土地占有权的非私有性质，可参见 J. H. Burns, *The Cambridge History of Medieval Political Thought c. 350 – c. 1450*, Cambridge: Cambridge University Press, 1988, p. 621。

延续了几百年。三是其造成的社会震荡强烈。那是一场血与火的浩劫。无数的农业劳动者失去了土地、家园，在整个英国流浪；无数的劳动者失去了生命与自由，受到残酷的刑罚和其他惩罚。四是它与资本主义生产方式的联系紧密。在彻底改变土地的所有权结构的同时，它为资本主义大生产准备了充足的劳动力后备大军——无产阶级或者赤贫的劳动者。他们的人身高度自由，随时可以听从市场的召唤。

正因为如此，几乎所有研究近代资本主义起源问题的人和所有批判资本主义的丑恶本质的人，都把圈地运动当作了重要的对象。马克思在《资本论》中论述资本原始积累的时候，用了大量的篇幅，带着强烈的义愤，无情地揭露和鞭笞了圈地运动。20 世纪 50 年代以后，我国学者也曾经花大力气研究圈地运动。在英国中世纪晚期和近代经济史的研究领域，圈地运动研究成果的丰硕程度令人瞩目。"圈地运动"这个词，超越学科界限而广为人知。

然而，很令人不解，也很令人遗憾的是，学者们对于圈地运动的主要对象——广泛存在于英国的公地，以及公地赖以存在的那个制度——公地制度，却长期没有表现出应有的兴趣。以至于许多对圈地运动了解非常深入的人，竟然对公地制度不甚了解。

而事实是，要了解圈地运动在确立资本主义绝对土地私人所有权方面所起的作用，首先必须了解公地制度下土地的权利归属关系，如果它是私有的，或者私有程度很高，那么圈地运动在财产权利结构、所有制变革方面的意义就不怎么大了；反之，则很大。同样，要想评价圈地运动在解放生产力方面的功过，也必须对被它消灭的公地制度与生产力之间的关系进行了解。尤其是对圈地运动这样一个曾经造成深重的人道主义灾难的巨大的历史事件，我们必须也从道义的角度进行评价，就像马克思曾经从道义的角度对它进行鞭笞一样。这就要求我们必须也从道义的角度对被圈地运动摧毁的公地制度进行了解，看看它对于农民，尤其是贫苦农民的生计究竟意味着什么。

笔者在对公地制度的了解中，恰恰发现，这是一个具有重要的所有制意义的土地制度和生产制度。它的消亡，在从封建土地所有制向资本主义土地所有制的过渡中，具有重要的意义。因此，为了弥补国内在这方面研究的不足，本书在前面用了较大的篇幅，从财产权利、所有制以及所有制同政治的关系的角度来介绍和分析这一制度。而这里则要比较细致地考察其在存在了千百年之后，最终彻底消亡，被资本主义的土地所有制和资本主义的土地经营方式取代的过程。

（一）大规模圈地运动之前长期存在的对公地制度的侵蚀

由于公地制度广泛存在于整个欧洲，为了让读者对这一制度在英国发生的变化、遭遇的命运的广阔背景有所了解，笔者在介绍英国的情况的同时，也会介绍欧洲大陆的情况。

公地制度和对这一制度的否定和破坏，似乎是天生的一对矛盾。即使在实行公地制度的共同体内，偶尔也存在少数不围圈的私地①。例如，在英国一个叫吉灵厄姆（Gillingham）的庄园，村民们既持有公地，又持有私人圈占了的土地②。耶林发现，在一些地方，对公地的管理有三种方式。第一种是根据庄园法庭或者堂区会议③颁布的村规进行管理。第二种是根据村民之间的耕种协议进行管理。第三种是公地共同体成员之间各种私下的微调，也就是突破公地规则，私下将条田位置互换。第三种方式不普遍，但是在一些地方的确存在过④。这就说明，公地制度本身就包含对它的否定性因素。

至于对这一制度的侵蚀，有关的记载更是不绝于史料。唐纳德·N. 麦克洛斯基（Donald N. McCloskey）指出，在英国，公地制度一直被侵蚀着⑤。史料表明，12 世纪时即出现了圈地活动，现在可见到 1140～1150 年关于农民互换条田的文献。互换条田的目的主要是把条田耕种者散布于各处的条田集中于一处，以便于耕种、管理。集中之后，在耕种期间，使用篱笆等障碍物加以围圈。待庄稼成熟收割后，开放之以供集体放牧。故而这种圈

---

① Gregory Clark, "Commons Sense: Common Property Rights, Efficiency, and Institutional Change," *Economic History*, Vol. 58, No. 1, 1998.

② Alan R. H. Baker, "Open Fields and Partible Inheritance on a Kent Manor," *The Economic History Review*, New Series, Vol. 17, No. 1, 1964.

③ 在很多地方，教会的堂区与村庄或者庄园是重合的，堂区会议也就是村民会议。——引者注

④ J. A. Yelling, *Common Field and Enclosure in England 1450 - 1850*, London and Basingstoke: The Macmillan Press Ltd., 1997, pp. 147, 148.

⑤ Donald N. McCloskey, "The Enclosure of Open Fields: Preface to a Study of Its Impact on the Efficiency of English Agriculture in the Eighteenth Century," *Economic History*, Vol. 32, No. 1, 1972.

地与以后的以放牧为目的的圈地尚有所不同①。英国因侵蚀公共放牧制度而引起的纠纷不乏其例。亨廷顿郡的某法庭卷宗（1290 年）列举了一些人名，指出他们在"自由人和不自由人应该集体放牧"的休耕地上播种②。有些人，一方面，"围圈起他的土地，或他的土地的一部分，因而阻止其他土地持有者行使其在这部分土地上放牧的权利"；另一方面，"而他们自己则并不放弃其已被承认的在其邻人持有地上放牧的权利，并且极可能在夏天和秋天，当饲料更足时，还放牧更多的牲畜"③。在英国德比郡的一个地方，早期圈地可以从三个方面得到印证：古代文献提供的直接的地形方面的（topographical）证据；一些条田和地点的名称；目前还保留着的条田的地貌。证据表明，在此地，13 ~ 15 世纪都曾发生过私人圈地的行为。还有关于有人"未经允许就砍伐"某处的树木这一类违反公地共同体规则行为的记录。在 1486 年，有一块地叫"农夫田"（hodgefyld），其中的"田"（fyld）指的就是公地中作为开垦地的条田。但是，到了近代，这块地则改名为"农夫圈"（hodge cote）了，表示此田已经被围圈。在此地，今天的地名中仍然普遍存在的语尾词" – flatt"、" – dole"、" – townfield"、" – furlong"、" – butts"等，都是曾经存在过的公地的证据。"flatt"（中世纪英语的"floet"）表示一片平行的条田；"dole"等"dale"（古英语中为"dal"）指公地的一部分或者一个份额；"townfield"指房屋周围的可耕敞地；"furlong"指一片平行的条田（plough – strips）；"butts"指短的条田，经常在房屋周围敞地的右角④。

长期以来，人们对维护公地制度所做的种种努力，从反面证实了破坏这一制度的行为长期存在着。除了各公地共同体外，政府也不断地明令禁止围圈条田。1405 年英国丰塞特（Forncett）地方一些佃户们被罚款，因为"他们违反庄园习惯而在庄园内将自己的土地围圈起来。这样一来，庄园的

---

① 〔苏联〕波梁斯基：《外国经济史（资本主义时代）》，北京大学经济史教研室译，三联书店，1963，第 24 页。

② Joan Thirsk, "The Common Fields," *Past and Present*, No. 29, 1964.

③ Gilbert Slater, *English Peasantry and the Enclosure of the Common Fields*, London：Archibald Constables & Co. , 1907, p. 156.

④ S. R. Eyre, "The Upward Limit of Enclosure on the East Moor of North Derbyshire," *Transactions and Papers*, Institute of British Geographers, No. 23, 1957.

佃户们将不能拥有公地"了①。早在 1488 年，在英国都铎王朝亨利七世时，就有一项法令指出，怀特岛的人口减少"是由于耕地变为牧场以及囤购农地所造成的"。在这个法令之后，几乎马上就跟着一项更加全面的法令，即有名的《防止破坏村庄法》。它的前言写道："国王看到某些不幸的做法在一天天地增加：人们听任房屋和村庄倾颓，或有意将其拆毁，人们把一些自来就用于耕种的土地变为牧场，成为一切祸害根源和发端的懒惰自此就日益发展起来。因为在一些曾有两百人有合法工作并靠此为生的村庄里，现在只有两、三个牧人有职业，其余的人都只好闲着。作为国家主要富源之一的农业走向萧条：教堂破坏了，礼拜停止了，死者无人为其祈祷……国家对外敌的防御也受到削弱并陷入瘫痪的状态。"这项法令规定，凡附属于 20 英亩耕地的房屋必须保持完好，以供一家农人居住。但这项规定以及那些用来保证其实现的刑罚，产生的效果似乎很小。因为 1515 年、1516 年、1533 年、1535 年、1552 年等都颁布了类似的措施。人们有时规定修复那些已被抛弃了的茅屋，有时限制一个业主所养的羊的头数，有时对于任何新辟的牧场课以相当于其收入一半的租税。其目的都是用以纠正同一弊害的这些法令的层出不穷及其措施的变化复杂，就是这些法令无能为力的最好的证据②。

　　封建领主是公地制度最大的威胁者，因为理论上，他们是所有公共地用的主人。他们经常以各种方式，或经农民同意，或不经农民同意，就将公共使用的森林、荒地等围圈起来，作为牧场，这就是以放牧为目的而进行的圈地的开始。在英国，由于来自他们的圈地的压力太大，如前所述，1235 年，英王亨利三世统治时政府颁布了《麦尔顿法》，1285 年英王爱德华一世统治时政府颁布了《威斯特敏斯特法》，此二法正式赋予领主圈占部分荒地的权利。这两个法令的颁布表明圈地已不是个别行为了，而是很普遍了，否则不可能需要全国性的立法。领主圈地必然导致村民的抗议。这种抗议的声音较小的时候，被有文化的人忽略，因而没有记录下来。而较大的时候，则得到了他们的记录和关注。例如，到了 15 世纪，圈地就首次

————————

① Carl Dahlman，*The Open Fields Systems and Beyond*，Cambridge：Cambridge University Press，1980，p. 129.

② 〔法〕保尔·芒图：《十八世纪产业革命——英国近代大工业初期的概况》，杨人楩、陈希秦、吴绪译，商务印书馆，1983，第 121～122 页。

作为一个重要的社会不满因素（substantial grievance）而被提到。在 1459 ~ 1486 年出现了第一个对抗议圈地的记载。自此开始，直到 16 世纪，对于圈地都是有记载的怨声不断①。英国王权长期摇摆在放纵圈地、争取地主和限制圈地、稳定社会的两种政策之间。布里安·曼宁（Brian Manning）指出，"在解散修道院之前，地主们就在通过圈地和提租来加强自己的经济力量，但是这激起了农民的不满，这就使得利用强大的中央政府权力来加强地主的政治、经济和社会力量成为必要了"。但是，王权站在地主一边压制农民，则农民造反；放纵农民，则地主造反②。

在法国，15 世纪末到 16 世纪的大量关于禁止围圈耕地的法令被发现，说明圈地问题的严重性。自圣路易时代起，法国的等级会议就持续地反对围圈布里叶（Brie）地方的耕地。18 世纪还极端严厉地强迫香槟地方的几个村庄维持强制性的轮种。农民们更是公地制度最坚决的捍卫者。甚至到了 18 世纪，当法国某地有人根据成文惯例合法地将其耕地围圈成一片果园时，他的邻居们还总是要毁掉他的篱笆③。

在法国许多实行集体放牧的地方，一些农户为了留下草地或便利他们将耕地变为花园或果园，不顾村民反对而围圈条地。在有些地方，人们扩展了不受公地制度限制的庄稼的种类，如沙龙（Salon），1454 年时，橄榄林、杏仁园，甚至草地都从公地制度下解放出来了，而在此前，只有葡萄园才属于此类。另外，人们禁止在某一整片村庄土地上放牧，这通常是最靠近居住处之地或最肥沃之地。这一措施于 1381 年在普罗旺斯地区的艾克斯（Aix）首先被采用，而在 1390 年后则扩展到其他地区。在塞纳斯（Senas），1322 年领主们宣布，禁止本年内让本村之牲畜进入他们的留有庄稼茬的土地放牧，因为他们要在其上放他们自己的牲畜。村民们不服，上告法庭。法庭判决，领主有权让这些庄稼茬免于公共放牧，只要他一开始就与村民们商量，而他本人也遵守这一规定。这一规定后来年年都得到延长。一些地方草地的主人（包括领主，一般为数很少）不愿其草地被别人家的

---

① W. E. Tate, *The English Village Community and the Enclosure Movements*, London: Victor Gollancz Ltd., 1967, p. 44.

② Brian Manning, "The Nobles, the People, and the Constitution," *Past and Present*, No. 9, 1956.

③ Marc Bloch, *French Rural History*, London: Routledge, 1966, pp. 43 – 44.

牲畜白吃，往往在草地四周设置障碍物，这种行为甚至在 13 世纪就引发了领主（草地之拥有者）和村民们之间无数的官司。多少年后草地主人的要求终于变成了一项权利。在某些情况下，领主则利用编造地产清册，与村民签订协议等机会，获得村民对其草地的特权地位的承认。最终，草地分成了三类：永久围圈地、只在第二次收割后才对集体放牧开放之地、集体放牧地。第一类地较少，第三类地最多。16 世纪以后，有些农户在休耕地上违规种一些庄稼，如小米、能榨油的作物、豆类等。这种习惯被称为"偷来的休耕地"。

在种种侵蚀之下，法国有些地区一举废除了集体放牧。如沙龙于 1463 年前废除集体放牧，阿维尼翁（Avignon）于 1458 年废除集体放牧等。也有许多地方虽未放弃集体放牧，但承认人们有权将集体之牲畜从其土地上赶走。有些地方的人们只要在自己的土地上设置一简单的标记，通常是一堆卵石或草皮，就可阻止牧人放牧了。在普罗旺斯，有时农民也被允许围圈他们的部分休耕地以让他们放牧自己的耕畜，不过这部分土地面积极小。1469 年，普罗旺斯的等级会议向国王请愿："鉴于属于个人所有的占有物都应为他们自己而非他人带来利益，本等级会议请求，所有草地、葡萄园、场院和其他财产，无论它们是什么，只要由所有者或使用者独自地使用，那么就应该一年到头均围圈起来，由他们独自使用，他人不得染指。对所有与此相反之习惯应予严惩。"国王同意说："鉴于各人支配和控制各人自己之财产，对于各人都是公正而平等的，让这一请愿得到批准吧。"于是，这就成了一道法令。这一法令虽然实际上效果不是很大，但各地都采取了有效措施以瓦解公地制度。此过程自 14 世纪一直延至 17 世纪[①]。

在意大利，如米兰的一些地方，甚至约在 1200 年时，某些地区原有的公地制度的痕迹就已消失了。日渐地，每一个所有者都开始保护自己的土地，并使其使用围圈地的权利得到承认；尽管那些太分散的土地仍未被圈占，但是用栅栏围圈土地的习惯则已在渐渐传布，尤其是在那些栽了树的可耕地上。这种公共权利的衰落不仅限于北部意大利，在其他一些地区也出现了限制公共放牧，保护个人对收割后的土地的权利的趋势。未开发地也日益通过侵夺或赠赐而落入个人之手。早期很少见到的私人林地和草地

---

① Marc Bloch, *French Rural History*, London：Routledge, 1966, pp. 198 – 211.

稳步增加，共用牧场慢慢地被排除了①。附带指出，黑死病导致人口缩减，许多地方的无主地被邻居耕种，公地制度也因此而被破坏②。

以上事实表明，潜藏在公地共同体内部的私有欲望，一直是顽强的且压抑不住的，它总要以各种方式表现出来。它之所以在很长的时间内未能形成足以颠覆公地制度的强大势力，关键是因为外部环境还不成熟，利益的诱惑力量还不够强大，并且中央政府一直在维护公地制度。而随着生产力的提高，以及商品经济和市场经济的发展，个人发财致富机会的增加，社会收入分配方面差距的加大，公地制度的消亡就成为必然了。至于以什么形式消亡，取决于不同地区、不同时代具体的社会历史环境。例如，在法国，就是以渐进的、平稳的、缓慢的方式，而在英国，则是以著名的、可以看作急风暴雨式的圈地运动的方式。由于国内对英国圈地运动的研究已经非常充分，因此，下面我们只大致描述这一运动摧毁公地制度的过程。

（二）圈地运动与公地制度的消亡

圈地运动是彻底摧毁公地制度，在农业中建立资本主义经营方式的重大历史事件。对这一运动的规模、过程、方式的简单分析，将有助于我们了解土地所有制的变革、社会制度的变革中利益冲突的激烈和社会代价的巨大。

什么叫圈地呢？用圈地史专家斯累特（Gilbert Slater）的话说，圈地一词有三种意义：①将分散的地产合并，从而导致所有权和占有权混合现象的消失；②公共权利的废除；③用篱笆和沟渠将各自的土地围圈起来。第三种意思就是实际的圈占，即今天所说的圈地③。戴尔曼认为圈地是指下面

---

① M. M. Postan and Others, *The Cambridge Economic History of Europe*, Vol. 1, 1963, p. 369. 本章关于圈地运动的文字基本直接转引自赵文洪的《私人财产权利体系的发展——西方市场经济和资本主义的起源问题研究》，中国社会科学出版社，1998，第三章第三节。特此说明。

② Christopher Dyer, *Making a Living in the Middle Ages*, *The People of Britain 850 – 1520*, New Haven and London：Yale University Press, 2002, p. 351. 以上三个自然段的文字转引自赵文洪《私人财产权利体系的发展——西方市场经济和资本主义的起源问题研究》，中国社会科学出版社，1998，第 150～152 页。

③ M. M. Postan and Others, *The Cambridge Economic History of Europe*, Vol. 1, 1963, p. 5.

两件事的同时发生：一是分散的条田的集中，二是公共权利和集体决策的废除①。英国德文郡某修道院地产的围圈给圈地提供了最直观的图像：先是通过购买和交换实现土地权利的转移和合并，然后人们便挖出一条壕沟以标明各持有土地者的土地界限。从壕沟中移出的泥土在壕沟内侧形成一道土堤。1465 年一租契规定，壕沟应为 4 英尺宽，4 英尺深。土堤上栽种快速生长的灌木树篱②。

圈地运动的原因是什么？

我国学者从资本原始积累的角度对圈地运动的原因做了大量研究，其基本观点广为人知，这里就不重复介绍了。这里主要介绍西方学者们的看法。

学者们寻找了圈地运动的一些具体原因。唐纳德·N. 麦克洛斯基认为，私人财产权利是经济增长的前提，而圈地就是经济发展本身对确立私人财产权利的需要的典型案例③。

也有人指出，人口增加，工业化、城市化导致对农牧产品的需求增加，从而刺激了大规模的圈地运动。17 世纪末，英格兰和威尔士人口约为 550 万；18 世纪末为 900 万。这个数量增加了将近一倍。对农产品的需求主要来自城市，最明显的是食品。工业的发展使大量人口离开土地，需要购粮。并且，非生产性人口开始拥有更大的购买力，这意味着需要更多的面粉、面包、大麦、麦茶、黄油、奶酪、牛肉、羊肉、家禽肉。当这些增加了的需求集中于一个具有一定规模的城市时，又反过来刺激了生产区域的专业化。以伦敦为例，有人指出，整个王国都在为它提供物资供应。柴郡（Cheshire）、威尔特郡（Wiltshire）和林肯郡（Lincolnshire）牲畜养殖者主要养肥牛；苏塞克斯郡（Sussex）和萨里郡（Surrey）主要养鹅和阉鸡；萨福克郡（Suffolk）主要供应火鸡；东肯特郡（East Kent）和伍斯特郡（Worcestershire）提供果园和蛇麻草（使啤酒带点苦味），中部大都种小麦，

---

① Carl Dahlman, *The Open Fields Systems and Beyond*, Cambridge：Cambridge University Press, 1980, p. 147.

② W. G. Hoskins, *The Making of the English Landscape*, New York：Penguin Books Ltd. , 1970, p. 143.

③ Donald N. McCloskey, "The Enclosure of Open Fields：Preface to a Study of Its Impact on the Efficiency of English Agriculture in the Eighteenth Century," *Economic History*, Vol. 32, No. 1, 1972.

北部种燕麦。羊脂也非常重要，用于制蜡烛、肥皂，而羊皮用于制革。粮食也被广泛用于工业。淀粉、啤酒的需要扩大。工业原料需求也增加了，最明显的来自布匹制造，尽管从西班牙进口了大批羊毛，但主要还是靠国内羊毛。在1740年，布匹占整个制造业产出价值的1/3[①]。

如此巨大的市场需求，不可能由公地制度下生产规模非常小的农户们来满足，因此，整个18世纪都存在着消灭公地、扩大农业规模的压力。

戴尔曼认为，圈地是因为市场的发展和生产的专业化。当粮食和牲畜的生产不再处于同等重要地位时，公地制度就不再重要了。肯特郡由于受伦敦市场的影响，专门种粮食，因此，它从来就没有发展出公地制度。唐纳德·N. 麦克洛斯基从自然条件找原因认为，中部黏土比东部沙土对气候更加敏感，因此中部圈地更慢。东南和沿海农民也是由于受市场影响而更早圈地[②]。

人口增长也被视为原因之一。1740年以后，人口的增长增加了对农产品的需求。农产品价格水平远比工业品上涨得快。尽管到1800年时，不列颠的农业基本上资本化了，但是，高密度的集约农耕集中于主要的人口中心附近，也就是从兰开夏郡（Lancashire）到伦敦这一带，再加上苏格兰低地、爱尔兰。而低集约程度的农耕则主要在边远地区。

谷物价格上涨更被认为是最直接的原因。从1700年到18世纪90年代早期，谷物价格增长速度是每年1%～2%。1730～1750年，价格相对稳定。18世纪50年代开始涨得厉害，到法国革命时达到高潮。因此，这与圈地之间的关联是非常明显的。1793年之后，甚至非常贫瘠的公地和荒地都被围圈了。

也有人分析了货币供给与圈地之间的关系。在18世纪六七十年代，相对稳定的利率与圈地的增加同步，而在18世纪70年代美国独立战争和80年代早期，利率较高，圈地下降。但是，在法国革命期间高利率却又和大规模圈地共存[③]。

---

① Charles Wilson, *England's Apprenticeship 1603 - 1763*, London：Longman Group Limited, 1965, pp. 7, 10 - 11, 289.

② J. A. Yelling, "Rationality in the Common Fields," *The Economic History Review*, New Series, Vol. 35, No. 3, 1982.

③ Richard Brown, *Society and Economy in Modern Britain 1700 - 1850*, London and New York：Routlege, 1991, p. 67.

　　以上西方学者指出的圈地运动的原因，归根到底，可以说在那个时代，市场经济的发展是必然的，资本主义生产方式的出现是必然的，而为这一方式扫除障碍的圈地运动的出现也是必然的。

　　关于英国圈地运动的阶段划分，国内外已经有众多研究成果。这些成果表明，总体上，16 世纪到 18 世纪早期，已经有社会影响非常严重的圈地现象存在。整个 17 世纪，包括英国革命期间，圈地运动都未曾间断①。不过，18 世纪中后期之前的圈地运动，还没有彻底摧毁传统的公地制度。保尔·芒图指出，在 18 世纪初，公地制度仍盛行于英国大多数郡中；在 1794 年，这种制度尽管被逐渐削弱和动摇，但在总数 8500 个堂区中仍有 4500 个保存着它②。麦克洛斯基指出，在 1700 年的时候，大多数英国的土地都在公地制度之下③。布朗（Richard Brown）指出，1700 年时，不列颠约一半耕地早已被圈占，或者从未纳入过敞田制④。蒋孟引先生指出，直到 1760 年，英格兰约半数堂区仍然保存敞地制⑤。格里戈利·金指出，18 世纪初，英国地貌与中世纪无大区别。农村 3/5 的土地是敞地，荒地很多。17 世纪 80 年代，全英格兰 39000000 英亩土地中，有 10000000 英亩是荒地，另有 3000000 英亩是森林、猎场和公地⑥。科特勒（W. H. R. Curtler）指出，18 世纪中叶，开垦的土地中仍有一半是敞地⑦。

　　斯图亚特王朝复辟（Restoration）之后，以前颁布的所有禁止圈地的法

①　17 世纪圈地情况，以及直到 17 世纪末敞地仍多于被圈地的情况，见 Charles Wilson, *England's Apprenticeship 1603－1763*, London：Longman Group Limited, 1965, pp. 141－142, 245。

②　〔法〕保尔·芒图：《十八世纪产业革命——英国近代大工业初期的概况》，杨人楩、陈希秦、吴绪译，商务印书馆，1983，第 113 页。

③　Donald N. McCloskey, "The Enclosure of Open Fields：Preface to a Study of Its Impact on the Efficiency of English Agriculture in the Eighteenth Century," *The Journal of Economic History*, Vol. 32, No. 1, 1972.

④　Richard Brown, *Society and Economy in Modern Britain 1700－1850*, London and New York：Routlege, 1991, p. 59.

⑤　蒋孟引：《英国历史：从远古到 20 世纪》，《蒋孟引文集》，南京大学出版社，1995，第 276 页。

⑥　Gregory King, "Natural and Political Observation upon the State and Condition of England," in Joan Thirsk and J. P. Cooper, eds. , *17th Century Economic Documents*, Oxford：The Clarendon Press, 1972, p. 772.

⑦　W. H. R. Curtler, *The Enclosure and Redistribution of Our Land*, Oxford：Oxford University Press, 1920, p. 138.

令都被中止了。人们可以公开圈地。不过，那时圈地并不积极，甚至到 17 世纪末，大多数英格兰的耕地仍是敞地。在某些地方，如莱斯特郡（Leicestershire），复辟之后圈地更少。不过，对传统敞地的侵蚀一直在稳定进行①。

但是，18 世纪初至 19 世纪，因为英国议会的介入，圈地运动呈现逐渐升级的势头，后来便进入急风暴雨的阶段。

18 世纪开始时，也许有一半的可耕地仍以敞田中的条块状存在着，但到处都有圈地活动，尽管由议会法令规定的圈地还不常见，但是在一些少数人控制的堂区，在一些所有者可以将其大地产的公簿持有方式变为租赁持有方式的地区，圈地就成了一种趋势。一旦圈占，土地就可出租成大农庄，有建筑物，租期为 7 年、14 年或 21 年。一个 200~300 英亩农场的租户，租期这样长，能过得很舒服，而地主也因有固定收入而得益。大农场也对政府有利，因为小麦进口是政府的沉重负担。在战时，土地税是政府获得支持的主要手段②。

保尔·芒图提供了一个 18 世纪初到 19 世纪初议会圈地法令数目清单。在女王安（Anne，1702~1714 年在位）统治的 12 个年头里，这类圈地法令只有 3 个；1714~1720 年，几乎每年都有一个。直至 18 世纪中叶，进展虽然突出，但还很慢。1720~1730 年，这类法令共有 33 个，1730~1740 年有 35 个，1740~1750 年有 38 个，1750~1760 年却有 156 个，1760~1770 年有 424 个，1770~1780 年有 642 个。1780~1790 年（这正是大工业最初发达的年份），这类法令的数目回降到 287 个，但 1790~1800 年则回升到 506 个。1800~1810 年这一时期则提供了一个更高的总数，大大超过以前的一切数字。在这 10 年中议会通过的旨在"分割、分配和围圈"的法令，不少于 906 个③。威尔逊（Charles Wilson）提供的数字大致相同。1797 年，有人统计，通过议会法令圈占土地的比率在女王安时期为 1439 英亩；在乔治一世（George I，1714~1727 年在位）时期为 17960 英亩；在乔治二世

---

① Charles Wilson, *England's Apprenticeship 1603–1763*, London：Longman Group Limited, 1965, p. 141.

② Dorothy Marshall, *Eighteenth Century England*, New York：David Mckay Company Inc., 1962, p. 1962.

③ 〔法〕保尔·芒图：《十八世纪产业革命——英国近代大工业初期的概况》，杨人楩、陈希秦、吴绪译，商务印书馆，1983，第 111 页。

（George Ⅱ，1727～1760 年在位）时期为 318778 英亩。总之，18 世纪后期，为了适应市场，议会关于圈地的法令越来越多①。布朗指出，1750～1851 年的圈地主要是议会法令的结果，分为两个阶段。第一个阶段中 38% 的法令集中于 1750～1780 年；630 个法令颁布于 18 世纪 70 年代。第二个阶段是 1790 年到 19 世纪 30 年代中期，占总法令 43% 的法令是在法国革命和拿破仑战争期间通过的②。麦克洛斯基指出，到 1850 年，5000 多个议会法令和至少同样多的私人协议彻底地抛弃了公地制度，把土地变成了私有的围圈地。1760 年之后的 60 年，以议会圈地为标志，是圈地的高峰。在 18 世纪和 19 世纪，共有约一半英国的农业土地被圈③。在 1700 年前，威尔士的大部分低地都形成了连片的农庄，圈地只是加强了这一趋势。但是，在 1795 年以前，仅仅颁布了 13 个圈地法令，涉及约 28596 英亩土地，大多在边境地区。大圈地出现在 1801～1815 年，有 76 个法令被通过，影响约 200000 英亩土地，主要是位于高地的公地和荒地，这是由谷物价格大涨引起的。1845 年的《全面圈地法令》（General Enclosure Act）导致声势巨大的圈地高潮出现在 19 世纪五六十年代，其间通过了 19 个圈地法令。

圈地和英国土地法的传播导致租约持有农（leaseholders）实际上的消失，从而有利于随意租赁（tenancies‐at‐will）的发展，这种租赁方式下的租约常常每年更新。到 19 世纪 30 年代，一个由小于 100 英亩的农庄所构成的网络已经出现。除谷物价格上涨外，把低洼地改为牧场也是大多数圈地法令的动机。山坡、沿海荒地、低洼沼泽的围圈，导致牧牛方式的进步，从而提高了牛的产量④。

这里引述两组数据，以求对 18～19 世纪英国议会圈地的总量有个粗略的全貌式的了解。

---

① Charles Wilson, *England's Apprenticeship 1603‐1763*, London: Longman Group Limited, 1965, p. 245.

② Richard Brown, *Society and Economy in Modern Britain 1700‐1850*, London and New York: Routledge, 1991, p. 60.

③ Donald N. McCloskey, "The Enclosure of Open Fields: Preface to a Study of Its Impact on the Efficiency of English Agriculture in the Eighteenth Century," *Economic History*, Vol. 32, No. 1, 1972.

④ Richard Brown, *Society and Economy in Modern Britain 1700‐1850*, London and New York: Routledge, 1991, p. 63.

第一，是王章辉研究员《圈地运动的研究近况及资料》一文中的数据。

（1）18～19世纪，英国按议会圈地法令一共圈占了6182125英亩公地、牧场、草地和荒地。

（2）议会圈地期间英格兰圈地的总面积大约为650万英亩，接近英格兰总面积的20%。

（3）1760年以后，议会大约通过了5400项议会圈地法，根据个别圈地法和总圈地法圈占的土地在700万英亩以上①。

第二，是特纳（Michael Turner）《1750－1830年英国的圈地》一书中的数据（见表4－1）②。

表4－1　1750～1830年英国的圈地情况

项　　目	总　　数	可耕敞地	其他公地和荒地
法令（个）	5265.0	3093.0	2172.0
面积百万（英亩）	6.8	4.5	2.3
占国土面积百分比（%）	20.9	13.8	7.1

蒋孟引先生指出，到1875年，圈地基本结束，英国社会已经城市化，市民把公地看作假日运动休闲的地方，于是组织"公地保存协会"，活动的10年间，多次获得胜利。首先是1866年的《首都公地法》，终结了伦敦警卫区的圈地。1876年，议会第一次通过施行于全国的法律，不许再行圈占公地。从此公地问题属于社会史而不属于农业史了，800年来的圈地运动完全终结了③。

这里也附带介绍一点苏格兰的圈地情况。1661年以后，苏格兰议会通过了一些法令以方便圈地，尤其是1695年的法令最有利于圈地。1750年前有一些圈地，但高峰是在1750～1780年，尤其在18世纪60年代，19世纪的前十年和19世纪30年代也有些小高峰。1720～1850年，近50万英亩土

①　王章辉：《圈地运动的研究近况及资料》，《世界史研究动态》1984年第5期。

②　Michael Turner, *Enclosures in Britain 1750－1830*, London and New York：Longman Group Limited, 1984, p.21. 其他统计数据可参见程西筠《关于英国圈地运动的若干资料》，《世界史研究动态》1981年第10期；〔英〕莫尔顿：《人民的英国史》，瞿菊农、李稼年、黎世清译，三联书店，1962，第265页。

③　蒋孟引：《英国历史：从远古到20世纪》，《蒋孟引文集》，南京大学出版社，1995，第291～292页。

地被圈。在 1745 年，尤其是 1780 年之后，大部分高地被苏格兰地主 (lairds) 圈占，普通人民将传统种植粮食的土地用来牧养商业性羊群。农庄合并，以较高价格租给来自低地的牧羊人。到 1800 年时，中部、南部和其他一些地区都已牧场化。这一过程在 19 世纪上半叶仍在西北高地和各岛屿上进行。这一过程的社会后果是高地上的人口不断减少，因为许多人移民北美或澳大利亚，或到南部苏格兰和英格兰的工厂工作去了[①]。

圈地运动的结束，也标志着公地制度在英国的彻底消亡。个别公地共同体的存在，完全是政府有意安排的——作为历史的标本，供学者们进行研究。如著名公地史专家欧文夫妇在 20 世纪 60 年代，就从公地制度标本庄园莱克斯顿庄园获得了第一手研究材料。

那么，主要是什么人从事大规模的圈地呢？或者说主要是什么人在大规模摧毁公地制度呢？对这个问题的回答，有助于我们了解所有制变革过程中的阶级关系。

大规模的圈地主要是由什么人进行的？有人认为，主要是由大土地所有者进行的。有一些证据支持这种看法。例如，英国莱斯特郡 1550 年前的圈地几乎全是庄园领主所为。他们通过建立农场等形式进行圈地。到了 15 世纪，庄园领主通过围圈直领地或整个村镇而开始变公地中可耕地为牧场，此时约有 60 个这种类型的完全的围圈地[②]。到了后来，富裕的乡绅越来越成为圈地的主力。有人统计，1485～1550 年，王室圈占土地占圈地总面积的 2.1%，高级僧侣占 17.6%，贵族占 12.1%，乡绅占 67.5%[③]。许多专家都认为圈地主要是大土地所有者以及代表他们利益的议会代表所为。不过，在大多数堂区，较小的土地所有者的支持也是必要的。

围圈土地的费用很高，包括法律费用和篱笆费用。18 世纪末，有些地方高达 5 镑 1 英亩。不过，1760 年前也有低至约 11 先令或者 12 先令 1 英亩的地方，后来则涨了数倍[④]。这也从一个侧面说明，只有具有比较雄厚的经

①　Richard Brown, *Society and Economy in Modern Britain 1700 - 1850*, London and New York: Routledge, 1991, pp. 63, 64.

②　J. A. Yelling, *Common Field and Enclosure in England 1450 - 1850*, London and Basingstoke: The Macmillan Press Ltd., 1977, pp. 50, 100.

③　W. G. Hoskins, *The Age of Plunder*, London: Longman Group Limited, 1976, p. 71.

④　J. A. Yelling, *Common Field and Enclosure in England 1450 - 1850*, London and Basingstoke: The Macmillan Press Ltd., 1977, p. 100.

济实力的人才能够圈地，尤其是大面积的圈地。

事实表明，土地所有者，尤其是较大的土地所有者，是主要的大规模圈地者。他们是农业资本家的前身，是农业资本主义生产方式的奠基人。正是这些新时代的开拓者们摧毁了已经不适应市场经济环境的古老的公地制度，实现了土地所有制从封建到资本主义的彻底转变。

圈地者们是用什么方式圈地的呢？了解这个问题，将有助于我们了解土地所有制变革方式的复杂性，了解这种变革在道义上、伦理上的代价。

我国学术界在 20 世纪五六十年代比较关注暴力方式，但是，到了八九十年代，随着对西方圈地运动研究成果了解的增多，我国历史学家们在关注暴力方式的同时，也看到了其他方式的重要性。哪种方式成为最主要的方式，因时因地而呈现差异。总体上，学术界现在公认，暴力方式不是最主要的圈地方式。但是，这并没有否定圈地运动对于穷人的胁迫性质，下面我们将看到，强大的圈地势力在多数场合根本不必使用暴力手段就可以胁迫穷人或者弱势群体就范。圈地运动本质上是社会强势群体对于弱势群体的掠夺。在巨大的政治、经济、心理压力下，弱势群体不得不向强势群体让步。现在，我们具体来看圈地的基本方式。

（1）强制、胁迫。这是一种早在 11~12 世纪就出现过的现象。理论上，庄园内的任何土地，尤其是未开垦地，都属于领主。只是村民们长期形成的习惯权利在阻止领主收回对这些土地的权利。而村民们的自治传统则顽强地捍卫着古老的习惯。因此，如果地主想通过圈地、改良农业等方式来增加土地的收入的话，第一步要做的就是削弱农民的自治。接着，便是采取其他一些方式来蚕食和瓦解公地制度，如恢复一些古老的、被遗忘的对农民不利的捐纳项目和领主特权；霸占公共地；通过征用、圈占或者购买，把农民的份地变成他们的直领地，使农民们成为小土地持有者或者无地的日工。这一过程在 16 世纪已经到处都在进行。随着羊毛和粮食价格上涨而在 18 世纪后半叶和 19 世纪早期强劲发展[①]。

保尔·芒图比较详细地为我们描述了 18 世纪地主胁迫其他村民接受圈地的方式：按照新农业规则系统地经营其地产的人，首先是大地主们，最

---

① Jerome Blum, "The Internal Structure and Polity of the European Village Community from the Fifteenth to the Nineteenth Century," *Modern History*, Vol. 43, No. 4, 1971.

不能耐心忍受敞田束缚，先向议会提出请愿书请求发布圈地条例的人几乎总是他们。通常他们之间先进行商讨，选任一个律师负责办理法律方面的手续。以后他们便召集所有的业主开大会。这个会议并不是由多数个人票决定的，因为票数是按占有土地的面积来计算的。要使请愿可以接受，这与签字人数的多少没有多大关系，但是必须代表要圈土地的 4/5。拥有其余 1/5 土地的人数，往往很多，有时是绝大多数。我们可以引证几份只有两三个人，甚至一个人签字的请愿书。的确，那些带有头衔的、显要而有声望的姓名会引起议会的注意和尊重。如果必须取得几个小业主的同意，那么人们就可用这样一些手法向他们请求，以至于他们几乎不能拒绝。这就是当地的大人物如领主、堂区牧师、住在自己土地上的绅士，去征求小业主们的同意，当然是用命令的口气。如果哪个人反抗，人们就威胁他，于是他只好签字。当然，以后他还可以撤回他的同意，否定他的签字。可是，非得弄到这样地步的事情是很少的，农民甚至不敢表示不满意，他们最害怕的就是"同他们的上层人物冲突"。有势力的人有不止一种消除任何反对的办法，如想要反对的人会受到长期的、无把握的、花钱的诉讼威胁；在另一些情况下，他们则成为大地主的迫害对象，因为大地主在其自己的地产四周挖掘了一些壕沟，这样就迫使他们要走很远的路才能走到自己的土地上，不然，大地主就纯粹恶意地把兔和鹅放养在相邻的地段上来损害他们的庄稼。业主之间的圈地协议一经高等法院登记之后，便可不需别的手续予以执行。圈地及其所附有的全套法定手续，几乎只是迫使农民出卖其土地的方法，或者是开发那些新近扩大了的地产的方法。圈地条例很少碰到有效的反对，我们知道为什么。那些最需要控诉的人几乎不敢作声。如果他们敢于提出要求，请求议会主持公道，他们的行动结果就几乎只能是白花费用，如诉讼费、鉴定费、初级律师和高级律师费。

　　请愿书一经签字，即呈送议会，于是便开始一系列花钱的手续。该费用是由有钱的地主负担的。议会完全忠诚于他们，因为它就是由他们的代理人、朋友，甚至亲属组成的。"法案"往往不经过预先的调查而立即草拟出来。即使下令调查，其结果也几乎总是符合请愿人的希望。反请愿仅在一种情况下才有效果，即在它也是由有产的统治阶级所提出的时候。领主因不愿转让其任何原有权利而提出的要求以及堂区牧师因请求补偿其什一税而提出的要求，都有顺利受到采纳的机会。如果一个人拥有拟圈地面积的 1/5，他的反对就足以阻止一切。这样，大地主所做的事情，只有大地主才能破坏①。

议会是圈地者们坚强的后盾。汤普森（E. P. Thompson）指出："圈地是足够简单的阶级掠夺的例子。"② 当穷人对圈地的抗议如火如荼的时候，在议会，地主的代表们也在猛烈地攻击反对圈地的穷人。他们咒骂那些穷人为"贼"（These are jolly fellows!）③。议会顽强地代表掠夺阶级的利益，在圈地问题上的所作所为都表现出极其鲜明、强烈的阶级倾向。下面，我们引用一些材料来说明这点。

保尔·芒图告诉我们，议会把圈地这种十分重要和困难的任务交给几个委员办理。委员的数目是三五人或七人，他们对于有关圈地的一切事宜享有无限的权力。18世纪英国著名的农业问题调查者 A. 扬（Arthor Young）说道："他们行使一种专制威权。他们像专制君主似的，一个堂区的所有土地都交到他们手里以便将其任意地重新改造和分配。"在很长一段时期，他们的决定是不得上诉的，理论上，他们的权力来自议会，他们的姓名也记载在圈地条例里。但是，由于那涉及地方性的问题，议会对它既无兴趣又一无所知，因此在事实上，他们是由请愿书的签署人所任命的。这就是说他们的选择，像在选择以前所进行的一切事项那样，也是由大地主任意摆布的。于是又一次地出现了同样一些人物，"领主、牧师和少数重要的享有共用权的人，他们垄断并分配这种任命权"。除去他们自己愿意充任委员外，他们还会选择一些忠于他们的人。委员的无限权力就是他们的权力。他们会为自己的利益而使用这种权力，人们会感到惊奇吗？弊端如此明显，以至于最坚决拥护圈地的人和最不敌视大地产利益的人，都竭力攻击这种弊端。A. 扬在1770年曾要求委员由全体业主会议选出，并对法院负责。可是他的抗议未被采纳。仅在1801年，当颁布一项总法令以便最后规定一切圈地条例共通的条款时，才采取措施来防止这些过于令人痛恨的不公道事件。人们决定不许"领主及其现在所雇用的或离职不满三年的管家、收租

---

① 〔法〕保尔·芒图：《十八世纪产业革命——英国近代大工业初期的概况》，杨人楩、陈希秦、吴绪译，商务印书馆，1983，第130~136页。

② E. P. Thompson, *The Making of the English Working Class*, New York: Random House, 1963, p. 218.

③ Thomas Edward Scrutton, *Commons and Common Fields*, New York: Burt Franklin, 1887, p. 91.

人或管事，以及一切对于被圈土地拥有任何权利的人，即地主或非地主"充任委员的职务。委员此后必须受理一切要求并将其记入记录中。最后，凡自认受到损害的人，都有权把委员的决定上诉于一年开庭四次的郡法庭。这种迟迟的规定，就是免于处罚的掠夺延缓达一百年的明证①。

因为议会代表着圈地者利益，它不但以立法的方式支持圈地，还经常违规支持圈地。例如，在北安普敦郡（Northamptonshire）的 14 起圈地中，议会就无视原来的一个关于要有拥有 4/5 的土地面积的土地主人要求圈地才能圈地的规则。还有至少 3 个圈地议案（bill）是在违背 1774 年的一个命令的情况下通过的。该命令规定，圈地议案在提交议会之前必须在堂区公开展示。在 9 起圈地中，都发布了同一个命令，该命令为支持圈地和从圈地中获得利益的议员发言攻击反圈地提供了方便②。

史料还记载了一些赤裸裸的暴力圈地行为。例如，1498 年有一个人驱走了 12 户农户和移开了 3 处房舍，用壕沟和篱笆圈占了 240 英亩可耕地，将其变为牧场。同一堂区的另一人也以同样的方式驱走了另外 6 户农户③。一个叫约翰·斯潘塞的人为围圈土地，推倒其占有的土地上的一处住宅，致使其中的 4 名农民无家可归，成为流浪者④。有一个圈地者，人们说他于 1504 年毁掉了 5 个住宅，并使 7 个住宅变为牧场，12 张犁被弃置，52 个人被赶出家门。而 1508～1509 年，他又毁掉了另外 7 个住宅，使 500 英亩土地变为牧场，从而使该镇的圈地彻底完成⑤。人口密度较大的英格兰中部平原上，16 世纪初暴力圈地的现象比较突出。例如，北安普敦郡、沃里克郡等 10 个郡，共以暴力圈占土地 80507.5 英亩，使 5815 名农民变成无家可归的流浪者⑥。16 世纪英国一些贵族或直接将直领地变为牧场，赶走大部分农

①　〔法〕保尔·芒图：《十八世纪产业革命——英国近代大工业初期的概况》，杨人楩、陈希秦、吴绪译，商务印书馆，1983，第 132～133 页。

②　J. M. Neeson, "The Opponents of Enclosure in Eighteenth – Century Northamptonshire," *Past and Present*, No. 105, 1984.

③　J. M. Neeson, "The Opponents of Enclosure in Eighteenth – Century Northamptonshire," *Past and Present*, No. 105, 1984.

④　D. C. Douglas and Others, *English Historical Documents*, Vol. 5, 1967, pp. 264 – 265.

⑤　J. A. Yelling, *Common Field and Enclosure in England 1450 – 1850*, London and Basingstoke: The Macmillar Press Ltd., 1977, p. 51.

⑥　J. Thirsk, *Agriculture Change: Policy and Practice, 1500 – 1750*, Cambridge: Cambridge University Press, 1990, p. 95.

民，或侵占未开发地作为牧场，或在出租地租期已到时，大幅度提高地租，迫使农民不再续租，或中途强迫农民退佃，而将土地出租给农牧场主。最后这种情况最普遍①。

（2）协议。协议方式就是公地共同体的成员之间互相协商，以达成圈地的协议。当然，协议的过程是具体的，很多细节我们并不了解。有专家认为，在16世纪中期，通过协议圈地已成为主要的圈地形式。莱斯特郡在1568年左右即有这样的例子。在16～17世纪，北安普敦郡西部与西南部大量土地被圈占，其方式就包括协议②。

（3）许可。英国全国大部分地区都可以经常发现允许小片圈地的许可证和对于未经许可而圈地行为的罚款。1569年，某庄园记录，"现站立于本法庭之庄园主，发给某人许可证，以圈占和在全年单独占有"某些土地，某人则"给予此庄园主13先令4便士以获取此许可证并得到承认，副本加盖庄园主之印章"。许可证也常用于土地转让。

（4）购买。例如，1498年某郡有领主购买了他的领地周围的所有小领主的土地。在控制了整个堂区之后，他便于1499年摧毁了12个住宅和3处房舍③。伊丽莎白时代的诺森伯兰郡的哈特利庄园主购买了他的庄园内全部自由持有农的土地和保有物，把这些人的约720英亩的耕地改成了牧场④。

（5）其他形式。圈地的妥协形式之一是私人圈地，但向公共放牧开放，此种土地被称为"公用围圈地"（the common close）。1585年在某地的一本地产清册中就提及两处被圈之地对集体放牧的开放。另一种妥协方式是区分全年公共权利和半年公共权利，前者要求一个相应的休耕阶段，后者则存在于两季庄稼之间。例如，在诺福克郡之某地，公共放牧权的去除常常是通过将原来的公地变为"半年"地，最终变为"全年"地——全年均不对公共放牧开放。当然，以各种方式小规模地蚕食公地更是极为普遍。有

---

① E. Lipson, *The Economic History of England*, Adam & Charles Black, 1959, pp. 149 – 161.

② J. M. Neeson, "The Opponents of Enclosure in Eighteenth – Century Northamptonshire," *Past and Present*, No. 105, 1984.

③ J. A. Yelling, *Common Field and Enclosure in England 1450—1850*, London and Basingstoke: The Macmillan Press Ltd., 1977, pp. 22, 80 – 82, 114.

④ 参见蒋孟引主编《英国史》，中国社会科学出版社，1988，第279页。

人发现 1550 年后，英国的某地出现了强有力的蚕食圈地运动，庄园组织无法阻止佃农们的此种行为。撤除栅栏的命令一般也都被置之不理①。土地的持有和对公地的公共权利不可分割，但是对土地之上的房屋的持有与对公地的权利则是可分的。因此一些人就以买下房屋来实现房屋之下的土地与公共权利的分离②。有史料记载，在一些地方，为了适应市场，种草种粮的农户互相调节其地块③。

以上第一种圈地方式说明，从道义上看，很多地方、很多时候的圈地是赤裸裸的抢劫、掠夺。它充分暴露了资本主义先天就具有的不人道的本质。资本主义土地所有制是在血与火中诞生的。我们在谈到失去土地的穷人的苦难的时候，更加能够感受到这一点。马克思说："资本来到世间，从头到脚，每一个毛孔都滴着血和肮脏的东西。"④ 这是一个生活在圈地运动刚刚结束的土地上的人最真实的感受。

以上其他方式也说明，圈地是一个必然的过程，是不可阻挡的过程，不管穷人是否愿意，最终都是要接受的。既然市场经济已经兴起，资本主义时代已经到来，它们就一定要无情地扫除一切障碍，只让那些适应新的环境的事物生存下去。所有制的变革，既要从道义的角度进行评判，更要从历史发展的必然性角度进行评判。在古老的英国大地上，资本主义取代封建主义这一历史趋势是什么力量也阻挡不了的。

（三）　对圈地的抵制

公地制度成为成百上千年间正常运行的一种制度，肯定与这一制度下多数人的利益有着密切的关系。但是其中的少数人，在早期主要是领主，总想以破坏或者损害这一制度而得到某种私利。他们的行为自然遭到多数人的反对和抵制。史料表明，开始时圈地都是领主单方面的行

---

① J. A. Yelling, *Common Field and Enclosure in England 1450 – 1850*, London and Basingstoke：The Macmillan Press Ltd. , 1977, pp. 82, 85.

② J. M. Nesson, *Commoners，Common Right，Enclosure and Social Change*, Cambridge：Cambridge University Press, 1993, pp. 83 – 84, 87.

③ Charles Wilson, *England's Apprenticeship 1603 – 1763*, London：Longman Group Limited, 1965, p. 251. 以上三个自然段的文字转引自赵文洪《私人财产权利体系的发展——西方市场经济和资本主义的起源问题研究》，中国社会科学出版社，1998，第 156 ~ 157 页。

④ 《马克思恩格斯全集》（第 23 卷），人民出版社，1972，第 829 页。

为，经常遭到佃农的强烈反对①。布拉姆（Jreome Blum）指出，共同体组织的基础是集体占有和使用公共地、共同耕犁敞地。一般来说，村民们都是抵制圈地的②。这里，笔者引述 14 ~ 20 世纪的一些材料来说明反对和抵制圈地活动的长期性。

如前所述，公地共同体的土地分为被开垦的条田和未被开垦的公共地或者荒地。要将公地共同体成员严格地交错混合在一起的条田按照每户一片的方式集中起来，是一件成本太高、难度太大的事情，因为公地制度的本意就是通过你中有我、我中有你的财产占有和使用方式来实现平等原则的。因此，在大规模圈地运动开始之前，领主的圈地活动主要不是针对条田，而是针对公共地的。公共地面积大，没有像条田那样被一家一户具体地占有，也没有种庄稼，其中有相当大一部分荒地既非草地，也非林地，对村民的用处不大，因此相比条田，圈占起来难度要小得多。前述英王亨利三世统治时政府颁布的《麦尔顿法》，英王爱德华一世统治时政府颁布的《威斯特敏斯特法》，都是赋予领主圈占部分荒地的权利，而不是圈占条田的权利。

但是，即使领主成功地圈占了荒地，他对其圈占的这部分土地的使用方式也要受到来自公地制度习惯的约束。早期，一些领主圈占荒地后，将其作为自己的耕地。而村民们认为，只要是公地共同体范围之内的土地，都应该纳入公地制度之中。我们从 14 世纪某庄园法庭档案中看到这样一条记录，"如果现在芬威克（Fenwick）地方的主人和马弗腾（Maften）地方的主人愿意将前述公地中的荒地犁垦"，那么他们"就应当以抽签的方式接受其份额"③。这是什么意思呢？这意味着共同体先要丈量领主新垦土地的面积，将这个面积换算成条田数目，再将这些条田杂乱地分配到不同的条田区，每一块条田都必须夹在邻人的条田之间。而且，条田的耕种也必须严格遵守共同体的统一规定。这就是典型的条田份额分配方式，表明了村民

① W. E. Tate, *The English Village Community and the Enclosure Movements*, London: Victor Gollancz Ltd. , p. 44.

② Jerome Blum, "The Internal Structure and Polity of the European Village Community from the Fifteenth to the Nineteenth Century," *Modern History*, Vol. 43, No. 4, 1971.

③ Robert A. Dodgshon, "The Landholding Foundations of the Open – Field System," *Past and Present*, No. 67, 1975.

们对公地制度的坚守。

1381 年，在英国发生了著名的瓦特·泰勒（Wat Tyler）起义。起义农民要求保留和恢复的权利中，就包含着对公共地的使用权利[1]。

15 世纪，圈地就首次在国家层次作为一个重大的人民怨恨的情况（substantial grievance）而被提到。第一个有记载的抗议，发生于约 1459 ~ 1486 年。此后，直到 16 世纪，一直怨声不断[2]。

16 世纪，英国圈地运动进入空前大规模的阶段。它引起的社会震荡已经非常强烈了。著名的空想社会主义者托马斯·莫尔在《乌托邦》中怒斥的"羊吃人"现象，就发生在 16 世纪。正是在这个时期，同莫尔一样，还有人写道："哎呀！这些圈地将会造成我们多大的损失啊！由于圈地，我们要为我们的农田付出比以往更重的地租，而且，我们还会再也找不到土地来耕种。一切都被用作牧场，用来养羊或养牛。在七年之内，我看到了我周围六英里内有十二套左右的犁被人弃置不用。以前四十多个人能够赖以为生的地方，现在只一个人和他的一名牧人就把它占为己有。造成我们不幸的东西就是这些羊。它们已把农业赶出这个地方，前不久农业还供给我们各种食物，可是现今只是羊、羊、还是羊。"[3] 被圈地运动推入火坑的贫苦人民不断地掀起反抗的风暴，各种反抗圈地的行动到处发生。参加 1536 年"求恩巡礼"（Pilgrimage of Grace）的广大群众，喊出了"打倒公用地的圈占者"的口号。"求恩巡礼"运动的 24 条要求中的第 13 条提出：关于反对圈地的法律，应该付诸实施；从 1489 年以来被圈的土地，除了山岭、森林和公园，应全部撤销[4]。

剑桥发生了骚乱，在一个叫巴恩威尔（Barnwell）的地方，围圈地周围新树立的栅栏被拔掉[5]。其中最有代表性的是 1549 年发生在诺福克（Nor-

---

[1]　Maurice Keen, "Robin Hood-Peasant or Gentleman?" *Past and Present*, No. 19, 1961.

[2]　W. E. Tate, *The English Village Community and the Enclosure Movements*, London: Victor Gollancz Ltd. , 1967, p. 44.

[3]　〔法〕保尔·芒图：《十八世纪产业革命——英国近代大工业初期的概况》，杨人楩、陈希秦、吴绪译，商务印书馆，1983，第 122 页。

[4]　蒋孟引：《英国历史：从远古到 20 世纪》，《蒋孟引文集》，南京大学出版社，1995，第 168 ~ 169 页。

[5]　参见 Thomas Edward Scrutton, *Commons and Common Fields*，第 4 ~ 6 章，其中列举了大量对圈地的抱怨和反抗行为。

folk）郡的罗伯特·凯特（Robert Kett）起义。1549 年 6 月 20 日，诺福克郡的穷人扔掉了一个地主的栅栏。他们抱怨："我们的祖先们留下以救济我们和我们家庭的公地被夺走了。我们的父辈们都记得是敞地的土地如今被篱笆和沟渠围圈了。草场被圈占了，无人可以进入。我们将扔掉篱笆，填平沟渠，重开敞地，扫平他们树立起的一切围圈物。"1549 年 7 月，一群人毁掉了一些篱笆。后来，他们在领袖罗伯特·凯特率领下，向诺威治（Norwich）进发，沿途毁掉篱笆，杀死圈地者。凯特还向国王送去了反对圈地的陈请书。然而，最后的结局是悲惨的。3500 个暴动者被打死，罗伯特·凯特也被绞死①。

必须指出的是，在整个 16 世纪和 17 世纪早期，大多数教会人士都反对圈地，因为他们认为圈地伤害了穷人②。

人们对圈地运动的抵抗是非常顽强的。首先是抵制圈地。其次，在土地已经被某些人围圈之后，还要顽强地将它们纳入公地制度体系之中。我们知道，圈地者大都希望通过把不成片的土地集中成一片之后建立成规模的私有牧场或者农场，独立经营。但是，如果圈地者不能抵制共同体其他成员要把他圈占的土地重新纳入公地制度的要求的话，那么通过圈地，圈地者只是增加了他的耕地面积，而没有实现他建立独立经营单位的初衷。一份 17 世纪的文件描述了某地的佃农们的这种执著，由于部分土地被围圈，剩下的不同持有地之间的价值发生了很大差异，因此大多数佃农要求将土地还是按照公地制度中那种平均主义的方式再在共同体成员之间进行分配③。

18 世纪，圈地运动逐渐进入急风暴雨阶段。穷人们的反抗也更加频繁和激烈。

英国有一个名叫托马斯·考珀（Thomas Cowper）的圈地调查员（surveyor），在工作时写有详细的日记。这些保存下来的日记，为我们提供了早

---

① Thomas Edward Scrutton, *Commons and Common Fields*, New York: Burt Franklin, 1887, pp. 74 – 151.

② W. E. Tate, *The English Village Community and the Enclosure Movements*, London: Victor Gollancz Ltd. , 1967, p. 167.

③ Robert A. Dodgshon, "The Landholding Foundations of the Open – Field System," *Past and Present*, No. 67, 1975.

期大规模圈地运动的第一手资料。日记中写道，在一个叫惠灵镇（Welling-
borough）的地方，他在进行调查的每一步中，都遇到敌对的行为或者情绪。
发牢骚、不合作是反对圈地的第一步。不同意圈地的佃户们拒绝在他带给
他们的圈地提案（bill）上签字，并且拖延时间告诉他理由；佃农们一再耽
误标出他们的土地供他丈量（每户条田都分散在许多地方，并且无一条不
是与邻人的相邻的。如果他们不自己标出来，别人既无权也无能力标出）。
佃农们还向下院递交了反对圈地的陈请书（counter - petition）。"代表他们
自己和许多穷苦的居民的一些自由持有农、公簿持有农、地主"，抱怨道，
如果圈地，他们将失去其小康生活。当圈地程序继续进行时，刚刚完成的
土地规划以及土地分配册，全都被人神不知鬼不觉地从圈地特派员（enclo-
sure commissioner）的房子里偷走了。人们还企图从调查员那里偷走土地质
量评估册。这一切导致议会增加了活动经费开支，并且不得不将这一行动
拖延了一年时间。调查中，一位叫帕内尔（Richard Parnell）的佃农说，他
能够依靠现在这 27 英亩地过日子，他不相信圈地后会更好。还有一位租种
20 英亩的佃农也回答说，他现在过的日子同圈了地之后的日子一样好，因
此何必圈地？他还记录了佃农们对于是否愿意圈地这个问题的其他否定性
回答①。在西哈顿（West Haddon）这个地方，人们向议会提交反对圈地陈
请书，迫使第一个圈地议案（enclosure bill）作废。当后来提出的议案最终
变成法律时，村民们便大张旗鼓地在被圈地上举行足球赛。比赛者们拔掉
并焚烧了价值 1500 镑的木桩和栅栏，并进行了其他破坏活动。这种破坏活
动持续了两天。1798 年，威尔巴斯顿（Wilbarston）地方的村民请愿反圈
地。当请愿遭到拒绝后，1799 年夏天，300 名公地共同体村民在公地上立起
了栅栏，用以阻止圈地。直到开来两支由约曼组成的骑兵进行弹压才结
束②。保尔·芒图也告诉我们，从 1760 年起，这些抗议变得更加常见和有
力。乡村中抑制着的愤怒，有时爆发为突然的暴力行为。在若干堂区中，
宣布圈地便会引起骚乱。人们无法把法定布告贴在教堂的门口，"因为乱哄
哄的群众屡次造成困难，他们用暴力阻止张贴"。负责张贴布告的法警遇到

① J. M. Neeson, "The Opponents of Enclosure in Eighteenth - Century Northamptonshire," *Past and Present*, No. 105, 1984.

② J. M. Neeson, "The Opponents of Enclosure in Eighteenth - Century Northamptonshire," *Past and Present*, No. 105, 1984.

了以棒棍和草叉武装起来的人群。在萨福克郡的一个村庄里，连续三个礼拜天，人们把法警手中的布告夺去，把他扔到沟渠中并抛以石头①。

一份 1797 年呈交议会的反对圈地请愿书（全文），把人们反对圈地的理由陈述得条分缕析："在下面签名的小土地所有者和有权利使用公地的人的请愿书。请愿人要求允许向议院陈述，在改良本堂区土地的借口下，在企图围圈的土地上的茅舍农和其他有权使用公地的人，将被剥夺一项他们现在享有的极其珍贵的特权，即在这些土地上放牧他们的奶牛、小牛和羊的权利。这个特权，使他们能在严冬季节养活自己和家属，因为那时他们即使有钱，也不能从其他土地所有者那里取得一点儿牛奶或乳清，以应此急需；这个特权还使他们现在能向畜牧业家以合理价格提供幼而瘦的家畜，等养肥了再投入市场，以更适当的价格卖给广大的消费者；这种做法，他们认为是使民食充裕和便宜的最合理且最有效的途径。他们还认为，圈地的更有毁灭性的后果是他们的村庄会被弄得荒无人烟，而现在这里则住满了勇敢强壮的农民，从他们以及从其他敞地制堂区的居民之中，国家一直得到海陆军兵员的补充。圈地还将由于雇佣劳动的需要，把那些农民大群地赶入工业城市。在那里，他们劳动在织机上或熔炉旁，这种职业的性质，很快就会消耗尽他们的体力，使他们的后代也衰弱下去，于是不知不觉地消灭了一个伟大原则，即服从自然规律，服从国家，这本是纯朴天真的乡民的特性，如果他们均匀分布于敞地制诸郡中，而这种民性，正是国家的良好秩序和统治所依靠的。以上所述，就是对于请愿人自己作为个人的一些损害，也是对于公众的恶劣后果。这些，请愿人认为必将随着圈地而来，正如他们曾经随许多次圈地而来过一样；然而，他们不以为自己有权向议院（宪法的卫士和贫民的保护者）陈述，直到由于现在审议中的法律向他们表明，事情已不幸地降临到他们自己的命运上了。"

而反对圈地的更深层次的理由则在于财产公有、人类平等的古老观念。英国有人在 1795 年公开称，在自然界，大地及其一切产物都是公有的，人人都享有同等的自由。土地和日光、空气、水一样是人类生存所必需的，剥夺一个人的土地就是剥夺他的生命。民谣说：

---

① 〔法〕保尔·芒图：《十八世纪产业革命——英国近代大工业初期的概况》，杨人楩、陈希秦、吴绪译，商务印书馆，1983，第 136～137 页。

平民偷去公地的鹅，

法律要他坐牢；

恶霸偷去鹅的公地，

法律任他逍遥①。

由于圈地的势力过于强大，尤其是后期得到了议会的坚决支持，因此对圈地的抵制效果微小。在北安普敦郡，尽管少数反圈地陈请书也使圈地耽误了30~40年，但是统计表明，只有3%的北安普敦郡的圈地议案被反圈地陈请废除②。

这里我们也附带介绍一些法国的情况，以供与英国的情况对比。

法国虽然没有发生像英国那样大规模的圈地运动，但是圈地的行为是长期存在的。不过，圈地在法国遭到的抵制非常强烈，也非常有成效。18世纪，法国某地有人根据成文惯例合法地将其耕地围圈成一片果园，他的邻居们还总是要毁掉他的篱笆③。19世纪，尽管法令规定，围圈地必须足以阻止牲畜进去；并且，作为饲料来源，1882年公共休耕地（fallow）牧场至多也只支持了北部法国5%或6%的羊。但是即使如此，对政府废止公共放牧习惯的要求的强烈抵抗，也使得政府难于废止它。19世纪90年代早期，在12000个敞地共同体中，有超过8000个请愿保留公共放牧。在某些共同体中，公共牧群一直保留到了20世纪60年代中期。在法国洛林（Lorraine）的一个村庄，甚至到了19世纪50年代才在该村的某片土地上首次实行共同轮作制（common rotation），原因是那里的人们希望减少因人和牲畜不协调的活动造成的损失。

共同放牧是敞田制中最后放弃的一项习惯。在18世纪，最小的羊群经济合理的规模是100头，由于几乎没有农户土地能大到足以供这么一群羊的规模（每公顷最多养4只羊），因此农户们将其羊集合成200~700头一群，以利用有限的休耕地和草地放牧资源。1791年法令保证每一个敞田制下的

---

① 蒋孟引：《英国历史：从远古到20世纪》，《蒋孟引文集》，南京大学出版社，1995，第285~286页。

② J. M. Neeson, "The Opponents of Enclosure in Eighteenth - Century Northamptonshire," *Past and Present*, No. 105, 1984.

③ Marc Bloch, *French Rural History: An Essay on Its Basic Characteristics*, London: Routledge, 1966, pp. 43 - 44.

居民有权在公地上养 6 只羊和 1 头牛。这些权利的价值对于穷人来说在 19 世纪 60 年代前期可能已占他们收入的 20%。但是，该收入中多于 3/4 的要归功于家庭奶牛，而习惯上奶牛不得进入敞地。由于保持羊群主要是大规模集约放牧的事情，因此与人们预料的相反，反倒是大土地所有者倾向于行使公共休耕地放牧的权利。在 19 世纪前 40 年，羊毛的高价格有助于维护在敞田里公共放牧。到 19 世纪 30 年代后期，许多共同体不得不加以限制。1850 年之后羊毛市场的饱和减轻了养羊的压力，到 19 世纪 60 年代，农民们才开始从公共牧场中抽回土地。

大多数研究法国农业制度的人都指出，地产分布广泛、规模较小是法国公地制度长期得以保留的主要原因。民主政府需要投票人的支持，因此不敢得罪数量众多的农户而强令圈地。七月王朝时企图修改公地放牧法律，但因为遭遇过多抵抗而放弃。但是，不依赖选票的专制政治不怕得罪农户，因此敢于改变公地传统。有些事实可以说明这一点。在拿破仑帝国建立时，一项要将分散的地块集中起来的法令在立法机构内得到讨论。1861 年专制政治的重新出现导致新的保护圈地的提案。1863 年，权力机构（the Conseil d'Etat）提议把圈地加入公共工作之中。为了圈地，地主们可以组成团体以行使征用土地和收税的权力。只要代表至少占公社一半土地的地主们中有 2/3 的人投票赞成，一个团体就可以向县长（prefect）请愿允许进行公共工作。不过，在立法过程中的争论却引发了巨大的抵制和反对，最终此方案搁浅。1919 年的一项法律（Chauveau Law）使大多数地主在这些地区可以圈地。但是大多数农民拒绝改变，维持传统公地模式直到 20 世纪 40 年代。在德国占领法国期间，德国人虽然鼓励圈地，但是直到 50 年代，圈地才成为各省政府的一项义务。公社、县长、农户个人、农业技术专家团体都可以实行土地集中。圈地不需要投票，省政府有权强迫地主交换持有地以增加个人地块的面积。从那时开始，敞地制度的消失才加快了速度。

法国在休耕地上的公共放牧和公共庄稼种植流程一直存在到 20 世纪，共同的庄稼种植收割流程一直保存到第二次世界大战①。

英国农民对圈地的抵制为我们展示了所有制变革过程中弱势群体的悲

---

① George W. Grantham, "The Persistence of Open – Field Farming in Nineteenth – Century Faming," *Economic History*, Vol. 40, No. 3, 1980.

壮与悲哀。从道义上说，他们的抵抗是完全正当的，因为所有制形式的演进，触及了他们最根本的利益，甚至性命攸关；而新的利益获得者阶层并没有对他们的损失提供公平的补偿（下文就要讲到失地穷人的苦难），圈地基本上是以极不人道的方式进行的。他们不但得不到政权的支持，反而遭到政权的镇压，因此只能自己孤立地拼死搏斗，做最后的挣扎。

法国公地制度消亡的过程呈现出与英国完全不同的图景。这里的一切基本上都是和缓的、平稳的，其中起作用的不是暴力、胁迫与欺诈，而是经济环境的演变、农民对新的经济环境的逐渐适应。其原因并不在于法国没有贪婪、没有利欲、没有压迫与剥削的施加者，而在于农民的力量很强大，并且经历了以自由、平等、博爱为口号的急风暴雨式的大革命的法国的民主程度也比英国高，因此人数众多的农民便形成一股强大的政治势力，使得希望圈地的人不敢贸然行事。

（四）圈地的功过

圈地运动首先应该遭到道义上的严厉谴责。因为它给无数无地和少地的穷人带来了深重的灾难。

在任何公地共同体中，都有富人与穷人之分。圈地对于富人来说，一般影响不大，因为富人要么本身就是圈地者，要么也能够从圈地中得到比较大的补偿，而穷人则不然。土地少的穷人得到的补偿根本不足以维持生计；没有土地，或者找不到有使用公共地的传统权利的证明的穷人，则只能被扫地出门，衣食无着。因此，可以肯定地说，圈地的主要受害者是穷人。在16世纪租种土地的农民，即公簿持有农、自由自耕农和租地农中，占总数2/3的公簿持有农，因为财产权利的硬度稍差，是圈地最主要的受害者。如白金汉郡占有土地10英亩以下者，占全郡土地被圈者总数的74.71%。其中北安普敦郡占78.76%，莱斯特郡占84%，沃里克郡占85.72%，牛津郡占67.1%①。

圈地对于穷人的损害是按照以下步骤发生的：首先，让他们失去土地或者使用公共地的权利；其次，让他们得不到足够维持生计的补偿；最后，

①　转引自陈曦文《圈地运动的最初发动》，载戚国淦、陈曦文主编《撷英集》，首都师范大学出版社，1994，第8页。

让他们外出谋生。

在圈地中，势单力薄的穷人既没有力量阻止圈地，又没有力量改变圈地和圈地补偿的规则，也没有力量经营被补偿的土地，实际上处于任人宰割的地位。保尔·芒图是这样描述的：认为自己的田地不是资本而是谋生手段的小农，是以无能为力的旁观者姿态参加这一改变的；在此改变中，他的地产的保存，甚至他的生存条件都成问题。他无法阻止委员把最好的土地留给比他富有的人。他必须接受人们指定给他的那一份地，即使他认为那一份地与他以前所有的不相等，也得接受。他失去了享用公地的权利，因为公地已被瓜分了。不错，人们已把这种公地的一部分分给他了，但这一部分是按照他在领主荒地上放牧动物头数的多少来分配的。因此，又是越富有的人所得越多。自耕农在占有新地产以后，必须用篱笆把它围起来，这就要他花费劳力和金钱。他必须支付圈地总费用中他所应摊付的部分，可是总费用往往非常大。即使他没有负债，他也不可能逃脱贫困的命运。至于雇农或农业短工，曾因宽容而得以住在公地上，并在那里拾柴薪，也许在那里饲养一头乳牛，这一切他所认为自己该拥有的权利，一下子被剥夺干净了。他甚至无权控诉，因为公地毕竟是他人的财产。有产阶级异口同声地嚷道："认为掠夺贫民只不过是似是而非的论据，因为贫民没有享用公地的合法权利。"确乎如此，但是直到那时，贫民一直享有长期习惯所规定的事实上的好处。有人断言，这种好处已所剩无几了，而且丧失这些好处也不会显著地减少雇农的幸福。然而，法律似乎承认他们所受的损害很大。1757 年有一项条例命令圈地委员把若干赔偿金交给恤贫法管理人，"以便在有公用荒地、森林和牧场被圈的堂区中救济贫民"。这是暗暗承认公地的瓜分造成了一些赤贫。有时，人们还采取更进一步的措施，如保留一块共有土地给堂区中最穷的居民或无土地的雇农使用，或分给他们小块土地以便饲养其可怜的牲畜。这类补偿是很少给予的，而且是虚幻的，因为如此分的地是那么小、那么不够用，以至于贫民一有机会就把它变卖换钱。这种机会并不长久。一个圈地委员说道："我深深悔恨我曾协助损害过两千贫民（按每村二十户计算）。习惯允许在公地上放牧牲畜的一大批人，都不能证明自己的权利，而且他们中好多人，几乎可以说全部有点土地的人都没有一英亩以上的土地。由于不够饲养一头母牛，通常他们只好连牛和地都卖给有钱的农场主。"农业部经过公平的调查之后，承认"在大多数情况下，贫民所拥有的一点点东西都被剥夺了"①。

16 世纪人们用这样的语言倾诉圈地给穷人造成的苦难："富人们，尤其是牧羊主们，用他们的羊吞噬国王忠诚的人民的公共牧场，穷人不能为了他们自己和他们可怜的家庭而保有一头牛。""公共地被围圈，放牧的穷人哭泣悲伤，城镇夷为放羊的牧场——这就是土地的新面貌。"

1652 年，一份名为《共同的好处》（The Common Good）的文献的作者说，圈地是"穷人的毁灭——他们不能饲养牛羊，不能得到柴火做燃料"（the undoing of the poor, who lose cows' feed, keeping of sheep, and brushes for fuel）。许多习惯在公地上放牧的穷人因为找不到使用公地的资格的严格法律证据而在圈地中得不到补偿。当然，在有些地方是承认这种权利并且予以补偿的。但是，得到小块土地的穷人往往发现土地太小，不足以在冬天和夏天放牧，因此被迫卖掉他们的牛而失去牛奶。有时候，补偿的土地是给茅舍农的主人，因此茅舍农损失更大。A. 扬的报告指出，37 个堂区中，只有 12 个堂区的穷人未受到圈地的伤害。诺威治的福雷斯特（Forster of Norwich）是 20 个圈地案的特派员（commissioner），他说："它们②伤害穷人。在公地中放牧的牲口的数量不能证明他们的权利。大多数得到补偿土地的人，其补偿地不大于 1 英亩，不足以养牛。牛和土地通常都卖给富有的农庄主（opulent‑farmers），且价格低廉。"另外一位圈地特派员说，在大多数圈地案中，大多数穷人在得到补偿之前，就已经把补偿物——土地和牛——卖掉了。有些小块的补偿地的位置离茅舍农很远，为了这么一小块地远道去经营，得不偿失。例如，在北沃尔德（Northwold）地方的茅舍农，得到的补偿地离茅舍 4.5 英里，这太远了。在许多堂区，母牛的数量在圈地后都下降了。

1808 年，一份著名的圈地总调查报告（Sir J. Sinclair's General Report on Inclosures）中，充满了这类记录。

某地（Tutny, Bedfordshire）：圈地前穷居民不难于用牛奶喂养其儿童；圈地后得不到一点了。母牛从 110 头减少到 40 头。

某地（Tingewich, Bucks）：以前牛奶为 1 便士 1 夸特，现在，无论多高

---

① 〔法〕保尔·芒图：《十八世纪产业革命——英国近代大工业初期的概况》，杨人楩、陈希秦、吴绪译，商务印书馆，1983，第 133～134、139～140 页。

② 指圈地行为。——引者注

的价格也买不到。

某地（Dorrington，Lincolnshire）：茅舍农的母牛（140头）因为圈地而丧失。

某地（Uffington，Lincolnshire）：镇里的母牛群减少了1/3，极大地伤害了穷人。

某地（Shottesham，Norfolk）：茅舍农的母牛大量减少。

某地（Lanchester，Durham）：牛奶减少。

A. 扬的记录中也有同样的事例。例如，在某地（Shouldham）圈地后，穷人不能放牧，他们的40头母牛减少到2头；在某地（Carboisethorpe），穷人的20头母牛完全消失。早在1540年，有人（Thomas Beacon）就说："穷人不能保留一头母牛以为他们自己和家庭提供慰藉（comfort）。"在1772年，一位匿名作者建议，地主们应该给他们的茅舍农民一块足以养一头或者两头牛的地。卖掉土地和母牛的茅舍农只好沦落为农庄的劳工，再也无望独立①。

著名圈地史专家龚纳也指出，对于有确认的公共权利的茅舍农来说，伤害主要是因为补偿土地太小，无价值，或围圈土地成本太高，或补偿土地给地主而非茅舍农；对于无确认的公共权利的茅舍农来说，则毫无补偿。这两类人总体上失去了原有的特权，因此在17世纪早期和中期，它们构成社会抱怨的重要部分。18世纪也是如此。还有圈地后，穷人拥有的鹅减少了，母牛失去了，穷人无柴火来源，原来可以吃庄稼茬的猪和鹅现在没有了，也不能拾穗了②。保尔·芒图指出，在若干村庄中，他们甚至再也无法弄到牛奶给孩子吃。所收集到的那些证据都千篇一律地令人伤心③。

圈地以后农民的住房条件简陋，这是他们贫困的表现之一。有人记录，英国农村到处有板条泥糊的农舍，房子仅仅一间，9平方英尺大小，高6英尺。威尔士的更差，是墨水瓶式的，即泥糊的一间房，中央有烟囱突出屋

---

① Thomas Edward Scrutton, *Commons and Common Fields*, New York：Burt Franklin, 1887, pp. 82, 147-149.

② E. C. K. Gonner, *Common Land and Inclosure*, New York：Augustus M. Kelly, Bookseller, 1966, pp. 362-364.

③ 〔法〕保尔·芒图：《十八世纪产业革命——英国近代大工业初期的概况》，杨人楩、陈希秦、吴绪译，商务印书馆，1983，第140页。

顶。至于苏格兰，有草皮屋，有石头屋，都是一间。在边远地区，还有"黑屋"，即一端住人，屋顶是稀薄的草，泥巴就是地板，房间中央有炉灶，但没有烟囱，让浓烟随便消散；另外一端住牲畜，肥料就终年积存在那里，直到要施肥时才运走一些。蒋孟引先生认为，这样的房屋都是圈地造成的农村贫民窟①。

在英国国教确立过程中，大批寺院的解散导致救济穷人的机构减少。失去土地的贫民得不到来自教会的救济，处境更加悲惨。在修道院解散之前，当英国还以天主教为国教的时候，什一税中有 1/3 是修道院和慈善堂用以救济贫民生活的。经过宗教改革，有 644 座修道院、110 座养育院和 2374 个施物所被取消，原来在这些地方受赈济的贫民，据估计共达 8.8 万人以上，都必须另外想办法维持生活②。

1536 年的"求恩巡礼"（Pilgrimage of Grace）的领导人约克郡的乡绅、律师罗伯特·阿斯克（Robert Aske）在受审时说："解散寺院是叛乱的最大原因……因为在北方，寺院给予贫民以大量的施舍。"而现在，不仅贫民缺"吃、穿和工资"，旅行者也得不到方便了③。

公地的消失还给穷人带来了另外一个压力，那就是他们的未成年小孩现在不能帮助他们干农活了。那个时代，根本就没有保护未成年人的概念，穷人家的孩子只要有干活的力气和技艺，一般在很小的时候就要下地劳动了。放牧、拾穗、收割庄稼和干草都可能是他们的工作。自 17 世纪末至 19 世纪早期，许多人认为不能让儿童闲散，而应让他们工作，认为他们的闲散是坏毛病，而且增加了堂区的经济负担。这些儿童不仅包括正常儿童，还包括孤儿和被抛弃的儿童。失去土地之后，原来小孩可以干的农活都没有了，他们无事可做，只能白吃饭，成为本来就非常穷困的父母的经济负担。有个叫大卫·戴维斯（David Davies）的人于 1795 年称，圈地以前，家庭里的妇女、孩子可以干活，因此男人可外出挣钱，但圈地后，则全部负担都压在男人身上。

---

① 蒋孟引：《英国历史：从远古到 20 世纪》，《蒋孟引文集》，南京大学出版社，1995，第 293～294 页。

② 彭迪先：《世界经济史纲》，三联书店，1949，第 104 页。

③ 蒋孟引：《英国历史：从远古到 20 世纪》，《蒋孟引文集》，南京大学出版社，1995，第 168～169 页。

　　了解了这一背景，我们就可以理解，为什么在后来的早期工业时代的工厂里，会有那么多的童工。穷困在农业时代和工业时代都逼迫穷人牺牲他们孩子童年的幸福①。

　　无法摆脱失去土地导致的贫困的人，大量外出寻找工作机会和生存条件。圈地导致的劳动力外出，是一个重大的社会现象。

　　保尔·芒图描述穷人被逐出家园的情况："常常看到有四五个有钱的畜牧者攫取了前不久分别属于三四十个佃农和同样多的小佃户或小业主手中的整个堂区。所有这些人因而被逐出了家园，同时还有许多其他的几乎完全依靠他们来工作和维生的人家如铁匠、木匠、车匠以及别的工匠和手艺人等人家也是一样，至于短工和雇农就不用提了。""18 世纪末，那些被改变为牧场的耕地需要少得多的劳动力。因此乡村中壮健的自耕农不得不到伯明翰、考文垂等地去找工作。"②

　　查尔斯·威尔逊（Charles Wilson）也指出，可能公正地、可能不公正地，可能自愿地、可能不自愿地，无疑的是，小土地所有者和半土地所有者——公簿持有农——在慢慢地离开其土地。1731 年出版的《对地产管家的建议》一书提出，管家们一方面要注意任何将要出售的自由持有地，推动圈地；另一方面要合法地把任何地方的公簿持有地转变为租赁地。因为得到圈地的奖励，小人物们一般都在重新规划安排的村庄土地中分得一份，然而他几乎无力在土地四周建篱笆、壕沟（按要求必须建）。因此，他往往将这份土地卖给一个更大的所有者。自由持有农，甚至一些小乡绅发现，他们也无力实行新的耕种方式，无力提供大笔固定资本。其中一些人也就加入工薪劳动者和穷人的行列③。戴维·罗伯兹（David Roberts）指出，议会所派遣的圈地委员们也常常给小户村民们一些金钱以作为圈地的补偿，给小地主们留下一小部分土地，但是多数村民很快就把钱花掉了，小地主多半也没有钱来建篱笆以围圈土地，并且下本钱耕种，而往往是将地卖给

<hr>

① Hugh Cunningham, "The Employment and Unemployment of Children in England c. 1680 – 1851," *Past and Present*, No. 126, 1990.

② 〔法〕保尔·芒图：《十八世纪产业革命——英国近代大工业初期的概况》，杨人楩、陈希秦、吴绪译，商务印书馆，1983，第 137、142 页。

③ Charles Wilson, *England's Apprenticeship 1603 – 1763*, London：Longman Group Limited, 1965, p. 251.

大地主了事。这些人有的沦为佃农，有的去城市或殖民地谋生，多数堕落成乡村无产者[1]。戴维·伊斯伍德（David Eastwood）指出，在英国农村，无地劳工从 1688 年的约 63% 增加到 1831 年的约 73% [2]。

圈地导致的劳动力离开土地外出的情况也发生在苏格兰。直到 19 世纪上半叶，苏格兰仍在进行的圈地，使得苏格兰高地上人口不断减少：因为许多人移民北美或澳大利亚，或到南部苏格兰和英格兰的工厂工作[3]。

以上描述的在圈地运动中失地穷人的苦难，只是星星点点而已，如果打开那个时代的整幅画卷，映入眼帘的，必定是一个令人心碎的悲惨世界。在一定的时候，经济发展本身肯定会向所有制结构提出变革的要求，这是不以人的意志为转移的，很多时候，也是历史前进、社会进步的必要前提。而所有制形式的变革究竟要付出多大的代价，尤其是道义上的代价，则与一个社会的政治、经济、文化环境有着密切的关系。凡是在具有积极意义的所有制变革中代价很小的环境，就是比较合理的环境，比较值得后人吸取其经验的环境；反之，则是比较不合理的环境。资本主义就是在不合理的环境下诞生的具有道义缺失的制度。用人道主义的标准看，它的所有制形式是以丑恶的方式确立的。失地穷人的苦难告诉后人，在人类对社会环境的自主创造、自我调节、改革创新的能力不断加强的时候，经济制度的变革、利益关系的调整，从目的到手段，都应该体现出人道主义的原则。

圈地运动是一场改变土地所有制的深刻的、剧烈的社会运动，在其过程中充满了丑恶和残忍，历史上有无数对它的谴责和鞭笞。但是，一方面圈地运动代表着富人的利益，肯定要得到他们及其代言人的赞扬；另一方面，它毕竟代表着新的生产力、新的资本主义土地关系和更加有效率的符合社会化大生产规律的土地经营方向，具有不可阻挡的力量，因此也得到

---

① 〔美〕戴维·罗伯兹：《英国史：1688 年至今》，鲁光桓译，中山大学出版社，1990，第 75～76 页。

② David Eastwood, *Government and Community in the English Provinces, 1700 - 1870*, New York: St. Martin's Press, 1997, p. 122.

③ Richard Brown, *Society and Economy in Modern Britain 1700 - 1850*, London and New York: Routledge, 1991, p. 64.

了许多客观的肯定。

长期以来，就有许多人从各个方面充分肯定圈地的好处。英国枢密院在 1620 年和 1633 年曾下令调查圈地问题。从那时开始，在英国历史文献中，便有越来越多的认为圈地运动在经济方面是有利的观点流传。有些人认为，圈地"不仅是合法的，而且是值得赞颂的"①。

许多研究英国农业史的专家也高度肯定圈地运动带来的经济效益。梯托（J. Z. Titow）指出，圈地提高了土地的产出率②。20 世纪早期一些历史学家认为，圈地是采用先进方法的前提③。耶林说，议会圈地是符合经济发展需要的④。圈地之后，土地生产效率提高了⑤。龚纳说，从长远看来，圈地的总好处是不用怀疑的。他引用资料表明，1613 年，有支持圈地的人声称，被圈的最贫瘠的土地也比最好的谷地的利润要大得多。那里的人民较为富有，能够服务君王和保卫国家。圈地的优点具体表现为：①改进了安排和管理；②去掉了公地制度固有的缺点；③改进了耕种制度⑥。还有专家认为，总体上，穷人是从圈地中获得了积极的收益的⑦。还有人从农业劳动力生产效率的提高来说明圈地对生产技术改进所做的贡献。1700 年，60% ~ 70% 的不列颠人口全部或部分地从事农业。到 1801 年，有 330.1 万人口，或者说英格兰和威尔士人口的 36% 从事农业、林业和渔业。100 年后，农业劳动力增加不多，但他们却养活了更多的人。在 1700 年，一个人养活 1.7 个人；在 1800 年，一个人养活 2.5 个人⑧。

---

① 〔法〕保尔·芒图：《十八世纪产业革命——英国近代大工业初期的概况》，杨人楩、陈希秦、吴绪译，商务印书馆，1983，第 122 页。

② J. Z. Titow, "Medieval England and the Open – Field System," *Past and Present*, No. 32, 1965.

③ Robert C. Allen, "The Efficiency and Distributional Consequences of Eighteenth Century Enclosures," *The Economic Journal*, Vol. 92, No. 368, 1982.

④ J. A. Yelling, "Rationality in the Common Fields," *The Economic History Review*, New Series, Vol. 35, No. 3, 1982.

⑤ J. A. Yelling, *Common Field and Enclosure in England 1450 – 1850*, London and Basingstoke: The Macmillan Press Ltd. , 1977, p. 145.

⑥ E. C. K. Gonner, *Common Land and Inclosure*, New York: Augustus M. Kelley, Bookseller, 1966, pp. 302, 308.

⑦ W. E. Tate, *The English Village Community and the Enclosure Movements*, London: Victor Gollancz Ltd. , 1967, p. 167.

⑧ Richard Brown, *Society and Economy in Modern Britain 1700 – 1850*, London and New York: Routledge, 1991, p. 67.

戴维·罗伯兹这样描述 17 世纪的情况：当时，先进的农业专家们都力主在圈地时代划出小牧场和小圈地，这是明智而可行的。而议会却不理会。自从 17 世纪晚期以来，英国的地主们一直在购置越来越大的地产，将田地按越来越大的单位和越来越短的租期租给佃农。他们逐渐注重经营，将其田庄看作一种投资。他们将田地抵押出去，借款买田进来扩大田产，组织成一个整体田庄，将地圈起来，然后缩短租约，提高租金，招进像磨坊主那样有投机野心和资本家味道的佃户。于是，种地 100 英亩或 150 英亩的佃农便成了乡村里的主要人物。他们成了乡村里新的三级经济结构——地主、佃农和农业工人——的控制器。他们往往是眼光锐利、办事精明的企业家。他们付给工人的工资不再按年计，也不再让工人住在他们的家里。他们按星期付工资，以便在降霜下雪时可以将工人辞掉。在北部，因为有制造业竞争，需争取工人，所以佃农每星期要付 11 ~ 13 先令的工资给农业工人。但是在南部，人口暴涨使工人供过于求，没有他业竞争，佃农每星期就只付 7 ~ 9 先令的工资给农业工人，剩下的全是自己的盈利。地主与佃农的地租和盈利，1790 ~ 1820 年几乎上涨了 1 倍，而工人的实际工资仍然不变，仅够维持生计[①]。

这一描述说明，圈地后所形成的生产组织结构是符合资本主义生产规律的。它制造了一批掌握生产资料、头脑精明、眼光敏锐、善于经营、是市场经济的弄潮儿的资本家，也制造了一批一无所有、没有人身自由、任雇佣者宰割的劳动者。一方面是贫富差别拉大，另一方面是社会财富总量的增加，尤其是生产方式的进步。在道义的沦落中，经济不仅增长，而且发展了。

一些人认为圈地导致地租和粮食产量提高。这一观点在相当长的时间内成为肯定圈地运动的重要依据。传说中 18 世纪后期地租的大规模增长似乎也提供了证据。一般都认为，那一时期，地租增加了两倍，多的达到三倍[②]。A. 扬于 1808 年在白金汉郡（Buckingham shire）写的关于圈地的一个总报告（General Report on Enclosure）称："以前的租金是 14 先令，但是现在可耕地每英亩可租到 28 先令了；没有低于 1 个几尼（guinea）的；草地

---

① 〔美〕戴维·罗伯兹：《英国史：1688 年至今》，鲁光桓译，中山大学出版社，1990，第 76 ~ 77 页。

② Gregory Clark, " Commons Sense: Common Property Rights, Efficiency, and Institutional Change," *Economic History*, Vol. 58, No. 1, 1998, pp. 73 - 102.

租到 40 先令至 3 镑，所有杂税（tithe）免除。"① 在牛津郡的福陵福德（Fringford）堂区，"自从圈地以来，租金和产出都至少达到了三倍"②。有人估计，如果在 1700 年之后 1400 万左右英亩被圈土地地租上涨一倍——保守估计他们在圈地前，以及在拿破仑战争导致的通货膨胀之前，1 英亩地租是 10 先令——的话，那么租金导致的农业产出大约 700 万英镑一年。每英亩扣掉 2 英镑因圈地导致的机会成本，每年约增加 280 万英镑。圈地的回报是很高的，每英亩花费 2 英镑就可以产出以后每年每英亩 10 先令的地租增加，每年回报率是 25%③。租金增加意味着 15% 和 20% 的利润增加。

1700 年以后，粮食收入增加了 10%，这在牛津郡、沃里克郡和北安普敦郡已得到与敞地比较的证明。实际上，可以增加 25% 的收入④。

至于圈地怎样导致粮食增加，论据也比较多。专家们指出，圈地促进了人们更加充分地利用土地。具体地说，就是更加充分地使用荒地、沼泽和山坡。这就大大地增加了耕地的面积。而耕地面积的增加则意味着粮食的增加。圈地也改善了庄稼的生长环境，从而提高了粮食产量。例如，有人指出，圈地让村庄改进其道路系统，挖水沟，建农舍、谷仓，种植新的树篱以挡风和防止牲畜走失。圈地后，土地有了更好的排水系统。传统的条田系统是利用垄（ridge）和犁沟（furrow）把多余的水导出庄稼地，我们在村规中就经常看到要疏通水渠的规定。但是总体上，公地制度下条田的排水体系是很不完善的，有大量关于排水不畅的抱怨。这方面总的意见归纳于 1807 年一个叫鲁杰（T. Rudge）的人写的关于格洛斯特郡（Gloucester-shire）的报告中："除了把土地集中，修建沟渠以排泄地表积水之外，排水不畅的问题不能解决。"

需要指出的是，尽管圈地以后耕地的排水问题得到了较好的解决，

---

① Richard Brown, *Society and Economy in Modern Britain 1700 – 1850*, London and New York: Routledge, 1991, p. 65.

② J. Z. Titow, "Medieval England and the Open – Field System," *Past and Present*, No. 32, 1965.

③ Donald N. McCloskey, "The Enclosure of Open Fields: Preface to a Study of Its Impact on the Efficiency of English Agriculture in the Eighteenth Century," *Economic History*, Vol. 32, No. 1, 1972.

④ Richard Brown, *Society and Economy in Modern Britain 1700 – 1850*, London and New York: Routledge, 1991, p. 65.

但是问题的最终彻底解决，是直到 19 世纪采用管道排水之后的事情了。

　　土地的集约化和耕种的方便是公认的圈地的功绩。可以肯定的是，其节省了去往零碎条田的行走时间。这也就节省了人力、畜力，并且减少了矛盾[1]。通过在地块周围种植树篱，圈地增加了树林面积，改善了生态环境[2]。保尔·芒图介绍了一些在围圈地上改良农业条件，取得好的成绩的"有爵位的务农者"。其中，最有名的是汤森勋爵。他于 1730 年脱离政治生活，隐居到诺福克郡他的雷恩哈姆地产。他把地里的水排出去，用泥灰土和肥料来改良若干部分的土壤；以后，他就在那里开始一些有规律的轮种，既不耗竭地力也不让土地荒休。不到几年，他便把一个硗瘠而不结果实的地区变为王国中最繁荣的地区之一。邻近的地主都仿照他的做法，在 30 年内，即 1730～1760 年，整个诺福克郡中的地价增长十倍。1760 年左右，几个大贵族经营土地引起的刺激已经传遍全国。各方面所进行的公用事业工程，如道路的修筑、运河的开凿、水地的疏干，又加速了这种刺激。正是这个时候出现了大农场主阶级[3]。

　　对畜牧业的好处也得到肯定。

　　首先，是扩大了牧场面积。圈地运动之所以被称作"羊吃人"，就是因为大量被圈地是用作牧羊的。值得指出的是，除谷物价格上涨外，把低洼地改为牧场也是大多数圈地法令的动机。山坡、沿海荒地、低洼沼泽的围圈，大大增加了牧场的面积。通过排干一些原来荒废的湿地而圈作牧场，是圈地的一种重要方式。在剑桥郡和林肯郡的沼泽地带，排水圈地的面积相当于在湿地之外其他地方的圈地面积。在 17 世纪，排干沼泽被反对，因为每个排水工程所产生的新土地都要把 1/3 交给王室，排水者得另外 1/3，而享有公地权的人只得到 1/3。18 世纪的排水使用了新式工具，而王室也不再拿走 1/3 的新土地了，这就大大减少了反对因素。到 1820 年时，超过

①　J. A. Yelling, *Common Field and Enclosure in England 1450 - 1850*, London and Basingstoke：The Macmillan Press Ltd. , 1977, pp. 144 - 145.

②　E. C. K. Gonner, *Common Land and Inclosure*, New York：Augustus M. Kelley, Bookseller, 1966, pp. 332 - 333.

③　〔法〕保尔·芒图：《十八世纪产业革命——英国近代大工业初期的概况》，杨人楩、陈希秦、吴绪译，商务印书馆，1983，第 126～127 页。

200 个风力水泵保证了已圈地的排水，在 1821 年，蒸汽机开始使用①。动力和工具的创新，大大地提高了排水圈地的效率。

其次，是改良了放牧的方式。一些人认为，在公地制度下的共同放牧方式是粗放的，因此无法精细照料和科学改进牲畜。18 世纪，人们对此抱怨很多。而圈地之后，由于实行家庭独立放牧，可以更好地放养牲畜，因此养牛和养羊更加有利可图了②。

最后，是有利于牲畜的改良。1794 年，英国农业委员会关于圈地的报告（The Report of the Committee of the Board of Agriculture on Inclosures in 1794），用一组数据显示了圈地对史密斯菲尔德（Smithfield）地区牲畜状况的改良（见表 4 - 2）。

表 4 - 2　圈地对史密斯菲尔德地区牲畜状况的影响

单位：磅

	1710 年	1790 年
大牛（cattles）的重量	370	800
小牛（calves）的重量	50	148
大羊（sheep）的重量	28	80
小羊（lambs）的重量	18	50

农业委员会关于贝德福德郡的报告（The Reporter for Bedfordshire）认为，通过普遍圈地，家牛种类（the breed of neat cattle）至少可以改进 40%③。

米歇尔·腾纳（Michael Turner）在列举大量证据证明圈地导致农业生产率提高之后，分析其原因：分散经营允许农户种植不同种类的庄稼，并且也使得他们对市场力量更加敏感，而敞地农户则受习惯和共同体传统（communal tradition）引导，对市场没有敏感的反映④。查尔斯·威尔逊也认

① Richard Brown, *Society and Economy in Modern Britain 1700 - 1850*, London and New York: Routledge, 1991, pp. 60, 62 - 63.

② E. C. K. Gonner, *Common Land and Inclosure*, New York: Augustus M. Kelley, Bookseller, 1966, pp. 339, 380 - 447.

③ Thomas Edward Scrutton, *Commons and Common Fields*, New York: Burt Franklin, 1887, p. 121.

④ Michael Turner, "English Open Fields and Enclosures: Retardation or Productivity Improvements," *Economic History*, Vol. 46, No. 3, 1986.

为，激励种植新庄稼和实行新的轮种制度的因素是多重的，其中之一是在许多地方敞地制不存在了。这允许灵活的农业经济发展。

以上列举了人们从经济角度对圈地运动的积极后果的描述和评价。这只是事情的一个方面。而另一方面，人们从经济角度（不是道义角度）对圈地运动的消极后果的批评也不少。

这里只从生态环境角度看这个问题。公地共同体土地中公共地是未开垦地，自然地生长着野草、灌木和树林；还有的是池塘、沼泽，天然的湿地。它们的生态功能是可以想象的。而圈地运动的头号目标就是改造它们，把它们变为牧场和耕地。查尔斯·威尔逊指出，自斯图亚特王朝复辟以来，公地围圈了，林地变成了可耕地和牧场①。还有人发现，19世纪初期，在英格兰和威尔士，公地和荒地面积可能还占土地面积1/4，至少将近1/5，因为据1844年的猜测，在3700万英亩的地面上，有800万英亩是公地和荒地。而到1910年，公地和荒地面积已经达到最低点了，只占整个土地面积的1/10。威廉·柯贝特（W. Cobbett）于1823年走过温彻斯特（Winchester）东南一个古丘时，写道："这些山丘曾是英国最荒瘠的地方，然而其中一部分已在土地改良的狂热中被开垦了。在这样的地上播种小麦，其人必定是发了疯，或者快要发疯。所以大部分被圈的土地，已经再被抛荒了，其余的也会在几年之内再被抛荒。"② 布朗指出，在斯塔夫德郡（Staffordshire），许多公地和荒地在1850年前被圈。最大的行动是对一处叫里伍德高地（Needwood Plateau）的破坏。这里以前是穷人打柴火的重要地方，其中一半的树在1697～1701年被砍，而这一过程贯穿整个18世纪。在1801年，所有公共权利均失去，剩余的9400英亩土地在1801～1811年被圈，树最后被砍光。当时有人写诗猛烈攻击这种毁林行为：

> 啊，绅士精神荡然无存！
> 只有可怕的妖魔虎视眈眈地在恐惧的原野上行走，
> 把山坡和草地的荣耀③掠夺殆尽。

---

① Charles Wilson, *England's Apprenticeship 1603 – 1763*, London: Longman Group Limited, 1965, pp. 145 – 146.

② 转引自蒋孟引《英国历史：从远古到20世纪》，《蒋孟引文集》，南京大学出版社，1995，第287～288页。

③ 应该是指山坡上的森林和草地上的绿草。

> 他们挖掘的圈地的壕沟在大地上贪婪地张开大嘴，
>
> 沿着壕沟的是毒蛇一样延伸的树篱；
>
> 这对害人虫双胞胎狼狈为奸，把一切吞噬得精光！①

圈地导致了农村房屋建筑面貌的改变。马克思指出，"住宅、谷仓、马厩等等的废址，成了旧居住者的唯一遗迹了。原有房屋 100 栋的，现在大都减到 10 栋或 8 栋"②。莱斯特伯爵在人们祝贺其霍尔克哈姆城堡的建成时，用显出懊悔的悲伤情绪答复道："一个人独居在自己的领土上是一件非常郁闷的事。我环顾四周，除了自己的房屋以外，没有看见其他的房屋；我成了传奇中吃人的妖魔，把所有邻人都吃光了。"③ 这种变化的利弊我们难以评估，但是，可以肯定的是，其中所包含的社会学意义是非常深刻的。

应该说，圈地运动在经济方面的功绩是主要的，因为它使得土地的产出增加了，对土地的利用更方便了，土地这一重要的生产要素已经真正自由了，可以在大市场中扮演重要的角色了。当然，它在生态环境方面的破坏作用也不可低估。这也应该被后人，尤其是工业化过程中的后人作为教训牢牢记住。

对圈地运动经济方面的功绩的描述说明，所有制形式从封建的到资本主义的演进，是顺应了市场经济的要求，有利于经济发展的。

第二节　私人土地所有权发展的法律背景

经济领域中的重大变化，一定会在社会生活的其他方面反映和表现出

---

① 原诗为古英文：Alas, no gentle sprite remains! /But foul fiends scour th' affrighted plains, / Rod of their honour hills and lawn, /And teach the reptile hedge to crawl；/Twin pests, confederates, seizing all! 引自 Richard Brown, *Society and Elonomy in Modern Britain 1700－1850*, London and New York：Routledge, 1991, pp. 62－63。承蒙英国伯明翰大学斯旺森教授帮助翻译成现代英文（Alas, no gentle spirit is left! /But horrible demons walk with purpose over the terrified plains, /And rob of their honour hills and lawns, /Creat the line of the ugly ditch which gapes greedily, /And teach the snake－like hedge to advance；/These are twin pests, working together, and seizing everything!），特致感谢。笔者是根据斯旺森教授的翻译再翻译成中文的。

② 〔德〕马克思：《资本论》（第 1 卷），人民出版社，1972，第 917 页。

③ 〔法〕保尔·芒图：《十八世纪产业革命——英国近代大工业初期的概况》，杨人楩、陈希秦、吴绪译，商务印书馆，1983，第 140 页。

来。所有制的实质是对生产资料的权利。既然是权利，就必须有法律的认可和法律的保障。离开法律，我们无从谈资本主义所有制问题。以上我们考察了私人土地所有权的发展情况。我们知道，英国是一个法治国家，因此首先有必要从法律观念的角度来看私人土地所有权以及整个私人财产权利发展的法律背景。其次，我们也有必要看看这个时代的思想观念、社会舆论是怎样回应和支持这种发展的。

18 世纪英国著名的法学家布莱克斯通（William Blackstone）有一句名言："关于私有财产的法律是如此伟大，它不授权任何对财产的侵犯，不，甚至是为了整个社会的共同福祉也不行……即使你说个人的利益应当服从社会的利益，那也无济于事；因为，允许任何私人，或者甚至任何公共仲裁者，来做社会福祉的法官，都将是危险的。"当然，他也承认，只要一个权威可以根据法律取走个人的财产，那就是立法者[1]。布莱克斯通是那个时代英国法律理论发展的集大成者，他关于绝对私人财产权利的这种看法，决非单纯个人的看法，而是代表了一个时代的声音。

一般认为，绝对私人所有权，最早出现于 17 世纪的英国。布朗认为，到 1700 年，英国土地所有制已有明晰的法律基础。绝对的和可继承的私有财产的概念已充分形成，对土地的权利可互相转让。占有——法律意义上的所有或通过租佃取得的实际拥有——土地能够获得权力和社会权威[2]。乡绅们支持保护私有财产的自由政策[3]。例如，历史学家柏金（H. J. Perkin）就这样认为，"绝对所有权这一英国独有的概念"是由曾为之奋斗了 3 个多世纪的土地贵族于 17 世纪后期形成的。柏金认为，在封建社会，所有权尤其是对土地的所有权是不确定的、有条件的，被上帝、教会、国王、较低级的佃户和占有者以及穷人的权利要求所限制。而劳役的折换、圈地运动、内战中封建领有制（tenures）的废除，导致了绝对所有权（absolute owner-ship）的出现。这就使得英国从根本上不同于欧洲大陆国家。这一过程约发

---

① David Sugarman, Ronnie Warrington, "Land Law, Citizenship, and the Invention of 'English-ness'," in John Brewer and Susan Staves, eds., *Early Modern Conceptions of Property*, London and New York: Routledge, 1995, p. 534.

② Richard Brown, *Society and Economy in Modern Britain 1700 – 1850*, London and New York: Routledge, 1991, p. 267.

③ G. E. Mingay, *English Landed Society in the Eighteenth Century*, London: Routledge and Kegan Paul Ltd., 1963, p. 116.

生在 1400～1700 年。历史学家麦克弗森（C. B. Macpherson）认为"所有权个人主义理论"于 17 世纪中期在哈林顿和霍布斯的著作中出现，后又被洛克表述之。这一新的伦理标准（ethic）是正在出现的市场经济的反映和理论依据①。

英国法律史专家霍兹沃斯认为，所有权（ownership）概念在 17 世纪，作为损害赔偿诉讼（trover）和驱逐出土地（ejectment）的诉讼发展之结果而得到了发展。他说："普通法已经承认，所有权不仅仅是原告针对被告占有权的一种更有优势的权利，而且是一种针对整个世界的绝对的权利。"具体而言，当原告不再占有原属他的某物之时（即当另一人占有他的财物或处于他的土地之上时），那么损害赔偿诉讼和驱逐诉讼就是相关的了。为了恢复其财物，原告以前声称他比被告更有权利。但被告却说，那一财物原来是属于原告之外的第三者的（在中世纪这是普通的现象，即一块土地上重叠着不同级别领主的权利）。而到了 17 世纪末期，原告对其权利的声称则更为绝对，这是一个具有深远意义的重大变化。如果原告仅需证明他拥有比被告更有优势的权利，那么近代英国法律，就像中世纪法律一样，将会继续拒绝承认任何一种像抽象的所有权这类能有效地对抗整个世界的东西。而如果原告为了在这一诉讼中成功，就必须证明一种绝对的权利的话，那么事实上我们就可以说，通过这一诉讼，抽象的、能有效地对抗整个世界的所有权概念进入了英国法律②。

有人认为，霍兹沃斯这一分析的意义在于，"能有效地对抗整个世界的所有权"的出现与不动产和动产（personal property）之间的区别的消失被视为同一进程的一部分。损害赔偿诉讼有关于动产，而驱逐诉讼有关于土地利益。动产的所有权长期就是绝对的，不动产和动产之间在权利归属方面区别的消失，意味着绝对所有权是对整个财产而言的。在这两个领域，出现了一个新的所有权概念。它与作为"最高权利"（"绝对的个人权利"）之"所有权"（property）和"能有效地对抗整个世界"之"所有权"一起，使所有权真正绝对化了。

---

① 转引自 Alan Macfarlane, *The Origins of English Individualism*, Oxford: Oxford University Press, 1978, pp. 57 - 58.

② Sir William Holdsworth, *A History of English Law*, London: Methuen & Co. Ltd., 1942, pp. 458, 462.

16 ～ 17 世纪英国法律书籍和辞典中所有权一词定义的变化，也反映了私人所有权绝对化的进程。

最早的印刷出来的英国法律书籍对"property"无定义。16 世纪 20 年代著名法学家约翰·拉斯特尔（John Rastell）出版的一本拉丁文法律著作，名叫《博士与学生》（*Doctor and Student*），以一般性语言讨论了个人的所有权，或私人所有权。但未给出定义。该书作者在别的地方倒是说过："关于财产的普遍性的法律或习惯使可移动的和不可移动的物品成为某种财产，因此，每个人可以知道他自己的东西。"拉斯特尔还出版过其他一些法学著作，其中有关于"占有"的定义，但直到 17 世纪前十年尚未有对"property"的定义。

关于"property"最早、最清晰的定义，出现于 1617 年出版的约翰·科威尔（John Cowell）编辑的法律辞典《解释者》。科威尔早就发表过一篇拉丁论文，探讨英国法律与罗马法或民法之关系，在其中，他讨论了"所有"（dominium）之性质，指出在英国，除了国王之外，无人对不动产（建于土地上之财产）有所有权；国王之外的一切人和机构仅能有条件地持有地产，而无所有权。他在该辞典中对"property"是这样定义的："property"表示一个人对于任何东西拥有的或能够拥有的最高的权利；它绝对不受其他任何人的支配。在我们的王国之内，仅仅国王凭借其王权能被认为享有对任何土地或房屋之此种权利，其他人均无。因为全王国内之全部土地，都属于持有地性质，是直接或间接地从国王处领有的。

1624 年，前述法律著作《博士与学生》再版时，在"占有"词条外添加了"property"一词条，其中说 property 是一个人对于任何东西拥有的或能够拥有的最高的权利，它全然不受任何其他人的支配（其余部分均与上条定义相同）。

这就说明，封建的所有权概念仍未退出历史舞台。

英国革命取消封建所有权的实践大大地推进了私人所有权绝对化进程，这在法律理论上得到了反映。在克伦威尔摄政期间，他的法律顾问威廉·什帕德编写了一本有些类似于官方法律辞典的书，它是这样定义 property 的："property 是一个人对于任何东西拥有的全然不受任何其他人支配的权利。"有三类财产：绝对的；有条件的或有限的；占有的。他比以前的法学家们更关心的是商业中的财产问题，例如，如果某人手中的小麦被别人取走并变成了麦芽；如果某人手中的货币被取走并变成了盘子，或反过来；如果布匹被变为了服装，皮革被变为了脚上穿用之物，那么，property 怎么样了？这反映了两方面的时代变化。第一，是绝对所有权的出现。1646 年，长期议会废弃了国王之监护权及其他封建权利。因此，什帕德再也不像以前的法学家那样，给"property"附加许多限制和必要条件了。第二，是在发达的商业环境中，财产权利变得更加重要了。

在护国主统治期间，其他法律著作也表现出了这一明显变化，例如，一个叫霍克（Michael Hawke）的人似乎就把绝对的个人所有权视作理所当然的事。

重要的是，法律书上的定义，都是在现实的司法判例基础之上形成的。1657 年的一本法律辞典，在讨论"property"时，就引用了一个 1646 年大法官罗尔（Rolle）的判例。当此辞典于 17 世纪 70 年代再版时，该条目仍引述了此一判例。

到 1700 年时，洛克的私有财产观念已占统治地位，一位著名的民法学家用洛克的理论来捍卫私人所有权："既然财产公有是不可行的，因为一些人天生就比其他人更有事业心，并非所有人都会同样勤勉地致力于增加公共财富积累；因此，我们必须主张个别的所有权。"18 世纪初一本内容丰富的法律辞典对 property 是这样简单地描述的："一位绝对所有者有绝对的权利来任意支配其财产，仅仅服从本国之法律。"稍后一点，在 property 词条中，作者说："每一个人都拥有一种所有权和权利，即法律允许他保护其生命，自由和财产；如果此权利受到侵犯，它导致一场司法诉讼，以纠正侵害行为，惩罚侵害者。"[①]

绝对私人所有权法律观念和理论的出现，既是现实的先导，又是现实的反映。兹举一些例证。

保护封建特权的法律是私人财产权利的大敌，1640～1660 年，英国进行了有利于取消特权的法律改革。法律改革取得了一定成效。普通法战胜了特权；不同法律制度之间的对立结束，改进了的普通法的基础已经确立；

---

① Andrew Reeve, "The Meaning and Definition of 'Property' in Seventeenth – Century England," *Past and Present*, No. , 89, 1990. 以上 12 个自然段的文字转引自赵文洪《私人财产权利体系的发展——西方市场经济和资本主义的起源研究》，中国社会科学出版社，1998，第 265～269 页。

已知的法律取代了任意的决定。普通法取代了教会法，成为世俗国家的基础。法官由议会任命，拿工薪。英语成为官方法律语言①。

私人财产所有权在发展过程中不断地冲破一些障碍。

在近代早期，财产继承问题，即"死手"问题是对绝对所有权的挑战：1536年的《托管法令》（Statutes of Uses）和1540年的《遗嘱法案》（Statutes of Wills）增加了封臣处置土地的自由，也就是说，封臣对土地的权利进一步向绝对私有权靠近了。法律界便有人将这种自由运用于财产继承，以期扩大和加强财产继承人的财产权利。这就导致了在普通法（common law）和衡平法庭（equity courts）之间关于赠予人和受赠人哪一方必须受到限制以保护对方的自由的矛盾。是限制赠予人（donors）呢，还是限制受赠人（donees）呢？稍后，法官们和法学家们都企图将对财产遗赠的所有限制去掉，以实现更大的财产权利自由②。

私人合同权威也突破许多限制而逐渐得到强化。本书后面将要谈到，在英国衡平法中，债务人在借债时向债权人抵押的物品（大额债务的抵押品一般是土地），在一定的条件下是可以收回的。这在一定意义上可以说是侵犯了债权人的权利，也动摇了私人合同的权威性。而私人财产权利的发展要求人们更加尊重私人之间合同的权威性和自由性。因此，甚至在17～18世纪，就有法官们认为衡平法中可赎回抵押物的权利有问题。到了后来，总的趋势是合同的权威性越来越强。有专家（Patrick Atiyah）指出，1770～1870年出现了合同法的一般原则，它们与自由市场的发展和政治经济学的观念紧密相连。社会从对财产法的强调转向了对合同的强调。也就是对个人自由的强调。到了19世纪末20世纪初，与衡平法中可赎回的权利有关的法律人士开始成为坚定的自由合同论者。例如，杰塞尔勋爵（Lord Jessell）说："对于成年人之间的合同，最重要的是，法庭应当根据合同双方的意图来维护合同的执行；他们决不应当认为法官比人民自己更了解商务，从而据此去否定任何在合同中表述得清清楚楚的意图。法官无权说人民不要执

---

① Donald Veall, *The Popular Movement for Law Reform 1640–1660*, Oxford: The Clarendon Press, 1970, p. 226.

② David Sugarman and Ronnie Warrington, "Land Law, Citizenship, and the Invention of 'Englishness'," in John Brewer and Susan Staves, eds., *Early Modern Conceptions of Property*, London and New York: Routledge, 1995, p. 102.

行他们之间的合同，也无权改变合同的内容。"人们还认为，抵押者"通常
是一个成年人，他对于自己的利益了解得很清楚，甚至不用律师也能照管
好自己的利益"。言下之意是可赎回的权利毫无用处①。通过土地买卖合同
实现的土地转让，也得到了尊重。例如，斯图亚特王朝复辟以后，一切在
革命中没收的土地，都归还了原主，但是在革命时期由地主自己出售的土
地，则仍归买主所有②。

　　法律方面一系列积极的变化，有力地强化和保护了私人土地所有权。
麦克法兰详细研究了 17 世纪埃塞克斯郡某堂区牧师约瑟林（Ralph Josselin）
的地产日记。该日记有 660 页之多，1644～1683 年共 39 年，比较完整连
续。他不仅是牧师，也是地主。他的地产日记表明，基本的所有权单位是
他本人，而非家庭。可见，所有权是绝对的③。

　　为了了解上述过程的历史意义，这里附带指出，17～18 世纪确立的包
括私人土地所有权在内的私人财产所有权，在此后被不断地强化。这个过
程一直延续到 20 世纪早期。下面略举几例加以说明。

　　英国不动产委员会在 1829 年、1830 年、1832 年、1833 年先后提出四
份详细的报告，建议对不动产法实行改革。1829 年的报告涉及继承、遗孀
产权、鳏夫产权、契约和更新租契时的地租、收回不动产、长期使用不动
产的权利要求和有效期限。1830 年提出的第二份报告涉及关于土地的一般
契约和文件的记录。1832 年的报告涉及保有权，随附的继承权、未来的利
益和永久所有权，以及关于教会权利的条款和限制。1833 年报告涉及遗嘱
和遗嘱检验。尽管 1829 年的报告只主张极少的改革，但是总体上，这几个
报告都是主张强化私人土地所有权的④。

　　英国议会 1833 年出台的有关财产继承的法令、有关获得和更新租契时

---

① David Sugarman and Ronnie Warrington, "Land Law, Citizenship, and the Invention of 'English-
ness'," in John Brewer and Susan Staves, eds., *Early Modern Conceptions of Property*, London
and New York: Routledge, 1995, pp. 132 – 133.

② 〔苏联〕塔塔里诺娃：《英国史纲：一六四○年至一八一五年》，何清新译，三联书店，
1962，第 172 页。

③ Alan Macfarlane, *The Origins of English Individualism*, Oxford: Oxford University Press, 1978,
pp. 62 – 63.

④ J. P. Cooper, "Patterns of Inheritance and Settlement by Great Landlords from the Fifteenth to Eigh-
teenth Centuries," *Family and Inheritance*, pp. 225 – 226.

缴纳的地租的法令、物权诉讼法、遗孀产权法；1837 年出台的遗嘱法；1845 年出台的物权法，都推进了地产的绝对私有化①。

1864 年的土地改进法给予终身佃户以投资改进土地的权利。1856 年和 1857 年，议会给予终身佃户在法庭允许的情况下出售土地、分割其土地的权利。1877 年的法令进一步规定，佃户无须经过同意便可以租种土地 21 年，但是，财产授予人可以剥夺终身佃户的这种权利。1882 年的法令把全部土地管理权交给终身佃户，终身佃户可以自由行使这些权利②。

1922 年英国通过了《财产法》，所有的公簿持有地都被授予公民权，成为自由持有保有地，实行无兵役租佃制。1922 年法令生效。公簿持有权附带的最后的封建义务在 1935 年被取消③。

私人财产权利在英国本土发展的曙光，也多少投照到了殖民地。对此，我们稍做介绍。

资本主义在早期所追求的自由、平等原则的局限性，最典型的表现之一就是资本主义宗主国对它们的殖民地的歧视态度。在私人财产权利问题上，也不例外。18 世纪，著名法学家布莱克斯通的名言"公共福祉就是对每一个人的财产权利的保护"，在 18 世纪的英国被作为普遍真理。但是，如果问到这里的"人"到底包括哪些地方的人、哪些身份的人的话，问题就不那么简单了。其中最突出的问题存在于宗主国英国的公民同其殖民地的人民之间的差别，自由人同奴隶之间的差别上。早期资本主义的局限性、狭隘性、自私性、残酷性在这些差别中表露出来。问题的实质是，在捍卫宗主国有产者私有财产的同时，给了宗主国掠夺、侵犯殖民地人民财产的权利。在殖民地与宗主国的关系中，殖民地人民没有绝对私人财产所有权。

18 世纪 60~90 年代，在北美、印度、西印度群岛，许多英国的殖民地中来自英国的人，都因缺少财产权而反抗英国。大家都同意洛克关于生命、自由和财产未经同意均不可转让的理论，问题是，不列颠帝国认为议会关于财

---

① A. W. B. Simpson, *A History of Land Law*, Oxford：The Clarendon Press, 1986, pp. 276 – 278.

② A. W. B. Simpson, *A History of Land Law*, Oxford：The Clarendon Press, 1986, p. 285. 〔英〕克拉潘：《现代英国经济史》（中卷），商务印书馆，1975，第 326 页。

③ Sir Ropert Megarry, H. W. R. Wade, *The Law of Real Property*, London：Stevens and Sons, 1984, pp. 32 – 33；Sir Ropert Megarry, H. W. R. Wade, *Tenbung's Dictionary of British History*, London：Edward Arnold, 1970, p. 87；J. P. Kenyon, *A Dictionary of British History*, London, 1981, p. 92.

产的法令是经过所有人同意了的，而殖民地人民则认为所有那些包含了歧视、掠夺殖民地人民的财产法令，并未经他们的同意。例如，在18世纪60年代，议会通过了一系列法令，许多西印度群岛和北美殖民地的人认为这些法令是未经他们同意而以印花税和其他税收的形式剥夺他们的财产归于王室。

殖民地人民在财产问题上与英国的尖锐矛盾，是北美革命的重要原因。如纽约被称作"自由之子"（New York Sons of Liberty）的那些人就认为，英国向美洲出售东印度公司的茶叶，意味着"我们将没有任何可以称为自己财产的东西，我们可能失去美洲人的自由"。马萨诸塞州人民认为，"每一个人的自由和财产，甚至他的生命，是多么不安全"。针对此，英国下院议员乔治·萨维尔爵士（Sir George Savile）居然还反问："特许状是财产吗？宗教、法律，任何属于你的东西都是财产吗？"意思是你们不要把什么权利都往财产权利上靠。

在来自殖民地的强大压力下，自18世纪中叶起，英国议会通过了一系列与殖民地有关的财产法。它们多少把私人财产权利向殖民地推广了一点。例如，1778年，议会通过一个法令，废除了女王安统治时的两个法令，这两个法令禁止爱尔兰天主教徒从某些爱尔兰地产中获利。而爱尔兰此前就通过法令，规定在拥有和获得财产方面，天主教徒与新教徒享有平等权利。英国1774年的一个法令修改了马萨诸塞州人民的一项重要的财产权利，使私人财产权利更加绝对。

在殖民地印度，英国人也引入了私人财产权利观念。18世纪英国的主流观念认为，在印度、中国等国家，存在着侵犯私人财产权利的"东方专制主义"。1773年，下院的一个委员会报告，印度的法庭几乎不给臣民什么保护，最重要的问题之一就是不保护人民的私有财产。东印度公司自开始统治印度起，就指示其属员保障"当地居民的人身和财产安全"。爱德蒙·柏克（Edmund Burke）就印度问题写道："每一个人都明确地认为，在不列颠主权范围内的每一个部分，财产都应该有着同样的安全和自由……就财产而言，所有人类应该是平等的。在这样一个伟大的基本点上，你一定已经发现所有政党和宗教都完全一致……"[1]

---

[1] David Sugarman and Ronnie Warrington, "Land Law, Citizenship, and the Invention of 'Englishness'," in John Brewer and Susan Staves, eds., *Early Modern Conceptions of Property*, London and New York: Routledge, 1995, pp. 530 – 533.

私人土地所有权在英国的发展，既是欧洲资本主义时代的前驱，又是这个时代大的潮流中的一个部分。为了说明这一点，也为了进一步了解英国土地所有制方面变革的时代背景和历史意义，我们有必要看看法国的情况。

法国革命在确立绝对私人所有权方面扩大和巩固了英国的成果，最终完成了这一历史使命。

1789 年 8 月，"八月法令"的第一句话是："国民议会现将封建制度全部加以废除。"它宣布消灭农奴制残余，无偿废除农民的全部人身义务、领主法庭。这就确立了农民的劳动力私有权。"八月法令"之后，制宪议会又决定将全部教产没收和出售。这就实现了对土地的教会占有权向私人所有权的转变①。1790 年 3 月 15 日，法国革命议会宣布："一切特权，一切财产的封建性质和贵族性质概予废除。"这是私人所有权确立的前提。②

根据 1792 年 8 月 28 日的法令，未开发地包括闲地、空地与沙地，均归各公社农民所有，但领主以文件作证或用其他办法证明 40 年来的占有权者，不在此例。1793 年 6 月 10 日法令完全废除上述限制。1793 年 6 月 10 日法令规定，按人口平分公社公有土地，10 年之内不得出让。1793 年宪法在人类历史上第一次以国家根本大法的形式，对私人所有权做了确认，第 16 条的内容是："所有权就是各个公民有随意享受和处分其财产、收入、劳动果实和实业成果的权利。"③

1804 年的《法国民法典》或《拿破仑法典》，标志着近代西方资本主义绝对私人所有权原则的最终确立。对所有权的界定，使之真正地具有了"绝对"的性质。兹引述有关条款如下：

第 544 条 所有权是对于物有绝对无限制地使用、收益及处分的权利，但法令所禁止的使用不在此限。

第 546 条 物之所有权，不问其为动产或不动产，得扩张至该物由于天然或人工而产生或附加之物。

---

① 参见〔法〕米涅《法国革命史》，商务印书馆，1983，第 76 页。
② J．M. Roberts, *The French Revolution*, Vol. 1, Oxford：Oxford University Press, 1966, p. 237.
③ 周辅成编《从文艺复兴到十九世纪资产阶级哲学家政治思想家有关人道主义人性论言论选辑》，商务印书馆，1966，第 436 页。

此种权利被称为添附权①。

《法国民法典》废除了国内形形色色的地方习惯，取代了罗马法之权威，成为统一的全国性的民法②。绝对私人所有权因之而在全国确立。而随着这一法典在整个西方影响的深入，绝对私人所有权便在整个西方资本主义社会生了根。下面我们引述李浩培先生的一些文字大意，以简单了解这一过程。

在 1804 年原属法国因而自该法典施行之日起即属于它的效力范围的一些国家中，比利时和卢森堡现在仍然把它作为自己的法典。在德国曾适用该法典的地区占其总面积的 1/6，人口约 800 万。随着 1900 年 1 月 1 日《德国民法典》的施行，该法典在德国的效力立即中止。但是，在起草《德国民法典》的时候，德国人曾仔细参考了该法典。

在瑞士，日内瓦郡和贝尔纳·茹拉郡于 1804 年属于法国，因而当时即施行该法典。后来自己的法典也受到了该法典的影响。1838 年的《丹麦民法典》、1865 年的《意大利民法典》、1946 年的《希腊民法典》都是以该法典为范本的③。

以上我们从法律角度看到了私人土地所有权，以及私人的整个的财产权利在英国的发展，和它们在法国的进一步强化。这是问题的一个方面。我们一定不要因为看到了这一方面，就忽视了问题的其他方面。

这里，介绍一种不同的看法。该看法认为，18 世纪尽管人们在理论上和政治上谈个人绝对所有权很多，但是英国的法律理论却只提供了极少的这方面例子。而且，英国及其殖民地的社会实践中有大量例子违背了绝对个人所有权的理念。18 世纪社会和经济制度的真正基石不是绝对所有权，而是分散于许多持有者的财产权利；由许多所有者集体拥有和管理的财产权利；依附的或者附属的财产关系；受其他人的意志专断而任意的指导或者毁坏的财产；受到使用和转让方面的限制的财产；为了公共的或者国家的目的而被管理的财产；因法律规定的自相矛盾而地位不稳定的财产。布莱克斯通的《英国法释义》本身就只是一个"相对的"和有资格的财产关

① 《拿破仑法典》，商务印书馆，1981，第 72 页。
② Munroe Smith, *A General View of European Legal History*, New York：Columbra University Press，1927，p. 39.
③ 《拿破仑法典》，商务印书馆，1981，译者序。

系的简明目录而已。他关于财产和人身安全的一般定义，不过像边境上的障碍物而已，只是用于处理极端的例子的。

现实生活中，18 世纪的许多规则和习惯仍是有人所称的那种前商业时代的"道德经济"的遗留物。在这种遗留物中，有诸如工资和价格的管制，如"面包法令"（assize of bread），对公地、牧场和森林的共同权利，土地法可以被称作封建遗留。

在英国的美洲殖民地，有大量背离绝对私人所有权的例子。最为人知也最古老的背离是传统的在公地上的使用权，即放牧、拾木头、打猎、捕鱼。与这些相关联的是习惯或者规约所承认的多种多样的土地通行权（easements），包括在潮汐涨落地带、水面以下的土地以及这些土地上面的水路上的"公共权利"。这些是面积很大的已经在使用的公共地，它们不是处在无主的自然状态。管理经营既依靠邻居和社会，也依靠法律。不过，整个近代早期，这些权利都受到了侵犯，因为一些人要圈占耕地，要利用树木制造产品，要修水坝，在殖民地的东北部和中部，到 18 世纪末，共同放牧行将结束。新英格兰的渔民建立了水力磨坊主和公众在河流中捕鱼的共同的权利，两者实现了平衡。在南部，依然实行公共放牧，尽管有人要改变这种方式。公共地或者"与生俱来的公共"财产不但没有衰落，反而在 19 世纪得到了复兴与扩张，在 20 世纪，随着保护休闲、保护环境、保护商业使用权的"公共权利"和"公共托拉斯"理论的发展，再次复兴。

对绝对私有权最大的背离是财产的集体所有。所有家庭财产都属于这一类，因为它由妻子、孩子、仆人、日工、契约仆工（indentured servants）和奴隶分享。这些人都有对家庭财产的某种权利。而严格的绝对私有权理论将赋予家庭财产以一个单一的所有者，有全权控制和处置，临终时遗传给一个或多个继承人。还有寡妇从亡夫得到的遗产。在英国，还有王室财产（dynastic property），它受到严格保护，严防继承人将土地变卖为现金。许多家庭通过遗嘱而共同拥有家庭财产，继承了家宅的成年人与父母和未婚的兄弟姐妹共同使用。得到优惠的继承人一般有义务关心父母和为单身或已婚姐妹提供遗产的义务，当他们的兄弟姐妹未成年就死亡时，这些义务扩展到侄辈和寡居的侄媳。有些共同的继承人（co‑heirs）集体耕种农田, 兄弟和姐夫妹夫一起开磨坊和制革厂①。

综上所述, 可以认为, 在 17~18 世纪, 英国已经基本在法律上确立了绝对私人财产所有权。基本上说, 是指社会生活中, 还存在着许多违背绝对私人财产所有权的现象。这是一个过渡的时代, 尽管旧的习惯还在, 但是新的规则的生命力已经非常强大, 其发展势头不可阻挡。

第三节 私人土地所有权发展与经济社会变化

一 阶级与等级

(一) 土地阶级与等级

土地是最重要的生产资料, 生产资料所有制发生了根本性的变化, 那么拥有土地、经营土地, 以在土地上的劳动为生的人, 他们各自的地位、角色, 都会具有新时代的特征。这就是所有制在决定和改变一个社会的阶级结构、等级结构、收入分配结构方面的作用的体现。因此, 要探讨 17~18 世纪所有制形式的变革与社会之间的关系, 我们就必须探讨土地阶级和等级。

17~18 世纪, 支配土地、依赖土地、使用土地的人, 被分成了不同的社会阶级和等级。

此处 "阶级" 的决定因素是对于土地这一生产资料的所有权、使用权、收益权。因此, 大致可以分为地主阶级、租地者阶级、自耕农阶级、雇佣农业劳动者阶级。而此处 "等级" 的决定因素是财产拥有量、社会传统观念和法律规定。

从土地所有权角度看, 一般认为, 17~18 世纪土地所有者分为三类: 贵族 (peers)、乡绅 (gentry)② 和自由持有农。贵族和乡绅主要靠出租土

---

① David Sugarman and Ronnie Warrington, "Land Law, Citizenship, and the Invention of 'Englishness'," in John Brewer and Susan Staves, eds., *Early Modern Conceptions of Property*, London and New York: Routledge, 1995, pp. 96, 98, 132.

② 把 "gentry" 这个词翻译成 "乡绅", 是国内史学界的习惯做法。其实, 英国的 gentry 同前近代中国的乡绅有很大的不同, 甚至风马牛不相及。但是, 既然已经成为习惯译法, 笔者也就姑且沿用。下文中的 "缙绅" (esquires)、"绅士" (gentlemen) 也是姑且沿用习惯译法。

地过日子，因此是地主；自由持有农中的自耕农是主要的农耕户①。

从一般社会观念、习惯看，社会等级更多。查尔斯·威尔逊认为，17世纪英国，上层社会阶层或者有身份地位的社会阶层，有教俗贵族（noblemen）、从男爵（baronets）、骑士（knights）、缙绅（esquires）、乡绅、商人、约曼、耕夫（husbandmen）等及其家人，另加教士、律师、军官，总共要少于人口的一半。剩下的一多半人口没有特权，但身份自由。他们包括小店主、小商人、手工人、技工、酒店主、劳工、学徒、士兵、流浪人等。在 17 世纪后半叶，他们占总人口 550 万人中的 330 万②。

戴维·罗伯兹认为，17 世纪末 18 世纪初，社会等级是这样排列的：在社会金字塔顶端是 160 名贵族。贵族之下是中上层乡绅、从男爵、骑士、缙绅、绅士（gentlemen）共约 16400 人。之下是约曼，耕种自己的土地，但是没有绅士阶级的纹章（coat of arms），也不敢自称上流社会人士。有人称他们为英国的自耕农或者自由持有农民（freeholder），人数约有 16万。之下为 15 万农民（farmer or husbandman），他们是握有租约的佃农（copyholder or leaseholder），比自耕农更多的是雇工（laboring people）和役工（outservents）。他们被自耕农雇佣在田地上劳动，约 364000 户③。

现在，我们来具体看看各个阶级和等级的基本情况。

1. 贵族

（1）贵族的数量。据布朗统计，在 1700 年，有 163 个世俗贵族，26 个宗教贵族，整个 18 世纪，拥有贵族头衔的人不超过 1003 人。在 1800 年，有 257 个贵族④。

明格估计，在 18 世纪末小皮特（Younger Pitt）任首相之前，英国贵族数量为 160 个或 170 个。还有一些持有爱尔兰贵族头衔的英国人。由于小皮特放任授予贵族称号，贵族数量上升至近 300 个，如果包括爱尔兰的，则约

①　G. E. Mingay, *English Landed Society in the Eighteenth Century*, London: Routledge and Kegan Paul Ltd. , 1963, pp. 6, 8.

②　Charles Wilson, *England's Apprenticeship 1603 – 1763*, London: Routledge and Kegan Paul Ltd. , 1963, pp. 16 – 17.

③　〔美〕戴维·罗伯兹：《英国史：1688 年至今》，鲁光桓译，中山大学出版社，1990，第 20 ~ 21 页。

④　Richard Brown, *Society and Economy in Modern Britain 1700 – 1850*, London and New York: Routledge, 1991, pp. 268, 269.

500 个①。1800 年时，英国贵族约为 260 人，还有近 800 名从男爵、160 名骑士②。

（2）贵族集团的排他性。有一种观点认为，贵族和乡绅之间的联系，以及与商业阶级分享政权，产生了 18～19 世纪的社会和谐和进步。贵族与普通人之间通婚一直很普遍。这一观点说明贵族集团是开放的。但是，布朗并不同意这一观点。他认为，18 世纪英国贵族集团人数不多，非常封闭、排外，严格限制在富人圈子之内。由贵族组成的上院的大小直到 18 世纪 80 年代小皮特首相时仍然保持未变。163 个贵族（1700 年）当中，63 个在 20 岁以前拥有贵族封号。新封贵族基本上都在精英集团之内，28 个是在贵族内部，5 个是外国贵族，14 个是贵族的儿子或孙子，其余的是骑士的儿子。18 世纪，整个贵族集团的人数有所增加，但是，都是在富有者圈子之内的增加。1800 年，在 257 个贵族中，113 个自 1780 年就被授予贵族称号。其中，除 7 人之外，所有的人都早就与贵族有密切的联系了。至于这 7 人，其中 4 人是律师，3 人是巨富。因此有人说："几乎没有证据说明在 18 世纪社会精英在大量扩张……反之，统治集团更为狭窄。"贵族排他性的强化还表现为 18 世纪英国贵族婚姻的 59% 都在贵族内部③。明格指出，即使在小皮特改革之后，英国贵族也仍然只是一个小规模、同族、排外的集团，主要靠大地产收益过活④。贵族们的家族观念很强，一个贵族头衔意味着荫庇一大群人。所以，18 世纪的英国，当人们说到贵族时，往往也意味着贵族们的各种亲属⑤。

这一切都说明，贵族集团是比较封闭的。

（3）贵族的经济状况。1688 年时，160 个世俗贵族的平均收入为 2800 镑（有人甚至认为达 8000 镑），总收入为 448000 镑，或者约为国民收入

① G. E. Mingay, *English Landed Society in the Eighteenth Century*, London: Routledge and Kegan Paul Ltd. , 1963, p. 6.

② G. E. Mingay, *Land and Society in England 1750 - 1980*, London: Longman Group Limited, 1994, p. 120.

③ Richard Brown, *Society and Economy in Modern Britain 1700 - 1850*, London and New York: Routledge, 1991, pp. 268 - 269.

④ G. E. Mingay, *English Landed Society in the Eighteenth Century*, London and New York: Routledge, 1991, p. 6.

⑤ Dorothy Marshall, *Eighteenth Century England*, New York: David Mckay Company Inc. , 1962, p. 31.

的 1%。

1820 年之前的经济环境有利于贵族。土地价值和地租在 18 世纪早期较高，自 18 世纪 60 年代起则快速增长。1690 ~ 1790 年，土地价值几乎翻了一番，这个趋势受 1793 年之后的通货膨胀影响而加剧。历史学家哈巴库克（H. J. Habakkuk）在 1940 年发表的一篇有影响的文章里认为，财产运动的总趋势在 1690 ~ 1750 年是有利于大地产的，其中严格保护家族地产继承不分散化的政策起了重要作用。根据"家产保护"（the strict Settlement 或 entail）制度，在法律上，土地所有者是整个地产的终生佃户（life - tenant），法律限制对地产的转让和抵押。这种法律安排保护了大地产。不过，哈巴库克的论文仅仅以贝德福德郡（Bedfordshire）和北安普敦郡（Northamptonshire）为基础。他也承认，在 1680 ~ 1740 年易手的土地通常都进入了 1680 年就早已有大地产的家庭。在这一意义上，大地产总体上并没有特别大的增加。因此，在 18 世纪和 19 世纪早期，贵族集团在经济上并不繁荣。

许多贵族拥有城市地产，尤其是在伦敦或其附近的。在 18 世纪，土地价值和租金都上升了。有一块在伦敦的贵族地产于 1700 年时净值 2000 镑，1771 年时为 8000 镑。到 1886 年，261 个地方城镇中的 69 个基本上为贵族拥有，还有 34 个城镇为较小的土地所有者拥有。贵族们也投资政府股票、英格兰银行和大的贸易公司，还从事采矿[1]。

明格指出，18 世纪英国的大多数公爵（dukes）和伯爵（earls）能够收取 1 万 ~ 3 万多镑的租金。而该世纪末约有 400 户其他大地主，包括大部分贵族和部分从男爵，他们的地产至少年收入五千镑。当然，由于物价差异，A. 扬指出，在 1789 年的法国，一个贵族只需要 300 英镑的收入就可以雇两个男佣、两个女佣、三匹马、一个单马双轮轻便车。但是，在英国却做不到。因此，英国的大贵族生活需要更加丰厚的财力作为基础[2]。戴维·罗伯兹指出，17 世纪末 18 世纪初，贵族平均岁入为 3200 镑；还有 26 名主教岁入从 360 镑到 6000 镑不等。他们建筑乡村豪华住宅，雇佣成群的仆役，举

---

[1] Richard Brown, *Society and Economy in Modern Britain 1700 - 1850*, London and New York：Routledge, 1991, pp. 270 - 271.

[2] G. E. Mingay, *English Landed Society in the Eighteenth Century*, London：Routledge and Kegan Paul Ltd. , 1963, pp. 10, 20 - 21.

办豪华宴会，购买意大利名画和法国家具，到伦敦过冬，大注赌博①。

2. 乡绅

（1）乡绅的身份。17~18世纪的时候，社会上地位最高的当然是贵族，其次就是乡绅了。虽然法律不承认这种社会等级，但是社会承认。乡绅以土地财产，而不是家族血缘为基础，但与贵族的界限有时难以划清。乡绅的家长是地主，常任地方治安法官（justices of the peace），有时候是县里面在议会中的代表或有些小市镇（pocket borough）在议会中的代表。他的亲属则几乎无土地所有权，而只能力图在教会、军队里谋职，也在大学谋职。还有许多人从事贸易②。如前所述，戴维·罗伯兹把他们分为中上层乡绅、从男爵、骑士、缙绅、绅士③。这说明乡绅等级内部还有等级。这些等级之间的界限并不十分清晰，而且也没有很大的实际意义。它们只是一种强调等级，强调身份，强调荣誉的传统的表现而已④。

作为一种光荣的身份，乡绅起源于农业经营，但是随着经济的发展，乡绅的职业也经常改变。不过，虽然职业改变，但光荣的身份不能改变。于是，便出现了这样的情况，1640年，一位柴郡的乡绅可以讲他出身为乡绅，但职业是布商。1634年，有人说，许多古老的乡绅家族衰落了，但即使他现在是造肥皂者，也还叫乡绅⑤。

就像贵族身份一样，乡绅的身份不仅与经济地位有关，也与个人的精神品位有关。这一点更加显示出乡绅身份的荣誉性。在18世纪，成为一个绅士意味着接受了某种道德模式，在此模式中，"荣誉"有着最高地位，必要时要用决斗来捍卫之。有人记载，在18世纪末，决斗更为频繁；手枪决

---

① 〔美〕戴维·罗伯兹：《英国史：1688年至今》，鲁光桓译，中山大学出版社，1990，第20页。

② Dorothy Marshall, *Eighteenth Century England*, New York：David Mckay Company Inc. , 1962, pp. 31 – 32.

③ 〔美〕戴维·罗伯兹：《英国史：1688年至今》，鲁光桓译，中山大学出版社，1990，第20页。

④ 缙绅们为了表示看不起其下的社会阶层，议会通过了一个法案，规定自耕农岁入在100镑以下者，不得狩猎，即使在自己的田地上也不行。这意味着，鹧鸪鸟必须留给绅士们射杀。这是用社会等级来满足人们虚荣心的典型例子。〔美〕戴维·罗伯兹：《英国史：1688年至今》，鲁光桓译，中山大学出版社，1990，第20页。

⑤ Charles Wilson, *England's Apprenticeship 1603 – 1763*, London：Longman Group Limited, 1965, p. 14.

斗增加了所有乡绅之间平等的观念，乡绅与贵族同质的观念。1815 年以后，"绅士"概念变化了，决斗衰落，乡绅的荣誉概念逐渐由"好的基督徒公民"概念取代。被称为"好的基督徒公民"者，可以没有财产和社会地位，但有杰出品质和成就①。

（2）乡绅的数量。明格认为，18 世纪，乡绅数量为 8000～20000人。在 17 世纪末，著名统计学家格雷戈利·金（Gregory King）算出富裕乡绅，即从男爵和骑士为 1400 家，较小的乡绅，即地位次于骑士的缙绅和绅士，为 15000 家。也有人认为，1801 年从男爵和骑士为 890家，缙绅为 6000 家，身份有些模糊的绅士和贵妇（Ladies）为 20000 多家②。

（3）乡绅的经济状况。多罗西·马歇尔（Dorothy Marshall）指出，乡绅之间收入差距很大，富裕的每年可从地产中收入 2000 镑，而收入少的则只在 300～800 镑③。戴维·罗伯兹指出，乡绅最富有的岁入约 2000 镑，穷的仅仅 200 镑，平均为 354 镑。他们平时出卖粮食、购买牲口，闲暇时候则狩猎、打鸟、饮酒。富有者也建筑豪华乡间住宅④。明格认为，乡绅收入水平可以分为三类。1790 年时，700 或 800 个富裕乡绅年收入 3000～4000 英镑；3000 或 4000 个缙绅年收入 1000～3000 英镑；10000～20000 个绅士年收入 300～1000 英镑。根据当时一些人的估计，富裕的乡绅肯定比杰出的商人和银行家还要富有⑤。布朗提供的数据有一些差异，18 世纪时，第一层次，不足一千人的大乡绅地产为 1000～10000 英亩，年收入 1000～10000镑。第二层次，3000～4000 名缙绅各自拥有地产 1000～3000 英亩。第三层次为绅士，约 2 万人，年收入 300～1000 镑。有些大乡绅是骑士或世袭从男爵，但大多数没有称号。除了自己耕种外，乡绅的主要收入来源是租金。

---

① Richard Brown, *Society and Economy in Modern Britain 1700 - 1850*, London and New York: Routledge, 1991, p. 276.

② G. E. Mingay, *English Landed Society in the Eighteenth Century*, London: Routledge and Kegan Paul Ltd. , 1963, p. 6.

③ Dorothy Marshall, *Eighteenth Century England*, New York: David Mckay Company Inc. , 1962, pp. 31 - 32.

④ 〔美〕戴维·罗伯兹：《英国史：1688 年至今》，鲁光桓译，中山大学出版社，1990，第 20页。

⑤ G. E. Mingay, *English Landed Society in the Eighteenth Century*, London: Routledge and Kegan Paul Ltd. , 1963, p. 23.

地产的完整性受到继承方面法律的保护①。

戴维·罗伯兹指出，乡绅们的经营是充满剥削精神的。当时，先进的农业专家们都力主在圈地时代划出小牧场和小圈地，这是明智而可行的，而议会却不理会。自从 17 世纪晚期以来，英国的地主们一直在购置越来越大的地产，将田地按越来越大的单位和越来越短的租期租给佃农。他们逐渐注重经营，将其田庄看作一种投资。他们将田地抵押出去，借款买田进来扩大田产，组织成一个整体田庄，将地圈起来，然后缩短租约，提高租金，招进像磨坊主那样有投机野心和资本家味道的佃户。于是，种地 100 英亩或 150 英亩的佃农，便成了乡村里的主要人物。他们变成了乡村里新的三级经济结构——地主、佃农和农业工人——的控制器。他们往往是眼光锐利、办事精明的企业家。他们付给工人的工资不再按年计，也不再让工人住在他们的家里。他们按星期付工资，以便降霜下雪时可以将工人辞掉。在北部，因为有制造业竞争，需争取工人，所以，佃农每星期要付 11 ~ 13 先令的工资给农业工人。但是在南部，人口暴涨使工人供过于求，没有他业竞争，佃农每星期就只付 7 ~ 9 先令的工资给农业工人，剩下的全是自己的盈利。地主与佃农的地租和盈利，1790 ~ 1820 年几乎上涨了 1 倍，而工人的实际工资仍然不变，仅够维持生计②。

3. 自耕农

17 ~ 18 世纪英国的自耕农阶层，包括所有长期（甚至世代）和短期租种地主土地的佃农。他们中间的一些人，事实上拥有对土地的接近所有权的权利，因此这些人也被称为自有自耕者（owner - occupiers 或者 occupying - owners），表示他们的土地是不出租的。自耕农并不是一个被法律承认的社会等级或者阶层。对一个人社会阶层接近法律的承认，表现在收税人对他的收入归类。当收税人把一个人放入骑士、乡绅、约曼中的某一类时，其地位就接近于法律定义了。当时英国习惯给属于自耕农阶层的人以各种称呼，使得我们今天对他们进行归类的工作变得颇为复杂。如果按照经济史专家戈亨（R. B. Goheen）对"农民"的定义，那么他们就是名副

---

① Richard Brown, *Society and Economy in Modern Britain 1700 – 1850*, London and New York：Routledge, 1991, p. 275.

② 〔美〕戴维·罗伯兹:《英国史：1688 年至今》，鲁光桓译，中山大学出版社，第 76 ~ 77 页。

其实的农民了。戈亨说，普遍同意的 "农民" 的定义是农民是小的农业生产者，有对他们的土地的财产权利，主要以自己家庭的劳动力在土地上劳作①。

蒋孟引先生对自耕农阶层的分析比较清楚。他指出，16 世纪的英国农民，除了贫农、流浪者和农业工人，还有三个类型：一是自由持有农。土地虽然属于地主，但是系永租性质，并且只交一点点象征性的地租，或者完全不交。年收入不少于 6 镑。有时候还能够购买土地。二是公簿持有农，他们租地的权利，有庄园法庭档案的副本保障。租期一般是世袭的，也有终身或者若干年的。每当他们的租地不是父传子的时候，地主就乘机收回，另外出租。甚至租地虽然是世袭的，地主却故意抬高继承税，使继承人无力缴纳，只得把租地退回。三是有期租地农。他们以租约租种土地，通常还同时借来家畜和农具，租期是几代、几年（3 ~ 21 年）或者随地主之意。最初地主因为不愿意经营自己的留用地，便这样出租给农民；后来新开垦的土地、从公簿持有农手中收回的土地，也都这样出租给人经营农场，但是一到租期届满，农民仍然可能被逐。以上三种农民，都有利用农村公用地的权利②。

自耕农有一个通俗的称呼，叫作 "约曼"。yeoman 一词在 13 ~ 15 世纪具有 "服役" 的意思。在当时的官方文件和民众文学作品中，常有 "国王的约曼"、"国王的约曼和管事" 的提法。对于 "约曼"，并无法律定义。民间传说，约曼是来源于几位大人物的弓箭手。更准确地说，他们是大人物的仆人。在 1652 年，布里奇威特伯爵（the earl of Bridgewater）仍然把他家里次要的成员称为约曼。到 1600 年时，约曼包括自由持有农和公簿持有农，地位处于乡绅之下。他们的土地可能是 25 英亩，也可能是 600 英亩；收入一年 50 ~ 500 镑。当收税人把一个人放入哪一类时，其地位就由法律定义了③。戴维·罗伯兹指出，约曼耕种自己的土地，但是没有绅士阶级的纹章（coat of arms），也不敢自称上流社会人士。17 ~ 18 世纪，有人称他们为英

---

① R. B. Goheen, "Peasant Politics? Village Community and the Crown in Fifteenth – Century England," *The American Historical Review*, Vol. 96, No. 1, 1991, pp. 42 – 46.

② 蒋孟引：《英国历史：从远古到 20 世纪》，《蒋孟引文集》，南京大学出版社，1995，第 141 页。

③ Richard Brown, *Society and Economy in Modern Britain 1700 – 1850*, London and New York：Routledge, 1991, pp. 15, 219.

国的自由持有农。收入多的平均岁入 91 镑，少的 55 镑①。保尔·芒图也指
出，1688 年的革命以后，英国自耕农的收入额是 40 ~ 300 镑；他们中的大
多数人的收入为 60 ~ 80 镑②。明格指出，自由持有农分为两群：自耕或少
量出租土地者；土地出租户。关于第二群人，情况不甚清楚。但 18 世纪时，
人数大增。自有自耕者由自由持有农和公簿持有农组成③。

关于英国自耕农的人数，戴维·罗伯兹指出，17 ~ 18 世纪时，人数约
有 16 万④。保尔·芒图也指出，1688 年的革命以后，英国自耕农为数不少
于 16 万，加上他们的家属，占王国总人口的 1/6 左右⑤。明格指出，18 世
纪，有人估计自有自耕者、土地出租户为 180000 户，约是当时乡绅的 11
倍。其中大多数为小自由持有者⑥。

一般都认为，英国圈地运动消灭了自耕农。自耕农是在什么时期消失
的呢？保尔·芒图指出，在 18 世纪的最后几年中，有些人已把自耕农当作
灭绝的种类来谈论，有人认为，自耕农 "从 1750 年起即已几乎消灭，而且
正在渐渐被人遗忘"。不过，保尔·芒图肯定，在 18 世纪末仍然有自耕农
的存在。但是，1833 年英国议会关于农业状况的报告，做出了自耕农几乎
在全国都已灭绝的结论⑦。

自耕农消灭之后，英国农村的阶级结构大致是三级模式。土地所有者
将土地租给佃农，在佃农之下是无地的劳工——日工或年工。在 18 世纪
中期，这种三级结构在英格兰和东苏格兰最典型。在这些地区，土地所有
者不分割土地。在英格兰和威尔士，1700 ~ 1800 年，人口增长了 81%，

---

① 〔美〕戴维·罗伯兹：《英国史：1688 年至今》，鲁光桓译，中山大学出版社，1990，第
20 页。
② 〔法〕保尔·芒图：《十八世纪产业革命——英国近代大工业初期的概况》，杨人楩、陈希
秦、吴绪译，商务印书馆，1983，第 108 页。
③ G. E. Mingay, *English Landed Society in the Eighteenth Century*, London：Routledge and Kegan
Paul Ltd. , 1963, p. 7.
④ 〔美〕戴维·罗伯兹：《英国史：1688 年至今》，鲁光桓译，中山大学出版社，1990，第
20 页。
⑤ 〔法〕保尔·芒图：《十八世纪产业革命——英国近代大工业初期的概况》，杨人楩、陈希
秦、吴绪译，商务印书馆，1983，第 108 页。
⑥ G. E. Mingay, *English Landed Society in the Eighteenth Century*, London：Routledge and Kegan
Paul Ltd. , 1963, p. 7.
⑦ 〔法〕保尔·芒图：《十八世纪产业革命——英国近代大工业初期的概况》，杨人楩、陈希
秦、吴绪译，商务印书馆，1983，第 109 ~ 110 页。

而农庄劳动力只增长 8.5%，与此对比，在爱尔兰、中部威尔士和苏格兰部分地区，却有大量付租金的家庭，他们以种土豆为业。在英格兰和东苏格兰的农村社会，耕种已经资本主义化，失业的劳动力被工业吸收[①]。

我们引用明格提供的两份资料来看看土地阶级占有土地的比例（见表 4-3 和表 4-4）。

表 4-3　1436~1873 年英国土地占有情况（占土地百分比）

单位:%

社会群体＼年份	1436	1690	1790	1873
大所有者	15~20	15~20	20~25	24
乡绅	25	45~50	50	55
约曼自由持有者	20	25~33	15	10
教会和王室	25~35	5~10	10	10

资料来源：G. E. Mingay, *The Gentry*, London: Longman Group Limited, 1976, p. 59, table3. 1.

表 4-4　18 世纪拥有土地的社会阶层对于土地所拥有的份额

阶　级	户数（户）	收入（镑）	平均收入（镑）	占英格兰与威尔士已开发地面积的比例（%）
1. 大地主	400	5000~50000	10000	20~25
2. 乡绅				50~60
a. 富裕乡绅	700~800	3000~5000		
b. 缙绅	3000~4000	1000~3000		
c. 绅士	10000~20000	300~1000		
3. 自由持有农				15~20
a. 较高收入者	25000	150~700	300	
b. 较低收入者	75000	30~300	100	

资料来源：G. E. Mingay, *English Landed Society in the Eighteenth Century*, London: Routledge and Kegan Paul Ltd., 1963, p. 26.

对土地阶级、等级情况的分析表明，传统贵族还具有强大的经济力量，

---

① Richard Brown, *Society and Economy in Modern Britain 1700-1850*, London and New York: Routledge, 1991, p. 58.

但是他们也在逐渐适应新的经济环境；新兴乡绅不但经济力量强大，而且代表着资本主义生产方式的方向，是新的所有制形式下最有活力的阶层；自耕农是在农村从封建主义向资本主义过渡中发挥过积极而重要作用的过渡性的阶层。这三个土地阶层最终都要融入资本主义的潮流之中。

（二）不占有土地的阶级

尽管土地阶级、阶层是社会的主体，我们也仍然不能忽视不占有土地者阶级的存在。对他们的了解，既是了解土地阶级的必要背景，也是了解这个社会变化发展的总趋势所必需的。因此，这里简单介绍一下他们的情况。

土地当然是整个社会财富的最主要的来源，但是随着商业经济的发展，越来越多的人也可以从其他方面获得财富。这里稍做介绍。据格雷戈利·金估计，1688 年，在英格兰和威尔士有 2000 名杰出的商人，8000 名较小的商人，5 万名店主。他们是 1700 年后英国资源分配、批发、零售的核心。19 世纪早期，中等阶级一方面包括城市银行家和大工业家，其来自投资和利润的年收入超过 500 英镑；另一方面是小店主、职员，年收入 50 英镑。他们的经济状况可以从这些例子看出。在运输行业，19 世纪 20 年代的威廉·恰帕林（William Chaplin）的马车服务业，雇佣 2000 个工人，使用 1800 匹马；在 18 世纪 90 年代，匹克佛兹（Pickfords）拥有 10 条运河船只，50 架马车；1791 年，詹姆斯·麦金顿（James Mackington）每年卖书十万册①。有专家指出，18 世纪英国，在乡绅之下是"中等阶层"（the middling sort）。其中有些人远比小乡绅富有，在城里他们控制了大部分经济活动，他们包括商人、店主、中间人、布商、铁匠等②。

17 世纪英国，小店主、小商人、手工人、技工、酒店主、劳工、学徒、士兵、流浪人等这些穷人身份者中也有殷实者，尤其是那些接近贵族的仆人。如金斯顿公爵的马术师培恩特（Mr. Paynter, master of the horse to the duke of Kingston），他的薪酬就是一块年收入 200 镑的地产，其中有 7 平方

---

① Richard Brown, *Society and Economy in Modern Britain 1700 – 1850*, London and New York: Routledge, pp. 219, 293, 297.

② Dorothy Marshall, *Eighteenth Century England*, New York: David Mckay Company Inc. , 1962, p. 33.

英里用于体育和娱乐①。

戴维·罗伯兹把 18 世纪英国社会各阶层收入总量做了一个统计，从中可以看出非土地阶级的经济实力：农业方面，300 人每年收入 2500 万镑（每人约 8 镑）；商业方面，30 万人每年收入 1000 万镑（每人约 33 镑），有 2000 名大商人每人每年约赚 400 镑，另外有 2000 名商人每人每年赚 198 镑。开店和经商的人（shopkeepers and tradesmen）总共约 5 万户，每户每年约赚 45 镑。工匠（artisans）约 6 万人，每人每年收入约 38 镑。自由职业（professions）是致富的第二条路，律师每年收入 154 镑；有名的教士每年收入 72 镑，差一点的收入 50 镑。海军官佐每年收入 80 镑，陆军官佐 60 镑；普通船员 20 镑，陆军士兵 14 镑。政府的高级官员（great offices）每人每年收入 140 镑，次级官吏（lesser offices）120 镑。这些人是英国新财富的享受者。

在社会等级金字塔的最底层是既没有土地又没有其他财产的赤贫者阶层——雇工和游民。戴维·罗伯兹描述了没有土地的、受人雇佣的劳工的情况。比自耕农人数更多的是雇工（laboring people）和役工（outservents）。他们在被自耕农和农民雇佣在田地上劳动，约 364000 户，每户平均岁入约 15 镑。男人在地里干活每天工资 8～12 便士，不够养家；妻子梳理羊毛，每天 9 便士；孩子做纺毛线的工作，每天 4 便士。18 世纪早期的乡区，打工的劳动者每周收入只有 6～7 先令，在生活费用较高的伦敦，也只有 9～10 先令。他们每天的工作时间都在 12 小时以上。1700～1730 年，乡区劳动者的 6 先令中，有一半要用于买面包，剩下的 3～4 先令或用于买牛酪和肉，或用于付房租，购衣服、蜡烛和燃料。

有 40 万户茅舍村民（cottagers）和无业游民（paupers），平均岁入每户约为 6 镑又 19 先令。佛兰西斯·培根把茅舍农称为"有房子的乞丐"。他们生活的不足部分常靠堂区的贫苦救济金（parish poor relief）和慈善家的施舍来补充。前一项每年约 90 万镑，后一项每年约 20 万镑。全部贫民每年每人约得 1 镑，分配得还很不均匀。每个堂区总是设法阻止旁区的贫民混入界内。1662 年的《定界法案》（Act of Settlement）规定，一个贫民想在某堂区

---

① Charles Wilson, *England's Apprenticeship 1603－1763*, London: Longman Group Limited, 1965, p. 17.

居住，该区如果觉得他会成为累赘，可以将他遣送回原堂区①。

18 世纪，产业工人还极其微弱，这可以从工会运动极少这一事实得到证明。甚至到 1850 年，真正的工人运动也只涉及小部分工人②。

不占有土地者阶层的情况表明，在土地经济之外，已经有了一个越来越大的经济舞台，这个舞台不但在为工业资本主义社会准备资本，也在为它准备自由劳动力。但是，在工业革命之前，这个舞台在整个国民经济大舞台中占的比重还是比较小的。土地依然是最重要的财富之源。

（三）各阶级等级之间的关系

既然存在不同的阶级和阶层，就一定会有它们之间的关系问题。这里稍做分析。

那时，整个统治阶级并无平等观念，人们认为"等级和人的差别是一个混合的和有限的政府的最坚实的基础"③。在法律面前，除了贵族外，所有英国人都平等。但在社会上，各阶层之间实际上的不平等非常严重④。

强调等级观念主要是高等级在面对低等级的时候。等级观念在一定程度上阻碍了低等级进入高等级的过程，主要是非贵族等级进入贵族等级的过程。前面已经介绍过贵族阶层的封闭性。在小皮特首相之前，没有各种名号的买卖，也没有贵族身份的大扩展。另外，由于王权衰落，国王也不能像以前那样封贵族了。富裕地主很难进入贵族行列。实际上，在非贵族等级，要从低等级进入高等级也是不容易的，门槛非常高。例如，进入中等乡绅阶层，也就是拥有舒适的居所和年收入 1000 镑的地产，在 18 世纪中叶，需要约 30000 镑资产。而成为一个大地主，且拥有一所大房子和 1000 英亩土地，就需要超过 100000 镑的资产。这是好几代人才可能积累得起来

---

① 〔美〕戴维·罗伯兹：《英国史：1688 年至今》，鲁光桓译，中山大学出版社，1990，第 20、21、22、67 页。

② Richard Brown, *Society and Economy in Modern Britain 1700 – 1850*, London and New York：Routledge, 1991, p. 330.

③ G. E. Mingay, *English Landed Society in the Eighteenth Century*, New York：David Mckay Company Inc. , 1962, p. 113.

④ Dorothy Marshall, *Eighteenth Century England*, London：Routledge and Kegan Paul Ltd. , 1963, p. 31.

的。而大家族也极不愿意出卖土地，因为地价极高。这一切，使得通过扩大地产进入大地主阶层非常不容易①。对商人阶级的传统鄙视仍然在一部分人中间存在。在 18 世纪，许多人批判商业和商业社会，认为商业破坏了社会平衡，有人写道："贵族等级有大用处，不仅因为它起着创造的作用，还因为它起着阻止的作用，它阻止了财富的统治——金钱的宗教。这是盎格鲁－撒克逊的显著而自然的幽灵。他总在试着赚钱，他用硬币来计算一切，在有钱人面前他卑躬屈膝，在钱少的人面前他不屑一顾。"

但是，由于经济的发展，社会各阶层之间的流动性已经成为不可抗拒的趋势，因此我们看到，以经济实力为特征的新兴大地主阶层原则上是开放的，尽管门槛很高，但是，还是有很多小人物通过发家致富跻身此阶层。至于非贵族阶层与贵族阶层之间的界限，也不是那么不可逾越的了。17 世纪，富有的商人与农村的骑士这两个阶层常常互相通婚。伦敦的商人（如著名的 Frowick 家族）曾长期兼为农村的大封建领主。萨福克伯爵（the earl of Suffolk）就是商人的后代。伦敦商人阶级很大程度上就是从农村家族的非长子中来的。因此，各阶层之间的流动性早就存在了。成功的商人和律师都大量置地。著名的律师、行政长官、富有的商人、银行家都买了大地产，获得骑士、小男爵，甚至贵族身份，将他们的女儿嫁给乡绅和贵族。而老乡绅家族的非长子们通常经商谋出路②。

在新的社会阶级结构中，阶级冲突以新的形式发生。这主要发生在土地所有者阶级同小佃农和贫穷的无地劳工之间。

明格指出，在 18 世纪末，自由持有农发展了独立精神，在城市和乡村，各种会议召开，向政府提出有关荒地、税收和效率方面的各种请愿、建议。在美洲战争的年代里，对政府的批评尖锐起来，约克郡自由持有者们试图组成一个 16000 人的改革团体③。

著名的偷猎现象更加说明了阶级冲突的尖锐。在传统的公地制度下，

---

① G. E. Mingay, *English Landed Society in the Eighteenth Century*, London：Routledge and Kegan Paul Ltd.，1963，pp. 26 – 27.

② Charles Wilson, *England's Apprenticeship 1603 – 1763*, London：Longman Group Limited，1965，pp. 9 – 10，12.

③ G. E. Mingay, *Land and Society in England 1750 – 1980*, London Longman Group Limited，1994，p. 53.

属于公地共同体的荒地上出没的野兔、野鸡之类的小野生动物，经常是穷人们的猎获物。穷人们认为，在荒地上打猎，是他们天经地义的权利。例如，1381 年瓦特·泰勒起义的要求之一是所有的小猎物繁殖场地、公园（park）和狩猎地都应该开放。因此，整个王国，在……树林里，穷人和富人都可以捕捉野兽，并在地里打兔子。当时，富人们打猎用狗，比如莱斯特郡的修道院长克劳恩（Abbot Clowne of Leicester），就因养猎狗而闻名。而穷人们，还有那些像罗宾汉一样的绿林好汉——法外人（outlaw），则习惯于用弓箭射鹿。英国军队的弓箭手都来自农民，这与他们经常射猎有关①。捕鸟的行为或为惯例所容许，或为惯例所不容（某种程度上这取决于当地领主的权利），但毋庸置疑的是，多数狩猎与捕鸟活动绝不是合法的。

领主的鸽房是中世纪最为熟悉的景观之一。无论鸽子的数量如何多，也无论鸽子对庄稼造成损失多大，农民都被禁止养鸽和捕杀鸽子。

在 13 世纪，大多数庄园领主都从国王那里得到一张圈占"猎苑"的特许状，以阻止任何人进入"猎苑"捕猎狐狸或野兔。但是，在"猎苑"猎鹿则不属侵权行为，因为鹿属于"森林中的动物"，而不属于"猎苑中的动物"②。

可以说，在公地仍然存在的地方，无论农民的狩猎权利受到多少限制，他们还有一定的狩猎空间。但是，圈地之后，尤其在达到最高潮的 1790 年后，公共地变成了私人财产，要么被辟为牧场或者耕地，要么成为地主的猎场和休闲地域。原来那些可以在荒地上打猎和进行体育活动的人，现在再也没有权利进入私人的荒地了。打猎这种原来属于大众的权利，圈地之后，变成了少数地主的特权。在中世纪，狩猎法令（game laws）规定只有每年财产值在 40 先令的人才能打猎。1671 年，立法规定提高了打猎资格门槛：自由持有农为 100 镑，佃农 150 镑③。18 世纪英国政府颁布《反偷猎法》，规定占有土地少于 200～300 英亩者禁止猎取鹿、野鸡、鹧鸪、野兔。

① Maurice Keen, "Robin Hood: Peasant or Gentleman?" *Past and Present*, No. 19, 1961.

② 〔英〕亨利·斯坦利·贝内特：《英国庄园生活：1150～1400 年农民生活状况研究》，龙秀清、孙立田、赵文君译，侯建新校，上海人民出版社，2005，第 73～74 页。

③ Tom Williamson, Liz Bellamy, *Property and Landscape, A Social History of Land Ownership and the English Countryside*, London: George Philip, 1987, p. 199.

地主把持的议会于 1770 年通过一个新法律，规定夜间偷猎要处以 3~6 个月的监禁，重犯处 6~12 个月监禁并公开鞭笞①。19 世纪早期反偷猎的法律更恶毒，1827 年以前，可以使用对付偷猎者的伏击枪；夜晚偷猎可被判处流放；攻击猎场看守人可被判绞刑。18 世纪末，对侵犯私有财产的惩罚普遍加强了。大批重罪名（capital offences）被确立。法官执法更加严厉。一位法官吹嘘，他将执法严厉到这种程度，以致任何一位乡绅在大路边上挂上他的手表，第二天来看时，还未被人拿走。在 1800 年，单个法官甚至可以不到法庭，独自坐在自己家里，就可以给人判处服苦役的监禁②。如果盗猎者涂黑了面孔以遮掩其真面目，或在皇家森林盗猎者，则处以绞刑。这是 1723 年《黑罪法案》（Black Act）所规定的。法案原文仅适应于涂面并且在皇家森林盗猎者，法官们将其扩改为涂面或者在皇家森林盗猎，只要有一事成立即可定罪。这是一个对绞刑甚感兴趣，并认为其效力甚大的年代。1688 年，只有 50 条绞刑法规；1820 年，这种法规已增至 200 余条，其中有一条处罚的是破门入室偷取细质麻布的人③。

　　但是，严刑峻法也禁止不了偷猎。因为穷人们认为，围圈公地是不正义的。他们固执地持有古代的观念：上帝给予土地，并且也把其上的野生动物给予全体人。因此，全体人都有权利打猎。他们在农闲时有时组成大帮队伍偷猎，甚至当 19 世纪 40 年代和 50 年代县警察力量出现后，仍如此。偷猎现象一度非常严重，以至于大地主们只好增加对荒地的看守人员。当盗猎犯和走私犯并没有觉得自己真正有罪而遭受严刑重罚时，若干法律案件的武断，就会引起他们的愤怒，从而逼使他们，也确实曾经逼使他们，向财产和法律宣战。18 世纪 20 年代，温萨森林（Windsor forest）的人民曾以武力抗拒王室猎场的看守人和法官们，以保卫他们自古以来享有的拾柴、捕鱼和打猎的权利；18 世纪 40 年代，萨塞克斯（Sussex）的走私帮曾和王室的税吏为敌，以保障他们分享一点为上流社会所垄断的贸易活动的好处；

① G. E. Mingay, *Land and Society in England 1750 - 1980*, London：Longman Group Limited, 1994, p. 134.

② Richard Brown, *Society and Economy in Modern Britain 1700 - 1850*, London and New York：Routledge, 1991, p. 273.

③ 〔美〕戴维·罗伯兹：《英国史：1688 年至今》，鲁光桓译，中山大学出版社，1990，第 69 页。

1750 年，斯塔福德郡（Stafford‐shire）的农民和村民打死了 10000 只根据狩猎法属于阿克斯布里奇伯爵（Earl of Uxbridge）的兔子，他们说这些兔子糟蹋了他们田地里的庄稼。在上述这些争斗案子里，法律一面都取得了胜利。盗猎者和走私犯都上了绞台，捕杀兔子的人也被囚禁了。下层人民为官府的权威所震慑，只得俯首听命，但只是安于一时，最终仍要爆发骚动，扰乱治安，在绅士和商人富泰安祥的社会下，人民大众都是在生存线上挣扎，一旦有问题，像生病、失业、年老、遭遇饥荒或者物价暴涨，都会承受不了①。

在镇压与反抗的长期较量之后，到 1881 年，法律终于做了一些让步，即允许佃户在租自地主的土地上未经地主允许而打死野兔（此前部分佃农已从地主那里获得在其租地上有限的打猎权）②。

除了维护狩猎权外，佃农们在其他方面也与地主进行斗争。土地所有者和佃农之间的联系有时被称为"近代封建主义"。这说明地主们仍然在对农民进行超经济强制。不过，农民们一直在以习惯权利作为武器，来与地主进行斗争。这种斗争在 18 世纪表现得尤其激烈。例如，在坎布里亚郡（Cumbria），佃农们为维护其权利而顽强战斗。1757 年，在卡莱尔（Carlisle）地产上，地主约翰·彭宁顿（Sir John Pennington）和一个庄园上的佃农就对木材的权利打官司。佃农控告庄园主取消了他们对于林地中木材的那份权利。而彭宁顿家族长期以来就在其地产上开矿代木。法庭支持了佃农的权利。在该世纪其余的时间内，佃农们都维持了其权利。19 世纪上半叶的经济环境允许佃农们与地主讨价还价。在 1850 年，孟森勋爵（Lord Monson）给他的管家写到，佃农讨价还价，将原来 760 镑一年的租金变为现在 550 镑一年③。

为了加强对反抗力量的镇压，英国统治阶级强化了具有悠久历史的治安法官制度。

---

① 〔美〕戴维·罗伯兹：《英国史：1688 年至今》，鲁光桓译，中山大学出版社，1990，第 70 页。

② G. E. Mingay, *Land and Society in England 1750 – 1980*, London: Longman Group Limited, 1994, pp. 134, 135.

③ Richard Brown, *Society and Economy in Modern Britain 1700 – 1850*, London and New York: Routledge, 1991, p. 278.

治安法官在英国由来已久。它开始于爱德华三世（Edward Ⅲ，1327～1377 年在位）时期。其职责是约束有坏名声的人，使之行为良好；督促人们遵守有关法令，检查县里人是否根据其等级而恰当地武装了；强迫县里人帮助他们执行公务；调查侵害货币和关税的人，调查郡长们和其他官员们对劳动者和仆人们征收的任何数量的钱；调查重罪、叛国罪、谋反罪，以及一长串其他罪名，在国王的刑事诉讼法案中审理并决断此类罪行。爱德华朝 34 年（1360 年）法令宣布：在英格兰每一个县，为维护和平（治安），任命一位贵族以及其他选出来最好的三或四人，再加上一些懂法律的人，他们有权拘捕有恶行者、骚乱者，以及所有其他诉讼教唆者（barrators），有权追击、逮捕、带走、惩罚他们。根据他们的罪过，将他们囚禁，使之受到应得的惩罚，根据王国的法律和习惯，也根据他们认为最好的方式①。

到了 17～18 世纪，这支队伍已经扩大到 3000 人。正如戴维·罗伯兹所说，这 3000 人是地地道道统治英国的人。这些地方的治安法官真正如土皇帝，他们抽税，设监狱和济贫院关犯人，监管桥梁和道路，委任平民督察和公路大道巡查官，命令非堂区内的贫民迅速离境，勒令私生子的父亲收养其子，捕捉游手好闲的人、盗猎者、窃盗者和酗酒者入狱，他们也能对不去教堂做礼拜者出言不逊，对不敬神圣的人、窝藏游民的人、在公地盗伐木材的人以及侮骂诽谤妻子的人课以罚金②。

这就是那个时代阶级关系的真实情况。

所有制形式的演变使社会上出现了崭新的土地阶级，他们的经济力量足以同传统贵族一比高下，他们的生产经营方式也具有新时代的特点，但是，他们的社会观念却又是那么传统保守——非常羡慕甚至迷恋贵族的身份；处在新的经济环境中的贵族也死守着祖先留下的光荣与梦想。社会已经从身份时代进入契约时代，但是身份意识还在顽强地纠缠着人们。历史经验表明，在重大的社会变革时代，观念的变革有时候走在经济的变革之前，有时候是之后。

---

① C. G. Crump, C. Johnson, "The Powers of Justices of the Peace," *The English Historical Review*, Vol. 27, No. 106, 1912.

② 〔美〕戴维·罗伯兹：《英国史：1688 年至今》，鲁光桓译，中山大学出版社，1990，第 69 页。

在新的所有制形式下仍然坚守着平等理想、习惯权利观念的农民们，遇到了采用新的经营方式，有着新的经济头脑，但是仍然固守传统封建特权的地主阶级。农民们捍卫传统权利的斗争，尽管看起来是传统的，实际上却有着新时代的意义，因为他们要求的是平等，而资本主义契约原则同封建主义身份原则相比的进步意义之一也在于平等。如果我们从这一角度去看问题，就会更加重视农民斗争的意义了。

二　土地集中与大地产的发展

圈地运动消灭的是分散零碎的田块格局，要形成的当然是土地集中连片的比较大的独立经营单位。这是一个渐进的但被历史学家们公认的过程。保尔·芒图指出，在敞田制消失的地方，人们就看到业主的数目较少，而业主的地产则较大。凡进行了圈地的地方，都成立了一些比以往大得多的农场；并且，新出现的农场继续合并，导致数目减少，面积增加。这是整个 17 世纪的一个基本趋势。1690 年以后，小土地所有者被迫出卖土地，而大土地所有者及乡绅则增加了土地。因此可以说，17 世纪是地产集中的世纪，尽管还不能说是大地产繁荣的世纪。

18 世纪是大地产获得较大发展的世纪。事实是在 18 世纪后半期，农场的数目已经大大地减少了。多塞特郡的某一村庄，在 1780 年还有 30 个左右农场，但 15 年后，这个村庄便分掌在两个企业的手里；在哈福德郡的某一堂区里，3 个地主把 50～150 英亩面积的 24 个农场兼并在自己手里。有一位圈地的辩护人，他不喜欢夸大圈地的坏结果，也把 1740～1788 年小农场被大农场所吞并的数目估计为每一堂区平均 4 个或 5 个。就是说，就整个王国来说，其总数便有 4 万～5 万个①。莫尔顿也指出，近代圈地运动使 100 英亩以下的农场显著减少，而 300 英亩以上的农场则显著增加，并且据计算，1740～1788 年，农场的数目减少了 4 万个以上②。可见基本事实是清楚的。据明格统计，1790 年，400 家大土地所有者拥有的耕地占英国和威尔士

---

① 〔法〕保尔·芒图：《十八世纪产业革命——英国近代大工业初期的概况》，杨人楩、陈希秦、吴绪译，商务印书馆，1983，第 116，135，142 页。
② 〔英〕莫尔顿：《人民的英国史》，谢琏造、瞿菊农、李稼年、黎世诗译，罗凤礼、李稼年校，三联书店，1962，第 264～266 页。

耕地的 20% ~25%，乡绅的占 50% ~60%，自由持有农的只占 15% ~20%。1720 年，北安普敦郡 1/3 的堂区被圈占，但只有 10% 的人口住在里面。到了 18 世纪中期，土地社会的结构变得更为稳定[1]。Richard Brown 指出，在英格兰，有三种主要的土地所有制类型。大土地所有者有几千英亩的地产，逐渐增加了在总土地面积中的份额：1700 年占 15% ~20%，1800 年已达 20% ~25%。乡绅拥有土地在 300 ~2000 英亩，比较稳定地约占总土地面积的一半。自由持有农土地少于 400 英亩，其地位因为大土地所有者的扩张而下降[2]。

不过，尽管圈地之后出现了大批独立于共同体的私人耕作或者放牧单位，但是，它们的面积在开始时并不都是很大的。面积的增加、规模的扩大经历了一个较长的过程。应该说，整个 18 世纪和 19 世纪早期，尽管同圈地之前相比，土地经营单位的面积是大大地增加了，但是，同资本主义大规模农业经营单位相比，大多数农耕单位都还是小规模的。1815 年，62% 的农庄占有者的土地为 5 ~100 英亩。大于 1000 英亩的农庄在英格兰仅有 7771 个。而 142358 个是小于 100 英亩的。白金汉郡的情况在南部有代表性：1851 年，1810 个可以认定的农庄中，872 个的面积为 100 ~300 英亩；只有 229 个超过了 300 英亩；平均规模为 179 英亩。在约克郡，70% 的农庄面积在 100 英亩以下，在兰开夏郡，该比率近 90%。尽管大地产很重要，但大多数 20 英亩以上的农户都是靠租佃土地经营的，其规模足可赢利[3]。在和平时期，整个 18 世纪的土地买卖少于 16 和 17 世纪[4]。

17 ~18 世纪存在的土地兼并集中趋势，一直持续到 19 世纪。为了了解这一趋势的结果，我们来看看 19 世纪英国大地产的情况。

到 19 世纪中后期，作为土地兼并的结果，英国的大部分土地都掌握在

① G. E. Mingay, *English Landed Society in the Eighteenth Century*, London: Routledge and Kegan Paul Ltd. , 1963, pp. 26, 50.

② Richard Brown, *Society and Economy in Modern Britain 1700 – 1850*, London and New York: Routledge, 1991, p. 58.

③ Richard Brown, *Society and Economy in Modern Britain 1700 – 1850*, London and New York: Routledge, 1991, p. 58.

④ G. E. Mingay, *English Landed Society in the Eighteenth Century*, London: Routledge and Kegan Paul Ltd. , 1963, p. 39.

极少数人的手中。地貌不再是由小持有者的小块土地构成的拼图，而是大规模圈地形成的大块土地①。1851 年，占地 300 英亩以上的大农场主有 16671 个，占有耕地 13% 以上；而占有 100 英亩以下的小农场主多达 134000 个以上，但占有耕地不到 22%。其余为占地 100～299 英亩的中等农场（16671 个）。由此可见，资本主义大农业在英国已占主导地位②。到 19 世纪 70 年代，大地产拥有不列颠诸岛土地的 4/5 左右。他们在政治、经济、文化方面的统治地位从他们在政府、议会、法律界、教会、文官、军队中的优势地位可以看得出来。尽管英国是第一个工业化国家，那也只是从 19 世纪最后 25 年开始，土地集团的势力才逐渐衰微③。

蒋孟引先生指出，1876 年，1200 人占有全国土地的 1/4，7400 人占有一半。土地的经营，分散于许多农场，据 1885 年在英格兰和威尔士的调查，2770 万英亩土地的划分情况如表 4-5 所示。

表 4-5　1885 年英格兰和威尔士土地划分情况

地产大小等级	份数（份）	总英亩数（英亩）	占总数比重（%）
5～50 英亩	200100	3888700	14.0
51～100 英亩	54900	4021000	14.5
101～300 英亩	67000	11519400	41.6
301～500 英亩	11800	4472300	16.2
501～1000 英亩	4200	2737600	9.9
1000 英亩以上	573	745500	2.7

表 4-5 中 5～20 英亩一级的，有 12.6 万份，至于在 5 英亩以下的，还有 32.1 万份。这些小地产究竟有多少属于地主，有多少属于农民自己，还不清楚④。

---

① J. M. Neeson, "The Opponents of Enclosure in Eighteenth - Century Northamptonshire," *Past and Present*, No. 105, 1984.
② 转引自王章辉《英国农业革命初探》,《世界历史》1990 年第 1 期。
③ David Sugarman and Ronnie Warrington, "Land Law, Citizenship, and the Invention of 'Englishness'," in John Brewer and Susan Staves, eds., *Early Modern Conceptions of Property*, London and New York: Routledge, 1995, p. 121.
④ 蒋孟引:《英国历史: 从远古到 20 世纪》,《蒋孟引文集》, 南京大学出版社, 1995, 第 292 页。

明格也指出，1873 年的"新末日审判"人口普查（"New Domes-day" enauiry）表明，少于 7000 人占有 4/5 的国土。1833 年，约 24% 的国土是以超过 10000 英亩的大地产的形式被占有的。29.4% 的国土，以 1000~10000 英亩的地产形式占有。如果包括少于 1000 英亩的乡绅，还有像王室、牛津和剑桥大学、伦敦的老医院、大批慈善机构等机构拥有的土地，那么由所有地主拥有的土地总量一定接近总土地的约 90%[①]。

英格兰的情况我们已经了解，同时我们也介绍一下爱尔兰和威尔士的情况。

爱尔兰未出现大农庄化趋势。到 1800 年，最重要的变化是出现了大量中等规模的、独立的农庄家庭[②]。在克伦威尔征服之时，大多数老爱尔兰土地所有阶级都由英国人取代了。詹姆斯二世（James Ⅱ，1685~1688 年在位）被推翻后，土地又重新分配。到 18 世纪时，约有 2/3 的爱尔兰土地流出了老爱尔兰所有者之手。在 17 世纪后期和 18 世纪早期，政府用爱尔兰地产或爱尔兰年金（pension）来作为对政治和军事服务的奖赏。威廉三世（William Ⅲ，1689~1702 年在位）的追随者们，获得了以前属于追随詹姆斯的爱尔兰人的大地产，其他的爱尔兰土地由议会专门卖给新教徒。新的英国土地所有者主要是住在英国而收取租金者[③]。

威尔士在 1700 年前，大部分低地都形成了连片的农庄，圈地只是加强了这一趋势。但是，在 1795 年以前，仅仅颁布了 13 个法令，涉及 28596 英亩土地，大多在边境地区。大圈地出现在 1801~1815 年，通过了 76 个法令，影响约 200000 英亩土地，主要是位于高地的公地和荒地。1845 年的《大圈地法令》（General Enclosure Act）导致 19 世纪 50 年代和 60 年代开展了巨大的圈地活动。19 世纪 30 年代，一个小于 100 英亩的农庄网已经形成[④]。

---

① G. E. Mingay, *Land and Society in England 1750 – 1980*, London: Longman Group Limited, 1994, pp. 120 – 121.

② Richard Brown, *Society and Economy in Modern Britain 1700 – 1850*, London and New York: Routledge, 1991, p. 65.

③ G. E. Mingay, *English Landed Society in the Eighteenth Century*, London: Routledge and Kegan Paul Ltd., 1963, p. 43.

④ Richard Brown, *Society and Economy in Modern Britain 1700 – 1850*, London and New York: Routledge, 1991, p. 63.

英国大地产的存在和发达，还有一个重要的标志，那就是地产代理制度的产生和流行。16 世纪以来，英国城镇人口快速增长。以伦敦为例，1550 年人口为 75000 人；1600 年猛增到 200000 人；1650 年达到了 400000 人，是 1600 年的两倍；1700 年则达到了 575000 人①。17 世纪英格兰共有城市 851 座；1801 年上升到 873 座。苏格兰、威尔士的城市数量也同样在迅速增加②。土地贵族和乡绅尽管在农村拥有大量土地，其经济基础都在农村，但是他们的利益保护者议会在城市，城市的繁荣和热闹生活方式也是他们所向往的，并且还是他们文化修养和社会地位的重要体现。一份资料表明，在 18 世纪前后的伦敦，"2/6 的人口从国王和宫廷那里谋求生机，1/6 的人口从官员那里求生，2/6 的人从土地租金获得者以及国家的间接食利者（金融家上层）那里寻求活路，还有 1/6 从贸易和工业生产中谋生"③。这就说明住在那里的土地所有者人数之多了。因此，许多在农村有大地产的贵族和乡绅就选择一个代理人或者代理人机构来为他们管理地产。代理人有点类似于中世纪庄园中出身农民但是为领主管理庄园农民的庄头（reeve）。他们既要照看好地产，又要改良农业技术，改进经营方法，让地产获得更大的经济价值。制订计划、勘查地产、评判其价值也是代理人地产管理的基本内容之一。下面我们看看代理人制度的流行情况吧。

18 世纪后半期，以代理人为特征的组织形式开始出现，代理人逐渐替代了传统的地产（庄园以及后来的农场）总管，成为主要的地产管理人。例如，1779～1807 年，总管托马斯·戴维兹管理某片地产，他还把他的儿子训练成了继任的总管，他的儿子又依样培养了自己的儿子成为总管④。在代理人取代总管的同时，下属代理人也取代了管家。

---

① 杰里米·博尔顿：《1540－1700 年的伦敦》（Jeremy Boulton，"London，1540－1700"），〔英〕比德·克拉克主编《剑桥不列颠城市史（1540－1840）》（Peter Clark ed.，*The Cambridge Urban History of Britain，1540－1840*）（第 2 卷），剑桥大学出版社，2000，第 316 页。

② 约翰·朗敦：《17 世纪晚期至 1841 年的城市增长与经济变迁》（John Langton，"Urban Growth and Economic Change：from the Late Seventeenth Century to 1841"），〔英〕比德·克拉克主编《剑桥不列颠城市史（1540－1840）》（第 2 卷），剑桥大学出版社，2000，第 466 页。

③ 〔德〕维尔纳·桑巴特：《奢侈与资本主义》，王燕平等译，上海人民出版社，2000，第 44 页。

④ 〔英〕琼·瑟斯克：《英格兰与威尔士农业史（1750～1850）》（第 6 卷），剑桥大学出版社，1989，第 595～596 页。

总而言之，到 19 世纪，英国的大部分土地都掌握在极少数人的手中。

附带指出，土地精英们对地貌的安排，除了考虑经济利益之外，还有审美的追求和对闲暇的追求。大土地所有制对地貌的影响最明显的是被称为"大栽树"（great replanting）的运动。17～19 世纪，英国土地精英们栽种了数以百万计的树，动机既是审美的，又是经济的，还是爱国的。16 世纪中期，政府就试图鼓励植树，因为担心没有造船用的木头。1543 年的法令最重要，它要求凡林地，每英亩至少要有 12 棵标准的（或者非灌木的）树，当树干倒下后，要用栅栏围起来。但是，只是在大地产兴起、圈地广泛开展后，植树才大展开。因为投资于种树要很长周期才可收回成本，那种只有三四十英亩土地的小业主肯定不愿干。在北林肯郡，几位伯爵（the earls of Yarborough）在某地产（Brocklesby estate）上，于 1787～1889 年种了 1750 万棵树，到 19 世纪末，该地产有 8000 英亩观赏树和商业用树[①]。

在一些人的心里，拥有大地产的大贵族还是传统理想的象征。商业社会、市场经济社会、资本主义的生活方式，在当时的英国极其严重地腐蚀了社会道德，并且引起了严重的社会分化。处境不佳，没有出路的一些人，看不到未来的曙光，只能向往传统——尽管固守传统生活方式的贵族们根本就不可能给他们带来理想社会的希望。在 18 世纪，许多人批判商业和商业社会，认为商业破坏了社会平衡，只有贵族的生活方式才可能抵制商业社会。有人写道："贵族等级有大用处，不仅因为它有所创造，还因为它有所阻止。它阻止了财富的统治——金钱的宗教。这是盎格鲁 - 撒克逊的显著而自然的幽灵。他总在试着赚钱；他用硬币来计算一切；在有钱人面前他卑躬屈膝，在钱少的人面前他不屑一顾。"[②]

贝克特（J. V. Beckett）在其 1984 年发表的重要论文《1660 - 1880 年英格兰和威尔士土地所有制模式》[③] 中，系统地考察了大地产问题及其原因。为了对 17～19 世纪英国土地集中和大地产发展问题有一个更加深入的了解，

---

① Tom Williamson and Liz Bellamy, *Property and Landscape*, *A Social History of Land Ownership and the English Countryside*, London: George Philip, 1987, pp. 192 - 193.

② Charles Wilson, *England's Apprenticeship 1603 - 1763*, London: Longman Group Limited, 1965, p. 12.

③ J. V. Beckett, "The Pattern of Landownership in England and Wales, 1660 - 1880," *The Economic History Review*, Second Series, Vol. XXXVII, No. 1, 1984.

这里较多地引述他的论述。

自 1472 年一件有关土地的案子——塔尔塔拉姆（Taltarum）案——之后的两百年内，土地市场几乎全部开放，所有权多样化，英国成为约曼的天下。这也意味着，社会上出现了众多的小土地所有者。但是，斯图亚特王朝复辟之后，形势改变，因为法庭开始接受地主的要求而增大对他们财产的保护，结果是采用了严厉的限嗣继承（family settlements）措施。通过把财产限定给未出生孩子继承，地主们至少在理论上可以保证其家庭的延续。再加上长子继承制的实行，使得法律偏向于地产的集中，而非分散。有一位学者（George Brodrick）说："建立于长子继承制法律之上的土地制度，加之受到严格的家庭财产限定继承措施的保护，产生了直接的趋向：防止土地的分散……并且必定进一步加快土地集中于少数人，而且是不断减少的少数人之手。"还有其他阻碍土地流动从而削弱大地产的因素：昂贵而烦琐的土地转让手续，使得人们不愿意购买小块土地；1688 年"光荣革命"后政权集中于大土地所有者之手。当时，人们就认为小地主群体数量和土地占有量都在严重减少。例如，早在 18 世纪 70 年代，亚当·斯密（Adam Smith）就承认："茅舍农和其他小土地占有者数量减少。"18 世纪英国土地改革宣传运动的中心论点就是：独立的小地主已经在英国减少了。有人认为，财富的增长和法律的限制结合起来，使得耕种土地者由原来的小地主转向后来的佃户，使农业人口减少，城镇人口增加。1845 年，一位英国的匿名作者认为，英国地主数量在 1775 年有约 24 万或者 25 万人。而到拿破仑战争结束时，则仅仅有 3 万人。土地税收评估的证据更加证明 1660～1780 年对于大地产的积累和小地主的减少是关键性的。

大家族愿意投资购买土地，既为了获利——因为直到 17 世纪末，购买土地都有利可图；也为了社会地位（social prestige）和政治影响。著名经济学家亚当·斯密在其名著《国富论》（Wealth of Nation）中提到，"商人们普遍都渴望成为农村乡绅"。迟至 19 世纪 80 年代，还有人认为，商人们热衷购买土地，因为那是获得社会承认的可靠的护照。为了获得社会地位而购买土地的现象在伦敦周围尤其严重，早在 18 世纪 20 年代，有人就注意到成功的商人在埃塞克斯（Essex）郡和萨里（Surrey）郡购进土地，用这种方式使自己获得社会地位，但又不离他们的商业事务中心太远。18 世纪末，有人从赫特福德郡（Hertfordshire）和白金汉郡报告，土地被那些新富的人因为急于购买乡村房子而大量分割。到 18 世纪 90 年代，伯明翰（Birming-ham）和考文垂（Coventry）的新增加财富流向周围农村。有人发现，某位勋爵（Lord Somers）就把他在伍斯特郡（Worcestershire）的一处地产以70000 镑卖给了一位伯明翰的银行家。而兰开夏郡的地产分割，则归因于工业资本家的购买。大量来自诺丁汉（Nottingham）莱斯特和南约克郡工业城镇的商人在米德兰平原东部（East Midland）购地置业。某个著名的家族在18 世纪 90 年代购买土地，因而在 1806 年能够跻身土地乡绅之列。海外商人通常寻找在他们从事商业事务的地点附近的地产。赫尔（Hull）地区的海外商人在东里丁（East Riding）地区和约克郡的乡村购买土地建设房屋。尤其是在 18 世纪的最后 25 年，这种购买活动最为活跃。特别普遍的是在赫尔地区以西的山地（wolds）村庄，商人们在退休之后，经常从那里更加深入地向乡村发展。另外，商人们在一个叫怀特赫文（Whitehaven）的小镇附近购买地产，因此而造成了周围地区地产的涨价。英国其他许多区域也普遍成为休闲隐居（retirement）的地区。例如，在 18 世纪的林肯郡，就有伦敦和赫尔地区的商人，以及里丁西部的工业家和诺丁汉、纽沃克（Newark）、约克郡、兰开夏郡的银行家前来购置地产。这些新地主们通常不住在这里，他们的主要住处在别处，他们只希望退休以后，或者将其剩余财富用于投资土地的时候，才来常住。北安普敦郡吸引了一部分东印度公司的官员，他们在政府和法律界供职。许多主要收入来源在伦敦的律师、医生、金首饰商（goldsmiths）、店主，退休以后主要住在乡村。这些仅仅以部分财富投资于农村地产的人对土地所有制结构有重大影响。

　　虽然人们认为乡绅拥有的土地的百分比在 18~19 世纪大致未变，但是家族的交替（the turnover of family）活动却是剧烈的。在 17 世纪中期到 18 世纪中期之间，英格兰和威尔士乡绅的人口危机表明，大量财产易手。但是，因为地产经常进入那些只把部分收入投入土地的新来者之手，这倒不一定是导致大地产增加的关键原因。对一些县的研究表明这种趋势是清楚的。71 个较大的乡绅家族在 1665~1695 年从兰开夏郡乡绅行列中消失，而1600~1664 年仅仅有 45 户消失。在埃塞克斯，到 18 世纪 70 年代，仅仅一小部分在 17 世纪就已经拥有地产的土地所有者留下来了。而 1873 年调查表明，该县的 102 户乡绅家族中，将近一半是起源于 18 世纪的，其中 1/4 的起源于 19 世纪。在格洛莫干（Glamorgan）和蒙茅斯（Monmouth），一群自

16 世纪以来就未曾改变身份的乡绅，在 18 世纪前半叶就衰落了。在西北地区，在里丁西部（West Riding）、剑桥郡（Cambridgeshire）、卡那封郡（Caernarvonshire）也可以发现类似情况。在西洛普郡（Shropshire），1715年还有 193 户乡绅，而到了 1896 年，其中仅仅 42 户还保留着乡绅地位。而在牛津郡，在 1873 年拥有超过年收入 1000 镑的地产的乡绅和绅士（squires）中间，有 1/3 是在 18 世纪新增加进来的，而到了 19 世纪初，则又增加了 1/4。新来者们对土地市场的影响从价格趋势上看比较明显，在 18世纪和 19 世纪早期，土地价格上涨。例如，在东部米德兰平原，1670 ~ 1820 年投入市场的土地总量可能与 1500 ~ 1640 年的差不多。几乎可以肯定，价格上涨不仅反映了对土地的需求，而且也反映了这种需求的性质。在 17 世纪，潜在的购买者们计算了从土地购买中可能得到的经济回报，尤其是如果当地产要成为他们唯一的收入形式的时候。到了 18 世纪，此种考虑远无以前那么重要了，因为有其他投资形式可以获得高收益。土地购买成为纯粹的投资行为，结果便是价格与收益之间的重大分离。一旦价格如同在 18 世纪后半叶那样涨到接近土地 30 年的收益，回报率就仅仅约为 3%或者 2.5%。但是，从伦敦货币市场借款，很少有低于 4%的回报的。因此，任何人选择投资于土地都显然是出于非经济理由。在政府贷款的利率与期望从土地中得到的收益率之间有紧密的联系。战争时期尤其如此。潜在的土地购买者推迟购买，以求从政府借款中获得大利益。窘迫的土地所有者们因此受到损害，因为任何人要收回或者更新在向人贷款时抵押出去的土地（take out or renew a mortgage）时，他就发现难于找到资金，或者资金利率过于昂贵——潜在的供应贷款者已经把钱转向基金了。结果只有两种可能：或者被取消收回抵押物的权利（mortgage foreclosure），或者被迫出售土地。如果被迫出售土地的话，那么，由于工业家和经营货币者不急于把钱投入地产，而是投入政府贷款，因此地价就会降低。1746 年，当一位勋爵想卖掉他的地产时，有人就警告他："现在是战时，卖土地很不利。" 18 世纪土地价格的高峰出现在 1763 ~ 1767 年战争结束时，和此后的 30 年间——其间开始了与美洲殖民地的敌对。如果说较大的土地所有者们增加了他们的整体土地持有量的话，那么，乡绅虽然经历了巨大的冲击和变化，总体上仍然维持了其阶层的百分比。

只有小土地所有者阶层最容易受害，不过，这倒不意味着他们都消失

了。在 18 世纪的林肯郡，有进取心的土地所有者包括比较富裕的集镇上的
小店铺主、绸布商、皮革商、屠夫、小旅店老板、富裕的农庄主、牧场主、
乡村律师、地主管家、银行家、医生、堂区牧师（parson）、高级职业者。
在 19 世纪，银行家、律师、土地经纪人、农庄主最为显赫。但是，无论如
何，人们都发现，1660 年之后，小土地所有者数量在减少。大量证据表明，
政治上的考虑、开矿的需要，或者其他的社会、经济理由，都可能诱使大
土地所有者兼并小土地所有者的土地。洛特（The Lowther）家族在西坎伯
兰（Cumberland）购买了大量小地产，为的是他们可以在一块集中连片、不
中断的地产上采矿。托马斯·威廉·科克（Thomas William Coke）在 1780～
1816 年花去 5 万镑以使其地产集中，有时候购买小于 1 英亩的土地。如果
某一年他未购买进土地的话，那只是因为无地可以购买。1830 年，在西莫
兰（West morland），有一块面积 25000 英亩的地产，购自 226 个地主。由于
在 19 世纪早期埃塞克斯一些家族日益固着于土地，因此对于那些即将成为
乡绅的人来说，就必须集中一批小地产以形成大的土地持有面积。这与
18 世纪相反，当时一些地产被新投资者和富有的农庄主分割。17～18 世
纪，种粮食的县因为经济的需要而广泛出现土地集中连片的现象，尤其在
中部黏土（clayland）带，出现了普遍的改耕地为牧场现象。当荒地占尽了，
自愿圈地的方式也用光了，地主们便通过立法来实现其愿望。议会圈占公
地的主要区域在约克郡的东西两侧之间。这就减少了土地所有者（owner -
occupiers）的数量。土地税资料显示，1802～1804 年，只有 11%～14% 的
土地是由所有者自己在经营的（owner - occupied）。

不过，减少并非绝对的。例如，18 世纪在威尔特郡（Wiltshire）的白
垩土地区，小土地所有者迅速消失；但是，在该郡饲养奶牛的地区，他们
则继续占主导地位。并且，自由持有者的数量看来还在圈地之后增加了，
导致短暂的小土地所有者数量回升。甚至即使小土地所有者在圈地后出卖
了土地，这也不意味着一定是卖给了大地产主，也可能卖给了小土地所有
者。在中部地区之外，小土地所有者的衰落情况更加复杂。在国家的边缘
地区，它拖延的时间更长，这些地方的就业状况较好，税负轻，很少进行
议会圈地。

总而言之，地产的分解和重构在每一个层次上发生，但是，在 1660～
1850 年，土地的净分配则是由小土地所有者份额的缩小形成的。所有的证

据都表明，19 世纪的评论家们发现自 17 世纪中叶以来在长时段内大地产都是增加的。许多人认为，土地过分集中是许多社会问题的根源。1861 年人口普查的统计数字表明，300 万总人口中只有 3 万土地所有者。许多人对此数字表示怀疑，于是，有一位大土地所有者德比公爵（earl of Derby）发动了对土地所有情况总调查的运动。其结果是 1872 ~ 1873 年的《土地所有者的调查结果》（Return of Owners of Land），又被称为《新末日审判书》，因为它是自 1086 年征服者威廉（William I，the Conqueror，1066 ~ 1087 年在位）进行臣民财产调查登记以来的首次全面的土地普查。它表明，有 100 多万人拥有一些土地，其中 4/5 的土地掌握在不到 7000 人手中。

从封建土地所有制到资本主义土地所有制的发展，意味着土地私有权的确立和土地自由流动机制的确立。这是我们考察问题应该着眼的关键。因为只有自由流动的土地，才可以形成一定规模的以资本主义方式经营的农场；只有自由流动的土地，才可以适应资本主义市场的灵活而丰富多样的需要。应该说，17 ~ 18 世纪，英国的土地结构基本上满足了资本主义发展的需要。

但是，同样的土地所有制形式在不同的国家，由于其他环境不同，也会面对不同的土地结构。例如，有的国家会以大地产为主，而有的国家则以中等规模地产为主，还有长期存在大量小农经济的。英国的土地所有者们大都运用了资本主义的生产经营方式，面对市场进行生产，但是，在贵族和在乡绅那里，土地对市场的依赖程度是不同的，土地的价值也是不同的，对于乡绅，土地首先具有的是经济价值和生产要素的价值，其次才是身份证明的价值；而对于大贵族来说，土地首先具有的恰是身份证明的价值，然后才是经济价值。许多大贵族宁可债台高筑，也要维护庞大的地产。这是一种奇特的现象。它说明了什么呢？这说明，尽管在 17 ~ 18 世纪，土地仍然是英国最重要的生产资料，尽管资本主义的生产方式最早产生于农业，但是土地所承载的传统实在太沉重，在这块土地上，旧的仍然在纠缠着新的，"死的"仍然在纠缠着"活的"。由一个充满了对往昔的回忆、对祖宗荣耀的眷恋、对新兴富有阶级的夷鄙、对自身虚幻光环的珍视的没落阶级控制着国家最大部分的农村土地，对于一个正像旭日东升的新兴资本主义国家来说，无论如何都不是正常的事情。所有制形式演变的曲折性、复杂性，在这里再一次得到证明。对这一现象的解释可能是在整个国民经济的大格局中，农业注定只能同旧时代一样没落，其地位注定要被异军突起的工业取代；农村注定只能唱起挽歌，其经济地位注定要被城市取代。

我们似乎看到在许多国家历史上有过的类似关联：农业文明同封建主义的关联；工业文明同资本主义的关联。

三　土地所有者与政治

所有制问题，从来都与政权问题、政治问题密切相关。

土地所有制形式的改变，在很大的程度上是通过政治手段进行的。英国革命甚至运用政治的最高形式——革命和内战，以血与火来为新的所有制奠定基础。新兴土地阶级对农民土地的剥夺，尤其是通过议会法令进行圈地，也是运用政权来改变所有制的证明。既然新兴的富人阶级已经建立起符合他们利益的所有制结构，那么他们就一定会利用这种经济统治地位，通过经济控制力量来建立、巩固他们的政权，再通过他们的政权来发展和巩固他们的所有制，当然，这一切最终还是为了保护和增加他们的经济利益，保护和巩固他们的社会地位。

17～18世纪的英国，典型地表现出资本主义政权、政治对于财产、生产资料所有制的先天的依赖和顽强的维护，从而也表现了资本主义政治的狭隘性、自私性。对于所有想了解资本主义民主的早期历史的人来说，这一时期土地所有者与政治的关系史，都是最好的教材。

政治的核心是政权。17～18世纪英国政权的核心是议会。这是因为，从历史上看，英国议会是封建时代有产阶级与剥夺和压迫他们的王权进行斗争的产物，也是英国革命的核心阵地。从现实中看，那个时代的立法、司法和行政三权，并没有规范地确立起来。历史上，行政权长期由国王把持，在实行君主立宪政体之后，新生的行政体系仍然非常脆弱。所以，议会自然在整个国家的政治生活中居于中心地位。这就决定了土地所有者们一定会重点控制议会，控制立法机构。

那么，我们考察土地所有者与政治的关系，也就集中在议会方面了。

首先，我们对17～18世纪及19世纪早期英国议会及其选举的基本情况做一个简单的介绍。18世纪，英国众议院议员人数为558人，其中英格兰489人，苏格兰45人，威尔士24人。英格兰的40个郡，共选举议员80人；

203 个市区，选举议员 405 人；两个大学，选举议员 4 人。

在议会改革法案以前，英国选民人数为 41.9 万～48.8 万；但到 1833 年，选民人数增加到 80 万；而到 1864 年，已达 100 万，按 1832 年法案规定，英国选民的分配，英格兰人每 5 人中有 1 人，苏格兰人每 8 人中有 1 人，爱尔兰人每 20 人中有 1 人。而究竟多少选民可以选出一个议员，则并没有科学合理的规则。例如，1761 年，拉特兰郡（Rutland）每 800 名选民可以选举议员 1 名，约克郡每 20000 名选民可以选举议员 1 名。有选举议会议员资格的人只占全部人口的 4.3%，大约每 5 个成年男子中有 1 个。选举人是佃农的，在选举时被地主成群地驱赶到乡村选举场地；若是贵族爵士统辖下的向来听话的市民，则被驱赶到城市选举场所。议会有 513 个议席，其中大概有 120 个是由地方权贵人物指名选出的，有 20 个是由国王提名选出的。在若干选区中，托利党或者辉格党大户往往牢牢掌握本区的提名议员名额，选举徒有其名，根本没有人出来竞争。在女王安统治时期，每年大选有人竞选的议席不超过 100 个。

在乡郡，凡是地产年值 40 先令的人都有选举权利，都能成为选民。选民大致可分为五种：有室自炊人（pot wallopers）、最低纳税人（scot and lot）、公民投票人（freeman）、法人投票人（corporation），以及特产投票人（burgage）。在自炊投票人选区，凡有住家（以炉灶为准），不依赖贫苦救济金为生的居民，都可以投票选举。在最低纳税人选区，凡缴纳贫民税者，都可以参加选举。这种选权较广泛的市选区在 203 个市选区中仅为 48 个，选权远为窄狭的是 92 个公民投票区，在那里只有被市公所承认为市民者才可以投票选举，这种市区每个议员的选举所包括的投票人数额差别甚大，如驼津市（Camelford）为 20 人，而伦敦则为 7000 人。所谓公管投票选区共 27 个，规定仅市长、高级市政官（aldermen）及市参议员（town councilors）可投票选举，因而其投票选举时通常只有三四十人，从来不超过 60 人。所谓特产投票选区共 29 个，只有握有特殊地产或拥有特别租约（burgage）的人方能选举。大多数的特产投票选区，都趋于依赖一个保护人，所以被人称为私囊选区。这种选区的议员是可以买卖的，在 1761 年，时价为 2000 镑。各类市区都受到那些有势力的保护人的左右或操纵。因为选举人在 500 人以上的市区，5 个中只有 1 个，其余的市区选民大都少而又少，所以有势力的人，如地主大户，每每能够操纵选举。他们的做法是利用地方上有声望的人平常对自己的尊重，依靠自己的交情来推动选举，但必要时他们也不惜采用请客和行贿的手段。苏塞克斯郡（Sussex）有一个市区的选举是 49 桶好啤酒赢来的，另一个地方则每投 1 票赠款 10 镑。依靠这种力量，有 205 名议会议员的选举操纵在 55 名贵族和 56 名平民之手，还有 30 名议会议员的选举操纵在政府之手。

在较大的市区参加竞选的议会议员，在竞选活动中得多卖气力、多花钱财来操纵选举，从乡郡选出来的 80 名议会议员，大都出身于老的绅士家族，他们也代表大选区，但他们的选区是乡区，其选民多依赖地方名门大族，其中有辉格党也有托利党，这些名门大族常常彼此达成共识，在各自的选区里不相竞争。如 1761 年，在 314 个选区中，只有 53 个选区有人竞选①。

可见，这种选举制度的每一个环节，都同金钱与财富密切相关。只有富人才会制定出这样有利于他们的选举规则来。通过这种制度选举出来的议会，只可能是富人阶级的俱乐部。明格对此有明确的分析。他指出，历史上人们习惯于把 17～18 世纪英国议会称为地主议会。这是因为，地主们构成上、下两院成员的主体。上院是贵族院，自然是大地主院无疑。上院中 1/5 为爱尔兰贵族，或者英国和苏格兰贵族的儿子，另有约 100 名成员与贵族有家族关系。贵族院人数在《联合法令》（Act of Union）和 18 世纪晚期小皮特首相新增数之间是稳定的。下院呢？明格指出，在整个 18 世纪，下院，这个"次子的集体"（parcel of younger sons）基本上由地主控制。到 1761 年，下院 3/5 的议员是爱尔兰贵族、英国和苏格兰贵族的儿子、富裕的乡绅和"独立的乡村缙绅"。甚至许多以贸易、法律或官职为生的议员，也与贵族和土地有联系。50～60 个议员为商人，约相同数目的议员为陆军和海军官员，再少一点的为律师。1761 年之后，商人和律师的数量增加。到 19 世纪早期，商人在下院中所占比重从 1/9 上升到 1/4。不过，甚至直到 1832 年，仍有约 3/4 的议员主要与土地有关。18 世纪议会中约 2/3 的下院议员是土地所有者。约 2/5 的下院议员乡绅。其余约 60 或 80 个成员则是较小的缙绅和乡村绅士。有人认为，"从一些 18 世纪的回忆录看来，可以

① 〔美〕戴维·罗伯兹：《英国史：1688 年至今》，鲁光桓译，中山大学出版社，1990，第 15、48～51 页。

推测，英国就是一个农村家族的联邦"。议员拥有土地量的丰硕，以及他们对土地利益的重视，可以从下面这个生动的例子看出。下院议员约翰·沃德（John Ward, M. P）这样祝祷："主啊，您知道我在伦敦有地产，最近又在埃塞克斯县（the county of Essex）买了一处地产。我求您保佑这两县不遭受火灾和地震。我还在赫特福德郡（Hertfordshire）有地产抵押，也求您保佑那个（我有地产的）县。至于其他县，您就想怎么对待就怎么对待吧。"在城市中，人们优先考虑选举贵族或杰出的乡绅家族成员作为他们的代表。人们认为，有身份和关系网的人更能够为他们带来利益，他们的修养和教育程度也使之更适合坐在议会①。

布连恩·曼宁（Brian Manning）也指出，在16世纪，下院已经有乡绅作城镇的代表，而乡绅又控制着地方政府。17世纪议会依然是"保持土地所有者为统治阶级的一种制度"。他引用了一个发表于1641年的小册子中托马斯·阿斯顿爵士（Sir Thomas Aston）的话："议会、大主教们、贵族们，以及小贵族们、乡绅，商议和执行统治的规则，平民们（plebians）则服从于他们。"②

多罗西·马歇尔指出，从18世纪开始，勋爵沃顿（Lord Wharton）能影响25个席位。在1701年议会中，他有10个亲戚和15个其他追随者进入议会。而当他与萨莫斯、哈利法克斯、牛津勋爵（Lords Sumers, Halifax and Oxford）联合起来之后，他们在议会中的追随者席位则达到56席。女王安统治以后，就对议员有财产标准要求。不过，即使没有此种要求，议会也是个土地所有者议会。在1710年法令之前，国王威廉三世的最后一届议会的489个代表英国选民的议员中，350个拥有一个庄园，或者一个庄园中很大的一部分，并且至少花部分时间去经营地产。1710年《议员财产资格法案》（Property Qualification Act）规定，一名乡村区选出议员的资格为拥有年价值为600英镑的土地，一名自治市选出的议员（burgess）的资格为拥有年价值为300英镑的土地③。

---

① G. E. Mingay, *English Landed Society in the Eighteenth Century*, London: Routledge and Kegan Paul Ltd., 1963, pp. 10, 111 – 113, 115, 117.

② Brian Manning, "The Nobles, the People, and the Constitution," *Past and Present*, No. 9, 1956.

③ Dorothy Marshall, *Eighteenth Century England*, New York: David Mckay Company Inc., 1962, pp. 57, 61.

富人阶级设计有利于他们进入议会的选举制度，牢牢地把持着议会，目的是什么呢？当然是获得最大的利益。议会是一个利益的源泉，社会各阶层中凡想进入议会者，都抱着利益的目的。在1701年议会中，有不少于43个商人和金融家，另有18名代表制造业和商业的。商务与政治之间的关系密切。各利益集团都在寻找政客帮助，他们做下院成员，都是为了获得利益，只是利益的表现形式不一。贵族的长子想训练自己，为做上院议员打基础；乡绅想在自己的县里获得知名度，或者为他们控制的小城镇谋利益；商人们想谋取政府合同；军官和律师都想以政治影响带来职业利益；金融家们的兴趣在于获得贷款；还有人想通过对政府大臣们的忠心支持而获得贵族身份①。

当然，控制着议会的最有经济实力的地主阶层，还与政府勾结，广泛地担任各种政府职位。这样，不但形成一种官官相护的局面，使得富有者阶层可以全面把持政权的各个方面，各个层次。而且，他们中的许多人也从俸禄和其他间接利益中获得不菲的收益。

一种方式是在担任议员的同时还兼任政府职务。1742年，议会议员有政府职位者142人，在法院任职的24人，在政府做官的约50人，其余为闲职或者领取其他酬劳。国王寝宫侍从（grooms of the King's bedchamber）年薪500镑，御前绿衣侍从（clerks of the green cloth）年薪1000镑。政府机关里领薪水而不做事的闲职薪俸也很高。想同时获得金钱和权力的，最好当财政大臣（first lord of the treasury）、大法官（lord chancellor）、枢密院长（president of the council）、掌玺大臣（lord privy seal）、两个国务大臣（secretaries of the state）中的一个或者其他和内阁成员同级的职位。在诸大臣之下办事的则有各部次长（undersecretaries）以及财政、海军、军需各个单位特设的局、司的委员（treasury, admiralty and oadinance boards），还有议会的30个律师；与此同样具有吸引力的是副检察长（solicitor general），议会档案长（master of the rolls）和海军法庭法官。总计，有50名所谓"司事人员"领取高薪，替政府管理事务，遇到有争议的问题时，必须为政府的政策辩护。政府的职俸分配制度，也包括上议院。受封为一名神职的或者世

<hr>

① Dorothy Marshall, *Eighteenth Century England*, New York: David Mckay Company Inc., 1962, pp. 57-58.

俗的贵族，是最高的荣誉。上院的 26 名主教，以及占上院人数 1/4 的担任宫廷职位的贵族，同样受辉格党领袖的封授，他们对辉格党的效忠和一般职俸接受者是一样的。

除了职俸以外，效忠者还可以取得别的报酬。忠于政府的议会议员，可以获得年金、被授予军衔、准允在陆海军承包工作，而且如果竞选发生问题，还可以取得政府所握有的议席，或者获得政府在财力、势力方面的帮助。最后，效忠政府者，还可以得到荣誉褒奖，如被授予爵士头衔、男爵爵位或者戈特勋章（order of the Garter）。政府在若干富庶的教士辖区（benefices）和主教辖大教堂掌握用人权（cathedral appointments）。教会的肥缺对于政府来说像文官职位一样有用。文官职位多得很，各级各层都有，特别是海关、国产税务和印花邮政机关。能够受任为一名总督或者治安法官，当然气派多了。这些教会的、文职的、地方的职勋支配，是与各地辉格党人士的家族利益完全吻合的。总的说来，这不外乎是一个由若干家庭关系、同乡邻里关系、贵族阶级关系、人情互惠关系以及势力均沾关系等联成的政治团结的世界①。

贵族家人占据教会、陆海军高位。直到女王安去世，并不能防止一个人既是议会成员，又是文官（civil servant）。在 1701 年的下院，有 8 人担任高级且有实权的职位，25 人担任行政长官。另外还有人担任法律职务，或者城镇驻军首长，还有些在国王家中任职，或接受年金。总之，在 1701 年的下院，担任官职的共为 113 人，而下院总人数为 513 人。这 113 人都对任命他们为官的政府长官们效忠或回报。在许多情况下，他们是凭借某些政府部门的影响才得到议员席位的。在有些离海军船坞（dockyard）或者驻军城镇近的城镇，政府部门足以保证其选择的人成为议员②。

理查德·布朗指出，贵族们从政府高位获利，他们垄断了国家职位。到 1720 年，1/4 的贵族担任政府或法院职务。许多人是领干薪者（sinecures），或领年金者。首相的儿子霍勒斯·沃波尔（Horace Walpole）拥有财政大臣助理（usher of the exchequer）和其他两个只领薪不干活的职位。

---

① 〔美〕戴维·罗伯兹：《英国史：1688 年至今》，鲁光桓译，中山大学出版社，1990，第 47~48 页。

② Dorothy Marshall, *Eighteenth Century England*, New York：David Mckay Company Inc., 1962, pp. 31, 62.

这些职位带给他的年收益约 3000 镑。在 18 世纪末，乔治·罗斯（George Rose）拥有年收入 11602 镑的领干薪职位。许多官职允许任职者从承包商那里拿回扣、礼物，可以把公家的钱当自己的一样花。通过控制官职，贵族们能够给家人、朋友、邻居和其他人谋福利①。

另一种方式是利用法律、立法的权利和制定政策的权利谋取本阶级、阶层、集团的利益。英国长期以来就有着深厚的法治传统。在最广泛的层面上，英国的贵族政体是由法律决定的。正是法律中的权利、特权、责任决定了社会关系——谁能拥有、继承财产，谁能参加政府。正是法律使人成为"土地所有者、佃农、主人、仆人、丈夫、妻子"等。而在土地是最重要的生产资料的时代，关于土地和土地阶级的法律，事实上就成了其他法律的前提。因此，梅特兰曾经非常深刻地指出："我们的整个宪政法律在很多时候看上去不过是不动产法的附录。"土地所有者们要保护他们的利益，就必须运用法律的手段。事实证明，他们的确这样做了。土地所有者们使法律和政策成为保护他们利益的工具。

至少从 16 世纪开始，不动产法就成了法律知识、法律实践和法律文化的核心。布莱克斯通（Blackstone）的名著《英国法释义》（*Commentaries*）就是专门为"有独立的地产和财富的绅士们，这个国家内最有用和最重要的人群"而写的。正是他们历经了世世代代传承的地产，形成了法律知识最复杂和最广泛的对象。土地贵族和法律体系紧密相连。1621～1844 年，王国的最高法官不是王座法庭（King's Bench）或大法官厅（Court of Chancery）的法官，而是英国议会内的贵族。虽然法律依然是国王的法律，但是最大的财产所有者却是财产法的最高法官。甚至在 1844 年之后，英国最高的法官和法律事务官员（law officers）仍然是贵族。部分原因是上院依旧是王国的最高法院，英国的律师们长期以来就是大土地购买者。土地所有者与法律之间的密切关系还因下述事实而得到了强化，迟至 19 世纪 80 年代，还有相当多的贵族以某种形式在从事法律工作。

对于土地贵族极重要的是，自 15 世纪开始，在普通法之外又开始形成了衡平法系统，它以特权、随意（discretion）和民法为基础。大法官法庭

---

① Richard Brown, *Society and Economy in Modern Britain 1700 – 1850*, London and New York: Routledge, 1991, pp. 272 – 273.

是衡平法的主要实施者，该法意在缓和和淡化普通法的过于严厉和过于讲究形式，尤其是当它影响到土地所有者的利益时。因此，衡平法减缓了"过分的合同性惩罚"。它演化出一些技术规则以保障合同不是惩罚性的或高利贷性的。年轻的继承人受到特别的保护。为了减少欺诈，大法官法庭判决"窘迫的和未成熟的"继承人之间的交易为无效，因为在此种环境下，继承人是以不合理的价格购买了某物。

在 17 世纪早期，大法官厅法官与普通法律师之间的关系成为一个重要的政治战场。在一个著名的争论中，国王詹姆斯一世站在衡平法官埃尔斯密尔（Ellesmere）一边，反对普通法大法官科克（chief justice Coke）以保证衡平法战胜普通法。普通法法庭被禁止推翻衡平法大法官法庭的决定。

典型象征着衡平法对土地的保护的，是衡平法中关于赎回担保物的权利（the equity of redemption），它是《抵押法》（Mortgage Law）的一个分支。一般认为，它主要诞生于 17 ~ 18 世纪。在 17 世纪中叶，法庭宣布了两条原则。在 1625 年的一个诉讼（Emmanuel College V. Evans）中，法庭指出，一个抵押物"仅仅"是一个担保（第一条原则）。在 1654 年的一个诉讼（Duchess of Hamilton V. Countess of Dirlton）中，正式形成了赎回担保物的权利（第二条原则）。尽管议会企图将赎回权限制在合同期满后一年内，还要支付增加的利息，但债务人的赎回权还是建立了。它保障地主在抵押土地以获得现金，或者使用土地作为欠债的担保的时候，不会失去土地。不管当事人之间的协议条款怎样说，也不管他们的意图是什么，法庭都运用赎回担保物的权利，帮助抵押者把抵押的土地收回。只是到了 1914 年，法庭才修改了这一原则。

这里，我们来了解一些关于衡平法中关于赎回担保物的权利的具体内容。

历史上，当一位财产（通常是土地）所有者需要钱，以土地作为担保物交给一位贷方以获得贷款时，抵押就发生了。借款协议一般规定，在某个日期，借方将本利付清，贷方退还抵押物。如果借款未还，财产就为贷方所有。在普通法里，偿还日期必须严格规定。仅仅一天的耽误就会导致抵押物的丧失，即使借款价值远远小于抵押物价值。

但是，普通法的这一立场却遭到了衡平法的挑战。至少从 17 世纪早期起，衡平法庭就决定严格的偿还日期是不太必要的。贷方对抵押财产的要求要服从赎回担保物的权利，因为法庭认为，这一交易的真正目的是创造债务的担保物，而不是获得抵押物本身，这就授予了借方赎回或恢复其抵押财产的权利，即使他未能按时偿还债务。

衡平法认为，还贷时间的早晚，不是这种抵押借贷协议的核心。虽然根据合同，合同期满后，抵押者赎回财产的法律权利就失去了，但是，衡平法却规定，抵押者有权在合同期满后的合理期限内偿还本利后，仍然赎回抵押物。这一合理的期限，有时是许多年。法庭规定，抵押人无论在合同期内还是期外，都有权赎回抵押物。合同上的还款日期，对于债权人充分有效，但对于债务人则不那么有效。

另外一项通过取消对抵押品的赎回权（foreclosure）的管制而保护抵押人利益的规定是，在一定期限，衡平法应受押人（mortgagee）的申请，宣布抵押人赎回抵押物之权利终止，抵押物为受押人绝对所有。但是，如果抵押物的价值大于出押人（mortgagor）所拥有的财产总价，那么法庭会命令出卖抵押物，受押人拿走他应得的钱，其余的归出押人。也就是说，即使是在极端的情况下，抵押人对抵押土地的权利还是受到了保护。除了这项权利外，法庭对借债人还有其他保护。例如，规定债权人不得将债务人开始赎回抵押物的权利的行使期限不合理地延长，也不能以接受某种处罚，如剥夺债务人部分甚或全部抵押财产来作为他行使赎回权的条件。

衡平法中关于赎回担保物的权利，保障土地不受资本的侵夺，有助于使抵押成为经济发展的轮子。从法律的角度看，虽然赎回担保物的权利说明法律更加重视财产是个人的绝对所有物的概念，但也说明法律在一定程度上对财产进行资格认定并且限制它的转让。一方面是绝对私有权的意识形态否定社会的和集体的观念，但另一方面，法律又继续在否定这种意识形态。这就是现实的矛盾。这种矛盾的根源在于，统治集团更加重视保护私有土地财产，而不是其他形式的财产。它是土地所有者们在政治上占有优势的反映。另外，赎回抵押物不仅是买回原来占有的一样东西，它也与荣誉、身份和自由有关。这就解释了为什么衡平法庭要来干预这样一桩私人间的事情。因为不让一个人赎回抵押物，意味着剥夺了他的荣誉、特权以及社会地位。

除了利用衡平法保护大地产的完整之外，英国地主们还实行了土地的遗嘱继承人安排制度。18～19世纪，至少有一半的英国土地进行了此种安排，其具体内容是：按照长子继承原则将土地遗传给长子。此举旨在将土地贵族独立于社会。

大多数大土地所有者家族都不同程度成功地保障了后代的利益。法律系统在这方面起了决定性作用①。作为立法机构，地主议会当然要通过立法来保障整个地主阶级的利益。立法方面最体现出鲜明强烈的阶级利益倾向的是无数的圈地法令。这一点我们已经在前面介绍了。1815 年《谷物法》的立法动机也纯粹是保护大地产所有者利益的。该法规定国内小麦价格低于 80 先令（S）一夸脱（quarter）时，就受到绝对保护。

大地产所有者们还是政府债券的主要持有人。英国与法国的战争之后，政府支出的最大部分是支付国债利息。这意味着，通过政府预算，大笔钱财就从支付间接的商品消费税的公众手中转到政府债券持有人手中了。而这些人在 1815 年以后又不交任何收入税，这就是有人不停地攻击他们是"基金老爷"（fund lords）和"食税者"（tax - eaters）的原因②。

以上事实应该能够说明财产与政治之间的关系是何等密切的。越是在资本主义的早期，这一特点就越明显。可以说，有一个逻辑是赤裸裸的：财产增加导致政治力量增加，政治力量增加导致获得政治权力，政治权力的获得导致财产权利的扩大和财产量的增加。

---

① David Sugarman and Ronnie Warrington, "Land Law, Citizenship, and the Invention of 'English-ness'," in John Brewer and Susan Staves, eds., *Early Modern Conceptions of Property*, London and New York: Routledge, 1995, pp. 111, 114 – 115, 122 – 124, 128.

② G. E. Mingay, *Land and Society in England 1750 – 1980*, London: Longman Group Limited, 1994, pp. 53, 55.

第五章　工业革命时期资本主义私有制的全面确立与社会变革

资本主义所有制形式的演进过程实质是资本主义生产关系在社会生产力的强制下，在自身范围内不断调整的过程。这一过程表现在资本主义产生发展的每一个阶段，其形式也是在延续以前的基础上不断发展变化的。所有制形式的演进影响到了经济、社会和政治等方方面面，引发了社会的变革，推动了历史的进步。笔者拟从生产力的发展入手，探讨工业革命以来资本主义所有制形式的演进情况，以及其引发的社会变革，包括经济的、社会的和政治的变革情况，试图揭示其中隐藏的历史发展规律。

从历史学的角度观察资本主义所有制形式的演进和社会变革的关系，以及动态的发展情况，实际是在探究私人资本与社会资本的矛盾运动过程，论述这一过程带来的种种变化。为了论述的方便，笔者拟选取历史发展过程中的三个典型阶段作为重点考察对象，以点带面论述这一过程，分别从自由竞争资本主义阶段、私人垄断资本主义阶段和国家垄断资本主义阶段来论述所有制形式的演进和社会变革，每个阶段分别从所有制形式的演进、社会阶层的变化及主要社会政治诉求、社会政治改革等方面进行论述。

第一节　工业革命：资本主义生产力的迅猛发展

从 18 世纪 60 年代开始，英、法、美、德等国相继开始了工业革命、建立了工厂制度、实现了农业集约化生产，从而使社会生产力空前提高，交通运输和邮电通信的发展极大地方便了商业信息的沟通和商品在世界各地的流通，工业产品源源不断地涌入世界各地。大机器生产使世界工业的增长速度大大高于以往。1870 年前后，英、美、法、德等主要资本主义国家已经完成或接近完成工业革命（英国 1840 年、美国 1860 年、法国 1870 年、德国 1880 年，日本则于 1904 年才完成工业革命）。在世界生产力得到大幅提高的同时，占主导地位的所有制形式也发生了巨大变化，前资本主义生产方式在西方各国经过革命或改革，逐步被资本主义生产方式所取代，当工业革命在西方主要国家完成时，大工业生产就成为西方世界的主要生产方式。社会日益划分为资产阶级和无产阶级两大阵营，阶级对立与缓和成为阶级斗争的主要内容。随着资产阶级力量的壮大，资产阶级革命在大西洋两岸激荡，资本主义政治制度相继在欧美国家确立。与此同时，无产阶级争取民主权利的斗争也风起云涌，个别资本主义国家开始尝试进行社会立法，缓和阶级矛盾，从而开辟了资本主义国家社会改革的先河。

18 世纪 60 年代，首先在英国开始的工业革命极大地推动了生产力的发展，大大提高了劳动生产率。据统计，18 世纪 20 年代，工厂纺纱工用机器纺纱每人每天可生产 100 支纱，是手摇纺纱工效率的 250 倍；1710 ~ 1740 年英国棉纺织业的年平均增长率为 1.4%，而到 1740 ~ 1770 年则增长到 2.8%，1770 ~ 1810 年跃到 8.5%[①]。英国工业革命很快向欧美主要国家传播，到 19 世纪 70 年代，欧美主要国家相继完成或进行了工业革命，世界经济核心区域逐步形成。工业革命使世界生产力获得了飞速发展，以至于马克思说："资产阶级在它的不到一百年的阶级统治中所创造的生产力，比过去一切时代创造的全部生产力还要多，还要大。"工业革命极大地提高了社会生产力，建立了真正近代意义上的资本主义经济基础。

一　英国工业革命：世界工业革命的发端

工业革命最早发生在英国，这是当时的历史条件决定的。首先，17 世纪的英国资产阶级革命建立了以资产阶级和土地贵族联盟为基础的君主立宪制度，成为世界上第一个确立资产阶级政治统治的国家。资产阶级利用

---

① 〔意〕卡洛·M. 奇波拉主编《欧洲经济史》（第三卷），吴良健、刘漠云等译，商务印书馆，1989，第 158 页。

国家政权加速推行发展资本主义的政策和措施，促进了工业革命各种前提条件的迅速形成。其次，英国通过殖民扩张、奴隶贸易等手段，最先具备了必要的资本、市场等经济条件。再次，18 世纪以后，英国的手工工场已经发展到十分成熟的阶段，它不仅生产规模大、技术先进，而且分工细致，劳动生产率也很高，这为机器大工业的诞生创造了必要的技术条件。最后，由于圈地运动的开展，英国最先形成了土地所有者—农业资本家—农业工资劳动者三层式社会结构。这种结构有利于作为工业革命先导的农业革命的发生；有利于社会财富向工业资本的转化；有利于生产与科研、企业家与科学家的结合；有利于打破封闭型旧教育体制和技术人才的培养；有利于形成开放型的国内消费模式，促成消费竞争，从而对社会生产造成强大的需求刺激。综上所述，到 18 世纪中叶，英国已经具备了工业革命所必需的全部政治、经济和科学技术前提，所以工业革命最早就在英国发生了。英国工业革命从 18 世纪中叶起到 19 世纪中叶止，大约用了一百年的时间。

英国工业革命的进程，如图 5 - 1 所示，基本上包括三个方面：纺织机等机器是工具上的革命，蒸汽机是动力上的革命，冶金新技术（焦炭、韧性铁、钢）是材料上的革命。三者属于同一时代，互相补充、互相促进，共同推动整个英国工业技术革命的发展，其具体过程有以下几方面的特点。

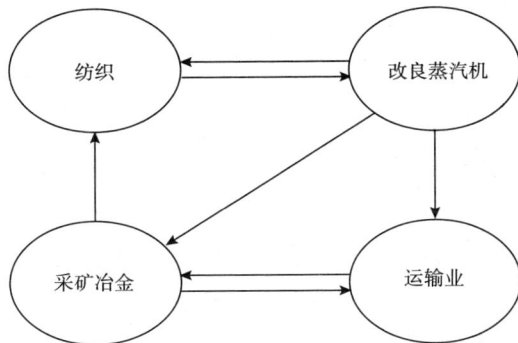

图 5 - 1　英国工业革命的进程

一是技术革新首先发生在棉纺织业等轻工业部门。1764 年，"珍妮纺纱机"得到应用。1769 年，理查·阿克莱特发明水力纺纱机，并于 1771 年建立了英国第一个水力纱厂。1779 年，兰开夏郡的克隆普敦结合两种纺纱机的优点，发明用水做动力的骡机，后被改良成自动棉纺纱机。纺织技术的进步对织布机的改进提出要求。1785 年，卡特莱特发明水力织布机，并于 1791 年建立了使用水力织布机的第一个工厂。随后，其他纺织机器如净棉机、梳棉机、自动卷扬机、漂白机、整染机等相继发明和应用，实现了纺织行业的机械化生产。

二是蒸汽机的改良和应用成为工业革命的关键。1705 年，铁匠托马斯·纽科门在吸收前人技术的基础上制造出了第一台真正可用作动力的蒸汽抽水机。1769 年，瓦特在纽科门蒸汽抽水机的基础上制成第一台蒸汽机。随后瓦特三次改进蒸汽机，终于在 1784 年制成适合各种机械运动并能自动调节蒸汽机速率的蒸汽机。很快，蒸汽机在棉纺织业、毛纺织业、采矿业、冶金业、造纸业、印刷业、陶瓷业等工业部门得到了广泛的应用。瓦特蒸汽机的问世，解决了工业发展中的动力问题。1800 年，英国拥有蒸汽机 321 台、5210 匹马力，到 1825 年蒸汽机猛增到 15000 台、375000 马力，蒸汽机被广泛应用到采矿、冶金和运输等领域[1]。蒸汽机的发明使机械化生产冲破自然条件的限制，是人类社会进入机械化时代的标志，从而大大加速了工业革命的进程。

三是采矿冶金业技术的提高推动了机械制造业的发展，机械制造业的建立标志着工业革命的完成。为了满足棉纺机和蒸汽机生产所需要的铁、钢和煤，英国采矿和冶金技术得到一系列改进。用煤代替木炭炼铁开始于 1709 年，1760 年后冶炼技术得到进一步完善。1784 年，亨利·科特发明了除去熔融生铁中杂质的"搅炼"法，生产出比原先易碎的熔融生铁或更有韧性的热铁。当时，为了跟上制铁工业不断上升的需要，采煤技术也有了改善，极为重要的是蒸汽机用于矿井排水。1815 年，汉弗莱·戴维爵士发明了安全灯，从而大大减少了开矿中的危险。英国的煤产量从 1770 年的 600 万吨上升到 1800 年的 1200 万吨，进而上升到 1861 年的 5700 万吨。铁产量从 1770 年的 5 万吨增长到 1800 年的 13 万吨，进而增长到 1861 年的 380 万吨[2]。钢铁技术的进步，为机械生产提供了条件。工业革命的最后一个重要步骤是用机器生产机器。从 19 世纪 30 年代起，各种生产机器使用的

---

① 刘祚昌等：《世界史·近代史》（上），人民出版社，1991，第 82 页。

② 〔美〕斯塔夫里阿诺斯：《全球通史：1500 年以后的世界》，吴家婴、梁赤民译，上海社会科学院出版社，1998，第 289 页。

金属加工机械如压延机、切割机、旋床、铣床、钻床等车床陆续发明和制造出来，形成了一定规模。用机器制造机器的机械制造业建立起来，标志着工业革命的完成。

四是工业技术的革新带动了交通运输业的发展。工业的发展引起对改进运输工具的需要。1761 年，曼彻斯特和沃斯利的煤矿之间开通了一条长约 11 千米的运河，使曼彻斯特的煤价下降了一半，随后在英国引起运河开凿热，到 1830 年，英国已有约 4023 千米的运河。开凿运河的同时，英国开始大规模修路，1750 年以后，开始修筑铺有硬质路面、能全年承受交通的道路。1830 年以后，公路和水路受到了铁路的挑战。1814 年史蒂芬森发明蒸汽机车，1825 年史蒂芬森制造出第一辆客运火车，1826 年世界上第一条专供火车使用的铁路——从利物浦到曼彻斯特的铁路建成。到 1838 年，英国已拥有约 804 千米的铁路；到 1850 年，英国拥有约 10621 千米的铁路。蒸汽机还被应用于水上运输，第一艘成功的商用汽船是由美国人富尔顿于 1807 年建造的，1811 年英国开始仿制汽船。1833 年汽船开始在海上行驶，19 世纪 50～70 年代，大西洋上开辟了许多条固定航线。工业革命不但在交通运输方面，而且在通信联络方面也引起了一场革命，其中最重要的发明是 18 世纪中叶电报的发明，1866 年敷设了横越大西洋的电缆，建立了东半球与美洲之间直接的通信联络。

五是工业革命推动了农业技术的改进。随着工业生产和城市人口的增加，对农产品的需求日益增长，并且将农业卷入商品经济中。农业技术的改进一方面是农业自身技术的改进，包括采用良种、改进耕作技术、合理使用肥料、兴修水利改善灌溉等；另一方面是工业革命为农业提供了物质技术，包括改良的农机具、蒸汽动力和矿物质肥料等。19 世纪起，农业中开始使用马拉的各种农机具，如耕田机、收割机、播种机、打谷机等，19世纪 30 年代蒸汽打谷机已在英国开始使用。

二　工业革命在欧美的传播：经济核心区域的形成

18 世纪末和 19 世纪初，英国工业革命以各种方式从英伦三岛向大西洋两岸扩散、传播，从而把欧洲的比利时、荷兰和法国以及北美的美国首先纳入工业化国家体系，逐步形成了世界经济的"核心地区"。

英国工业革命向欧美国家的扩展呈现出了波浪式的特点。第一波受到英国工业革命影响的地区是与英国隔海相望的尼德兰地区的比利时、荷兰及法国以及与英国有着千丝万缕联系的前殖民地美国。这些国家的工业革命有着不同于英国的特点。一是这些国家工业革命开始于18世纪末19世纪初，英国工业革命取得一定成效时，新技术才传播到大西洋两岸。如瓦特的改良蒸汽机于1782年运到了法国的勒克勒佐，珍妮纺纱机也于1782年前后传入法国。1791年，来自英国的移民采用阿克莱特式纺织机，在美国的罗得岛建立了美国第一座现代型棉纺厂。在18世纪最后十年，蒸汽机首先用于新泽西和罗得岛的矿山排水。比利时则稍晚，1801年英国纺纱机和蒸汽机被引入其纺织中心根特，1814年，瓦特发明的新蒸汽机开始引入博里纳日地区。荷兰更晚一些，1830年以后才开始在纺织业中采用蒸汽机和新技术。二是19世纪30年代这些国家才开始大规模采用机器生产，工业革命进入快速发展时期。在法国，第一帝国时期是工业革命正式起步时期，1815年各行各业采用的蒸汽机总共不超过15台，而到1820年仅采矿业中采用的蒸汽机就达65台，到1830年全法国所采用的蒸汽机增加到625台，总马力在1万匹以上[1]，法国第一条铁路也于1835年建成。这时，工业革命的浪潮已波及法国包括棉织业、毛织业、丝织业的各行各业，还诞生了橡皮制造、银板照相、油脂化学等行业。比利时、荷兰的情况类似，1838年，比利时博里纳日地区煤矿中已经有30多台瓦特蒸汽机在使用。1830年，根特拥有纱锭28.3万枚。19世纪30年代荷兰先后形成了哈勒姆、特文特、蒂尔堡三个纺织中心，1839年，纺织业的蒸汽机增加到20多台。三是19世纪六七十年代这些国家普遍完成了工业革命，成为新兴的工业国家。

工业革命在欧洲扩展的第二波是以德国、意大利为代表的中欧国家和以俄国为代表的东欧国家。这些国家的工业革命有着不同于以往国家的显著特点，以德国为例作一简要分析。在欧美主要国家中，德国是工业革命开始比较晚的，但发展速度很快，工业化水平也比较高。德国工业革命带有两个明显特点。一是德国工业革命以铁路建设为引擎，很快转入以重工

---

① 〔美〕斯塔夫里阿诺斯：《全球通史：1500年以后的世界》，上海社会科学院出版社，1998，第297页。

业为主导，轻重工业各部门相辅相成，互相推动，最终实现了经济起飞①。19 世纪 30 年代中期，工业革命刚刚起步时，德国就开始了修建铁路的热潮。在交通运输业的带动下，采矿、冶金、煤炭和机器制造业发展很快。1848～1875 年，德国重工业的发展速度一直超过轻工业，生产资料的生产始终领先于消费资料的生产。二是国家积极干预，承担了重要的组织者角色。如 19 世纪 40 年代，普鲁士政府出资设立铁路基金，资助私人铁路公司。从 1848 年起，政府开始直接投资修建铁路，到 19 世纪 60 年代，国有铁路已占普鲁士铁路的一半以上。普鲁士政府还兴办了许多国营的煤矿和炼铁厂，鲁尔煤田的煤矿几乎都是国家经营的。到 19 世纪 70 年代末工业革命完成时，德国不仅在技术方面消除了与英国的差距，在电气、化学、合成染料等方面甚至走在了世界的前列。

自 18 世纪中叶英国发生工业革命以后的一个世纪里，欧洲大陆的主要国家（法国、德国、意大利、俄国）和美国等相继发生了工业革命，从而使"工业世界"以英国为中心在西方初步形成。这个"工业世界"的范围超过了资本主义萌芽时期由英国和荷兰构成的核心地区的范围，同时又处于一个更大范围（即正在形成的世界资本主义体系）的核心地位，也是世界经济的核心地区。

三 社会生产力的巨大飞跃

工业革命的直接成果是创造了一种空前巨大的生产力，极大地提高了劳动生产率，以世界性的规模有效地利用了人力资源和自然资源。以英国为例，1770～1840 年英国工业生产迅猛增长，原棉消耗量从 1800 年的 5200 万磅增加到 1840 年的 45590 万磅；生铁产量 1720 年为 25000 吨，1840 年增至 139640 吨；煤产量 1770 年为 260 万吨，1836 年增至 3000 万吨。英国资本从 1750 年的 50000 万英镑增长到 1800 年的 150000 万英镑、1833 年的 250000 万英镑和 1865 年的 600000 万英镑。19 世纪 50 年代，英国取得了世界工业和世界贸易的垄断地位，成为世界上最先进的资本主义工业国。

---

① 王章辉、孙娴：《工业社会的勃兴》，人民出版社，1995，第 347 页。

19 世纪五六十年代，欧美主要国家的资产阶级摆脱了各种束缚，工业生产突飞猛进，成为资本主义发展的"黄金时代"。英、美、法、德四个主要资本主义国家的工业生产和铁路建设都有巨大增长，如表 5 - 1 所示。

表 5 - 1　1850 ~ 1870 年英国、美国、德国、法国四国经济增长情况

项　目	采煤量（百万吨）				生铁产量（百万吨）			
	英	美	德	法	英	美	德	法
1850 年	50	6.4	5.2	4.4	2.24	0.57	0.22	0.41
1870 年	112	30	26.4	13.3	6.1	1.7	1.4	1.2
项　目	棉花消费量（千吨）				铁路里程（千公里）			
	英	美	德	法	英	美	德	法
1850 年	267	119	17.8	60	10.65	14.5	5.9	3.1
1870 年	488	224	81	59	24.5	85.2	18.7	17.9

　　资料来源：〔苏联〕门德尔逊：《经济危机和周期理论与历史》（第二卷·下册），第 624、625、655、721、799、801、865、867 页。转引自宋则行、樊亢主编《世界经济史》（上卷），经济科学出版社，1998，第 122 页。

在采煤量、生铁产量、棉花消费量、铁路里程四项指标中，英国四项指标都增长了约 1 倍，美国和德国则数倍增长（美国棉花消费量除外），表明了美国、德国迅猛发展奋起直追的势头。法国的煤铁业和铁路建设在 20 年中都增长了 2 倍，也属于高速增长。世界工业生产指数如果以 1913 年为 100 的话，那么从 1701 ~ 1710 年到 1781 ~ 1790 年，世界工业生产指数从 0.55 上升到 1.8，提高 2.3 倍；而从 1802 ~ 1812 年到 1870 年则从 3.18 上升到 19.5，提高 5.1 倍[①]。在 1850 ~ 1870 年，英国的工业总产值增长了 98%，法国增长了 200%，美国增长了 280%，德国增长了大约 300%。美国和德国经济增长速度提高，在世界工业生产中的地位超过了法国，排在英国之后，列第二、第三位。

工业生产的迅速增长，使国民经济的产业结构发生了前所未有的变化。工业革命以前，各国产业结构都以农业为主，工业革命深入发展，使工业的地位大大提高。工业的迅速增长和较高的利润，吸引了越来越多的资本

---

① 宋则行、樊亢主编《世界经济史》（上卷），经济科学出版社，1998，第 122 页。

和劳动力。欧美主要国家的工业，已经从附属于农业的地位，上升为举足轻重的国民经济部门，开始了由农业国向工业国的转变。

第二节　资本主义私有制的全面确立

工业革命极大地提高了社会生产力，建立了真正近代意义上的资本主义经济基础，同时也在真正意义上建立起了资本主义的生产关系，确立了资本主义私有制的统治地位。按照马克思主义原理，生产资料所有制形式是生产关系的主要内容之一，生产资料所有制形式对生产力性质变化的适应程度，对生产力的发展起着重要的作用。因此，为适应大机器生产，工业革命创造了工厂制度，出现了合伙公司，甚至在一些领域出现了股份制企业，现代公司制度的一些特征开始出现。而资本主义私有制的确又反作用于生产力，促进了社会化大生产的发展，同时也对生产关系的其他方面和上层建筑产生了巨大影响。

一　工厂制度——大工业生产方式的确立

工业革命前，工业生产的主要组织形式有家族作坊和手工工场。手工作坊长期以来是最普遍的生产组织方式，它是独立手工劳动者自己经营的小型生产单元。当时，手工作坊仍然与农业有着密不可分的联系：作坊主一般有土地和牲畜；作坊的生产时间也是根据农业生产季节来安排的，农忙时干农活，农闲时从事手工劳动。而手工工场是完全从事工业生产的劳动组织形式，又称工场手工业，其特点是工人以手工劳动和分工协作为基础，在手工工场主的雇佣下进行生产，与家庭作坊相比，手工工场的规模较大、分工更细。分工的重大意义在于它"使工匠成为丧失独立性的依附劳动者"，而工场主成为拥有资本的雇主。早在14～16世纪中叶，手工工场已在地中海沿岸某些城市以及法兰西、德意志和英格兰等地出现。16世纪中叶以后，随着海外贸易的扩大和手纺织业的发展，手工工场得到进一步发展。工场手工的产生标志着资本主义的萌芽。

工场手工业主要有两种组织方式：一种是集中的手工工场。即不同工种的手工业工人或同工种的许多手工业者被一个工场主所控制，集中在一个工场内进行生产。前者如马车工场，其中有马具匠、铁匠、木匠、裁缝、油漆匠等，他们分别为马车的各个部件从事一部门专门劳动，分工协作，共同生产一种产品——马车。这种手工工场属于混成的工场手工业。后者如制针工场，各人在互相衔接的不同工序上分担一种工作，如打眼、磨尖等，共同完成一种产品，这也是分工基础上的协作。另一种是分散的手工工场。例如，16世纪英国的呢绒工场手工业无论是在城市还是在农村多半是分散的，手工业工人接受包买商人的订货，在自己家里劳动，而农村呢绒商和城市呢绒商则支配"家庭工业"。16世纪中叶以后，集中的工场手工业遍及采矿、冶金、玻璃制造等部门。手工工场是西欧早期资本主义工业生产组织的基础形式，无论是分散的还是集中的工场手工业，都可以减少工人的必要劳动时间，扩大剩余劳动时间，从而使资本家得以榨取相对剩余价值。同时，工场手工业提高了劳动效率，完善了劳动工具，在物质、技术上为工业革命准备了条件。

从17世纪开始，欧美主要国家的社会经济经历了深刻的变化，推动生产组织形式发展创新。资产阶级革命在欧美国家的发生为资本主义经济的迅速发展创造了有利的政治条件；圈地运动实现了对农民的彻底剥夺，为资本主义大工业的发展提供了充分的劳动力和国内市场；海外贸易的迅速发展和海外殖民地的迅速扩大，为产品寻找到了广阔的市场，通过大规模的殖民掠夺和奴隶贸易等暴力、欺诈手段，积累了发展资本主义大工业所必需的物质技术基础。更为重要的是，随着国内外市场的扩大，手工工场的生产已不能满足市场日益增长的需要。手工工场毕竟是以手工劳动为基础的资本主义企业，它既不能进行大规模的生产，也不能把小生产者从本部门中完全排挤出去。这种形势推动着生产技术的改革和创新，以机器生产代替手工生产。

18世纪60年代，以蒸汽机动力的使用为标志的工业革命引起了生产工具的变革，生产工具的变革必然导致生产的经营和管理上的变化。因此，纺织、冶炼、机器制造、造纸、玻璃等行业建立了一系列工厂，工厂制度开始形成。

19世纪中期，工厂制度已经成为英国社会化大生产的主要组织形式，工厂的数量和从业人数增长迅速（见表5-2）。1850年时，英国已有棉纺织厂1932家、毛纺织厂1497家。

表 5 - 2　19 世纪中期英国工厂增长情况

单位：家

项　目	1838 年	1850 年	1856 年
棉纺织厂	1819	1932	2210
毛纺织厂	1322	1497	1505
精梳毛纺织厂	413	501	525
亚麻纺织厂	392	393	417
丝织厂	268	277	460
共计	4217	4600	5117

资料来源：马克思：《英国工厂制度》，《马克思恩格斯全集》（第 12 卷），人民出版社，1998，第 202 页。

　　工厂成为全国占重要地位的生产组织形式，其工业产量已占全国生产总值的 33.8%。总之，在最先进的经济部门中，主要的新生产单位便是工厂。把许多工人集中在工厂进行系列性的工作，改变了以往以分散和集中的个体劳动为主的手工业生产；改变了过去商业资本控制下的分发原料、加工制作、定期收购、转运出卖的商品产销体制。由此可见，工厂制度混合了两个经济现象：一是工业革命前的工匠和"家庭制"工人日益集中在同一车间内继续从事他们的工作，从而使工厂制度带有"制造车间"（man-ufactories）性质；二是更为根本的生产技术变化，大规模固定资本投资加上严格的监管和工厂纪律（factory discipline），这被称作"工厂"（mills）性质①。

　　工厂制度首先在英国诞生，随着工业革命的扩散，这种新型生产组织形式迅速传播到欧洲大陆和美国。19 世纪中期，欧美主要国家工业生产中普遍建立了工厂制度。机器大工业代替手工工场在生产中占了绝对优势，从而使社会生产力有了惊人的发展，使用机器生产的工厂工人的生产效率，也几倍甚至几十倍于手工业工人。以英国为例，1770～1840 年，英国每个工人的日生产率平均提高 20 倍。由此，英国建立了强大的纺织工业、冶金工业、煤炭工业、机器制造业和交通运输业等工业部门。

①　John McDermott, "The Rise and Fall of the Factory System: Technology, Firms, and Households since the Industrial Revolution," *Carnegie - Rochester Conference Series on Public Policy*, Vol. 55, No. 1, 2001, p. 48.

1850 年，英国生产了世界煤产量的 60.2%，铁产量的 50.9%，加工了全世界 46.1% 的棉花，从而取得了世界工业和世界贸易的垄断地位，成为世界上最先进的资本主义工业国，获得了"世界工厂"的称号。

工厂制度标志着资本主义生产体制和所有制关系的全面确立。首先，机器支配工人是资本主义工厂制度的本质特征。机器生产的一般特征是："结合总体工人或社会劳动体是积极行动的主体，而机械自动机则是客体"；而在资本主义工厂里却出现了相反的关系，"死机构独立于工人而存在，工人被当作活的附属物并入死机构"①。其次，工厂制度建立了资本的绝对统治。机器成了资本统治工人的有力武器；社会化生产所必需的指挥职能和纪律转化为资本家的绝对权威和独裁；劳动对资本的形式隶属最终转化为对资本的实际隶属。再次，工厂制度发展了资本的权力关系。在资本所有权和经营权合一的条件下，由于机器生产需要以科学技术为基础的分工管理，因此辅助管理的人员增加了，管理职能开始分解，工厂内部的权利结构和治理结构也日趋复杂化。最后，工厂制度使社会化大生产与资本关系结合起来，形成了从根本上战胜封建生产方式的制度优势。资本主义生产方式的社会优越性和历史进步性得到了充分表现。据统计，1820～1870 年，英、法、德、美四个主要资本主义国家在世界工业生产中的比重一直占70% 以上。

从较长一个时间段分析，资本主义所有制的逐渐确立过程更加明显。从 16 世纪资本主义产生到 18 世纪工业革命的发生，从生产方式和生产关系的角度分析，这是资本主义手工工场时期，是从封建主义到资本主义的过渡时期。这一时期的社会阶级关系是复杂的，有封建地主、资产阶级（工业资本家、商业金融资本家、租地农场主），有工场手工业工人，还有广大的小生产者（农民、手工业者、小商人等）。手工工场工人大都还占有一点生产工具（如家用手纺车、织布机等），或者还占有一小块在工余时间耕种的土地。这就是说，他们还有可能占有一些简单的工具而成为小生产者，甚至上升为小业主。这时，稳定的工人阶级还没有形成。与当时广大城市的小手工业和农村家庭工业相比，资本主义工场手工业在整个经济结构中的分量和地位是微不足道的。资本主义的生产方式和生产关系还处在成长

---

① 《马克思恩格斯全集》（第 23 卷），人民出版社，1972，第 460、463 页。

期，还没有完全取代以前的生产方式，稳定的生产关系也没有形成。

工业革命后建立的工厂制度，以其高度的劳动生产率逐步排挤了各行业的手工工业，在各个产业部门成为主导者，社会生产关系也发生了彻底变革。当然，机器生产排挤手工业也有一个过程。手工工人总是力图以过度劳动、降低生活费用到最低限度的办法，来维持自己的生活，但终究还是被大机器生产排挤了。在英国，手工棉纺织工人大概是在19世纪30年代末被消灭的，在法国和欧洲低地国家是19世纪中期被消灭的。手工工场的工人、包买商控制下的手工工人和独立的手工业者，渐渐地都变成了大工厂的工人、无产者。手工作坊的小师傅由于没有可能和大企业竞争，也沦落到了工人队伍之中。从前的大商人变成了工厂主。在纺织工业中，工厂制度的统治就这样建立了。工厂制度在其他生产部门也经历了类似的过程，逐渐统治了各个生产领域。资本主义生产方式逐渐确立起来，社会关系随之发生了彻底的变化[①]。

二　农业领域所有制形式的进一步转变

在英国社会发生巨大变化的稍后一段时间，随着工业革命向欧洲国家和北美地区的扩散，西欧和美国的所有制形式开始发生根本性变化，生产方式逐步由手工工场向资本主义大工厂制转变，农业领域在17世纪以来的私有化基础上，进一步全面确立了资本主义所有制，资本主义农场在这些国家普遍发展起来。

前资本主义时代是以农业生产为主体的，手工业和商业是从属于农业的。资本主义生产方式是以工厂制度下的工业生产为主体的，无论是从产值，还是从就业人口看，农业在整个国民经济中都退居次要地位，而且农业生产本身也资本主义化了，商品经济取代了自给自足的小农经济成为农业生产的主要部分。由于各国历史条件不同，主要资本主义国家资本主义在农业的演进方式也不相同，具有多样性的特点。

在英国，如上文已经探讨过的那样，15世纪以来，自由佃农和自耕农中产生了富裕农民、租地农场主，这是最初的农业资产者。自15世纪末开

---

① 宋则行、樊亢主编《世界经济史》（上卷），经济科学出版社，1998，第126页。

始，以暴力手段圈占农民土地、消灭中世纪农民的运动，推进了农业的资本主义演变。起初是封建地主以暴力圈占土地，把农民赶走，将土地出租给租地农场主经营，建立起资本主义的农场制度。从 18 世纪开始，圈地成为由国会通过议案批准的合法行动，在工业革命展开后，其规模更趋扩大。随着生产力的发展，农村基本上采用了农场式经营方式，建立了典型的资本主义农场制。1793 年，英国土地集中的规模、速度和农民人数减少的幅度都大大加快，自耕农所占全国土地面积的比例下降至 15% 左右[1]。据统计，19 世纪 50 年代，英格兰的地产所有者占有全部土地的 75% ~ 80%[2]。这样，英国的自耕农作为一个阶层消失了，形成了"地主大地产—租地资本家—农业雇佣工人"三层阶级结构组成的资本主义雇佣制大农业。至此，农业资本主义所有制确立起来，农村的面貌发生了根本性变化。

在美国，资产阶级在独立革命中摧毁了封建土地关系。革命后，政府颁布一系列土地法令，使农民可以低价或免费得到土地，小农的经营普遍建立起来。自由农民成了美国农业中独一无二的代表人物。然后，随着工业革命的开展，农业日益被卷入商品市场，自由农民不断发生分化，形成了资本主义农场。19 世纪末 20 世纪初，资本主义大农业在农业中成为占统治地位的生产形式。

法国与美国的情况类似，所不同的是，由于法国社会经济的某些具体条件，如强大的高利贷资本把农民固着在小块土地上进行盘剥，阻碍了农民与土地的分离，由农民分化而形成农业资本家和农业工人的过程要缓慢得多。

德国资本主义在农业中的发展属于另一种情况。封建农奴制是通过自上而下的改革被废除的。农民用"赎金"和自己的份地进行赎买，才解除了封建依附关系和封建义务。这样的改革，使地主占有了更多的土地和财富，而农民的耕作经营更困难了。地主雇佣贫困的农民组织资本主义农场经营，使封建庄园逐渐演变成容克资产阶级农场。这样，容克地主逐渐资产阶级化，而以前的农奴则成了遭受半农奴制剥削的雇工。德国的这种情

---

① G. E. Mingay, *The Gentry, the Rise and Fall of a Ruling Class*, London: Longman Group Limited, 1976, p. 59.

② Mark Overton, *Agricultural Revolution in England: the Transformation of the Agrarian Economy, 1500 - 1850*, Cambridge: Cambridge University Press, 1996, p. 204.

况，是在封建残余长期存在的条件下，农业缓慢地向资本主义演进的表现。在封建残余势力强大的俄国和日本，农业中资本主义的发展都属于德国的类型。

各国以不同的途径和方式建立起农业中的资本主义关系，这不仅对以后农业的发展，而且对整个国民经济的发展，都产生了巨大的影响。在美国和英国，农业生产力的发展和生产关系的演进都很迅速。在德国、俄国和日本，封建关系的残余被严重保存下来，不仅农业中资本主义关系发展缓慢，而且直到 20 世纪，它们的国民经济中也都保留封建性的特点。

三　企业所有制形式的变化

工业革命时期建立的企业普遍实行了工厂制组织管理形式，从所有制的角度讲，这些企业多采用业主制或合伙制形式。业主制企业就是由单个资本家自主、独立经营的企业。所有者主体是资本家个人，企业财产是个人财产与企业财产的合一。"资本主义在初期并没有放弃其明显的个体性：老板同时是工业企业的主人和经理，他兼有职权和特权。"[①]

在工业革命过程中，因为工业利润增加，吸引资本从其他行业流向工业领域，但是开办大机器工厂需要大量资本，往往一个人无法筹集，于是资本家们的合伙增多了，合伙制企业在这个时期也发展起来。合伙制企业是由两个或两个以上的投资者、经营者组成的企业。"直到 19 世纪 40 年代为止，在生产中也和在商业中一样，仍然保留着传统的企业形式。在农业、伐木业、制造业和建筑业中，企业仍然是小规模的和个人经营方式。它们几乎都是家族的事情。当他们获得法律形式时，它们就成了合伙公司。"[②]这些企业很少存在所有权与经营权的分离，常定址于一个特定的区域，并承担某一中间产品或最终产品的制造、销售过程中不同阶段的活动，少有控制生产和销售全过程的单一企业。到 1834 年，英国拥有的 1200 家棉纺厂中绝大多数是独立的公司，这些公司都是个人业主制或合伙性质，只承担

---

① 〔法〕保尔·芒图：《十八世纪产业革命——英国近代大工业初期的概况》，杨人楩、陈希秦、吴绪译，商务印书馆，1983，第 198 页。

② 〔美〕小艾尔弗雷德·D. 钱德勒：《看得见的手——美国企业的管理革命》，重武译，商务印书馆，1987，第 56 页。

制造过程某一阶段的生产活动。直到 1884 年，这些企业中仍有 40% 只从事纺纱，33% 只从事织布，只有 27% 的企业将纺纱与织布连为一体①。

工业革命使社会生产力发生了巨大飞跃，正如马克思和恩格斯在《共产党宣言》中所说的："资产阶级的关系已经太狭窄，再也容纳不了它本身所造成的财富了"②，容纳不了社会所拥有的生产力。因此，必须产生新的企业所有制形式才能适应社会化大生产的要求，这样，随着企业规模扩大、市场经济激烈竞争和国际贸易迅速增加而造成的市场规模的扩大，有限责任公司和股份公司应运而生。

股份制（shareholding system；joint–stock system）是指以入股方式把分散的、属于不同人的生产要素集中起来，统一使用，合伙经营，自负盈亏，按股分红的一种经济组织形式，也是企业财产所有制的一种形式。股份制的基本特征是生产要素的所有权与使用权分离，在保持所有权不变的前提下，把分散的使用权转化为集中的使用权。股份制是与商品经济相联系的经济范畴，是商品经济发展到一定程度的产物。它在自身发展的过程中经历了几个不同的社会历史阶段，并采取了不同的具体形式。早在古罗马时期就有一种包税人，他们组织的股份委托公司被经济史专家认为是股份经济的先兆。14～15 世纪，随着商品经济的发展，欧洲的一些采矿业中出现了自由民之间或手工业者之间的以人、财、物各项生产要素的一项或几项为联合内容的合伙经营的经济形式。但在合伙内容、经营方式、分配办法等方面都没有明确的规范，更没有形成严格的股份制度，这是股份经济的原始形式。当时，在德国南部、奥地利和捷克境内，有农奴和城市破产欠债的小手工业者聚集在一起组织协作的合作社团，用简单的工具采矿，共同劳动，分享产品。后来有些商人以入股的形式参加进来，结果富裕的人把持了资产，使原来的合作发生质变。"原来由合伙的劳动者构成的矿业组合，几乎到处都变成了靠雇佣工人开采的股份公司。"③ 15 世纪至 16 世纪初，地理大发现、新航路的开辟使世界贸易大为改观。西班牙、葡萄牙、荷兰、英国纷纷向海外发展，进行远航贸易，这需要较大数额的资本，在当时的经济条件下，靠单个资本家来经营是无法办到的。于是一种合股经

① 韦伟等：《现代企业理论和产业组织理论》，人民出版社，2003，第 21 页。
② 《马克思恩格斯选集》（第 1 卷），人民出版社，1995，第 278 页。
③ 〔德〕马克思：《资本论》（第 3 卷），人民出版社，1975，第 1024 页。

营的、叫作"康梅达"的经济组织便产生了。"康梅达"从事海外贸易，负责筹集资本，由专人经营，利润在集资者与经营者之间协商分配。后来，这种组织发展到内陆城市，出现了入股的城市商业组织，如意大利的"大商业公司"，入股者有商人、贵族、教授、廷臣和平民。这种股份经济一般由自由城邦组织，官方进行业务监督。资产阶级国家为了鼓励商人和资本家积累资本向海外扩张，以攫取更多的财富，不仅为股份集资提供了法律保护，并且给予商业独占权和免税优惠等特权，这为股份制的产生创造了外部条件。

1553 年，英国成立第一个以合股形式进行海外贸易的特许公司"莫斯科公司"，主要与俄国进行贸易，它的成立标志着真正的股份制度的产生。该公司成立当年，即进行航行白海的冒险尝试，要发现新的地区和岛屿，深入俄国内地。最初整个公司的资本分为 240 股，每股 25 英镑，每人投资一部分，由 6 人分担风险。开始时规定，公司营业只限一次行程，每次远航归来按股份分配所有的利润，并连股本一起发还。后来随着贸易活动的频繁和规模的扩大，就把原来投入的股份全部或一部分留在公司为下次航行使用。莫斯科公司多次深入俄国内地，把俄国和亚洲的商品运到英国。到 1604 年，该公司股东增加到 160 人，15 个董事管理全部业务。继之而起的有 1557 年成立的西班牙公司、1579 年成立的伊士特兰公司、1581 年成立的利凡特公司、1588 年成立的几内亚公司、1600 年又组织了著名的东印度公司。这些贸易公司都是以股份制形式组建的，具有垄断特权，以经营国外垄断贸易和进行殖民掠夺为目的，是英国向海外扩张殖民势力的工具。其中，东印度公司势力最大、资本最雄厚。它于 1600 年 12 月 31 日从伊丽莎白女王那里获得了特许状。成立之初拥有股本 6.8 万英镑、股东 198 人，到 1627 年股本达 162 万英镑、股东 954 人，它独占从好望角直到东方一切国家的贸易，还享有对殖民地军事和政治的全权。截至 1680 年底，英国建立的这类公司有 49 个，它们对推进英国商品经济的发展和增强其经济实力起到了重要作用。其他欧洲国家也纷纷起而效仿。例如，荷兰 1602 年成立东印度联合公司，1621 年成立西印度公司，法国、德国、瑞典等国也先后成立了股份贸易公司。这些海外贸易公司虽带有特许和垄断性质，但已初步具备现代股份制公司的基本特征，因而成为"现代股份公司的先驱"。继海外贸易公司之后，1694 年英国成立资本主义最早的股份银行——英格兰银行。该行拥有股资 120 万英镑，它把资金贷给政府，取得相当于这笔贷款的银行券发行权。这种银行券发行权具有广泛吸收社会资金的职能。股份制在银行业发展起来。

现代意义上的股份制公司是工业革命后期才出现的。这种新的企业资本组织形式允许新的投资方式、承担风险的方式和所有制形式。当时股份制公司主要集中于银行、保险等金融领域和铁路、运河等交通运输领域以及煤气、自来水等公用事业部门。1826 年，英国政府颁布条例为股份银行提供法律保护，进一步促进股份制在银行业中迅速发展，并逐步排斥非股份银行，到 1841 年股份银行增加到 115 家，到 19 世纪末，英国非股份银行几乎绝迹，股份银行成了金融市场上的统治力量。美国在 1791 年成立的第一家国家银行——合众国银行，也是一个大规模通过股份形式筹集资本的股份银行，拥有股资 1000 万美元，发行 2500 股，每股 400 美元，其中 1/4 由政府贷款，其余是私人投资①。另外，美国还成立了北美银行和纽约银行。1800 年美国已有 67 个银行和保险公司、219 个桥梁和运河公司，而在制造业中只有 6 个公司。1862 年根据州银行法令，美国建立了 1600 家股份银行。1834～1836 年英国成立 300 家公司，铁路公司居第一位，其次是运河、矿山、银行、保险。1842 年，英国设立了 234 家大公司，其中主要是铁路公司和汽船公司。1844～1868 年，英国共设立公司 1105 家，仍以铁路公司、矿山公司、煤气公司为最多。19 世纪初法国股份有限公司不到 30 家。在 1850 年前德国股份公司则更少。在制造业部门和流通部门，因为受技术水平、企业规模、法律制度的限制，股份制产生晚且数量少。传统的独资公司、合伙企业在这两大部门具有明显的优势。

总体而言，这一时期存在的股份公司表现出股本规模小、股权社会化程度低、经营不稳定等特点。例如，1799 年杜邦创立的火药公司由每股面值 2000 美元的 15 股组成。英国在 1862～1869 年成立的公司 29% 倒闭，1856～1866 年成立的公司 5 年后消失了 39%，10 年后消失了 54%，到了 1932 年只剩下 9%。正如恩格斯在《资本论》第三卷结束时所说的，股份制只是当时资本主义体系中的"次要因素"②。到 19 世纪后半期，资本主义

---

① 〔美〕福克纳：《美国经济史》，商务印书馆，1989，第 203 页。
② 〔德〕马克思：《资本论》（第 3 卷），人民出版社，1975，第 1028 页。

社会生产力的发展已达到相当高的社会化程度，致使单个的私人资本已经容纳不了高度社会化的生产力，于是几个乃至几十个私人资本，以资本入股或发行和认购股票的形式组成的股份公司便迅速发展起来。以股份公司为主要形式的股份经济，成为资本主义股份经济的典型形态。

第三节　阶级与阶级关系的新变化

工业革命不仅是一次科学技术的革命，也是一次深刻的社会革命。这次革命带来了城市化的热潮，引发人口的转移，彻底改变了欧美国家的经济地理面貌。城市人口的激增也引起了社会阶级结构的巨大变化，造就工业资产阶级和工业无产阶级，使以往贵族地主阶级占统治地位的多层次的社会阶级结构，变为工业资产阶级占统治地位、整个社会明显划分为两大对立阶级即资产阶级和无产阶级的新的社会阶级结构。阶级结构的变化造成了阶级意识的觉醒，引起了阶级关系与阶级斗争形势的巨大变化。这一切，既是以业主制或合伙制形式为载体的新的资本主义所有制影响的产物，又是发展和巩固这一所有制形式的重要原因。

一　城市化的推进和人口转移

城市化兴起于英国的工业革命，伴随着工业革命的发展扩散到欧美大陆。随着社会生产力的发展，城市的规模和功能也发生了根本变化，成为工商业的中心和经济发展的带动力量。同时，人们的生产方式、生活方式和居住方式逐步由农村化向城市化转移，城市人口、城市数目和城市地域不断增加。城市化进程大大改变了欧美国家的面貌，也成为阶级分化的物质条件。

首先，城市化是资本主义大工业发展的产物。1844年，恩格斯在《英国工人阶级状况》中，对工业革命与城市兴起做了最为经典的描述："大工业企业需要许多工人在一个建筑物里面共同劳动；这些工人必须住在近处，甚至在不大的工厂近旁，他们也会形成一个完整的村镇。他们都有一定的需要，为了满足这些需要，还须有其他的人，于是手工业者、裁缝、鞋匠、面包师、泥瓦匠、木匠都搬到这里来了。这种村镇里的居民，特别是年轻的一代，逐渐习惯于工厂工作，逐渐熟悉这种工作；当第一个工厂很自然地已经不能保证一切希望工作的人都有工作的时候，工资就下降，结果就是新的厂主搬到这个地方来。于是村镇就变成小城市，而小城市又变成大城市。城市愈大，搬到里面来就愈有利，因为这里有铁路，有运河，有公路；可以挑选的熟练工人愈来愈多；由于建筑业中和机器制造业中的竞争，在这种一切都方便的地方开办新的企业，比起不仅建筑材料和机器要预先从其他地方运来，而且建筑工人和工厂工人也要预先从其他地方运来的比较遥远的地方，花费比较少的钱就行了；这里有顾客云集的市场和交易所，这里跟原料市场和成品销售市场有直接的联系。这就决定了大工厂城市惊人迅速地成长。"① 英国的曼彻斯特和其他工业城市是工业革命时期城市兴起的最好例证。工业革命以前，曼彻斯特是个富庶的村落。17 世纪出现棉纺织业，人口开始增加。18 世纪上半期曼彻斯特方圆已达 25 平方千米至 39平方千米，有工业、有市场。人们在那里制造呢绒、粗帆布、毡帽，尤其是各种棉织品，如漂白布、粗棉布等。曼彻斯特的产品和原料都通过利物浦进出。但在 1727 年曼彻斯特还被笛福称为"英格兰的最大村落之一"。棉纺织工业兴起之后，因为曼彻斯特有便利的水上运输条件、丰富的煤炭资源、良好的市政管理，工厂越来越多地设在曼彻斯特。据一个同时代的人说：1786 年人们仅看到一个烟囱，即阿克莱特纱厂的烟囱，15 年后，曼彻斯特有 50 个纱厂，大多数都拥有蒸汽机。1820 年，曼彻斯特占英国棉纺织生产量的 1/4，1835 年曼彻斯特聚集了棉纺织工业 80% 的工厂工人，1840 年聚集了 85% 的工厂工人。1790 年曼彻斯特有 5 万居民，1801 年有7.5 万人，1831 年增长到 18.2 万人，1871 年达 35.1 万人。曼彻斯特是英国工业的发源地和英国工业的中心，它是近代城市的典型。

其次，城市化表现为人口大规模向城市集中和转移。城市化有两方面的含义：一是农村人口不断向城市人口转化的过程；二是一个国家或地区城市人口超过农村人口在总人口中所占比重，并且日益提高的过程。这个过程是农村的强大"推力"和城市的强大"拉力"共同作用的结果。以英国为例，农村的推力表现为圈地运动和农业革命导致的自耕农和佃农的土

---

① 《马克思恩格斯全集》（第 2 卷），人民出版社，1957，第 300 页。

地等生产资料被剥夺和就业机会的丧失。这一点在议会圈地运动时期表现尤为明显。到 18 世纪末，英格兰和威尔士富有的地主有 400 家，他们拥有可耕地的 20%～25%，在这个土地所有者群体之下是乡绅集团，他们占有可耕地的 50%～60%。1800 年，英国农场的平均面积达 145 英亩（1 英亩≈4046.856 平方米）之多，而 100 英亩以上的农场占总面积的比例高达 85%①。1873 年，英国官方的一项调查材料表明，全英 3/4 的土地被不到 7000 个大土地所有者占有，可见土地集中化和农场经营规模日益扩大化的趋势②。由此，出现大量农村剩余劳动力向工业领域和城市转移。城市的"拉力"是随着城市经济的发展、经济规模的扩大而产生的，城市就业机会增加、收入水平提高等因素极大地吸引着农村剩余劳动力和农业人口向城市迁移。据统计，英国农村中的实际工资从 1737 年到 1777 年几乎降低了 1/4。1770 年，一个农工在冬天每星期赚得 5～6 先令，夏天每星期 7～9 先令，收获时期可以赚得 12 先令。同一时期，一个曼彻斯特的棉织工每星期赚得 7～12 先令，一个利兹的呢绒工每星期赚得 8 先令左右，一个威特尼的毛毯织工或一个沃尔顿的地毯工每星期赚 11 先令或更多一些。18 世纪，这种收入差距显著扩大了。农业工人的名义工资增加 1～2 先令，但曼彻斯特、沃尔顿等纱厂中的工人，虽然经常失业，每星期仍平均赚 16 先令，技术工人每星期赚 25 先令③。可见，城市工人的工资大大高于农村的农业工人。正是农村状况的加速恶化和城市生活的相对良好，使大部分农民离开土地流向城市，导致人口从农村向城市转移。随着人口的增加和工业集中化趋势的出现，一大批工业城市如雨后春笋般建立起来，英国城市化进程迅速加快。1750 年，英国 2500 人以上的城市人口仅占全国总人口的 25%，而到 1801 年，英国城市人口增加至 238 万人，城市化水平已经上升到 27.5%。而到 1850 年城市人口已占全国人口的 50%，到 1871 年这一比例已达到 62.8%，英国成为世界上第一个城市化的国家④。

　　最后，城市化改变了经济结构，城市成为国家的经济中心。工业革命

---

① Robert C. Allen, *Enclosure and the Yeoman*, Oxford: The Clarendon Press, 1992, p. 73.

② 沈汉：《英国土地制度史》，学林出版社，2005，第 248～249 页。

③ 高德步、王珏编著《世界经济史》，中国人民大学出版社，2001，第 292 页。

④ J. F. C. Harrison, *The Common People: A History from the Norman Conquest to the Present*, London: Croom Helm, 1984, p. 227.

的过程是经济结构发生变化的过程，也是人力、财力转移的过程，其结果
是使高生产率的工业与较低生产率的农业相比有更迅速的增长，而工业的
增长主要是在城市完成的。因为工业化以来兴起的城市主要是工业城市，
它产生于工厂的周围，与分散的农业经营相反，城市将生产、服务、居住、
消费等集中在同一个地域内，成为国家经济的中心。这种经济结构变化突
出表现在各产业部门产值在国民经济中所占的比重和就业人口在总就业人
口中所占的比重中。英国1801~1901年的变化（见表5-3）能够清楚地反
映这一经济结构的变化。

表5-3 1801~1901年英国经济中部门间的变化

部 门	1801 年			1851 年			1901 年		
	各部门国民收入百分比(%)	各部门就业人数占总就业人数的百分比(%)	人数(百万人)	各部门国民收入百分比(%)	各部门就业人数占总就业人数的百分比(%)	人数(百万人)	各部门国民收入百分比(%)	各部门就业人数占总就业人数的百分比(%)	人数(百万人)
农业	33	36	1.7	20	21	2.1	6	9	1.5
工业	29	30	1.4	42	43	4.1	48	46	7.9
服务业	38	34	1.4	38	36	3.3	39	45	7.2
全部就业人口(百万人)	4.8			9.7			16.7		
全部人口（百万人）	10.7			20.9			37.1		

资料来源：〔意〕卡洛·M. 奇波拉主编《欧洲经济史》（第三卷），商务印书馆，1989，第297~
298 页。转引自 Phyllis Deane, William Alan Cole, *British Economic Growth, 1688 - 1959: Trends and
Structure*, Cambridge: Cambridge University Press, 1967。

首先从英国各产业部门产值占国民生产总值的百分比看，1801 年农业
为33%，工业为29%，服务业为38%。到1851 年，农业为20%，工业为
42%，服务业为38%。到1901 年，农业为6%，工业为48%，服务业
为39%。

从各部门就业人数占总就业人数的百分比和雇佣的人数看，1801 年全
部人口为1070 万人，全部就业人口为480 万人，其中农业就业人口占

36%，为 180 万人；工业占 30%，为 140 万人；服务业占 34%，为 160 万人。到 1851 年，全部人口为 2090 万人，全部就业人口为 970 万人，其中农业就业人口占 21%，为 210 万人；工业占 43%，为 410 万人；服务业占 36%，为 330 万人。再到 1901 年，全国总人口为 3710 万人，就业总人口 1670 万人，其中农业就业人口占总就业人口的 9%，为 150 万人；工业占 46%，为 790 万人；服务业占 45%，为 720 万人。

通过上述数字可以看出，19 世纪最明显的特征是农业的衰退。这个产业部门不仅在国民总收入中所占比重在减少，其就业人口也已减少。18 世纪中叶，农业就业人口占总就业人口的 50%，工业革命开始后就不断下降，1700～1850 年，工业和服务业所占的比重都有增长，只有农业所占比重持续下降；1850～1900 年，服务业比重上升，工业保持相对稳定，农业比重继续下降。1900 年以后，农业比重降至 10% 以下，服务业的比重继续上升，此时工业比重也有所下降。在各部门的国民收入中也能看到同样的变化。从各部门就业人数的百分比和其在国民收入中所占的百分比的关系中，可看到以下生产率的变化轨迹：从农业来说，就业人数的比例常常高于收入的比例；从工业来说，1901 年的比例已使收入比例高于就业人数的比例；从服务业来说，收入的比例一直高于就业人数的比例。这些就业对收入的比率反映出部门之间生产率的不同，即工业和服务业生产率始终高于农业。这种状况在市场规律的作用下，必然决定了三个部门之间人力和物力转移的基本方向，即从农业部门向工业和服务业转移。这也从另一方面证明了工业革命及城市化的兴起，使农村人口大量转移到城市，城市成为国民经济的中心。

资本主义的迅速发展，从根本上改变了欧美国家的面貌。到 1870 年，欧美国家已工厂林立，巨大的工业中心纷纷兴起。当时世界最大的城市——伦敦已有居民 325.4 万人，巴黎有 185.2 万人，纽约为 147.8 万人，柏林为 82.6 万人（1871 年）。工业城市的激增和人口的迅速集中，不但改变了欧洲工业化国家的人口结构和地理分布，为大工业发展提供了更为广阔的空间，而且也促进了农业的商品化和生产的集约化，基本形成了资本主义工业化国家的城乡格局与分工。

城市化对于所有制形式的影响主要在于它使得掌握生产资料和没有生产资料的两大阶级更加纯粹、更加集中，在整个社会人口中占有更大的比重。下面将详细分析阶级结构。

二 两大阶级格局的形成

马克思以工业革命后的英国为样本，对阶级关系进行了详尽分析。按照马克思所说的体现资本主义生产方式的经常趋势和发展规律，把两个"分离"，即社会生产资料与劳动的分离以及土地所有权与资本和劳动的分离，作为判定资本主义社会基本阶级的依据，那么这一过程是在从农业社会到工业社会的转变中完成的。从欧美各国看，这一过程完成的时间差异很大，英国是在19世纪50年代工业革命结束时就完成了阶级的分化，其他欧美国家大都是在第二次工业革命时期完成的。下面，笔者拟按马克思的分析方法对英国阶级分化情况作一梳理。

工业革命前，英国资本主义虽然有所发展，资产阶级和无产阶级逐步分化，但由于生产方式仍以手工生产为主，分化并不明显。形成中的两大阶级都与旧的生产关系存在千丝万缕的联系，资本家与地主、贵族和商人之间不存在隔阂，工人同时可能也是农民。18世纪60年代，以蒸汽机动力的使用为标志的工业革命使资本主义生产方式取得了胜利，排挤了封建地主阶级和一切中间阶级，社会的阶级结构分化为资产阶级和无产阶级两大对立的阶级。

首先，工业资产阶级的力量迅速增长。工业革命前，重大的商业事务一般不实行分工，批发商掌握一切，他既是商人，又是银行家、保险人、船东、工业家等。工业革命产生了一个机械化的工厂制体系。这种把工人集中起来进行系列性的工作的工厂制度，改变了以往以分散和集中的个体劳动为主的手工业生产，改变了过去商业资本控制下的分发原料、加工制作、定期收购、转运出卖的商品产销体制，促使劳动生产率提高，加速了工业化和资本主义化，也为社会阶级的形成奠定了物质基础，直接造就了第一代工业资产阶级和工人。工业资产阶级最初是由独立的手工作坊主和工场主、发明家、兴办工业企业的商人和贵族转变而来。其一，原手工作坊主、工场主成为工业家。同时，带动工业革命发展的发明家们，凭借技术上的优势一跃成为具有一定实力的工业家。例如，阿克莱特靠水力纺纱机的发明成为第一家水力纺纱厂的业主；达比靠焦炭混合生石灰炼铁的新方法成为拥有较大规模炼铁工厂的工业家。其二，对财富的追逐驱使大批拥有雄厚资本的商人和贵族办实业、开工厂。工业资产阶级在工业革命完成时大概有多少人呢？因为传统的统计方式与阶级分析的统计差异较大，可能无法获得准确的数据，但从英国传统的对中产阶级的统计分析中我们还是可以得到一些有意义的数据。英国社会史中的中产阶级上层被称为"富裕的中产阶级"，与工业资产阶级有较大的相似性。维多利亚时代中期，英国人口中大约有 15%～20% 属于中产阶级群体①。1850～1950 年，该阶级缓慢而稳定地增长，在总人口中所占比重从大约 1/6 上升到 1/4②。如果从全国社会阶层的构成情况分析，那么当时英国贵族仅为 4 万～5 万人，而中产阶级达到 400 万人。这 400 万中的上层可能并不多，但也远远超过贵族的总数。随着经济、社会地位的变化，工业家们在其经济利益趋向一致、文化认同塑型的过程中逐步构建了一种不同于土地贵族的文化观，逐步形成了与其他阶级或者说阶层不同的共同利益和自我认同。所以，无论这些工业家原属于哪个阶层，共同的生产方式和经济利益使他们割断了与前工业和商业资本主义之间的种种联系，逐渐发展成一个新兴的工业资产阶级。

其次，老中间阶层的消亡和新中产阶层的萌芽。工业革命前，处于社会中层的阶层颇多，等级也不少，等级高的与等级低的差别很大。在乡村，处于社会中间阶层的以自耕农为主；在城市，以各种手工业者为主。随着农业革命的推进、圈地运动的快速发展，一部分自耕农通过租佃大地主的土地开办农场、出售农产品而致富，成为新兴的资本主义农场主，大部分则破产沦为农场雇工或流往城市成为产业工人。根据当时出版的材料统计，17 世纪，占英国人口 1/6 的自耕农所拥有的土地约占全国土地的 25%～33%。到 1793 年，自耕农所拥有的土地在全国所占的比例由过去的 25%～33% 急遽减少至 15%。马克思认为，"大约在 1750 年，自耕农消灭了，而在十八世纪最后几十年，农民公有地的最后痕迹也消灭了"③。也有人认为自耕农并没有完全消失，而是退居次要位置了。如戴维斯认为，到 1780 年，

①　W. D. Rubinstein, *Britain's Century: A Political and social History: 1815 – 1905*, London and New York: Arnold, 1998, p. 290.

②　Martin Daunton, *The Cambridge Urban History of Britain*, Vol. 3, Cambridge: Cambridge University Press, 2000, p. 678.

③　〔德〕马克思：《资本论》（第 3 卷），人民出版社，1975，第 790 页。

所有者占有土地不再构成英格兰乡村经济的主要特点①。但是这并不意味着自耕农的消失，直到 19 世纪末仍是如此。根据 1896 年农业部的报告，当时共有 66700 户约曼（自耕农）耕种他们自己的土地，耕种面积近 300 万英亩，占英格兰已开垦土地的 14%，没有一个郡的约曼拥有的土地少于 10%，而在 11 个郡中，约曼拥有 20% 的可耕地②。比自耕农地位稍低的是佃农，其数目与小自由持有农相当，但他们的收入每年仅为 42 英镑 10 先令，几乎没有什么结余。这些人比自耕农更快地沦为雇佣工人，大部分转移到了城市。这一时期，英国纯农业人口占总人口的比重大幅下降，从事农牧业生产的劳动力人数大幅减少。在工业革命前的 1520 年，英国纯农业人口占总人口的比重为 75%，到 1801 年下降为 35%，到 1841 年下降为 23%，到 1890 年下降为 10.2%。1851 年，从事农牧业生产的劳工人数为 1460986 人，到 1871 年减少到 980178 人，到 1891 年减少到 780707 人，到 1911 年减少到 656377 人，60 年减少了一半以上③。处于社会中间的城市各阶层地位却在上升，很多演变为工业资本家。以商店老板为例，1688 年，每家年收入仅 45 英镑，到 1803 年则上升到 150 英镑。也有一部分城市中间阶层由于经营不善而破产，沦为产业工人。

工业革命的发展，不仅造成了工业资产阶级和无产阶级的出现，还产生了一个处于中间阶层的新的中产阶级。当然，这一时期中产阶级还处于萌芽时期，力量比较弱小，在政治和经济要求方面主要依附于工业资产阶级。中产阶级的产生是由于工业发展对各种知识分子、具有专门技术特长的脑力劳动者的需要，社会上出现了大量知识劳动者，包括律师、医生、公职官员、记者、作家、教授及工程师等。他们既不同于坐取地租的地主，也不同于攫取利润的工业家，他们不直接受市场的影响，有比较稳定的收入和一定的独立性。在与贵族地主阶级的斗争中，他们成为工业资产阶级的同盟军，是一支不可低估的力量。

最后，无产阶级队伍的壮大。与手工工场的工人相比，工厂制度下的

---

① Davis, "The Small Landowner 1780 – 1872, in the Light of the Tax Assessments," *Economic History Review*, Vol. 1, p. 110.

② A. H. Johnson, *The Disappearance of the Small Landowner*, Oxford: Oxford University Press, 1909, p. 149.

③ 张培刚：《农业与工业化》，华中科技大学出版社，2002，第 151 页。

工人发生了质的变化。机器使工人仅有的一点薄产变得一钱不值，昂贵的机器是独立的手工业者和工人完全无力获得的，这样，资本家和工人之间形成了一条不可逾越的鸿沟。工厂制度完全改变了工人的地位，完全割断了工人与农村的联系，集中在城市大工厂里的工人逐渐脱离了农业和副业，成为真正一无所有的无产者。同时，机器使工场手工业时期靠高超手艺而在生产中居于较高地位的熟练工人同一般工人一样成了机器的附属物。工业化使工厂制度在英国工业中占据统治地位，从而使英国的社会阶级结构发生了深刻变化。1851年时，英国总人口为2090万人，而全部就业人口为970万人，其中在工业中就业的为410万人，占总就业人口的43%。而在工业部门就业的工人中，工厂工人占多数。根据1841年的资料，工厂工人在棉纺织业中占68.7%，在毛纺织业中占50%，在丝织业中占40%。因此，马克思说："机器只是一种生产力。以应用机器为基础的现代工厂才是生产上的社会关系。"[1] 在实行机器生产的工厂中，工人随着机器的转动进行极其简单、机械的操作，成了机器的奴隶。随着机械的改进，工人的劳动强度不断增大。在工业革命时期，资本家大量雇佣女工和童工，使被剥削的对象扩大到工人家庭的全部成员。1839年，英国纺织工厂有42万工人，其中妇女24万多，18岁以下的男女童工有19万多。工业革命时期，各国工人的劳动条件非常恶劣。19世纪上半期，工人每天的工作时间一般长达14小时，甚至16~18小时。狭小、肮脏的劳动场所以及缺乏必要的劳动保护，更使工人的身体健康受到损害，工伤事故层出不穷；工人的生活条件也得不到基本保障[2]。在这样的背景下，出现了早期工人破坏机器的自发斗争，这也预示了此后历史发展中的新社会冲突。

三 阶级意识的觉醒

所谓阶级意识，就是反映一定阶级的特殊地位和利益的社会群体意识，阶级意识形态比较完整、系统地表达了阶级的意志和愿望[3]。阶级意识的形

---

[1] 《马克思恩格斯选集》（第1卷），人民出版社，1995，第161页。
[2] 关于英国工人阶级的生活状况，恩格斯在《英国工人阶级状况》中有非常详细的描述，见《马克思恩格斯全集》（第1卷），人民出版社，1995。
[3] 李淮春主编《马克思主义哲学全书》，中国人民大学出版社，1996，第294~295页。

成是一个长期的发展过程，只有在阶级实践中才能产生一致的阶级意识。工业资产阶级和无产阶级的阶级意识正是在工业革命过程中逐渐形成的。

1. 工业资产阶级阶级意识的形成

工业资产阶级的形成是一个长期的历史过程，欧美各国的具体情况不同，形成的时间和过程也不相同。以英国为例，在工业革命过程中，英国形成了一个有着共同生产活动和利益的工业家集团。这个集团在与工人群众、土地贵族的对立中发现、认识和表达了其共同的利益，即他们对自身的称呼——中产阶级。如英国史学家珀金所说：土地贵族运用自己的权力保护其利益，使中产阶级睁开了自己的眼睛，加速了中产阶级形成一个阶级①。这种表达实际体现了一种整体的阶级认同，标志着其阶级意识的形成。

首先，工业资产阶级提出自己的阶级要求。从 18 世纪末开始，工业家们通过各种途径利用报纸杂志等传播媒介强烈地表达了他们的共同利益。在政治上，要求改变贵族垄断政权的局面，废除腐败的议会选举制度，实行议会改革；在经济上，要求废除以谷物法为标志的垄断与保护政策，实行自由贸易；在劳资关系上，要求劳动力的自由买卖，废除国家在雇主与雇工之间的干涉行为。大卫·李嘉图的经济思想集中体现了当时工业资产阶级的经济利益要求。李嘉图认为每一个国家的全部产品都要分成三部分，一部分是工资，一部分是利润，一部分是地租，它分别为工人、资本家和土地所有者所得。这种划分正是当时社会已经存在的三大阶级在理论上的反映。他从工业家的利益出发，反对谷物法，主张实行自由贸易，并且号召工业家们联合斗争，因为"土地所有者的利益永远是和消费者以及工厂主的利益相对立的"②。詹姆斯·穆勒的思想则反映了形成中的工业资产阶级的政治思想。1820 年，穆勒出版了《论政府》（*Essay on government*）一书，他在书中强烈反对贵族垄断政府官职，认为贵族不能胜任政府工作，政权应由中产阶级来掌握③。如果说李嘉图的经济思想成为工业家在经济领域中共同利益意识形成的标志的话，那么詹姆斯·穆勒的政治思想则表明了工业家在政治上共同利益意识也已形成。

---

① Harold James Perkin, *The Origins of Modern English Society*, London：Routledge, 2002, p. 37.
② 王亚甫编《资产阶级古典政治经济学选辑》，商务印书馆，1979，第 579 页。
③ Harold James Perkin, *The Origins of Modern English Society*, London：Routledge, 2002, p. 214.

　　其次，工业资产阶级在共同斗争中进一步强化了阶级意识。工业资产阶级一产生就发现自己处于两面受敌的境地，一方面要与土地贵族斗争，争取经济和政治权利；另一方面要与工人阶级斗争，保护本阶级的特权。在与工人阶级的斗争中，工业家们为保护自己的利益联合一致要求政府镇压工人运动。在他们的请求下，1799 年 7 月，议会通过了反结社法令，规定禁止一切结社和一切旨在组织社团的集会和活动。此后，工业家们还不放心，又于 1814 年和 1816 年两次联合要求内务大臣制定一种更为严厉的限制办法，以保障他们的"企业自由"。但反结社法并不能真正阻挡工人的斗争，反而愈发高涨。1819 年 8 月，曼彻斯特圣彼得广场发生了规模宏大的工人大罢工，8 万人参加。1820 年 4 月，格拉斯哥爆发了有 6 万名工人参加的政治大罢工。工人的斗争迫使政府于 1824 年废除了反结社法。1825 年，工人们又举行了大规模的罢工斗争。在工人们的大规模联合斗争中，工厂主们也渐趋联合一致，把自己视作一个整体，同时也意识到自己的共同利益所在，并且这种利益是与工人们的利益截然对立的。在与工人阶级的斗争中不断妥协的工业资产阶级，却在与贵族地主阶级的斗争中取得了决定性的胜利。从 18 世纪 60 年代开始，以威尔克斯事件为导火线，工业家发动了一场激进运动。他们成立各种政治团体，举行集会，出版刊物，攻击国王，抨击腐败的议会选举制度，要求进行议会改革。后来，这些政治运动由于反法战争而暂时中断。1815 年，反法战争结束，工业家的政治斗争又起。这时工业家的人数与经济实力均大为增长，他们的斗争意识比以往更为坚定，目标也更为明确，即为了维护自身的利益，必须改革议会制度，使自己参与政权。工业家便在这种共同利益意识的驱动下联合一致，共同行动。1831 年，以普累斯为首成立了全国性的政治组织——"全国政治联盟"。在联盟的领导下，全国的工业家展开共同斗争。这场斗争最终以 1832 年议会通过改革法案而大获全胜。这场斗争胜利的意义重大，因为它不仅标志着工业家最终形成了阶级意识，而且也标志着工业家开始以一个独立的阶级整体出现于英国的政治舞台之上。

2. 无产阶级阶级意识的形成

　　工业革命时期，英国工人阶级反对资产阶级的斗争大体经历了三个阶段：一是工业革命初期用破坏机器的手段自发地反对个别资本家；二是 19 世纪 30 年代前，组织工会和互助会等工人团体展开有组织的经济斗争；三是 19 世纪三四十年代，无产阶级作为独立的政治力量登上历史舞台，开展政治运动反对资产阶级的政治统治。无产阶级的阶级意识就是在阶级斗争的实践中逐渐形成并成熟，走向阶级觉醒。

首先，无产阶级在长期的阶级斗争中自发地逐步形成阶级意识。在工业革命初期，工人们所认识的资本主义各种现象是片面的和表面的，工人们认为是机器使得他们生活困难。所以，工人斗争的最初一步是破坏机器。1769 年，英国工厂工人就曾捣毁新发明的纺纱机。18 世纪末 19 世纪初，捣毁机器的行动尤烈，集中发生在英国的诺丁汉。在这里形成了捣毁机器的卢德运动，仅 1815 年就毁坏了 30 台机器。无产阶级对资本主义社会的认识随着斗争的深入而逐渐深化，阶级意识也开始觉醒。到 19 世纪 20 年代，工人斗争进入第二个阶段，组织工人团体，进行罢工斗争，争取缩短工作日，增加工资，改善劳动条件。例如，1812 年发生了由秘密团体组织的格拉斯哥织工总罢工。1818 年，苏格兰的矿工团体也组织了总罢工。罢工斗争取得了初步胜利。1819 年，英国政府通过了 1819 年条例，禁止棉纺织工厂雇用 9 岁以下的童工，限定 9～16 岁童工的工作时间不得超过 13 个半小时[①]。1821 年，英国废止了限制结社的法令。工人获得自由结社的权利，所有的劳动部门纷纷成立了工会，工会组织遍布英国。当时组织工会的主要作用是：集体和雇主进行谈判，争取提高工资；集资资助失业工人。工会采取的斗争手段包括送集体请愿书，示威游行，罢工，以及用暴力对付工厂主。到 19 世纪 30 年代，英国工人的斗争有很大发展，罢工频繁发生，并取得了一些胜利。罢工斗争的意义还在于，它使工人们认识到团结联合的力量，工人们只有组织起来，共同行动，互相支持，才能维护自己的利益。19 世纪 30 年代，英国工人运动进入第三个阶段，英国工人掀起了轰轰烈烈的宪章运动，标志着无产阶级意识的觉醒，工人阶级成为一支独立的政治力量，登上历史舞台。

其次，无产阶级斗争的理论逐步成熟。19 世纪初的英国工人运动基本上还是自发形成的，缺乏较为明确的政治目标，缺少理论基础。总的来看，这时工人阶级的觉悟具有下列一些特点：他们已经意识到自己在大工业生产中的重要性，同时意识到自己的劳动未能得到相应的报酬，而且也认识

---

① 〔英〕克拉潘：《现代英国经济史》（上卷），商务印书馆，1964，第 466 页。

到靠个人的努力无法在大工业制度下争得应有的物质条件的改善和社会地位。但是他们在政治上提不出独立的纲领和目标，所以就只好跟着工业资产阶级走，常被资产阶级自由派鼓动人心的宣传所迷惑。在 1832 年的议会改革斗争中，工人阶级就是跟随资产阶级行动的。到 19 世纪 30 年代，工人阶级的思想中出现了一些新因素。一是有的工人认识到工人阶级和资产阶级的利益不可调和，从而提出不要与资产阶级建立联盟，而要开展工人阶级反对资产阶级的阶级斗争。在伦敦"全国工人阶级联合会"的机关刊物《穷人卫报》上有一篇文章就阐述过这样一种观点①。二是关于大罢工的思想。一部分工人认识到，工厂是由工人开动并进行生产的，如果工人一起停止工作，对资产阶级和政府将是很大的威胁。在《穷人卫报》周围的工人中，有人在 1832 年出版的小册子中就发表了这样的见解。三是 1832 年议会改革之后，越来越多的工人认为不能再把希望寄托在议会身上，也不能跟着资产阶级只为争取议会选举权而奋斗，而应该找一条工人阶级的独立道路。部分工人的报刊已发表一种论点，即阶级斗争是社会由资本主义过渡到社会主义的必要手段。当时的工人报纸《穷人卫报》《先锋报》《危机周报》上都登载了论述这种思想的文章②。这些关于阶级斗争、大罢工、摆脱议会民主的幻想等都是工人阶级思想中的新因素，也是工人阶级从自发的斗争逐步萌发出自觉意识的表现。

第四节　资本主义政治制度的确立与社会改革

工业革命的完成和资本主义生产力的狂飙式飞跃，为资本主义最终战胜封建主义奠定了坚实的物质基础，从根本上巩固了资产阶级政权。经过 19 世纪中期的革命和改革，欧美主要国家的资产阶级都夺取了政权，资本主义制度最终确立起来。生产力的飞跃使资本主义所有制形式不断演变，推动了资本主义生产关系的发展，从而促使阶级分化日益加剧，阶级斗争

---

① 〔英〕莫尔顿·台德：《英国工人运动史（1770～1920）》，叶周、何新等译，三联书店，1962，第 49～50 页。
② 〔英〕莫尔顿·台德：《英国工人运动史（1770～1920）》，叶周、何新等译，三联书店，1962，第 59、69～70 页。

不断激化。这要求作为国家政权的上层建筑做出相应的调整，以适应资本主义社会和经济形势的不断变化和调整。这一时期资本主义制度的调整和完善突出地表现在工业革命率先完成的英国。下面，以英国为例做一分析。

英国工业革命中壮大的工业资产阶级，在压迫与剥削工人阶级的同时还面临着两项历史任务。一是继续同地主贵族阶级做斗争，参与和争取政权，建立资产阶级民主政治，完善资本主义国家政权，加强对社会的有序管理。二是面对工人阶级日益高涨的革命热情，被迫进行社会改革，缓和社会矛盾，将工人阶级的斗争控制在可容忍的范围内。因此，19世纪30年代后，英国资产阶级采取两手策略，经过议会改革，不断向地主贵族夺取政权，调整国家制度，推行资产阶级民主政治，建立起完整的资本主义政治体系。同时在社会和民生领域不断推进社会立法，推行社会改革，改善工人阶级和贫民的生活状况，借以缓和社会矛盾，达到长久统治的目的。

一 资产阶级民主政治制度的确立

英国经过资产阶级革命确立的政治制度还是原则性、框架式的，具体的制度还要随着资本主义的发展而不断完善。随着工业革命的推进，机器大生产造就的工业资产阶级和无产阶级到19世纪30年代阶级意识开始觉醒，对政治民主的要求增强，经过三次议会改革，英国议会民主制逐步得到完善，资产阶级民主政治制度确立起来。

首先，作为资本主义民主政治基础的选举制度不断得到完善，实现了选举范围的扩大和选举方式的变革。

从光荣革命到1832年议会改革前，英国的选举制度基本没有变化，贵族一直是议会的实际控制者，普通群众基本没有选举权。议会制度的不民主和不合理的特征主要体现为：一是选区划分不合理，没有体现新的工业中心的崛起；二是英国多数男人和所有妇女没有选举权，全部选民只占总人口的2%；三是选举活动的机制本身不民主，造成只有不到1/3的选区有竞选活动；四是议员结构不合理，绝大多数是贵族或贵族的亲信，而且任期时间过长，1818年议员的平均任期达到28年[①]。这样，贵族通过选派议

---

① 刘成：《民主的悖论：英国议会选举制度改革》，《世界历史》2010年第2期。

员的绝对优势完全掌控议会。随着工业革命的深入和工业资产阶级力量的壮大，要求议会改革的呼声日益高涨。19 世纪 20 年代，工业资产阶级成立了"伯明翰政府联盟"和"全国政治协会"等政治组织，领导民众进行了广泛的动员，议会改革已成为大势所趋。经过长期斗争，议会终于在 1832 年 6 月通过改革方案，开启了英国历史上的第一次议会改革。1832 年议会改革的主要内容如下：一是将 65 个人烟寥寥的"衰败选区"的 143 个席位，分配给新兴的工业城市、农村和爱尔兰、苏格兰。二是降低选民的财产资格，规定城市中每年收入或支出达 10 英镑以上房租者，农村中每年依靠土地收入达 10 英镑以上的土地经营者，租地经营每年收入达 50 英镑或支付 50 英镑以上租金者，皆享有选举权。据统计，1832 年议会改革后，英国的选民为全国总人口的 1/22[①]。1832 年的议会改革使工业资产阶级得以进入议会，跻身统治阶级的行列，使英国的上层建筑与经济基础相适应。随着经济的发展和社会结构的调整，一些中等收入的社会阶层包括工人阶级的上层，要求对议会进行改革，实现普选权。为了适应形势的发展，缓和阶级矛盾，英国议会又进行了两次改革。1867 年第二次议会改革把 46 个"衰败城镇"的议员名额分配给新兴城市，规定城市中每年交付 10 英镑以上的房租而且居住一年以上的房客和缴纳济贫税的房主都有选举权，乡村中凡每年交 12 英镑以上地租的租佃者以及每年收入 5 英镑以上的土地所有者也获得了选举资格[②]。经过这次改革，在拥有 2 千多万人口的英国，选民由 135 万人增加到 225 万人。1884 年第三次议会改革对郡区选民和城区选民规定了同样的财产资格，每年收入 10 英镑的成年男子均可成为选民。同时，对各选区进行了重新划分，规定除 22 个城镇选区和牛津、剑桥大学选区外，各选区均选送一名议员。居民在 50000 人以下的选区各减少一个议席。下院议席总数增至 670 人。1884 年议会改革后，选民人数增加 176.2 万人，比原有选民增加 67%。1885 年英国选民总数达到 570.8 万人，60% 的成年男子获得了选举权。

在进行议会改革扩大选举权的同时，英国的选举方式也发生了变化。

① H. J. Hanham, *The Reformed Electoral System in Great Britain*, *1832 - 1914*, London: Historical Association, 1968, p. 29.

② W. D. Hussey, *British History 1815 - 1939*, Cambridge: Cambridge University Press, 1971, pp. 154 - 155.

第一次议会改革后，虽然选举人数扩大了，但议会选举依然采取公开投票的程序，选举中贿选和威胁选民行为时有发生，而且有越来越严重的趋势。因此，1852～1853 年议会两次通过议案，宣称贿买和威胁选民均属刑事犯罪，但因缺少具体措施而效果不明显。第二次议会改革后，随着贵族对议会控制的削弱，使用暴力和贿赂手段参选的现象增加。为遏制这一现象，1872 年议会通过了《秘密投票法》，各投票站开始采用无记名投票的方法，威胁选民的行为明显收敛，但是大选中候选人拉选票、宴请和贿赂事件依然普遍存在。为此，1883 年议会通过《取缔选举舞弊法》，它详细列举了各种腐败和非法行为，规定候选人不得以各种直接或间接的方式收买选民，如请选民吃喝或给予种种物质上的报酬，也不得以任何压力或暴力强制选民投票，并且严格限制竞选活动经费、人数、规模等①。由于对贿赂和舞弊进行了打击，竞选活动发生了重大变化，从以前靠收买选民变为通过宣传自己的纲领来吸引选民加入自己的政党组织，从而投本党候选人的票，这样就使选举的大部分事务开始职业化。

其次，作为英国议会民主制重要内容的责任内阁制随着议会改革的发展也最后确立起来。

英国的责任内阁制是建立在"议会至上"和"虚君政治"原则之上的，它的确立是以英国议会改革为基础的。17 世纪后期形成的英国内阁，开始是英王领导下的最高行政机关。1688 年"光荣革命"后，内阁改由下院多数党组成，并开始转向对议会负责。在以后发展中逐步形成了一些惯例，如国王不参加内阁会议，而由下院多数党领袖主持内阁；组阁政党必须在议会中占多数并集体向议会负责；内阁得不到下院支持而提请国王解散下院，并提前大选等。1832 年以后，随着王权的迅速削弱，内阁对下院的依赖性明显增强。1841 年，皮尔内阁在历时两年的"寝宫危机"中取得胜利，皮尔在缺少王室支持下单靠竞选胜利组阁的事实，体现了责任内阁制原则，并说明由多数党领袖总揽行政权力的"虚君政治"已在英国确立。皮尔成为现代意义上的第一位首相。皮尔以后的各届内阁都是在缺少君主干预的情况下建立的。到 19 世纪中期，英国的责任内阁制在宪政实践中形成一些

---

① Anthony Wood, *Nineteenth Century Britain 1815 - 1914*, Harlow: Longman Group Limited, 1982, p. 320.

新的原则，如首相及内阁须从下院多数党中挑选，并依靠其多数优势以保证执政党政策和法令的顺利实行；所有内阁成员对政府政策集体负责，并与首相共进退；政府大选失败后必须立即辞职等。至此，英国责任内阁制通过宪法惯例的积累逐步完备并最终形成。

最后，作为英国议会民主制的重要内容，也是民主制的重要实现形式的两党制在 19 世纪中期确立起来。

英国的政党政治是在同议会制度、内阁制度互相依赖、彼此影响的情况下发展起来的。英国的托利党和辉格党两党产生于 17 世纪 70 年代末和 80 年代初关于詹姆斯二世的王位继承斗争中。"光荣革命"后，英国建立了资产阶级和新贵族联合统治的君主立宪制，为两党的发展创造了更为有利的政治条件，英国进入两党政治的建立时期。到 19 世纪初，两党界限趋于明朗化、稳定化，两党政治达到了成熟阶段，从而产生两党制度的萌芽。在 1832 年议会改革过程中，托利党更名为保守党，主要代表主张保护关税、以地产为中心的地主贵族集团的利益。辉格党更名为自由党，代表主张自由贸易的新兴工业资产阶级集团的利益。1867 年第二次议会改革后，两党逐步演化成组成成分相似、政治态度相近、利益差别不大的资产阶级政党。这时英国政党政治呈现的一些特征标志着英国两党制的成熟。一是议会党团组织的建立。1834 年以来，保守党和自由党竞相发展议会党团组织，建立了督导员制度。督导员即议会中政党事务负责人，通常由党魁指定本党有威望的议员担任。议会召开前，督导员参加由党魁主持的党务会议，讨论制订行动计划。议会召开时，督导员动员本党议员及时参加分组投票。通过督导员的工作，议会党团建立起来，使下院本党议员一致行动。据统计，1835 年有 594 名议员参加了全年的下院活动。在所有 5 次分组投票中，这些议员有 240 名一直支持政府，242 名始终反对政府，共占全年参加分组投票议员总数的 81%。1837 年有 569 名议员参加了全年的投票活动。在所有 3 次分组投票中，282 名议员每次投票都支持政府，274 名议员每次都反对政府，共占全年参加分组投票议员总数的 98%①。比较这两年的分组投票情况，可发现议会党团建立后，政党投票率迅速增长的趋势，也充分说明

① David Close, "The Formation of a Two – Party Alignment in the House of Commons between 1832 and 1841," *English Historical Review*, 1969, pp. 273, 275.

下院已彻底划分为两大阵营。二是全国政治组织机构的完善。议会党团建立的同时，议会外政党组织发展也很快。1832 年新选举法颁布不久，沃里克郡自由党人首先创立选区协会，其他选区也开始建立协会组织。1834 年，兰开夏、伯明翰的保守党人仿效自由党人建立选区协会。1867 年第二次议会改革后，两党加快了全国党组织的建设。1867 年以后，自由党地方登记团体迅速发展起来，并在代表制的基础上改组原来的协会，促进了地方组织的发展。1877 年 5 月，自由党在伯明翰举行了全国总会的成立大会，建立了自由党中央委员会，这样自由党形成了一个完整的现代政党组织。保守党的党组织在 1867～1886 年也发生了转变，主要是地方组织机构得到了迅猛发展，日益要求全国有统一的领导机构，结果产生了保守党全国联盟。同时，保守党中央组织变得越来越职业化和正规化，这样加强了对全国联盟的控制，保证了党组织的高效运转。这样，民主代表制在两党组织系统中迅速推广，建起代表制的全国性组织，并通过议会选举，形成了 1867～1915 年两党轮流执政的局面。

二 行政管理体制的变革

资本主义所有制全面确立后，为了适应资本主义经济的发展，对原来的国家管理制度进行了改造，使之适应经济社会的变化。这一时期，国家管理制度的变革以经济最为发达的英国最典型。英国工业资产阶级在议会改革后获得了与经济实力相称的政治地位，同时也开始了对旧的国家管理制度的改造。

首先，通过行政改革，中央政府职能日渐完善。一是根据日益增加的社会管理工作，完善了中央政府各部门的机构和职能。从 19 世纪初起，英国议会和政府首先在贫民救济、公共卫生、铁路和工厂制度、囚犯管理、教育、矿山和移民等方面成立了 16 个中央级的委员会，协助政府调查了解各方面的社会问题[①]。根据这些委员会的调查报告，政府加强了对社会各方面的管理，逐步建立了相应的中央各部，主要有 1847 年建立的济贫部、

---

① David Roberts, *The Victorian Origins of the British Welfare State*, New Haven: Yale University Press, 1960, pp. 327－333.

1852 年建立的公共事务部、1854 年建立的卫生部、1871 年建立的地方事务部等。二是建立了现代文官制度。工业资产阶级参政后，从功利主义原则出发，迫切要求建立一个廉价政府，以便提高行政效率，节约开支，能把更多的资金用来发展经济。从 19 世纪 50 年代起，英国政府对文官体制展开较全面的改革。1853 年时任财政大臣的格拉斯顿命令斯塔福德·诺斯科特和查尔斯·屈勒维廉调查文官制度。他们提出的改革方案主要内容是通过公开竞争考试选任文官[1]。1855 年枢密院颁布命令，任命三人文官委员会，负责"测验被推荐到王国政府文官低级职位上的年轻人的资格条件"，考试后经用人部门试用再正式任命。1870 年，格拉斯顿内阁在 1855 年文官制度改革的基础上进一步改革，发布了第二个有关文官改革的枢密院命令，规定通过公开竞争考试录用文官，但外交部和内政部官员除外。将考试分为两类，分别录取进行决策的高级文官和处理日常事务的低级文官。官员的提升依政绩而定[2]。此后，英国文官制度又经过多次改革，并逐步完善，直到 1890 年，有关文官制度的各项规定的细则才最后确定。至此，英国建立了世界上第一个现代文官制度，使英国拥有了一支具备专业技能的、有效率的公务员队伍。三是进行司法改革。英国司法体系比较复杂，原来的司法制度也比较混乱，有两套法律制度：普通法和衡平法。1873 年进行的司法改革规定同时使用两套法律，如有抵触，以衡平法为准；还规定将彼此分离的女王御座法院、民事诉讼法院、税收法院、大法官法院、海事高级法院、遗嘱检验法院、离婚及婚姻案件法院和伦敦破产法院 8 个法院统一合并为高等法院和上诉法院。高等法院行使初审权，"上诉法院有上诉审判权，初审服从上诉判决"[3]。司法改革简化和改造了司法制度，以适应资本主义经济快速发展的需要。

其次，通过对地方政府的改革，结束了地方政府的混乱状态，建立起了资产阶级的统治秩序。1832 年改革以前，英国地方政府是按照传统进行统治的，存在效率低下、管理混乱等问题，而且乡村地区和没有获得自治

① Joel H. Wiener edited, *Great Britain: the Lion at Home: a Documentary History of Domestic Policy, 1689–1973*, New York: Chelsea House Publishers, 1974, p. 2105.

② David Charles Douglas, *English Historical Documents*, London: Routledge, 1996, pp. 603–604.

③ David Charles Douglas, *English Historical Documents*, London: Routledge, 1996, p. 547.

的城市还在治安法官和教区的旧式机构治理下，政权由地方贵族垄断，这
与资本主义经济高速发展、资产阶级迫切要求参与政权的现实不符。因此，
1832 年议会改革后，地方政府的改革也提上了日程。改革主要分为两个阶
段。第一个阶段为 1835～1879 年，主要是对城市政府进行改革。1835 年议
会通过《城市自治机关法》，规定用选举产生的市政府取代旧的市政官，市
政府由市议会、市长和市参事会构成。统一了全国市政选举的资格标准和
程序；同时规定将司法权转交给治安法官和郡法庭，实现了司法权和行政
管理权的分离①。通过 1835 年的市政改革，自由、公开、民主的城镇政府
取代了封闭的旧式城镇寡头的统治，打破了城镇寡头对城镇的行政控制，
市政府的权力和职能日渐扩大，社会服务保障功能日益加强。第二个阶段
是 1870 年以后，主要是完善城市政府，改革郡政府。19 世纪中期，工业资
本主义的发展要求权力的集中和规范管理，因此中央政府加强对地方政府的
管理和指导。1871 年中央成立地方政府事务部，着手统一规划指导地方政府
工作。1872 年中央设立内政部加强中央对地方的指导和监督，开始了中央政
府部门对地方政府的统一协调过程。主要是通过三部法律，逐步建立起现代
政府架构。一是《1888 年地方政府法》，主要解决郡级政府的设置问题，规定
在英格兰和威尔士设立 62 个行政郡、61 个"郡级市"和伦敦特别郡。郡议会
的权限包括对本地征税、借款、管理地方治安、保护居民财产、修桥铺路、
建筑房屋、管理工业学校等②。这三种行政区的政府均由选民直接选举产生，
行使行政职能。二是《1894 年地方政府法》，进一步简化了地方机构，建立
了郡、市区、乡村教区议会和政府以及新型的三级管理体制，完成了除伦
敦外的地方政府改革。三是《1899 年伦敦政府法》，主要解决首都伦敦的政
府设置问题，规定在伦敦郡区内重新建立 28 个首都自治市议会和 1 个伦敦
城，取代原有的 38 个教区委员会③。到 1899 年，英国地方政府的改革告一
段落。它使英国的现代国家制度扩展到了地方一级，结束了地方政府的混

① Asa Briggs, *The Age of Improvement*, *1783 – 1867*, New York: Longman Group Limited, 1959,
p. 276.

② Valerie Cromwell, *Revolution or Evolution*: *British Government in the Nineteenth Century*, London:
Longman Group Limited, 1977, p. 164.

③ David Charles Douglas, *English Historical Documents*, *1874 – 1914*, London: Routledge, 1996,
p. 477.

乱状态，提高了行政效率，也完善了资产阶级对地方的统治。

三　政府社会职能的加强和社会改革

英国工业革命使社会生产实现巨大飞跃的同时，它所导致的以"私有财产神圣不可侵犯"为原则的资本主义所有制也造成了贫富差距拉大，贫困化加剧，童工、女工遭遇严酷剥削，阶级矛盾激化，国民健康状况下降，环境污染及与之相关的疾病肆虐等问题。这些严重的社会问题激起了劳动人民的不满和反抗斗争，也危及了包括统治阶级在内的整个国民乃至国家的利益和经济的进一步发展，最终促使统治者转变认识，开始着手寻求解决问题的办法。19 世纪英国的社会改革正是在这样的背景下开展的。社会改革的主要内容集中在社会救助、劳动保护、公共卫生和国民教育四个领域。

首先，在社会救助领域出台《新济贫法》，加强对贫困人员的社会救助，减缓社会矛盾。英国的社会救助制度起源于 1601 年伊丽莎白女王时制定的《济贫法》，在此后近 200 年中，英国形成了以征收济贫税、建立济贫院、实行教区安置为主要内容的一整套济贫制度。但随着工业革命的扩展，济贫院制度已不适应经济的快速发展。于是 1795 年以后，英国各地盛行一种叫作"斯宾汉姆兰制"的济贫法，扩大济贫的范围，对贫民及其家属给予济贫院外补贴，并规定了详细的救济标准。该法建立了一种广泛的济贫院外救济制度，使工资收入者得到了某种最低限度的生活保障，但也使济贫税增加，遭到了英国工业资产阶级的反对。1832 年议会改革后，工业资产阶级主导议会通过了 1834 年《新济贫法》。其主要内容有两点：一是废除斯宾汉姆兰法，新设济贫院，废除院外救济①。二是改进济贫管理，撤销教区对济贫工作的管理权，按地区设立地方济贫管理机构，由国家济贫管理机构——济贫法委员会统一管理。还规定了地方管理机构的职责和权限。从管理的角度看，《新济贫法》无疑使济贫工作在管理方面上了一个层次，即使济贫工作由原来的混乱状况向国家统一有序管理的方向发展。该法执行过程中，在东南部、南部较为顺利，到 1837 年 7 月为止，在英格兰东南

---

① S. L. Case and D. J. Hall, *A Social and Economic History of Britain*, *1700 - 1976*, Edward Arnold, 1977, p. 49.

部的 13433 个教区中，90.3% 的教区合并为不同的联合教区，并建立了管理员制度，仅剩 9.7% 的教区未进行相关改革。但在北部工业区，《新济贫法》遭到了工人阶级的反对，经过调整后，到 19 世纪 40 年代末基本得到了贯彻和实施。此后英国政府又对《新济贫法》做过几次修改和补充，主要是完善济贫管理机构，如 1847 年中央政府成立济贫部取代济贫法委员会；注意工人的住房、卫生等问题，减少新的贫困问题的产生。《新济贫法》的实施，说明英国统治者已将通过社会立法保障劳动者的最低生活限度作为缓解社会矛盾的一种重要方法。正如国际劳工组织所评价的那样：《新济贫法》"固然缺憾甚多，但仍不失为社会组织的一大进步"。[1]

其次，在劳动保护领域加强工厂立法，改善劳动阶级生活状况，从而缓和阶级矛盾。工业革命中创造的工厂制度，从一开始就存在工作时间过长、雇用童工、工作条件和工作环境恶劣等问题，不仅引起了工人的反抗，也引起了资产阶级有识之士的重视，促进了一些早期工厂立法的出台。19 世纪的英国工厂立法大体可以分为三个阶段。第一阶段为 1802～1831 年，是工厂立法的尝试探索时期。1802 年的《学徒健康道德法》是英国第一部工厂立法，旨在纺织业中缩短学徒的工作时间和改善他们的工作条件。该法虽未实际实施，但却具有重要的历史意义，因为"它创立了一个在英国十九世纪期间起了很大作用的制度，而且各文明国家都采用了这种制度，即对工厂的监督"[2]。以后的几部工厂法，也主要对棉纺厂学徒的工作生活进行规定。因为它们适用范围小、执行阻力大、基本没有得到有效执行，所以它们只是对工厂进行相关规定的尝试，还不是真正意义上的工厂法。第二阶段为 1833～1867 年，是工厂立法的确立完善时期。19 世纪 20 年代随着工人阶级觉悟的提高，许多地方成立"争取缩短工作时间委员会"，在北部工业区形成了大规模的群众运动。在群众的强大压力下，议会通过《1833 年工厂法》，该法规定了使用童工的法定年龄（9 岁以上）和童工的工作时间（9～13 岁不得超过 9 小时；13～18 岁不得超过 12 小时）[3]。随着宪章运动的开展，工人争取缩短工时的运动达到高潮，1842 年夏季在英格

[1] 〔英〕屈勒味林：《英国史》，钱瑞生译，商务印书馆，1983，第401页。
[2] 〔法〕保尔·芒图：《十八世纪产业革命——英国近代大工业初期的概况》，杨人楩、陈希秦、吴绪译，商务印书馆，1983，第384页。
[3] 〔英〕克拉潘：《现代英国经济史》（上卷），商务印书馆，1964，第702页。

兰北部工业区爆发了以"拔塞"运动为重要斗争形式的 50 万工人大罢工，震动了英国政府。1844 年英国议会通过《工厂法》，规定 8～13 岁的儿童每天工作 6.5 小时，外加 3 小时教育时间；13～19 岁的青工和女工每天工作 12 小时。1847 年议会通过"10 小时法案"，1850 年和 1853 年又通过两项工厂立法，有效地限制了所有纺织工人的劳动时间。这一时期工厂立法规定设立工厂视察员，工厂视察制度开始确立，这使工厂法案的执行有了制度的保证，也使工厂法日渐成为有效的法令。工厂法实施的范围也开始逐渐扩展到工场和家庭手工业。第三阶段为 1867～1901 年，是工厂立法的成熟强化时期。这一时期中央政府开始逐渐重视与加强工厂法的执行力度，同时也加强了对地方政府的控制。工厂法的管理范围扩大，覆盖当时的所有行业，最终工厂法与工场法合二为一。总之，19 世纪英国工厂法的颁布和实施，使英国工人的生产生活处境得到了极大改善，也使英国政府职能不断扩大，社会服务职能逐步得到加强，英国走上政府干预经济发展的道路。

再次，在城市环境领域制定《公共卫生法》，改善城市生活环境，提高民众生活质量。工业革命时期是城市化大发展时期，但城市住房和公共卫生设施的建设远远跟不上人口的快速增长，造成了严重的社会问题。对此，恩格斯在《英国工人阶级状况》中对城市环境的恶劣也有详细描述。恶劣的环境严重影响了工人的健康，1831 年流行全国的霍乱夺去了利物浦 1500人的生命，次年又在伦敦肆虐，导致 5300 人死亡[1]。严重的城市环境问题引起了英国政府的关注。1839 年济贫法委员会任命爱德温·查德威克调查城市卫生状况。1842 年 9 月他发表了公共卫生史上著名的调查报告《英国劳动人口卫生状况》。该报告反映了伦敦令人震惊的劳动群众卫生状况问题，用大量事实说明了瘟疫与卫生状况的关系，指出"很明显存在的问题源自下水道、城市清理、洁净水等方面的不足"[2]，认为传染病传播是由肮脏、拥挤、供水问题、缺少下水道、垃圾不及时处理等因素造成的，建议通过管道供应清洁的生活用水，修建下水道排除污水和厕所排泄物。1848年，英国议会通过了《公共卫生法》，并成立卫生部，该机构被授权在死亡

---

[1]　Eric J. Evans, *Social Policy*, *1830 – 1914*：*Individualism*，*Collectivism and the Origins of the Welfare State*，London：Routledge & Kegan Paul Books，1978，p. 80.

[2]　Mark A. Kishlansky, *Sources of the West*：*Readings in Western Civilization*，Vol. Ⅱ，Harper Collins，1991，p. 98.

率超过 23‰的区域，或者占人口 10%的居民提出要求的区域设立地方卫生委员会，负责提供新鲜水并负责处理污水、居住环境等问题。但《公共卫生法》在实施中受到地方的抵制，效果不佳。1866 年英国实施了新的卫生立法，传染病问题基本得到了控制。1875 年议会通过的《公共卫生法》具体内容包括供水排水、街道房屋管理、清理垃圾、食品卫生监督、疾病预防、殡葬以及市场、照明和有污染行业的管理。这是以前同类法案的集大成者，内容较为完善。1878 年又通过新的《公共卫生法》，规定由市政当局收买私人的供水公司。1871 年成立的地方事务部也逐渐成为公共卫生事业的主管部门。影响卫生的一个很大的原因是住房问题。过于拥挤以及无卫生条件的住房是不卫生环境的主要根源。19 世纪 70 年代英国政府开始注意并逐步解决这一问题，1875 年议会通过《工匠住宅法》，授权各城市市议会负责规划被认为不卫生的区域，强迫住户购房并有权从公共工程贷款委员会获得低息贷款。1879 年和 1882 年的住房立法主要是针对工人住房条件的，要求雇主改善工作的居住条件和卫生条件。到 19 世纪末英国在公共卫生方面有了明显改善。正如恩格斯 1892 年在《英国工人阶级状况》德文版序言中所说，"这本书里所描写的那些最令人触目惊心的恶劣现象，现在或者已被消除，或者已经不那样明显。下水道已经修筑起来或改善了；在最坏的"贫民窟"中间，有许多地方修建了宽阔的街道"①。

最后，在国民教育领域制定了初等教育法，提高国民素质和国家竞争力。英国国民教育领域的改革追溯到 1806 年议员怀布雷特提出的教区学校议案，建议国家在每一教区设立并管理学校，这是议会首次以国家的名义讨论国民教育问题。1833 年，议会通过教育补助金法案，"决定每年从国库中拨款两万英镑作为对初等学校的建筑补助金，用两万英镑之数以补助建立教育贫苦阶级儿童之学校校舍"②。1839 年，英国政府首次设置了"枢密院教育委员会"，直接对教育补助金进行掌管和监督，并规定接受补助金的学校。这是英国教育从只作为宗教教派活动或民间活动向教育国家化发展的转折点。1856 年，英国中央政府设立教育部，掌管全国的教育工作。但是直到 1870 年，英国的教育状况仍不能令人满意，6~10 岁儿童只有 40%

---

① 〔德〕恩格斯：《英国工人阶级状况》，《马克思恩格斯全集》（第 21 卷），人民出版社，1965，第 294 页。

② 贺国庆、于洪波、朱文富主编《外国教育史》，高等教育出版社，2009，第 187 页。

入学，10~12 岁儿童只有 33% 入学。面对这种情况，1870 年 2 月，议会通过《初等教育法案》，规定将英格兰和威尔士划分为若干学区，整个伦敦为一个学区。每个学区应保证本区现有的小学应有"适合于居住在该区所有儿童的充足设施"。如果设施不足，就应在这些学区建立学校委员会，以补其不足。学校委员会根据学区大小由 5~15 人组成，有权征收教育税，兴办本地的公立小学。法案要求父母督促 5~12 岁的儿童上学，穷人子女可免交学费①。此后，英国政府又对该法进行了补充修正，1876 年规定家长送子女入初等学校是一种义务，凡 10 岁以下儿童如未受过教育不能当童工；1880 年正式规定初等教育免费就学；1893 年规定凡 11 岁以下的儿童必须入学。至此，实施初等教育和义务教育已成为国家的职责。初等教育改革为英国儿童提供了更多受教育的机会，提高了国民素质，有助于增强英国的竞争力。

以上这些改革，都在一定程度上触及刚刚确立不久的资本主义私有制，因为它们都涉及资产阶级和无产阶级之间的利益分配，涉及资产阶级私有财产的法律地位。资产阶级为了缓和社会矛盾、更加长久地维护资本主义制度而让出部分既得利益进行社会改革，表明了资本主义私有制从确立不久起就具有自我调节、自我完善的功能。

---

① 滕大春主编《外国教育通史》（第四卷），山东教育出版社，1992，第 137 页。

第六章　第二次工业革命引发的所有制的
变化和社会变革

19 世纪 70 年代开始的第二次工业革命，不仅极大地促进了生产力的发展，而且引起资本主义国家在经济、政治、社会等各领域的变化。在经济领域，新的科技成果迅速应用于工业生产，社会生产力实现巨大飞跃。生产力的提高，加速了生产和资本的高度集中，资本主义生产方式从工厂制过渡到公司制，资本主义财产所有制形式也从个人私有制向公司财产所有权的股份制过渡，生产社会化程度明显提高。资本主义由自由竞争阶段迅速进入私人垄断阶段，也就是金融资本主义阶段。在社会领域，股份制的发展引起了社会分化的复杂化、阶级结构的新变化：一方面，资产阶级和工人阶级两大阶级格局进一步巩固；另一方面，社会中间阶层进一步扩大，工人阶级中也出现了阶层分化，形成了白领工人与蓝领工人的分野。随着工人生活状况的改善，工人运动失去了暴力斗争的环境，多以经济斗争和合法、和平斗争为主。在政治领域，资本主义国家相继实行政治民主化和社会立法，社会公平得到进一步体现，资本主义民主制度日益完善，普选权、集会结社等民主权利得以实现，社会矛盾相对缓和。

第一节　第二次工业革命和资本主义生产方式的变化

19 世纪 70 年代开始的第二次工业革命极大地提高了资本主义的生产力，并引发了经济结构的变化，实现了从轻工业到重工业的飞跃，最终形成了以重工业为主导的工业布局。在经济结构发生变化的同时，资本主义的生产和资本集中的趋势加快，资本积累形式变得越来越多样化，企业组织形式从工厂制转变为公司制，产生了泰勒制和福特制等生产方式，出现了企业管理革命的雏形，多部门、科层式的现代企业开始形成。

一　第二次工业革命

1870 年以后，自然科学的新突破引发了新技术革命，新技术成果被迅速转化为生产力，促使第二次工业革命发生。

如图 6 - 1 所示，这次工业革命的主要成果表现在电力的广泛应用、内燃机的发明和使用、电讯事业的发展、钢铁工业的发展和化学工业的建立五个方面。这些科学技术的新成果被迅速、广泛地应用于工业生产，极大地促进了资本主义经济的发展。

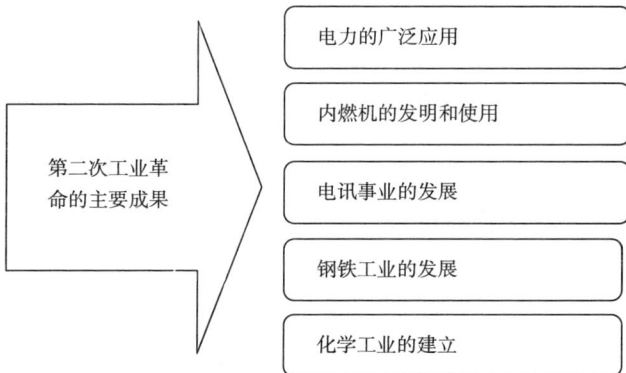

图 6 - 1　第二次工业革命的主要成果

一是电力的广泛应用。早在 1831 年，英国科学家法拉第就发现了电磁感应现象，提出了发电机的理论基础。科学家们根据这一发现，从 19 世纪六七十年代起对电做了深入的探索和研究，出现了一系列电气发明。1866 年德国人西门子制成发电机。19 世纪 70 年代，实际可用的发电机问世，它由蒸汽或水力带动，能把机械能变为电能。这一时期，能把电能转化为机械能的电动机也被发明出来，电力开始用于带动机器，成为补充和取代蒸汽动力的新能源。随后，电灯、电车、电钻、电焊等电气产品如雨后春笋般涌现。这些电气产品的应用要求解决远距离输送问题。1882 年，法国人德普勒发现了远距离送电的方法，美国科学家爱迪生建立了美国第一个火力发电站，把输电线连接成网络。电力这种优良而价廉的新能源的广泛应用，推动了电力工业和电器制造业等一系列新兴工业的迅速发展。列宁指出："电力工业是最能代表最新技术成就，代表 19 世纪末 20 世纪初的资本主义的一个工业部门。"① 人类历史从蒸汽时代跨入了电气时代。

二是内燃机的创制和使用。早在 1876 年，德国人奥托制成了四冲程内燃机，以煤气为燃料。19 世纪 80 年代中期，德国发明家戴姆勒和卡尔·本茨提出了轻内燃发动机的设计，这种发动机以汽油为燃料。19 世纪 90 年代，德国工程师狄塞尔设计了一种效率较高的内燃发动机，因它可以使用柴油作燃料，又名柴油机。一方面，内燃机的发明解决了交通工具的发动机问题，引起了交通运输领域的革命性变革。19 世纪晚期，出现了新型的交通工具——汽车。19 世纪 80 年代，德国人卡尔·本茨成功制成了第一辆用汽油内燃机驱动的汽车。1896 年，美国人亨利·福特制造出他的第一辆四轮汽车。与此同时，许多国家开始建立汽车工业。随后，以内燃机为动力的内燃机车、远洋轮船、飞机等也不断被制造出来。1903 年，美国人莱特兄弟制造的飞机试飞成功，实现了人类翱翔天空的梦想，预告了交通运输新纪元的到来。另一方面，内燃机的发明推动了石油开采业的发展和石油化学工业的产生，石油也像电力一样成为一种极为重要的新能源。

三是电讯事业的发展。早在 1844 年，摩尔斯在美国华盛顿和巴尔的摩之间试拍有线电报成功，打下了近代电讯事业的基础。第二次工业革命时期，电讯事业广泛发展起来。1876 年，定居美国波士顿的苏格兰人贝尔试通电话成功，爱迪生等在贝尔发明的基础上做了重要改进，使电话通信很快风行许多国家。1877 年，美国建成第一座电话交换站。随后，巴黎、柏林、彼得堡、莫斯科和华沙等地相继成立了电话局。无线电的发明是 19 世纪末最为重要的技术成就之一。1888 年，德国科学家赫兹发现了电磁波；1896 年，俄国人波波夫首次把无线电报拍到 250 米远的地方；1899 年，意大利人马可尼在英国资本家的资助下，制出了无线电通信设备，并在英国和法国之间发报成功；1901 年，横越大西洋发报成功。近代电讯事业的发展为快速传递信息提供了方便，从此世界各地的经济、政治和文化联系进一步加强。

---

① 〔苏联〕列宁：《列宁选集》（第 2 卷），人民出版社，1995，第 631 页。

四是钢铁工业的发展。1856 年，英国人贝塞麦发明"吹气精炼"的炼钢法，将炼钢炉由固定式改为转动式结构，19 世纪 60 年代贝氏转炉得到推广。1864 年，法国的马丁和德国的查尔斯·威尔和海姆·西门子均发明了可熔化生铁、熟铁及废钢的平炉炼钢法（也称"西门子－马丁炼钢法"）。1875 年，英国的工程师托马斯发明了从含磷矿石中冶炼出优质钢的碱性转炉。新冶炼技术的采用，使钢的质量提高、产量大增。1870～1900 年，世界钢产量从 52 万吨增至 2830 万吨。工业生产进入"钢铁时代"。

五是化学工业的建立。化学工业是第二次工业革命时期出现的新兴工业部门。1877 年，德国建立了国立化工研究所，在有机结构理论的指导下，进行煤焦油的综合利用，出现了染料工业、制药工业和香料工业。1867 年，瑞典人诺贝尔研制成信号雷管和地雷，并发明了甘油炸药。19 世纪 80 年代又制造出无烟火药。这些发明被广泛用于开矿、筑路和军事，促进了军事工业的发展。德国化学工业最为发达，先后合成了尿素、电石、尼龙、人造丝、滴滴涕、橡胶、除草剂等。美国化学工业也很发达，1869 年，海厄特发明了赛璐珞；1906 年，美籍比利时人贝克兰德发明了电木；1916 年，美国已经在工业生产中实际采用了"热裂法"，提高了精炼石油的产量。20 世纪初，在高分子理论的指导下，合成化学工业在许多国家蓬勃兴起，这极大地改变了人们的生活。

技术革命最直接的社会经济后果之一便是生产力的迅速发展。19 世纪 70 年代到 20 世纪初是资本主义世界工业生产和交通运输业的迅猛发展时期。

从图 6－2 可以看出，1870～1913 年，世界工业生产增长了 4 倍多，这一速度超过了在这以前的任何时期。而且在这段时期，世界工业生产每 10 年的增长率都在逐步提高。世界工业生产的高速增长反映了技术和工业革命的巨大成就。资本主义国家生产力的迅猛发展还表现在以下几个方面。

一是代表性工业指标的快速增长。第二次工业革命主要发生在电力、钢铁、石油化工等领域，这些工业部门的产量都获得了巨大增长。如表6－1所示，欧美五个主要资本主义国家原钢产量 1871 年为 631 千吨，到 1900 年增长到 23474 千吨，到 1913 年增长为 86294 千吨。原油产量和发电量美国增长最为明显，1870 年原油产量为 701 千吨，1890 年增长到 6110 千吨，

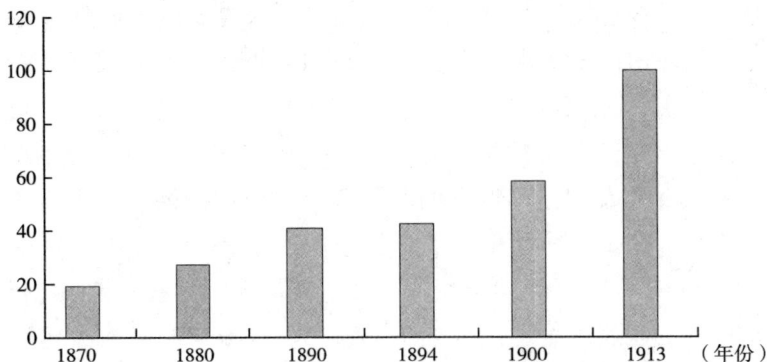

图 6 - 2　1870～1913 年世界工业生产指数（1913 年 = 100）

资料来源：〔美〕W. W. 罗斯托：《世界经济历史与展望》，得克萨斯大学出版社，1978，附录 A，转引自宋则行、樊亢主编《世界经济史》（上卷），经济科学出版社，1998，第 237 页。

1913 年猛增到 33126 千吨；发电量 1902 年为 59690 亿千瓦·时，1912 年增长到 247520 亿千瓦·时，1917 年猛增到 434290 亿千瓦·时[①]。

表 6 - 1　欧美主要资本主义国家 1871～1913 年原钢产量

单位：千吨

年　份	英　国	法　国	德　国	意大利	美　国	总　计
1871	334	80	143	—	74	631
1880	1316	389	690	3	1267	3665
1890	3636	683	2135	108	4340	10902
1900	4980	1565	6461	116	10352	23474
1910	6476	3413	13100	732	26514	50235
1913	7787	4687	17609	934	31803	86294

资料来源：〔英〕B. R. 米切尔编《帕尔格雷夫世界历史统计·欧洲卷：1750～1993》，贺力平译，经济科学出版社，2002，第 488～489 页；〔英〕B. R. 米切尔编《帕尔格雷夫世界历史统计·美洲卷：1750～1993》，贺力平译，经济科学出版社，2002，第 369 页。

　　二是铁路网的普及和蒸汽轮船的广泛应用，世界交通运输业实现现代化。1870 年世界铁路营业里程是 209789 公里，1913 年增至 1104217 公里，欧美国家基本实现铁路的网络化[②]。1890 年，世界商船中帆船的吨位是

----

① 〔英〕B. R. 米切尔编《帕尔格雷夫世界历史统计·欧洲卷：1750～1993》，贺力平译，经济科学出版社，2002，第 323、412 页。

② 〔苏联〕尤·瓦尔加主编《世界经济危机（1848～1935）》，戴有振、李琮、姜玉田、巩荣进等译，世界知识出版社，1958，第 431 页。

10540 千长吨，轮船是 8285 千长吨；1893 年，轮船吨位超过帆船吨位，到 1900 年，帆船的吨位下降到 7245 千长吨，轮船的吨位上升为 22370 千长吨。海上运输工具基本上实现了机械化。轮船在航运中逐渐取得了优势地位，运费从 1830 年到 1913 年下降了一半以上。这就极大地便利了国际经济交流。汽车的增长速度也十分惊人，尤其是美国，1900 年仅有 8000 辆汽车，到 1913 年达到了 119 万辆①。交通运输业的发展，极大地提高了商品流通和生产效率。

三是主要资本主义国家国民经济结构发生了显著变化。国民经济部门中农业（第一产业）在国民收入和就业人口中所占的比例进一步降低，工业（第二产业，含采矿、建筑、制造业、交通和通信、燃料动力和照明、煤气、自来水等）和服务业（第三产业）的相对地位上升。先进资本主义国家的产业结构由以轻工业为主导转向以重工业为主导，基本实现了工业化。

二　生产和资本的集中及垄断形成

第二次技术革命推动生产社会化进一步发展，产业结构开始转型，这对于私人资本既是发展的机会又是挑战。因为新兴产业部门是资本利润率较高的产业，但投资于重工业需要巨额资本，才能实现规模效益。这是单个私人资本依靠自身资本积聚难以达到的。在高度社会化发展的生产力面前，单个私人资本如果不放弃原来的独立存在形态，它们就无法继续占有生产力。资本集中就成为此时坚持和发展资本所有制关系唯一可选择的途径。

第一，生产高度集中。生产的集中趋势是这一时期资本主义生产组织形式变化最为突出的表现，它是资本主义竞争与工业革命结合的产物，第二次工业革命中的一系列技术进步，尤其是自动化进程的开始，为企业的规模经济提供了条件。而规模经济能够更有效地利用技术创新，降低生产成本，取得规模效益。这一时期，企业集中成为一个普遍的趋势。在英国，

---

① 〔英〕B. R. 米切尔编《帕尔格雷夫世界历史统计·美洲卷：1750～1993》，贺力平译，经济科学出版社，2002，第 599 页。

纺织厂的规模在 1884～1911 年平均扩大了一倍。在法国，1906 年 10% 的劳动力受雇于 500 人以上的大公司①。这一时期，生产集中最为典型的国家是德国和美国。在德国，1882 年拥有 6 名工人以下小型企业的就业人员在全部就业人员中所占的比例为 59.8%，而到 1907 年则减少到 31.3%；而同期内，千人以上企业的就业人员在全部就业人口中的比例则从 1.9% 增长到 4.9%。在美国，每个工业公司雇用的平均人数从 1899 年的 22 人扩大到 1919 年的 40 人。美国和德国都出现了巨型企业。如德国的克虏伯从 1873 年雇用 7000 名员工发展到 1913 年的 7.8 万名员工。AEC 电子工业到 1911 年雇用人数多达 6 万人。1900 年左右，美国三家最大的产业公司——美孚石油公司、美国烟草公司及美国钢铁公司的资产都超过了 1 亿美元，美国钢铁公司更是达到了 14 亿美元②。这一时期的企业集中主要通过两种方式实现，这两种方式大体体现了生产集中的两个过程。一是企业合并。19 世纪末的经济萧条时期，一些大的企业纷纷通过合并来加强自己在市场中的地位，获取垄断利润。各国在不同程度上出现了一股企业合并浪潮，从中产生了一些大型公司。美孚石油公司、美国烟草公司及美国钢铁公司这三家美国最大的产业公司都是通过 19 世纪 80 年代后的合并建立起各自的帝国的。二是利用第二次工业革命中的技术创新，通过生产的"合理化"来实现规模化生产。从 20 世纪初开始，随着福特制、泰勒制的产生和推广，一些企业依托第二次工业革命的技术创新和产业结构调整，通过标准化和自动化实现产品的规模经营，通过不断提高产品质量和降低产品价格而取得市场优势。美国的福特公司是这一类型的代表。1908 年推出 T 型汽车后，福特公司集中所有资源专门生产这一型号的汽车，1914 年正式运用装配生产流水线，大大提高了生产能力，到 1920 年时，福特汽车公司的汽车产量占全美市场的 60%，几乎占全球市场的 50%③。美国 1905 年的调查材料比较全面地反映了生产的情况，全美当年共有 21.6 万家以上的工业企业，其

① Michel Beaud, *A History of Capitalism*, *1500 - 2000*, New York：Monthly Review Press, 2001, p. 156.

② 林德山：《渐进的社会革命——20 世纪资本主义改良研究》，中央编译出版社，2008，第 17 页。

③ 〔美〕托马斯·K. 麦克劳：《现代资本主义——三次工业革命中的成功者》，赵文书、肖锁章译，江苏人民出版社，1999，第 301～302 页。

中占总数不到 11% 的 2.4 万家工业企业却占有全部资产的 81%，集中了全国产业工人的 72% 和产值的 79%。以部门情况而论，钢铁工业的企业数量 1870～1905 年减少了 2/3，即从 1808 家减至 606 家，而平均投资额却从 15 万美元增至 150 万美元，产量也同样增长了 9 倍；造船业中，1880～1905 年造船厂的数量减少了一半，而造船吨位却增加了 1 倍，制盐业的产量 1860～1905 年提高了 3 倍左右，但厂家却从 399 家并为 146 家，减少了 63.4%[①]。

　　第二，资本高度集中。第二次工业革命所带动的产业主要是一些资本和劳动密集型产业，如钢铁、机械制造、化工等。这些产业部门生产能力的增长主要依托于投资规模的扩大。以美国为例，1879 年美国在工业领域的投资额为 27 亿美元，1899 年上升到 82 亿美元，1914 年上升到 208 亿美元。随着投资规模的扩大，资本主义企业的生产能力也在增长：在 19 世纪的大部分时间里，美国工厂生产能力的平均增长率一直稳定在 0.3% 左右，1889～1919 年，增长率上升到了 1.7%[②]。资本的集中更多地体现在银行资本扩张、金融资本的出现上。19 世纪末 20 世纪初，资本主义国家的银行业出现了两种并行的趋势：银行的兼并趋势和银行在国民经济中的地位日益上升的趋势。最为典型的是德国的银行业，1870～1913 年，德国的银行资产总额从 6 亿马克上升到了 175 亿马克，同时银行占产业资本的比例也从 6% 上升到了 20%，其中银行资产的一半为五家最大的银行所持有，仅德意志银行 1913 年就拥有资产 22 亿马克，占德国私人银行总资产的 10.8%，占德国银行体系总资产的 4.4%[③]。与银行集中趋势同时出现的是银行职能的变化，即通过发行工业公司的证券和股票的方式介入工业生产过程，更大程度上参与企业的发展进程，从而出现了金融资本。美国这一时期出现了两个金融财团，即由第一国民银行和通用电气公司等大公司组成的摩根财团以及由花旗银行和美孚石油等公司组成的洛克菲勒财团，美国的整个银

　　① 〔美〕吉尔伯特·C. 菲特、吉姆·E. 里斯：《美国经济史》，彭松建译，辽宁人民出版社，1981，第 462、470、471 页。

　　② 〔美〕托马斯·K. 麦克劳：《现代资本主义——三次工业革命中的成功者》，赵文书、肖锁章译，江苏人民出版社，1999，第 354 页。

　　③ 〔美〕托马斯·K. 麦克劳：《现代资本主义——三次工业革命中的成功者》，赵文书、肖锁章译，江苏人民出版社，1999，第 159、265 页。

行业处于两大财团的统治下，以致几次经济危机都是摩根财团出手稳定的。而在德国，柏林的德意志银行等 9 家大银行及其附属银行支配的资本约占德国银行资本总额的 83%。

第三，垄断形成。所谓垄断组织，一般是指资本主义大企业为了独占生产和市场、以攫取高额利润而联合组成的垄断经济同盟。生产和资本的集中达到一定规模必然造成垄断，必然出现由大企业之间协议或联合组成的垄断组织。垄断组织的发展有一个从少到多、从小到大的发展过程。这个过程大致分为三个阶段。第一个阶段是 19 世纪六七十年代，自由竞争资本主义发展到了顶点，垄断组织开始出现，但只是处于萌芽状态。如在 19 世纪 60 年代，美国工矿业和铁路业中出现了被称作"普尔"的垄断组织。它们在企业间订立短期协定，规定共同价格，分配营业额和划分销售市场。德国在 1857 年出现了第一个卡特尔，到 1870 年增加到 6 个。第二个阶段是从 1873 年爆发严重经济危机以后到 19 世纪 80 年代。这一时期连续发生的经济危机使生产和资本的集中进一步加强，垄断组织得到了广泛发展。1882 年，美国出现第一个托拉斯，即 J. D. 洛克菲勒（1839～1937 年）的美孚石油托拉斯，接着 19 世纪 80 年代在榨油、造酒、制糖、火柴、烟草、屠宰和采煤等部门都出现了托拉斯组织。德国 1879 年有 14 个卡特尔，1890 年猛增到 210 个。英国、法国等国也出现了垄断组织。但是这时垄断组织还未占统治地位，垄断协定往往还是暂时的、不稳固的。第三个阶段是 19 世纪末 20 世纪初。由于工业生产高涨和经济危机的交替作用，资本和生产的集中步伐大大加快，垄断组织急剧增加，涉及一切主要工业部门，并和银行垄断结合起来，形成了金融资本和金融寡头，垄断成了全部经济生活的基础，垄断资本在各个主要资本主义国家确立了统治地位。以美国为例，到 1904 年，美国共有 318 个工业托拉斯，其中占资本总额 5/6 的 236 个，是在 1898 年以后建立的。这 318 个工业托拉斯吞并了 5300 个工业企业，拥有全部加工工业资本的 40%。在这些托拉斯中，有 26 个托拉斯控制了各自部门生产的 80% 以上，有 57 个控制各自部门生产的 60% 以上，有 78 个控制各自部门生产的 50% 以上[①]。在工业迅速集中和垄断的同时，银行业也迅速地向集中和垄断发展，并出现了银行资本与工业资本相融合的金融资本。1901 年

---

① 胡国成：《塑造美国现代经济制度之路》，中国经济出版社，1995，第 32 页。

银行巨头 J. P. 摩根（1837～1913 年）组织美国钢铁公司，石油大王洛克菲勒在 19 世纪 90 年代掌握花旗银行，就是典型的例证。金融资本通过对工商业的长期贷款、股票和债券的买卖、直接向工商业投资，支配着整个社会的工商企业，统治着整个国民经济的活动。20 世纪初，美国已经确立了金融资本的统治。它们的代表者是摩根、洛克菲勒、库恩－洛布、梅隆、杜邦、芝加哥、克利夫兰、波士顿八大财团和 60 个家族。金融资本还操纵政府，控制国家的全部政治生活，决定国家的对内对外政策。垄断组织的出现是生产力发展的结果，它产生后又促进了生产力的进一步发展。列宁曾将垄断组织称为规模极大的技术生产单位，认为它极大地促进了生产的社会化。因此，垄断组织既是一种旨在攫取高额利润的独占生产与市场的经济联合，又是生产高度社会化的超大型企业或企业集团。垄断组织的大量形成，反映了资本主义生产关系为适应生产力发展的要求而进行的局部调整。垄断并没有消灭竞争，反而加剧了各国在世界市场上的竞争，竞争仍然是生产发展的一种强大的推动力量。20 世纪初，垄断组织发展程度很高的美、德两国经济的发展速度最快，证明了垄断对生产力发展的促进作用。美、德两国工业生产的年均增长率分别为 4.8% 和 4.2%；而垄断组织的发展程度比较低的英、法两国经济发展相对来说较为缓慢，其工业生产的年均增长率分别为 1.4% 和 3.3%。当时世界资本主义发展的总趋势也表明垄断组织的形成与发展不仅没有使经济发展速度放慢，反而使它加快了。垄断资本主义是资本主义较为成熟的一个发展阶段，现代意义上的资本主义此时已基本定型。

三　企业生产和组织形式的创新

企业的集中和生产规模的扩大以及企业积累形式的变化，都对企业的生产方式和组织形式提出了新要求，大量企业因为不能适应这些变化而倒闭，也有大量企业通过积极变革适应了这些变化，生存并发展壮大起来。这些变革总体来看主要是生产方式上出现的福特模式、企业管理上出现的泰勒制、组织形式上呈现出的多样化趋势。

第一，泰勒制应运而生。泰勒制是 20 世纪初美国工程师 F. W. 泰勒在传统管理的基础上，创造的一系列新的工业管理方法和理论，是一种新的企业管理制度，也被称为科学管理。早在 19 世纪 70 年代美国工业化全面开始之时，一些企业家与工程师就曾提出对工厂进行系统化管理的问题。1900 年以后，泰勒针对当时的客观变化，对工厂、车间、作坊进行了一系列调查和实验，探索新的管理方法，以提高企业的生产效率。泰勒根据多年的研究和实验，在 1911 年出版了《科学管理原理》一书，阐述科学管理的基本原理和方法。泰勒在 20 世纪初创建的科学管理理论体系被人称为"泰勒制"，泰勒制的主要内容包括：①管理的根本目的在于提高效率；②制定工作定额；③选择最好的工人；④实施标准化管理；⑤实施刺激性的付酬制度；⑥强调雇主与工人合作的"精神革命"；⑦主张计划职能与执行职能分开；⑧实行职能工长制；⑨管理控制上实行例外原则。泰勒制的主要方法包括劳动方法标准化、制定标准时间、有差别的计件工资、挑选和培训工人、管理和分工。泰勒制之所以被称为科学管理，是因为它不是建立在个人的良好愿望之上，而是把提高效率建立在科学的基础之上。科学管理不仅对简单劳动是必要的，对那些复杂的劳动更是如此。实验结果表明，一个生手经过科学训练之后，在一台机床上干的活比一个有 10 年以上经验的熟练技工多出 2.5 ~ 9 倍。泰勒制经过企业界人士的进一步补充，形成了具体的科学管理思想，具体表现为"12 条效率原则"：明确清楚的目的；尊重常识；专家富有成效的参谋；对自己和他人的纪律；公正与平等；可靠、及时、正确和永久性的纪律；集中制订计划；准则和时间安排；标准化的环境；标准化的操作；标准化的指令；对工作的刺激性酬报。科学管理是工业化的一个重要组成部分。工业化是为了创造更多的产品与财富，这需要从三个方面入手，即大生产、科学管理和科技开发。科学管理是从一个方面实现工业化的目的。管理出效益。它大幅度地提高了生产率，增加了社会产品。而泰勒制是工业化时代管理上的一次革命，其意义可以与机器的使用和技术的改进相提并论。泰勒制的实施，使当时的工厂管理开始从经验管理过渡到科学管理阶段。

　　第二，福特模式的出现。20 世纪初，亨利·福特运用标准化、简化和专业化原则（简称 3S 原则）开创了刚性自动流水线生产方式，对原有的旧的生产方式进行了大幅度改革。标准化原则是使零部件实现标准化，可以互换，也就是要求所有同一类型的零件不论是何时何地生产的，均始终如一、可以互换，安装到任何一台整机上都能方便地连接。简化原则是把复杂的最终产品分解成简单的零件，把装配操作标准化、程序化，成为技术水平不高的工人都能完成的简单动作。专业化原则的实质是，一个人不是完成一项工作的全部，而是把工作分解成若干步骤，每一步骤由一个人独立去做。在 3S 原则的基础上，再应用工业工程技术中的时间研究、资源优化配置、作业分析等方法将整个生产流程组织成一个紧张、高效、有节奏的流水生产线。1913 年 10 月 7 日，亨利·福特建立了第一条装配线，于是汽车行业中的单件生产方式很快就被淘汰了，只剩下最特殊的高级赛车还是单件生产。福特汽车公司首创的以这种生产方法和管理方式为核心的福特模式，成为后来汽车工业发展的模式。福特的这种大规模流水装配线带来了工业生产方式的革命性转变，大批量生产的这种优势很快就扩展到了其他行业，成为西方发达资本主义国家占统治地位的企业生产方式，并对整个资本主义生产方式的演化产生了重大而深远的影响。

第三，新企业组织形式的出现。随着企业规模的扩大，新的企业（尤其是各种大型的联合企业）内部管理结构也成为关系企业发展的核心问题之一。在这方面，不同国家和地区、不同企业出现了多样的组织结构。以美国为例作一简单说明，美国早期公司组织形式是科层功能性组织结构（见图 6 - 3）。

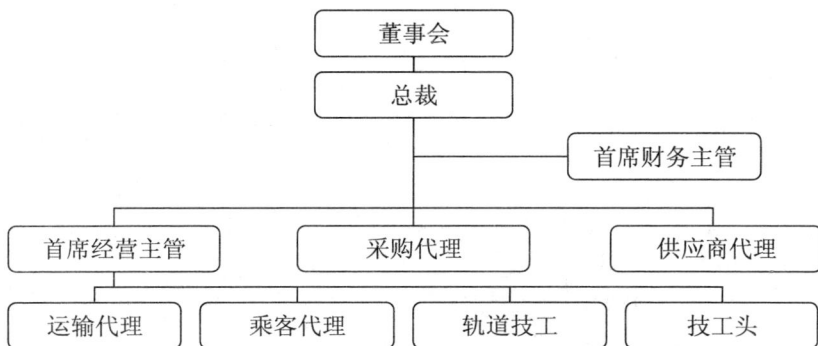

（说明：图为 1842 年美国西部铁路公司组织结构）

图 6 - 3　美国早期功能形式的公司组织结构

资料来源：张彤玉、崔学东、李春磊：《当代资本主义所有制结构研究》，经济科学出版社，2009，第 20 页。

这种金字塔科层组织结构是与福特模式的大规模生产技术体制相适应的，通过内部命令控制体系有效管理一个通过股份公司组建的规模庞大的企业。这归因于美国当时缺乏大规模熟练并且集中的产业技术工人。这种组织结构随着企业的扩大，越来越不适应生产发展的要求，开始出现新的组织形式。

根据美国企业史家钱德勒的研究，自 20 世纪初以来，最大企业的组织演变的主要特征是越来越多的企业采用多部门的组织结构。在这种组织结构下，公司的总办事处（the general office）计划、协调并评估若干分部（即事业部）的工作，并向它们分配必要的人员、设备、资金和其他资源；负责分部的执行经理把处理一个产品主线或服务所必要的职能管理置于自己的统辖之下，每个执行经理对他的分部的财务结果和市场成功负责。这就是事业部制或所谓的 M 型组织结构，它被美国企业界习惯地称为分权的结构（如图 6 - 4 所示）①。最先发明多部门结构的公司是杜邦公司、通用汽车公司、新泽西标准石油（埃克森）公司和零售商业的西尔斯公司。杜邦公司和通用汽车公司是在第一次世界大战后不久开始发展它们的新结构的；新泽西标准石油公司于 1925 年开始重组；西尔斯公司则开始于 1929 年。此后，这些公司的创新变成许多美国企业实行类似转变的模式。

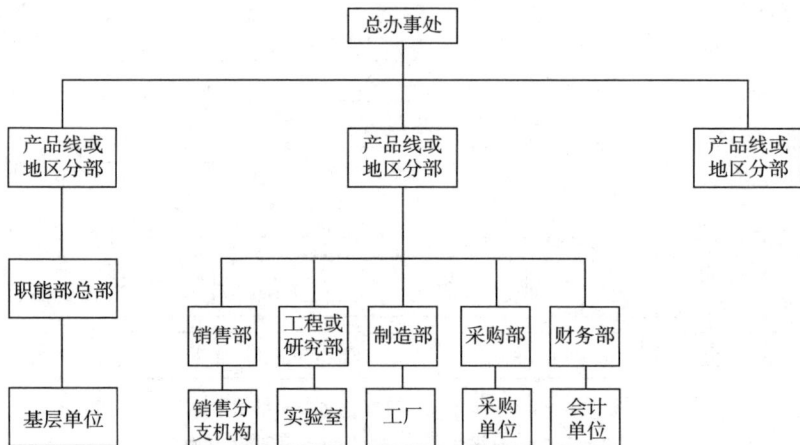

图 6 - 4 多部门企业组织结构

① 〔美〕小艾尔弗雷德·D. 钱德勒：《战略与结构：美国工商企业成长的若干篇章》，孟昕译，云南人民出版社，2002，第 20 页。

企业组织和管理日益重要突出了"看得见的手"对企业的日益重要性，因此对企业组织和管理形式的日益重视显示了人们对传统资本主义的一种观念变化。但同时需要强调的是，尽管这一时期出现了一些新的组织形式和一些成功的代表，但传统的企业组织形式依然占有重要地位，正如有人在形容20世纪20年代美国的"繁荣"时所表示的，在当时，既有1914年前的那种野蛮剥削管理方式，也有大众化生产、工作的合理化以及对一定集团的高工资政策，这正是20世纪20年代美国"繁荣"的基础。[①]

第二节　私人垄断资本主义所有制形式的演进

第二次工业革命推动资本主义从自由竞争阶段进入私人垄断资本主义阶段，也就是金融资本主义阶段。从19世纪末开始，银行等金融机构不断向工业部门渗透，垄断金融资本和垄断工业资本不断融合，最终确立了金融垄断资本的支配地位，大工业乃至国家经济掌握在金融部门手里。随着工业部门垄断地位的确立，银行资本对工业企业所有权和生产过程的控制开始分离。到20世纪初，金融资本主义完成了从工厂制到公司制，从资本主义财产的个人所有制向公司财产所有权的股份制的第一次蜕变。

一　资本市场的发展和企业融资渠道的多样化

第二次工业革命所带动的产业主要是一些资本和劳动密集型产业，如钢铁、机械制造、化工等。这种产业领域的生产能力的增长主要依托于融资能力的扩大，因此这一时期生产规模的扩大和产业结构的调整都对资本主义的融资形式提出新的要求。与此相适应，这一时期资本积累形式出现了多样化的趋势，主要表现在以下几个方面。

第一，资本市场的发展。证券交易市场的出现可以追溯到政府证券和特许公司证券的交易。早在中世纪晚期，在意大利、法国、西班牙等同盟以及15世纪莱比锡的集市，就已经存在某种形式的证券交易。1602年，世

---

① Michel Beaud, *History of Capitalism*, *1500 - 2000*, New York: Monthly Review Press, 2001, p. 183.

界上最早买卖股票的市场出现在荷兰，因为当时还没有完备的股票流通市场，更没有独立的股票交易所，股票交易只能在阿姆斯特丹的综合交易所里与调味品、谷物等商品混合在一起交易。17世纪后半叶，经济中心转移到了英国，股票交易在伦敦也活跃起来。1773年在伦敦柴思胡同的约那森咖啡馆中，股票经济商正式组织了第一个证券交易所，即现在的伦敦交易所的前身，这就是现代证券市场的原型。1802年，伦敦交易所新大厦落成开业，当时在交易所内交易的证券主要是英格兰银行、南海公司和东印度公司的股票。18世纪上半叶，随着英国工业革命的不断深入，大量的基础产业建设需要大量的资金投入，刺激了公司股票的发行与交易，股票市场开始逐渐活跃起来。首先以股份公司的形式登场的是运河公司的股票，其次是铁道公司的股票。进入19世纪50年代，伦敦证券市场再次向海外投资急速倾斜。被称为"商人银行"（merchant bank）的英国式证券商，广泛地把美国的铁道债券、印度或澳大利亚的证券等列为交易对象，从而为伦敦作为世界金融中心地位的确立迈出了关键的一步。到1914年，在伦敦交易所上市的证券中有80%是海外证券。

与此相对应，美国证券市场首先是为了开发运河、铁道等国内产业的基础而坚实地发展起来的。1792年美国出现最早的股票市场，也就是纽约证券交易所的前身；1817年，股票经纪人通过一项正式章程，并定名为"纽约证券交易会"，至此一个集中的证券交易市场基本形成。1820～1830年，美国的工业化浪潮为证券业带来了新的发展机遇。美国发行了联邦债券、州政府债券、民间事业债券、股票等，使证券市场的交易量大幅度增加，当时市场上最热门的股票就是伊利运河公司的股票。紧跟在运河热之后的交易热点是铁道股票。1842～1853年，证券市场再度活跃，交易的证券从以铁道股票为中心，逐步扩大到了银行股票、保险股票、运河股票等，股票数量与交易量都明显增加。1863年，"纽约证券交易会"易名为"纽约证券交易所"。1886年，纽约证券交易所的股票日交易数量第一次超过100万股。1889年，《华尔街日报》创办，标志着美国证券市场开始步入股票交易时代。1896年，道琼斯指数成立，工业证券市场开始发展起来①。1890

---

① 〔美〕戈登：《伟大的博弈——华尔街金融帝国的崛起》，祁斌译，中信出版社，2007，第195页。

年以前，美国只有不到 10 个制造业公司的股票在证券交易所上市，总值大约 3300 万美元。其后制造业公司迅速增加，上市股票和债券总值的增长在 1893 年大萧条影响下仍保持上升趋势，1897 年以后仍大幅上扬，由 1898 年的 10 亿美元翻倍到 1899 年的 20 亿美元，两年后再次翻倍，到 1903 年达到 70 亿美元的高峰，工业股票成为美国股票的主体，这标志着美国股票市场发展进入一个新的阶段，股票市场成为美国经济发展状况和活力的晴雨表。

第二，企业融资渠道的多样化。随着资本市场的发展和股份公司的建立，企业融资渠道也变得多样化起来。从表 6 - 2 可以看出，美国非金融公司（50 家大公司的样本）的资金来源主要集中在三个方面：一是利润留成，也就是企业的自我积累；二是银行借贷；三是发行新股。

表 6 - 2　1927 ~ 1947 年美国非金融公司的资金来源占总数的百分比

单位:%

时　　　期	利　润*	净债务发行	总股票发行	净股票发行
1927 ~ 1930 年	80. 8	1. 4	29. 8	17. 8
1931 ~ 1935 年	123. 1	- 23. 1	34. 6	0. 0
1936 ~ 1941 年	73. 3	13. 3	21. 3	13. 3
1942 ~ 1947 年	74. 8	12. 6	19. 4	12. 6

* 利润 = 未分配利润 + 资本支出的税收减免。

资料来源：黄一义：《从两权分离到两权合流——美国公司治理 100 年》（上篇），《新财经》2005 年第 2 期。

首先，利润留成始终是资本积累的重要方式。资产者受利益的驱动而不断地将更大比例的剩余价值（即企业所说的利润）投资于企业的再生产，这始终是推动资本主义不断变革的动力。竞争、合并的压力和对规模生产的反应都可能促使资本的所有者将更大比例的企业利润用于扩大再生产，这也是这一时期一些大的公司成功的一个重要因素，如德国的钢铁巨头奥古斯特·蒂森实现其合并战略的要旨就在于长期坚持不分红。英国企业更偏爱家族式的积累方式，这种资本积累方式尤其在英国的大公司中占有重要地位，因此有人把英国的经济类型描绘成"个人资本主义"[①]。如表 6 - 2

---

① 〔美〕托马斯·K. 麦克劳：《现代资本主义——三次工业革命中的成功者》，赵文书、肖锁章译，江苏人民出版社，1999，第 83 页。

所示，即使是在银行、证券最为发达的美国，利润留成也是大型企业资本积累方式中的重要方式，占到资金来源的 70% 以上。

其次，银行借贷成为企业资金的重要来源。第二次工业革命期间，尽管企业的外部资金来源仍然主要是银行，但对于不同规模的企业，获得资金的方式并不相同。小型企业仍然主要是通过银行贷款获取资金，而对于大型企业，则主要是通过向银行等金融中介发行公司债券，并由这些银行组成辛迪加来负责承销、认购企业的债券以筹集资金。1901～1912 年，美国所有金融中介持有的非金融企业的债券占其外部资金来源的 18%，而在 1912 年，银行持有的债券占 2/3。1901～1912 年，银行贷款占非金融企业外部资金来源的 12%，并且只占公司债务的 10%，不足公司总资产的 5%，而同期公司债券和商业票据则占公司债务的 50% 以上。银行通过持有企业的债券，降低了其资金的风险，并将监督和考核企业的职能转移给银行辛迪加，节约了开支，从而降低了企业的融资成本。

最后，股市融资成为企业资本积累的新途径。从 19 世纪 90 年代起，发行股票成为企业融资的新渠道。此时，美国的工业公司普遍采用了股份有限公司的形式，它们通过发售股票和公司债券等形式，把个人持有的有限资金集合起来，投入企业的创办中。由于公司具有明确的法律地位和有限责任，加上当时公司经营的普遍成功，以及投资银行和投资信托公司对证券交易的推动，大量的投资者和社会闲散资金卷入了企业的创办和其他各类经济活动。据统计，1879 年美国投入工业的资本为 48 亿美元，1919 年增长到 460 亿美元（均按 1929 年价格计算）[1]。工业公司股票的发行和工业证券市场的发展意味着工业企业超越了传统的积累模式，直接从社会获得积累资源，由此而极大地开放了资本积累的市场空间。随着这种市场的日趋成熟，现代控股形式也相应发展起来。19 世纪末 20 世纪初美国大企业的崛起就是利用了控股公司的形式。

二　资本主义所有制关系在股份资本形态上的发展

股份资本出现于 16 世纪的商业公司，在私人垄断资本主义阶段得到大

---

[1] 〔美〕吉尔伯特·C. 菲特、吉姆·E. 里斯：《美国经济史》，彭松建译，辽宁人民出版社，1981，第 461 页。

发展。它在坚持资本主义私有制的基础上，形成了社会资本的产权关系。即资本"直接取得了社会资本（即那些直接联合起来的个人的资本）的形式，而与私人资本相对立"①。股份资本的形成和发展是资本主义所有制关系演变的基础。

第一，股份公司的发展。股份制是资本主义市场经济为适应生产社会化发展的要求而产生的企业组织形式。第二次工业革命推动了资本和劳动密集型产业的快速发展，新兴产业部门为资本提供了广阔的发展空间，但是投资于重化工业要求有巨额资本并以规模效益为特征，这是单个私人资本依靠资本积聚难以达到的。私人资本如果不放弃原来的独立存在形态，它们就无法继续占有高度社会化的生产力。资本集中则成为坚持和发展资本所有制关系可选择的有效途径，因此工业化过程必然伴随着股份公司的普遍发展。现代意义上的公司率先出现在当时经济最为发达的英国。1844年英国颁布《股份公司法》，旨在为注册公司和法人组织提供一般化的、不受某些特别条款限制的法律依据。起初依照该法案组织的公司并不是有限责任公司，但是大多数公司都会在其内部章程中注明股东有限责任的条款。1856年修正后的《股份公司法》为所有的股份公司提供了成文的有限责任条款，该法成为英国历史上第一部现代意义的公司法。美国的有限责任制度是先在一些州确立的，后来扩大到全国范围。如马萨诸塞州于 1830 年、纽约州于 1848 年分别立法，准许股东对公司的债务承担有限责任②。到1860 年，有限责任原则已经在美国各州得到普遍推行③。股东有限责任原则的确立使美国的公司制度大大前进了一步，并直接促进了美国公司的发展。此时银行信贷、股票和其他有价证券越来越多地成为大小公司企业经营中的必要手段。在英国，随着有限责任公司法律地位的确立，股份公司迅速发展。1862～1886 年，平均每年新设立股份公司 1041 家，1900 年新设立的股份公司就达 4966 家。同样，在美国，19 世纪八九十年代，各种工业公司已达 38770 家，1899 年制成品的 66.7% 是由股份公司生产的。随着股份公

①　《马克思恩格斯全集》（第 25 卷），人民出版社，1974，第 493 页。
②　〔美〕吉尔伯特·C. 菲特、吉姆·E. 里斯：《美国经济史》，彭松建译，辽宁人民出版社，1981，第 267 页。
③　Gary M. Walton, Ross M. Robertson, *History of the American Economy*, New York：Harcourt Brace Jovanovich, 1983, p. 259.

司成为企业制度的基本形式并在社会经济中起支配作用，工业国家进入一个"股份公司制度"时代，这一点在美国表现得尤其突出。从 19 世纪 50 年代起，美国公司进入迅速发展时期，到 1860 年，美国有几千家公司，其中半数是在有限责任开始盛行的 19 世纪 50 年代建立的[①]。美国南北战争后，公司数量及其在国民经济中所占比重更迅猛增长。到 19 世纪末，工业企业、铁路、公用事业、保险业等领域广泛采用了公司的组织形式，只有在农业和商品零售业方面，公司尚不占统治地位。1899 年，工业公司的产值在美国工业总产值中占 2/3[②]。到 1904 年时，这个数字上升为 3/4[③]。由于生产的集中，1919 年工业公司数量有所减少，但仍有 91000 家，它们在各类制造业组织形式中的比重为 31%，但雇用的工人占制造业工人的 86%，生产的产值占全国工业总产值的 87%[④]。总体来看，到 19 世纪末，英、美、法、德等主要资本主义国家随着工业化的发展已经进入了"股份公司制度"时代，股份公司已成为企业制度的基本形式并在社会经济中起支配作用，股份资本关系已经取代单个私人资本关系在资本主义所有制形式中成为主导形式。至此，股份公司的主要原则也在资本主义各国通过法律确立下来，这些原则主要是有限责任原则和法人支配财产的原则，并建立了规范化的股票制度和股票转让的规则，这对以后公司的发展具有重要意义。

第二，股份制的基本特征。19 世纪下半期，快速发展的股份资本是单个资本表面独立性扬弃的"最适当的形式"，股份公司是"资产阶级社会的最新形式之一"[⑤]。股份制以实现四个"分离"为其基本特征。第一个"分离"是"所有权与经营权的分离"。生产社会化程度的提高和生产技术的复杂化，使得资本所有者（融资者或投资者）难于执行高级管理职能，而不得不委托具有专业知识、技术或经营管理经验的经理人员。经理们虽拥有决策权，但他们受雇于股东，是工薪领取者，他们与资本所有者是属于同

---

① Jonathan Hughes, *American Economic History*, Scott, Foresman and Company, 1983, p. 145.

② 〔美〕吉尔伯特·C. 菲特、吉姆·E. 里斯:《美国经济史》，彭松建译，辽宁人民出版社，1981，第 463 页。

③ Mansel G. Blackford, Kathel Austin Kerr, *Business Enterprise in American History*, Houghton Mifflin Co., 1986, p. 169.

④ Henry C. Dethloff & C. Joseph Pusateri, *American Business History: Case Studies*, Harlan Davidson, 1987, p. 184.

⑤ 《马克思恩格斯全集》（第 46 卷·上册），人民出版社，1974，第 46 页。

一经济主体（企业）内部的雇佣关系。第二个"分离"是股权与产权的"分离"。股份制企业实行公司治理结构，它既把企业的经营管理权集中在懂技术、懂经营的管理层手中，脱离广大投资者（股民）的控制或干预，又通过控股权办法确保大股东（融资者）对企业进行实际的控制与支配，并通过法律手段以"法人产权"的名义赋予大股东对企业的控制权。一般股民所持有的股权属于一般财产权，只有掌握控股权的大股东才有资格担任企业"法人代表"，才真正持有企业产权。第三个"分离"是资本的价值形态与实物形态的分离。资本实现股份化后，股份资本的价值形态便脱离实物形态而具有独立的物质存在形式和运动规律。实物形态的资本，一般以厂房、机器设备等生产手段作为它的物质存在形式，在企业内（物质生产过程中）不停地运转、折旧和更新；而价值形态的资本则以股票、债券等作为它的物质标志，在证券市场上不断易手，却不流回企业。第四个"分离"是股票的面值与市场价格相分离。股票本身有以下几个特点。一是股票的面值与它的市场价格不同。决定股票市场价格的因素为股息、利率及市场供求关系，股票市场价格可以高出股票面值，也可以跌到面值以下。二是股票一经投向公众（二级市场），股票持有者（股民）便不能向企业要求退股，只能在证券市场上转让（出售）。三是股票具有非常强的流动性，它经常在证券市场上从一个股票持有者手里流到另一个股票持有者手里。股票的这种流动性有利于资本流向社会经济效益较高的企业，符合资本追求高额利润的要求。

第三，股份资本的兴起使资本主义所有制关系发生了深刻的变革。

首先，个人资本转化为股份资本包含着所有制关系的深刻变化。单个私人资本到股份资本的转化不仅表现为资本存在形态的变化，更重要的是包含着资本所有制关系的变化。股份公司出现后，"实际执行职能的资本家转化为单纯的经理，即别人的资本的管理人，而资本所有者则转化为单纯的所有者，即单纯的货币资本家"。"而这个资本所有权这样一来现在就同现实再生产过程中的职能完全分离，正像这种职能在经理身上同资本所有权完全分离一样。"[①] 资本的所有权与资本的职能在股份制度中是完全分离的，经理同所有者之间只是一种委托代理的契约关系。过去单个私人资本

① 《马克思恩格斯全集》（第25卷），人民出版社，1974，第493、494页。

的所有权是一种完整的物权，而股份资本把原来私人资本的所有权分解为两种相对独立的权利，作为股权的资本所有权只是一种单纯的不完全的法律上的权利，而不再是一种完整的物权。物权发展为股权是企业产权制度的一次重大革命。它使得资本所有制结构由封闭式转变为开放式，从而构成了资本集中的必要前提。只是由于资本所有制结构的开放和内部权利的分离才能实现产业资本的集中，而产业资本的集中、占有和使用方式的社会化发展是近代产业的发展前提。

其次，股份资本包含着一种社会资本的属性。股份资本"在这里直接取得了社会资本（即那些直接联合起来的个人的资本）的形式，而与私人资本相对立，并且它的企业也表现为社会企业，而与私人企业相对立"①。由于股份资本把个别资本直接联合起来取得了一种社会集合的形式，使其区别于独立存在的单个私人资本，从而具有了社会资本的形式。股份资本作为单个私人资本的发展形式，它的主要变革在于创造了资本私人性和社会性的独立存在的表现形式。在股份资本形式上，资本的私人性体现在所有权资本上，并以股权的形式表现出来。资本所有权的社会性则以公司财产的形式体现在真实资本上，真实资本作为执行职能的资本，在股份公司的实际运营中形成了区别于所有权资本的运动。

最后，股份资本作为社会资本包含着对资本私人所有权扬弃的性质。股份资本作为单个私人资本的发展形态，其最主要的变化是资本所有权关系的变化。从所有权关系上看，股份资本包含着双重的财产所有权：一方面是存在于股权形式上的资本私人所有权，这是一种终极所有权；另一方面是存在于公司财产形式上的资本法人所有权，这是公司资本运动中的实际所有权。股份公司拥有的这种社会资本并不会因为股票所有者的变更而有任何变化，并且公司财产已经独立于私人所有权之外，表现为一种私人资本所有者失去支配能力的异化物。股份资本一方面扬弃了私人资本，另一方面又保留了私人资本所有权。股份资本具有二重的社会性质，它是私人资本所有权和社会资本所有权的统一②。

---

① 《马克思恩格斯全集》（第 25 卷），人民出版社，1974，第 493 页。
② 张彤玉：《论股份资本的二重性质》，《当代经济研究》2002 年第 1 期。

三　金融资本所有制的形成及特征①

金融资本是在 19 世纪末出现的一种经济现象，在 20 世纪上半期居于社会经济的支配地位。金融资本作为一种特殊的独立资本形态，是一种扬弃了产业资本和银行资本的独立性，在二者混合生长中形成的一种新的资本形态。金融资本的实质是垄断，它是在工业垄断资本和银行垄断资本形成过程中，两者相融合而形成的垄断资本形式②。金融资本是在股份资本的基础上发展起来的，但它包含着比股份资本更为深刻的所有制关系的变化。

第一，金融资本形成的历史过程。19 世纪下半期，由于近代股份公司的普遍发展，资本集中和生产集中的过程已经开始，到 19 世纪末 20 世纪初，这个集中化的过程加快了，并且在近代股份公司制度的基础上形成了现代大垄断公司。从国别看，这一进程的发展以美国和德国为先导，英国和法国相继而起，日本和俄国虽起步稍晚，但在 20 世纪也已具有一定规模。美国是垄断资本主义经济发展最为典型的国家，我们可以通过对它的简要分析来说明金融资本的形成过程。

美国最早出现近代股份公司的是铁路部门，第一家铁路公司建立于 1827 年，到 19 世纪 80 年代美国虽然已经建成全面的铁路网络，但是由于诸多铁路公司的竞争，整个系统面临毁灭的危险。因此，从 19 世纪 80 年代开始，铁路公司之间开始寻求联合经营的方式，先是试图通过卡特尔来限制竞争，后又试图通过合并建立自给系统以限制竞争。这一计划得到摩根和一些大银行家的支持，例如，宾夕法尼亚铁路公司就是在摩根的支持下通过合并成长起来的大垄断公司，建立起多单位的分权管理结构，成为现代公司管理的先驱③。铁路公司的行业特点决定了它与银行资本之间的密切

---

① 关于金融资本的研究在拉法格的《美国托拉斯及其经济和政治意义》、希法亭的《金融资本》、列宁的《帝国主义是资本主义的最高阶段》和《关于帝国主义的笔记》等著作中都有深入的研究和论述，本书对其的论述仅限于历史发展过程中金融资本的形成发展及所有制关系的变化等方面。

② 张彤玉：《社会资本论：产业资本社会化发展研究》，山东人民出版社，1999，第 243 ~ 244 页。

③ 〔美〕小艾尔弗雷德·D. 钱德勒：《看得见的手——美国企业的管理革命》，孟昕译，商务印书馆，1987，第 201 ~ 205 页。

关系，通过发行股票来筹集铁路建设资金，决定了它成为银行垄断资本向产业部门渗透的典型。根据钱德勒在《看得见的手——美国企业的管理革命》一书中对大企业成长的考察，铁路的发展直接带动了通信、建筑和金融业的发展，而正是在基础设施建设大发展的条件下，出现了大规模生产和销售的现代工商企业。在 19 世纪 90 年代初，现代大工业公司还只是局限在食品工业和机械工业部门，其他工业部门还很少见。随着工业化和城市化的发展，19 世纪 90 年代到 20 世纪初出现了第一次工业企业的合并浪潮，石油、橡胶、化学、金属冶炼等工业部门也都相继为大垄断公司所支配。

在工商业垄断企业产生的同时，银行业的集中和垄断也在进行。19 世纪初美国银行资本已经开始股份化，但很长时间并没有形成高度集中的局面。19 世纪 90 年代高度集中化开始发生，20 世纪初已经形成了以摩根和洛克菲勒为首的，以及围绕着他们的斯蒂尔曼、哈里曼和库恩少数大银行家控制整个银行业的局面，从而诞生了第一批美国财团，即东部财团。它们通常是由一个或几个家族集合而成，以纽约的华尔街为中心，牢牢地掌握着美国金融的控制权。因此，东部财团在美国经济生活中居于举足轻重的地位。其中以摩根财团和洛克菲勒财团的实力最为雄厚。1913 年美国联邦储备系统（简称美联储）建立，进一步加速了银行资本的集中和垄断进程，促进了工业垄断资本与银行垄断资本的融合和金融财团的发展。从 20 世纪 20 年代开始，又迅速形成了不具有明显家族特点的地方性财团，包括中西部的克利夫兰财团和芝加哥财团，西部的美洲银行财团和南部的得克萨斯财团。到第二次世界大战前，美国的经济基本上为摩根、库恩－洛布、洛克菲勒、芝加哥、梅隆、杜邦、波士顿和克利夫兰八大财团所控制。

第二，金融资本形成的原因及方式。19 世纪末金融资本的形成是资本主义经济机体内部矛盾发展的必然结果。首先，第二次工业革命为更大规模的生产提供了物质技术基础，为巨型生产组织的出现创造了客观条件。从生产社会化的角度看，第二次工业革命带来的直接后果是：社会产业结构发生了根本性变化，产业重心由轻工业转向重化工业，社会生产过程之间的分工已经形成了一个发达的体系，各个生产部门之间的相互依存关系更为紧密，社会生产的整体性和社会化性质空前加强；在新的技术基础上企业的规模迅速扩大，科学管理和福特模式的推广使生产过程内部分工更加精细，生产过程社会化程度显著提高；企业管理方式发生了重要变革，出现了管理革命的雏形，形成了现代企业生产的管理体系。总之，第二次工业革命引起了社会经济的工业化过程，也是生产全面社会化的过程。其次，生产的社会化必然要求企业制度和资本占有方式的社会化。一方面，生产社会化快速发展，产生了进一步加强生产集中和资本集中的要求以及创立大型或巨型工业企业的必要性，但是股份公司把分散的单个私人资本集中起来所实现的资本社会化速度，并不能与生产社会化迅速发展的速度相适应，在许多生产部门，单纯依靠分散的私人资本的联合已经不能实现资本对生产力的充分占有。另一方面，股份公司制度不仅为垄断的形成提供了制度基础，同时在股份资本形式上实现的生产集中和资本集中所造成的单个资本的膨胀也极大地刺激了资本内在的扩张冲动。因此，新的一轮更高程度的资本集中过程成为历史的必然。

金融资本是工业资本和银行资本相互渗透和融合而产生的，这种渗透和融合是从两个方面进行的。一是业务上的相互渗透。一方面，银行通过购买工商企业的股票或直接开办新企业插足产业资本的经营活动，如美国的摩根财团就是从银行资本发展为金融资本的典型。19世纪60年代，摩根以做黄金生意起家后，迅速扩展其金融实力，在竞争中连连得手，占有和控制了几家重要的银行、信托公司和保险公司，成为大银行垄断资本集团，与此同时，摩根向铁路、钢铁、电气等工业部门投资和渗透，占有和控制了26家大铁路公司和16家重要的实业公司，诸如中央铁路公司、北太平洋铁路公司、美国钢铁公司、通用电气公司和美国电话电报公司等，成了当时最大的金融资本集团。另一方面，工业资本通过购买银行的股票或开办新银行，跻身于金融领域。美国的洛克菲勒财团是从工业资本发展为金融资本的典型。19世纪70年代，洛克菲勒家族占有和支配的美孚石油公司已具有相当大的规模，并依据自己的实力迅速向铁路、电气、钢铁等产业部门扩展，形成了巨型工业垄断资本集团。与此同时，在19世纪90年代开始的银行资本联盟的组建过程中，洛克菲勒财团积极参与，先后占有和控制了几大重要金融组织，形成了洛克菲勒金融财团。二是人事上的相互参与。工业资本和银行资本相互派人充当对方的各种领导职务，这样，工业垄断资本家和银行垄断资本家一身二任，都成了金融资本家。这种人事参与的典型是以德意志银行为代表的德国综合银行。如表 6 - 3 所示，大银行代表控制企业占机械金属、铁路运输、机械金属、电力、医院娱乐等部门资产比的 50% 以上。大银行和地方银行在轮船运输、电力、燃气石油、化工、食品加工等部门控制资产占全部银行控制资产的 50% 以上。美国的企业和银行之间也互派董事，如摩根在 47 个成员公司中拥有 72 个董事头衔，第一国民银行的贝克尔有 22 个董事头衔，花旗银行的斯蒂尔曼及其董事会成员分别在 48 个公司董事会任职①。

表 6 - 3　1910 年德国银行代表控制的企业和资产比例

部　门	大银行代表控制企业			银行代表控制资产	
	企业数量（个）	占部门资产百分比（%）	占部门企业百分比（%）	大银行和地方银行控制资产占全部银行控制资产的百分比（%）	占企业资产百分比（%）
矿　　业	26	25.5	38.5	23.2	38.5
机械金属	43	69.1	20.9	32.2	27.9
印刷木材	21	26.8	14.3	39.9	28.6
铁路运输	17	68.5	17.6	24.3	23.5
轮船运输	11	0	0	50.1	36.4
机械金属	43	69.1	20.9	32.2	27.9
电　　力	11	98.3	63.6	78.0	45.5
燃气石油	12	1.9	8.3	69.8	8.3
供　　水	7	0	0	42.2	14.3
化　　工	32	7.1	6.3	56.3	37.5
水　　泥	29	5.7	6.9	13.9	24.1
纺　　织	15	15	6.7	25.1	20.0
食品加工	23	10.5	4.3	52.9	21.7
酿　　造	47	2.0	2.1	21.6	23.4
学　　校	7	0	0	12.9	14.3
医院娱乐	8	53.7	12.5	0	0

资料来源：Caroline Fohlin, *Finance Capitalism and Germany's Rise to Industrial Power*, Cambridge: Cambridge University Press, 2007, p. 39.

---

① Louis Brandeis, *Other Peoples' Money: And How the Bankers Use It*, New York: Frederick A. Stokes, 1914, p. 32.

第三，金融资本所有制的特征。金融资本在形成和发展过程中存在两方面明显的趋势：一方面是社会资本的规模和控制权的高度集中化，另一方面是资本所有权的逐渐分散化。这两种趋势使得金融资本的所有权关系发生了深刻变化。

首先，在金融资本形态上，资本所有权发生了多层次的虚拟，资本所有权与控制权进一步分离。最初是货币资本家以股份资本的形式投资于银行，这种行为形成了资本所有权的第一次虚拟。银行资本家接着又以股份资本的形式将其投入到产业部门，与工业资本融合在一起，这就形成了资本所有权的第二次虚拟，而形成的垄断大公司又会去持有其他公司的股票，出现相同的资本所有权的再度虚拟。这样，参股或持股的活动继续发展，一个垄断财团内部的资本所有权的虚拟化被多层次地进行着。因此，一个大垄断公司不只是在规模上表现为股份公司的多次方，而且在资本所有权关系的演变上也具有相同的意义。这样，私人资本的所有权在这种所有权一次又一次的虚拟中被扬弃，日益与真实资本的运动疏远。美国经济学家伯利和米恩斯在《现代公司与私有财产》一书中提到的关于范·斯威云根兄弟对美国铁路系统的控制是一个典型。为了确保对美国铁路系统的控制，范·斯威云根兄弟利用"参与制"建立金字塔式控制结构，构成一个控制体系并获得了显著的成功。其中，金融资本被虚拟达8重之多，也使其只投入不足200万美元的资本，却支配了8家一流的铁路公司，总资本额高达20亿美元以上[①]。这种资本的虚拟既使资本所有权与控制权进一步分离，又使控制权与公司法人财产权加强了统一，从而进一步适应社会化大生产的要求。

其次，在金融寡头统治的垄断组织中，股份所有权与控制权发生了多层次的分离，股份所有权与公司控制权的分离达到更高的程度。在一个大垄断公司中，巨额的公司资本分散在数十万股东手里，公司的规模越大，股权分散的程度也就越高。美国经济学家伯利和米恩斯在《现代公司与私有财产》中运用大量的实际统计资料描述了20世纪头30年里股份所有权的分散过程。1929年，宾夕法尼亚铁路公司、美国电话电报公司和美国钢铁

---

① 〔美〕阿道夫·A.伯利、加德纳·C.米恩斯：《现代公司与私有财产》，甘华鸣、罗锐韧、蔡如海译，商务印书馆，2007，第83~84页。

公司分别是美国铁路部门、公用事业部门和工业部门中规模最大的三家企业，它们的最大股东拥有的股票量在各公司全部股票中占有的比例分别是0.34%、0.7%和0.9%，都没有达到1%。它们的前20位大股东持有的股票量在各公司全部股票中也分别只占2.7%、4%和5.1%。这三家大公司的股东人数众多，分别是50万户、19.6万户和18.2万户①。为了有效决策，股份公司产生了委托投票制度。股东把投票权委托他人代理，这在实质上无异于放弃了自己对公司的实际控制权。这样，委托投票制度走出了股份所有权与控制权分离的第一步，也是关键的一步。这成为垄断大公司本体内所发生的股份所有权与控制权之间的第一层次的分离。而在"母公司"下属的"子公司"形成了金融资本家控制下的股份所有权与控制权的第二层次的分离。在第二层次的分离中，"子公司"中不仅中小股东，甚至比较大的股东与公司的控制权都无缘，就是整个子公司的控制权已经全部归属于控制着母公司的金融寡头，留给"子公司"的只有经营权或执行权。当"母公司"取得"子公司"的控制权以后，各个"子公司"还会以相同的方式对其他公司实行参股控制，如此层层展开，金融寡头就构造了一个复杂的垄断组织体系。金融资本的这种公司控制形态，无疑把股份所有权与公司控制权分离又推到了更高的程度。

再次，在金融寡头的控制形态中，资本的控制权与经营权也发生了多层次的分离，使公司控制权和经营权的分离达到了新的高度。在垄断大公司中，董事会已被少数大垄断资本家所控制，已经不再体现股东整体的意志，而是更多地去执行少数垄断资本家的决定，而董事会控制下的经营者的活动也具有相同的性质。但是多个分公司或多个单位的垄断大公司必须把经营权下放到各个分公司或经营单位，实行分权式的统一领导，因此，在垄断大公司中控制权与经营权的相对分离是必然的。在金融寡头统治的垄断组织中，经营单位的数量成倍地增多了，一个大垄断组织甚至可能控制一个行业的生产和流通，其直接控制的行业就是一个多分支的复杂体系。在这个体系中，虽然公司控制权已经高度集中于"母公司"，但是"母公司"只能实施总体上和战略决策上的控制，对于下属公司的具体经营活动

---

① 〔美〕阿道夫·A.伯利、加德纳·C.米恩斯：《现代公司与私有财产》，甘华鸣、罗锐韧、蔡如海译，商务印书馆，2007，第56～57页。

是无法直接干预的，各个下属公司及其经营单位都必然具有独立的经营权。这种多方面和多层次的经营权分解，不仅造成了"母公司"的中央控制权与经营权的高度分离，而且造成了控制权与经营权的多层次分离。

最后，金融寡头的私人权力与公司财产的社会资本性质一同发展起来。随着金融资本的发展，整个社会经济的垄断程度日益提高，社会经济力量不断地向少数大垄断财团集中，资本的私人权力由此发展到了登峰造极的地步，社会经济的控制权也同时在金融寡头手中膨胀起来，金融寡头及其财团掌握着社会经济的命脉，成为社会经济生活中占据统治地位的力量。这一点在美国表现最为突出。著名的反托拉斯组织作家古斯塔尔·梅尔斯在《美国亿万富翁史》一书中指出，摩根和洛克菲勒两大财团控制了 397亿美元的资本，占当时美国工业和银行业总资本的 36%。而美国大通曼哈顿银行、花旗银行和摩根担保信托分别占纽约联邦储备银行 32.25%、20.51% 和 8.87% 的股份，长期充当美国中央银行的角色。

第三节　社会阶级结构新变化与社会运动新态势

19 世纪末 20 世纪初，伴随上述资本主义生产方式的变化，发达资本主义世界的社会结构、阶级关系和社会运动都发生了新的变化，出现了一些新趋势，形成了现代社会的雏形。在社会结构方面，一方面，两大阶级的格局得到巩固，资产阶级和无产阶级两极对立的局面进一步形成；另一方面，新的中产阶级日益壮大，成为社会变革的推动力量。而在阶级关系方面，同样并存着阶级对立的趋势和阶级缓和的迹象，一方面，社会阶级对抗加剧，出现了大规模的工农组织和工农运动；另一方面，中产阶级积极倡导改革，成为 19 世纪末 20 世纪初西方国家社会改革的动力，推动各国开展了一场进步主义的改良运动，从而缓和了社会矛盾。

一　社会阶级结构的新变化及其趋势

19 世纪下半叶，随着第二次工业革命的推进，西方国家相继完成了工业化和城镇化，西方社会阶级结构出现了新变化，工人阶级、资产阶级和中间阶层的内部构成及其相互关系复杂化，出现了新的特点和趋势，并在以后的社会发展中，进一步强化了这种趋势，形成了现代社会的阶级结构。

（一）资产阶级的新变化

资本主义自由竞争时期资产阶级的构成比较单一，主要是工厂主、商人和银行家。在私人垄断资本主义时期，随着第二次工业革命的推进和管理革命的出现，资产阶级组成结构也发生了很大变化。除了传统的大资本占有者和中等资本占有者外，各种大公司和大企业的高级经理、行政官僚机构的高级官员也进入资产阶级的行列，资产阶级队伍进一步壮大，对国家政权和社会经济的控制更加稳固。

第一，中小资产阶级在数量上占绝对多数，但控制的财富所占比重甚微。在各主要资本主义国家中，特别是那些经济发展落后或集中程度不高的国家，资产阶级仍以中小企业主为主，例如，直到1913年英国煤矿仍多数是一矿一主，规模很小。它的制造业也绝大部分为家族式企业，吸收的公共股份少。它的棉纺业和棉织业在19世纪末还没有出现垄断组织。法国的中小企业所占比重尤其显著。1896年，法国雇工在10人以下的小企业占企业总数的93%，其中，雇佣1~2人的占74.8%；1906年，称得上资本主义类型企业的仅占全部工业企业的3.3%，而这3.3%的企业中，雇佣6~50人的占8.3%，它们都是中小企业[1]。即使是在生产高度集中、垄断程度很高的美国，中小企业仍然广泛存在，中小资本家依然是资产阶级的主体。1899年，美国产值在500美元以上的加工工业企业中，手工业和家庭工业占59.8%，达304736家，其产值占总产值的15.1%；1914年，产值在5000美元以上的加工工业企业的总数为177110家，产品价值占总额的99.1%，其中产值在10万美元以下的中小企业占80.8%，产值占14.2%[2]。中小企业在私人垄断资本主义阶段存在和发展的原因如下。一是第二次工业革命的发生为中小企业的发展创造了有利条件，开辟了许多新兴工业部门，使生产更加专业化。二是社会需求多样化，以服务业为主的第三产业

---

① 〔英〕克拉潘：《1815~1914年法国和德国的经济发展》，傅梦弼译，商务印书馆，1965，第293页。

② 〔美〕沙依贝等：《近百年美国经济史》，彭松建译，中国社会科学出版社，1983，第113~114页。

的迅速发展促进了中小企业的发展。三是垄断大企业为了自身的利益也要求积极发展与中小企业的协作关系。但垄断已经形成条件下的中小企业已与以前有本质不同，这些企业从生产到销售都受到大企业的制约，必须依附于垄断企业才能生存。因为大量中小企业的存在，所以作为中小企业主的中小资本家将长期稳定地与垄断大资本家共存，它是私人垄断资本主义阶段资产阶级的基本力量。

第二，垄断资产阶级控制的社会财富比重上升，达到了惊人的地步。1905 年，美国共有 21.6 万家工业企业，其中占总数不到 11% 的 2.4 万家工业企业却占全部资产的 81%，集中了全国产业工人的 72% 和产值的 79%[①]。垄断企业增长十分迅速，20 世纪初拥有 100 万美元资产的大公司已经比较普遍，资产达 1 亿美元的也近 100 家。据伯利和米恩斯统计，1909 年 200 家最大的非金融公司的资产总额只有 260 亿美元，而到了 1919 年资产总额达到了 437 亿美元，10 年间增长了 68%。1919～1929 年，该数额达到了 810 亿美元，增加了 85%。1929 年美国有超过 30 万家非金融公司，但最大的 200 家公司，或者说不到公司总数 0.07% 的公司，控制了将近一半的公司财富。到 1929 年底，美国国民财富为 3670 亿美元，而当年 200 家最大的公司所拥有的资产合计为 810.77 亿美元。因此，它们大致控制了美国国家全部财富的 22%。在美国 1.25 亿人口中，大约有 2000 位垄断资本家处于控制和调度全国一半产业的地位[②]。

第三，脱离经营管理而依靠利息为生的食利资本家越来越多。在自由竞争资本主义时期，由于股份公司的出现，就已经产生了食利资本家，不过那时他们一般还在不同程度上参加一些经营管理活动。由于企业规模小，资本有限，单靠吃利息过日子的资本家也不多。所以，当时食利者的寄生性在整个经济生活中还不明显。到了私人垄断资本主义阶段，随着管理革命的出现、企业所有权和经营权的分离，必然有越来越多的资本家将企业管理交给受雇的专业管理人员。同时，由于大资本家手中掌握了大量的有价证券，可以借此取得为数可观的利息收入，于是大部分原来的大企业主便不再参加

---

① 〔美〕吉尔伯特·C. 菲特、吉姆·E. 里斯：《美国经济史》，彭松建译，辽宁人民出版社，1981，第 462 页。

② 〔美〕阿道夫·A. 伯利、加德纳·C. 米恩斯：《现代公司与私人财产》，甘华鸣、罗锐韧、蔡如海译，商务印书馆，2007，第 40～41 页。

企业的经营管理，成为专靠剪息票为生的食利者。同时由于金融市场的发展和信用制度的健全，货币持有者购买大量股票或存入银行收取利息，这样食利者的人数大大增加。据伯利和米恩斯统计，1916 年，美国所有公司股息（不包括通过其他公司获得的股息）的 57% 以上由 25000 名最高收入者所获得。在 1921 年这个集团获得了全部股息的 35%。在同一时期，除 10 万名最高收入者以外的其他人（他们的收入在 1916 年不到 1.3 万美元，在 1921 年不到 2 万美元）所获得的股息占全部股息的比例，从 1916 年的 22% 上升到 1922 年的 44%。在 1916 年全部股息的一半由 15000 人获得，到 1922 年则由 75000 人获得①。也就是说，食利阶层在短短的 5 年间扩大了 5 倍。

第四，大公司高级职业经理的数量日益增多，逐渐成为资产阶级的一个特殊阶层。大资产阶级，特别是垄断资产阶级的全部经济活动的重要特点是雇佣经理人员在大公司、大企业中执行主要的行政管理职能。就形式和本质而言，行政管理工作的报酬应当是工资的变种，即一定种类熟练劳动的市场价格的反映。但是大公司高级经理人员所得到的工资和附加收入的数额超过相应熟练劳动市场价格的许多倍，所保留的只是工资的外貌，实际上在高级管理人员的工资和附加收入中隐藏着利润。所得利润之大，使他们不仅可以跻身于中等资产阶级，而且可以跻入大资产阶级。1841 年，在美国铁路企业诞生了第一个职业经理人。19 世纪末 20 世纪初，随着股份公司的发展以及企业所有权和经营权的分离，出现了专门的职业经理人群体，1925 年美国管理协会成立，标志着美国的企业基本完成了从业主式（或世袭式）经营企业到以聘用经理人来经营企业的转换，美国的企业制度也基本形成了现代公司制占主导地位的格局。职业经理人演变成资产阶级的一个特殊阶层，其利益要求、社会诉求与中等资产阶级相近，成为有自觉意识的资产阶级的组成部分。

（二）中间阶层力量的壮大及其结构的变化

资本主义社会的中间阶层是在工人阶级和资产阶级之间居于中间状态的阶级和社会集团。它包括城乡小资产阶级及在资本主义生产和社会管理

---

① 〔美〕阿道夫·A. 伯利、加德纳·C. 米恩斯：《现代公司与私人财产》，甘华鸣、罗锐韧、蔡如海译，商务印书馆，2007，第 72~73 页。

机构中占中等地位的雇佣工作者。资产阶级经济学家和社会学家经常使用 the middle class（通常译作"中产阶级"）来指这个社会中间阶层[①]。在现实生活中，中产阶级并非总是表现为严格确定的一望可知的集团，他们散落在各种职业、部门、文化和其他共同体的复杂结合之中，甚至在经济、意识形态上都不是统一的整体，但他们至少有三个共同点。一是在经济上，他们一般拥有中等财产，有较稳定的中等水平收入，并在此基础上形成一种优雅的生活方式。二是在职业上，他们的职业范围相当广泛，包括许多职业。在私人垄断资本主义阶段，劳动分工体系中的各种职业都具有特定的技能。这种特定的技能既带来了收入的变化，也带来了社会结构的调整。大量的专业技术人员、管理人员、公职人员成为中产阶级的主要构成。他们一般受过良好的教育，具有较高的文化知识和工作技能，并且利用自己的知识赢得很高的社会地位和随之而来的优厚待遇。三是在政治思想上，他们一般持有自由、民主的价值观。同时，因为在行政、科技、文化、教育等方面直接掌握生产力和文化设施，因此他们希望通过改良来消除社会中的弊病。19 世纪末 20 世纪初，资本主义从自由竞争阶段过渡到私人垄断阶段，主要资本主义国家完成了工业化和城市化，社会结构发生了巨大变化，突出表现在中产阶级的兴起上。如美国 1940 年时中产阶级已经占劳动力总数的 45%，工薪阶级占劳动力总数的 55%。中产阶级在人数上已经成为能够和工人阶级匹敌的社会阶层。随着中产阶级队伍的壮大，其内部结构也发生了很大变化。

首先，工业化和城市化的发展使老中产阶级群体逐渐萎缩，新中产阶级队伍迅速扩大。西方学者一般将中产阶级分为老中产阶级和新中产阶级，前者指的是那些独立企业主（或称中小企业主）、农场主等；后者则由公司经理、白领工人、专业人员、政府职员等组成[②]。以中产阶级最为发达的美国为例，从事农业生产的人口占总人口的比例，从 1820 年的 3/4 降至 1880 年的 1/2，而到 1949 年，只剩 1/8[③]。全美小企业主人数从 19 世纪初期占所

---

① 为了方便叙述，本书也采用中产阶级这个概念，但是其内涵与阶级的概念是有区别的，更多的是指中间阶层。

② 李剑鸣：《大转折的年代——美国进步主义运动研究》，天津教育出版社，1992，第 273 页。

③ C. Wright Mills, *White Collar*: *The American Middle Class*, Oxford: Oxford University Press, 1951, p. 16.

有从事职业的人的 4/5 降至 1870 年的 1/3，到 1940 年，仅剩 1/5。这些数据表明：美国大多数的小企业主到 20 世纪中期已失去资产，转而为仅占人口 2% 或 3% 却拥有美国 40% 或 50% 财富的资产阶级工作。在老中产阶级萎缩的同时，由于各种股份公司的兴起，在私营企业领域出现了一个从事行政、管理、销售、财会、公共关系工作的庞大白领群体。1890 年以后，美国联邦政府的人口统计对工业中的"工资劳动者"与"支薪雇员"加以正式区分。支薪雇员即白领。美国在 1870 年有 75 万人分别担任经理、带薪水的专业技术人员、推销员和办公室工作人员等，至 1910 年，增至每 5 个人中就有 1 个人担任这些工作①。霍夫斯塔德认为，新中产阶级的人数不论是绝对数还是相对数都在快速增长。1870 ~ 1910 年，美国新中产阶级人数从 75.6 万人增至 560.9 万人，成为中产阶级中的多数，占 63%②。到 1940 年，新中产阶级上升至 1250 万人，占全国人口的 25%。在此期间，老中产阶级增长 135%，工薪阶级增长 255%，而新中产阶级则上升 1600%③。伴随着社会流动性的增强，上层阶级和下层阶级（特别是下层阶级）不断向中产阶级靠拢，使新中产阶级逐渐演变为美国社会中最具稳定性的主流社会阶层。

其次，中产阶级内部阶层分化严重，利益分化明显。中产阶级在经济、政治和意识形态上都不是统一的整体，而是各不相同的一些集团的集合体，其中每一个集团在社会的阶级结构中占据自己独特的地位。某些社会集团与工人阶级更接近一些，另一些社会集团则与资产阶级更接近一些，还有一些社会集团则不与两个基本阶级毗连。在广泛的社会领域里，存在许多等级和从一个阶层过渡到另一个阶层的阶梯。可见，中产阶级是个非常广泛的社会范畴，而不是一个社会阶级。实际上，社会的千百万成员也不可能用完全相同的社会经济特点加以区分，而确定某一具体社会集团的具体阶级界限和阶级属性是非常困难的。因此，中间阶层（特别是边缘性的集团）与基本阶级的界限不是绝对的，而是相对的。米尔斯在《白领》一书

① Steven J. Diner, *A Very Different Age*, *Americans of the Progressive Era*, New York: Hill and Wang, 1998, p. 156.

② Richard Hofstadter, *The Age of Reform*, New York: Random House, 1955, p. 218.

③ C. Wright Mills, *White Collar*, *The American Middle Class*, Oxford: Oxford University Press, 1951, pp. 63 – 64.

中对中产阶级的这种阶层分化有精彩的描述：新中产阶级内部根据职业可以分为上层和下层，一部分经理、专业人员与部分办公室人员构成白领的上层，白领阶层中的三个最大的职业团体——教师、商店与企业的推销人员、各种办公室人员构成了白领的中下层。上层白领成员具有良好的背景，受过相当高的教育，大都是名牌大学的毕业生，在企业内部占据越来越重要的地位，与上层阶级有一致的利益。中下层则来自或出身于老中产阶级或劳工。19世纪末，每年大约有15万名劳工及其子女进入白领中下层。小企业主与劳工的子女是急剧扩大的白领中下层的后备军。进入20世纪，中产阶级规模进一步扩大，成分的复杂性及职业流动性也在增强，阶层分化和利益要求日趋多元化，突出地表现在职业群体的排他性上。主要是同一职业的人成立各自的专业学会，借此排斥不合格的人参与，使全国同一职业者凝为一体，形成颇具规模的专业技术共同体，进一步固化了这种多样性的阶层分化。1900年美国医学会有成员8400人，1910年已超过70000人。1878年美国律师协会成立，1894年纽约州率先成立律师考试中心，严格控制从业执照考试，其他州群起仿效，由此确立了美国律师职业化的模式。教育、新闻等其他行业也相继职业化，成为专业技术人员。1900年，美国专业技术人员已达到120多万人[1]。

美国中产阶级之所以增长这么快的原因有二。首先是私人垄断资本主义的发展，使公司成为经济的主要组织形式。各种公司数量多且规模大，自然要求大量的办公室工作人员。尤其是那些大公司的系统化管理和新技术的引进使得公司部门专业分工精细，需要大量职员多方搜集资料、撰写详细的报告和处理往返信件等，这些带动了职业结构的巨大变化，工业人口逐渐超过农业人口，其中白领阶层增长速度最快[2]。从职业讲，办公室工作人员增长最快。1890年，办公室工作人员有38.1万人，1900年上升为70.8万人，至1910年翻了一番，增至152.4万人，而到1920年已飙升至283.8万人[3]。

---

[1] Alan Dawley, *Struggle for Justice：Social Responsibility and the Liberal State*, Massachusetts：The Belknap Press of Harvard University, 1991, p. 20.

[2] Alan Dawley, *Struggle for Justice：Social Responsibility and the Liberal State*, Massachusetts：The Belknap Press of Harvard University, 1991, p. 34.

[3] Steven J. Diner, *A Very Different Age*, *Americans of the Progressive Ear*, New York：Hill and Wang, 1998, p. 175.

其次，高等教育迅速发展，尤其是职业技术教育培养了大量的专业技术人员。当时普通高等教育的规模也日益扩大，尤其是州立大学的增长十分迅速。1870 年，美国只有 52000 名大学生，1890 年增至 157000 名，1890~1910 年美国教师和学生数增长了 4 倍多[1]，而 1920 年普查表明，大学生人数不少于 60 万名。各大学相应开设技术专业，培养了大量的专业后备人才，从而推动了中产阶级的兴起。

（三）工人阶级的新发展

工人阶级是直接创造财富的阶级，是与资产阶级对立的阶级。私人垄断资本主义时期，工人阶级发生了一系列新变化。

第一，产业工人队伍急剧扩大。新的工业化进程导致对产业工人的需求急剧增长。1860 年，美国的产业工人只有 150 万人，1900 年为 550 万人，1930 年达到 1700 万人，占劳动力的 1/3 以上，并主要受雇于三大产业，即制造业、采矿业和公用交通事业[2]。其他新老资本主义国家的产业工人队伍也都在这一时期有了不同程度的增长，其中英国从 1881 年的 570 万人增长到 1911 年的 860 万人；德国产业工人从 1895 年的 590 万人增长到 1907 年的 860 万人；法国的产业工人也从 19 世纪末的 300 万人增加到了第一次世界大战前的 500 万人。仅这四国的产业工人人数在第一次世界大战前就达到了 3000 万人[3]。

第二，工人就业领域出现新变化，第二、第三产业就业人口急速上升。随着工业化、城市化的完成，社会生产结构发生了巨大变化，劳动人口的结构也随之相应变化。在英国，从事第一产业的劳动人口持续下降，从 1841 年的 22.44% 下降到 1901 年的 9.05%。但在此过程中，制造业的就业人口比例有较大增长，从 1841 年的 35.80%，增加到了 1901 年的 51.22%。而第三产业就业人口则呈现与第一产业相反的趋势，从 1841 年的 27.64%，

---

① Robert. H. Wiebe, *The Search For Order：1877 - 1920*, New York：Hill and Wang, 1967, p. 119.

② 〔美〕丹尼斯·吉尔伯特、约瑟夫·卡尔：《美国阶级结构》，彭华民译，中国社会科学出版社，1992，第 75 页。

③ Michel Beaud, *A History of Capitalism，1500 - 2000*, New York：Monthly Review Press, 2001, pp. 145 - 146.

增加到 1901 年的 40.73%①。其他欧美国家虽然工业化起步晚，但总的结构趋势与英国一致。如美国的农业劳动人口从 1870 年的 58% 下降到 1900 年的 38%。与之相应的是从事制造业的劳动人口逐步上升，1901 年达到 39.9%。在德国，1882～1907 年从事农业劳动的就业人口比例从 43.5% 下降到 35.2%，1925 年进一步下降到 30.5%；而同时工业就业人口则从 1882 年的 33.7% 上升到 1907 年的 40.1% 和 1925 年的 42.1%②。除英国外的主要资本主义国家正是在第二次工业革命时期工资收入者人数才真正超过在农业、贸易和工艺生产领域中的小规模独立生产者而成为劳动者的绝大多数。到 19 世纪末，英国 80% 的有劳动能力的劳动人口成为工资劳动者；而在美国 1880 年这一数字达到了 63%，德国 1902 年达到了 66%，法国 1911 年为 58%③。

第三，工人的有组织发展，尤其是工会的发展加强了工人阶级的整体斗争力量。各国工会组织的迅速发展是这一时期工人阶级集体行动力量加强的重要表现。在工人运动发展最快、组织也相对完善的英国，参加工会的人数从 1876 年的 110 万人发展到 1900 年的 220 万人和 1913 年的 410 万人，1920 年达到了 830 万人④。德国工会会员人数也从 1890 年的 30 万人，1900 年左右的 68 万人，增加到 1913 年的 250 万人。美国的工会运动也在迅速发展，如美国铁路工会成员 1893 年达到 15 万人，美国矿工联合会 1897 年有 10 万名成员。最突出的是美国劳工联合会，它从 1886 年的 10 万名会员发展到了 1912 年的 200 万名会员⑤。这一时期工会的发展程度可以通过这一时期的工人入会率来显示。1900 年，在欧洲工会组织发展最好的国家——英国，工人的入会率也仅为 12.7%，其他国家都在 10% 以下，但此后主要资本主义国家都出现了一个工会迅速发展时期。在英国，工人的入

---

① Vic Allen, "The Differentiation of The Working Class," in Alan Hunt, ed., *Class & Class Structure*, Lawrence and Wishart Ltd., 1977, p. 72.

② 〔德〕米夏埃尔·施奈德：《德国工会简史》，张世鹏等译，中国工人出版社，1992，第 397 页。

③ Michel Beaud, *A History of Capitalism*, *1500 - 2000*, Monthly Review Press, 2001, pp. 145 - 146.

④ John Stevenson, *British Society 1914 - 1945*, Penguin Books, 1984, p. 195.

⑤ Michel Beaud, *A History of Capitalism*, *1500 - 2000*, Monthly Review Press, 2001, pp. 147 - 148.

会率从 1900 年的 12.7% 发展到了 1920 年的 45.2%。这一时期发展最快的是德国，在 20 世纪 20 年代的峰值时期的工人的入会率超过英国，达到了 50%①。除德国和英国外，这一时期大多数国家的入会率与后来的相比都还处于较低水平，但各国普遍都处于急剧上升期。

二 私人垄断资本主义阶段各阶级阶级意识的变化

阶级意识是一个阶级的主流意识形态，是反映特定阶级的特殊地位和利益的社会群体意识，是随着社会发展而变化的。资本主义由自由竞争进入私人垄断阶段，经济社会的方方面面都发生了巨大变革，各阶级的意识形态随之改变，形成了对应社会发展阶段的阶级意识。此阶段资本主义社会的两大基本阶级——资产阶级和无产阶级意识形态都发生了改变，中产阶级虽然在人数构成上迅速兴起，但它始终不能成为一个阶级，没有共同的阶级意识，它的中上层比较认同资产阶级的主流意识形态，下层更多地认同工人阶级的意识形态，因此笔者只从资产阶级和工人阶级主流意识形态的角度探讨私人垄断资本主义阶段阶级意识的变化。

(一) 资产阶级主流意识形态的变化

资产阶级意识形态是与资本主义生产方式相适应的，随着资本主义社会的发展而变化。资本主义自由竞争时期，资产阶级意识形态的主流是古典自由主义。它起源于 17~18 世纪，也因此通常被视为由于工业革命和随后的资本主义体制而产生的一种意识形态。古典自由主义的代表人物是亚当·斯密，他从人的自利本性出发，系统阐发了其"一只看不见的手"的市场机制调节理论。他认为，在自由市场经济条件下，激发人类行为的利己心是经济行为的动力，社会分工和自由竞争是提高经济效益的有效手段，价格的自由涨落能够有效矫正供求关系的失衡，把带有一定盲目性的个体经济活动引导到社会最需要的方面，从而实现利己与利人的统一。以此思想为基础，斯密对自由市场经济下的政府职能、财税政策和贸易政策等提

---

① 〔荷〕约里斯·范·鲁塞弗尔达特、耶勒·菲瑟主编《欧洲劳资关系——传统与转变》，余云霞等译，世界知识出版社，2000，第 13、71 页。

出了明确的主张。在政府职能上，亚当·斯密主张君主只需履行三项义务即可。一是保护国家的安全，使之免受外族的入侵；二是颁布实施保护公民权利的法律，维护社会秩序；三是举办和维护必要的社会公共工程，使之正常运转。为社会提供公益服务，此即"夜警国家"思想；在财税政策上，斯密主张管事最少、花钱最少的政府是最好的政府，此即"廉价政府"思想；财税收入的取得应遵循平等、便利、确实、最少征收费的原则，尽可能减少纳税人的额外负担和对经济活动的干扰，此即"中性税收"思想；在贸易政策上，斯密主张对内实行自由竞争，对外实行自由贸易，此即"自由放任"思想。亚当·斯密的上述经济自由主义思想及其政策主张，不仅在当时促进英国经济的飞跃式发展，也成为19世纪西方国家资产阶级的主流意识形态。

历史发展到19世纪后半期，伴随第二次工业革命的进行，西方国家工业化、公司化和城市化进程的加快，到20世纪初，西方国家完成工业化、城市化，一个全新的现代工业社会深刻地改变着西方社会的方方面面，在社会经济迅速发展的同时，社会政治经济问题凸显："商业"或"商人"政治特色明显，政治腐败恶性发展；大公司的崛起和无序的竞争导致弱肉强食、市场混乱、假冒伪劣商品充斥市场，消费者利益受到严重损害；专事投机、垄断、贪污和贿赂的不良之辈把持了整个国家的政治、经济命脉；劳动者受到进一步压榨，劳资关系普遍紧张，劳工利益没有任何保障，童工现象普遍，贫富悬殊严重；市政管理混乱，城市公用事业发展缓慢，环境污染严重等问题十分突出。古典自由主义理论已无法解决现实社会问题，资本主义各国不约而同地将解决这些社会经济问题的钥匙交到国家干预主义手上。

国家干预主义思想形成于15世纪末期至17世纪中叶深受意大利文艺复兴运动思想启发和影响的欧洲重商主义者，他们从保护商业资本的利益和发展民族经济的角度，对国家干预主义思想做出了最初的阐述。18世纪中叶以后，古典自由主义学说成为资本主义国家的主流意识形态。但德国著名历史学派经济学家弗里德里希·李斯特从农业经济仍占主导地位、资本主义工商业尚不发达的德国及其他欧洲国家的实际出发，坚决反对自由主义，在深刻揭露亚当·斯密自由放任主义的利己本性的基础上，坚决主张国家干预经济生活，实行保护关税政策，倡导生产力论和经济发展阶段论，这些为国家干预主义奠定了理论基础。19 世纪后半期，为了应对现实的社会经济问题，美国、德国等开始接受国家干预主义的一些思想。德国俾斯麦政府首先实行保护主义政策，法国于 1881 年、美国于 1890 年设立关税法，随后意大利、奥地利、瑞士等国相继实行保护主义，这成为国家干预主义再度崛起的前奏。

美国国家干预主义思想发展最快，早在镀金时代，一些具有社会责任感的知识分子，已对自由放任主义思潮进行了批判，国家干预主义思潮已经萌动。例如，西奥多·德怀特·沃尔塞提出了"混合的社会道德观念"；亨利·乔治提出了"单一税"思想；莱斯特·弗兰克·华德提出了"温和达尔文主义"学说；爱德华·贝拉米提出了"国家主义"思想。19 世纪末20 世纪初，美国知识分子对镀金时代的国家干预主义理论予以扬弃，使国家干预主义理论进一步得到发展并迅速成熟，取代自由放任主义思潮而成为社会思潮的主流。从 19 世纪 80 年代后期起，一批主张国家干预的学者，对国家干预主义思想进行了系统的诠释。国家干预主义理论趋向成熟，国家干预主义的思潮取代自由放任主义的思潮，成为美国社会思潮的主流。当时思想家和评论家的思想集中到一点，就是要求扩大政府权威、调控社会政治经济生活。在这些思想家中，西奥多·罗斯福、伍德罗·威尔逊便是典型的代表，并在 20 世纪初执政期间，将自己的思想付诸社会改革实践[①]。

总之，19 世纪末 20 世纪初以美国为代表的西方资产阶级社会思潮主流已经由自由放任主义转向国家干预主义。国家干预主义的核心就是要发挥国家的职能和作用，调节失调的社会政治、经济秩序，缓和社会矛盾，重构工业社会秩序。知识分子是美国国家干预主义思潮的积极鼓吹者。国家干预主义思潮的发展与成熟，反映了美国社会转型期社会政治、经济发展的客观要求，国家干预理论为人们所关注和接受。社会主流思潮往往对政府决策具有一定的影响，甚至引发社会变革。19 世纪末 20 世纪初美国崛起的国家干预主义思潮为美国当政者所接受，成为 20 世纪初美国社会改革的坚实的理论基础。国家干预主义思潮与当时兴盛的黑幕揭发运动相呼应，

---

① 许国林、汤晓黎：《19 世纪末 20 世纪初美国国家干预主义思潮的崛起》，《历史教学问题》2011 年第 2 期。

有力地推动了 20 世纪初的美国社会改革运动，推动了美国社会的变革。

（二）工人阶级主流意识形态的变化

19 世纪是资本主义确立和发展的时期，资本主义制度的内在矛盾使工人运动和社会主义运动的产生成为一种历史的必然。资本主义自由竞争阶段工人运动形成了两个传统，一个是改良主义的传统，另一个是革命主义的传统，并由此构成 19 世纪工人运动的基本问题：改良和革命。马克思主义的革命理论一定意义上是在总结和吸取了英国改良主义实践及法国等欧洲国家的革命主义传统的历史经验教训的基础上形成的。在《共产党宣言》中，马克思认为，工人阶级苦难的根源在于资本主义的生产制度，工人阶级要实现经济和政治的解放就必须消灭私有制。但是马克思对现实的工人运动实践的态度，既不同于英国的改良主义，也不同于法国的革命主义传统，而是主张有组织的阶级斗争才是取得革命胜利的保证。在 1848 年欧洲革命以后，马克思主义逐渐成为社会主义思想主流，第一国际时期的情况就是最好的证明。当然，第一国际内部关于革命和改良的斗争伴随其存在的整个过程，正如马克思在 1871 年指出的那样，"国际的历史就是总委员会对那些力图在国际内部巩固起来以抗拒真正工人阶级运动的各个宗派和各种浅薄尝试所进行的不断的斗争"①。

1870 年以后，大部分西方国家已进入第二次工业化时期，由于科学技术的巨大进步和国家财富的不断增长，为这些国家改善社会救助和保险福利提供了条件，人们的生活质量总体上有所改善。改良主义逐渐成为西方工人阶级意识形态的主流。改良主义的流行有两个前提：一是资产阶级民主制的确立，民主制的确立无疑为工人阶级利用合法手段改善自身的经济状况提供了一条途径；二是资本主义生产方式的变化。在 19 世纪最后 20~30 年，资本主义的不平衡发展导致大规模生产组织的出现，泰勒科学管理理论的应用和福特模式的出现，使工人阶级在体制内改善自身的工作和生活状况成为可能。生产领域的这些变化，使这些工人阶级与资本主义类型的生产永远联系在一起，并导致工人阶级的分化，使一些产业工人上升为中产阶级的中下层，改变了各国政治版图，出现了多种多样的新生政治群

---

① 《马克思恩格斯选集》（第 4 卷），人民出版社，1995，第 602 页。

落。这种由资本主义劳动过程性质的变化所导致的工人阶级构成的变化，成为社会民主主义非革命化的物质基础，改良主义成为一种自然的选择。

改良主义最早是在 19 世纪 30～50 年代的英国宪章运动中表现出来的，后来人们把那些主张改良的人称为工联主义者。宪章运动的基本诉求是：政治上争取选举权；经济上要求改善工人生产生活条件；工人组织的合法化。虽然宪章运动本身的直接目标没有实现，但在之后的英国法律的制定与修订中，都渗透了改良主义的主张及原则。19 世纪 80 年代以后，费边社对英国的改良主义实践进行了理论总结，基本论点包括四点：第一，资本主义具有无限的发展潜力，这种发展将使资本主义相当自然地、民主地与和平地走向社会主义。第二，工会组织的发展为和平走向社会主义提供了组织基础。第三，革命道路在民主制国家中越来越成为一种不可能的方式，资本主义国家形式的发展，为这种渐进的社会主义提供了可能。对这样的政府，工人阶级没必要去取代它，而是要使它成为一个超阶级民主制的有效工具。第四，劳资合作是现代文明发展的前提。这样，改良主义形成了系统的、渐进的社会主义理论。

改良主义理论在德国及欧洲其他各国的工人运动中得到回应，这就是第二国际伯恩施坦修正主义的出现。伯恩施坦认为，一个国家的各种制度越自由，引起革命起义的动因就会消失。在他看来，随着资本主义民主机构的增加，斗争的方式将更为缓和，"在一百年以前需要进行流血革命才能实现的改革，我们今天只要通过投票、示威游行和类似的威逼手段就可以实现了"[1]。进入 20 世纪后，改良主义成为第二国际及各国社会民主党的主流思想，如张光明在《布尔什维克主义与社会民主主义的历史分野》中所说的那样，"第二国际时期日益弥漫于西欧的改良主义，是一种自下而上的过程，由实践行动而心理变化，由'存在'而'观念'的过程，其现实基础在于新的历史运动超出了理论预测，以致使本应与革命相联系的合法斗争出乎意料地与拒斥革命的改良主义联系起来了"[2]。西欧资本主义的发展趋势确实在很多方面印证了改良主义或修正主义的许多主张，越来越多的

---

[1] 中央编译局国际共运史研究室：《德国社会民主党关于伯恩施坦问题的争论》，三联书店，1981，第 71 页。

[2] 张光明：《布尔什维克主义与社会民主主义的历史分野》，中央编译出版社，1999，第 34、46、47 页。

西欧社会民主党发现自己陷入坚持原则还是适时而变的矛盾之中，并开始在实践层面上对马克思主义的策略原则进行一次次的突破。1923 年 5 月，伯尔尼国际和维也纳国际及其所属四十多个党派的代表在汉堡召开合并大会，成立社会主义工人国际，宣布自己推行的是与"专制的社会主义"相对立的"民主的社会主义"。以这次合并大会为标志，民主的社会主义成为西方工人阶级的主流意识形态，对此后西方国家的工人运动产生了深远影响。

需要指出的是，作为西方工人阶级主流意识形态的所谓"民主的社会主义"，既有适应新的形势提出新的斗争策略的一面，又有对资本主义的本质没有改变这一基本事实认识不清的一面。统治阶级对工人阶级的欺骗、拉拢、分化策略，是造成这种情况出现的重要原因。

三　社会运动的新趋势

19 世纪末 20 世纪初，自由主义指导下的资本主义作为一种经济制度和政治制度都面临重大危机。危机促进了多重变革力量和因素的发展，既有物质生产过程中无意识的自发变革因素（主要体现在资本主义生产方式的调整上），也有主要表现在社会政治生活中的有意识的变革因素（主要体现在广泛的社会政治运动上）。从社会政治的角度看，许多不同的力量都意识到传统资本主义的危机，并试图改变它。其中，既有以工人阶级为主体的有组织的力量，也包括资产阶级中的精英人物和组织。因此，19 世纪末 20 世纪初，西方资本主义国家发生了广泛的社会政治运动。

（一）阶级斗争和工人运动

19 世纪 70 年代以后，西方国家的工人运动受到中产阶级兴起和改良主义的影响，逐步被资产阶级政府通过的一系列民主政治形式纳入合法的制度框架中，由此而促使非暴力的改良政治成为阶级斗争的主要活动形式，作为工人阶级代表的工会以及一系列政党组织的活动内容和形式都日益体现了这一特点。因此，19 世纪末 20 世纪初，西方国家阶级斗争即有激化的趋势，工人运动出现了新的高潮，各国工人阶级的罢工此起彼伏、规模日益扩大。在英国，1906 年进入罢工高潮期后，除了第一次世界大战期间外，每年因劳资纠纷而损失的工作日持续上升，1914 年英国的罢工损失工作日为 987 万个，1919 年达到 3495 万个①。在德国，1899 年以后的劳资纠纷无论在范围还是在规模上都日渐扩大，尤其是 1910～1924 年，除第一次世界大战期间外，历年因劳资纠纷而损失的劳动日都达到了千万以上，所涉及的罢工者和被解雇者超过了 150 万人②。同时，劳资纠纷又具有缓和的趋势，这些斗争多局限于经济领域，已被纳入了资本主义体制范围内。这一时期阶级斗争和工人运动的特点有以下两个方面。

第一，从组织方面来看，这一阶段有组织的斗争明显增多。这一时期，工会和工人政党的发展是工人阶级有组织的斗争的突出表现。1870 年以后，西方国家工会组织得到较快发展，各国工会会员人数增长很快。工会的组织化程度不仅仅体现在它的覆盖率上，更体现在它的组织形式变化上。这一时期以产业为基础跨职业的，包括熟练和非熟练工人的新型工会成为各国工会发展的主要趋势，如美国的钢铁工会、德国的冶金工人联盟和制造业工人工会等，它们都属于产业工会。与此同时，出现了从行业组织发展到了综合性的、跨行业的产业组织以至地方和全国性的工会联合组织，如英国的全国性工会组织工会代表大会、美国的行业工会联合组织劳工联合会和法国的法国总工会、德国的德国工会总委员会等。在工会迅速发展的同时，工人阶级政党组织也得到较快发展。19 世纪中后期在欧美国家先后诞生了一大批代表工人阶级利益的社会主义政党，如德国社会民主党、法国工人党、瑞典社会民主党、意大利工人党等。这些党基本上是以马克思主义理论为指导的革命政党，是以推翻资本主义制度为目的的反体制政党。从 1896 年伯恩施坦修正主义占主流后，西方工人阶级政党逐步从革命党转型为改良党，成为资本主义体制内的政党。在第一次世界大战和俄国十月革命的影响下，西方国家的工人阶级政党通过议会选举先后上台成为执政党。德国社会民主党在第一次世界大战后的大选中，取代右翼成为议会的大党，以魏玛共和国民主政权取代了原有的帝国专制；瑞典社会民主党 1917 年选举后，与人民党组成联合政府，1920 年 3 月首次组成一党内阁；英国工党从 20 世纪初开始，力量不断发展，1924 年 1 月首次上台执政，并

---

① John Stevenson, *British Society 1914 - 1945*, Penguin Books, 1984, p. 197.

② 〔德〕米夏埃尔·施奈德：《德国工会简史》，张世鹏等译，中国工人出版社，1992，第 380～381 页。

逐渐取代自由党的地位，成为英国轮流执政的主流政党之一。到 1932 年，在西欧先后有 11 个国家的社会民主党登上执政舞台，单独执政或参与执政。

第二，从实践方面来看，这一阶段经济斗争、合法斗争占据主要地位。19 世纪七八十年代后，资本主义处在相对稳定的和平发展阶段，通过长期的合法斗争，工人阶级取得了一些成果；各国工会和工人政党在改良主义的指导下，认为通过和平改良途径和议会斗争，无产阶级也能取得政权。因此，这一时期工人运动以经济斗争、合法斗争为主，如 1886 年美国芝加哥工人为争取八小时工作日举行了全国性的大罢工，影响深远。而在第二国际的决议中，包括工资工时和劳动保护、关于经济斗争等问题，这些决议推动了欧美工人政党的合法斗争，促进了欧美工人运动的发展。进入 20 世纪，各国工人政党相继与工会建立了稳定的、新型的合作关系。工会的活动越来越多地涉入政治和社会层面，要求集体谈判权成了这一时期工会斗争的一个重要目标。德国政府在 1916 年承认了工会；1919 年雇主联盟与工会签订协定，承认将集体谈判作为劳资关系基础的原则。同年，法国也在法律上认可了集体谈判原则。英国工会会员人数在第一次世界大战前后急剧增长的一个重要原因也是工会在劳资谈判中的地位上升以及它对工人工资提高和劳动条件改善所起的明显作用。但在美国，工会的集体谈判要求受到雇主的强烈抵制，在一些罢工斗争中，雇主以及政府宁愿满足工人的物质要求（增加工资、减少劳动时间等），也不愿承认工会的集体谈判权。与此同时，工会越来越多地参与这一时期各国正在推进的政治民主化以及社会政策立法斗争当中，政治民主化斗争主要体现在争取结社自由和扩大选举范围等事务中。1902 年，瑞典爆发了首次以争取普选权为目标的大规模政治性罢工。工会的斗争是推进这一时期各国相继开始的有关工人的社会保险、对使用童工的限制等方面的立法和社会政策制定的重要因素①。

（二）资产阶级自由主义运动

面对垄断资本主义造成的问题和矛盾，资产阶级自由派提出以加强国

---

① 林德山：《渐进的社会革命——20 世纪资本主义改良研究》，中央编译出版社，2008，第 35~36 页。

家干预，限制垄断，调整经济政策，推行文官制度、教育制度的改革，开放新闻自由和罢工、集会、结社的自由，实行某些福利性的社会立法等为主要内容的自由主义改革要求，得到了新兴中产阶级的支持，形成了广泛的社会运动。在自由主义运动、工人运动等力量的推动下，英、法、美等成熟的资本主义国家纷纷进行自由主义改革，走上了自由主义道路。新自由主义遂成为20世纪历史发展的主流，随着时间的推移，其发展势头越来越强劲，到世纪末席卷了世界大多数国家。

在19世纪末20世纪初西方国家的自由主义改革运动中，以美国的进步主义运动声势最为浩大。美国史学界一般把此时美国所发生的政治、经济和社会改革运动统称为进步运动。在性质上，进步运动是以中产阶级为主体、社会各阶层参与的资产阶级改革运动，目的在于消除美国从"自由"资本主义过渡到垄断资本主义所引起的种种社会弊端，重建社会价值体系和经济秩序。在内容上，进步运动同时在联邦、州和市三级展开，从政治上的争取妇女选举权、市政改革到经济领域的反托拉斯运动，从救济穷人和改善工人待遇的社会正义运动到自然资源保护，囊括社会生活的各个方面，影响深远。

进步主义改革是一个全方位且系统性的社会、经济与政治改革，但它并不是一个在全国范围内组织起来的整体性的改革运动。它没有产生全国性的改革领导，没有一个所有改革者都认同的改革方案，没有一个有纪律的组织来领导全部改革，也没有计划好的行动手段。恰恰相反，它是许多社会、经济和政治改革的总和。进步时代的改革者是五花八门的，他们各自独立行动，在不同地方、不同层级、对不同的问题进行不同的改革。总体来看，进步主义运动主要有以下几个组成部分。一是19世纪末20世纪初，城市中小资产阶级对垄断弊端不满的黑幕揭发者运动。二是反映20世纪初，城市自由资产阶级对垄断弊端不满的城市改革运动。城市改革运动集中解决反对寡头专权、实行公正的经济立法以及市政民主化程序等问题。三是共和党人西奥多·罗斯福的完善托拉斯的改革运动。四是民主党人伍德罗·威尔逊的"新自由"运动。五是反对环境污染和破坏的环境保护运动。

进步时代的改革者的基本共识是致力于制度建设，希望从结构上根本改革各级政府，使得政府能够积极、负责和有能力地采取行动，解决各种社会、经济和政治问题。在制度建设层面，这些改革都在不同程度地追求三个目标：一是政治目标，就是颠覆"政治党魁"和"政治机器"的影响，净化政治，打破官商勾结，使公共官员对公民直接负责，激发民主制度的活力；二是行政目标，就是改革政府的运作机制和方式，提高政府的效率，减少腐败的机会，建立对公民更加负责的政府；三是经济目标，就是将大型企业置于公共控制之下，运用政府权威制衡私人商业利益，对市场进行管制，保护农民、工人、小业主和消费者的利益。

资产阶级自由派倡导的进步主义运动得到了各个阶层的积极响应，特别是得到了总统西奥多·罗斯福和伍德罗·威尔逊的积极支持，并把运动纳入他们的"新国家主义"和"新自由"改革之中，这为进步主义运动的顺利展开和取得诸多具体成果奠定了政治基础。

第四节　民主政治的发展和社会改革的进行

垄断资本主义时代的所有制，进一步扩大了生产的社会化程度，但是却没有改变生产资料的私人占有这一传统，所以必然导致上层建筑与经济基础之间的严重摩擦。为了适应新的经济社会环境，资产阶级国家机器必须对传统的国家治理模式进行改革。因此，从19世纪70年代开始，国家干预主义逐渐成为西方意识形态的主流。在它的影响下，资产阶级自由派以"新自由主义"的名义，开始改变传统的制度形式，对资本主义进行改革。于是，19世纪末20世纪初欧美资本主义世界普遍兴起了一场渐进的但成效明显的社会政治改革运动，推动了资本主义制度的发展。

一　民主政治的推进

19世纪末20世纪初，政治民主化进程在资本主义世界普遍推进，民众获得了普选、结社等基本民主权利。这样，资产阶级将更广泛意义上的"人民"纳入资本主义民主政治进程之中，普通民众在形式上对国家政治生活的影响在逐渐变大，政治动员在更广泛意义上展开，依托于工人阶级的资产阶级左翼政党和同样以广泛的民众为对象的基督教政党有了新的发展空间。在政党政治推进中，调整和完善统治机器、进行政治民主化改革成为这一时期西方国家政治演变的主要趋势。

第一，普选权基本实现。选举权的普及在西方各国都是经过相当长时期的斗争，随着民主政治的发展才逐步得以实现的。资产阶级在建国初期，为了保证和巩固本阶级的统治，从财产条件、文化程度、居住状况、宗教信仰、种族、民族等各个方面把选举权限制在一个极小的范围内。随着自由资本主义向垄断资本主义的过渡，民主化浪潮在西方兴起，民众争取普选权的斗争不断加强，西方各国开始逐步取消了对选举资格的不恰当限制。在英国，1867年和1883年的"改革法案"使20岁以上男子有选举权的比例从8%上升到了29%；1918年的《国民参政法》降低了选民财产资格和居住年限，使近80%的男子有了选举权，同时使妇女第一次享有了选举权，从而基本上实现了广泛的公民权；1928年通过《男女平等选举法》使所有成年人均享有选举权。在美国，1828年有12个州实行"白种成年男子普选权"；1870年和1872年相继废除了选民资格关于肤色和性别的限制；1919年美国国会通过了《联邦宪法第十九条修正案》，并于1920年8月生效，从而实现了男女平等的选举权。西方其他国家也逐步放宽了选举的资格限制，在基本实现成年男子选举权的同时，妇女也逐步获得了选举权。但是直到20世纪三四十年代，西方各国才逐步取消了有关性别和教育程度的限制，使普选权得以基本实现。

第二，选举制度逐步完善。这一时期，在选举制度方面取得了三项比较大的进展。一是选举方式的进步。在早期的民主选举中，许多国家都是实行公开选举的方式，以后虽然发展为秘密选举，却在选票的制作等方面有很大的随意性，致使选民的选举意志难以得到真实体现。直到19世纪中叶，澳大利亚首先对选举方式进行规范，由政府统一制作选票，实行无记名投票、集中投票地点、统一投票时间等。选举方式的规范，使选民意志的自由表达有了制度保证，因而这种"澳大利亚式投票方式"迅速在西方各国得到推广和运用。1872年英国颁布了《秘密投票法》，采用规范化、标准化的"澳大利亚式投票制"：选票由政府独立印制，色泽、大小、形状统一；选票上印有该选区全部候选人的姓名，选民只需在赞成人的姓名下划下规定的记号；选民投票时设独立投票站，不允许其他人在投票室附近逗留、窥视或作选举宣传①。同年，美国也颁布了《秘密投票法》，到 19 世纪 80 年代美国在全联邦各州迅速采取"澳大利亚式投票制"进行选举。二是选区划分逐步科学化。早期的选举对选区的划分随意性较强，以致某些政党或政客往往将选区的划分作为保证本党派在选举中多捞选票、稳操胜券的工具。这种状况在 19 世纪 70 年代以后开始发生改变。1885 年英国通过《重新分配席位法案》重新划分了下院议席，并规定除 22 个城市外，其他各城市和各郡一律实行单一代表选区制，大体上每 5.4 万人选出一个代表，从而接近平等代表制原则。三是直接选举与间接选举相结合的现代选举方式确立。所谓直接选举，即由选民直接投票选出代表或国家公职人员。间接选举则是指选民通过投票选举产生选举人，再由选举人投票选出议员或国家公职人员。同时采用这两种选举方式，可以优势互补。西方国家基本上都是同时采用这两种选举方式。在英国，下议院议员全部都是由直接选举产生。但作为政府实际首脑的内阁首相则是由下议院间接选举产生，一般是由在下院中占多数议席的执政党首脑出任。法国 1791 年、1795 年宪法均规定实行两级选举。拿破仑统治时期曾实行多层次的间接选举。1848 年普选制确立后开始实行直接选举制。但是自第三共和国以来，参议院一直由间接选举产生。美国的国会议员是由选民直接选举产生的，但美国的总统和副总统则是通过总统选举人团间接选举产生。

第三，自由结社、罢工等民主权利获得法律认可。19 世纪 70 年代以后，西方资本主义国家先后从法律上承认自由结社和承认工会，甚至承认罢工的权利，把工人及其组织的斗争纳入合法的制度框架之中。英国于 1875 年和 1876 年通过法律，授权非暴力的罢工纠察，承认工会的合法地位；法国在 1884 年承认了自由结社权；德国在 1899 年取消了禁止政治联合的禁令。第一次世界大战期间，由于战争的需要，英国和德国政府需要工会的合作，于是各自从法律和事实上承认了工会在劳资谈判和其他社会权利谈判方面的地位，政府在工资、工作条件、配给、税收等一系列问题上做出妥协，换取社会冲突的缓解，这一时期英国和德国的劳资纠纷以及因此所造成的工作损失都显著减少。虽然在第一次世界大战结束后的几年中，工会的战斗性有加强的趋势，劳资冲突一度转趋激烈，但 20 世纪 30 年代以

① 胡盛仪、陈晓京、田穗生：《中外选举制度比较》，商务印书馆，2000，第 131 页。

后，又普遍出现了缓和趋势。

第四，政党政治新格局的形成。19 世纪后半期，工人阶级政党获得比较快的发展，但也表现出迷恋合法斗争的趋向，特别是伯恩施坦修正主义占据主导地位后，第二国际所代表的党派开始出现与资产阶级政府和制度合作的倾向。1899 年的米勒兰入阁事件不仅引起了法国社会主义政党的分裂，而且还在第二国际内部引起巨大争议。但是进入 20 世纪后，普选权的基本实现、工人组织的发展以及一些工人政党在选举政治中所取得的成就等一系列因素助长了工人政党中的改良主义倾向。与此同时，在第一次世界大战和俄国十月革命的影响下，为了打击社会主义运动，避免一些激进政党影响工人运动的发展方向，一些国家的统治结构中的中间力量开始拉拢这些新崛起的具有改良倾向的左翼力量，逐步使其成为资本主义体制内的政党。德国社会民主党在第一次世界大战后的大选中，取代右翼成为议会的大党，以魏玛共和国民主政权取代了原有的帝国专制；瑞典社会民主党 1917 年选举后，与人民党组成联合政府，1920 年 3 月首次组成一党内阁；英国工党从 20 世纪初开始，力量不断发展，1924 年 1 月首次上台执政，并逐渐取代自由党的地位，成为英国轮流执政的主流政党之一。到 1932 年，在西欧先后有 11 个国家的社会民主党登上执政舞台，单独执政或参与执政。社会民主党登上政治舞台并成为执政党，一方面使自身的性质发生了变化，即从反体制的革命党，转变为维护资本主义制度的改良党；另一方面改变了西方国家右翼政党独霸政坛的局面，使政党政治逐步走向平衡，推动了资本主义国家民主政治的发展。

二 国家管理体制的改革和调整

随着资本主义由自由竞争过渡到垄断阶段，以及城市化和工业化的完成，西方进入了工业社会阶段，经济社会情况变得空前复杂。社会发展要求建立"大政府"，以"有形之手"调节社会矛盾。因此，资本主义各国适应形势发展要求，对国家内部权力格局进行局部调整，加强政府的行政权力，改革行政管理体制，调整政府内部权力分配关系，建立文官制度，实行科学管理，从而提高了行政效率，维护了政治稳定，促进了经济发展，对巩固资产阶级统治起到了重要作用。

（一）调整国家权力分配，加强行政权力

到 19 世纪 70 年代，英、法、美等主要资本主义国家通过革命和改革，建立了较完善的议会民主制，议会成为国家权力的中心。在国家政治生活中，议会的地位明显高于政府，形成了议会权大、政府行政权小的局面。19世纪末，随着垄断阶段的到来以及社会经济的复杂化、阶级阶层的多元化、各种矛盾的尖锐化，政府迫切需要扩大政府行政权力，采取果断措施，调节社会矛盾，稳定社会秩序。因此，在主要资本主义国家出现了行政机关权力加强、议会权力收缩的演变趋势。这种政治发展的趋势在英美国家表现得尤为明显。在英国，19 世纪中叶内阁是秉承议会旨意管理国家的"执行委员会"。但是到 19 世纪 70 年代以后，议会权力逐步萎缩，内阁权力逐步凌驾于议会之上，导致"议会'控制'政府已是无稽之谈，议会并不能控制政府，几乎总是政府控制议会"①。内阁权力的加强突出表现在三个方面。一是政府在立法方面的权限增加。19 世纪后半期，随着第二次工业革命的迅速发展，失业、救济、福利、保险、环境保护、交通安全等各种社会问题不断增多，立法工作必须具备很强的专业性、针对性和技术性，才能解决这些复杂的社会问题。而普通议员缺乏必要的专业知识和信息储备来准备复杂的议案。按照英国宪法惯例，内阁和部长可以向议会提出法案，而根据 1882 年制定的关于议会议事程序的《普通规程》，议会开会时要有政府官员参加，并向议会做出议案说明。这样在 19 世纪末 20 世纪初出现了内阁几乎垄断全部立法的提案权的局面，使议会的立法权在很大程度上为内阁所有。正如英国工党领袖、政治学家拉斯基所说："下院只是形式上的立法院，在这种意义上，下院的真正工作无非是充当内阁登记机关。"② 二是授权立法有了新发展。因为社会发展加速，情况越来越复杂，议会很难掌握足够的信息来制定良好的法律，它需要专门的人员来完成，于是议会将立法权授予拥有专门人才的行政部门或专门的委员会来完成。英国授权立法复苏的主要标志是 1893 年《规则公布法》的颁行。该法对制定法和条令的颁布做出规定：赋予大部分授权立法以法律文件的名称；认定授权立

---

① 杨祖功等：《西方政治制度比较》，世界知识出版社，1992，第 204 页。

② 乔伟：《论三权分立的实质》，《文史哲》1991 年第 6 期。

法是具有立法权性质的，而不是行政权性质，尤其是由政府部门制定的条例具有立法性质。从 19 世纪末开始，英国的授权立法数量剧增。据统计，1894～1913 年，平均每年为 1238 项；1914～1918 年，平均每年为 1461 项；1919～1929 年，平均每年为 1677 项；1940～1945 年，平均每年为 2049 项；1950 年为 2144 项。政府的授权立法已超出议会立法 30 倍[①]。三是议会对政府的监察开始弱化。以前，议会对政府投不信任票曾被认为是监督和控制内阁最有效的手段。但是在政党组织日趋完善的情况下，首相和内阁作为议会多数党的"党魁"和领导核心，对下院议会党团的控制大为加强，因而除非多数党自身发生分裂，否则议会是不可能对内阁投不信任票的。即使通过了不信任票，首相还可以"诉诸选民公断"，提请英王解散下院。在新议会选举中，内阁因处于执政党的有利地位，获胜成功率也很大。总之，进入 20 世纪后，"议会至上"逐渐流于形式，"内阁专横"的政治格局慢慢出现。

在美国，20 世纪初也形成了"强有力的总统统治"。根据《1787 年宪法》，美国建立的权力结构是一个典型的三权分立结构。国会的权力在"南方重建"后的一段时间内曾达到顶峰，出现了国会控制众多行政部门的"国会政府"。但是 19 世纪 80 年代以后，权力重心逐渐向总统方面转移，国会把越来越广泛的自由裁定权授予总统，使总统在许多重大事务中享有独立的决策权和执行权。立法否决权作为总统牵制国会立法活动的强有力武器，被经常使用。克利夫兰在第一次任总统期间（1885～1889 年）就否决国会法案 314 项，而在 1789～1885 年的近 100 年间，总统一共才行使否决权 131 次。总统还通过提交国情咨文等多种渠道影响国会立法。1870 年的一项国会法案，授权总统使用军队以保证《宪法第 15 条修正案》的实施，这就扩大了总统的军事权。进入 20 世纪后，权力向总统手中集中的趋势愈益加强，最后在威尔逊时代终于出现了"强有力的总统统治"。

（二）调整中央与地方的权限，加强对地方的管理

英美国家长期以来实行地方自治，地方官员不由中央任命，中央政府一般也不过问地方事务。但随着社会的发展，资本主义进入垄断阶段后，

---

① 李林：《立法机关比较研究》，人民日报出版社，1991，第 81 页。

地方事务越来越多地涉及国家经济社会全局，中央政府开始更多地介入地方事务，加强对地方的管理和控制。在英国，1870年前各郡的行政司法权力由治安法官掌握，他们都是地方贵族。县评议会则由教士控制。但是在19世纪最后30年情况发生了变化。1872年成立内政部，目的就是加强中央对地方的指导和监督。此后，在内阁又增设了劳工、卫生、教育等机构。到1914年，内阁已增至16个部，阁员增到20多人。1888年，英国对郡政府进行了改革，成立了由富人选举产生的郡务会议，掌管地方行政警察事务，原来的治安法官只保留受理诉讼的职权；1894年，又对郡以下的县政府进行了改革，由地方纳税人选出的县务会议代替了县评议会。在此期间，英国还对城市管理做了调整，以伦敦为首的80多个大城市确定为郡级市，直属内政部管辖，其余中小城市分属所在郡的郡务会议领导。经过改革，一方面，把地方贵族势力从地方政权机构中清洗出去；另一方面，加强了中央对地方的控制和管理，权力向中央集中，中央的权力延伸至地方。

美国是实行联邦制的国家，联邦政府和州政府均在特定的范围内独立决策和行使权力，并以宪法为依据保护各自的权力不受对方侵犯。但是随着社会政治和经济的发展，美国的联邦制也发生了改变，对联邦政府与州政府的权力分配关系进行调整，出现联邦政府权力逐渐增强的趋势。1887年，为了调节美国国内的各种商业贸易关系，改变由各州自行管理所造成的混乱局面，建立联邦政府管理制度，美国国会制定了《州际商务法》，这一法律成为联邦政府扩大州际贸易管理权的重要立法。根据该法律成立的州际商务委员会成为美国联邦政府中第一个管理国家经济的机构。此后，美国国会又通过了一系列法律，进一步加强联邦政府的权力。1913年，国会通过了《联邦储备法》，并在全国建立了一系列联邦储备银行，形成了联邦储备银行体系。联邦储备银行的建立为联邦政府实行全国性的金融监督和调节奠定了基础。当年，美国宪法第16条修正案生效，规定国会有权征收所得税，使联邦政府进而获得了进行"社会财富再分配的权力"①。美国国会还制定了协调不平等贸易行为的《联邦贸易委员会法》和规定经营企业条件的《童工法》等，进一步扩大了联邦政府在企业管制、税收和金融等领域的管辖权。这一系列法律的制定为联邦政府权力的扩大提供了有力

① 张定河：《美国政治制度的起源与演变》，中国社会科学出版社，1998，第93页。

的支持，使联邦政府的能力延伸到了传统上属于州政府管辖的范围内。

（三）实行文官制度改革，推行科学管理

英国官吏的任命一向实行"恩赐制"，18 世纪以后，恩赐权由国王转移到内阁首相和大臣手中。他们滥用这个权力，任人唯亲，把本党的党徒安插在各级政府，这就造成官吏的腐化无能和管理混乱。而美国官吏的任命在 19 世纪前期实行"政党分赃制"。1828 年当选的安德鲁·杰克逊总统是这一制度的始作俑者，一党上台就把另一党的官员罢免，而任命本党党员填补空缺。政党分赃制导致官员素质低下，贪赃枉法，营私舞弊，影响了政府工作的连续性和稳定性。为了整治吏治腐败、提高行政效率、实现科学管理、保持政府工作的连续性，19 世纪后期英、美两国都进行了文官制度改革，推行专业管理，提高政府的管理能力和水平。

第一，建立文官制度，消除官场腐败，提高行政效率。英国先后于1855 年和 1870 年颁布了两道枢密院命令。美国于 1883 年颁布了《文官制度条例》，即《彭德尔顿法》，分别对文官制度进行改革。两国文官制度改革的内容基本一致，主要有以下三点：一是对文官的录用实行公开竞争考试办法，择优录取；二是定期考核，按能力和政绩大小予以升降奖惩；三是文官常任，不与执政党共进退。这些改革，把竞争机制引进了文官制度，从而在一定程度上减少了政府中的腐败现象，提高了官员素质，激发了公职人员的工作积极性，提高了政府的工作效率，促进了官员的专业化及行政管理的科学化。随着政府职能的加强和管理的专业化，政府的规模急剧扩大。1891～1911 年，西方国家政府所雇用的人数增加了三倍。1914 年前后，从公职人员所占劳动人口的比例看，虽然各国政府的规模不等，法国为 3%，而德国和瑞士为 5%～6%[①]，但总体来看，英美国家文官制度的建立，使政治上层建筑适应了工业化社会的需要，对于资本主义社会的正常运行起到了保证作用。

第二，推行科学化管理。在中央政府推行文官制度改革、实行科学管理的同时，英美国家在城市开展了一项影响深远的市政改革，使城市管理也日趋科学化。这在美国最为突出。19 世纪，美国实行弱市长－市议会制，

---

① 〔美〕艾瑞克·霍布斯鲍姆：《帝国的年代》，贾士蘅译，江苏人民出版社，1999，第 125 页。

市长权力不大。由于政府内部职权不清、效率低下，职业政客乘虚而入，他们依靠党派势力，操纵选举，把持市政，被称为"城市老板"。他们营私舞弊，贪赃枉法，声名狼藉。19 世纪后期到 20 世纪初期的进步主义时期，美国进行了市政体制改革，逐渐形成了三种不同的新型市政体制。第一种模式为强市长－市议会制。该体制是在原来弱市长－市议会制的基础上加以改革而形成的。在该体制下，市长的权力得到加强，原来的市议会大多由两院变成一院。强市长有权任命和罢免各部部长，享有全部行政管理权，在部属的帮助下制定和执行预算，管理公务，甚至有权否决市议会的法案。这种体制对改变城市老板控制市政、提高行政效率发挥了积极作用。第二种模式为委员会制。1900 年 9 月，得克萨斯州加尔维斯顿市，因海啸和飓风灾害遭到严重破坏，原市政机构束手无策，为了应急，市议会任命 5 个在当地素有名望的企业家组成的委员会代行政府职权，结果他们出色地完成了重建任务。此后，委员会被定为该市的正式管理机构。1903 年后，城市委员会委员由选举产生。这种体制由于实行超党派的选举，在一定程度上杜绝了"城市老板"把持市政的弊端，城市委员会制实行立法与行政合一，委员地位平等，各自分管某项市政事务，权责明确，显示了很高的工作效率，但也存在各自为政、不能协作、缺乏强有力的集中领导等缺点。第三种模式为城市经理制。1908 年，弗吉尼亚州的斯汤顿市在市政府设立一个"总经理"职位，负责行政管理部门的工作，效果很好。这一体制引起了改革者的关注，著名改革理论家理查德·蔡斯把"斯汤顿试验"与城市委员会制结合起来，总结出一套较系统的城市经理制理论。1912 年南卡罗莱纳州的萨姆特市将这种理论付诸实践，正式实行了城市经理制。这种新体制是先通过超党派选举产生一个市议会，市议会掌握制定法律和政策的一切大权，然后再由市议会任命一个富有才干和经验的城市经理，负责管理各项市政事务，城市经理直接对市议会负责。新体制将立法与行政分开，加强了市政管理的专门化和集中领导。这种体制既保存了市政委员会制的优点，又避免了它的一些缺点。

三　政府经济职能的加强

工业化发展中资本与劳动之间的权力失衡以及由此所导致的尖锐的社

会矛盾已经危及资本主义的基本社会秩序，而在这种形势面前，市场这只"无形之手"已经不能够满足社会的要求了。社会需要政府这只"有形之手"站在相对中立的公众立场来调节社会关系。为此，必须从观念、法律体制以及政治实践等方面突破传统的有限政府的限制。而此时逐步成为西方国家主流意识形态的国家干预主义，为政府职能的加强提供思想支撑。进入 20 世纪，各国政府在实践层面，推进了政府职能的变革。这种变革突出地表现在政府越来越多地直接介入经济事务中。

第一，直接干预劳资纠纷，成为劳资纠纷的调解者。自由资本主义时期，资本主义国家的政府一般是不介入劳资纠纷的，而是由劳资双方协商解决，或诉讼到法院，由法院裁定。但进入垄断阶段后，随着大型垄断企业的出现和工人组织的壮大，劳资纠纷特别是罢工已经影响到了经济社会的稳定和公众的生产生活，因此各国政府相继立法，授权政府成立相应机构，加强对劳资矛盾的调解，缓和劳资冲突对社会稳定的冲击。美国为了解决铁路罢工的突出矛盾，1888 年国会通过《仲裁法案》（The Arbitration Act），提供了自愿性仲裁以及调查特定争议的委员会两条途径，解决联邦劳动争议，这是法律规定的第一个应用于联邦系统的调解劳资纠纷的法律。十年后，国会通过了《艾德曼法案》（Erdman Act），保留了自愿性仲裁而取消了调查委员会，并且该法案规定，应争议任何一方申请可以由劳工部委员和州际商业委员会主席调解争议，这一途径在 1906 ~ 1913 年就用了 61 次。1913 年《纽兰兹法案》（Newlands Act）修改了《艾德曼法案》的规定，专门设立调解委员会处理铁路劳动争议。1926 年国会又通过《铁路劳动法案》（Railway Labor Act），规定有调解介入的集体谈判，并提供了调解、自愿性仲裁、冷静期（cooling - off period）和实行事实发现的负责人委员会（presidential fact - finding board）等方式依次用于纠纷解决，同时还将《纽兰兹法案》设立的调解委员会改为全国调解委员会（National Mediation Board）。为解决更广泛领域内的劳动争议，1917 年国会同意建立全美调停服务部（U. S. Conciliation Service），后更名为美国联邦调解与调停服务部（Federal Mediation and Conciliation Service），为解决劳动争议提供调解服务。除了通过联邦劳动争议调解机构解决劳资纠纷外，在特殊情况下，总统还会直接介入劳资纠纷。1902 年美国总统西奥多·罗斯福干预无烟煤煤矿工人大罢工事件，是政府干预劳资纠纷的一个很好例证。1902 年 5 月，美国无烟煤煤矿工人举行大罢工，要求增加工资、减少工作时间和承认煤矿工人联合会，到 10 月罢工仍在持续，并引起了很大的骚乱。在此情形下，时任总统的西奥多·罗斯福以代表公众立场说话为由出面调解了这次罢工。这是美国总统第一次亲自干预劳资纠纷。英国《泰晤士报》称赞罗斯福"以最为谦逊而又平静的方式完成了一件伟大而又全新的工作。我们不仅目睹了煤矿罢工的结束，而且看到了一个强有力政府的管理才能"[①]。

第二，保护资本主义的竞争，限制或打击垄断行为。私人垄断资本主义时期，垄断组织采用大量不正当的竞争方法妨碍公平竞争，阻碍了资本主义经济的进一步发展。因此，维护竞争、抵制和打击垄断成为政府的一项重要职责。19 世纪末 20 世纪初，西方一些主要资本主义国家先后通过了反垄断法，开始了干预经济的试验。1890 年，美国国会通过《谢尔曼反托拉斯法》（简称《谢尔曼法》），其正式名称是《保护贸易及商业免受非法限制及垄断法》。该法规定凡以托拉斯形式订立契约、实行合并或阴谋限制贸易的行为，均属违法；凡垄断或企图垄断，或与其他任何人联合或勾结，以垄断州际或对外贸易与商业的任何部分者，均为刑事犯罪。违反该法的个人或组织，将受到民事或刑事制裁。这是美国历史上第一个授权联邦政府控制、干预经济的法案。该法案奠定了反垄断法的坚实基础，至今仍然是美国反垄断的基本准则。但是《谢尔曼法》起初在实践上收效甚微，尤其是头十年几乎成为一纸空文。据统计，在 1904 年积极活动的 380 家大工业托拉斯中，除了 23 家，其余都是该法颁布以后组成的。这种困境到西奥多·罗斯福总统执政的时候开始有所改变，在他任内起诉托拉斯的案件共有 43 起。1903 年美国成立商业劳工部，下设公司管理局，负责调查各公司的财务状况，在必要时为反托拉斯的起诉提供材料。同年 2 月，国会还通过《埃尔金斯法案》，禁止铁路擅自规定价格对大托拉斯给予优惠。1906 年国会通过《赫伯恩法案》，授权州际商务委员会确定铁路最高运费。罗斯福之后的塔夫脱、威尔逊等几届总统都对托拉斯进行了严厉的打击。这一时期的主要成果是 1914 年颁布了两部新的法律——《联邦贸易委员会法》和《克莱顿法》。《联邦贸易委员会法》的主要内容是建立一个反托拉斯法的执行机构——联邦贸易委员会，其职责是搜集和编纂情报资料，对商业组织

[①] 〔美〕埃德蒙·莫里斯:《罗斯福王》，文津出版社，2004，第 144～145 页。

和商业活动进行调查，并对不正当的商业活动发布命令。《克莱顿法》是对《谢尔曼法》的最重要的修改和补充，主要内容是限制集中、合并等行为，并明确价格歧视、独家交易、会严重削弱竞争的并购活动等不被允许的做法。美国在资本主义国家中率先开始对垄断组织进行干预，从而使资本主义国家经济职能从单纯的"守夜人"角色扩展到对垄断组织的管制。此后，德国等国也先后制定了反限制竞争法、反垄断法等，对垄断组织实施管制，使反垄断行为成为政府规范市场的主要活动之一。

第三，国家通过提供一系列公共服务满足生产规模的扩大和社会化趋势。20 世纪初，随着经济社会的发展，西方国家开始健全政府经济部门，加强宏观经济管理，从而使资本主义国家的经济职能从单纯的"守夜人"角色扩展到对宏观经济的管理和调节。第一次世界大战前，美国没有中央银行，美国的国民银行有发行银行券的权力，当时有 3700 多家国民银行，货币供应极其混乱。而美国经济的迅速发展迫切要求改革货币银行制度，建立中央银行，实行统一的金融政策。于是美国国会 1913 年通过了《联邦储备法》，将全国分为 12 个联邦储备区，每区设立 1 个联邦储备银行，为了协调 12 个联邦银行的活动，在首都华盛顿建立了联邦储备局（后改名为联邦储备委员会），作为联邦储备银行的决策机构，至此美国中央银行体系建立起来。后来随着美国政治经济形势的不断变化，联储系统几经改革，不断发展和完善，成为美国宏观经济调控的重要工具。为加强宏观经济管理，美国联邦政府 1913 年成立商务部，主要职责是促进美国国内和对外贸易。其具体任务包括经济数据的统计和公布、进出口商品的管制、国外直接投资和外国人旅游事务的管理、进行各种经济调查以及社会调查、专利管理等。商务部长是总统的高级经济顾问，定期为政府推行的商务方面的政策提供分析报告。由美国商务部人口调查局和经济分析局负责整理发布的《美国统计摘要》是美国政府发布的最权威的全国性统计数据。从此，国民收入、联邦预算、协调销售、全国贸易联盟等新术语开始进入人们的视野，这些也反映了政府经济职能扩大的趋势。胡佛时期的美国联邦政府开始运用经济预测，主动调节经济发展。此后，类似的金融服务和宏观经济管理成为各国政府的一个重要职能。

第四，直接控制、组织和支配经济活动。第一次世界大战爆发后，交战国为了稳定经济、保证军需品的生产以及稳定社会关系，采取了一系列措施，使国家政权与垄断资本结合，调节和统制全国经济，"战争异常地加速了垄断资本主义向国家垄断资本主义转变的过程"。① 各国政府普遍增设机构对经济实行管制和监督。这种管制监督机构大都由垄断组织的董事、经理、专家或其他代理人所掌握，拥有极为广泛的权力，包括组织和分配军事订货；征集调配原材料，特别是紧缺原材料；统制生活必需品的分配供应；调配各部门的劳动力；规定和控制工资、物价、利润、贷款等。德国 1914 年 8 月成立了"战时工业委员会"，负责分配军事订货和原料供应，管理整个军需生产。在这个机构之下，还成立了几家信贷银行，专门给军火企业发放贷款，并负责筹募公债。1914 年 8 月底，德国政府在陆军部设立了"战时原料管理处"，负责统计全国储存的工业原料并征作军用。这个机构下设 59 个军需公司，控制的原料最初仅几种，最后达到近 300 种。1916 年 11 月，德国特别设立了国家机构——"战时生产管理局"，进一步加强了对生产过程和工业结构的直接调节和干预。1916 年 12 月颁布《后勤服务法》，授权政府为了战争的需要可以关闭一些小型公司以便将劳动力转移到最重要的工厂，同时强迫工厂主承认工人在工厂里享有共同决策权。到了 1916～1918 年，德国的经济体系实际上属于军事化管理。英国也采取了国家管制和调节经济的严厉措施。1914 年 8 月，英国政府首先宣布铁路收归国营，随后中止证券交易以防止金融恐慌。1915 年 3 月，议会通过了国防法令，授予政府全权管制国民经济。同年 4 月，英国内阁成立军需部。1915 年 7 月，议会通过军需品法案，授权军需大臣对一切承担军需任务的组织机构实行管制。该法实行半年，即有 2000 家企业被管制。英国政府还直接投资新建了 389 个军事企业，并要求私人企业必须接受和完成国家军需订货任务。到 1918 年，全部生产均为军事订货服务的企业达 2 万多家。法国、美国等参战国在战时也都对经济采取了管制和监督措施。1917 年 4 月美国参战以后，采取措施全面调节和统制国民经济。最初各国政府并未考虑这些政策的长期后果，但"这次大战永远改变了政府与经济的关系"②。随着政府干预经济的范围越来越广泛，干预的程度越来越深入，管理和调节经济逐渐成为现代政府的主要职能之一。

---

① 《列宁全集》（第 25 卷），人民出版社，1958，第 349 页。
② 〔美〕托马斯·K. 麦克劳：《现代资本主义——三次工业革命中的成功者》，赵文书、尚锁章译，江苏人民出版社，2006，第 166 页。

四 社会立法与社会管理的发展

各资本主义国家为了适应第二次工业革命后社会的变化，不仅完善了民主政治，加强了经济管理，同时还不断改革和完善社会政策，在社会领域内进行多方面的调整。这一时期出现社会领域改革的原因是：社会生活在垄断时代更加丰富，相关的社会问题层出不穷，需要建立一套行之有效的管理协调机制；社会财富有了极大的增长，但社会贫富分化日趋严重，成为主要的社会问题；工人阶级和其他劳动群众的政治觉悟和组织程度不断提高，对资产阶级政府形成强大的压力。当时社会领域的改革和社会立法主要集中在以下几个方面。

第一，进行劳动保护立法，建立工人保护制度。早在 1839 年普鲁士就颁布"儿童保护条例"，1853 年又颁布"童工保护法"，最重要的措施是建立工厂监督制度。1887 年德国议会重新修改了《企业条例》，把工厂雇用童工的最低年龄提高到 13 岁，禁止煤矿、采石厂、码头、冶炼厂、铁厂雇用妇女劳动；禁止妇女从事夜间劳动。1890 年德国颁布《青工保护法》，禁止工厂雇用未满 13 岁的童工，13 岁以上的少年工人每天劳动时间不得超过 10 小时，女工不得超过 11 小时，还建立了劳资仲裁法庭来处理工人和雇主间的纠纷。英国 1872 年通过法律，禁止妇女、12 岁以下的儿童到井下工作，要求矿山主为工人的安全采取合理的防备设施。1874 年颁布法律禁止 10 岁以下的儿童在纺织厂工作。1878 年的《整顿法》确立了工厂卫生的检查制度。1897 年规定少数工种可以实行工伤赔偿原则，1900 年该原则扩大到农业工人，1906 年又扩大到所有企业的工人。进入 20 世纪以后，英国工人保护立法明显加快。1901 年禁止 12 岁以下的儿童在工厂从事劳动，并对劳动条件做出细致的规定，定期进行检查，以保证工人健康。1909 年成立了一个失业管理局，其任务是为失业者提供就业信息，必要时向失业者提供寻找职业所需要的车费。1909 年还成立了工资管理处，由劳资双方选出数目相等的代表组成，负责确定如裁缝、硬纸板箱制造等工作工人的最低工资。1911 年的《失业保险法》（《国民保险法》的第二部分）对有关失业保险的适用范围、领取条件、缴费标准、津贴标准及管理方式都做了具体的规定。根据该法，"营造、工程建造、造船、机械工程、铁器铸造、运载工具制造

和锯木业"必须建立失业保险；失业保险基金由雇主、雇工和国家三方分
担，雇主每周必须为每名雇工缴纳两个半便士，雇工每周也必须缴纳两个
半便士，另由国家每周为每个雇工垫付雇主和雇工共交款数的 1/3；工人从
失业后的第二周就可以领取每周 7 先令的失业补助金；失业保险的申请、失
业补助金的发放、纠纷的处理等事务都由依该法指定的失业保险官负责，
贸易部负责基金的建立、控制和管理等①。这些制度的建立构成了有效防范
失业和对失业者进行救济的福利体系。美国 19 世纪末 20 世纪初的进步主义
改革运动中，各州也对保护劳工进行立法。到 1916 年已有 30 个州实行了关
于工人工伤赔偿的法律。1900 年有 4 个州通过法律，禁止雇用妇女做夜工。
1907 年，俄勒冈州实行了妇女工作时间不得超过 10 小时的法律。1916 年，
威尔逊总统批准了一项关于童工的法律，禁止 14 岁以下童工生产的产品进
行州际贸易，禁止矿山使用 16 岁以下的童工。

　　第二，开展社会保险立法，为建立现代社会保障制度奠定基础。德国
是最早建立社会保险制度的国家。1881 年，德皇威廉一世在《皇帝诏书》
中颁布"皇帝告谕"，提出：工人因患病、事故、伤残和年老而出现经济困
难时应得到保障，他们有权得到救济。这是德国社会保障制度开始确立的
标志。1884 年 6 月国会通过《工伤保险法》，1885 年 5 月对条文进行修订和
补充，保险范围扩大到邮政、电报、铁路、海陆军行政服务系统，1886 年
延及海陆军内务官员、士兵、农业工人和林业工人。1883 年 5 月，国会通
过《疾病保险法》，规定疾病保险的对象是从事工业生产的工人，不包括农
业从业人员，疾病保险费由工人承担 2/3，雇主承担 1/3，工人患病时，医
疗和药品均实行免费。1889 年 5 月，德国国会通过《老年和残疾社会保险
法》，主要内容是工人和低级职员一律实行老年和残疾社会保险，费用由雇
主和工人各负担一半，国家对领取老年和残疾保险金者进行补贴。三大社
会保险法颁布以后，德国政府进一步颁布一系列其他的社会保险立法，推
动社会保险制度的发展。1899 年，德国颁布《残疾保险法》，开始为残疾人
提供必要的医疗服务，根据该法规定，德国还建立一项共同缴费基金，以
便在各种社会保险机构之间实现财政的平衡，社会保险缴费的 2/5 用于建立

---

① David C. Douglas, *English Historical Documents*, v. 12. part. 2: *1874 – 1914*, Eyre and Spottis-
woode, 1977, pp. 597 – 602.

该项基金，该措施被认为是德国社会保险财政中央集权化的开端①。1903 年的一项关于疾病保险的修正案又将疾病保险津贴的领取时限从 13 周提高到 26 周。1911 年，德国颁布社会保险法典，将各种社会保险法整合成为一部简明的社会保险综合法典。1919 年，德国还通过雇员保险法，将保险范围覆盖到年收入 2000～5000 马克的雇员，雇员保险的费用由雇主和雇员各承担一半。一系列社会保险法的颁布实施，促进了德国社会保险制度的建立和发展。1885～1914 年，德国疾病保险制度的参加者从 430 万人增加到 1560 万人，1882～1907 年，德国依靠养老金为生者从 81 万人增长到 230 万人，同期，70 岁以上男性老人继续接受雇用的比例从 47.3% 下降到 39%，60～70 岁者继续接受雇用的比例也从 78.9% 下降到 71.2%②。德国颁布的三大社会保险法奠定了德国社会保险制度的基础，社会保险法典的颁布实施使德国社会保障制度的发展走上统一化的道路，标志着德国初步建立了现代社会保障制度。英国在保护工人立法的基础上，20 世纪也开始进行社会保险立法。1908 年英国通过《养老金法案》，规定由议会拨款为 70 岁以上的老人发放养老金，享受养老金者不得被剥夺任何原有的权利。养老金的发放依照财政部的指导每周预付，其金额全部来自国家的财政拨款，无须公民承担事先缴费义务。该法案确立了养老金制度的普遍性和免费性原则。它是英国历史上第一个由国家承担费用并组织实施的福利项目，该法案成为英国从济贫法制度向现代社会福利制度过渡的第一个新型社会立法，因此成为英国现代社会保障制度开始建立的标志。1911 年议会通过《国民保险法》。这项法令分为两个部分，第一部分关于健康保险，第二部分则关于失业保险。参加国民卫生保险计划的每个男工每星期缴纳 4 便士，女工 3 便士，雇主为每个投保职工缴纳 3 便士，另由国家出 2 便士，即著名的"9 比 4 原则"③。参加保险的工人在患病期间每人可得 10 先令补助（女工 7 先令 6 便士），但医疗服务不包括家属。健康保险制度的建立和实施，使得被

① Peter A. Kohler, *The Evolution of the Social Insurance, 1881 - 1981: Studies of Germany, France, Great Britain, Austria and Switzerland*, St. Martin's Press, 1982, p. 33.

② Gerhard A. Ritter, *Social Welfare in Germany and Britain, Origins and Development*, Berg, 1986, p. 119.

③ Derek Fraser, *The Evolution of the British Welfare State: A History of Social Policy Since the Industrial Revolution*, Palgrave Macmillan, 2009, p. 154.

保险人在生病时能获得国家的医疗帮助。相对于欧洲大多数国家，美国在社会政策方面的立法保护起步较晚。但进入 20 世纪后，在进步主义运动中各种力量的推动下，美国的社会政策立法也在各州层面上艰难起步。1911 ~ 1920 年，几乎所有的州政府都实行了强制性的事故保险。在联邦层面上，第一次世界大战后期，美国议会通过了军事和海军保险法，作为 1914 年的战争风险保险法的修正案，对海员和士兵进行医疗现金补助。

第三，住房与城市环境卫生改革。从 19 世纪中期起，英国就开始进行环境卫生改革，先后通过多个法案，对公共卫生进行治理，到 19 世纪末，英国在公共卫生方面有了明显改善。在此基础上，英国开始改善工人住房和美化城市的改革。首先，中央和市政府颁布法律，依法干预和规范城市的住房建设。从 1860 年开始，英国政府共制定和实施了《托雷斯法》（the Torrens Act），《克罗斯法》（the Cross Act），1882 年、1885 年和 1890 年《工人阶级住房法》等 6 部住房法，赋予地方政府三大权力：一是执行卫生立法的权力，对新建房屋实行监督，禁止现有住房的不卫生使用，并改善那些对健康有危害的居住环境；二是拆除和关闭那些不适合居住的房屋的权力；三是拆除和清理不卫生住宅区的权力。1890 年议会修改并通过了新的《工人阶级住房法》，"授权地方政府占有土地，建造或者改造一些建筑以适合工人阶级居住；公共工程借贷管理局被授权为此目的而垫款"。伦敦根据国家制定的法规与当地实际情况，1894 年颁布建筑法，规定建筑物后面的空地必须和它的高度成比例，对住房和其他建筑物进行规范。1909 年的建筑法要求工人阶级的公寓楼内要有充足的食物储藏间，而且对建筑材料钢、铁和混凝土的使用做了规定。第二，兴建公房，缓解住房压力。从 19 世纪 90 年代开始，伦敦市政府开始扩大公房建设。1914 年，伦敦有 10 万租房户住在由国家建立的清洁卫生的住宅里。到第二次世界大战前，伦敦议会承担建造了七处公有住宅区。第三，由政府规划解决各城市的贫民窟问题。这主要是通过城市改造来实现。1875 ~ 1876 年，伯明翰通过立法清除贫民窟，下令拆除了 17 公顷的贫民窟进行开发，这个项目由城市资金承担。格拉斯哥市从 1866 年开始进行城区改造，到 19 世纪 80 年代，该市过分拥挤的房屋只剩 5%①。第四，英国议会 1909 年通过一项重要的法律《住房与城

---

① 〔英〕克拉潘：《现代英国经济史》（上），姚曾廙译，商务印书馆，1974，第 625 页。

市规划法》。根据这一法律，1914 年，56318 所房子被宣布为不适合人居住，郡和城市议会共购买了 20 万英亩的土地，用于建造住房和公共设施。几十个市镇制定了美化城市、建造公园及游乐场所的规划。19 世纪末 20 世纪初的美国进步主义运动中，也开始了改造住房、美化环境的改革。一是州和城市政府对住房租赁市场进行管理，保障住房的基本标准。到 1917 年，美国有 40 个城市和 11 个州制定了房屋建筑方面的法律和条例，要求出租者为租客提供安全的住房。二是政府通过立法，改善低收入者的住房状况。1915 年，马萨诸塞州通过一项宪法修正案，允许州政府建立公共住房。1901 年纽约市通过《廉租住房法》，1902 年芝加哥也通过了类似的法令。纽约市的住房立法为全国的住房改革措施设定了标准，推动了美国住房状况的改善和住房标准的提高。进步时代的住房改革开创了政府干预住房市场、解决低收入阶层住房问题的先河，成为美国住房改革政策的源头。在进步主义时代，经过住宅制度的改革和社会工作者改造贫民窟的努力，还有其他方面的改革，如进行城市规划、改善城市卫生条件、完善公共设施和公共交通、修建娱乐场所等，美国城市发生很大变化，大多数人居住在贫民窟的现象有了很大改观，人们的生活环境有了明显改善。

第四，推进国民教育，初步建立现代教育制度。国民教育是 19 世纪末欧美国家进行社会调整的一个重要方面，原因是教育现状已不能适应资本主义发展的要求，教育改革就成了非常迫切的任务。这一时期，西方发达国家的教育改革是在一些重大的社会变革和教育思潮的影响下进行的，主要内容是批判传统的等级教育，强调教育的民主化，扩大国民教育的范围。最突出的特点是国家承担发展教育的责任，推进国民教育、提高国民素质成为政府的一项重要职能。经过 19 世纪后半期的努力，欧美各国都实行了义务教育，政府承担了义务教育的费用，把教育作为人力资源再生产的一个重要方面，并在此基础上，推进中等教育改革，探索建立国民教育一体化的格局。英国在 1893 年实现义务教育后，加强了对地方教育的管理。1902 年，英国颁布了《巴尔福教育法》（Balfour Act），该法的主要内容如下：一是设立地方教育局管理教育，以代替原来的地方教育委员会；二是规定地方教育局的主要职责是保证满足初等教育的要求，享有设立公立中等学校的权利，并为中等学校和师范学校提供资金；三是地方教育局还应负责对私立学校和教会学校的资助，并对其进行一定的控制。《巴尔福教育法》的颁布促成了英国政府教育委员会和地方教育局的结合，形成了以地方教育局为主体，议会、教育委员会和地方教育局相结合的教育行政管理体制。法案第一次把初等教育和中等教育放在一起论述，并把中等教育纳入地方管理，结束了英国教育长期的混乱状况。1918 年，英国国会通过了教育大臣费舍提出的教育议案，制定了新的初等教育法，又称《费舍教育法》，主要包括以下内容：一是加强地方当局发展教育的权力和国家教育委员会制约地方当局的权限；二是地方当局为 2～5 岁儿童开设幼儿学校；三是规定 5～14 岁为义务教育阶段，小学一律实行免费，禁止雇用不满 12 岁的儿童做童工；四是地方教育当局应建立和维持继续教育学校，向进入这种学校的年轻人（14～16 岁）免费提供适当的学习课程、教学和体育训练。《费舍教育法》在英国历史上首次明确宣布教育立法的实施要建立面向全体有能力受益的人的全国公共教育制度，在建立完整的国家教育制度方面发挥了重要的作用。美国于 19 世纪末完成了初等义务教育的普及任务。进入20 世纪，改革中等教育、加强职业教育成为美国教育改革的重点。1914 年，美国国会为了提高工人的技术和更好地参与国际竞争，任命了一个专门研究对职业教育提供联邦补助问题的"职业教育国家补助委员会"，国会议员史密斯任主席，其成员包括休斯等。1917 年，美国国会通过了由史密斯和休斯联合提出的职业教育提案，史称《史密斯—休斯法案》。该法案的主要内容是：由联邦政府拨款补助各州大力发展大学程度以下的职业教育；联邦政府与各州合作，提供工业、农业、商业和家政等方面科目的师资训练；在公立学校设立职业科，把传统的专门为升学服务的中学改为兼具升学和就业的综合中学。《史密斯—休斯法案》的颁布，对美国普通教育和职业教育的发展产生了重要影响。它使普通教育开始由传统的以单一升学为目标，转向升学和就业的双重目标，增加了普通教育与现实的联系，增加了普通教育的实用因素。同时，它又为美国职业教育的发展提供了有利条件。从此，美国职业教育的发展，不再是一种行业的自发行为，而是一种联邦与州合作共建的政府行为。

第七章　国家垄断资本主义时期所有制形式的演进与社会变革

第一次世界大战前，各主要资本主义国家已经开始干预经济活动，存在一些国家垄断资本形式（如国有企业和半国有企业）。有些帝国主义国家，为了准备战争，扩大财政预算，增加军事采购，由国家投资或以国有化方式，兴建或扩建钢铁厂、造船厂及其他军工厂。这些是国家垄断资本主义的萌芽形式，它们在国民经济中占的比重不高。第一次世界大战期间，各交战国战时实行国家对经济的直接控制和强制性调节，还将一些企业实行国有化，并拨款兴建一批工厂，交给私人垄断组织经营，大大加速了国家垄断资本主义的发展。战争结束后，随着各国战时经济管制的解除，战时经济向和平经济过渡，国家对经济的干预和调节有所减弱。1929～1933年资本主义世界的经济大危机后，美国罗斯福政府实行了"新政"，德、意、日实行了法西斯式的统制经济，国家直接参与社会资本的再生产过程，对经济实行全面的干预。第二次世界大战进一步促进了国家垄断资本主义的发展，国家对经济的调节范围更广更深。战争结束后，美国为了增强军备、加强经济实力，西欧各国和日本为了医治战争创伤、恢复和发展经济并使经济现代化，国家垄断资本主义不仅没有削弱，反而进一步发展起来。

第一节　国家垄断资本主义的确立

1929～1933年爆发了震撼资本主义世界的经济大危机。为了摆脱危机，各主要资本主义国家在20世纪初即已兴起的国家干预主义思潮的指导下，纷纷采取国家干预措施，先后宣布停止金本位制，采用管理通货制度，运用财政、货币杠杆，并颁发各种经济法令，设立各种经济管制机构，对资本主义再生产过程进行调节，使资产阶级国家同私人垄断资本相结合，从而形成国家垄断资本主义。但欧美各国的国家垄断资本主义的发展道路是不同的，主要有三种类型。一是以美、英、法为代表的自由资本主义，以罗斯福新政为典型，国家采用扩张性的经济政策，通过增加需求，克服经济危机，促进经济增长。二是以德、日、意为代表的法西斯主义，以德国为典型，国家以经济军事化为目标，对各行业产能进行统一规划，消除产能过剩，促进经济复苏。三是北欧国家的民主社会主义，以瑞典为典型，国家干预调整生产关系和生产力之间的矛盾，实行最大限度的劳资合作，进行社会改革，改善社会福利，促进社会稳定和经济发展。

第二次世界大战的结束宣告法西斯主义道路的破产，资本主义世界还存在凯恩斯主义和民主社会主义两条国家垄断资本主义道路。随着战后经济的恢复，特别是在 20 世纪 50 年代以后，随着第三次科技革命的到来，生产高度社会化同私人垄断占有形式的矛盾进一步加深，推动国家垄断资本主义更加广泛和持续地发展起来。

总之，20 世纪 30 年代的大危机及各国为克服危机选择的道路充分表明，社会化生产和资本主义所有制之间的矛盾，已经严重阻碍社会生产力的发展，单靠私人垄断资本的力量和资本主义的市场价格机制，已经不能维持社会资本再生产的正常运转。为了保证垄断资本的高额利润并维护资本主义制度的生存，国家直接参与了社会资本的再生产过程，对经济实行全面的干预。

一　1929～1933 年经济危机

经济危机（Economic crisis）指的是一个或多个国民经济或整个世界经济在一段比较长的时间内不断收缩（负的经济增长率）。它表现为产品大量积压，企业纷纷倒闭，生产大幅度下降，失业人数剧增，信用关系严重破坏，整个社会经济生活陷于混乱和瘫痪。经济危机是资本主义经济发展过程中周期爆发的生产相对过剩的危机，也是经济周期中的决定性阶段。自 1825 年第一次在英国爆发以后，经济危机每 8～10 年重演一次。其中，1929～1933 年的经济危机是到目前为止资本主义世界爆发的最严重的大危机。

　　1929～1933 年的大危机长达 4 年之久，生产下降和失业增长都达到了空前猛烈的程度。整个资本主义世界的工业生产几乎下降了 44%，比 1913 年的水平还低 16%，倒退到 1908～1909 年的水平，失业人数达到 5000 万人左右，一些国家的失业率竟高达 30%～50%。资本主义世界的对外贸易总额下降了 66%，倒退到 1913 年的水平以下。就美国来说，工业生产下降了 56.6%，其中生铁产量减少了 79.4%，钢产量减少了 75.8%，汽车产量减少了 74.4%，整个加工工业工人人数减少了 42.7%，支付工资总额降低了 57.7%，全失业人数达 1200 多万人。

　　1929～1933 年的大危机主要有以下几个特点。一是范围特别广。这次危机震撼了整个资本主义世界，波及所有的殖民地、半殖民地国家，被称为"三十年代的大危机"。经济危机首先从美国金融危机开始，迅速波及资本主义世界的工业、农业、服务业等各个经济部门。二是持续时间特别长。1929～1933 年，危机共持续了 5 个年头，但危机过去以后，世界经济又转入了一个长时间的"特种萧条"阶段。此后在生产还没有发展到明显的新高涨的情况下，又爆发了 1937～1938 年的经济危机，至 1939 年被第二次世界大战所打断。三是破坏性特别大。危机期间，56 个国家先后宣布货币贬值，世界贸易萎缩，总额减少 2/3。各国工业生产大幅下降，与 1929 年相比，1932 年美国工业生产下降 55.5%，德国下降 52.2%，英国下降 32%，法国下降 36.1%，资本主义世界工业生产下降 44%，危机使资本主义世界工业大约倒退了 20 年[①]。各国失业人数达到创纪录的水平，1933 年美国失业人口高达 1320 万人，德国失业人口高达 800 万人，英国达 400 万人，整个资本主义世界失业人口超过 3000 万人。资本主义世界笼罩在空前绝望的情绪中，甚至有人哀叹："世界末日已经来临。"

　　1929～1933 年经济危机的爆发有深刻的社会经济根源。从所有制演变的角度看，资本主义的基本矛盾即生产社会化与资本主义生产资料私有制之间的矛盾是经济危机发生的根本原因。表现在生产上是个别企业中生产的有组织性与整个社会生产的无政府状态之间的矛盾，造成了社会再生产过程中比例关系的失调，特别是生产与需求之间的比例关系的严重失调，

---

① 〔苏联〕尤·瓦尔加主编《世界经济危机（1848～1935）》，戴有振、李琮、姜玉田、巩荣进等译，世界知识出版社，1958，第 54 页。

造成了生产的相对过剩，最后只能用破坏生产力的方式使生产与需求再次达到平衡。在20世纪30年代的大危机中被毁坏的炼铁炉，美国达92座，英国为72座，德国为28座，法国为10座。1933年，美国有1040万英亩棉花被毁在地里，巴西有2200万袋咖啡被销毁，丹麦有117000头牲畜被消灭。这充分说明了社会再生产过程中比例关系的失调潜在经济危机的风险。资本主义基本矛盾的另一个重要表现就是资本主义生产能力的巨大增长与劳动群众有支付能力的需求相对缩小之间的矛盾，即生产与市场需求之间的矛盾或生产与消费之间的矛盾。以美国为例，20世纪20年代的经济繁荣并没有惠及普通的美国人，反而造成了严重的两极分化。据统计，占美国人口5%的富人的收入几乎占全部收入的1/3，全年收入在2000美元左右的贫困户占家庭总数的60%，他们的总收入在全国总收入中尚不足24%。更为严重的是，有21%的美国家庭年收入不到1000美元，他们的收入在国民总收入中不足4%①。这就大大限制了社会购买力。同时，即使是在繁荣时期，工业部门的开工也严重不足，大批工人失业。1921～1929年，美国失业者平均每年都在220万人以上，失业的存在必然降低社会购买力。最后的结果是劳动者有支付能力的需求落后于整个社会生产的增长，商品卖不出去，造成生产的相对过剩。这是引起经济危机的最根本的原因。

1929～1933年经济危机对世界政治、经济、社会及国际关系都产生了深远影响。从所有制演变的角度看，大危机宣告了自由放任体制的末日，自由放任的市场经济走到了尽头。欧美主要国家为应对危机，挽救经济，加强了国家对经济的干预和调节，走上了国家垄断资本主义的道路，为第二次世界大战后从自由放任体制转变为混合经济体制打下了基础。

二　国家垄断资本主义发展模式初步形成

面对20世纪30年代的经济大危机，欧美各国采取了一系列"反危机"措施，实行国民经济军事化，从而促进了国家垄断资本主义的发展。由于各国国内、国际背景的不同，政治、经济、文化传统的差异，以及统治阶层追求目标的不同，欧美各国的国家垄断资本主义的发展模式是不同的，

---

① 齐世荣、吴于廑主编《世界史·现代史卷》，高等教育出版社，1992，第121页。

概括起来主要有三种模式，即以美、英为代表的自由资本主义模式，以德、意为代表的法西斯主义模式，以北欧国家为代表的民主社会主义模式，其实，这也是三种不同的反危机模式。

（一）自由资本主义模式

自由资本主义模式以美国罗斯福新政为典型。1933 年春，富兰克林·罗斯福就任总统以后制定了 70 多个新政法令，主要内容如下。一是清理银行，实行存款保险。罗斯福政府首先要求银行歇业，重新审批，从而扶持大银行，淘汰小银行，增强银行系统的抗风险能力。这样经过整顿，银行重新开业后总数减少了 1/5 左右。1933 年 6 月 16 日，罗斯福政府批准"葛拉斯 – 史蒂格尔银行条例"，禁止经营存款业务的商业银行从事投资业务，同时禁止投资银行收受存款。接着，罗斯福政府公布"存款保险法"，建立"联邦存款保险公司"。1935 年，罗斯福政府又公布新的"银行法"，加强联邦储备银行对其会员银行的管理以及联邦储备局对各个联邦储备银行的监督，联邦储备管理委员会和联邦储备银行成为事实上的中央银行。二是实行积极的财政政策和货币政策，主要是给金融界发放巨额贷款，对货币进行贬值，放弃金本位制度。罗斯福政府初期把复兴金融公司发放的 30 亿美元主要贷给了大银行。1933 年 3 月 9 日，罗斯福政府开始印刷第一批 20 亿美元的新钞票。5 月 12 日，罗斯福宣布美元贬值 50%，政府开始印发第二批 30 亿美元的新钞票。10 月，美元再次贬值。1934 年 5 月，罗斯福政府宣布把美元含金量减少 41%，美元再度贬值。1933 年 4 月，罗斯福签署"黄金法令"，强制全国私人银行和个人把储蓄的黄金交给联邦储备银行，停止银行券兑换黄金，禁止黄金出口，实际上放弃金本位制度。另外，罗斯福政府提高银价，在远东地区大量收购白银。三是调节工业。1933 年，罗斯福批准公布《全国产业复兴法》，成立产业复兴局，基本任务是在各行业中制定《公平竞争法典》，明文确定各行业的生产规模、价格水平、信贷条件、销售定额和雇用工人条件等。从 1933 年 7 月棉纺织业制定第一个"公平竞争法典"后，不到两年的时间，各行业共制定出类似的法典 749 个。在全国，拥有 2000 万工人以上的企业接受了这些法典。四是规定最高工时和最低工资。《产业复兴法》第 7 款规定：雇主须遵守最高工时（一般约为每周 40 小时）、最低工资（一般为每小时 0.3 ~ 0.4 美元）和按规定的条件雇用工人。最高工时和最低工资的规定保证了工人的基本生活。五是政府干预国民经济。在工业方面，罗斯福政府除了制定法规之外，很少插手管理，但对公用事业加强了管制。罗斯福政府成立了6个公用事业方面的管理委员会，主要责任是：统一该行业的会计制度，订立营业规章，制定正常的收费标准，规定工时、工资和安全设备标准，解决劳资纠纷。在对公用事业加强管制的同时，政府着手对农业进行调节。一方面，罗斯福政府通过政府的奖励及津贴，来缩减农业耕地面积，减少农产品的产量，提高农产品价格和农场主收入。1933年5月12日，罗斯福公布了《农业调整法》，并设立农业调整局。国家对价格下降最多的七种基本农产品（小麦、玉米、大米、棉花、烟草、牛奶及猪肉）的生产加以控制。政府与有关农场个别签订"自愿"缩减耕地面积的合同，停耕土地作为国家的租地，付给农场租金；同时，相应停耕的部分减少的产量，由政府付给农场以"货币奖金"作为补偿。1934年，《农业调整法》用于农业生产的一切主要产品，罗斯福政府进一步给各州、各区直到个别农场规定农产品的生产定额，对超额产品课以重税（如棉花高达市价的50%），违反合同规定的农场主要受到罚款。另一方面，罗斯福政府拨出大批金钱，收购过剩的产品，然后销毁。1933～1934年，由于这种减产政策的实行，罗斯福政府销毁了160万车皮的谷物、咖啡和食糖；1934年，宰杀抛弃大牲畜2300万头、猪600万头、羊500万只。由于政府的拨款收购，产品价格趋于稳定，市场重新回到有序状态。1933～1934年，罗斯福政府通过了《农业调整法》《农业抵押品取消赎回权法》《农业抵押再贷款法》等，以政府名义向农民发放贷款，条件是负债额不超过本身土地价值的50%和建筑设备价值的20%。这样，小农场主难以取得贷款而拍卖土地，较富裕的农场主获得了更多土地，私人银行收回了贷款。六是推行福利制度，加强社会保障。1933年5月，罗斯福批准了《紧急救济法》，成立联邦救助署，拨款30亿美元补助失业者。1935年又通过了《社会保险条例》，保障部分工人的生活。罗斯福政府在对存款加以保险的同时，批准了《房屋抵押债务再贷款法》，成立"对房主贷款公司"，一年内发放了10亿美元的贷款。后又颁布《对房主贷款法》和《国家住宅法》，规定给房主提供小额贷款，作修缮房屋之用。这些措施既缓和了小房主的困境，又使银行收回了大量呆滞的放款。社会保障措施起了一定作用，然而失业人数过于庞大，救济金始终较少。七是兴办公共工程，推行以工代赈。1933 年夏天，美国约 100 万人参加了从属于联邦紧急救助署的各项公共工程项目，其实很多人只能从事用耙子耙枯树叶、用铁锹清理废料等活。1933 年 11 月，民用工程管理局成立，到 1934 年 4 月，该局已经雇用了 430 万工人。1935 年 5 月，工程进展总署（Works Progress Administration）成立。一直到 1943 年初，工程进展总署所用经费 132 亿美元，吸收了各行各业的失业者，最多时吸收 850 万人。这些人主要参加修建公路、桥梁、机场、运动场、游泳池、公园、校舍、纪念馆、灌溉渠道、公共厕所等公共工程。除了公共工程，罗斯福政府还投资建设了大小 107 座水力和火力发电站，在人造橡胶、飞机、铝业等新兴产业和高技术、高利润产业也有投资。这种长期性投资既安置了一部分失业者，又为以后的发展奠定了基础。以上这些措施缓解了危机对美国经济的冲击，将失业人口从 1933 年的 1300 万人减少至 1939 年的 900 万人，减少了 400 万人；修建了 12.2 万幢公共建筑，约 106.8 万千米新道路，7.7 万座新桥梁，285 个新机场和约 3.8 万千米地下水道；缓和了劳资冲突；解除了金融危机。农民的现金收入自 1932 年的 40 亿美元增加到 1935 年的近 70 亿美元；资本收入自 1933 年以来增加了 6 倍；工业产量几乎翻了一番。

罗斯福新政从解决经济危机入手，通过加强政府干预，进行经济改革，完善资本主义制度，使美国摆脱了经济危机，走出了大萧条的阴影。同时，罗斯福新政以凯恩斯主义为指导，大胆地借鉴社会主义的计划和福利的优长之处，并部分地将其嵌入制度框架，从而突破了资本主义的传统模式，促进了国家垄断资本主义的形成，在资本主义发展史上占有重要地位。

（二）法西斯主义模式

法西斯主义模式以纳粹德国为典型。1933 年 1 月 30 日，德国总统兴登堡任命希特勒为总理。希特勒政府采取了一系列措施来推动经济的发展。

一是积极的财政政策，包括增加税收、扩大国债和实行货币贬值。如表 7-1 所示，1932~1933 年度至 1938~1939 年度，国家税收收入由 66 亿马克骤增到 177 亿马克，六年中实收税款共增加了 600 亿马克以上。1932 年到 1939 年 9 月，德国国债由 123 亿马克上升到 417 亿马克。帝国银行和几家最大的私人银行是国债的主要持有者。劳动者的小额储蓄存款也被强迫投入公债。帝国银行以国债为担保大量增发银行券，1933 年到 1939 年 9 月，流通中的银行券由 26 亿马克骤增为 110 亿马克。这些积极的财政政策使德国政府有能力进行一定规模的投资和军事订货。

表 7-1　德国财政统计表（1928 年 9 月～1938 年 9 月）

单位：10 亿马克

时　　间	政府收入	政府支出	总债务	货币供应量
1928~1929	9.0	13.0	—	16.4
1932~1933	6.6	9.2	12.3	13.4
1933~1934	6.8	8.9	13.9	13.9
1934~1935	8.2	12.6	15.9	15.7
1935~1936	9.6	14.1	20.1	16.7
1936~1937	11.4	17.3	25.8	18.1
1937~1938	13.9	21.4	31.2	20.0
1938~1939	17.7	32.9	41.7	23.3

资料来源：R. J. Overy, *The Nazi Economic Recovery：1932 - 1938*, The Macmillan Press Ltd., 1982, p. 46.

二是大规模的军事采购和订货。1932 年，德国的军费支出为 6.7 亿马克，约占当年国家总支出的 1/10 或国民收入的 1.5%。1933~1939 年秋的 6 年备战期间，纳粹德国的累计军费开支已经达 600 亿帝国马克，所占国家年度财政预算的比例从 1932 年的 4% 增加到了 1938 年的 50%，相当于德国该年国民生产总值的 17%，如表 7-2 所示。

表 7-2　1933~1938 年德国军费开支情况

年　　度	1933	1934	1935	1936	1937	1938	1933~1938 年平均值
金额（10 亿帝国马克）	1.9	4.1	6.0	10.8	11.7	17.2	8.6
占国民生产总值百分比（%）	3	6	8	13	13	17	10

三是剥夺犹太人资本。希特勒上台后开展"排犹运动"，帮助"雅利安"财团剥夺犹太人的财产。由于这一"运动"，共计 60 亿～80 亿马克的德国犹太资本，通过强力没收或被迫易主的方式，全部转到了"雅利安"

财阀和纳粹党魁手中。

四是强制卡特尔化。1933 年 7 月，希特勒政府颁布所谓的"卡特尔条例"，规定帝国经济部有权建立新卡特尔，而一切卡特尔则有权限令局外企业合并起来。这样卡特尔的数目迅速增加，1930 ～ 1936 年德国已登记的卡特尔总数由 2100 个增加到 2500 个。

五是淘汰中小企业，扩大垄断组织。1937 年，希特勒颁布了"股份公司改革法"，规定凡是资本不足 10 万马克的小股份公司应予淘汰，而新设立的股份公司，资本不得少于 50 万马克。结果，根据德国官方统计材料，到第二次世界大战爆发时，资本不足 10 万马克的公司绝大部分遭到淘汰，资本为 10 万 ～50 万马克的公司减少一半，而资本在 500 万马克以上的大公司，在股份公司资本总额中的比重由 1931 年的 74.5% 上升到 1939 年的 78.8%。此外，希特勒政府还强迫封闭大量手工企业和小型零售商号。从 1937 年起，由于军事工业的劳动力供应问题日益尖锐，希特勒政府以"清理"手工企业和小商号为由，连续颁布了若干法令，勒令所谓"负担过剩"及"经济上不合算"的大批手工企业和小商号停业，把数十万手工业者及小商人骗入军事工厂服苦役。据统计，到战争爆发时止，被迫停业的手工企业近 20 万家，小商店约 10 万家。通过这种方式，德国生产和资本的集中过程大大加速了，垄断资本的势力空前加强。第二次世界大战前夕，各部门生产的垄断化达到惊人的程度。垄断组织控制生产的比重在钾盐、炼铁、金属加工、人造氮、水泥、制糖、化学及药品、电力等部门为 95% ～ 100%，在机器及运输工具制造、人造丝、麻织业、制纸业等部门为 80% ～ 95%，在优等钢生产中为 60% ～ 70%。资本进一步集中于各康采恩手中，到 20 世纪 30 年代末，他们已经控制了全国股份资本总额的 85%，为数众多的小业主沦于破产。

六是政府全面干预国民经济，推行国民经济军事化。希特勒政府建立了一系列的军事化经济调节机构，1933 ～ 1936 年秋，帝国经济部是最高中央调节机构，下设各种专业管理局，分管各工业部门、农业、市场、对外贸易、物价等；同时根据 1934 年的"德国经济有机结构条例"，在原有企业主联合会及各垄断组织的基础上，新设立了按部门和按地区的两类经济调节机构。部门调节机构的组织形式是经济集团，共有四级。最上级为工业、商业、银行、保险业、动力和手工业 6 个最高集团，下设 44 个经济集团，它们下面又分 350 个部门集团，最下一级则为 640 个专业集团。地区调节机构采取了省经济厅（下设市、区分支机构）的形式，全德共有 18 个。这两类调节机关都具有政府机构的权力，它们统一归帝国经济部下设的全德经济院管辖。另外，1933 年 7 月，在帝国经济部下面还设立了"德国经济总委员会"，它是由垄断寡头直接把持的备战经济总参谋部，拥有很大权力，负责指导国家经济政策和法令的制定工作。至此，希特勒政府的经济调节机构已成为一个自中央到地方的庞大体系，按军事化方针对国民经济进行干预和调节。1936 年秋，"四年计划全权督办"戈林又设立了一个调节机构"四年计划全权机关"，引起了两大机关职能的重复。有计划的经济使德国的工业发展速度超过了英、法、美。1932～1938 年，生铁产量由 390万吨上升到 1860 万吨，钢产量由 560 万吨上升到 2320 万吨。1933～1939年，德国军火生产增长 11.5 倍。但同时，德国的部门经济却出现了不平衡。在军火工厂加紧制造武器的同时，德国的纺织及制鞋工业的半数设备被闲置起来。农业活动全面受到政府干预，但德国粮食产量基本停滞在 20 世纪30 年代初期的水平，1937～1938 年，年均粮食进口量与 20 年代相当，在400 万吨上下。

七是加强和扩大国家所有制。希特勒政府时期，德国国家所掌握的股份资本绝对和相对额都有增长。1932～1939 年，"国有的"股份资本额由29 亿马克提高到 36 亿马克，它在全国股份资本总额中的比重由 13.2% 上升到 17%。1939 年，德国国家垄断资本共计 248 亿马克，占全国总资本的1/5。

八是兴办公共工程。希特勒政府头两年（1933～1934 年）用于兴办公共工程的开支共约 50 亿马克。其中最大的是建筑公路，主要是高速公路，用去 16.1 亿马克，其次是修建公共建筑物与住宅约 7 亿马克，开垦荒地与改良土壤等约 7 亿马克，整治河道、开凿运河和架设桥梁等 3.5 亿马克，修复和更新铁路设备约 5 亿马克，另外对参加公共工程的私人发放补助金和减免税金 6 亿～7 亿马克。以上措施对启动处于危机最低点的德国经济、减少庞大的失业人数起了很大作用。德国的国民收入，从 1932 年的最低点 452亿马克，上升到 1933 年的 465 亿马克和 1934 年的 527 亿马克；失业人数从1932 年的 558 万人降到 1934 年的 265 万人。

纳粹德国经过两个"四平计划"的发展，经济基本得到了复苏。

1933 年国民生产总值（以 1928 年价格计算）约为 737 亿帝国马克，以不变价格计算，1938 年德国国民生产总值达到了 1264 亿帝国马克，5 年增长了 1.71 倍。此间，国家垄断资本主义获得了很大发展。1939 年，德国国家垄断资本主义仅有 250 亿帝国马克，占全国总资本的 20% 以上，控制了全国政治及经济命脉。法西斯政权成为垄断资本及垄断资产阶级的统治工具。

（三）民主社会主义模式

民主社会主义模式以瑞典为典型。为应对严重的经济危机，1932 年瑞典社会民主党（简称社民党）主席汉森提出把瑞典建成人人"平等、互相关心，合作与互助"的"人民之家"的主张和党的新经济政策，赢得了大选，汉森组阁执政。社民党上台后立即与遭受经济危机严重打击的广大农民和中小地主阶级的代表——农民协会进行谈判，并以对农产品进行价格补贴的许诺换取了其对社民党政策的支持，这使社民党在议会获得了稳定多数的支持。汉森政府的反危机措施主要包含以下内容。一是政府通过发行公债和提高税收等措施筹款 2 亿克朗以兴建铁路、公路和港口等基础设施，并按市场价格向参加施工的工人支付工资。这种以工代赈的办法，加上失业救济，使半数以上的失业者迅速得到了帮助，从而缓和了失业危机。二是新政府提出了国家干预经济的理论。在 1933 年新政府提出的预算报告中，瑞典学派著名经济学家缪尔达尔（Gunnar Myrdal，1898～1987 年）主张把国家预算作为实现经济稳定发展的工具，在经济萧条时可利用它促进经济增长，而在经济高涨时又可借助它吸收过剩的社会购买力，从而在凯恩斯之前正式提出了通过国家干预稳定经济发展的理论，为社民党的新经济政策提供了理论依据。同时，瑞典政府为了把握政策干预的时机，成立了国家经济政策研究所，并把瑞典学派的宏观动态分析理论用于经济周期研究和经济发展的分析与预测，为政府的经济决策提供了理论支撑。三是为生产发展创造社会条件。瑞典政府在通过立法保护职工结社权利之后，又积极支持总工会与雇主协会谈判，并于 1938 年达成了通过和平谈判解决工资和其他劳动条件问题的协议，从而使瑞典迅速成为劳工市场较为平静的国家，为经济发展创造了有利的社会环境。四是建立和发展社会福利制度。随着经济的恢复与发展，社民党开始将其以福利主义为中心的"人民之家"纲领付诸实践，继 1934 年资助工会建立失业救济基金之后，又先后通过了人民养老金法案，实行了产妇补助制度、儿童补助和建房贷款制度等，从而使儿童、妇女、老人和失业者等社会弱者的经济地位都有所改善。1938 年，瑞典开始实行休假两周制度。五是货币贬值，提高企业竞争能力[1]。1933 年政府决定将克朗与英镑挂钩，使克朗贬值 25%，从而提高了瑞典商品的国际竞争能力。1938 年政府决定实行股份公司自由折旧制度，并建立了旨在鼓励企业增加储备的投资基金等投资优惠制度，以加强企业的国际竞争能力。这些措施使瑞典经济以比许多西方国家更快的速度走出了危机。美国著名作家马尔奎斯·查理德（Marquis Childs）在其名著《中间道路》中赞扬瑞典在保留市场经济主要成分的同时，通过国家干预成功地为劳动人民提供了某种保障，从而为"正在困境中挣扎的其他西方国家树立了一个榜样"[2]。

　　20 世纪 30 年代世界经济大危机期间，欧美各国通过采取一系列"反危机"措施，加强国家对经济的干预和调节，促进了国家垄断资本主义的发展。概括起来，20 世纪 30 年代国家垄断资本主义的发展主要表现在以下几个方面。一是国家投资建立国有企业。例如，1933 年美国设立的田纳西流域管理局，建造水坝、船闸、电厂；1937 年德国设立的国营戈林工厂，国家投资 2.63 亿帝国马克，开发沙斯基特尔铁矿。二是对经营不善的企业实行国有化。即资本主义国家通过高价收买或支付补偿金等方式，将某些私营企业收归国有。如英国对电力输配网，法国对铁路，意大利通过工业复兴公司、融资公司等组织对私人企业、钢铁、海运、电信、电力等工业实行国有化。三是国家支持垄断组织实行对外经济扩张政策。欧美各国政府，一方面采取出口补助、减免出口税等手段来鼓励垄断组织对外倾销商品；另一方面通过实行高关税政策，限制外国商品进口，保护垄断组织利润，还支持垄断组织建立跨国公司，掠夺他国财富。四是扩大垄断组织的经济实力。欧美各国政府除制定法律保护垄断组织外，还通过贷款、津贴、补助、减免税、利息率等办法，帮助垄断组织企业发展生产。五是欧美各国政府扩大对垄断组织的商品采购和军事订货，为其提供巨额资本，保证其

---

① 高锋：《瑞典社民党对资本主义的"驯化"》，《欧洲》1993 年第 3 期。

② Marquis William Childs, *Sweden*, *the Middle Way on Trial*, Yale University Press, 1980.

利润。

经过 20 世纪 20 年代相对稳定的经济增长和 30 年代特大经济危机与萧条的打击，主要帝国主义国家经济、政治发展的不平衡性再一次加剧，各国经济实力对比发生了明显变化。帝国主义按照变化了的经济实力重新分割世界的斗争又一次白热化，最后演变成第二次世界大战。战争以法西斯轴心国的覆灭结束，国家垄断资本主义的法西斯主义道路覆亡。随着战后经济恢复和第三次科技革命的发展，国家垄断资本主义开始进入成熟期。

第二节　第三次科技革命与国家垄断资本体系的形成

科学技术革命包括科学革命、技术革命和产业革命三个既相互联系又有区别的过程。20 世纪以来三者逐渐联系在一起，依次出现，交错进行，第三次科技革命是对这一混合过程的统称。它在 20 世纪 50 年代中期到 70 年代初达到高潮，20 世纪 80 年代后以更加迅猛的势头推进到高科技革命时代。在第三次科技革命的推动和影响下，发达资本主义国家的社会经济面貌发生了巨大变化，国家垄断资本主义获得了大发展。在第三次科技革命中诞生了一系列新部门、新技术、新工艺，改变了产业结构，使社会生产进入自动化时代，社会生活进入信息化时代，极大地推动了资本主义世界经济的发展。第三次科技革命不仅极大地促进了生产力的发展，也推动了生产的社会化，加剧了资本主义的基本矛盾。为适应第三次科技革命的发展、缓和社会经济矛盾，发达资本主义国家加强了对社会经济的干预和调整，国家垄断资本的规模和形式、国家对经济干预和调控的范围和手段都有了很大发展。发达资本主义国家内部的经济矛盾和阶级矛盾得到了一定程度的调节和缓和，资本主义国家进入一个相对稳定而又高速发展的黄金时期。

一　第三次科技革命

第三次科技革命是人类文明史上继蒸汽技术革命和电力技术革命之后

科技领域里的又一次重大飞跃。它是以原子能、电子计算机、空间技术和生物工程的发明和应用为主要标志，涉及信息技术、新能源技术、新材料技术、生物技术、空间技术和海洋技术等诸多领域的一场信息控制技术革命。第三次科技革命发端于第二次世界大战后的美国，这是与美国当时的历史条件紧密相关的。美国在战后初期拥有雄厚的物质基础、众多优秀的科技人才、蓬勃向上的民族创新精神、优越的地理环境和巨大的市场容量等方面的优势，为第三次科技革命的兴起创造了前提条件，而且第二次世界大战以来，美国政府高度重视科技，积极采取措施推动科技事业的发展，直接促成第三次科技革命首先在美国兴起①。另外，第二次世界大战前后一批优秀的欧洲科学家涌入美国，如爱因斯坦、冯·诺伊曼等，建立了各种学会组织，科研体制多元化，这也是促进第三次科技革命兴起的重要因素。

第三次科技革命于 20 世纪 50 年代中期至 70 年代初期达到高潮，出现了一些划时代的发明和发现。如表 7－3 所示，第三次科技革命的兴起以原子能技术、航天技术、电子计算机的应用为标志，还包括人工合成材料、分子生物学和遗传工程等高新技术。第三次科技革命有以下三个特点：一是科学技术在推动生产力的发展方面起着越来越重要的作用，科学技术转化为直接生产力的速度加快。二是科学和技术密切结合，相互促进。随着科学实验手段的不断进步，科研探索领域也不断开阔。以往的技术革命，科学和技术是相对分离的，这就造成研究成果要经历相当长的时间才能导致生产过程的深刻变化，或者是在技术革新后的相当一段时间才能有科学理论的概括。第三次科技革命中，科学与技术之间的相互关系发生了巨大变化，科学与技术相互渗透，科学、技术、生产形成了统一的革命过程。三是科学技术各个领域之间相互渗透，科学、技术、生产三者之间的联系大为加强。对于科学来说，技术是科学的延伸；对技术而言，科学是技术的升华；对生产来说，科学技术是其实践活动的必要前提。三者之间相互渗透、相互影响，以致出现了密不可分的趋势。

---

① 彭献成：《试论第三次科技革命兴起于美国的原因》，《湖南师大社会科学学报》1993 年第 6 期。

表 7 – 3　第三次科技革命的发明和发现

技术领域	主要发明	时　间	对人类社会的影响
原子能（美国）	成功试爆第一颗原子弹	1945 年	原子能成为新能源
电子技术（美国）	第一台电子计算机，微型计算机迅速发展	1946 年 20 世纪 70 年代	人类社会从机械化、电气化的时代开始进入另一个更高级的自动化时代
航天技术（苏联、美国）	人造卫星上天，宇宙飞船，载人太空飞行，把人送上月球，人们在太空从事科学实验	1957 年 1961 年 1969 年	标志着人类社会已从被束缚于地球表面的"地球居民"时代进入一个更为辽阔的陆海空立体新时期
海洋工程技术	海洋发电技术，海洋钻探技术，海水淡化技术，海洋油矿开采技术，海岸风力发电技术，海层探测技术，海洋物质分离技术，海水提炼技术，海洋建筑设计等	20 世纪 60 年代	
生物工程	生物工程形成，基因工程是其中的核心技术，掌握了克隆技术	20 世纪 70 年代	人类通过改变细胞的遗传性，达到改良品种和创造生物新类型的目的
新材料技术	人工合成的塑料、橡胶和纤维	20 世纪四五十年代	大大地提高了国民生活水平，对国计民生的重要性是不言而喻的

　　第三次科技革命引起生产力各要素的变革，使劳动生产率有了显著提高。在劳动资料方面，随着科学技术的发展，先进、高效的生产工具不断出现，极大地提高了人类社会改造自然界的能力，促进了生产力的发展。在劳动对象方面，科技进步扩大了人类生存的范围，宏观上，人类涉足领域从地球扩大到太空，微观上，对物质的构成研究得越来越精细。这为人类从自然界中获取更多的物质资料提供了可能。在劳动者方面，科技革命带动了知识的革命、人才的革命，使生产力中最活跃的因素——人有了很

大的进步，为生产力的大发展提供了必要的保障。科学技术、知识逐渐代替以往的土地、劳动、资本等，成为经济增长中的最重要因素。科技创新迅猛发展，科学技术向直接生产力的转化速度急剧加大，生产力以前所未有的速度向前发展。据统计，1950～1970 年西方发达国家的年平均增长率达到 4.9%，比 1870～1913 年的年平均增长率 2.6% 和 1913～1950 年的年平均增长率 1.9% 高得多。第二次世界大战后的 20 多年内，西方发达国家生产的产品超过过去 200 多年生产的产品总和。造成增长的因素中科技进步因素在 19 世纪 70 年代占 50%～70%，80 年代达 80%。美国经济学家爱德华·丹尼森在《美国经济增长核算》一书中分析，1929～1969 年促进美国劳动生产率增长的诸因素中知识与科技的贡献从 37.8% 上升到 71.9%[①]。

二　经济结构的调整

第三次科学技术革命有力地推动了西方发达国家经济结构的调整，突出表现在三个方面。首先是产业结构的调整。第一产业在整个国民经济中的比重不断缩小；第二产业的比重由上升到缩小；第三产业的比重不断扩大。物质生产经济部门如农业、工业的比重越来越低，非直接从事物质生产的服务经济部门的比重越来越高。其次是工业布局的变化。经济中心从靠近原料产地、能源供应地的老工业基地逐渐向靠近大学、研究机构及交通便利、金融服务业发达的新科技园区转移，新兴产业基地逐渐成为经济活动的中心区域。最后是世界范围内经济分工调整，跨国公司这种经济组织形式发展迅速。

（一）产业结构的调整

产业结构的调整即国民经济中各部门的比例关系和联系发生的重大变化。首先表现为作为直接物质生产部门的第一产业（农、林、牧、渔业）和第二产业（采矿、制造、建筑业）的产值及就业人数在整个国民经济中所占的比重相对下降，而非物质生产领域的第三产业的产值和就业人数急剧上升，产业结构的非物质化趋势明显。第三产业不仅仅是传统意义的服务业、商业、运输业、通信业及文化教育等，而且还包括大多数与信息工

---

① 吴于廑、齐世荣主编《世界史·现代史编》（下卷），高等教育出版社，1994，第 298 页。

业联系在一起的部门，如软件工程、数据库等。当然，产业结构的调整是逐步的、动态的、趋势性的。1950 年美国第三产业占 55.1%，1970 年第三产业在国民经济中的比重已占到 64.7%。日本、联邦德国等新兴工业国家第三产业在经济中所占的比重也有所上升①。20 世纪 70 年代以后，产业调整向非物质化方向发展的趋势更加明显。据统计，1970~1979 年美国的农业人口从占人口总数的 5% 下降到 3%；从事制造业的人口从 30% 下降到 13%；从事服务和信息行业的人口从占人口总数的 15% 上升到 72%。1980年发达国家非物质生产部门在国民生产总值中所占的比重已经达到 56.9%，其中北美高达 63.2%。20 世纪 80 年代，国际经济合作与发展组织净增的6500 万个工作岗位中 95% 是由服务业提供的。1996 年，美国服务部门的产值占美国国内生产总值的 3/4，它提供的就业岗位占总数的 80%。可见，第三产业在社会经济发展中已经处于绝对优势的地位。其次是各产业内部直接从事生产或从事传统生产的部门所占比重减少，从事技术开发、服务以及高技术产业的部门所占比重增加，生产过程的智能化趋势明显。在美国，1956 年从事脑力劳动的“白领”职员人数第一次超过了从事体力劳动的“蓝领”工人。产业结构中“技术密集”型的“朝阳工业”发展速度，远远超过传统的劳动密集型的“夕阳工业”。20 世纪六七十年代，以大规模集成电路为代表的微电子技术，以及以微型计算机为代表的计算机技术的迅速发展，极大地促进了制造业智能化发展，这个阶段诞生的制造技术与制造装备主要有计算机辅助设计、计算机辅助工艺规划、计算机辅助工程、计算机辅助制造、现代数控机床、柔性制造系统等。20 世纪 80 年代，电子信息技术和自动化技术发展迅猛，制造理念、制造技术和制造装备也发生了重大变化，出现了计算机集成制造系统等。20 世纪 90 年代，伴随着信息科技的飞速发展，出现了许多先进制造系统模式，如敏捷制造、虚拟制造等，极大地提高了生产的智能化程度。

（二）发达国家经济布局的变化

发达国家工业化过程中形成的工业区常常集中在煤铁资源较丰富的地方，如美国的东北部地区，全国的钢铁、机械、汽车、化工等传统工业大

---

① 李琮：《当代资本主义论》，社会科学文献出版社，1993，第 63 页。

部分集中分布在这里。第三次科学技术革命产生的新兴工业部门，如电子、空间工业（包括飞机、导弹、人造卫星）、核工业、半导体工业等多是与知识、技术密切相关的部门，要求高科技素质的劳动者，加之许多产品均属"轻薄短小"型（飞机、汽车等零部件轻型、精尖化），省能源、资源和空间、劳力等，核电技术和超高压输电技术的应用又可使工业摆脱能源地域限制，美国西部和南部工业区迅速兴起。如图 7 - 1 所示，美国的工业重心由东北部转向西部和南部的"阳光地带"。

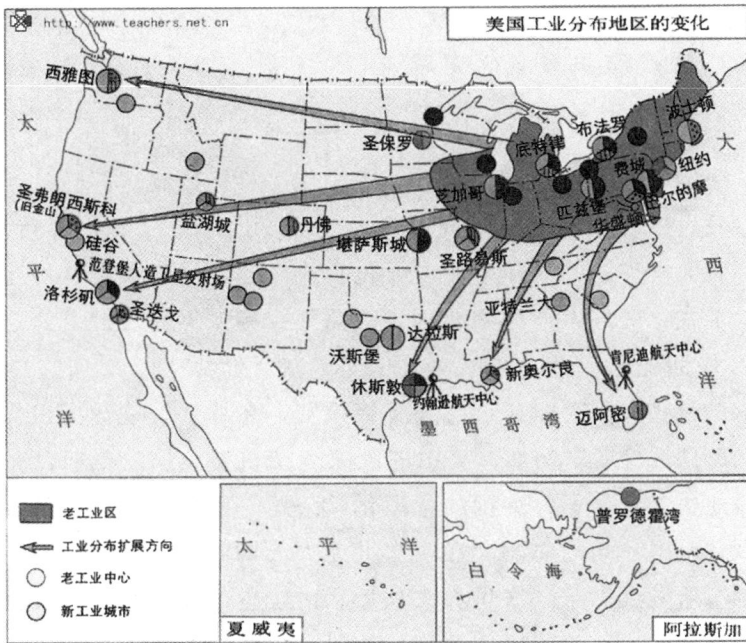

图 7 - 1 美国工业分布地区的变化

资料来源：互动百科，"美国阳光地带"词条，http：//www.hudong.com/wiki/%E7%BE%8E%E5%9B%BD%E9%98%B3%E5%85%89%E5%9C%B0%E5%B8%A6？prd = so_1_doc。

其中，发展较快的是西部的加利福尼亚州和南部的得克萨斯州，同时这一地带也形成了许多以上述部门为主的新工业中心，如休斯敦、达拉斯、亚特兰大、旧金山、洛杉矶等工业城市。新兴工业区中心中最著名的是 20 世纪 60 年代兴起的电子工业基地——"硅谷"。它位于旧金山以南斯坦福大学附近，在这长 48 公里、宽 16 公里的谷地内，集中了 1700 多家电脑、半导体的生产厂家，占美国同类工业产值的 96%，其电路产品占世界产量的 1/4。20 世纪七八十年代，美国工业结构发生了巨大变化，钢铁、汽车、工具机、消费型电子及办公设备等产业迅速衰落，信息产业及其他新兴产业崛起。1973～1990 年，美国的"朝阳工业"每年以 20% 的速度递增，信息技术、生物工程、航天工业、海洋开发等新兴工业迅猛发展，西部、南部的人口随着新技术产业的兴起而猛增，1980 年第一次超过了原来经济先进的北部和东部。其他发达国家，如英国在苏格兰、法国在格勒诺布尔、联邦德国在慕尼黑、加拿大在渥太华西郊的卡尔顿、意大利在蒂布尔纳都设立了科学技术园区，作为电子工业基地和发展高科技的中心。

（三）生产组织形式的变革

发达国家着眼于发展"朝阳工业"，于是便将一些耗能大、费原料、污染严重的劳动密集型产业，如钢铁、一般化工、机械制造等转让给发展中国家，导致世界各国和地区不同程度地卷入了国际分工和世界市场之中，生产国际化大大加强，国际生产专业化和协作化深入发展。跨国公司这一生产组织形式，适应生产国际化的发展需要，得到迅速发展。跨国公司最早出现在 19 世纪末 20 世纪初资本主义进入垄断阶段时期。当时，发达资本主义国家的某些大型企业通过对外直接投资，在海外设立分支机构和子公司，开始跨国性经营。例如，美国的胜家缝纫机器公司、威斯汀豪斯电气公司、爱迪生电器公司，英国的帝国化学公司等都先后在国外活动。这些公司是现代跨国公司的先驱。在两次世界大战期间，跨国公司在数量上和规模上都有所发展。第二次世界大战后，由于生产国际化大大加强，跨国公司得到迅速发展。美国跨国公司的数目、规模、国外生产和销售额均居世界之首。据联合国贸易与发展会议公布的《1993 年世界投资报告》中对全球跨国公司的排名，前十名依次是荷兰皇家壳牌集团，美国的福特公司、通用汽车公司（GM）、埃克森美孚公司、国际商业机器公司（IBM），英国石油，瑞典及瑞士合资的 Asea Brown Boveri，瑞士的雀巢公司，荷兰的飞利浦，美国的美孚公司①。1987 年 600 家世界最大跨国公司的销售总额高达 4 万亿美元，其中美国占 42%，西欧占 32%，日本占 18%，发展中国家和地

① 联合国跨国公司中心：《1993 年世界投资报告——跨国公司与一体化国际生产》，储祥银等译，对外经济贸易大学出版社，1994，第 10 页。

区仅占2%。此时，跨国公司已成为国际贸易、国际金融、国际劳务、国际技术转让中的重要力量，成为世界性的最基本的、最典型的企业组织形式。

三　国家垄断资本主义发展模式的成熟

伴随着第三次科技革命的开展，从20世纪50年代起欧美各国经济相继恢复和发展，资本主义进入稳定发展时期。国家垄断资本主义在前一阶段发展的基础上，进一步发展成熟，并形成了三种既相互区别又相互联系的不同经济发展模式，即英美模式、莱茵模式和瑞典民主社会主义模式①。下面，对三种发展模式在20世纪50～70年代的发展脉络作一梳理。

（一）英美模式

英美发展模式又称盎格鲁－撒克逊模式，是英国、美国、澳大利亚、爱尔兰等国家所实行的发展模式的总称。它以市场经济为导向，以个人主义和自由主义为基本理论依托，强调企业自由经营，推崇利润至上的企业经营目标。它起源并兴盛于英国，成熟于美国，主要经历了古典自由主义、凯恩斯主义和新自由主义三个阶段，是世界上迄今影响最广泛的发展模式之一。

20世纪30年代，为应对经济大危机，英美国家以凯恩斯主义（Keynesianism）为经济指导思想，加强了对经济的干预。英美模式进入了凯恩斯主义发展阶段。第二次世界大战后英美国家加强了对经济的宏观调控，推动了国家垄断资本主义的发展，积极向世界各地输出资本，扩大海外市场，促进经济持续发展。兹以美国为例，作一简要说明。

美国在第二次世界大战后到20世纪70年代经历了杜鲁门、艾森豪威尔、肯尼迪和约翰逊四任总统，他们针对当时美国社会存在的问题，以凯恩斯主义为指导，提出施政纲领，加强国家干预，试图解决美国面临的政治、经济和社会问题。

一是杜鲁门的"公平施政"纲领。1945年4月12日，罗斯福突然逝

---

① 发展模式是一种整体上的概括，具有多样性和差异性的特点，不同国家的经济社会发展模式存在差异，而每一种发展模式都是动态变化的。参见中央组织部党建研究所课题组《当今世界主要发展模式比较研究》，《当代世界与社会主义》2011年第1期。

世，副总统杜鲁门继任美国总统。杜鲁门政府解决战后一系列国内问题的重要举措就是提出"公平施政"纲领，核心是通过立法保障美国普通公众的经济权利。"公平施政"纲领的实施分为两个阶段。第一个阶段最重要的一项立法就是1946年通过的"就业法"。这项法令规定联邦政府必须负责维持"最大限度的就业、生产和购买力"，以避免再次出现20世纪30年代出现过的大规模失业。由于"就业法"强调了美国联邦政府对维持就业，向失业者提供工作机会的法律义务，因此被美国的经济史家认为"也许是20世纪一个最富有历史意义的经济法"。在"就业法"实施之后，美国政府加强了对复员军人的安置，加速了军事工业转为民用工业的步伐，经过两年的努力，使美国实现了由战时经济向和平时期的调整而没有出现动乱的局面。1948年11月杜鲁门蝉联美国总统后，"公平施政"进入第二个阶段，主要内容是：废除限制工人权利的"塔夫脱－哈特莱法"；提高最低工资额；扩大社会保险，建立医疗保险制度；改善各州的教育状况；建造廉价住房以保障低收入家庭居有其屋；联邦政府在经济上保障农场主有稳定的收入等。杜鲁门政府第二阶段"公平施政"纲领的实施取得了一定的成果。美国的最低工资额从原来的每小时40美分提高到了75美分，养老金的领取者增加了1000万人，在6年内为低收入者建造80万套住宅的法案也获得通过。但是由于当时美国国会的参、众两院由保守的共和党控制，杜鲁门提出的许多"公平施政"法案没有被通过，使"公平施政"成果大打折扣。

二是艾森豪威尔的"中间道路"。1952年年底的大选中，艾森豪威尔当选为美国总统，并于1956年连选获胜，使共和党连续八年执政。艾森豪威尔政府实行了一条介于国家干预和自由放任之间的"中间道路"，艾森豪威尔将这样的政策称为"新保守主义"。艾森豪威尔政府基本上沿袭了前民主党政府的社会经济政策，在某些方面还有所扩大。如根据1954年和1956年的有关立法，美国国内被纳入社会保障系统的人增加了1000万人，丧失劳动力的人也可以得到政府的救济。在公共卫生和医疗项目方面，艾森豪威尔政府的开支在稳步增加。据统计，1950～1960年，美国全国社会福利的开支从230亿美元上升到532亿美元，即从占国民生产总值的8.9%上升到10.5%。在教育方面，艾森豪威尔政府利用苏联人造卫星上天使美国人痛感科技和教育已经落后的时机，促使国会通过了国防教育法，对大学生提供长期低息贷款。该法同时规定：如果大学生毕业后到中小学任教不少于 5 年，贷款可减半偿还。艾森豪威尔政府在扩大社会福利政策的同时也实施了一系列自由主义的保守政策。例如，低价出售某些国有企业和国家资源给大的私营公司使之从中得利；通过帮助私营企业推销产品来加强其竞争力；基本上取消了对不赢利农场的补助。另外，还实行了有利于富人的税收政策，降低高收入者的所得税等。

三是肯尼迪的"新边疆"和约翰逊的"伟大社会"。1960 年底，民主党人约翰·肯尼迪当选美国总统。肯尼迪上任后，提出要开拓美国的"新边疆"，希望在空间技术上赶上苏联，并且在其他的科技和经济领域保持美国的领先地位。在"新边疆"政策的指导下，美国政府提出了阿波罗登月计划，增加了对科研和开发的政府投入。与此同时，肯尼迪政府还提出了反经济衰退计划，并且促成国会拨款 4 亿美元去帮助国内的贫困地区。在住房和城市建设方面，肯尼迪政府也尽力投入资金予以改善。这一系列"新边疆"政策的措施导致美国联邦政府的财政赤字大增，推行长期赤字财政政策刺激经济发展亦成为肯尼迪政府的经济纲领。1963 年 11 月 22 日，肯尼迪在达拉斯遇刺身亡，副总统约翰逊继任，并竞选连任成功。约翰逊政府的国内施政纲领延续了肯尼迪政府的路线，他提出的纲领性口号是建设"伟大的社会"。约翰逊政府促使国会通过了一系列立法，其中包括"经济可能性法""阿巴拉契亚地区发展法""公共工程与经济法"等。虽然约翰逊政府在教育、解决失业、提高最低工资等方面做了许多事，但是由于越南战争不断升级，国防开支急剧增加，因此解决美国贫困问题的"伟大社会"的目标并没有真正实现。

第二次世界大战后，杜鲁门和艾森豪威尔政府注重以解决就业问题来促进生产和消费，并保持财政预算平衡。肯尼迪和约翰逊政府分别提出"新边疆"和"伟大的社会"施政纲领，把大规模赤字财政变为经常性政策，以降低失业率、促进经济增长和减少贫困。这些政策促使美国经济从 20 世纪 50 年代起持续增长，据统计，1955～1968 年美国的国民生产总值以每年 4% 的速度增长。特别是在 20 世纪五六十年代，美国经济增长出现了一个西方经济学家所称的"黄金时代"。美国的国民生产总值经过"黄金时代"的发展从 1961 年的 5233 亿美元上升到 1971 年的 10634 亿美元；1965～1970 年美国的工业生产以 18% 的速度增长。1970 年美国拥有世界煤产量的 25%、原油产量的 21%、钢产量的 25%。虽然在同一时期西欧各国和日本的整体经济增长速度赶上了美国（法国为 5.7%、联邦德国为 5.1%、日本为 7.2%、英国为 2.8%），但是在 20 世纪 70 年代以前，美国在资本主义世界经济中保持全面的优势地位。

综合上述美国政府的第二次世界大战后至 20 世纪 70 年代的国内政策，可以看出，英美模式的国家垄断资本主义发展道路不是通过采取工业国有化的形式，而是运用财政和金融手段对资本主义的再生产进行干预的方式来实现的。其主要特点如下。一是依靠不断增加国家预算中的财政支出，依靠军事订货和对垄断组织甚至中小私营企业实行优惠税率来刺激生产，增加社会固定资本投资。比如，美国联邦政府在第二次世界大战后对许多新兴的工业部门、重大科研项目、现代化公共设施进行大量投资。据统计，美国联邦政府对科研的投入 1969 年时为 25.6 亿美元，是联邦德国、法国、英国和日本在科研上总投入（11.3 亿美元）的两倍多[①]。联邦政府对发展原子能工业的投资从 1945 年至 1970 年共计 175 亿美元；对宇航工业的投资，从 20 世纪 60 年代末起每年投入 50 多亿美元。二是通过政府采购，对出口进行补贴，刺激企业扩大再生产。第二次世界大战后，美国政府为了维持高出口水平，在"援外"项目下通过政府采购进行出口，并对某些美国产品的出口实行补贴。1949 年，美国在"援外"项目下提供的出口量占总出口量中的 46%，20 世纪 50 年代下降为 30% 左右，20 世纪 60 年代为 20% 左右。三是注重发挥货币和金融市场在经济调节中的作用。20 世纪 50~70 年代针对特征明显的周期性扩张和收缩的美国经济，联邦政府交替使用扩张性货币政策和紧缩性的货币政策调控美国经济。同时，美国利用第二次世界大战后建立的布雷顿国际货币体系确立的美元本位和美元优势，促进美国投资、贸易及金融的发展，为其经济发展奠定了较好的基础。20 世纪 70 年代以后，美国推行弱势美元政策使美国在继续获得美元霸权收益的同时摆脱了布雷顿森林体系积累下来的矛盾和危机，让世界各国为美国分摊经济困难，帮助美国将经济困难降到较低程度。四是美国政府对经济危机实行了一系列凯恩斯主义的反危机手段，即运用赤字财政，通过膨胀

---

① 〔美〕斯坦利·L. 恩格尔曼等：《剑桥美国经济史（第三卷）：20 世纪》，高德步等译，中国人民大学出版社，2008，第 592 页。

通货，刺激总需求，从而抑制经济危机的破坏程度，避免大量的企业在危机中倒闭，同时控制失业率的急剧攀升，稳定社会秩序。

（二）莱茵模式

莱茵模式又称欧洲大陆模式，或称社会市场经济模式。它以德国的社会市场经济理念和模式最为典型，主要流行于莱茵河流域的一些欧洲大陆国家。第二次世界大战以后，欧洲大陆主要国家在重建国家政权、恢复经济社会发展的过程中，根据本国及本地区的情况，总结和吸取过去发展中的经验和教训，探索出社会市场经济模式。兹以联邦德国为例，分析莱茵模式建立和发展的过程。

在东西方冷战对峙的政治前提下，美、英、法在德国西占区于 1949 年建立联邦德国，与在苏占区成立的民主德国对峙。在 20 世纪 70 年代前，基本上是由基督教民主联盟——基督教社会联盟（简称联盟党）单独或与自由民主党以及其他小党联合执政，康拉德·阿登纳和路德维希·艾哈德先后任总理，其间阿登纳连任四届，直到 1963 年辞职，被称为"铁腕人物"。1966 年因政策分歧，自由民主党退出内阁，由联盟党和社会民主党组成大联合政府，联盟党的库特·基辛格任总理。1969 年第六次联邦大选后，组成以社会民主党主席维利·勃兰特为总理的社会民主党—自由民主党联合政府。联邦德国其间采取的社会市场经济政策获得了巨大成功，由满目疮痍的战败国一跃成为世界第二大经济体，重登世界强国之列。

第二次世界大战后，德国西占区占领当局在对德实施民主化改革的过程中，一方面瓦解法西斯的中央统制经济，另一方面支持德国自由主义经济学家实施的改革，促使联邦德国经济较快完成了模式转轨，走上战后高速发展的道路。德国经济改革的主要倡导者和决策人是路德维希·艾哈德博士（Ludwig Wilhelm Erhard，1897～1977 年）。1948 年，艾哈德被任命为双占区经济管理局局长。艾哈德结合联邦德国的实际，发展了新自由主义学派的理论，采用米勒－阿尔马克教授（Alfred Müller－Armack）提出的"社会市场经济"理论来推动经济改革与发展。改革首先从整顿货币体系入手，于 1948 年 6 月 19 日晚开始了全面换钞的货币改革，取得了预期效果；在此基础上，进而取消配给，放开价格，推动西占区经济体制向市场经济过渡；同时在促进生产发展的前提下，进行以减税为内容的税收改革，刺激生产和投资的积极性。改革期间，联邦德国经济充满了风险与危机，新政府能顺利渡过难关，美国的援助起到了相当重要的作用。根据马歇尔计划，1948～1952年，美国援德资金达16亿美元，为联邦德国解决了一系列诸如外汇短缺、生产资金不足等紧迫问题。美援还对稳定过渡时期的社会心理发挥了重要作用。1952年，联邦德国经济的主要指标均已超过战前水平，顺利实现了经济复兴计划，开始进入经济高速增长时期。这一时期，政府采取刺激投资的经济政策，促进了经济的发展。一是税收优惠刺激了生产者扩大投资和增加供给的积极性。二是为解决战后住房极度短缺和恢复被战争破坏的公共基础设施，政府投入大量财政资金，大大提高了资本形成水平。据估计，20世纪50年代联邦德国约40%的固定资产投资来自公共财政资金。三是政府调节消费品生产与投资品生产、基础设施建设的经济结构政策对联邦德国经济高速增长发挥了积极作用。按1952年1月实施的《帮助生产经济投资法》规定，消费品工业有责任支持矿业、能源、供水、联邦铁路的发展，必须缴纳投资税，总税收达10亿马克①。

1952～1965年的13年，国内生产总值和国民收入年平均增长率和年平均增长速度均保持在9.8%左右，增长速度一直居西方国家前列。到20世纪60年代初，这两项指标的绝对数额均已超过英国和法国。1970年，国民生产总值较1952年提高了6倍，经济实力居西方国家第二位。这13年中，联邦德国工业生产增长速度平均高达7.9%，高于美、英、法三国，工业产值增长率超过美、英、法三国，仅低于日本。在经济高速增长时期，消费物价的年上涨率却保持着2.9%的低水平，用它衡量的通货膨胀率长期呈"爬行式"状态。失业率也得到了有效控制，甚至由于社会经济部门对劳动力需求的日益增长，出现了劳动力不足，大量引进劳务的局面。由此，联邦德国的政治与社会呈长期比较安定的状态，也有利于经济的增长。促成联邦德国出现经济"奇迹"的因素较为复杂，从经济政策角度分析主要包括几个方面。一是德国原有的经济基础比较好，虽然固定资产遭到战争破坏，但企业布局、人员素质等方面仍有巨大的潜力，尤其是劳动力素质方面保持着较高水平，为经济发展提供了可靠保证。二是马歇尔计划援德资金的合理使用及其产生的社会影响，促使联邦德国能尽快完成经济模式转

---

① 沈越：《德国社会市场经济评析》，中国劳动社会保障出版社，2002，第236页。

轨，对经济发展起到了稳定和促进作用。三是长期保持较大规模的固定资本投资，1950～1965 年的 16 年，若加上优惠贷款，美援总数约为 36 亿美元。投资总额达 9332 亿马克，仅次于美国而居世界第二位①。四是对外贸易稳定、持续增长，促进了工业生产和整个国民经济的高速增长。五是非军事化立国的战后政策，使联邦德国可以集中有限的财力物力从事经济建设，不必为战后东西方对抗局势背上沉重的军备竞赛的包袱。

莱茵模式以社会市场经济为基础，继承了传统资本主义市场经济中的私有制、契约自由、竞争自由、经营和择业自由等因素，又吸纳了社会主义的公正、公平和共同富裕的先进成分。这种模式的主要特征如下。一是以市场为基础，强调竞争的重要性。首先是以法律保护竞争，使市场经济一直在公平有序的轨道上运行。德国社会市场经济提倡和保护竞争，为防止企业形成垄断、妨碍竞争，国家通过政策、法令为竞争制定"规则"。例如，1957 年在艾哈德主持下通过的《反限制竞争法》，规定了联邦德国经济社会体制的市场经济性质，1967 年席勒主持制定和通过的《促进经济稳定增长法》厘定了这种市场经济的宏观调控框架，这些法律共同奠定了社会市场经济模式的法律基础。其次是依靠市场供求关系决定市场物价。1948 年 6 月 24 日，联邦德国颁布《货币改革后关于经济和价格政策指导方针的方案》，废除了 1936 年实行的统制价格中的 90%，取消定量配给制，使商品的价格随市场供求关系的波动而涨落。从此以后，德国物价基本上是靠市场供求关系来调节。二是奉行自由经济，但又强调适度的政府干预。政府不干预微观经济运行，但充分运用宏观经济手段调控经济发展。在德国，联邦政府主要负责运用财政和税收的手段来调节经济，联邦银行主要通过严格控制货币发行量或用提高、降低商业银行在联邦银行的最低存款利率，提高、降低它对商业银行的贴现率等货币金融政策，刺激或冷却经济。三是有强大的工会组织，工人可参与企业管理。德国的社会市场经济保障私人企业不受外部干预，独立自主地决定自己的生产计划、经营管理、自负盈亏、确定价格、职工工资、招聘和解雇以及企业之间的合作、兼并、转产等。德国的工人可以参与管理企业，政府从法律上给职工参与企业某些决策的权力。德国企业中有两个领导机构：作为监督机构的监事会和处理

---

① 吴于廑、齐世荣主编《世界史·现代史编》（下卷），高等教育出版社，1994，第 131 页。

日常业务的董事会，监事会由资方和劳方的代表共同组成。在工厂一级，职工可成立企业委员会，在诸如工时、休假、报酬、职教、住房等问题上有参与决定权；在人事雇用、工厂建设、技术设备计划、劳动岗位设置等方面有协商、咨询权。四是强调效率与公平的统一，建立健全社会保障体制，确保每个公民在社会生活中享有多方面的权利。德国是西方国家中建立社会保障体系最早的国家，尤其是第二次世界大战后实行社会市场经济，政府有意识地加速完善了社会保障体系，几乎使每个人在生、老、病、死、伤、残、孤、寡以及受教育、就业等方面都得到了保障。德国的社会保障制度保持在收入再分配的合理范围内，不使人们的进取精神有所减弱，不对经济效率和市场机制的功能产生消极影响，以维护经济效率与社会公正的内在统一。这套体系的最大特点是强调自治原则，不以政府作为社会保障体系的主导，充分发挥各种社会力量的作用，有效减轻政府的负担。由于实现了与市场经济的密切配合，德国的社会保障体系更具有生命力。

（三）瑞典民主社会主义模式

第二次世界大战后，瑞典社会民主党政府继续实行民主社会主义政策，主张加强对经济的计划调节，以实现充分就业、公平分配、经济民主与经济效益及改善社会福利。其主要政策措施如下。

第一，加强对经济的计划调节。从1948年起，瑞典社民党政府开始编制经济中期发展计划，每5年编制一次《瑞典经济中期概览》，在综合国际经济走势、国内各部门发展计划、建筑部门规划和各大私人企业的生产打算的基础上，对未来5年的经济发展（甚至更长时期）做出分析和预测，就如何实现政府的政策目标提出建议。此外，政府还有滚动性的财政计划，3年一次的科技发展规划和其他一些行业发展规划，对发展提出了更具体的要求和目标。

第二，通过控制和调整投资促进经济的稳定发展。为了减缓经济的周期性起伏，政府把控制和调节社会投资的规模、时机甚至地点作为稳定经济发展的中心环节。其主要做法如下。首先，利用行政手段调节公共投资。瑞典的公共部门投资（各级政府和社会福利部门）约占总投资的1/3，政府可以通过调节预算拨款或行政指令进行直接控制。其次，控制贷款数量和利息。除了传统的货币政策手段外，瑞典还通过规定信贷最高上限、信贷配额、债券发行批准手续等办法控制和调节货币流通总额以及信贷利率。瑞典的住房建设投资常达国民生产总值的5%，且大部分来自政府控制或影响下的公共基金贷款，因此政府可通过调节利率、严格或放宽批准手续，影响这些项目的实施。最后，利用经济手段对私人企业投资进行调节。在经济过热时，政府通过对固定资产投资（或某一行业之投资）进行征税；在经济不振时可予以取消，甚至进行投资补贴从而调节投资，促进经济平稳发展。

第三，保护竞争。为了保护竞争环境，瑞典1956年就制定法律禁止企业间就价格等问题达成限制竞争的协议，议会还为此任命经济自由总监来负责实行。一是通过工资政策并借助工会力量推动企业在竞争中优胜劣汰。自20世纪50年代瑞典全国实行统一的劳资谈判制度以来，工会在不同行业、不同地区和不同企业间追求同工同酬目标（又称团结工资政策）的结果，大大加重了那些设备陈旧、效率低下的企业的费用和负担，经受不住这种压力的企业被迅速淘汰。二是利用税收制度刺激企业增加积累和投资。瑞典对企业利润实行双重征税，即在征收企业利润税后，对股东的分红再征收个人所得税。高收入者的所得税边际税率常常超过70%，从而大大抑制了大股东们多分少留的欲望。政府对企业增加储备和投资给予一系列优惠，使企业常常可把利润总额的70%左右留在内部，10%左右被分红，而上缴利税仅占20%左右，从而使瑞典企业有雄厚财力不断更新设备和技术。

第四，重视教育与在职人员的再教育。社民党把普及教育当作发展经济、提高劳动人民地位的关键。1950年政府在全国实行九年义务教育的同时，大力改善了家庭福利，使全国能直接接受中学和高等教育的青少年分别由1950年的20%和5%上升到1970年的90%与20%，为迅速发展的瑞典经济和技术革命奠定了基础。瑞典还特别重视对在职人员和失业职工的进修和再教育。自1957年起，政府在工会的要求下先后在全国建立了50个大型再教育培训中心和上百个培训点，对失业职工进行再教育，并对其流动提供资助。每年全国有3%左右的劳动力接受转业培训，参加各类业余学习的人常达成年人数总数的1/3以上，有力地保证了瑞典经济的发展和技术的进步。

第五，发展与完善社会福利。第二次世界大战后，随着经济的迅速发展，社民党通过立法建起了"从摇篮到坟墓"囊括人生的全过程与社会的各个阶层的社会福利。为此，雇主除了为职工支付工资以外，还要为其支付相当数额的社会保险金。

第六，提高工会组织的地位。1972年瑞典通过《股份公司和经济组织中职工代表权法案》，100个职工以上的企业理事会里必须有职工代表。1976年又把这一规定改为有25人以上的企业。1974年议会还通过了《就业保护法》，规定即使在企业经济困难的情况下，资方也必须先与工会谈判才能裁减工人。1977年通过了《劳动环境法》，加强了工会在劳动环境和工作条件上的发言权。1976年通过的《劳动的共决权》法案，又规定了企业一切重要决策事先都要听取工会意见。

瑞典民主社会主义模式是在混合经济的制度下，由政府来推行"充分就业""公平分配""社会福利"等政策，以消除资本主义社会的失业、贫困、不平等之类的"弊病"。其主要特征如下。一是在所有制形式上，实行国家、合作社、私人等经济形式并存，以私人经济为主的"混合经济"制度。在瑞典，国家掌握5%的工业企业，国有经济支配着基础设施的要害部门，但绝大部分企业归私人和合作社所有。据统计，私人企业在生产领域中大概占90%。二是国家通过就业政策、分配政策、税收政策对生产、分配、消费实行干预，实现充分就业、公平分配和社会福利。瑞典在分配上，既保证资产阶级的应得利润，又坚持建立"从摇篮到坟墓"的全民社会福利制度，从而尽可能缓和劳资矛盾，谋求两大阶级之间的"谅解"和"共存"。因此，瑞典各类税收占国民生产总值的50%以上。但是国家对于企业的生产经营坚持市场竞争的原则，主要是通过财政和税收政策调剂社会需求的办法来促进和调节经济的发展。这样，国家通过一系列措施，使不同的利益有机地结合起来。三是"收入均等化"。政府用重新分配来实现收入均等，主要是通过税收前的保险转移、累进税和各种转移收入，拉平各个社会集团的收入并使全体居民保持较高的生活水平。根据1972年的统计，收入最高的10%的人和收入最低的60%的人的税后收入的绝对平均差距是3倍（即1∶3）。四是保持较低的失业率。自第二次世界大战后，瑞典政府保证失业率不超过2%，特别是20世纪五六十年代实现了充分就业。据统计，第二次世界大战后到20世纪70年代，在经济繁荣时期失业率在1.5%左右，危机时期为2.5%～3%。这个失业率是相当低的。五是社会福利设施完备。瑞典建立了一整套的全民社会福利制度，社会福利深入人们日常生活的各个方面。1975 年，政府在社会福利上的开支占国民收入的比重为 24.8%。

第三节　国家垄断资本主义时期所有制形式的变化

国家垄断资本主义是指资产阶级国家政权与垄断资本相融合的垄断资本主义，是资本主义国家全面干预社会经济生活，对社会经济活动进行控制和支配的资本主义。实质是垄断资本直接控制和利用国家政权，并通过国家政权干预和调节社会经济生活，以保证垄断资本获得高额垄断利润及社会经济生活的正常运转，当资产阶级国家直接参与社会资本的再生产过程时，它就成为经济上的总的垄断资本家，或称为"理想的总资本家"。从生产资料所有制形式的角度看，国家垄断资本主义阶段，股份制经济仍是主要形式，但也出现了多元化趋势和明显的社会化特征。它不仅表现为股份制经济和合作制经济的新发展，而且表现为国家所有制经济的兴起和跨国公司的大量涌现。从生产资料所有制形式的变化趋势看，企业组织形式从独资企业向股份公司发展，从单一经济向混合经济发展，资本的社会化程度不断提高，乃至出现了国际化、全球化。但所有这些都是以资本主义所有制为基础的，即以资本主义国家所有制和资本家私人所有制为基础，并通过国家私人垄断资本的结合和国家对经济的调节来克服自由垄断资本主义发展中的问题，促进资本主义社会向前发展。

一　国家垄断资本所有制的形成和发展

国家垄断资本主义的具体形式多种多样，围绕国家和垄断资本的不同结合方式，可以把国家垄断资本主义分为三种基本形式。一是国家调节经济。在这种形式下，国家垄断资本所有制和私人垄断资本所有制在企业外部结合。二是国私合营企业。在这种形式下，国家垄断资本所有制和私人垄断资本所有制在企业内部相结合，结合的形式是股份公司。三是国有企业。在这种形式下，国家和垄断资本融合为一体，形成国家垄断资本或国有垄断资本。实际上，国家垄断资本主义的各种形式，都是国家调节社会经济的不同杠杆，而国家对社会经济的调节，是在国家和垄断资本的各种结合形式中进行的。国家垄断资本主义仍然以资本主义私有制为基础，维护资产阶级利益和资本主义制度。

（一）国家对社会经济的干预和调节

在自由资本主义阶段，政府主要发挥"守夜人"的作用，对经济生活起作用的主要是市场这只"看不见的手"。到了私人垄断资本主义阶段，仅靠市场这只"看不见的手"已经无法阻止周期性经济危机的爆发，政府这只"看得见的手"开始干预和调节社会经济，配合"看不见的手"，以使社会经济健康发展。虽然二者的结合带有一定的自发性质，而且地位与作用不同，但以市场调节为主、以宏观调控为辅的联合经济机制，成为垄断资本主义得以发展的保障。第二次世界大战后，国家垄断资本主义得到迅速发展，政府这只"看得见的手"的作用更加明显和重要。从第二次世界大战后到70年代，凯恩斯主义国家干预理论盛行，成为主导发达资本主义国家经济政策的经济理论。在国家垄断资本主义条件下，以宏观调控为主，以市场调节为辅的资本主义运行机制初步形成。但国家干预过度，必然使市场调节机制难以发挥作用，导致发达资本主义国家在70年代中期出现"滞胀"危机，凯恩斯主义的需求理论开始无能为力。到了20世纪八九十年代，发达资本主义国家对国家宏观调控的方法、方式和政策进行了相应的调整和改革，比较完善的市场机制建立起来，国家干预与市场调节相结合的市场经济运行机制得以确立，确保了资本主义在此后20年的快速发展和繁荣。总体来看，垄断资本主义国家调节经济的各项政策措施主要是财政政策、货币政策及国民经济计划化等，具体分析如下。

第一，财政政策。财政政策包括收入和支出两个方面。财政收入方面主要是税收。第二次世界大战后，西方各国实行税收改革，将财产税改为所得税，并不断扩大纳税的范围。1955～1977年，美国国税和地方税增长4.1倍，英国增长7倍，法国增长12.4倍，联邦德国增长6.1倍，日本增长21.3倍，意大利增长12倍。西方各主要国家总税收收入占国内生产总值的比重如表 7-4 所示，从 30% 到 56.7% 不等，但都数额巨大。这样资本主义国家通过扩大税源，增加税收后，掌握了大量财政资金，也就有调控经济的必要手段。当经济总需求小于总供给，出现经济停滞时，政府就可以通过减少财政收入的减税政策，给居民和企业留下较多的收入，刺激消费和投资的增加，扩大总需求，促进经济增长。在总供给大于总需求，出现通货膨胀时，政府则实行增加税收等财政收入政策，压缩居民消费，抑制企业投资，紧缩总需求。在经济发生危机时，政府又采取减税、免税和退税等措施，以提高购买力，刺激投资。在支出政策上，当社会总需求不足、失业增加、经济不景气时，政府应扩大对商品和劳务的需求，通过扩大政府购买来扩大总需求，刺激经济复苏，如增加公共工程、政府购买、失业救济、各种社会福利事业支出，刺激个人和企业增加消费和投资，扩大总需求；反之，在总需求扩大、价格水平持续上涨时，就应减少政府的财政支出和支付水平，从而达到减少总需求的目的。例如，1974～1975 年美国经济危机期间，联邦预算赤字达到第二次世界大战后最高水平，通货膨胀不断上升，工业生产却出现下降，失业率达到 20 世纪 30 年代以来的最高水平，"滞涨"危机一直持续到 80 年代初。为了克服危机，1981 年 2 月，里根总统向国会提出经济复兴计划，主要内容如下。一是削减财政开支（不包括军费），特别是社会福利开支，减少财政赤字，至 1984 年实现预算收支平衡。二是大规模减税，减少个人所得税，对企业实施加快成本回收制度等，给企业以税收优惠。三是放松政府对企业规章制度的限制，减少国家对企业的干预。四是严格控制货币供应量的增长，实行稳定的货币政策以抑制通货膨胀。其中，财政政策主要是平衡预算，反对赤字财政政策。里根执政后立即向国会提出减税计划，要点是将个人所得税率不分收入等级，一律在三年内减少 30%，三年后个人所得税的税级还要随物价指数的变化加以调整。实践中，美国把最高累进税率从 70% 降到 28%，成为美国历史上最大规模的减税。在后来的税制改革方案和实践中，把美国联邦个人所得税的最高税率从过去的 50% 降低到 28%，公司所得税从过去的最高税率 46% 降低到 34%。里根政策产生了明显效果。1983 年美国经济开始回升，通货膨胀率明显减低，从 1980 年的 12.4% 下降到 1982 年的 5.1%，并继续呈下滑趋势。所以从 1982 年 12 月起，美国经济逐渐走出衰退，进入繁荣时期。

表 7 – 4　1987 年总税收收入在国内生产总值中的比重

单位:%

国　家	比　重	国　家	比　重	国　家	比　重
美　国	30.0	德　国	37.6	荷　兰	48.0
加拿大	31.3	英　国	37.5	瑞　典	56.7
法　国	44.8	日　本	30.2	瑞　士	32.0

说明：总税收收入中包括社会保障金。

资料来源：OECD Statistics on the Member Countries in Figures, Supplement to the OECD Observers No. 164，见〔美〕斯坦利·L. 恩格尔曼等《剑桥美国经济史（第三卷）：20 世纪》，高德步等译，中国人民大学出版社，2008，第 760 页。

第二，货币政策。运用宏观货币政策间接干预、调节经济的措施手段主要包括三个方面。一是公开市场业务，即中央银行在公开市场上买卖国家债券。在总需求小于总供给，出现经济停滞的情况下，中央银行便从商业银行那里买进国家债券。反之，在总需求大于总供给，出现通货膨胀的情况下，中央银行则向商业银行卖出国家债券。二是改变贴现率。在总需求小于总供给，出现经济停滞的情况下，中央银行采取降低再贴现率的办法，促使商业银行向中央银行增加借款。反之，在总需求大于总供给，出现通货膨胀的情况下，中央银行则应采取提高再贴现率的办法，抑制企业增加投资，使总需求水平下降。三是中央银行调整存款准备率。在总需求小于总供给，出现经济停滞的情况下，中央银行采取降低存款准备率的办法，在活期存款额一定的情况下，使商业银行减少向中央银行缴存准备金，扩大贷款，增加货币供应量，降低利息率水平，刺激企业增加投资，从而增加总需求。反之，在总需求大于总供给，出现通货膨胀的情况下，中央银行则提高存款准备率，抑制企业投资，以使总需求水平下降。财政与货币政策，主要用于对市场进行短期干预与调节。兹以第二次世界大战后美国货币政策为例作进一步说明。

20 世纪 50～70 年代的美国经济周期性扩张和收缩的特征非常突出，因此扩张性和紧缩性的货币政策交替也很明显，货币政策目标经常变化。20 世纪 50 年代，美联储控制的中介指标有自由储备金净额、三个月期的国库券利率和货币总量比，并按此次序来决定指标控制的重要性。结果表明，美联储对前两个指标的控制较好，对货币总量控制较差，这导致在最初的 10 年内发生了 3 次经济危机。到了 60 年代，又重新推行廉价的货币政策，同时重视财政政策的运用。货币供应量的增长率日趋上升，宽松的货币政策加之宽松的财政政策导致通货膨胀率不断上升，从 1965 年的 2.3% 上升到 1969 年的 6.1%。这些政策进一步导致 20 世纪 70 年代滞胀的发生。20世纪 70 年代，美联储将货币总量作为中间目标，以紧缩的货币政策为主，最终导致了 1979 年的经济危机。80 年代以后，随着通货膨胀被抑制，美联储又转向了平稳利率政策，并获得了极大成功。例如，20 世纪 90 年代初，美国经济陷入萧条，美联储在 1990 年 7 月到 1992 年 9 月连续逐步降息 17次，将短期利率从 8% 降到 3%，促进投资与消费上升，从而带动了整个经济的发展。在 1994 年到 1995 年 7 月，美国经济过热时又连续 7 次提高联邦基金利率，成功地实现了软着陆。

第三，国民经济计划化。经济计划化是第二次世界大战后许多西方国家用来调节、干预经济运行过程的一种手段。资本主义国家的经济计划主要包含三个方面：经济和社会发展的中长期预测；计划期中经济和社会发展的总目标及相应的具体目标；达到这些目标所采取的政策、措施。资本主义国家实施的经济计划化方法是用政策手段干预和调节经济的综合形式，它在国家调节上起一定的作用，计划的实施有利于政府把各种调节手段配合起来，把短期化的经济政策和中长期的计划协调起来去实现计划目标。第二次世界大战前，个别资本主义国家曾做过计划调节的尝试，但为时甚短，没有产生多大影响。第二次世界大战后，一大批发达资本主义国家先后推行计划化，以法国和日本较为突出。法国从 1947 年开始执行第一个计划，到 1988年已实施了 9 个中期计划和 1 个临时计划。日本 1956～1985 年也实施了 9个计划。英国在 1943 年制订了战后经济复兴计划；实施过 1947～1951 年计划，但没有继续下去；到 60 年代，又推行了 1961～1966 年、1964～1970 年等计划。意大利推行过"战后重建计划"（1945～1948 年）、"全国协调新建设计划"（1948～1950 年）、"1955～1964 年增加就业和提高国民收入计划"、"1965～1969 年新国民经济计划"等全国性多部门计划，以及"南部地区开发计划"（1950～1957 年）和"1960～1964 年农业发展五年计划"等区域性或部门性计划。联邦德国虽然在战后初期实行过补偿拆卸损失的计划，20 世纪 50 年代以来又实行过援助萨尔区的计划，发展铁路、内河航运、住宅建设、科学研究、农业等部门性计划，以及德捷边境地区发展计划，但 20 世纪 60 年代中期以前一直没有全国性多部门的经济计划。1967

年联邦德国开始编制全国性经济计划，采用滑动原则，将已制订的中期计划每年顺延一年。此外，荷兰、瑞典、比利时、挪威、爱尔兰、冰岛、西班牙等国也都实行了程度不同的计划化。

总之，第二次世界大战后垄断资本主义国家通过财政货币政策和宏观综合管理政策进行的经济干预调节，在一定程度上改变了资本主义经济的运行机制和调节机制，对于实现充分就业、稳定物价、实现经济增长、国际收支平衡等目标，相对地适应生产社会化的要求、缓解资本主义矛盾、促进资本主义发展起到了积极作用。

（二）国私合营企业

国私合营企业是国家同私人垄断资本在企业内部的结合，即国私共有的垄断资本。它主要通过以下三种途径产生：一是国家购买原有私人垄断企业的部分股票；二是原有国有企业吸收一部分私人垄断资本的股份；三是国家同私人垄断资本联合投资建立新企业。由此而形成的企业叫作国家参与制企业或"混合"企业，是由国家所有制同私人所有制在企业内部混合联合的组织。第二次世界大战后，国家参与制在意大利获得了广泛的发展，这种国家参与制企业的固定资产在全国各大企业中所占的比重，1965年为31%，1973年为39%；它的销售额在全国各类大企业中的比重，1965年为20%，1973年将近30%。意大利政府设立国家参与部，它通过参与制控制一个为首的股份公司，然后通过它进行一层又一层的参与而控制一系列的企业，形成一个庞大的金字塔式的体系。其中最大的一个是工业复兴公司（伊利公司），它控制了意大利生铁生产的94%，钢产量的59%，航空运输、广播电视的100%；另一个是国家碳化氢公司（埃尼公司），它控制了石油、天然气和化工营业额的绝大部分。

在私人垄断资本比较雄厚的国家，这种共有垄断资本是国家同私人垄断资本双方都比较愿意接受的形式。因此，20世纪60年代以来，许多发达资本主义国家都有了进一步的发展。通过这种形式，国家可以用较少的国有垄断资本直接监督以至控制大量私人垄断资本的运动，把私人垄断资本吸引到需要加紧发展的部门和地区，以利于社会资本扩大再生产的进行，私人垄断资本也可以直接利用国有垄断资本来加强自己的经济地位和竞争能力，更多地得到政府给予的各种优惠，以保证获得高额垄断利润。以美国为例，美国的国私合营企业主要集中于军事工业、造船工业、原子能工业以及同军事有关的通信卫星等工业部门。20世纪80年代，在美国民用的国私合营企业中，国家资产部分总值达150亿美元。在国私合营企业中，国家和私人垄断资本按照各自股份的多少进行分红。国家作为股东，在各部门中的参股比例不等。如美国的飞机制造业，国家占的股份高达70%~80%；而在造船工业中国家占的股份只有40%左右。总的来看，国家在合营企业中占的股份大都超过50%。美国的国私合营企业中，有相当大一部分是在国民经济中起重要作用的大垄断公司。20世纪60年代末，在美国最大的10家军火公司和10家最大的工业公司中，各有4家是巨型国私合营企业，占到了总数的近一半。另据1984年10月美国《幸福》杂志报道，1983年，在美国最大的50家工业公司中，按资金排列，大多数国私合营企业均排在前20名。其中，通用动力公司、联合工业公司等已进入前10名。

国家对国私合营企业的管理，既不像对国有企业那样实行直接管理，也不像对私营企业那样任其自由经营，基本上采取的是宏观上国家进行调控，微观上企业自主经营。国家与企业之间的决策权大体划分如下：一是有关国民经济发展目标以及一些重大比例关系等宏观经济的决策权属于国家，涉及日常具体经济活动、经营方法等微观政策的决策权属于企业；二是有关扩大再生产的问题由国家决策，有关简单再生产的问题由企业决策；三是产品分配权由国家控制，生产权下放给企业；四是国私合营企业拥有很大的财政自主权，但政府对企业纯收入的分配和使用往往作某种限制，并以利润税的形式，把企业部分利润收归国家。

以美国为例，政府对国私合营企业的管理方式主要有以下几种。一是采取以主承包商为首的系统工程承包合同制。政府作为产品计划的招标人，按照竞争原则挑选一家中标公司为主承包商，主承包商一方面承担一部分订货任务，并承担系统管理任务，另一方面又把大部分订货任务转包给另外一些分包商。分包商再把其中一些订货任务分包出去，通过这种层层承包的方式对国私合营企业进行管理。这样的管理目标明确、责任清楚、利益直接，有利于调动企业积极性，实现国家宏观调节目标。二是实行一定程度的计划调节。第二次世界大战后至70年代初，主要是采取政府对企业的经济活动进行预测的形式，指导合营企业的投资和生产。20 世纪 70 年代中期以后，美国政府对合营企业实行的计划管理分为两部分：一部分是由国家制订的关于对企业的长期投资、产业结构的调整等宏观管理的指导性计划；另一部分是由企业自己制订的关于产品的供产销、企业的短期投资的计划。三是对军品和民品实行分开管理。在美国，绝大多数国私合营企业既生产军品，也生产民品。美国政府要求各合营企业按产品和品种用途，分别成立"军品生产部"和"民品生产部"，使之自成系统，这样既能确保军品生产的高水平，又能提高民品生产的经济效益。四是实行企业出租的办法。美国的国私合营企业中，很大一部分是原有的国有企业"出租"给私人经营的。在规定期限内，承租一方可以使用国家提供的生产资料为自己生产产品，国家付给承租人一切生产费用，但产品的大部分要上缴国家。总的来说，美国对合营企业的管理是行之有效的。一方面是因为给企业以相当大的自主权，企业经营效率大为提高，企业利润也增加很快。比如，20 世纪 60 年代末 70 年代初，美国全国工业公司纳税前的平均利润率为 20.1%，而从事军工生产的国私合营企业利润率高达 56.1%。另一方面，因为国家资本占合营企业总资本的 40% 以上，所以国家可以把合营企业将近 50% 的利润收归国有，从而加强了对私人垄断资本的控制。

（三）国有企业

国家与垄断资本完全融合为国有企业垄断资本。它主要通过以下三个途径产生：一是接管先前就存在的国家财产和敌国资产；二是实行资本主义国有化，即国家用高价收购或其他补偿损失的办法，把某些私人企业收归国有；三是国家直接投资建立企业。在这类国家所有制企业里，作为总垄断资本家的国家成为生产资料的直接所有者，通过自己企业的各种经营活动，在社会资本的再生产过程中同私人垄断企业的各种经营活动结合在一起。第二次世界大战后，许多西欧国家，如英、法、意、奥等，曾经掀起了"国有化"的浪潮，执政的社民党或工党政府，将这些国家若干设备陈旧、利润率不高或有亏损的基础工业部门，如煤炭、钢铁、电力、煤气、铁路等部门或企业，以偿付高额补偿金的方式收归国有，如表 7 - 5 所示。

表 7 - 5 1977 年西方主要国家国有经济的比重

单位:%

国别	邮政	无线电广播和通信	电站	煤气工业	石油开采	煤炭工业	铁路运输	航空运输	汽车工业	钢铁工业	造船工业
奥地利	100	100	100	100	100	100	100	100	100	100	—
比利时	100	100	25	25	—	私有	100	100	私有	50	私有
英 国	100	100	100	100	25	100	100	75	50	75	100
加拿大	100	25	100	私有	私有	私有	75	75	私有	私有	私有
法 国	100	100	100	100	—	100	100	75	50	75	私有
联邦德国	100	100	75	50	25	50	100	100	25	私有	私有
荷 兰	100	100	75	75	—	—	100	100	50	25	私有
意大利	100	100	75	100	—	—	100	100	25	75	75
美 国	100	私有	25	私有	私有	私有	25	私有	私有	私有	私有

资料来源:宋则行、樊亢主编《世界经济史》(下卷),经济科学出版社,1998,第 77 页。

　　各国国有经济的基本部分是公共基础设施和基础工业。在这些国家中,国有经济大多具有公共属性,投资大、收益小,如电力、通信、铁路等,是关系国计民生和社会经济生活运转的基础,对社会扩大再生产具有重要意义。

　　20 世纪 70 年代末 80 年代初,欧美国家国有经济已达到一定规模,在国民经济中占据重要地位。例如,1981 年法国的国有企业产值已占国内生产总值的 30% ,职工占就业人口的 21.5% ,工业投资占全国工业投资总额的 50% 。意大利包括国家参与制企业在内,1979 年的产值已占国内生产总值的 24.7% ,职工占就业人口的 25.4% ,投资占国内投资总额的 47.1% ;联邦德国分别为 12% 、10.5% 和 12.7% ;英国分别为 11.1% 、8.1% 和20% 。虽然美国国有企业的比重很小,在整个国民经济中的比重只占 5% 左右,在工业中还不到 1% ,但是美国政府在经济中发挥着决定性的作用,它主要采取货币、经济政策等间接手段来调节经济,实现国家对经济的管理。国有经济的发展,标志着资产阶级国家已成为最大的生产资料所有者,已占有庞大的生产力。国有经济作为资本社会化的最高形式,在一定程度上突破了私人垄断资本的局限性和狭隘性,缓和了资本主义社会的基本矛盾,促进了生产力的发展。

20 世纪 80 年代，西方国家国有经济比重已经十分庞大，但也出现了国有企业管理不善、严重亏损等一些问题。例如，法国国有企业 1980 年亏损 36 亿法郎，1984 年增至 370 亿法郎，1985 年达 670 亿法郎，相当于法国工商业利润税的 2/3。英国对铁路、钢铁、煤炭等国有企业的补贴，1979～1980 年度为 18 亿英镑，1984～1985 年度增至 40 亿英镑。巨额的亏损和补贴给政府造成了巨大的财政包袱和压力。为了摆脱困境，这些国家在 20 世纪 80 年代掀起了私有化浪潮，通过采取出售国有企业股票等措施，将一些经营不善的企业私有化，或实行国私共有。比如在英国，以撒切尔夫人为首的保守党上台后，从 1981 年起掀起了英国历史上最大规模的私有化运动，到 1985 年底，全部或部分私有化的国有大企业达 20 多个，出售国有企业股票达 50 亿英镑。在美国，里根总统 1982 年 2 月签署命令，决定从 1986 年起，用 5 年时间将联邦政府的 5 个电力机构、2 个油仓库、1 个客运铁路、5 个卫星遥感站及部分资产出售给私人。在法国，希拉克总统陆续将 65 个国有金融公司、银行、工业企业私有化。联邦德国政府也把 400 多家国有企业私有化。80 年代的私有化浪潮一方面是西方面对经济"滞胀"政策调整的结果，另一方面也是调整国有企业布局、优化国有产业结构、改善国有企业素质的需要。回顾第二次世界大战以来国有经济发展的历史可以看到，第二次世界大战期间，各国发展国有经济的重点是军事工业。第二次世界大战后，各国政府把经营重点转向基础工业和公共基础设施，把战时建立的国有军事工业私有化了。70 年代，随着科技革命的发展，国有经济的重点开始转向新兴产业，加强了对尖端技术的研究和开发，发展原子能工业、宇航工业、电子工业、生物工程等。这种经营重点的转移，要求重新调整国有经济的布局和结构，出售一些传统的非重点的企业，以取得资金，建立和发展重点产业，提高国有经济在整个国民经济中的地位和作用。

从根本上来说，发达资本主义国家国有经济的形成和发展，是生产社会化和资本主义基本矛盾发展的必然结果。但由于各国的国情差异，以及私人垄断资本实力的强弱不同和发展变化，各国的国有经济发展程度是不平衡的，其发展过程也是曲折和反复的。

二　私人垄断资本所有制的新发展

生产资料私人占有制在资本主义发展的不同阶段有不同的表现形式。在自由竞争阶段，以独资经济为主要形式；在垄断阶段，以股份制经济为主要形式。第二次世界大战后，股份制、合作制经济有了新发展，出现了多元化的趋势和明显的社会化特点。

（一）　股份制经济的新发展

进入 20 世纪后，股份制经济逐渐成为资本主义国家的主要经济组织形式，第二次世界大战后股份制经济有了新发展。在美国，1960～1979 年，股份公司的数量增长了 1.2 倍，销售额增长 5.6 倍，净收入增加 5.5 倍。在其他发达资本主义国家，大中型企业的基本组织形式大多是股份公司。与战前相比，这些股份制企业出现了一些新特点，显示了多元化的趋势和明显的社会化特点。

第一，西方股份制经济呈现股权分散化特点，资本占有社会化更加明显。第二次世界大战前，股份制企业资本所有权较为集中，例如，福特家族就占有福特汽车公司 100% 的普通股票。第二次世界大战后，股票占有日趋分散，中等收入阶层开始进入股票市场，改变了原来清一色的少数富有者的投资构成。从单个企业来看，美国电报电话公司 1993 年股票发行量达 13.4 亿美元，股东总数达 250 万个，其中最大的股东只拥有不超过 5% 的股权。德国大众公司有 70 万个股东，最大的股东是德国政府，拥有 20% 的股权，其余股东的股权均不超过 5%。就社会整体而言，1953 年，美国持有股票的人数是 650 万人，占总人口的 4.2%；1985 年达到了 4704 万人，占总人口的 20%；21 世纪初美国直接或间接持有股票的人数大约占到了总人口的 70%。英国 1977～1987 年，持股人数增加了 2 倍，从占人口的 7% 上升到 20%，达到 1000 多万人。

第二，法人持股比率上升，个人持股比率下降，法人资本所有制成为普遍现象。第二次世界大战后，随着生产社会化程度的进一步提高，特别是随着国际竞争的日趋激烈，出现了法人资本所有制这一新型所有制形式。与私人股份资本所有制相比，法人资本所有制具有三个显著的特点。一是法人取代个人成为股东主体，拓宽了股份公司的筹资渠道，推动了生产和资本的进一步集中。二是机构法人实行证券组合投资，降低了投资的风险性。三是法人持股有助于加强法人组织间的联系，克服公司行为的短期性。因此，法人资本所有制是比私人股份资本所有制更适合生产社会化和垄断大公司发展需要的资本所有制形式，因而逐渐取代私人股份资本所有制占据主导地位。这一趋势在 20 世纪 70 年代以来更加明显，根据纽约证券交易所的统计，在美国，1970 年机构投资者的持股比例仅为 27%，1990 年上升到 41%，而到 2001 年，这一比例上升到 47%。美国 1990 年机构法人股东的持股额占美国上市交易股票总额的 53%，退休基金在所有机构投资中持有的股票额占 45%，居第一位。共同基金以及保险公司也成为股份公司股票的集中持有者。

第三，职工持股比率上升，职工股份所有制兴起。职工股份所有制是一种由本企业职工拥有企业股票，进而拥有企业产权的所有制形式。这种所有制形式有两种情况。一是企业职工买下本企业的全部股票，成为企业资产的所有者。在这种情况下，由于雇员拥有了全部股权，致使企业从私人企业变为一种具有股份合作制性质的企业。二是企业职工买下企业的一部分股票，成为企业的投资人或股东，由此获得相应的企业管理权、表决权和红利分配权。在美国，职工所有制的历史可以追溯到 18 世纪末。当时，被誉为"美国职工所有制之父"的艾尔伯特·葛勒廷主张民主不应仅局限在政治领域，而应该扩展到经济生活中。20 世纪 20 年代，美国曾掀起一次被称作"新资本主义"的职工所有制运动，到 1930 年，美国约有 2.5% 的职工购买了近 10 亿美元公司股票。20 世纪 70 年代后，在路易斯·凯尔索为代表的"双因素经济理论"和马丁·魏茨曼为代表的"分享经济论"影响下，职工持股计划（employee stock ownership plan，ESOP）在美国得到进一步创造和大规模发展。所谓职工持股计划，是指由企业内部职工出资认购本企业部分股权，委托专门机构（如职工持股会、信托基金等）以社团法人身份托管运作、集中管理，并参与董事会管理，按股份分享红利的一种新型股权安排方式。根据美国全国员工持股中心提供的统计数据，到 1998 年底，美国通过职工持股计划及其他计划实现员工持股的企业达到 1.4 万多家，有 3000 多万名员工持股。员工持股计划涉及的资产总值达到 4000 多亿美元。

第四，经理革命持续发展，所有权和经营权"两权分离"现象更加突出。1941 年，伯纳姆在《经理革命：世界上正在发生》一书中第一次提出了"经理革命"这一说法。经理革命的过程，是以"经理控制型"的现代企业制度取代企业的所有者与经营者"一体化"的传统企业制度，成为主导的企业组织形式的过程。经理革命的内容是企业资产的所有权与控制权分离，由职业经理人取代所有者掌握企业财产控制权，在企业管理中居于支配地位。20 世纪 30 年代，作为经理革命发源地的美国，在当时 200 家最大的非金融公司中，已有 88 家采取了"经理控制型"的现代企业制度模式，占 44%。第二次世界大战后，虽然资本家家族仍持有相对多数的股票，仍能相对地控制企业，但是拥有股票的社会大众越来越多，资本家及其家族在一个企业中所拥有的股权比重不断下降，资本家家族绝对控制某个企业特别是大型企业的现象正在逐渐减少。到 20 世纪 60 年代，在美国 200 家最大的非金融公司中，采取"经理控制型"企业制度的企业已有 169 家，占 84.5%。20 世纪 80 年代以后，美国机构投资者成为公司股票的主要持有者，他们积极参与公司治理，改善上市公司治理结构和提升公司绩效。这样不仅推动了上市公司治理结构的改革，也有效地改善了"内部人控制"现象，并带来上市公司运作模式的转变，使所有权和经营权"两权分离"，逐渐发展为"两权共治"。

（二）合作制经济的快速发展

根据国际合作社联盟的定义，合作社是一个人们自愿联合起来，通过共同拥有和民主控制的企业来满足他们共同的经济、社会和文化需要的自治联合。从这个定义可以看出，合作社的合作是指经济关系上的合作，是以个人拥有资源为基础、互助互惠为直接目的的经济活动。

第一，合作社的起源与发展。英国是合作社的发源地，1498 年在阿伯丁成立的海滨搬运工互助组织被认为是世界上最早的合作社之一。1530 年在伦敦和巴黎建立的互助火灾保险公司是欧洲较早的自助组织。1696 年在英格兰建立的友善捐赠会是较为知名和成功的合作机构。1761 年在苏格兰东艾尔郡的芬威克村成立的芬威克纺织工协会是最早的消费者合作社。18 世纪中期以后大量的互助合作组织开始涌现。1793 年英国的《罗斯法案》从法律上认可了这些组织。此后，工业、供销、农业、建筑、信贷等领域的互助组织开始大量涌现，但真正大规模的合作社运动是在工业革命以后，随着蓬勃发展的社会思潮和社会运动出现的。英国 1844 年成立了罗奇戴尔公平先锋社（Rochdale Equitable Pioneers' Society），率先把合作社的性质和目标定位于社会生产的某个环节的联合，作为解决社会弱势群体的具体实际困难、谋取成员的个人利益的措施。公平先锋社成为最早的、普遍公认的、最具代表性的、现代意义上的合作社。从此合作社这种经济组织形式在英国得到较快发展，并于 19 世纪中后期逐渐扩展到欧洲其他国家。在此后的一个多世纪中，合作社经历了数次周期性发展。第二次世界大战后，在凯恩斯主义国家干预和福利政策的刺激下，合作社得到快速发展，成为适应社会化大生产要求的、各国国民经济中不可或缺的、制度化、法律化的经济成分。1953 年，全世界合作社社员为 1.2 亿人，到 1982 年增加到了3.26 亿人，1984 年又增加到 5 亿人，到 1995 年再增到 7.5 亿人。到 21 世纪初，全球已有 8 亿多人口从事合作社工作。合作社的经济在发达资本主义国家影响更大。美国、日本、挪威、新西兰等发达国家有 1/3 的人口从事合作社工作；德国这个比例是 1/4；新加坡和芬兰则分别达到 50% 和 60% 以上。不仅如此，合作社涉及农业、建筑、信用、银行、住房、电业、批发零售、互助保险和健康医疗等各个领域。合作社经济在整个社会经济乃至全球经济中都占有重要地位。发达资本主义国家绝大多数的农产品都是由农业合作社提供的。瑞典乳制品的 99%、日本国内大米的 95%、加拿大谷物和油料的 75%、意大利葡萄酒的 60% 都是合作社提供的。银行合作社领域，德国、法国、荷兰合作社银行业务占全部银行业务的 1/3。住房合作社领域，欧洲有 1061.4 万个住房合作社，15% 的挪威人和 2% 的英国人住在合作社提供的住房里。

第二，西方合作社的股金制度及管理制度。西方传统的合作社是以入社者缴纳一定的股金为基础而建立起来的。这种初始股金构成了西方合作社最基础性的产权制度框架。合作社明确规定股金是归投资者所有的，入社时应该投入，退社时可以撤走。另外，不少合作社规定要对这部分股金支付红利，这是西方合作社承认股金为社员个人所有的具体表现。在合作社条件下，社员则把其拥有的股金的支配和使用权让渡给了集体，虽然形式上社员仍有支配权，表现为合作社设立的以一人一票为特征的管理制度，但这种支配权已受到限制，而转化为集体经营管理权了。同时，合作社的收益权同样掌握在由个人组成的集体手中，即在集体决策中确定收益分配方案。合作社的股金同股份制企业的股份资本有根本区别。在合作社中，每一位社员都是股金的持有者，同时由于合作社所特有的制度规定，每位社员对股金的拥有量受到限制，其下限是个人进入合作社的"进门费"，其上限是各合作社规定的认购股金的最高限额，因而全体社员对其合作社股金的拥有量有一个确定的分布区间，其离散度远远小于合伙制或股份制企业。由此可以看出西方传统的合作社产权制度的三个特征：一是它的产权主体是个人而不是集体或整体，这可以称为所有权主体的个体性；二是合作社的每一个成员都拥有合作社一部分财产的所有权，这可以称为所有权主体的普遍性；三是所有权主体对其客体的拥有量是受到限制的，有上限，也有下限，这可以称为所有权客体的均齐性。但是到了 20 世纪 90 年代，传统合作社发展陷入困境，日渐势微，新型合作社却在美国、加拿大及欧洲获得了引人注目的发展。据估计，新一代合作社的资产超过了 20 亿美元。在美国，截止到 1991 年，共有 2400 个农产品营销合作社，年营业额达到560 亿美元，成员包括 184 万名农场主，它们销售的产品占美国农产品销售总量的 28%。其中，奶制品市场上合作社的市场份额已经达到了 81%，在谷物和油菜子市场中达到了 38%，在棉花市场中占 36%。目前在美国，64% 的黄油、47% 的奶酪、87% 的干奶制品都是由合作社生产的。这些合作社引入了股份制原则，除了向社员筹集部分资金以外，合作社还采用股份制向社会募集资金，成为所谓的"股份合作社"（stock – cooperative）。目前，在西方国家这种合作社已经相当普遍。在美国的农场主合作社中，大约有 80% 的合作社是"股份合作社"。

西方国家传统合作社的所有权特征要求特有的管理制度，即以一人一票制为基础的集体管理权。从内容上讲，这种管理制度要求由社员集体拥有对合作社全部经济活动的支配和控制权，其实质是合作社的每一位成员享有平等的企业管理权，反映了在合作社管理权上社员之间的平等关系。新兴的股份合作社仍坚持实行"民主管理"原则。只有合作社社员才有参加合作社管理的权利，拥有选举权和被选举权，并且在合作社决策时坚持"一人一票"制。尽管在有些情况下，大户社员视交易量可以得到一个或更多的额外投票权，但为了保障投票的公平，社员额外的投票权常常是有数量限制的，这就为合作社全体社员的民主管理提供了保障。如德国在 1973

年修改后的《合作社法》规定，合作社原则上实行一人一票，但在特殊情况下（即对于给予合作社的业务活动以特殊资助的社员）也可适当增加票数，但最多不得超过3票。而且，一人多票制只适用于简单多数表决制，即当实行质量多数表决制的事务进行表决时，平时享有多票表决权的社员也只享有一票。美国许多州的合作社法虽规定一个普通社员的选票不得多于一票，但在他拥有许多股时，可以对其拥有的票数做适当调整。1979年，美国农业部的一项抽样调查表明，全国有92.6%的合作社实行一人一票制，只有7.4%的合作社实行一人多票。美国学界通常认为，一人投票权份额最多不能超过20%，有的认为应当限定为3%或5%，有的认为最多不能超过5票或10票。至于拥有"优先股"的非合作社社员并不享有选举权与被选举权，自然不享有投票权。这就确定了股份合作社仍是一种互助性组织，保证了合作社集中精力为社员服务，而不是出于为外来投资者赚取利润或其他目的。

（三）跨国公司大量涌现

跨国公司是垄断资本主义发展的产物。19世纪60年代，资本主义从自由竞争逐渐向垄断阶段过渡，"过剩资本"的大量形成直接成为资本国际流动的动力和源泉。发达资本主义国家的某些大型企业开始向海外投资，开始跨国经营。这时的企业资本输出数额和比重都很小，而且主要是投资到殖民地和附属国的资源开发项目（如采煤、采油、开矿）以及农业种植园等，只有极少数企业在海外从事制造业生产性投资。从制造业来看，直接投资主要是流向比较发达的国家和地区。例如，1914年英国制造业对外直接投资中近90%是投向发达国家，其中对美国的投资占70%之多。从投资主体来看，制造业投资以美国为主体，但美国当时还是接受外国投资的主要债务国，其全部对外投资的比重排在英、法、德之后。美国的第一家跨国公司是胜家缝纫机公司（Singer），它于1867年首先在英国的格拉斯哥建立了一家缝纫机装配厂，其产品供应欧洲和其他地区，1880年又在伦敦和汉堡设立负责欧洲、亚洲、非洲业务的销售机构。在欧洲，德国的拜耳化学公司（Bayer）于1865年在美国纽约州的奥尔班尼开设了一家苯胺制造厂；瑞典的诺贝尔公司（Nobel）于1866年在德国汉堡设立了生产炸药的分厂。上述三家公司在海外设立生产性分支机构，从事跨国经营活动，已具有跨国公司的雏形，因此它们通常被看作早期跨国公司的代表。后来，欧美不少大企业通过对外直接投资，在海外设厂从事跨国经营，如美国的国际收割机公司、国际收银机公司、西方联合电机公司以及英国的尤尼来弗公司和瑞士的雀巢公司等都先后到海外投资设厂，成为现代意义的跨国公司的先驱。两次世界大战期间，跨国公司有所发展。据统计，全世界对外直接投资 1914 年是 143 亿美元，1938 年增至 263.5 亿美元，其中英国由 65 亿元增至 105 亿元，虽仍位居第一，但比重已经由 45.5% 降到 39.6%，而美国则由 26.5 亿美元增至 73 亿美元，所占比重也由 18.5% 增至 27.7%，位于英国之后，居世界第二位。美国 187 家制造业大公司在海外的分支机构 1913 年为 116 家，1919 年增至 180 家，1929 年增至 467 家，1939 年达到了 715 家。第二次世界大战后，跨国公司得到迅速发展。特别是 20 世纪 80 年代后，跨国公司在全球经济发展中越来越起主导作用，已成为资本社会化、国际化发展到一个新高度的重要标志和组织形式。据统计，20 世纪末，世界上已有跨国公司 6.5 万家，其国外子公司达到 80 万家。这些跨国公司控制了世界生产的 40%、国际贸易的 60% 和对外直接投资的 90% 以上。1999 年，跨国公司的营业额达到 14 万亿美元，占世界国内生产总值的 10%，为世界出口贸易额的 2 倍。

以跨国公司为代表的国际垄断资本有三类基本的所有权和控制权的实现形式。一是跨国公司通过股份"参与"（多数控股或全资收购）方式，实现对东道国现有企业资产设备的并购，实质是资本所有权从东道国企业转移到跨国公司手里，是资本所有权的跨国交易或重组。二是跨国公司在东道国直接投资设厂，或者资本所有权从跨国公司母国，或其在第三国的分支机构向东道国直接转移，即所谓的绿地投资（greenfield investment）。三是跨国企业和东道国企业共同出资兴办合资企业，这种合资实际上是前两种所有权和控制权形式不同程度的组合。从国际生产资本所有制实现形式看，尽管全球外国直接投资从 1990 年的 2000 亿美元上升到 2007 年的 1.8 万亿美元，而这其中绝大多数又是以跨国并购形式为主。外国直接投资在发达资本主义国家主要采取跨国并购的所有权实现形式，而在发展中国家则是以绿地投资所有权形式为主。无论哪种所有制形式，国际垄断资本的所有权结构借助跨国产权重组和股权扩散，所有权结构的确是国际化了，但国际垄断资本借助母国、第三国乃至东道国的股权资本，却也实现了少量资本控制数倍于自有资本的国际资本。

第四节　国家垄断资本主义时期西方国家的
社会结构和社会运动

国家垄断资本主义时期，西方国家所有制结构的变化引起了产业结构、就业结构等方面的变化，进一步引起阶级结构和阶级关系发生重大变化。资产阶级和工人阶级两大对立的阶级依然存在，但同时出现了阶级结构多层次化，特别是在两大阶级之间出现了庞大的中间阶层，社会阶级结构呈现"两头小、中间大"的橄榄型分布。社会结构的新变化对西方社会产生了重大影响：阶级矛盾、社会冲突及解决方式发生了变化，工人运动走入低谷，但群体性的社会骚乱成为社会冲突的突出表现形式，社会管理方式出现重大变化。

一　发达资本主义国家社会结构的新变化

第二次世界大战后资本主义进入国家垄断阶段，随着国家调节经济措施的实施和第三次科技革命的开展，西方资本主义国家所有制结构发生了重大变化，与此相适应，社会结构也发生了新变化。这个变化过程分为三个阶段。一是变化的初期阶段。从 1945 年到 50 年代初，当西欧国家的经济、政治和社会从战争废墟中恢复并有所发展时，这些国家的社会结构也随之发生变化。由于美国的经济、政治和社会未受到战争的破坏，其社会发展也未因此中断，社会结构沿着战前的轨迹继续发展变化。因此，第二次世界大战后美国社会结构的变化要比西欧国家更早些、更快些。二是急剧变动阶段。20 世纪 50～70 年代，随着发达资本主义国家经济的高速发展，其社会结构也同时发生共振，在急剧地变动。西方国家基本阶级和非基本阶级的新特征、新阶层和新社会集团都是在这个时期形成的。三是相对稳定的发展阶段。从 20 世纪 80 年代起，发达资本主义国家的社会结构在已经形成模式的基础上缓慢地发生着量变。国家垄断资本主义时期，资本主义国家的基本阶级结构，根据我国学者的研究，一般分为三个基本阶级，即资产阶级、中产阶级和工人阶级。如图 7－2 所示，每个阶级又分为许多阶层，但每个阶级和阶层又是动态的、不断变化的。

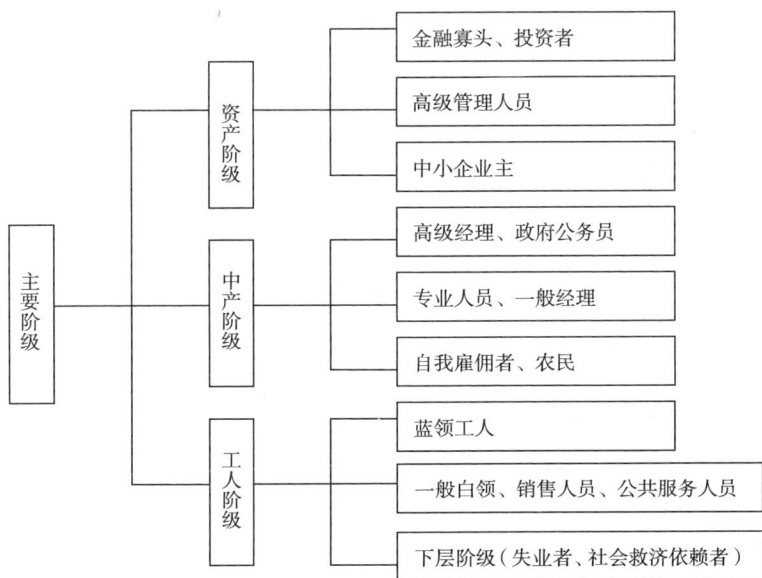

图 7 - 2　当代资本主义阶级结构

资料来源：林德山：《渐进的社会革命——20 世纪资本主义改良研究》，中央编译出版社，2008，第 183 页。

　　20 世纪 70 年代后，欧美发达国家社会结构逐步定型，资产阶级的数量有所增加，但变化不大；传统的工人阶级数量急剧萎缩，新中产阶级日益壮大，社会结构呈现"橄榄式"的形态。在美国，20 世纪 80 年代以来，社会上最富有的阶层大约占 6.7%，最贫穷的阶层大约占 6.2%，其余 87.1% 的家庭大致都处于一种中间阶层或曰"中产阶级"的地位上[1]。社会中间阶层的人数大为增加，新中间阶层与工人的界限趋于消失，形成所谓"90% 属中流"的社会均质化现象。

（一）资产阶级的复杂化和多层次化

　　资产阶级是资本主义社会的统治者，一般认为他们在欧美居民中所占的比例在 5% 左右。但这个数字是动态发展的，不同时代会有变化。根据苏联和我国学者整理的统计资料，20 世纪 50～70 年代美国等六个发达资本主义国家资产阶级人数及其在本国经济活动人口中的比重（如表 7 - 6 所示），除法国外都有比较大的增长，说明各国资产阶级总人数是动态性变化的。

表 7 - 6　20 世纪 50 ~ 70 年代主要发达资本主义国家资产阶级人数及比重

国　别	年　份	资产阶级人数（万人）	在本国经济活动人口中比重（%）
美　国	1950	127	2.3
	1977	270	2.7
联邦德国	1950	77.5	3.5
	1976	140	5.4
英　国	1951	44	2.0
	1979	51	2.1
法　国	1950	91.5	4.8
	1977	85	4.5
意 大 利	1950	22.7	1.2
	1970	35.1	1.8
日　本	1950	68.1	1.9
	1975	320	5.9

资料来源：波捷欣主编《发达资本主义国家的社会结构和社会政策》，基辅 1978 年版，第 44 页；傅殷才：《现代资本主义社会阶级结构初析》，《经济学动态》1983 年第 12 期，转引自倪力亚《论当代资本主义社会的阶级结构》，中国人民大学出版社，1989，第 138 页。

资产阶级不仅总人数和所占人口的比例是动态的，其占有社会财富的形式和数量及其自身构成也都不是静态的，而是变化的。资产者财富在社会总财富构成中所占比重，明显受到时代环境的制约。以 20 世纪美国纳税人排序前 1% 的人占有的收入份额变化为例，其最高点在 20 年代，达到了 25%，但从 30 年代开始逐步下降，到 70 年代仅占 9%。之后，从里根政府时代重新开始攀升，到 90 年代末超过了 20%[1]。从自身构成看，资产阶级是一个多来源的集团，高级管理者队伍的日趋突出是一个新现象，即使是传统的最上层富豪，其形式和结构也在变化。传统的最上层很大程度上是靠祖辈的积累而来，但 20 世纪 70 年代以来，随着信息技术的突飞猛进，新兴富豪靠自我积累实现的比例在逐步扩大，像比尔·盖茨等知识型富豪的

---

[1]　Samuel Bowles, Richard Edwards, & Frank Roosevelt, *Understanding Capitalism*: *Competition*, *Command*, *and Chance*, Oxford: Oxford University Press, 2005, p. 150.

财产显著增长。在形式上，传统的家族控制很大程度上让位给专业管理人员的控制，资产阶级拥有财产的形式越来越多样化。

分析资产阶级内部结构，有助于我们更清楚地理解所有制变化对阶级和阶层构成的影响。垄断资本主义时期资产阶级的构成，除了传统的大资本和中等资本占有者外，还有大企业和大公司的高级经理、高技术"新贵"、行政官僚机构的高级官员等。总的来看，资产阶级主要由三个阶层组成。最上层是 1% 最富有的人，主要是一些金融和企业的寡头，以及进行资本投资的大投资人。1953 年，美国拥有 100 万美元以上财产的共有 2.7 万人，1962 年增长到 6.7 万人，1970 年达到 20 万人。在 20 万个百万富翁中，可分成几千个家族。它们形成紧密联系着的各种枢纽，成为美国真正的主宰。1974 年，美国的洛克菲勒等十大财团所控制的资产额达 12505 亿美元，约占美国全部公司资产总额的 30%。美国社会学家威廉·多姆霍夫 1983 年在《当今谁统治美国》一书中，用大量的例证说明"美国仍然有一个人数很少的上层阶级，其成员拥有全部私人财富的 20% 至 25%，全部私有股票的 45% 至 50%"[1]。这些人形成了稳定的社会地位，成为国家的真正统治者。正如 1979 年，美国社会学家戴伊根据大量统计资料指出的那样：美国最高掌权阶层共有 5416 人。除去最高统治集团，在每个政府部门，每个州及每个地区也都存在一个统治集团，没有他们的命令和同意，任何重要行动都难以实施。

其次是新兴的高级管理人员，主要是指资本主义国家的管理者和大公司的高级管理者。自 20 世纪 30 年代公司管理革命以来，公司高管逐渐发展成为一个资产阶级的重要阶层。1970 年，《财富》排行榜前 100 名公司的执行总裁的平均收入是美国工人平均收入的 49 倍，而到 1998 年则相当于 2388 倍[2]。从表面上看，这些人的高收入来源于他们的工资，实际上他们分享了企业的利润，他们的高收入很多都是以股权形式获得的，据美国 2001 年纳税人的收入来源统计，年收入 100 万美元以上的，工资收入仅占收入总数的 35.8%[3]。因

---

① 〔美〕威廉·多姆霍夫：《当今谁统治美国》，中国对外翻译出版公司，1985，第 226 页。

② Samuel Bowles, Richard Edwards, & Frank Roosevelt, *Understanding Capitalism*: *Competition*, *Command*, *and Chance*, Oxford: Oxford University Press, 2005, pp. 150 – 151.

③ Samuel Bowles, Richard Edwards, & Frank Roosevelt, *Understanding Capitalism*: *Competition*, *Command*, *and Chance*, Oxford: Oxford University Press, 2005, p. 140.

此，他们与资本所有者一样，是剥削工人阶级剩余价值的资产阶级。随着资本主义国家所有制的发展，出现了一个特殊范畴的国家高级职员，即国有化企业和公私合营企业的领导人。从表面上看，他们的社会地位与私人垄断组织的上层管理人员很少有共同之处。国有化经济部门的高级领导人处于国家官员的职位上，形式上是作为国家官员，并从政府领取工资。但是实际上，无论就其在社会劳动组织中和再生产过程中的地位，还是就其获得收入的方式而言，国家经济部门的高级管理人员所处的社会地位与私人垄断组织上层管理人员完全相同，并且在许多情况下，其收入不少于私营企业上层管理人员的工资。另外，在国家垄断资本主义条件下，国家行政权力和政治权力的执掌者（包括国会议员、部长、将军、行政机关的高级官员等）成为现代资产阶级日益重要的组成部分。一方面，国家给予的薪金使他们有机会成为资本的投资者；另一方面，他们利用国家所有制经济，从中获得了薪金以外的收入，而这个收入远高于国家规定的薪金。比如，英国、联邦德国、意大利和奥地利等国的党政高级人士中的许多人，通过人事结合和其他联系形式，牢固地结合于国有公司之中。例如，20 世纪 60 年代初，联邦德国的 238 名官员在国有股份公司和合营股份公司的监察委员会中拥有 660 个职位，其中包括 10 个最高职位。这就是说，每个官员在国家股份所有制的重要管理环节中平均占有 3 个职位，他们利用国有经济成分有效地"取得一种不依赖于议会决定的新的收入来源"①。而在美国，根据 20 世纪 70 年代的官方统计资料，美国最有权势和最富有的上层阶级占人口的 10%。这个阶级的成员年收入在 5 万美元以上，他们占据联邦政府、州政府、城市、军队、商业、大企业等机构的最上层领导地位。

最后是资产阶级的第三个阶层——中小企业主，他们是资产阶级中人数最多的部分。第二次世界大战以后，随着第三次科技革命的发展，中小企业的数量不断增多，发展的速度也大大加快了。例如，在日本，20 世纪 50 年代每年新增加的中小企业为 4.3 万个，60 年代每年增加 10.6 万个。1960～1981 年，日本中小企业总数由 335 万个增加到 623 万个②。在美国，

---

① 〔苏联〕H. H. 伊诺泽姆采夫等主编《现代垄断资本主义政治经济学》，上海译文出版社，1978，第 481 页。

② 参见倪力亚《论当代资本主义社会的阶级结构》，中国人民大学出版社，1989，第 134 页。

1950 年创办新企业约 9.3 万个，到 1980 年，这个数字猛增到每年约 60 万个[①]。20 世纪末，在主要资本主义国家，中小企业占企业总数的比重都在 95% 以上，中小企业的产值占国内总产值的将近一半。从收入水平上看，中小企业主之间的差别很大，地位也不稳定，往往随企业的经营状况而变化。从结构上看，这类人在不同的国家所占的比例以及所具有的地位有一些差异，如在欧洲国家中小企业的比例要更大些，但大致来说他们占人口比例的 3%～5%[②]。这类人虽然在收入上与中产阶级相当，但在政治倾向上与上层阶级一致，更趋于保守。

（二）工人阶级的日益分化

工人阶级是与资产阶级相对的阶级，是指那些必须靠工作（即出卖劳动）生活并受他人控制的人。它是传统的两大阶级中人数最多的阶级，但第二次世界大战后随着国家垄断资本主义的发展，大量工人阶级队伍中的人口在中产阶级化，有减少的趋势。据统计，1970～1991 年美国工厂的蓝领体力工人减少了 32.3%，1961～1981 年英国减少了 35.3%，1976～1989 年德国减少了 12.3%[③]。从人员构成来看，工人阶级主要是随产业结构的变化而变化的，他们主要包括以下三部分。第一部分是传统的产业工人，他们在 20 世纪 50 年代以前一直是最大的劳动队伍，此后开始下降，目前在经济合作与发展组织国家中约占就业队伍的 25%，在一些国家比如加拿大、美国、英国甚至降到了 20% 以下。第二部分包括一般的白领（如社会机构的一般职员和低级的公务员）、服务业工人、销售人员和公共服务人员，他们大部分属于服务业中低等级人员，收入水平不高，基本上受他人控制。第三部分是处于最底层的社会下层，大量属于失业的人员和靠社会福利救济的各种人群。总体来说，工人阶级占总的就业人口的一半以上，但呈下降的趋势。正如美国学者赖特指出的，即使在发达资本主义国家，工人阶

---

① 〔美〕奈斯比特：《大趋势：改变我们生活的十个新趋势》，新华出版社，1984，第 19 页。

② Samuel Bowles, Richard Edwards, & Frank Roosevelt, *Understanding Capitalism: Competition, Command, and Chance*, Oxford: Oxford University Press, 2005, p. 156.

③ Manuel Castells, Yuko Aoyama, *Paths Towards the Informational Society: A Comparative Analysis of the Transformation of Employment Structure in the G-7 Countries*, 1920-2005, p. 27, http://repositories.cdlib.org/brie/BRIEWP61.

级依然是一个最大阶级，从拥有中等文凭的工人算起，就是在美国也有将近 40% 的劳动力属于这个阶级[①]。但随着资本主义国家生产力水平的提高和政治民主化进程的发展，无产阶级的生活状况和工作条件大为改善。他们中的大多数人拥有自己的住宅、汽车、家电，手中还持有一定数额的股票。从收入水平来说，他们之间也有一定差距，例如一些高工资的蓝领的收入要明显高于低级服务业工人的收入，但这类人口随产业结构调整在下降，大多转入了服务业。经过第二次世界大战后几十年的发展，现代雇佣工人阶级结构相比第二次世界大战前有了新变化。

第一，体力劳动工人，即蓝领工人。随着科技革命的发展、工业生产中自动化和现代化设备的广泛采用，体力劳动工人的比重在总体上日益下降，且不再局限于传统的耗费体力的劳动者，而扩展到在生产自动线上从事单调的和节奏紧张的劳动的新型体力劳动者，即专业工人。而且随着经济的发展，专业工人日益增加，并成为体力劳动无产阶级的主力军。从产业的分布来看，传统产业如钢铁、煤炭、机械等产业中体力劳动工人日趋减少，相反，迅速发展的第三产业中服务性行业却集中了大量的体力劳动工人，如清洁工人、搬运工人、邮政工人、医院辅助工人等。

第二，生产领域熟练工人或半熟练工人。随着科技在生产中的应用、新兴工业的涌现以及自动化、信息化发展和机器人的出现，生产和社会分工越来越细，促使劳动发生了质变。工人不再亲自参加具体生产劳动过程，而是以生产过程中的监督者、调节者和操作者的身份与生产过程本身发生关系，从而实现了从传统劳动方式向现代化劳动方式的转变，即体力劳动向脑力劳动和脑体双重劳动的转变。这些受过教育和培训、掌握了现代科学技术和文化的工人，代表了资本主义国家新兴工业的生产力，是当代资本主义社会中工人阶级的中坚力量。

第三，普通工程师和技术员。普通工程师和技术员是受雇于资本家阶级、没有生产资料、靠出卖自己的技能为生的劳动者。在企业中，他们虽然能够更多地使用自己的智力劳动，间接地参加生产过程，获得较好的就业条件和较高的工资收入，但是他们没有任何经济特权，也没有任何管理特权，从事的只是常规性的、技术性的管理和监督工作。随着

---

① 〔美〕赖特：《阶级》，刘磊、吕梁山译，高等教育出版社，2006，第 125 页。

科技在生产中的应用和推广以及工业的现代化，需要吸取大量的工程师和技术人员从事生产活动，如安装、调试和检修精密的机械和仪表等，生产分工越来越细以及生产上游和下游部门越来越发达，也促成工程技术人员的职能转变和扩大，他们必须参加产品的研究、设计、试验、试制和检验。因此，除了少数高级工程师外，普通工程师已经丧失了管理和经济特权，成为雇佣劳动者，他们以不同的方式，直接或间接地参加生产过程，其劳动构成物质产品中所凝结的共同劳动的一部分，决定了他们与体力劳动工人、脑力劳动工人和脑体双重劳动工人一样，有着共同的利益要求，普通工程师和技术人员是当代资本主义社会中工人阶级的重要组成部分。

第四，普通职员和低级行政管理人员。当代资本主义社会产业结构的变化和发展，使得在第三产业中就业的普通职员和低级行政管理人员迅速增加，这些人包括低级公务员、出纳、实验员、护士、中小学教员等。他们在办公自动化、信息化条件下，成为一般的办事员和行政命令的执行者，他们实际上依靠出卖自己的脑力劳动谋生，成为雇佣劳动者。所以，第二次世界大战后的职员，从工作条件、收入水平、社会地位和生活状况看，都是属于资本主义社会中工人阶级的组成部分。

国家垄断资本主义时期工人阶级除了人员构成的变化外，其他方面也出现了许多新的特征。一是脑力劳动和脑体双重劳动的工人数量已经超过体力劳动工人数量，占工人阶级总数的60%～75%。二是非物质生产部门的工人数量超过了物质生产部门工人的数量。三是工人阶级的工资收入和社会福利明显提高，生活条件有了很大的改善，普遍接受教育或职业培训，有一定科技知识和文化修养。四是工人阶级中妇女的比例大增，20世纪末女职工已占发达资本主义国家工人总数的2/5，美国的女职工在1982年就已经达到4700多万人，占全部劳动力的43%。

总的来说，发达资本主义国家的工人阶级在结构和特点上都发生了很大的变化，其中甚至还出现了工人阶级的"中产阶级化"。但在数量上工人阶级依然是发达资本主义社会最大的阶级，但从历史的变化过程和趋势来看，工人阶级无疑处于一种日益分化的地位，这种分化主要源自资本主义生产结构的变化以及生产过程的控制体系变化。

（三）中产阶级的崛起和壮大

被西方学者称为"中产阶级"的这个社会阶层界定非常模糊，人员结构也十分混杂。西方学者多是从职业、收入、受教育程度或者是从人们在市场中的地位、与政权的关系来划分阶层。他们所说的"中产阶级"，也就是马克思所说的中间阶层，在当代资本主义社会是"处于资产阶级和无产阶级之间的社会中间阶层"，它们既不属于资产阶级，也不属于工人阶级，而是游离于二者之间的、具有某些共同特征如占有少量的生产资料但却是自食其力的劳动者的各个阶级和社会集团。中间阶层的成分相当庞杂，包括许多互不相干的、在整个社会的阶级结构中占有独特地位的社会集团，因而这并不是一个统一的阶级。中间阶层主要由两大部分构成，一是老中间阶层，即第二次世界大战以前就已经存在的社会集团；二是新中间阶层，即第二次世界大战后在新的经济、政治和社会条件下形成的社会集团。老中间阶层主要包括小企业主、小农场主、小商人、手工业者、小食利者和自由职业者六种成分。新中间阶层是相对于老中间阶层而言的，主要是指第二次世界大战后伴随新科技革命和产业结构调整而发展起来的一个以白领雇员、公务员、中小知识分子、科技人员为主体的群体。

（1）中产阶级队伍的壮大。第二次世界大战以后，科技革命和国家垄断资本主义的发展使发达资本主义国家的社会结构、劳动力结构发生重大变化，非体力劳动者日益增多，白领人员的队伍迅速扩大。

从表7-7可以看出，到20世纪70年代，各发达国家的白领人数都达到了40%以上。在美国，白领人员的总数由20世纪40年代的1608万人上升到70年代末的5105万人，白领人员占劳动力总数的比重由31%上升到50.9%。英国的情况也是如此，英国的白领人员总数由40年代的600万人上升到1978年的1160万人，1978年白领人员的比重已经达到了44%。而到2001年，部分发达国家的白领人数都超过了50%，美国更是达到近60%。但在美国，到底什么是中产阶级，历来有许多说法，标准也不一。一般来说，有按职业划分和按个人或家庭收入划分两种。按职业划分有许多争议，因为职业和收入之间有很大的关系，因此比较流行的是按照家庭年收入来划分。即使这样，标准也很宽，在20世纪70年代年收入平均在4万~12万美元可以算中产阶级的标准，21世纪初的标准是平均5万~12万美元可称为中产阶级。中产阶级依收入、受教育程度和职业也可分为上层和中下层。上层约占美国人口的15%，大都拥有硕士以上的学位，如大学教授和大中公司中层主管等。中下层约占美国人口的38%，一般被称为白领阶层，受过大学教育。美国很多制造业工人的收入和福利较高，也属于中产阶层。以此标准而论，美国中产阶级大约占总人口的80%。

表7-7　西方四国新中产阶级与体力工人的统计情况

单位：%

项　目	美国 （1970年）	德国 （1989年）	法国 （1982年）	英国 （1990年）
新中产阶级	45.45	48.7	50.3	57.7
体力工人	45.13	45.7	41.7	40.9

资料来源：Manuel Castells and Yuko Aoyama, *Paths Towards the Informational Society*：*A Comparative Analysis of the Transformation of Employment Structure in the G - 7 Countries*, *1920 - 2005*, p. 27D, 27E, 27F, http://repositories. cdlib. org/brie/BRIEWP61。

（2）中产阶级的特征。美国的 investopedia. com 网站曾经发表文章提出了符合中产阶级的六条特征，即拥有住房、汽车、保障子女大学教育、退休保障、医疗保险、家庭度假。一是拥有住房。住房居美国中产阶级特征的首位。除了中产阶级最下层有一部分人租房外，其他的中产阶级都拥有自己的房子。但同是中产阶层的收入，住房条件也还因各地的生活水平不同而不同：在底特律可以买到一幢独立屋；在纽约或洛杉矶，可能只能在不好的地段购买小屋。二是拥有汽车。汽车是美国人必需的交通工具，很多穷人也拥有汽车。中产阶级拥有汽车，一般不是指有没有汽车，而是指是否拥有较好品牌的汽车。例如，传统的美国中产阶级拥有的汽车一般都是 SUV 等。拥有的汽车品牌越好，说明所处的层次越高。三是保障子女大学教育。这是美国中产阶级追求的重要目标之一。支付子女受教育的成本，一般来说要花数万美元到数十万美元。尽管在习惯上美国家庭都是要求孩子自己贷款，但是许多条件好的中产阶级家庭还是会帮助子女支付学费或其他费用。四是退休保障。这对中产阶级来说，主要是房屋、社会保险和养老金。五是医疗保险。这是保住中产阶级地位的至关重要的一环。根据美国商务部资料，近20年来医疗成本上涨155%，而中等收入增长率约为20%。即使有保险，还有很多名目的费用要自己掏，如果没有合适的医疗保险，一场大病就可能使一个中产家庭破产。六是家庭度假。家庭外出度假表明一个家庭能够有可供自由支配的金钱和时间，也算是事业成功的一个标志。但事实上，下层中产阶级度假的可能性是不大的。

（3）中产阶级的不稳定性。第二次世界大战后，随着工业化的完成及向后工业社会的转变，西方发达国家社会结构演变主要体现在蓝领工人数量锐减，而白领阶层不断扩大。然而，自20世纪70年代以来，美国中产阶级面临两方面的严峻挑战。一是收入增长放缓，到20世纪90年代后期出现停滞甚至实际收入水平下降。美国人口普查局的数据显示，90%美国家庭的收入从1973年开始几乎没有增长，与此同时，最富有的1%美国人的收入却增加了3倍。更糟糕的是收入流动性的减少，意味着社会中下层的人改善收入状况的机会减少。二是中产阶级内部出现明显分化。根据纽约州立大学的研究，自1979年以来，美国收入分配不平等程度加剧，1%人口占有了80%的新增收入。从整体上看，美国收入差距在不断扩大，基尼系数20世纪60年代末为0.39，70年代突破0.40，80年代开始急剧攀升，最高到0.43，90年代进一步升高到0.46，2007年一度达到0.47。如果按照五等份分组家庭收入占比统计，从1990年开始，除了最高的20%家庭的收入大幅增长，由1990年占全部收入的44.3%增长到2000年的49.7%，提高了5.4个百分点，其余四组的家庭收入均有不同程度的下降。不断上升的经济压力使得越来越多的中产阶级家庭靠负债维持超出其支付能力的生活水平，而华尔街20世纪80年代以来不断翻新的金融产品也刺激美国中产阶级选择了高负债、高消费的生活方式。1983~2004年，美国中产阶级的负债/收入比率从0.45上升到1.19。2008年金融风暴引发的经济危机给中产阶级带来更加沉重的打击，美国累计失业人数超过800万人，多达200万户美国家庭由于无力支付房贷而失去住房。此外，中产阶级面临的困境除了来自经济衰退因素以外，还与联邦和地方政府财力不足、公共服务投入减少有关。更主要的是美国的财富分配机制导致的财富分配的失衡。21世纪初，美国的经济衰退使贫富差距的壁垒越筑越高。5%收入最低的家庭如今每年都要少1.9%的进项，2002~2003年，这些家庭平均只拿到了17984美元。而那些处于高收入阶层的家庭则将86867美元放入腰包。这导致介于穷人与富人之间的中产阶级群体开始压缩。

二　西方社会阶级矛盾、社会冲突及解决方式的变化

传统的蓝领工人，一般收入较低且工作不稳定，常常受到失业的威胁。因此，他们关注的重点是生活保障问题，如提高工资、缩短工时、增加失业救济以及各种相关的福利措施等。由于这些要求具有普遍性，涉及所有蓝领工人的利益，单靠个体或者小规模的群体斗争很难实现，因而参加组织严密的工会，通过工会与雇主进行斗争，在国家、地方或行业的级别集体谈判，或者直接通过大规模罢工对资方和政府施加压力就成为蓝领工人实现这些目标最为有效的斗争方式。从 19 世纪下半叶到 20 世纪上半叶的近100 年时间里，这种斗争方式一直是西方社会矛盾的主流解决方式。

第二次世界大战结束后，随着社会生产力的发展和民众物质文化生活的改善，西方国家民众整体素质有了较大提高，社会结构发生了重大变化，蓝领体力工人的数量迅速减少，新中产阶级大规模崛起，引起西方国家阶级矛盾、社会冲突及其解决方式发生了深刻变化。由于新中产阶级多受过良好教育，他们与资产阶级解决矛盾和斗争的方式表现得趋于理智和温和，主要是采取非暴力、合法斗争的方式。以新中产阶级为主的工人与雇主的斗争目的主要是要求行使自己的参与权利，参与经济政策和涉及劳动者利益政策的讨论和制定，要求政府、雇主采取与自己合作协商的方式解决事关自身利益的问题。

集体谈判制度是当代西方社会调节劳资关系的一项基本制度。它通过雇主代表和工人代表之间的谈判，形成合同来确定劳动者的工资标准和劳动条件，确定劳资双方的权利和义务。世界上最早的集体谈判出现在 18 世纪末 19 世纪初的英国。到了 19 世纪末 20 世纪初，随着工人运动的高涨，欧洲各国在立法上逐渐放宽了对集体谈判的限制，集体谈判有了一定的发展。1904～1919 年，奥地利、荷兰、德国、法国等国家先后颁布了集体谈判的相关法律。集体谈判的大规模发展是在第二次世界大战后。随着现代企业制度的建立和完善，以及长期以来工会不断追求与资方的平等地位和社会公正，集体谈判逐步成为工人参与企业民主和社会决策过程的主要形式，也成为西方国家劳资双方解决冲突的最主要手段。20 世纪 60 年代以来，西方各国普遍实行了集体谈判制度，立法上对其也有了比较完善的规

定。比如，在法国，1982 年以劳工部长命名的一系列法案（奥卢法）规定在部门和企业层面必须就工资、工时、分级和职业培训等问题进行谈判和协商，这使得集体协议的做法更加制度化和普遍化。从 20 世纪 80 年代中期到 90 年代中期，法国所签订的国家一级的协议数量每年稳定在 550 项左右，地方级的协议数量每年也稳定在 350～400 项，而企业协议从 1983 年的每年5000 项，增加到 1995 年的 8000 多项[①]。这种调节机制的完善在一定程度上避免了劳资紧张关系趋于极端化，推动了劳资双方的对话与合作，使工人阶级和资产阶级的冲突程度大幅度降低，规模化的暴力行动几乎消失。

虽然大规模的暴力行动减少了，但西方社会的冲突依然存在。20 世纪70 年代以后，新中产阶级成为工会的主力，以要求更多地参与管理为目标的斗争明显加强。据统计，1967～1975 年，美国以工厂管理制度的改革为目的的罢工次数由占总数的 15% 上升到 25%[②]。由于新中产阶级所关注的问题主要集中在家庭、婚姻、道德、环境、教育、女权主义、同性恋、堕胎、公民权利、工作的自主性等涉及个人生活质量与个人独立性的领域，因此 20 世纪 70 年代以来，随着新中产阶级的大规模兴起，西方社会出现了以这些问题为导向的新社会运动。20 世纪 60 年代末 70 年代初的学生运动、反战运动、妇女解放运动、民权运动，80 年代的环保运动、反核运动，90年代的反全球化运动、同性恋争取权益运动、堕胎合法化运动、争取安乐死合法化运动，都是新社会运动的主要内容。随着新社会运动将这些问题推向前台，西方社会传统的社会矛盾解决方式发生了巨大变化。各种各样的非官方的社团组织在各国纷纷建立（如绿色和平组织、动物保护组织、反战组织、同性恋组织、争取或反对堕胎、死刑、安乐死合法化的组织等）。这些社团组织大多是围绕新中产阶级关注的问题形成的，它们与新中产阶级工会一样，都成为新中产阶级表达自身意愿、追求个人目标的有效载体。新中产阶级依托这些社团组织通过各种各样的抗议或游行，以及媒体、民意测验或选票来表达自己的意愿，从而对政府或政党候选人施加压力，而达到解决问题的目的。

---

① 沈坚：《战后法国的工人阶级与社会冲突》，《世界历史》2003 年第 6 期。
② 吴浩：《新中产阶级的崛起与当代西方社会的变迁》，《南京师范大学学报》（社会科学版）2008 年第 5 期。

三　改良主义成为西方社会思潮的主流

中产阶级中只有少数人能够跻身于资本家行列，大多数仍属于工人阶级。在知识经济时代激烈的竞争条件下，他们也有可能跌入失业大军，成为明天的"无产者"。这样的社会地位和生活状况决定了中产阶级在政治态度上趋向温和与保守。他们既不满足于现状，希望社会有所变革，同时又对激进的变革持怀疑态度，害怕触动资本主义生产方式造成他们现有的物质生活基础的丧失，在他们看来，渐进的改良是解决社会矛盾的最好途径。从社会功能的角度看，中产阶级的崛起使矛盾的尖锐对抗形式趋向缓和，左、右思潮的极端理论模式趋向淡化，这正是资本主义国家改良主义思潮、新社会运动得以活跃发展的重要原因。这些新变化为资本主义生产方式开拓了更大的生存空间，也为改良主义思潮营造了较为适宜的社会条件。

西方改良主义思潮的代表是新自由主义和"第三条道路"。20世纪70年代，为克服西方经济史上前所未有的失业与通货膨胀并发的经济"滞胀"，新自由主义经济学派提出他们的主张，认为通过市场供求作用的自动调节能够达到充分就业均衡，使资源得到充分利用；信赖市场的自由放任可以达到经济均衡的发展，反对凯恩斯主义的国家干预，断言国家的过度干预是危机的根源。1979年撒切尔夫人出任英国首相和1980年里根当选美国总统，标志着新自由主义意识形态在发达资本主义国家上升为主流经济政策取向。英美新保守主义政府上台之后，以哈耶克、弗里德曼的学说取代了凯恩斯主义，从而引发了西方世界二十余年历久不衰的"新自由主义"浪潮。新自由主义的兴起，推动了20世纪80年代欧美发达国家反"滞胀"的改革。这一改革涉及宏观调控政策的调整，包括：实施货币主义的反通货膨胀政策；紧缩的财政政策，压缩福利开支，减少国家对经济的干预；所有制结构的调整，即把国有企业私有化；社会保障制度的改革以及经济政策的重大调整，如从重点刺激需求转为重点刺激供给等。尽管1991年发生的新一轮经济衰退给新自由主义一个沉重的打击，但是东欧剧变和西方国家在冷战中的"胜利"为新自由主义的意识形态注入了新的活力。20世纪90年代以来，西欧国家的一些中左翼政府也相继对新自由主义表现出极大的热情，提出的所谓"第三条道路"，实质上是社会民主主义向新自由主义方向的大幅度政策调整和理论转向。

　　新自由主义主张通过实行温和的改革来维护资本主义制度。当然变革只能针对制度的非本质方面，而不能触及本质，不能违反原则。20 世纪 70 年代以来，新自由主义的变革观影响甚至是指导了西方资本主义国家的政治实践，发挥了实际的政治功能。新自由主义强调对传统资本主义的复归和对固有价值的重新肯定，实行保守改革，从而给陷入困境的资本主义带来了生机和活力。新自由主义政策在西方主要资本主义国家中在一定程度上取得了成功，如 20 世纪 80 年代，美国历届共和党政府都奉行新自由主义政策，避免使用激进的改革，重新肯定了资本主义的一些传统做法，实际上是采用了温和的、渐进的改良代替了对资本主义进行大刀阔斧的改革，结果这种温和的改革稳定了资本主义并使其有所发展。

　　"第三条道路"是指 20 世纪 90 年代出现的一种适应科技、经济、社会、阶级和生存环境等各方面全球性变化的"中间偏左"的社会民主主义政治哲学或理论。它最早至少可以追溯到德国社会民主党理论家伯恩施坦那里，此后经常被社会民主党人和欧洲社会主义者所使用，以显示自己的观点与美国自由市场资本主义和苏联社会主义模式的差异。即在传统的左派与右派之间，不放任自流也不像左派那样过分干预，是中间偏左的一种道路（偏向干预）。20 世纪 90 年代欧美左翼政党在总结社会民主主义并吸收新自由主义理论的基础上，实现了战略上的转变，从而带来了其政治上的复兴，这成为"第三条道路"的现实起点。最初，它只是在现代化旗帜下的一种左翼改革，还没有上升到新道路的高度。1993 年克林顿执政后，民主党领导委员会及其思想库改革政策研究所为其设计了一套取代传统的自由主义和保守主义思想政策、使美国政治和管理现代化的政策体系。与此同时，英国工党领袖布莱尔打出了超越传统左右政治的"第三条道路"旗帜。布莱尔及其思想顾问杰夫·马尔甘和吉登斯等成了该理论最全面的解说者。尤其是在工党 1997 年重新执政后，布莱尔和克林顿不遗余力的宣传，急剧扩大了"第三条道路"在国际社会上的影响力。而 1998 年德国社会民主人士施罗德上台更使得"第三条道路"出现了一个高潮。欧美各国左翼政党对"第三条道路"的理解并不完全一致，但主要主张有共同点，这就是在经济上主张重新界定政府的宏观调控作用，以积极的福利取代注重再分配的传统福利，达到社会的进一步公平；在政治上主张革新，下放权力，还政于民，恢复人民对政治的信念；在对外战略上，谋求和维护在国际事务中的领导地位，推行霸权主义。

第五节　国家垄断资本主义时期西方发达国家的社会改革

第二次世界大战后，随着社会生产力的发展和资本主义生产关系的调整，西方发达资本主义国家的民主制度得到进一步发展，表现为选举制度更为完善，权力竞争公开化、制度化和规范化；政党政治活动的范围和基础更为广泛，并出现了政党联合，由多党政治逐步走向两党政治以及传统的左、右翼政党呈现中间化的趋向；公民权利普遍扩大，政治参与程度进一步提高；文官制度更加完善，资产阶级的统治秩序渐趋稳定。同时，国家的社会职能大为增强，福利国家建设为人们提供了"从摇篮到坟墓"无所不包的社会保障制度；建立和完善社会管理制度，改变社会冲突的解决方式，从而缓和及化解社会矛盾；加强社区建设，为人们创造和谐共处的生活环境。民主政治的发展和社会管理的革新都极大地推动西方社会向前发展。

一　发达资本主义国家民主制的发展

第二次世界大战以后，西方国家社会结构的变化，特别是中产阶级的崛起和在社会经济中作用的增强，促进了选举制、议会制、政党制等资产阶级民主制度的发展和完善。

（一）选举制的完善

第二次世界大战后，西方资本主义国家选举制度的发展表现在以下几个方面。一是各国普遍实现了普选制。随着社会经济的发展和公众民主意识的提高，西方各国在 20 世纪六七十年代基本上都实现了普选制，即凡是公民就有选举权，即一人一票，且每票效力相等，取消了其他的资格限制。英国于 1969 年通过的《人民代表制法》将选举年龄从 21 岁降到 18 岁。1971 年美国《宪法修正案》把公民享有选举权的年龄从 20 岁降到 18 岁；

1972 年通过的《男女权利平等的宪法修正案》，赋予男女平等的选举权。1974 年法国颁布法令，把享有公民权和政治权的男女公民年龄降至 18 岁。普选制的全面推行，在使西方资本主义民主政治体系更趋完备的同时，也大大促进了选举制度的建设和发展。二是由间接选举发展为直接选举。间接选举是因经济、文化发展水平的限制而实行的民主程度较低的选举，即由公民选出代表，再由代表选出当选人。为了能够更真实地体现民意，现在大多数国家都采用了直接选举制，即由公民投票直接选出当选人。三是选举程序更加完善。选区的划分更加规范化和科学化，选民登记更细致，候选人的提名更严肃，并且从公开投票发展至秘密投票。现在大多数发达国家都采用秘密投票的方式，即无记名投票；与此同时都强化打击贿选的力度。四是选举投票从强制投票发展为自由投票。社会对投票的认识由投票是公民的义务发展为投票是公民的权利，公民既可行使也可放弃这一权利，不应进行干涉。所以西方主要资本主义国家第二次世界大战后都发展为自由投票制。

（二）政党政治发展

政党制度既是选举制和议会制发展和完善的产物，也是两者运行的方式和动力。政党政治作为西方民主制度的三大支柱之一和西方社会公平、自由、民主的象征，受到资产阶级的重视和支持，因而西方国家政党的活动普遍比较活跃。因为历史传统、阶级关系、政体形式的不同，存在着两党制、多党制等多种政党体制，多数政党参与议会政治。两党制的典型是英国和美国；多党制的典型是法国、德国、意大利等。20 世纪中期以来，随着发达资本主义国家产业结构、就业结构和阶级结构的变化，为了适应资产阶级政治统治的需要，发达资本主义国家的政党政治也出现了一些新的发展。

第一，出现了政党联合，有从多党政治逐步走向两党政治的趋势，这一趋势在法、德两国表现得尤为突出。据统计，法国第二次世界大战后有 50 多个政党在活动。德国有 130 多个政党。由于政党太多，在议会中往往难以形成一个占有较大优势的政党，政府只能是几个政党的联合，参与联合的政党一旦出现分歧，政府就有被推翻的危险。例如法国，从 1946 年第四共和国颁布宪法到 1958 年第五共和国建立的 12 年间，先后更换了 20 届政府。政府的频繁更迭不仅影响了经济的发展，也引起人民群众的强烈不满。资产阶级政府为了维护社会政治稳定，采取了一系列措施，促使政党分化组合，形成阵线分明的左右两大阵营。比如，在德国实行相对多数当选与比例选举相结合的制度，限制小党进入联邦议会。这样经过选举能进入联邦议会的往往只有 3 ~ 4 个大党。1990 年 12 月 2 日，统一的德国进行首届大选，进入联邦议院的政党只有基民盟 - 基社盟、社民党、自民党、民社党和绿党联盟。由于民社党的前身是德国统一社会党，虽在原民主德国执政 40 年，但两德统一后，凝聚力大大下降，而绿党联盟尚未成熟。所以统一后的德国仍旧保持着以基民盟 - 基社盟与社民党为两极的政党格局。法兰西第五共和国实行"单记名多数两轮投票制"，促使法国政党格局向左、右两翼集合。1975 年 5 月底，法国总统选举后，法国最终形成"两派四党"的政党格局。这种政党格局对法国的政治稳定发挥了重大作用。

第二，传统的左、右翼政党呈现中间化趋向。随着中产阶级的崛起和"橄榄形"社会结构的定型，受过良好教育的中产阶级，普遍具有求稳、怕变、怕乱的心态，厌倦党派之争，不满极端保守或极端自由，支持中间路线等政治倾向，必然反映在政党的主张和活动中。这样，自 20 世纪 90 年代中期以来，左、右翼政党都深刻认识到经济全球化、政治多元化、经济结构、阶级结构新变化造成的政党政治的新形势，特别是许多政党为取得政治活动中的有利地位把争取中产阶级的支持和认同作为活动的基点，针对选民的政治态度日趋中间化，不再以政党的政治理想和纲领主张作为选择标准，而是越来越多地以社会问题及其具体的解决方案和政党当政的政绩作为投票选择的依据，左、右两极政党大幅调整政策，左翼政党向中间靠近，右翼政党向温和方向倾斜，从而出现了传统的左、右两极政党格局逐渐向中左、中右两极对垒的方向演进，其结果是两翼党派的意识形态界限日益模糊。如英国工党、德国社民党所倡导的"第三条道路"、"新中间道路"等，其特点就是抛弃过去的意识形态的束缚，采用实用主义立场而非意识形态来制定务实政策，解决面临的社会经济等问题。

（三）公民权利普遍扩大

公民权利是指公民依法享有的政治、经济、文化和人身等各项权利，既包括宪法规定的其他权利，也包括一般法律规定的其他权利。第二次世界大战后，西方国家为达到疏导和减少社会压力、缓和冲突的目的，在一定范围内允许甚至引导民众参与政治。因此，发达资本主义国家公民权利都普遍扩大了：在政治权利方面，选举权中诸如财产、种族、性别等方面不合理的限制，在法律上基本被最终废除；还增加了社会权和经济权的内容，并建立了各种相关的制度，如各种社会福利与保障制度，以及工人参与管理等。这突出表现在公民政治参与程度的提高和经济参与的扩大方面。

第一，公民政治参与程度提高，直接民主和半直接民主的形式被广泛采用。其突出表现是当代西方发达国家越来越频繁地使用公民投票这种直接民主的方式。公投通常作为对代议民主的必要补充，主要是在政府出现危机不能有效运作时，在所涉及的问题关系重大、影响面广时，或在重大问题上与对立党派意见有严重分歧而又力量相当时予以采用。近年来，欧美发达国家的公民投票事件明显增加。意大利1991年和1993年的公民复决投票对于结束其旧党派制度起了重大作用。1993年和1994年，西欧各国在决定是否加入《马斯特里赫特条约》时，大多数采用了全民公决的手段。全民公决实际上是当代资产阶级统治者为适应阶级结构新变化，缓和阶级矛盾和对立，使中下层阶级广泛参与政治生活的重要形式之一。

第二，工人参与经济管理的扩大。"工人参与制"是当代西方国家广大劳动者参与企业民主管理的重要途径。主要形式有两种。一是广泛实行集体谈判和集体合同制度，通过雇主代表和工人代表之间进行谈判并签订具有法律效力的合同来确定劳动者的工资和劳动条件。这已成为西方国家调节劳资关系的一项基本制度。二是"职工共决制"。这是企业全体职工选举产生职工代表参加企业职工委员会，参与决定企业管理、与雇主分享经济权利的一种制度。工人和雇主在许多方面实行"共决"，他们为社会安定和经济发展共同承担责任。比如，1951年4月，联邦德国政府通过了《煤钢共决法》，规定在1000名工人以上的煤、钢企业中，监事会由劳资双方对等代表组成并在经理委员会设由工会推荐的劳工经理，以便共同决定企业的重大事务。1975年又通过《共决法》规定，除煤炭工业外，一切行业的企业监事会和与之相适应的工厂委员会中，工人的代表不得少于1/2。企业的重大问题，如关厂、合并、改变工艺、受雇、解雇、调职、晋升、工资等级、劳动报酬、职工培训等，都由监事会和工厂委员会决定，每个代表一票，多数通过。这表明，工人直接参加企业管理。据统计，在德国建立共同决定权、企业职工委员会两种形式共决制的企业所拥有的雇员，占全国雇员总数的80%以上。此外，一些西方国家推行了职工持股计划、职工建议制度、质量管理小组、目标管理制度、生产小组责任制等多种形式的民主管理制度。当代西方国家的这些举措在一定程度上改善了工人阶级的经济、政治和社会地位，使西方民主获得了新的发展。

（四）文官制度的完善

第二次世界大战后，随着经济规模的增大和社会事务的日益复杂化，特别是由于国家对经济活动干预的加强，政府的规模、职能和工作的复杂性也随之变化，原来的文官制度已无法适应变化了的新情况，于是各国先后颁布了一系列法律法规，逐步形成了统一、完备的文官制度。在法国，1945年10月设置公职管理总局（后更名为行政与公职总局）和国立行政学院，建立统一高级公务员的录用、培训和任用的制度，第二年又通过国家《公务员总章程》，改革公务员队伍结构，实行公务员分类管理等，逐步形成了统一、完备的公务员制度。在英国，1968年以苏塞克斯大学名誉副校长福尔顿勋爵为首的12人委员会提出了改革文官制度的报告。这份报告共有158项，主要内容有：精简文官层次，打破行政官员系统的封闭性，建立开放的、统一的分类制度；成立文官事务部，代替财政部行使文官管理权限，改革对文官的管理办法；重视专家和专业技术人员的作用；成立文官学院，专门从事对文官的培训和继续教育工作等。报告建议具体、操作性强，其中大部分建议被采纳和实行，大大推动了英国文官制度的发展。在美国，国会通过了一系列有关文官制度的法律，其中职位分类是最为重要的法律之一。职位分类注重职位的性质和对职位的工作要求，强调职位与责任、职位与能力的有机统一，职位分类的实行，有助于科学地选拔人才，有利于提高文官的素质和政府的工作效率。1978年10月，卡特政府提出并由国会通过了《公务员改革法》，对联邦政府文官制度进行了重大改革。这次改革的主要内容包括：确立九项成绩制原则、改革人事管理机构、推行成绩工资、改革考核制度等，其核心是推进按工作表现付酬的成绩制，以达到提高政府管理效率的目的。

第二次世界大战后，西方文官制度不断完善，虽然西方各国国情不同，法规条款差异明显，但从总体上来说都呈现以下几个基本特征。一是公开考试，择优录用。西方各国几乎都用立法的形式把考试的内容、方式、条件、机构等固定下来，形成制度，保证绝大多数文官都通过公开的竞争考试，择优录用。这对于建立一支精干、稳定和高水平的文官队伍，保持行政系统的连续性和高效率具有重要的作用。二是严格考核，晋升唯功。西方各国都非常重视对文官的考核工作，一般都坚持职责一致、奖惩结合、公平对待的原则，考核内容详细、全面。例如，英国对文官的考核包括工作知识、人格性情、判断力、责任心、创造力、可靠性、机敏适应性、监督能力、热心情形、行为道德 10 个方面，每项按 5 等打分，再以 5 等总评。美国除了对文官定期考核工作数量、工作质量和工作适应能力之外，还非常重视平时考核，禁止文官在办公室看报、吸烟、聊天、会客、写私人信函等，每天都要撰写工作报告，准确记录工作内容和数量，作为考核的依据之一。三是政治中立，职务常任。西方各国普遍要求文官必须在政治上保持中立，不得介入党派活动。文官实行职位的常任制，一般被录用后，就按工作成绩逐年提升，只要没有过失，就可以任职到退休，有终身的职业保障。四是官纪严明，待遇优厚。西方各国都有比较完备的关于文官的法律、法规，对文官的身份、地位、权利和义务做出了十分详备的规定，要求文官严格遵守。同时，西方各国文官待遇普遍比较优厚，除了较高的工资外，还有职务津贴、住房津贴、子女抚养补贴等，退休后享有来源固定的、较为丰厚的退休金。

发达资本主义国家系统、完善的文官制度保证了公务员录用、晋升的公开、公正和平等，保证了文官队伍的高素质和队伍的稳定，进而保证了政府政策的连续性，从而成为维护资产阶级政治统治的"稳定器"，在一定程度上起到了稳定国家政局和权力在资产阶级内部和平转移的作用。

二 资本主义国家社会职能的增强

第二次世界大战后，随着资本主义生产关系的发展变化，国家的作用已越来越深地卷入政治、经济、文化、社会生活的各个领域之中，国家职能随之空前扩展。英国政治学家理查德·罗斯将此概括为，"在 20 世纪的发展进程中，政府的活动在规模、范围和形式上都有所扩大。政府已经远远超出了守夜人国家的最小概念界定，成为混合经济的福利国家的核心机构"（《理解大政府》，1984 年）。现代国家的对内职能和对外职能得到充分发展。就对内职能而言，政治、经济、文化和社会职能全面扩张，就如美国经济学家约瑟夫·斯蒂格里兹所指出的，政府戴着六套面具：立法者、调控者、生产者、消费者、保障者和再分配者①。其中，国家的社会职能一般是指国家通过行政、法律等形式对社会生活的各个领域和环节进行的组织、指导、规划、服务、协调控制、监督等。西方国家社会管理的发展演变与资本主义市场经济的建立和发展是相伴随的，第二次世界大战后，随着社会经济的高速发展，政府的社会管理职能不断加强，社会管理的领域不断扩大，涉及收入分配、社会保障、社会福利、社会事业、社会治安、社会稳定等领域。20 世纪 80 年代以后，在经济全球化迅速发展、国际分工不断扩大和深化的背景下，针对社会管理中存在的问题和经济全球化的挑战，西方国家开始进行社会管理改革，总的方向是更加注重人才的培养和科学技术创新，增加社会事业的投入，注重国家的经济安全和社会稳定。

（一）福利国家建设

建设福利国家、实施社会保障制度是第二次世界大战后西方国家社会管理职能发展的突出特征。福利国家是一种通过实施社会保障和社会福利措施，国家为其公民提供综合和普遍的社会保护的社会模式。它的产生最早可以追溯到 19 世纪 80 年代，德国首相俾斯麦将全面的社会保险计划引入社会改革，开始了"福利国家"的构架和建设。此后，西方其他国家开始效仿德国。第二次世界大战前，在一些资本主义国家，有了零星的社会福利制度。第二次世界大战后，为安抚民众、维持社会秩序和为恢复经济创造条件，英国率先开始了社会保障制度的恢复和建立。工党艾德礼政府在 1946～1948 年提出并实行了一系列重要的社会立法，包括《国民保险法》《国民医疗保健法》《住房法》《国民救济法》及《家庭补助法》等。这些法律构筑了现代英国福利制度的基本框架，使英国人的生、老、病、死、孤、寡，及衣、食、住等都得到了基本的保障。此后，法国、瑞典、挪威、丹麦、联邦德国、意大利等国家也建立了福利制度。到 1958 年，几乎所有的西欧国家都基本上完成了社会保障制度的立法工作，设立了现行社会保

---

① 〔美〕约瑟夫·斯蒂格里兹：《政府经济学》，曾强等译，春秋出版社，1988，第 88 页。

障制度的主要项目和管理机构。福利国家制度经过 20 世纪六七十年代的空前发展，从欧洲到北美，从亚洲到大洋洲，几乎所有发达资本主义国家都宣布自己建成了"福利国家"。尽管西方各国在建立福利制度时有着共同的目标，但由于各国的国情不同，福利侧重的方面也是不同的，这样就形成了不同的福利模式①。但一般来说，现代福利国家制度主要包括以下内容：一是社会保险制度，主要包括疾病保险、养老保险、事故保险、失业保险等；二是社会补偿制度，是指国家对因公死亡或者伤残的人给予补助的制度；三是社会补助制度，主要是指国家对有各种困难的人和群体给予补助；四是社会救济制度，这是保证每个人都有最低生活水平的制度，主要救济的对象是先天残疾者、弱智者、中年丧偶者、单亲父母、多子女家庭、移民家庭等②。西方福利国家制度社会保障覆盖面宽、设置项目全、资助金额高，具有普遍性。从英、法、德、荷兰和北欧三国的社会保障制度来看，其项目基本都涉及一个人的生、老、病、死、伤、残、教育、丧偶、失业等人生必经的或偶遇的风险。这样，一个人从出生到死亡以及在此间所遇到的各种困难，基本上都有相应的解救措施，的确是"从摇篮到坟墓"的无所不包的社会保障制度。

20 世纪 70 年代，资本主义经济进入"滞胀"时期，福利国家政策在发展过程中也在不断积累并暴露其负面作用。这一制度导致的最为直接的消极后果有三个：一是国家社会福利开支大，政府财政负担重；二是企业成本上升，竞争力降低；三是增加了个人对国家和社会的依赖，使整个社会缺乏活力。"福利国家削弱了个人的进取和自立精神，并且在我们这个自由社会的基础之下酝酿出某种一触即发的怨恨。"③ 因此对福利国家制度进行改革已在所难免。20 世纪 90 年代，在"第三条道路"理论的指导下，西方国家开始了所谓"积极福利国家"改革，实质上是进一步调整国家、个人之间的责权关系，意在保持福利国家制度对整个社会机体积极作用的同时修改其消极的一面，所要达到的目标是减轻政府的负担，激发企业活力，

---

① 〔英〕安东尼·吉登斯：《第三条道路：社会民主主义的复兴》，北京大学出版社，2000，第 7 页。

② 刘玉安：《北欧福利国家剖析》，山东大学出版社，1995，第 46 页。

③ 〔英〕安东尼·吉登斯：《第三条道路：社会民主主义的复兴》，北京大学出版社，2000，第 14 页。

培养、增加个人的社会责任感，鼓励个人对自己的行为负责，从而培育一个国家、企业、个人彼此协调负责、积极互动、充满创新和活力的公民社会。改革的主要内容包括以下几个方面：一是重视私人部门的作用，减轻政府的财政负担。随着高福利制度的进一步发展，西方各国政府感到财政无力供给庞大的福利支出，让更多的私人部门参与到社会福利制度中来，实行社会福利制度"私有化"、"资本化"。"资本化"即鼓励私营部门以职业年金与私人养老计划、医疗计划形式参与福利资源的配置，导致福利管理中的合作主义的兴起。"私人化"即政府尽量缩小干预社会福利的范围和项目，把这些项目交由非政府志愿机关、工人合作社和其他社会团体承担。以瑞典为例，社会福利一直是以国家福利为主，20世纪70年代以来，开始提倡和支持企业在国家福利的基础上开展补充保险、经营保险和行业保险，提倡和鼓励社会保险向"私有化"、"资本化"和"市场化"发展。二是增收节支。各国采取的主要措施是提高缴纳社会保险费的上限，甚至取消上限；提高社会保险费率，包括提高职工的保险费率和雇主的保险费率；征收社会保障所得税，对退休金、疾病保险金、残疾补贴、失业救济金都收取一定的税。各国增收节支的另一个重要途径是提高退休年龄。例如，美国规定67岁退休，法国、意大利规定65岁退休，瑞典将原退休年龄60～65岁延长到65～67岁。提高退休年龄既能延长社会福利的缴费期限，对社会福利计划产生潜在的收入效应，又能减少受保人领取年金的期限，增加社会福利基金储备。三是改进社会福利体系的受益规则，引入"工作福利"制度。要求凡接受政府福利补助者，必须接受政府或立法规定的与工作有关的特定义务，这样社会福利金就由无偿给付转变为有偿领取。四是改善社会福利管理体制，完善并增强社会福利的依法运行机制，使社会福利的行政管理、事务经办、监督控制三者分开，这是现代西方福利国家福利制度改革的一个共同取向。五是调控社会福利基金的投资结构，加强社会福利基金的运营管理。各国为了使社会福利基金保值增值，并更好地支持资本市场的发展，纷纷通过立法对社会福利基金的投资结构和运营管理采取新的措施。

（二）建立和完善社会管理制度

第二次世界大战后，西方国家解决矛盾和冲突的方式由政治解决转向经济解决和行政解决，各国建立和完善了基本社会关系管理制度。其中最主要的是普遍建立的资本与劳动合作的制度，包括利润分享制度化、集体谈判和集体合同制度、劳资共同决定制度等，这种资本与劳动合作的制度主要体现在劳资关系和集体劳动权利的管理上，因此大大提高了工人的经济和社会地位。但是随着"大政府"制度的建立，行政力量不断扩张，造成了机构臃肿、人浮于事；同时，国家对社会的控制力得到强化，使整个社会都笼罩在大政府的阴影下，社会的自由和活力受到了压制。20 世纪 70年代社会经济发展进入"滞胀"时期后，人们开始把这一切都归罪于"大政府"模式，于是 20 世纪 80 年代以后，在新公共管理思想的影响下，西方国家开始了一场社会管理的新变革，主要是引进市场机制、调动社会一切可以利用的资源，以增强社会管理和公共服务的供给能力，提升公共产品或公共服务的品质，实现政府社会管理职能由"划桨"（提供公共服务）向"掌舵"（社会政策制定）的转变。

这次社会管理的变革首先发生在英国。1979 年撒切尔政府上台以后，推行了大刀阔斧的行政管理改革。改革的主要特征可以归结为四条：一是崇尚市场机制和市场力量，主张尽量减少政府干预；二是主张廉价小政府，节省开支，减少税收，从而激励私人资本投资，促进经济繁荣；三是加强对高级文官的政治控制，大力削减公务员队伍的规模；四是政府引入私营部门的管理方法，鼓励公私之间的竞争，鼓励公共事务向私营部门的转移。1985 年，英国负责政府事务的环境事务部提出了一份咨询文件，要求在垃圾清理、街道清扫、建筑物清洁、车辆维护、饮食服务等领域实施竞争招标制，当年有 38 个政府部门签订了 55 项承包合同。一年的实践表明，以垃圾清理为例，私营承包后成本降低了 22%。1988 年和 1990 年的《地方政府法》把竞争招标制的范围扩大到会计、建筑设计、财务管理等专业服务领域。随后，大多数发达国家开始了社会管理的市场化改革，以实现社会管理的公平、效率、效益等价值目标。

经过 20 世纪八九十年代的改革，西方发达国家市场化社会管理逐步形成了一套成熟的模式。这套模式的核心是政府以购买的形式实现与私人部门的合作，达到丰富公共产品内容、提高公共产品质量的目标。概括起来，市场化社会管理的方式主要有五种。一是签约外包。它是各国社会管理实践中政府长期使用的一种方法，将大多数公共服务和公共事业以签订合同的形式与私人企业合作。二是特许经营。国外政府在可以对公共服务的使用收费的地方采用特许经营，通过发放执照或许可证允许私人企业提供公共服务。三是代用券。把代用券发给公民作为凭证，用来替代现金从私营或公营的卖主那里购买公共服务或产品。四是混合策略。政府在提供某项公共服务时同时采用几种方式，以获得多种方式的优势。五是代理机构。政府通过监督代理机构履行社会管理职能。

（三）加强社区建设

西方国家的社区建设是随着西方国家工业化和城市化进程发展起来的，经历了社区救助时期（18世纪到19世纪中后期）、社区组织和社区发展时期（20世纪初到20世纪80年代）、社区建设全面发展时期（20世纪80年代以后）。随着资本主义由私人垄断向国家垄断的发展，20世纪二三十年代，欧美发达国家经历了一个大规模的城市改造过程，中产阶级大量移居郊区，造成了城市中心社区的破败。在这样的背景下，西方国家推出了一系列城市改造计划，如美国比较有名的芝加哥计划、阿林斯基的伍德雷尔社区计划、福特基金会的格雷地区计划等，目的是消除社会弊病。20世纪50年代，一些城市还成立了社会发展部，并建立社区组织委员会，大力推行城市社区建设。城市社区发展项目包括社会福利、医疗卫生、预防犯罪、大众教育和廉价住宅建设等。

社区作为一个社会单位，在西方各国的社会管理中发挥着至关重要的作用。如美国社会学家柯林斯所说：在美国，社区仍然是联结个人与社会制度的主要方式，是"美国政治的心脏部位"[1]。因此，社区建设受到了西方各国政府的重视，也得到了联合国的推动。1951年，联合国经济社会理事会通过议案，发出开展"社区发展运动"的倡议，主要目的是通过在基层建立社区福利中心来推动经济和社会的发展。1955年，联合国文件《通过社区发展促进社会进步》提出社区发展的10项基本原则。1961年，联合国秘书长提出《都市地区社区发展报告书》。在联合国的倡导下，"社区服务"中引进"发展"的概念，演变为"社区发展服务"。这一时期，西方国

---

① Collins, Patria Hill, "The New Politics of Community," *American Sociological Review*,（75），2010，pp. 7 – 30.

家社区建设以美国最为突出，主要是办企业，创造就业机会，增加穷人收入等，改善贫穷社区的经济条件和生活环境。美国社区建设成为肯尼迪 - 约翰逊政府的"向贫穷开战"和建设"伟大的社会"计划的一个重要组成部分。1964 年美国国会通过《经济机会法》，成立了经济机会局（Office of Economic Opportunity，OEO）来监管一系列的、以社区为单位的反贫困项目，主要是通过教育、职业培训、社区开发来提高穷人的生活技能，进而增加他们的收入。比如"就业工作团"（Job Corps），为 16～21 岁的贫困青年提供宿舍，举办职业训练，目的是帮助处于弱势地位的青年，培养他们能够自力更生的技能；"邻里青年团"（Neighborhood Youth Corps）成立的目的在于给贫困的城市青年提供工作经验并且鼓励他们继续学业；"文明城市"（the Model Cities Program）项目的目的在于促进城市再发展；"向上跃进"（Upward Bound）项目帮助贫穷的高中生进入大学；"领先"（Head Start）项目为贫困儿童提供学前教育。另外，国家为社区健康中心提供资金，以拓宽更多人得到卫生保健的途径。1964～1966 年，"向贫困宣战"计划获得了 30 亿美元的拨款，1967 年国家对社会保障做出调整，显著地提高了福利，扩大了覆盖面，并且建立新的项目来与贫困作战，提高人民生活水平。1968 年，"对有子女的家庭补助计划"的平均支付水平与 1960 年相比提高了 35%。

20 世纪 80 年代以前，西方社区建设主要是物质建设，都是以经济目标为主，重点放在社区的住房、就业、学校和培训中心等基本设施的建设方面。到了 80 年代，人们逐步认识到社区建设需要穷人的参与才能达到改善社区环境的目的，才能培育真正富有生命力的社区。由此，引发了 80 年代美国好几个城市的社区建设大项目。比如凯西基金会的社区合作促进计划、福特基金会的"家庭邻里改革"计划，以及纽约把社团、志愿者和社区居民联系在一起的社区全面复兴计划。美国的这些社区建设计划和项目，强调社区关系网络，强调广泛的社区参与，强调提高社区居民的自我依赖、自我完善、自我发展的能力，使社区富有生命力。这些社区建设项目取得了很好的成果，使社区成了环境干净优雅、社会治安良好、居民安居乐业的社区。20 世纪 90 年代，克林顿政府实施了"授权区和事业社区"（Empowerment Zone and Enterprise Community，EZEC）项目，采取"授权区和事业社区"方式，以项目为载体，以社区居民共同参与为基础，以政府直接拨款为手段，自下而上地进行社区建设，取得了一定成绩。但对于居民来说，社区不仅仅是一个居住地（"地域社区"），还是一个具有归属感和认同感的精神家园（"精神社区"）。如美国社会学家指出的，"产生自社区参与过程中的邻里感能够消解孤独及弥漫在现代都市生活中的冷漠，因而有助于提升个体的幸福感与生活质量主观感受。"① 在这一思想的指导下，自2001 年开始，美国实施了"信任为本的社区自主策略"项目，旨在减少联邦层面的各种疏远且缺乏人情味的宏大计划，转而"全力地争取、装备、扶助、授权和拓展各种社区组织"，倡导社区组织提供细致的地方性和个性化服务，提高社区自主提供各种社会服务的能力，使社区组织成为向公众提供各种社会服务的核心力量，从而推进公民自治，消除政府与社会之间的隔阂。正如该项目的主持者所指出的，"政府负有满足公众需要及帮助他们的庄严责任，但是政府并不垄断这种同情心"。社区建设反映了人类社会向社区回归的发展趋势，即社会社区化或社会人文化的趋势。

综上所述，在国家垄断资本主义时代，生产力的发展和资本主义的自我调节导致了所有制形式的重要变化。所有制形式的变化又导致资本主义国家政治、经济、社会、文化的重要变化。20 世纪的资本主义与 18～19 世纪的资本主义相比，已经发生了巨大而深刻的变化。我们一方面要看到这些变化的确体现了资本主义制度仍然具有发展生产力的功能，还具有较强的生命力；另一方面又必须看到，资本主义制度的本质没有改变，引发资本主义社会根本危机的那些条件依然存在。

结　语

我们大致探讨了西方封建所有制和资本主义所有制（截至 20 世纪 80 年代）的基本演变过程及其与社会变革之间的相互影响。全书的中心论点已经在导言里交代了，这里不再重复。

作为结语，下面简单地就资本主义所有制的未来走向谈两点看法。

---

① Miretta Prezzal, Sandra Schruijer, "The Modern City as a Community," *Journal of Community & Applied Social Psychology*, (6), 2010, pp. 401 – 406.

第一，在发达资本主义国家，企业所有者对生产资料的占有，依然是资本支配劳动的根本前提。但是在知识经济时代，对于非物质形态的知识和信息的占有，将成为支配劳动越来越重要的条件。传统意义上作为生产资料组成部分的劳动对象（在劳动中被采掘和加工的东西，它可以是自然界原来有的，如地下矿石；也可以是加工过的原材料，如棉花、钢材等）和劳动资料（人用来影响和改变劳动对象的一切物质资料的总和，包括生产工具、土地、建筑物、道路、运河、仓库等，其中起决定作用的是生产工具），其形式都将发生越来越大、越来越复杂的变化。

第二，资本主义所有制那种万变不离其宗的基本特征还将保留比较长的时间。这首先是由于资本主义还具有发展生产力的空间，还具有自我调节的能力；其次是由于社会主义国家还将经历比较长时间的探索，才能真正掌握社会主义发展的规律。所以，对于资本主义所有制形式的演变，我们还要密切观察，吸收其有利于生产力发展的因素，拒绝其桎梏生产力发展的因素。

参考文献

〔爱尔兰〕J. M. 凯利：《西方法律思想简史》，王笑红译，法律出版社，2002。

《盎格鲁－撒克逊编年史》，寿纪瑜译，商务印书馆，2004。

曹之虎：《论所有制：马克思主义所有制理论的形成和发展》，上海人民出版社，1993。

陈衡哲：《西洋史》，东方出版社，2007。

陈曦文：《圈地运动的最初发动》，载戚国淦、陈曦文主编《撷英集》，首都师范大学出版社，1994。

程西筠：《关于英国圈地运动的若干资料》，《世界史研究动态》1981年第 10 期。

〔德〕巴德尔：《中世纪村庄中的法律形式和地产用益的阶层》。

〔德〕黑格尔：《法哲学原理》，范扬、张企泰译，商务印书馆，1982。

〔德〕马克思：《资本论》，人民出版社，1975。

〔德〕马克思、恩格斯：《马克思恩格斯选集》（四卷本），人民出版社，1972。

〔德〕米夏埃尔·施奈德：《德国工会简史》，张世鹏等译，中国工人出版社，1992。

〔德〕维尔纳·桑巴特：《奢侈与资本主义》，王燕平等译，上海人民出版社，2000。

〔俄〕A. 古列维奇：《中世纪文化范畴》，庞玉洁、李学智译，浙江人民出版社，1992。

〔法〕保尔·芒图：《十八世纪产业革命——英国近代大工业初期的概况》，杨人梗、陈希秦、吴绪译，商务印书馆，1983。

〔法〕菲利浦·阿利埃斯、乔治·杜比主编《私人生活史 I：古代人的私生活——从古罗马到拜占庭》，李群等译，三环出版社、北方文艺出版社，2007。

〔法〕基佐：《欧洲文明史》，程洪逵、沅芷译，商务印书馆，2005。

〔法〕拉法格：《财产及其起源》，王子野译，三联书店，1978。

〔法〕马克·布洛赫：《封建社会》（下卷），张绪山等译，商务印书馆，2004。

〔法〕孟德斯鸠：《论法的精神》，张雁深译，商务印书馆，1987。

〔法〕米涅：《法国革命史》，顾良、孟湄、张慧君译，商务印书馆，1983。

〔法〕热拉尔·迪蒙、多米尼克·莱维：《新自由主义与当代资本主义阶级结构的变迁》，丁为民、王熙译，《国外理论动态》2007年第10期。

〔法〕若兹·库贝洛：《流浪的历史》，曹丹红译，广西师范大学出版社，2005。

高德步、王珏编《世界经济史》，中国人民大学出版社，2001。

高峰等：《发达资本主义国家的所有制研究》，清华大学出版社，1998。

高峰主编《现代资本主义的经济关系与运行特征》，南开大学出版社，2000。

〔古罗马〕塔西佗：《阿古利可拉传日耳曼尼亚志》，马雍、傅正元译，商务印书馆，1977。

何向军编著《股份制溯源及现代化》，兰州大学出版社，2003。

〔荷〕约里斯·范·鲁塞弗尔达特、耶勒·菲瑟主编《欧洲劳资关系——传统与转变》，佘云霞等译，世界知识出版社，2000。

贺国庆、于洪波、朱文富主编《外国教育史》，高等教育出版社，2009。

侯建新：《社会转型时期的西欧与中国》，济南出版社，2001。

侯建新：《"主体权利"文本解读及其对西欧史研究的意义》，《史学理论研究》2006年第1期。

侯旭东：《中国古代人"名"的使用及其意义——尊卑、统属与责任》，《历史研究》2005年第5期。

胡国成：《塑造美国现代经济制度之路》，中国经济出版社，1995。

胡盛仪、陈晓京、田穗生：《中外选举制度比较》，商务印书馆，2000。

黄一义：《从两权分离到两权合流——美国公司治理100年》（上篇），《新财经》2005年第2期。

姜辉：《论当代资本主义的阶级问题》，《中国社会科学》2011 年第 4 期。

蒋孟引：《英国历史：从远古到 20 世纪》，《蒋孟引文集》，南京大学出版社，1995。

蒋孟引主编《英国史》，中国社会科学出版社，1988。

李琮：《当代资本主义论》，社会科学文献出版社，1993。

李达昌等主编《战后西方国家股份制的新变化》，商务印书馆，2000。

李淮春主编《马克思主义哲学全书》，中国人民大学出版社，1996。

李剑鸣：《大转折的年代——美国进步主义运动研究》，天津教育出版社，1992。

李林：《立法机关比较研究》，人民日报出版社，1991。

李强：《关于中产阶级和中间阶层》，《中国人民大学学报》2001 年第 2 期。

厉以宁：《资本主义的起源——比较经济史研究》，商务印书馆，2003。

廖学盛：《廖学盛文集》，上海辞书出版社，2005。

林德山：《渐进的社会革命——20 世纪资本主义改良研究》，中央编译出版社，2008。

刘成：《民主的悖论：英国议会选举制度改革》，《世界历史》2010 年第 2 期。

刘玉安：《北欧福利国家剖析》，山东大学出版社，1995。

卢秉忠等编著《西方股份制概要》，中国金融出版社，1988。

吕建军：《所有制与产权：马克思所有制理论与西方现代产权理论比较研究》，贵州人民出版社，1999。

〔古罗马〕查士丁尼：《法学总论——法学阶梯》，张企泰译，商务印书馆，1989。

马克垚：《关于生产资料所有制问题》，载赵文洪主编《20 世纪中华学术经典文库·历史学·世界历史卷》（上册），兰州大学出版社，2000。

马克垚：《西欧封建经济形态研究》，人民出版社，1985。

梅雪芹：《关于约翰·洛克"财产"概念的一点看法》，《世界历史》1994 年第 6 期。

〔美〕C. 赖特·米尔斯：《白领——美国的中产阶级》，杨小东等译，浙江人民出版社，1987。

〔美〕R. H. 科斯：《财产权利与制度变迁》，刘守英译，三联书店，1991。

〔美〕阿道夫·A. 伯利、加德纳·C. 米恩斯：《现代公司与私人财产》，甘华鸣、罗锐韧、蔡如海译，商务印书馆，2007。

〔美〕埃德蒙·莫里斯：《罗斯福王》，文津出版社，2004。

〔美〕戴维·罗伯兹：《英国史：1688 年至今》，鲁光桓译，中山大学出版社，1990。

〔美〕丹尼斯·吉尔伯特、约瑟夫·卡尔：《美国阶级结构》，彭华民译，中国社会科学出版社，1992。

〔美〕戈登：《伟大的博弈——华尔街金融帝国的崛起》，祁斌译，中信出版社，2007。

〔美〕哈罗德·J. 伯尔曼：《法律与革命——西方法律传统的形成》，贺卫方等译，中国大百科全书出版社，1996。

〔美〕吉尔伯特·C. 菲特、吉姆·E. 里斯：《美国经济史》，司德谆、方秉铸译，辽宁人民出版社，1981。

〔美〕克里斯特曼：《财产的神话：走向平等主义的所有权理论》，张绍宗译，广西师范大学出版社，2004。

〔美〕赖特：《阶级》，刘磊、吕梁山译，高等教育出版社，2006。

〔美〕路易斯·亨利·摩尔根：《古代社会》（新译本），杨东莼、马雍、马巨译，商务印书馆，1977。

〔美〕塞缪尔·亨廷顿：《变革社会中的政治秩序》，李盛平等译，华夏出版社，1988。

〔美〕沙依贝等：《近百年美国经济史》，彭松建译，中国社会科学出版社，1983。

〔美〕斯塔夫理阿诺斯：《全球通史：1500 年以后的世界》，吴象婴、梁赤民译，上海社会科学院出版社，1992。

〔美〕斯坦利·L. 恩格尔曼等：《剑桥美国经济史（第三卷）：20 世纪》，高德步等译，中国人民大学出版社，2008。

〔美〕汤普逊：《中世纪经济社会史》，耿淡如译，商务印书馆，1997。

〔美〕托马斯·K. 麦克劳：《现代资本主义——三次工业革命中的成功

者》，赵文书、肖锁章译，江苏人民出版社，2006。

〔美〕威廉·多姆霍夫：《当今谁统治美国》，吕鹏、闻翔译，中国对外翻译出版公司，1985。

〔美〕小艾尔弗雷德·D. 钱德勒：《看得见的手——美国企业的管理革命》，重武译，商务印书馆，1987。

〔美〕小艾尔弗雷德·D. 钱德勒：《战略与结构：美国工商企业成长的若干篇章》，孟昕译，云南人民出版社，2002。

〔美〕约翰·罗杰斯·康芒斯：《制度经济学》，于树生译，商务印书馆，1965。

〔美〕约翰·奈斯比特：《大趋势：改变我们生活的十个新趋势》，梅艳、姚综译，新华出版社，1984。

〔美〕约瑟夫·斯蒂格里兹：《政府经济学》，曾强等译，春秋出版社，1988。

〔美〕朱迪斯·M. 本内特、C. 沃伦·霍利斯特：《欧洲中世纪史》，杨宁、李韵译，上海社会科学院出版社，2007。

孟继民：《资源所有制论》，北京大学出版社，2004。

《拿破仑法典》，商务印书馆，1981。

倪力亚：《论当代资本主义社会的阶级结构》，中国人民大学出版社，1989。

彭迪先：《世界经济史纲》，三联书店，1949。

彭献成：《试论第三次科技革命兴起于美国的原因》，《湖南师大社会科学学报》1993 年第 6 期。

齐世荣、廖学盛主编《20 世纪的历史巨变》，学习出版社，2005。

齐世荣、吴于廑主编《世界史·现代史卷》，高等教育出版社，1992。

齐思和、林幼琪选译《中世纪晚期的西欧》，商务印书馆，1962。

乔伟：《论三权分立的实质》，《文史哲》1991 年第 6 期。

任式楠：《任式楠文集》，上海辞书出版社，2005。

〔日〕奥村宏：《法人资本主义》，李建国等译，三联书店，1990。

〔日〕奥村宏：《股份制向何处去，法人资本主义的命运》，张承耀译，中国计划出版社，1996。

沈汉：《英国土地制度史》，学林出版社，2005。

沈坚：《战后法国的工人阶级与社会冲突》，《世界历史》2003 年第 6 期。

沈越：《德国社会市场经济评析》，中国劳动社会保障出版社，2002。

石秀和：《国外合作社简介》，中国商业出版社，1989。

宋则行、樊亢主编《世界经济史》，经济科学出版社，1998。

宋镇豪：《夏商社会生活史》，中国社会科学出版社，1994。

〔苏联〕H. H. 伊诺泽姆采夫等主编《现代垄断资本主义政治经济学》，杨庆发等译，上海译文出版社，1978。

〔苏联〕波梁斯基：《外国经济史（资本主义时代）》，北京大学经济史教研室译，三联书店，1958。

〔苏联〕Ю. B. 勃罗姆列依主编《原始社会史·阶级形成时代》（《ИСТОРИЯ Первоьытного Оьщества Эцоха Классооьразованйя》，Ответственный редактор академик Ю. В. Бромлей，Москва，《Наука》），1988。

《苏联历史百科全书》（第 7 卷），莫斯科 1965 年俄文版。

〔苏联〕列宁：《列宁全集》，人民出版社，1958。

〔苏联〕列宁：《列宁选集》，人民出版社，1995。

〔苏联〕塔塔里诺娃：《英国史纲：一六四〇年至一八一五年》，何清新译，三联书店，1962。

〔苏联〕维·彼·沃尔金：《十八世纪法国社会思想的发展》，杨穆、金颖译，商务印书馆，1983。

〔苏联〕叶·阿·科斯明斯基等编《十七世纪英国资产阶级革命》，何清等译，商务印书馆，1990。

〔苏联〕尤·瓦尔加主编《世界经济危机（1848~1935）》，戴有振、李琮、姜玉田、巩荣进等译，世界知识出版社，1958。

滕大春主编《外国教育通史》（第四卷），山东教育出版社，1992。

田忠林：《混合经济初探》，吉林大学出版社，1994。

佟福全、范新宇等：《西方混合所有制企业比较》，经济科学出版社，2001。

王玫：《国外职工持股制的历史、理论依据与社会评价》，《山东经济》2001 年第 4 期。

王亚甫编《资产阶级古典政治经济学选辑》，商务印书馆，1979。

王亚平：《西欧法律的社会根源》，人民出版社，2009。

王玉哲：《中华远古史》，上海人民出版社，2000。

王章辉：《圈地运动的研究近况及资料》，《世界史研究动态》1984 年第 5 期。

王章辉：《英国农业革命初探》，《世界历史》1990 年第 1 期。

王志国、涂金坤：《用生产资料所有制的变化认识资本主义的发展进程》，《连云港师范高等专科学校学报》2004 年第 3 期。

韦伟等：《现代企业理论和产业组织理论》，人民出版社，2003。

巫宝三主编《欧洲中世纪经济思想资料选辑》，商务印书馆，1998。

吴浩：《新中产阶级的崛起与当代西方社会的变迁》，《南京师范大学学报》（社会科学版）2008 年第 5 期。

徐崇温：《瑞典模式的历史进程和经验教训》，《科学社会主义》2007 年第 3 期。

徐家玲：《12 ~ 13 世纪法国南部市民异端派别及其纲领》，《东北师范大学学报》1992 年第 2 期。

徐亦让等：《人类财产发展史》，社会科学文献出版社，1999。

许光伟：《资本主义生产组织演变的整体性解读与反思》，《马克思主义研究》2009 年第 6 期。

许国林、汤晓黎：《19 世纪末 20 世纪初美国国家干预主义思潮的崛起》，《历史教学问题》2011 年第 2 期。

杨祖功等：《西方政治制度比较》，世界知识出版社，1992。

〔意〕卡洛·M. 奇波拉主编《欧洲经济史》（第三卷），吴良健、刘漠云等译，商务印书馆，1989。

〔英〕B. R. 米切尔编《帕尔格雷夫世界历史统计·美洲卷：1750 ~ 1993》，贺力平译，经济科学出版社，2002。

〔英〕E. P. 汤普森：《英国工人阶级的形成》，钱乘旦等译，译林出版社，2001。

〔英〕M. M. 波斯坦主编《剑桥欧洲经济史》（第一卷），郎丽华等译，经济科学出版社，2002。

〔英〕阿萨·勃里格斯：《英格兰社会史》，陈叔平等译，中国人民大学出版社，1991。

〔英〕艾瑞克·霍布斯鲍姆：《帝国的年代》，贾士蘅译，江苏人民出版社，1999。

〔英〕爱德华·汤普森：《共有的习惯》，沈汉、王加丰译，上海人民出版社，2002。

〔英〕安东尼·吉登斯：《第三条道路：社会民主主义的复兴》，郑戈译，北京大学出版社，2000。

〔英〕彼得·斯特克、大卫·韦戈尔：《政治思想导读》，舒小昀等译，江苏人民出版社，2005。

〔英〕大卫·休谟：《人性论》，关文运译，商务印书馆，1980。

〔英〕亨利·斯坦利·贝内特：《英国庄园生活：1150～1400年农民生活状况研究》，龙秀清、孙立田、赵文君译，侯建新校，上海人民出版社，2005。

〔英〕霍布斯：《利维坦》，黎思复、黎廷弼译，商务印书馆，1995。

〔英〕克拉潘：《1815～1914年法国和德国的经济发展》，傅梦弼译，商务印书馆，1965。

〔英〕克拉潘：《现代英国经济史》，姚曾廙译，商务印书馆，1974。

〔英〕克里斯托弗·戴尔：《转型的时代》，莫玉梅译，社会科学文献出版社，2010。

〔英〕肯尼斯·O.摩根主编《牛津英格兰史》，王觉非等译，商务印书馆，1993。

〔英〕洛克：《政府论》，瞿菊农、叶启芳译，商务印书馆，1981。

〔英〕莫尔顿：《人民的英国史》，谢琏造、瞿菊农、李稼年、黎世清译，三联书店，1962。

〔英〕莫尔顿·台德：《英国工人运动史（1770～1920）》，叶周、何新等译，三联书店，1962。

〔英〕诺曼·戴维斯：《欧洲史》（上卷），郭方、刘北成等译，世界知识出版社，2007。

〔英〕屈勒味林：《英国史》，钱瑞生译，商务印书馆，1983。

〔英〕威廉·葛德文：《政治正义论》，何慕李译，商务印书馆，1980。

〔英〕威廉·葛德文：《政治正义论》，何慕李译、关在汉校，商务印书馆，1991。

〔英〕亚当·斯密：《原富》（上册），严复译，商务印书馆，1981。

〔英〕约翰·麦克曼勒斯：《牛津基督教史》，张景龙等译，贵州人民出版社，1995。

〔英〕约翰·弥尔顿：《为英国人民声辩》，何宁译，商务印书馆，1978。

〔英〕詹姆斯·哈林顿：《大洋国》，何新译，商务印书馆，1963。

张定河：《美国政治制度的起源与演变》，中国社会科学出版社，1998。

张光明：《布尔什维克主义与社会民主主义的历史分野》，中央编译出版社，1999。

张培刚：《农业与工业化》，华中科技大学出版社，2002。

张彤玉：《如何认识资本主义所有制关系发展的历史进程》，《南开经济研究》2001年第2期。

张彤玉：《社会资本论：产业资本社会化发展研究》，山东人民出版社，1999。

张彤玉、崔学东、李春磊：《当代资本主义所有制结构研究》，经济科学出版社，2009。

赵文洪：《私人财产权利体系的发展——西方市场经济和资本主义的起源问题研究》，中国社会科学出版社，1998。

赵文洪：《中世纪欧洲村庄的自治》，《世界历史》2007年第3期。

中央编译局国际共运史研究室：《德国社会民主党关于伯恩施坦问题的争论》，三联书店，1981。

中央组织部党建研究所课题组：《当今世界主要发展模式比较研究》，《当代世界与社会主义》2011年第1期。

周辅成编《从文艺复兴到十九世纪资产阶级哲学家政治思想家有关人道主义人性论言论选辑》，商务印书馆，1966。

《1993年世界投资报告——跨国公司与一体化国际生产》，储祥银等译，对外经济贸易大学出版社，1994。

A. D. Hargreaves, *An Introduction to the Principles of English Law*, London: Sweet & Maxwell, 1963.

A. E. Bland, P. A. Brown, and R. H. Tawney, *English Economic History, Select Documents*, London, 1914.

A. G. Crump and C. Johnson, "The Powers of Justices of the Peace," *The English Historical Review*, Vol. 27, No. 106, 1912.

A. H. Johnson, *The Disappearance of the Small Landowner*, Oxford: Oxford University Press, 1909.

Alan Dawley, *Struggle for Justice: Social Responsibility and the Liberal State*, Massachusetts: The Belknap Press of Harvard University, 1991.

Alan Macfarlane, *The Origins of English Individualism*, Oxford: Oxford University Press, 1978.

Alan R. H. Baker, "Open Fields and Partible Inheritance on a Kent Manor," *The Economic History Review*, New Series, Vol. 17, No. 1, 1964.

Andrew Reeve, "The Meaning and Definition of 'Property' in Seventeenth – Century England," *Past and Present*, No. 89, 1990.

Andrew Sharp, *Political Ideas of the English Civil Wars, 1641 – 1649*, Longman Group Ltd., 1983.

Anthony Wood, *Nineteenth Century Britain 1815 – 1914*, Harlow: Longman Group Limited, 1982.

Asa Briggs, *The Age of Improvement, 1783 – 1867*, New York: Longman Group Limited, 1959.

A. W. B. Simpson, *A History of Land Law*, Oxford: The Clarendon Press, 1986.

Ballard, Adolphus, *The Domesday Inquest*, London: Methuen & Co., 1906.

Bede Jarrett, *Social Theories of the Middle Ages 1200 – 1500*, London: The Newman Bookshop, 1942.

B. H. Slicher van Bath, "Manor, Mark, and Village in the Eastern Netherlands," *Speculum*, Vol. 21, No. 1, 1946.

Brian Manning, "The Nobles, the People, and the Constitution," *Past and Present*, No. 9, 1956.

Brian Tierney, *The Idea of Natural Rights: Studies on Natural Rights, Natural Law and Church Law, 1150 – 1625*, New York: Scholars Press, 1997.

Caroline Castiglione, "Political Culture in Seventeenth – Century Italian Villages," *Journal of Interdisciplinary History*, Vol. 31, No. 4, 2001.

Cary J. Nederman, "Property and Protest: Political Theory and Subjective Rights in Fourteenth – CenturyEngland," *The Review of Politics*, Vol. 58, No. 2, 1996.

Castells Manuel and Yuko Aoyama, *Paths Towards the Informational Society: A*

Comparative Analysis of the Transformation of Employment Structure in the G − 7 Countries, *1920 − 2005*, http：//repositories. cdlib. org /brie /BRIEWP61.

C. B. Macpherson, "Capitalism and the Changing Concept of Property," in Eugene Kamenka and R. S. Neale eds. , *Feudalism*, *Capitalism and Beyond*, The Australian National University, 1975.

C. B. Macpherson, *The Political Theory of Possessive Individualism Hobbes to Locke*, Oxford：Oxford University Press, 1962.

Charles Wilson, *England's Apprenticeship*：*1603 − 1763*, London：Longman Group Limited, 1965.

C. H. Firth, Rait, R. C. , *Act and Ordinance of the Interregnum 1640 − 1660*, London, 1911.

C. Hill, *Reformation to Industrial Revolution*, *British Economy and Society 1530 − 1780*, London：Weidenfield and Nicolson, 1967.

Christopher Dyer, *Making a Living in the Middle Ages*：*The People of Britain 850 − 1520*, Yale：Yale University Press, 2002.

Christopher Dyer, "The English Medieval Village Community and Its Decline," *Journal of British Studies*, Vol. 33, No. 4, 1994.

Collins Patria. Hill, "The New Politics of Community," *American Sociological Review*, Vol. 75, 2010.

Collins Patria Hill, "The New Politics of Community," *American Sociological Review*, Vol. 75, 2010.

C. P. Hill, *British Economic and Social History*：*1700 − 1982*, London：Edward Arnold, 1985.

C. S. Orwin, "Observations on the Open Fields," *The Economic History Review*, Vol. 8, No. 2, 1938.

C. S. Orwin, *The Open Fields*, Oxford：The Clarendon Press, 1967.

C. Wright Mills, *White Collar*, *The American Middle Class*, Oxford：Oxford University Press, 1951.

David C. Douglas, *English Historical Documents*, *Vol. 12*, *part 2*：*1874 − 1914*, London：Eyre and Spottiswoode, 1977.

David C. Douglas and Others, *English Historical Documents*, London：Routledge, 1967.

David Close, "The Formation of a Two – Party Alignment in the House of Commons between 1832 and 1841," *English Historical Review*, 1969.

David Eastwood, *Government and Community in the English Provinces, 1700 – 1870*, New York: St. Martin's Press, 1997.

David Roberts, *The Victorian Origins of the British Welfare State*, Yale: Yale University Press, 1960.

Davis, "The Small Landowner 1780 – 1872, in the Light of the Tax Assessments," *Economic History Review*, Vol. I.

Della Hooke, "Early Forms of Open-Field Agriculture in England, Geografiska Annaler, Series B Landscape History," *Human Geography*, Vol. 70, No. 1, 1988.

Derek Fraser, *The Evolution of the British Welfare State: A History of Social Policy Since the Industrial Revolution*, Palgrave Macmillan, 2009.

Diana Wood, *Medieval Economic Thought*, Cambridge: Cambridge University Press, 2002.

Donald N. McCloskey, "The Enclosure of Open Fields: Preface to a Study of Its Impact on the Efficiency of English Agriculture in the Eighteenth Century," *The Journal of Economic History*, Vol. 32, No. 1, 1972.

Donald Veall, *The Popular Movement for Law Reform: 1640 – 1660*, Oxford: The Clareadon Press, 1970.

Dorothy Marshall, *Eighteenth Century England*, New York: David Mckay Company Inc., 1962.

E. A. Kosminsky, *Studies in the Agrarian History of England in the Thirteenth Century*, Oxford: Oxford University Press, 1956.

E. C. K. Gonner, *Common Land and Inclosure*, New York: Augustus M. Kelley, Bookseller, 1966.

Edward Arnold, *Tenbung's Dictionary of British History*, London, 1970.

Edward Miller, *The Agrarian History of England and Wales*, Cambridge: Cambridge University Press, 1991.

E. Miller & J. Hatcher, *Medieval England-Rural Society and Economic Changes 1086 – 1348*, London, 1980.

E. P. Thompson, *The Making of the English Working Class*, New York: Random House, 1963.

Eric J. Evans ed. , *Social Policy, 1830 – 1914: Individualism, Collectivism and the Origins of the Welfare State*, London: Routledge & Kegan Paul Books, 1978.

Eric Kerridge, *The Common Field of England*, Manchester, 1992.

E. Victor Morgan, *The Structure of Property Ownership in Great Britain*, Oxford: The Clarendon Press, 1960.

F. J. Baigent and J. E. Millard, *History of the Ancient Town and Manor of Basingstoke*, Basingstoke, 1889.

F. Pollock & F. W. Maitland, *The History of English Law before the Time Edward I*, Cambridge: Cambridge University Press, 1895.

Frances Gies and Joseph, *Life in a Medieval Village*, New York: Harper & Row Publishers, 1990.

Frederic Seebohm, *The English Village Community*, Biblio Bazaar, 2009.

Friedrich Heer, *The Medieval World: Europe 1100 – 1350*, New York, 1961.

Gary M. Walton, Robertson, Ross M. , *History of the American Economy*, New York: Harcourt Brace Jovanovich, 1983.

G. E. Mingay, *English Landed Society in the Eighteenth Century*, London: Routledge & Kegan Paul Ltd. , 1963.

G. E. Mingay, *Land and Society in England 1750 – 1980*, London: Longman Group Limited, 1994.

G. E. Mingay, *The Gentry: the Rise and Fall of a Ruling Class*, London: Longman Group Limited, 1976.

Georges Duby, and Robert Mandrou, *A History of French Civilization*, New York, 1958.

Georges Duby, *The Early Growth of the European Economy: Warriors and Peasants from the Seventh to the Twelfth Centuries*, London, 1974.

George W. Grantham, "The Persistence of Open – field Farming in Nineteenth – Century Faming," *The Journal of Economic History*, Vol. 40, No. 3, 1980.

Gerhard A. Ritter, *Social Welfare in Germany and Britain, Origins and Development*, New York: Berg, 1986.

G. G. Coulton, *The Medieval Village*, Cambridge: Cambridge University Press, 1925.

G. G. Coulton, *The Medieval Village*, New York: New York Dover Publications, Inc., 1989.

G. L. Gomme, *The Village Community*, New York, 1890.

Gregory Clark, "Commons Sense: Common Property Rights, Efficiency, and Institutional Change," *The Journal of Economic History*, Vol. 58, No. 1, 1998.

Gregory King, "Natural and Political Observation upon the State and Condition of England," in Joan Thirsk and J. P. Cooper, eds., *17th Century Economic Documents*, Oxford, The Clarendon Press, 1972.

Harold James Perkin, *The Origins of Modern English Society*, Routledge, 2002.

H. C. Darby, *A New Historical Geography of England before 1600*, Cambridge: Cambridge University Press, 1973.

Henry C. Dethloff, & Pusateri, C. Joseph, *American Business History: Case Studies*, Harlan Davidson, 1987.

Henry Sumner Maine, *Village – communities in the East and West*, New York: Henry Holt and Company, 1889.

H. J. Hanham, *The Reformed Electoral System in Great Britain, 1832 – 1914*, London: Historical Association, 1968.

H. L. Gray, *English Open Fields*, Cambridge: Cambridge University Press, 1955.

H. S. Bennett, *Life on the English Manor: A Study of Peasant Conditions, 1150 – 1400*, Cambridge: Cambridge University Press, 1938.

Hugh Cunningham, "The Employment and Unemployment of Children in England c. 1680 – 1851," *Past and Present*, No. 126, 1990.

Hugh Trevor – Poper, *The Rise of Christian Europe*, London, 1996.

Hunt Janin, *Medieval Justice: Cases and Laws in France, England and Germany, 500 – 1500*, Jefferson: McFarland & Company, 2004.

James Foreman – Peck and Robert Millward, *Public and Private Ownership of British Industry: 1820 – 1990*, Oxford: The Clarendon Press, 1994.

James W. Ely, *Property Rights in American History: from the Colonial Era to the Present*, New York: Garland Pub., 1997.

Jamie L. Bronstein, *Land Reform and Working – Class Experience in Britain and the United States, 1800 – 1862*, Stanford: Stanford University Press, 1999.

Janet Coleman, *A History of Political Thought: From the Middle Ages to the Renaissance*, Blackwell Publishing Ltd. , 2000.

J. A. Raftis, *Tenure and Mobility: Studies in the Social History of the Medieval English Village*, Toronto, 1964.

J. A. Yelling, *Common Field and Enclosure in England 1450 – 1850*, London and Basingstoke: The Macmillan Press Ltd. , 1977.

J. A. Yelling, "Rationality in the Common Fields," *The Economic History Review*, New Series, Vol. 35, No. 3, 1982.

Jeremy Boulton, "London, 1540 – 1700," in Peter Clark, ed. , *The Cambridge Urban History of Britain, 1540 – 1840*, Cambridge: Cambridge University Press, 2000.

Jerome Blum, "The Internal Structure and Polity of the European Village Community from the Fifteenth to the Nineteenth Century," *The Journal of Modern History*, Vol. 43, No. 4, 1971.

J. F. C. Harrison, *The Common People: A History from the Norman Conquest to the Present*, London: Croom Helm, 1984.

J. H Burns, *The Cambridge History of Medieval Political Thought c. 350 – c. 1450*, Cambridge: Cambridge University Press, 1988.

J. M. Currie, *Economy of Agricultural Land Tenure*, Cambridge: Cambridge University Press, 1981.

J. M. Neeson, "The Opponents of Enclosure in Eighteenth – Century Northamptonshire," *Past and Present*, No. 105, 1984.

J. M. Roberts, *The French Revolution*, Vol. 1, Oxford: Oxford University Press, 1966.

Joan Thirsk, "The Common Fields," *Past and Present*, No. 29, 1964.

Joan Thirsk, "The Origin of the Common Fields," *Past and Present*, No. 33, 1966.

Joan Thirsk, "TheRestoration Land Settlement," *The Journal of Modern History*, Vol. 26, No. 4, 1954.

Joan Thirsk, "The Sales of Royalist Land during the Interregnum," *The Economic History Review*, New Series, Vol. 5, No. 2, 1952.

Joan Wake, "Communitas Villae," *English Historical Review*, Vol. 37, No. 147, 1922.

Joel H. Wiener, *Great Britain: the Lion at Home: a Documentary History of Domestic Policy, 1689 - 1973*, New York: Chelsea House Publishers, 1974.

Johannes Alasco, *Intellectual Captitalism, A Study of Changing Ownership and Controll in Modern Industrial Society*, New York: World University Press, 1950.

John Langton, "Urban Growth and Economic Change: from the late Seventeenth Century to 1841," in Peter Clark, ed., *The Cambridge Urban History of Britain, 1540 - 1840*, Cambridge: Cambridge University Press, 2000.

John McDermott, "The Rise and fall of the Factory System: Technology, Firms, and Households since the Industrial Revolution," *Carnegie - Rochester Conference Series on Public Policy*, Vol. 55, No. 1, 2001.

John Stevenson, *British Society 1914 - 1945*, Penguin Books, 1984.

Jonathan Hughes, *American Economic History*, Scott, Foresman and Company, 1983.

Joseph R. Strayer, "The Two Levels of Feudalism," *Medieval Statecraft and the Perspectives of History*, Princeton University Press, 1971.

Joshua C. Tate, "Ownership and Possession in the Early Common Law," *American Journal of Legal History*, Vol. 48, No. 3, 2006.

Joyce Youings, *Sixteenth - Century England*, Penguin Books, 1984.

J. P. Cooper, "The Social Distribution of Land and Men in England, 1436 - 1700," *Economic History Review*, Series 20, No. 3.

J. P. Kenyon, *A Dictionary of British History*, London, 1981.

J. Thirsk, *Agriculture Change: Policy and Practice, 1500 - 1750*, Cambridge: Cambridge University Press, 1990.

J. Thrisk, *The Agrarian History of England and Wales*, Cambridge: Cambridge University Press, 1967.

J. V. Beckett, "The Pattern of Landownership in England and Wales, 1660 - 1880," *The Economic History Review*, Second Series, Vol. XXXVII, No. 1, 1984.

J. Z. Titow, "Medieval England and the Open – Field System," *Past and Present*, *No.* 32, 1965.

Louis Brandeis, *Other Peoples'Money*: *And How the Bankers Use It*, New York: Frederick A. Stokes, 1914.

Mansel G. Blackford and Kathel Austin Kerr, *Business Enterprise in American History*, Houghton Mifflin Co. , 1986.

Marc. Bloch, *Feudal Society*, London: Routledge, 1961.

Marc. Bloch, *French Rural History*: *An Essay on Its Basic Characteristics*, London: Routledge, 1966.

Mark A. Kishlansky, *Sources of the West*: *Readings in Western Civilization*, Harper Collins, 1991.

Mark Overton, *Agricultural Revolution in England*: *The transformation of the A-grarian Economy*, *1500 – 1850*, Cambridge: Cambridge University Press, 1996.

Marquis Childs, *The Middle Way on Trial*, Yale University Press, 1980.

Maurice Keen, "Robin Hood – Peasant or Gentleman?", *Past and Present*, No. 19, 1961.

Michael Turner, "English Open Fields and Enclosures: Retardation or Productivity Improvements," *The Journal of Economic History*, Vol. 46, No. 3, 1986.

Michel. Beaud, *A History of Capitalism*, *1500 – 2000*, New York: Monthly Review Press, 2001.

Miretta Prezzal & Sandra Schruijer, "The Modern City as a Community," *Journal of Community & Applied Social Psychology*, No. 6, 2001.

Montague Fordham, *A Short History of English Rural Life from the Anglo – Saxon Invasion to the Present Times*, Ressinger Publishing, 1916.

Munroe Smith, *A General View of European Legal History*, New York: Colubra University Press, 1927.

Neala Schleuning, *To Have and To Hold*: *the Meaning of Ownership in the United States*, Westport: Praeger, 1997.

Oliver J. Thatcher, *A Source Book for Medieval History*, New York: Ams Pr Inc. , 1905.

Patricia Harris, *David Lyon and Jonathan Schultz*, Boston, New York: DK

Publishing, Inc. , 2003.

Paul Vinogradoff, *English Society in the Eleventh Century*, *Essays in English Medieval History*, Oxford: the Clarendon Press, 1908.

Paul Vinogradoff, *The Growth of the Manor*, London: George Allen & Unwin Ltd. , 1920.

Paul Vinogradoff, *Villainage in England*: *Essays in English Mediaeval History*, Oxford: Oxford University Press, 1892.

Peter A. Kohler, *The Evolution of the Social Insurance*, *1881 – 1981*: *Studies of Germany*, *France*, *Great Britain*, *Austria and Switzerland*, New York: St. Martin's Press, 1982.

Phillip N. Truluck, *Private Rights & Public Lands*, Washington, D. C. : Heritage Foundation, 1983.

R. B. Goheen, "Peasant Politics? Village Community and the Crown in Fifteenth – CenturyEngland," *The American Historical Review*, Vol. 96, No. 1, 1991.

R. H. Hilton, *The English Peasantry in the Later Middle Ages*, Oxford: Oxford University Press, 1979.

R. H. Tawney, *The Agrarian Problem in the Sixteenth Century*, London: Green and Co. , 1912.

Richard Brown, *Society and Economy in Modern Briain*: *1700 – 1850*, London and New York: Routledge, 1991.

Richard Hofstadter, *The Age of Reform*, New York: Random House, 1955.

R. Lennard, *Rural England*, Oxford: Oxford University Press, 1959.

Robert A. Dodgshon, "The Landholding Foundations of the Open – Field System," *Past and Present*, No. 67, 1975.

Robert C. Allen, *Enclosure and the Yeoman*, Oxford: The Clarendon Press, 1992.

Robert C. Allen, "The Efficiency and Distributional Consequences of Eighteenth Century Enclosures," *The Economic Journal*, Vol. 92, No. 368, 1982.

Robert H. Wiebe, *The Search For Order*: *1877 – 1920*, New York: Hill and Wang, 1967.

Rosemary O'Day, *Economy and Community*, *Economic and Social History of Pre – Industrial England*, *1500 – 1700*, London: A & C Black, 1975.

R. W. Carlyle & A. J. Carlyle, *A History of Medieval Political Theory in the West*, New York: Barnes & Noble Inc. , 1903.

Samuel Bowles and Richard Edwards, *Frank Roosevelt*, *Understanding Capitalism: Competition*, *Command*, *and Chance*, Oxford: Oxford University Press, 2005.

S. H. Rigby, *English Society in the Late Middle Ages*, Macmillan, 1995.

Sir Ropert Megarry and H. W. R. Wade, *The Law of Real Property*, London: Stevens and Sons, 1984.

Sir William Holdsworth, *A History of English Law*, London: Methuen & Co. Ltd. , 1942.

S. L. Case and D. J. Hall, *A Social and Economic History of Britain*, *1700 - 1976*, Edward Arnold, 1977.

S. R. Eyre, "The Upward Limit of Enclosure on the East Moor of North Derbyshire," *Transactions and Papers*, No. 3, 1957.

S. R. Gardiner, *Constitutional Documents of the Puritan Revolution 1625 - 1660*, Oxford: Oxford University Press, 1906.

Steven J. Diner, *A Very Different Age*, *Americans of the Progressive Ear*, New York: Hill and Wang, 1998.

Thomas Edward Scrutton, *Commons and Common Fields*, New York: Burt Franklin, 1887.

Tom Williamson and Liz Bellamy, *Property and Landscape*, *A Social History of Land Ownership and the English Countryside*, London: George Philip, 1987.

Valerie Cromwell, *Revolution or Evolution: British Government in the Nineteenth Century*, Longman Group Limited, 1977.

Vic. Allen, "The Differentiation of The Working Class," in Alan Hunt, ed. , *Class & Class Structure*, Lawrence and Wishart Ltd. , 1977.

Warren O. Ault, "By - Laws of Gleaning and the Problems of Harvest," *The Economic History Review*, Vol. 14, No. 2, 1961.

Warren O. Ault, "Manor Court and Parish Church in Fifteenth - Century England: A Study of Village By - Laws," *Speculum*, Vol. 42, No. 1, 1967.

Warren O. Ault, *Open - Field Farming in Medieval England: A Study of Village By - Laws*, New York: George Allen & Unwin Ltd. , 1972.

Warren O. Ault, "Open – Field Husbandry and the Village Community: A Study of Agrarian By – Laws in MedievalEngland," *Transactions of the American Philosophical Society*, New Series, Vol. 55, No. 7, 1965.

Warren O. Ault, "Some Early Village By – Laws," *The English Historical Review*, Vol. 45, No. 178, 1930.

Warren O. Ault, "Village By – laws by Common Consent," *Speculum*, Vol. 29, No. 2, 1954.

W. D. Hussey, *British History 1815 – 1939*, Cambridge: Cambridge University Press, 1971.

Werner Rosener, *The Peasantry of Europe*, trans. by Thomas M. Baker, Oxford and Cambridge, 1994.

W. E. Tate, *The English Village Community and the Enclosure Movements*, London: Victor Gollancz Ltd. , 1967.

W. G. Hoskins, *The Age of Plunder*, London: Longman Group Limited, 1976.

W. G. Hoskins, *The Making of the English Landscape*, New York: Penguin Books Ltd. , 1970.

W. H. R. Curtler, *The Enclosure and Redistribution of Our Land*, Oxford: Oxford University Press, 1920.

William Marshall, *Review and Abstract of the County Reports to the Board of Agriculture*, New York: Rare Books Club, 1818.

Z. Raziand H. R. Smit, *Medieval Society and the Manor Court*, Oxford: Oxford University Press, 1996.

后　记

　　本书是国家社科基金重大项目"所有制形式的演进与社会变革"的最终研究成果。课题组成员有赵文洪（课题主持人）、张椿年、廖学盛、侯建新、张红菊。本书是课题组成员共同努力、合作研究的结晶。

　　张椿年先生和廖学盛先生对本书的写作进行了全面的、深入的，既有理论方面又有专业方面的指导。课题组多次开会讨论，两位先生在每次开会时都会对书稿存在的问题和下一步的工作重点等提出非常重要的意见和建议。他们两次通读全部书稿并且提出了许多宝贵的修改意见。廖学盛先生还撰写了导言中的"私人所有制的萌生、确立及影响"这一部分。

　　赵文洪负责全书的总体设计和统稿，并撰写了导言、结语、第二章第三节和第四章。侯建新撰写第二章第一、二节和第三章。张红菊撰写第五、六、七章，对导言的写作也做出了贡献，并且负责项目的经费管理和大量其他有关工作。

　　本书的出版得到了中国社会科学院创新工程学术出版项目的资助，谨致谢忱！

　　本书存在的不足之处，敬请读者批评指正。

图书在版编目（CIP）数据

所有制形式的演进与社会变革/赵文洪，张红菊，侯建新著.
—北京：社会科学文献出版社，2016.1
ISBN 978－7－5097－6604－0

Ⅰ.①所⋯　Ⅱ.①赵⋯ ②张⋯ ③侯⋯　Ⅲ.①所有制－
研究－西方国家 ②社会变革－研究－西方国家
Ⅳ.①F119.56 ②K091.956

中国版本图书馆 CIP 数据核字（2014）第 233316 号

所有制形式的演进与社会变革

著　　者 / 赵文洪　张红菊　侯建新

出 版 人 / 谢寿光
项目统筹 / 王玉敏
责任编辑 / 王玉敏　李延玲　董晓舒

出　　版 / 社会科学文献出版社·国际出版分社（010）59367197
　　　　　　地址：北京市北三环中路甲 29 号院华龙大厦　邮编：100029
　　　　　　网址：www.ssap.com.cn
发　　行 / 市场营销中心（010）59367081　59367090
　　　　　　读者服务中心（010）59367028
印　　装 / 三河市东方印刷有限公司

规　　格 / 开　本：787mm × 1092mm　1/16
　　　　　　印　张：30　字　数：493 千字
版　　次 / 2016 年 1 月第 1 版　2016 年 1 月第 1 次印刷
书　　号 / ISBN 978－7－5097－6604－0
定　　价 / 99.00 元